祁陽年鉴

湘江

（2015）

中共祁阳县委　祁阳县人民政府　主办

祁阳县党史地方志征集编纂办公室　编

方志出版社
Publishing House of Local Records

图书在版编目（CIP）数据

祁阳年鉴 . 2015 / 祁阳县党史地方志征集编纂办公室编 . —
北京：方志出版社，2015. 12
ISBN 978-7-5144-1918-4

Ⅰ. ①祁… Ⅱ. ①祁… Ⅲ. ①祁阳县—2015—年鉴
Ⅳ. ①Z526. 44

中国版本图书馆 CIP 数据核字（2015）第 320141 号

祁阳年鉴（2015）

编　　者：祁阳县党史地方志征集编纂办公室
责任编辑：陈菁　顾洁　王俊

出 版 人：冀祥德
出 版 者：方志出版社
　　　　　地址　北京市朝阳区潘家园东里 9 号（国家方志馆 4 层）
　　　　　邮编　100021
　　　　　网址　http：//www. fzph. org
发　　行：方志出版社发行中心
　　　　　电话（010）67110500
经　　销：各地新华书店
印　　刷：衡阳顺地印务有限公司

开　　本：889×1194　　1/16
印　　张：25. 75
字　　数：675 千字
版　　次：2015 年 12 月第 1 版　2015 年 12 月第 1 次印刷
印　　数：0001～800 册

ISBN 978-7-5144-1918-4　　定价：280. 00 元

《祁阳年鉴》编纂委员会

名誉主任	魏湘江	县委书记
主　　任	周新辉	县委副书记、县长
副 主 任	黄赞校	县委常委、常务副县长
	邓晓阳	县委常委、县委办主任
委　　员	唐明生	县政府办主任
	唐国元	县委办副主任
	雷卓明	县人大办主任
	彭扬帆	县政协秘书长
	许松柏	县政府办副主任
	李新建	县人武部政工科长
	赵作琦	县纪委副书记、监察局局长
	唐　江	县组织部副部长
	陈新华	县宣传部副部长
	张良佳	县统战部副部长
	郭升平	县委政法委副书记
	张　平	县史志办主任
	王晓毛	县史志办副主任

《祁阳年鉴》编辑部

主　　编	张　平		
副 主 编	周红生	王晓毛	
编　　辑	周　娟	李　斌	张凌峰

《祁阳年鉴》编辑说明

一、《祁阳年鉴》2015 年卷是中共祁阳县委、县人民政府主办的反映祁阳县情的综合性、权威性年刊，也是祁阳首部综合性年鉴。本卷以中共十八大和十八届四中全会精神为指导，全面记载 2014 年度全县各部门、各行业等方面的主要工作、重大事件，收录了若干文献和资料，反映祁阳经济建设和社会发展以及改革开放的新成就、新经验。所载的资料客观、翔实，是社会各界了解祁阳的百科全书。

二、本卷采用分类编辑法，设部类、分目、条目三个层次。部类设置的原则是以事分类，部类下设分目、条目，以条目为主体。部类、分目用不同字体、字号区别，条目标题用黑体加【】号表示。

三、本卷资料由各单位撰稿人提供，并由供稿单位负责人审核，年鉴编辑部编辑人员加工整理再反馈原单位核对，最后由年鉴编委会定稿。统计资料由统计部门提供，气象水文资料由气象局和水文局提供。有些数据由于统计口径不同等原因，与统计部门公布的数据不尽一致，请读者在查阅和引用时注意。

四、本卷所录单位领导干部名录以 2014 年 12 月 31 日在职为准，原则上只列行政职务，无行政职务，则列党内职务。

五、《祁阳年鉴》的编辑工作，得到了各级党委、政府和社会各界的大力支持，以及部分新闻工作者和摄影爱好者提供了大量图片，不一一例举，在此一并表示衷心感谢。由于缺乏编纂经验，加之编者水平有限，疏漏之处，在所难免，恳请读者批评指正。

2015 年 11 月

祁阳县行政区划图

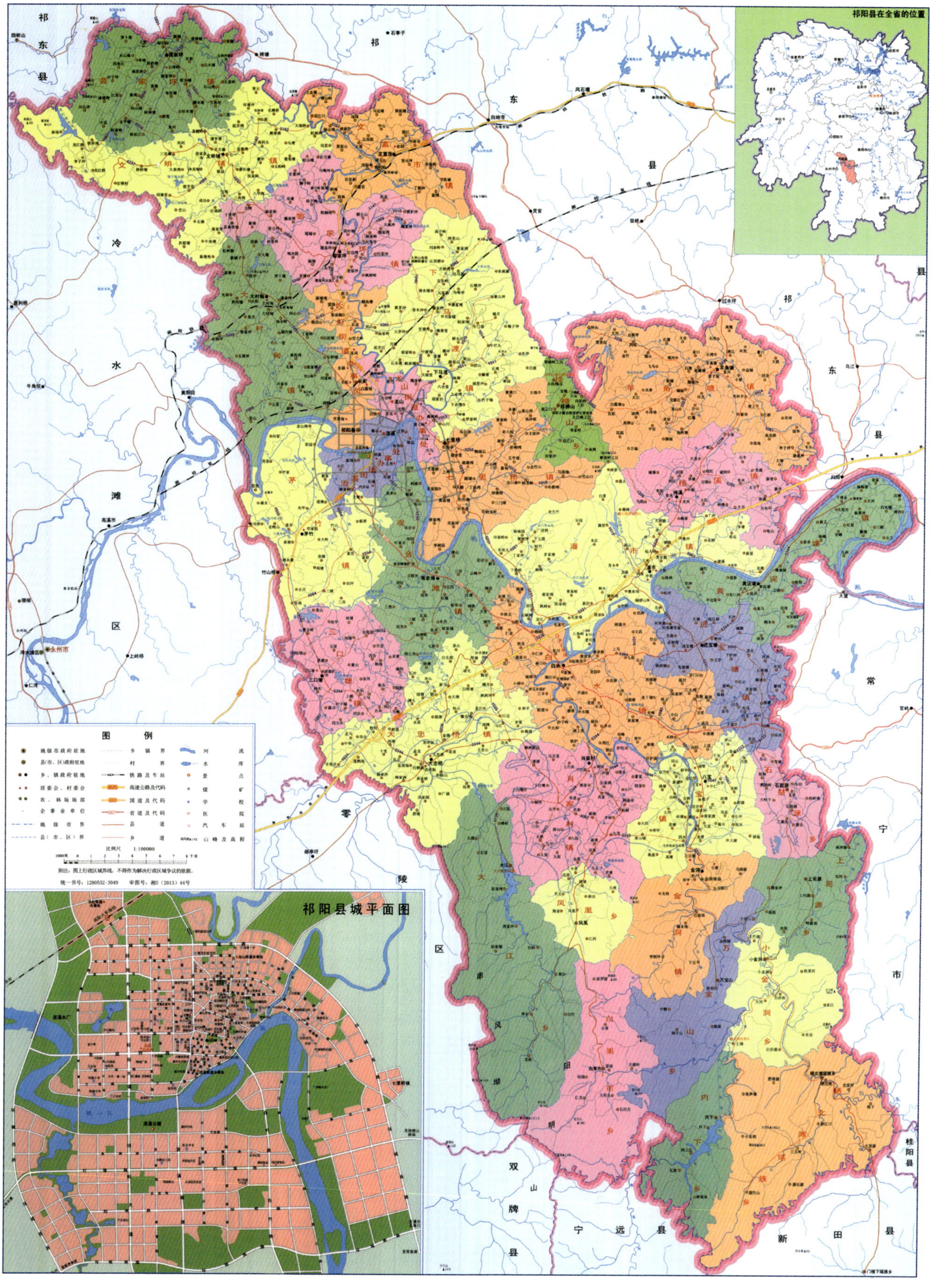
祁阳县在全省的位置
祁东县
冷水滩区
零陵区
双牌县
宁远县
新田县
桂阳县
常宁市
永州市
图例
地级市政府驻地
县(市、区)政府驻地
乡、镇政府驻地
居委会、村委会
农、林场场部
企事业单位
地级市界
县(市、区)界
乡镇界
村界
铁路及车站
高速公路及代码
国道及代码
省道及代码
县道
乡道
河流
水库
景点
煤矿
学校
医院
汽车站
山峰及高程
比例尺 1:100000
1000米 0 1 2 3 4 5 6 7 8千米
附注：图上行政区域界线，不得作为解决行政区域争议的依据。
统一书号：1280552·3049 审图号：湘S（2013）44号
祁阳县城平面图

领　　　　导

2014年，在上级党委、政府的亲切关怀下，县委、县政府团结带领全县人民积极应对经济下行压力和其他多方面挑战，着力调结构促转型、抓改革促创新、惠民生促和谐、转作风促执行，全县经济社会保持持续快速健康发展的良好势头。

2014年，全县地方生产总值、固定资产投资、金融机构各项存贷款余额均成功跨越200亿关口，全年实现地方生产总值217.4亿元，同比增长9.6%，其中，第一产业43.5亿元，增长4.9%；第二产业82.9亿元，增长11.1%；第三产业91亿元，增长10.3%；固定资产投资232.2亿元，增长20.4%，其中，第一产业投资8.96亿元，增长19.0%；第二产业投资106.67亿元，增长13.6%，其中工业投资106.2亿元，增长13.6%；第三产业投资116.56亿元，增长26.9%；金融机构存款余额224亿元，增长14.2%。财政总收入11亿元，增长12.1%；社会消费品零售总额49.1亿元，增长12.3%；农民人均纯收入9904元、城镇居民人均可支配收入21768元，分别增长11%和7.7%；全面小康实现程度达到75%。全县实际到位外资1.3亿美元、内联引资64亿元。全年外贸进出口总额突

2014年6月，副省长盛茂林（左一）莅临祁阳县指导工作

2014年11月19日，湖南省人民检察院党组书记、检察长游劝荣（左二）调研祁阳县检察工作

2014年8月，省政协副主席、“杂交水稻之父”袁隆平（右二）院士深入祁阳县调研超级稻种子繁育和“种三产四”基地建设

2014年6月，省发改委党组书记、主任谢建辉（右三）到祁阳县调研指导城市建设、项目建设和经开区建设等工作

关　　怀

破2亿美元。被列为全省新型城镇化试点县、全省“飞地经济”试点县、国家智慧城市试点县。

2014年收获了一系列“国”字号先进荣誉：祁阳先后被评为全国粮食生产先进县、生猪调出大县、全国首批农村职业教育和成人教育示范县和全国科技进步先进县、科普示范县。计生工作和职业教育分别被评为“全国人口和计划生育优质服务先进单位”和“全国职业教育先进单位”；龙溪村被列为全国传统村落文化保护利用示范村。

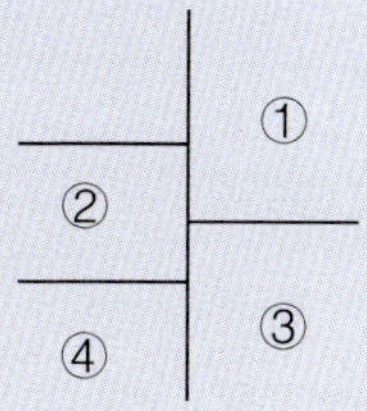

①市委书记陈文浩（左三）在观音滩镇红心火龙果基地调研

②市委副书记、市长向曙光（右二）深入祁阳县调研

③市人大常委会主任高建华（左三）等领导率部分市人大代表视察祁阳县农村产权制度改革工作

④市政协主席唐定（右二）到祁阳县指导工作

①2014年1月1日—3日，祁阳县举办首届房产交易会

②9月29日，浯溪水厂扩建和提质改造工程开工，日供水能力将由3万吨提高到9.9万吨

③6月6日，祁阳县举办第十一届银企合作洽谈会

④8月13日，祁阳县与广东省农垦集团公司签订意向协议，拟投资10亿元建设15万亩高产油茶林示范基地，图为签约现场

⑤12月19日，祁阳农村商业银行挂牌开业、正式运营

①3月27日，祁阳县城市管道燃气项目开工，图为启动仪式
②雄伟壮观的祁阳火车站
③2014年底完工的祁（阳）冷（水滩）快速公路
④县城西区新貌
⑤提质改造后的县城民生路

①9月28日，全市工业园区项目建设流动现场会祁阳县现场

②2月12日，全市农田水利建设现场会在祁阳县召开

③祁阳县开展米粉专项行动，让居民吃上安全放心早餐

④11月27日，祁阳县创建国家卫生县城正式拉开序幕，图为“创国卫”游行宣传现场

⑤9月30日，在县城龙山烈士陵园举行公祭烈士活动

县委书记魏湘江、县长周新辉等领导深入园区项目工地为项目建设排忧解难

祁阳海螺水泥厂一角

凯盛鞋业生产车间

日新月异的祁阳县经济开发区

祁阳白水科技工业园全貌

美星光电有限公司外景

肖家镇九泥茶叶生产基地

油茶生产基地

中共祁阳县委员会

县委书记　魏湘江

县委副书记、县长　周新辉

县委副书记　宋振平

县委常委、宣传部部长　邓年生

县委常委、纪委书记　庾庐山

县委常委、常务副县长　黄赞校

县委常委、政法委书记　唐恒杰

县委常委、县委办主任　邓晓阳

县委常委、副县长　左雅婷

县委常委、组织部部长、统战部部长　蔡富强

县委常委、副县长　彭丹

县委常委、人武部部长　龚红辉

祁阳县人大常务委员会

主任　黄春华

副主任　尹显乾

副主任　柏曼红

副主任　蒋忠朝

副主任　李建民

副主任　刘晓春

祁阳县人民政府

县委副书记、县长　周新辉

县委常委、常务副县长　黄赞校

县委常委、副县长　左雅婷

县委常委、副县长　彭丹

副县长　陈环玉

副县长　唐安宝

副县长　谢铁山

副县长、公安局局长　陈志标

副县长　雷秀新

政协祁阳县委员会

主席　郑弋

副主席　陈振文

副主席　于建春

副主席　文英雄

副主席、文广新局局长　黄爱蓉

副主席、工商联主席　桂湘

目　录

中共祁阳县委员会

祁阳县人大常务委员会

祁阳县人民政府

政协祁阳县委员会

人 民 团 体

国　防

法　治

综合经济与管理

农业经济

工　业

商业・贸易

国土环保·城建城管

交通·通信

财税·金融

科技·教育

文化·卫生·体育

社会管理与服务

镇乡办场概况

金洞管理区

人　　物

主要统计资料

文件选编

特　　载

在县委十一届四次全会暨县委经济工作会议上的讲话

县委书记　魏湘江

同志们：

为进一步改进会风，县委决定将县委全会和县委经济工作会议合并召开，县委全会工作报告以书面形式印发。县委高度重视这两个会议，在春节前就进行了部署，安排全体县委常委、副县长利用春节假期，分课题开展调查研究，要求各镇乡办场和县直各部门认真总结谋划。春节长假之后，县委又安排了一天半的时间专门召开务虚会，与会县级领导及有关部门和单位负责人，就如何做好今年的工作各抒己见，在领导层面进一步统一了思想、形成了共识。2月26日，县委常委扩大会议专题讨论了县委全会工作报告和县政府工作报告，明确了今年的发展目标和任务。因此，今天这次会议的主要任务是，全面贯彻落实中央和省委、市委经济工作会议精神，表彰奖励全县2013年经济工作先进单位和个人，安排部署2014年经济工作，动员全县上下为实现“领跑永州、争创一流”目标而努力奋斗！

应当充分肯定，2013年，通过广大党员干部群众的共同努力，全县经济社会发展保持了良好势头。一是经济指标稳中有升。GDP、财政总收入、固定资产投资、规模工业增加值等主要经济指标超额完成预期任务，其中财政总收入再创新高，总量达到9.82亿元。二是项目建设稳健实施。成功争取全省特色县域经济重点县等重大项目，引进世界500强企业华润集团等战略投资者，纳入省“三个一”重大工程项目和市“十百千工程”管理考核的重点项目均超额完成年度计划，凯迪生物质发电、千山医疗器械、东骏纺织等一批重大项目加快建设。三是重点工作稳步推进。粮食生产、计划生育、职业教育、科技进步、农机推广等工作可圈可点，获评“国”字号荣誉；推进新型工业化、农业产业化、招商引资、对外贸易、安全生产、油茶生产、重大动物疫病防控等工作成效显著，被评为全省先进；还有一系列工作走在全市前列，得到了市委、市政府的表彰。这些成绩的取得，是全县人民同心同德、艰苦奋斗的结果，特别是各级各部门领导干部付出了艰辛的努力。为了在全县干部队伍中树立干事创业的导向、营造创先争优的氛围，县委、县政府决定对2013年度全县经济社会发展中涌现出来的先进单位和个人进行表彰。借此机会，我代表县委、县人大、县政府、县政协，向全县广大党员干部群众，表示衷心的感谢！向今天受到表彰的先进单位和个人，致以崇高的敬意！

今年是深入贯彻落实党的十八届三中全会精神、全面深化改革的开局之年，是落实“十二五”规划的关键之年，也是加快建成全面小康社会的重要之年。做好今年的经济工作，意义十分重大。今天印发的县委全会工作报告和在县人大、政协“两会”协商审议通过的政府工作报告，对全年工作进行了具体安排。全县各级各部门一定要按照县委、县政府的决策部署，全面深化改革、转型创新发展，奋力谱写领跑争先新篇章。下面，我就如何做好今年的经济工作，讲三个方面的意见。

一、认清形势，把握大局

思想是行动的先导。做好今年的经济工作，基本前提是要科学判断发展形势，准确把握发展大局，形成领跑争先共识。

（一）要领会中央和省市新要求，切实把握大方向。去年年底以来，中央、省委、市委先后召开了经济工作会议，中央和省委从当前形势出发，站在全局和战略的高度，明确提出了今年经济工作的总体要求。概括起来，中央的总体要求就是“八个字”“六大任务”：“八个字”即“稳中求进、改革创新”，经济增长的预期目标定为7.5%左右；“六大任务”就是“切实保障国家粮食安全；大力调整产业结构；着力防控债务风险；积极促进区域协调发展；着力做好保障和改善民生工作；不断提高对外开放水平”。省委提出，今年全省经济工作最核心的是要坚持稳中求进、改革创新，最根本的是要促进“三量齐升”、保障和改善民生，并确定经济增长的速度为10%左右。市委经济工作会议安排部署了今年及今后三年的工作，明确了“四个三”的工作重点，即实现新型工业化、中心城市建设、基础设施建设“三大突破”；推进行政管理体制、农村产权制度、社会治理机制“三项改革”；坚持生态、教育、就业“三项优先”；抓好城镇与农村、当前与长远、经济与社会发展“三项统筹”；同时确定今年的经济增长速度为10.5%左右。对中央和省委、市委提出的今年经济工作新要求，我们一定要深刻领会、准确把握，切实把思想统一到中央和省委、市委的决策部署上来，结合祁阳实际，科学谋划并努力抓好今年的经济工作。

（二）要认清区域竞争新格局，切实增强紧迫感。大家应当看到，近年来我县经济社会发展虽然很快，但要在永州领跑、在全省争先，面临的压力还很大。从全省来看，我们与发达地区的差距越来越大。2013年，在全省县域经济综合实力领跑的长沙、浏阳、宁乡等县市继续在大基数上高速增长。从GDP来看，长沙、浏阳、宁乡分别增长10.8%、13.8%、14%；我们的增幅是9.5%。从财政总收入来看，长沙、浏阳、宁乡分别增长20.7%、31.58%、18.58%，我们的增幅是20.3%。与这些标兵相比，我们不但经济总量偏小，而且增速也不是很快，发展稍有松懈，差距就会越拉越大。从全市来看，我们与兄弟县区的竞争越来越激烈。先看总量，2013年，我县GDP的绝对额虽然名列全市第一，但增幅只排在第五；财政总收入冷水滩以9.84亿元的总量继续名列全市第一，江华以26%的增长速度名列全市增幅第一，我县增幅名列第六，全市共有冷水滩、祁阳、零陵、宁远等4个县区过8亿元。此外，如果神华火电项目今年开工建设，东安的发展后劲将十分强劲。再看均量，我县主要经济指标人均水平基本处在全市中游甚至下游位置，比如人均GDP去年我们只排在第五位，而人均财政收入排到了第十位，只高过新田县。从自身来看，我们加快发展的任务越来越重。当前，全球经济发展不确定、不稳定因素增多，国内经济增长下行压力加大，加之我们本身经济基础薄弱，大项目不多，外贸进出口总量偏小，消费增长缓慢，土地、环境、劳动力等传统优势逐渐减弱，培育新的经济增长点任务艰巨。种种迹象表明：祁阳正处于爬坡上坎、不进则退的紧要关头，绝不能有半点懈怠，更不能有丝毫松劲。“沉舟侧畔千帆过”，我们唯有大干苦干，真抓实干，才能在近乎“白热化”的区域竞争中杀出一条“血路”，在全市全省新一轮发展中保持领跑争先位置。

（三）要立足加快发展新起点，切实提振自信心。尽管祁阳的发展面临不少困难与挑战，但我们可以有信心说，今天的祁阳发展来势稳健，已经到了“天时、地利、人和”的发展新阶段。所谓“天时”，就是政策机遇良好。今年，中央将继续实施积极的财政政策和稳健的货币政策，李克强总理在今年的政府工作报告中指出，中央预算内投资拟增加到4576亿元，这些资金将重点投向保障性安居工程、农业、重大水利、社会事业等领域，特别是将进一步加大对粮食主产区、粮油猪生产大县和新型城镇化等方面的投入。我县作为全国粮食生产先进县、全国生猪调出大县、全国油茶产业基地建设示范县，等等，争取上级政策和资金支持的空间将十分广阔，将迎来重大政策利好。所谓“地利”，就是发展基础坚实。经过历届县委、县政府的努力，祁阳加快发展已具备一定基础。从产业基础来看，机电制造、矿产资源深加工、清洁能源、轻纺制鞋、农副产品加工等主导产业初具规模，祁阳海螺水泥、科力尔电机、凯盛鞋业、皓志稀土、浯溪电站、湘祁电站等骨干企业发展势头强劲，凯迪生物质发电、千山医疗器械等一批大项目将投产达效。从发展平台来看，祁阳经开区新区已开发6平方公里，水电路讯等基础设施日趋完善，入园企业达到48个，用工近1万人，已建标准厂房35万平方米。从配套保障来看，电力保障有力，我县拥有装机容量近30万千瓦的5座水电站、2个220KV变电站，这在全省各县区中是极为少见的；特别是随着湘桂复线全线贯通，祁阳已正式进入“高铁时代”，交通运输更为便捷通畅。所谓“人和”，就是干事氛围浓厚。我来祁阳工作这一个多月，让我感受最深的就是祁阳的干部想干事、会干事、能干成事，目前县几大家班子空前团结，各级各部门真抓实干，全县党员干部干事创业的劲头十足，人民群众追求幸福美好生活的愿望强烈。古人讲，天时不如地利，地利不如人和，现在三者都具备了，我相信，祁阳的事情我们一定能办好，领跑争先的目标一定会实现。

二、理顺思路，加快发展

根据中央和省委、市委的决策部署，立足祁阳实际，今年全县经济工作的总体要求是：深入贯彻落实党的十八大和十八届三中全会精神，以稳中求进、改革创新为核心要求，以领跑永州、争创一流为总目标，突出工业抓产业、突出项目抓投入、突出“创卫”抓城建、突出创新抓改革、突出民生抓稳定，切实提高经济发展质量和效益，推动经济社会更好更快发展。工作目标是：地方生产总值增长10.5%以上，财政总收入增长15%，规模工业增加值增长12.5%，固定资产投资增长25%以上，社会消费品零售总额增长14.5%，城乡居民收入增长13%，全面小康实现程度提升8个百分点，完成省市下达的节能减排约束性指标。

今年的经济工作千头万绪，实现既定目标，既要统揽全局，又要突出重点。具体讲，要突出抓好以下五个方面的工作：

（一）要突出工业抓产业。实践证明，工业是经济发展的第一推动力，工业兴则经济兴，工业活则全盘活。必须把大办工业作为经济工作的第一要务，以新型工业引领现代农业、服务业发展，形成“工业主导、以工促农、三产协调”的产业发展新格局。一是要舞活工业龙头。始终坚持走工业强县之路，以超常力度抓企业培育、抓园区建设、抓要素服务，加速推进新型工业化。第一，要狠抓企业培育。目前，祁阳规模企业虽然数量较多，但是“块头”普遍偏小。今后要更加注重向规模经济要速度、要效益、要实力，突出抓好重点骨干企业、规模企业和中小企业分层扶持工作，尽快形成大企业顶天立地、小企业铺天盖地，大企业增强实力、小企业充满活力的良好局面。特别是对海螺水泥、科力尔电机、皓志稀土、凯盛鞋业等重点骨干企业，要实行重点帮扶，积极推动皓志稀土、科力尔电机等企业上市，力争在全市各县区中率先实现民营企业上市，年内年产值过亿元企业45家以上、税收过1000万元企业8家以上、新入统规模企业8家以上。对广大企业家和投资者要多予、少取、放活，激发他们的创业活力。第二，要狠抓园区提升。要大力提升园区实力。继续举全县之力推进祁阳经开区新区建设，狠抓园区项目招商，抓紧签约项目落地动工，加快在建项目进度，促进生产企业达产增效，力争经开区规模工业总产值突破100亿元，加快创建国家级经开区步伐。要大力提升园区设施。按照“工业新城、城市新区”的要求，进一步完善园区水、电、路等基础设施和公租房、学校、医院、市场等生活性配套设施，经开区新区要完成基础设施投入2亿元、扩园2平方公里。要大力提升园区特色。园区经济实质就是特色经济。经开区的产业发展目前已有一定特色，以凯盛鞋业为龙头的轻纺制鞋业规模还可以，但总体来看，园区的特色主导产业还不够鲜明，产业集聚效应还不强。今年一定要在引进优质企业上下功夫，争取达到“引进一个企业，兴起一个产业，打造一个产业集群”的效果。重点要加强与蓝思科技这样的一流企业对接，把电子信息产业打造成经开区的一大特色产业。第三，要狠抓要素服务。围绕企业发展，着力破解资金、土地、劳动力、能源等难题。要积极争取用地指标，大力盘活存量土地，严肃查处违法用地，努力节约集约用地，全力保障重点项目用地。要采取订单培训、校企对接、建立城乡劳动力资源库等方式，全力保障企业用工。要积极推动银企对接，做大做强中小企业担保公司，全力保障企业“用钱”。二是要放大农业优势。祁阳是农业大县，“三农”工作既是重点，也是亮点。要坚持用工业理念抓农业，转变农业发展方式，提高农业现代化水平。重点要在“三个一”上下功夫，即保住一块牌子、抓实一个项目、建好一个园区。保住一块牌子，就是要保住全国粮食生产先进县这块牌子。确保粮食安全，始终是发展现代农业的首要任务。要通过大兴农田水利、严控耕地抛荒、强化科技推广等措施，推动全县粮食生产稳定发展。抓实一个项目，就是要抓好全省农副产品加工产业重点县建设这个项目。要优化项目扶持方式，强化项目资金监管，严格项目绩效考核，切实把重点县建设资金用好用活。要通过重点县建设项目的实施，大力扶持一批农业龙头企业、建设一批高标准农产品基地、培育一批新型农业经营主体，推动全县农副产品加工产业大发展，力争经过三到五年的努力，使我县农副产品加工由“小打小闹”发展到多龙腾飞、强龙劲舞之势，在全省形成亮点、创出特色。建好一个园区，就是要建好现代农业示范园。要全面启动示范园建设工作，高标准做好园区规划，力争一年快速启动，两年初具规模，三年大见成效。三是要提升服务业水平。要以文化旅游为重点，大力促进服务业发展提速、比重提高、水平提升。祁阳山青水秀，人杰地灵，有全国最大的露天碑林浯溪碑林，有比京剧历史还早400年的祁剧，旅游文化资源丰富，开发潜力巨大。特别是湘桂高铁开通之后，从祁阳坐高铁到长沙只需要90分钟，到桂林也只需要2个小时，我们要充分利用好这一机遇，大力挖掘现有文化资源，把旅游发展与文化繁荣结合起来，与非物质文化遗产的传承、保护和利用结合起来，进一步提升旅游业发展水平，努力将祁阳打造成南岳衡山—桂林旅游“黄金走廊”上的重要节点城市。今年，重点要提升浯溪碑林风景名胜区内涵，争创全国爱国主义教育基地、加快建设浯溪现代碑廊，在高水平策划规划的基础上，积极筹划启动浯溪公园扩园，切实保护传承好浯溪碑林这一宝贵历史文化遗产。同时，要大力引进国内外知名服务业品牌，积极发展金融服务、商贸物流、电子商务、服务外包等现代服务业，推动服务业向专业化、品牌化方向发展，培育新的经济增长点。

（二）要突出项目抓投入。项目是经济之母、财富之源、民生之本。扩大投入稳增长，必须以项目为主抓手，以新项目、好项目为支撑，要通过大抓项目、抓大项目，拉动投入大幅增长，推动经济快速发展。首先，抓项目要有钉钉子精神。要盯住产业项目、基础设施项目、生态环保项目、民生项目不放，大力发扬想尽千方百计、历尽千辛万苦、说尽千言万语、走遍千山万水的“四千”精神，以超常力度跑项争资和招商引资。要认真研究国家改革政策、产业政策、资金投向和扶持重点，精心包装一批高质量、高标准、高层次的好项目，充分利用一切人脉资源和有利条件，紧密衔接国家和省相关部门，及时掌握项目信息，及时组织项目申报，特别是对重大项目，要领导挂帅、专班跟踪、合力攻关、坚决突破，今年力争到位无偿资金10亿元以上，重点跟踪落实好石漠化治理、“五小”水利、国家级重点生态功能区、新埠头水厂建设等重大项目。要采取上门招商、网上招商、以商招商等多种形式，瞄准世界500强、跨国企业、央企、国内行业龙头和战略投资者加强对接，引进一批总部型、龙头型、补链型的项目和企业，全面提升项目的签约率，力争全年引进重大项目50个以上，其中亿元项目5个以上，实际利用外资1.2亿美元、内联引资60亿元。在注重“引进来”的同时，还要加快“走出去”步伐，积极培植出口大户，巩固提升全省外贸强县地位，力争外贸进出口总额突破1.5亿美元。其次，抓项目要有实质性突破。今年，全县纳入市“十百千”工程监管的项目共有100个，投资规模达60亿元。要把这些项目按“前期工作、续建、新建、完工”等不同要求分类，确定每个项目的年度建设目标，对项目建设遗留问题实行“大会诊”和强攻坚，坚决破解“征地拆迁难”“项目落地难”等难题，确保每个重点项目的建设都有新进展。在具体工作中，要扎实做好衡永高速、浯溪水利风景区、杨梅湖综合开发、浯溪生态新城开发、银光粮油与省粮油集团合作等重大项目的前期工作，力争在下半年取得突破；要全面启动食品产业园、华润燃气、富福制衣、优力维特电梯、王府坪市场改扩建等一批重大项目，加快推进祁阳海螺水泥、千山医疗器械、凯盛鞋业等项目的二期工程和新埠头水厂等重大项目建设，抓好祁阳大道、祁冷快速干线、木金公路等续建项目，全面完成年度目标任务。再次，抓项目要有科学化机制。在领导机制上，要继续完善重大项目责任制、领导挂点联系和责任追究制，实行“一个项目、一名领导、一套班子、一抓到底、保证完成”。在督查机制上，要紧盯项目的履约率、开工率、投产达效率，以此作为考核评比的重要依据。县考核办、发改委要切实加大对重点建设项目的督查力度，尤其是对进展缓慢、无法开工、未达到进度的项目，要盯住不落实的事，查处不落实的人，一月一督查，一月一分析，一月一通报，确保项目各项工作各个环节落实到位。在考评机制上，要优化项目考核导向，修改重点项目考核奖惩办法，拿出更加完善、更加具体、更能让人眼红心跳的奖励办法，对新引进、新争取、新开工的大项目、好项目要重奖，奖得让人眼红、让人热血沸腾，用最有效的奖惩，在全县树立起最鲜明的导向，引导更多的干部去研究项目工作、投身项目建设。

（三）要突出“创卫”抓城建。城市是地方最大的名片，也是最大的资源。近年来，我们祁阳在推进新型城镇化建设上力度很大，成效明显，创造了自己的特色和经验，县城连续十二年保持了“省级文明卫生县城”称号，并被省政府规划为“到2020年中心城区人口过50万”的全省7个优先发展县城之一。但也要清醒地看到，我县城市规划建设及经营水平还不高，管理方式也比较粗放。因此，县委、县政府决定从今年开始，用三年时间创建国家级卫生城市。全县各级各部门要以三年创“国卫”为抓手，全面提升城镇规划建设管理水平，大力提升宜居宜业宜游指数，加快建设品质活力县城。一是要围绕创“国卫”做高城镇品位。创建国家级卫生城市，是对城市品位的全面提升，首要任务就是要提升规划建设品质。去年召开的中央城镇化工作会议，对城镇建设提出了很多崭新的理念，比如，城镇建设要“让居民望得见山、看得见水、记得住乡愁”，这是顺应自然的理念；要“融入现代元素，更要保护和弘扬传统优秀文化，延续城市历史文脉”，这是古今交融的理念；“要让群众生活更舒适”，这是以人为本的理念，等等。我们要认真领会运用这些新理念，高起点策划、高水平规划、高标准建设城镇。要始终坚持“先策划、后规划”，舍得花钱花力气聘请顶级策划公司对县城及各片区的战略定位、产业安排、功能布局等进行论证研究，以策划提升规划、以规划引领开发。今年要完成县城总规修改方案的报批，对一些专项规划进行相应修改或重新编制。要坚持以规划指导建设，牢固树立精品意识，抓好县城道路提质改造，大力推进浯溪生态新城、原种场、杨梅湖和新火车站等片区开发，启动环城北路、环城东路、祁水河大桥和电站坝桥扩宽等项目，形成建设一个项目、带动一方繁荣、打造一带景观的综合效应。二是要围绕创“国卫”做优城镇环境。创建国家级卫生城市，最核心的任务是要改善人居环境，让城市环境更加秀美、城市管理更加有序、城市生活更加舒适。全县各级各部门要以此为要求，以管好车、造好绿、扫好地、亮好灯这“四好”为重点，齐心协力打一场城镇管理攻坚战和持久战。第一，要管好车。大力开展交通秩序专项整治行动，着力解决城区交通肠梗阻、城市公交客运秩序不规范的问题，营造通畅顺达、安全有序的交通环境。第二，要造好绿。多栽树，多种草，多养花，对新建改造道路进行高标准绿化，不断提高城镇绿化的覆盖率。第三，要扫好地。广西柳州曾先后三次获全国卫生城市，各地前去学习取经，市里的领导总是说“国卫”是“扫”出来的。要加大环卫基础设施投入，加大卫生清扫保洁力度，深入开展城乡环境同治，时刻保持街道、社区卫生整洁。第四，要亮好灯。加大街道、广场及重点部位照明设施亮化维护和改造力度，使之成为城镇的绚丽景观。同时，要大力推行数字化管理，启动“数字城管”体系建设，提高城市管理精细化水平。三是要围绕创“国卫”做活城镇经营。加快城镇化建设，最根本的是要解决好钱从哪里来的问题。要通过市场运作的手段，做活城镇经营文章，多渠道筹措建设资金。要盘活土地资源。高度垄断土地一级市场，加大土地收储力度，力争新征土地10000亩以上、新报批土地3000亩以上、新开垦土地3000亩以上。要严厉打击非法买卖集体土地行为，凡是党员干部及国家公职人员参与非法交易土地的，要严格问责，依法依规严肃处理。要进一步修订完善征地拆迁政策，创新安置模式，让全体居民共享城市开发成果。要激活社会资源。做实城建投等融资平台，多渠道融资，向社会要钱；搞好土地出让，向土地市场要钱；争取政策性银行、商业银行贷款，向银行要钱；争取上级支持，向政策要钱；采取BT（建设—转让）、BOT（建设—经营—转让）、TOT（移交—经营—移交）等融资模式，向民间要钱，千方百计筹集建设资金，确保城镇化建设顺利推进。

（四）要突出创新抓改革。今年是全面深化改革的第一年。要切实抢抓改革机遇，不断创新推动科学发展的体制机制，以改革的“一马当先”带动经济社会各项事业的“万马奔腾”。一是要踏准改革节点。习近平总书记强调，“要有序推进改革，该中央统一部署的不要抢跑，该尽早推进的不要拖宕，该试点的不要仓促推开，该深入研究后再推进的不要急于求成，该得到法律授权的不要超前推进。”因此，在改革过程中，我们要始终准确把握改革节奏，对已经部署的各项改革，边试边改、务求实效；对上级主导和操作的重大改革，把握节奏、统一推进；对方向明确但认识还不深入的改革，试点先行、逐步推开；对祁阳急需进行的改革，积极研究、稳妥推进，确保改革方向不偏、步骤不乱。二是要把握改革重点。根据省、市的安排部署，结合祁阳实际，在统筹抓好各领域改革的同时，今年着重抓好以下几方面改革。第一，要深化行政体制改革，把政府职能转变好。做好“对接”文章，用好省市下放的行政审批权；做好“压减”文章，压减审批项目和时限，加快行政审批“瘦身”和提速；做好“规范”文章，统一规范政务服务中心内窗口单位的办理标准和模式，实行网上审批，并统一纳入全省网上审批和电子监察系统。第二，要深化农村产权制度改革，把农村活力激发好。要在落实集体所有权、稳定农户承包权、放活土地经营权方面积极探索、大胆改革，积极推进农村土地承包经营权向专业大户、农民合作社、家庭农场等新型农业经营主体集中，发展适度规模经营。要认真做好土地承包经营权的确权、编制农地规划和县、乡、村三级土地承包经营权流转服务和纠纷调解仲裁体系建设等基础性工作，为土地流转创造条件。第三，要深化社会治理机制改革，把群众利益维护好。按照“信息化支撑、网格化管理、全程化服务”的方向，积极创新社会治理路径。信息化支撑，就是以“数字城管”为突破口，推进城市管理、社会治理、公共服务“三位一体”的电子政务平台建设。网格化管理，就是要将城区划分为若干网格单元，实行小区域、模块式的扁平化管理，让社会治理落实到小区、到楼栋、到个人。今年要选择一个街道办事处进行试点，明年在县城全面推行网格化管理。全程化服务，就是要进一步整合基层民生服务资源，采取联合办公、集中受理的方式，做好服务群众工作。同时，要切实加强社区建设，提高社区服务居民能力。第四，要深化财政体制改革，把财政资金使用好。以“对接、整合、引导、盘活”为主要内容，创新公共财政管理体制，增强财政保障能力。三是要打造改革亮点。祁阳历来就是改革的试验区，有很多全国、全省性的改革都放在祁阳试点。比如，我县是全国县级公立医院综合改革试点县、是全省财政支持农业生产全程社会化服务试点县，黎家坪镇是全国发展改革试点小城镇，等等。因此，在新一轮的改革中，我们既要统筹推进、重点突破，又要先行先试、打造亮点；不仅要积极争取更多改革试点政策，最大限度收获改革红利，更要结合实际在农村土地流转、涉农资金整合、新型城镇化建设等重点领域和关键环节探索新路、创造经验。尤其要努力争取全省扩权强县试点，为县改市打下基础。

（五）要突出民生抓稳定。坚持民生优先、推动民生幸福，是赢得人民拥护、凝聚发展合力、维护大局稳定的治本之策。全县各级各部门要始终把民生建设作为党委最大的政治、政府最大的政务、干部最大的政绩，带着感情带着责任做好各项民生工作，以民生大改善促进社会大和谐，确保社会大稳定。一是要着力抓好最基础的工作。围绕解决好根本性和普遍性的民生问题，坚持不懈地推进基本公共服务体系建设，提高基本民生保障能力。要实施更加积极的就业政策，着力解决好高校毕业生、进城农民工、城镇困难人员等群体的就业问题，争创省级创业型城市。要发挥社会保障的“兜底”作用，全面推进社会保险扩面，推动新农合支付方式改革，抓好公租房、廉租房和农村安居工程建设，让每一个祁阳人都生活在更加完善的社会保障网中。二是要着力解决最现实的问题。对今年县政府工作报告中承诺的十件民生实事，要认真研究分解，逐一拿出方案，落实工作责任，强化督促检查，做到件件有交待，事事有落实，绝不能失信于民。各镇乡办场和县直各部门要围绕城乡居民衣食住行、就学、就医、就业、社会保障等方面的实际问题，继续兴办一批看得见、摸得着的实事，让人民群众得到更多的实惠。要创新信访维稳工作新机制，妥善解决群众反映的信访问题，全面推进依法治访，力促信访形势根本好转，实现信访总量退出全市前3位。三是要着力帮扶最困难的群体。要抓好扶贫开发，办好发展生产、健全公共服务和教育三件大事，实行精准化、精细化扶贫，让贫困群众早日脱贫致富。要做好访贫问苦、特困救助工作，进一步完善社会救助体系，积极解决好城乡低保户、五保户、残疾人、贫困户等弱势群体、困难群众的基本生活问题，确保每一位困难群众都能得到及时有效的帮助。四是要着力保障最基本的权利。要深入开展社会治安综合治理，始终保持对各类违法犯罪的高压态势，集中警力破获一批刑事案件，打掉一批黑恶势力，摧毁一批犯罪团伙，严惩一批违法犯罪分子，着力解决群众反映强烈的治安问题，不断提高全县人民的安全感，确保综治民调在全省排位前进30位以上、社会管理综合治理工作进入全市先进县行列。要时刻绷紧安全生产这根弦，严格落实安全生产责任制，持续开展安全隐患排查整改，认真抓好煤矿和非煤矿山、危险化学品、建筑施工、交通运输等领域的安全工作，坚决杜绝较大以上事故发生，保持全省先进县荣誉，争创全省示范县。

三、强化保障，狠抓落实

实现全年工作目标，必须加强组织领导，强化保障措施，狠抓工作落实。

（一）要强化领导保障。各级党委要切实加强对经济工作的领导，凝心聚力推动经济社会持续健康发展。一是要发挥总揽全局作用。着力加强对经济形势的跟踪研判，加强对重大问题的调研和对重大项目建设的统筹安排，科学确定目标任务和工作重点。从县委到乡镇党委，每个季度至少要召开一次经济形势分析会，每个月至少要进行一次重点项目、重点工作调度。二是要发挥协调各方作用。要大力支持人大依法监督、政府依法行政和政协履行职能，引导党代表、人大代表和政协委员积极参政议政，充分调动各方面的积极性。要精心组织开展群众路线教育实践活动，切实为群众解决实际问题，更好地凝聚广大群众的力量。各级各部门要牢固树立核心意识，对党委作出的决定、严明的纪律，要令行禁止、坚决执行。三是要发挥表率示范作用。广大党员领导干部要着力提高领导经济工作的能力和水平，重点要在提高思想政治能力、动员组织能力、驾驭复杂矛盾能力、改革创新能力上下功夫。要坚持从县四大家班子做起、从镇乡办场党政主要负责人做起，从全体科局一把手做起，带头联系项目、联系企业、联系村组，在经济发展中带头抓落实。

（二）要强化队伍保障。领跑永州，争创一流，干部队伍是关键。一是要选好人。要用新理念选人，坚持新时期好干部标准，不搞“唯票、唯分、唯GDP、唯年龄”。要从主战场选人，坚持“四个优先”，对在项目建设、服务企业、招商引资、艰苦环境中做出突出贡献的干部优先提拔。要以好作风选人，坚决刹住跑官要官风、说情打招呼风、许愿讨好风，营造风清气正的选人用人氛围。二是要用好人。要树立正确用人导向，坚持用人看作风、看落实、看效果，把宝贵的岗位留给干事创业的人，用有限的职数提拔尽职尽责的人，真正让有为者有位，无为者失位，不为者退位。要加强干部交流，进一步加大城乡之间、部门之间、乡镇之间和岗位之间等不同层面的干部交流力度，通过干部交流这一有力杠杆，调优领导班子结构，调出干部队伍活力。要切实关爱基层干部，激发他们干事创业的积极性。三是要管好人。要建立领导干部实绩卡，对各镇乡办场和县直单位的党政正职，在完成县委、县政府所抓的重点工作、中心工作和政令畅通情况等方面进行记录考核，对实绩进行横向和纵向排队。要探索建立干部分类定级管理机制，对各镇乡办场、县直单位的党政正职和班子成员，根据工作实绩，分类评定等级，实行动态管理，作为干部选拔任用的重要依据。

（三）要强化作风保障。实干创造实绩，作风决定作为。抓好全年工作，特别需要以过硬的作风抓落实。一是要勇于担责。各位县级领导要率先垂范、带头担责，对牵头的一线、分管的一片、主抓的一块，工作要率先启动，任务要率先完成，项目要率先落实。县直单位要把服务作为第一位的责任，全心全意服务群众、服务基层、服务发展，把全部心思放到支持企业，服务项目上来。乡镇干部要强化岗位责任，建立岗位目标责任制，各乡镇党委书记作为一把手，要落实好抓班子带队伍的第一职责，不仅自己要以身作则，敢于迎矛盾、破难题，而且要对副职放权、放手、放心；乡镇长要摆正自己的位置，既要全力支持书记的工作，更要认真落实自己的职责，配合书记抓好乡镇各项工作。二是要勤于干事。一勤天下无难事。抓落实，必须有强烈的紧迫感和责任感，自觉做到不等、不慢、不拖，说了算、定了干、马上办，宁肯人等事，不能事等人，以最快的速度抓落实，以最短的时间见实效。三是要敢于攻坚。当前，资金缺乏、征地难、拆迁难、信访形势严峻等因素直接制约我县的发展。面对这些难题，大家要知难而上，克难奋进，不躲事，不怕事，坚持一件一件地抓，一个节点一个节点地抓，一个难题一个难题地抓，积小胜为大胜，集小成为大成。

（四）要强化环境保障。发展环境问题，既是一个老问题，也是一个新课题，各级党委政府一直高度重视。今年的省人大、政协“两会”，从省委、省政府领导层到人大代表、政协委员，集中讨论的一个重要议题就是发展环境问题。大家一致认为，坚持实干兴湘，加快富民强省，必须优化发展环境。这一点，祁阳也不例外，必须坚定不移、坚强有力地优化发展环境。一是要优化人文环境。同一个祁阳，同一个梦想。无论是本地人还是外地人，在祁阳工作都是祁阳人，大家应当对祁阳有一种归属感，以当一个祁阳人而自豪。要加大宣传力度，宣讲好祁阳故事，传递好祁阳声音，维护好祁阳形象，引导全县广大干部群众热爱祁阳、建设祁阳、发展祁阳。二是要优化政务环境。要把公开晒权、公开承诺、公开问政、公开测评、公开曝光“五项制度”落到实处，特别是对那些窗口单位和与老百姓生活息息相关的部门，要主动曝光一些问题，让那些单位的领导出出汗、红红脸，要让老百姓评价部门工作，不断提高工作效率和水平。要切实加大对破坏发展环境案件的查处力度，争取每个月查处一至两起案子、处分一至两人。三是要优化建设环境。政法部门要继续组建一支强有力的打击队伍，出重拳，用重典，始终保持对项目建设领域违法犯罪行为的高压态势。特别是对强揽工程、强迫运输、强装强卸、强行阻工的行为，要从严打击，从快惩处；对参与“四强两违”、幕后煽动阻工闹事、策划上访的党员干部，一经查实，不管涉及到谁，不管后台有多硬，都要严肃处理，决不姑息迁就。要尽快撕开口子，揪出典型，杀一儆百，形成震慑效应。

（五）要强化机制保障。重点要建立健全三个方面的机制。一是要完善分工负责机制。下大力气调整工作领导体制，对过去名目繁多的领导小组、协调机构、指挥部要全面进行清理，重新成立推进新型工业化和园区建设、新型城镇化、农业农村、财税金融、社会事业、改革开放、考核评比、创国卫等工作领导小组，每一个小组都由县委常委挂帅，牵头相关县级领导和部门负责人，组成一个强大的领导矩阵。各个领导小组要切实担负起领导责任，主动抓好工作落实，干出成绩，干出经验。二是要完善督查倒逼机制。督查部门要尽快将上级党委、政府交办的和县委、县政府确定的重点工作、重大项目分解落实，做到责任明确、任务硬性、时间限定。特别是对县委全会报告和县政府工作报告确定的中心工作、人民群众关心的热点难点问题，领导交办的重大事项、要认真做好督促检查，及时掌握情况，及时找出症结，及时解决问题。对已经落实的要查成效，对正在落实的要查进度，对没有落实的要查原因，对影响落实的要查责任。三是要完善考核奖惩机制。重点要在创新考核办法、优化考核指标、整合考核资源、用好考核结果上做文章。在考核办法创新上，要全面实行分类考核，根据考核对象单位的工作性质、职责和任务，对县直单位和镇乡办场实行分类考核，同类别统一考核标准，增强考核结果的客观性。在考核指标设置上，要突出关键性指标、取消常规性指标，既要看共性指标、也要看个性指标，更好地发挥考核指标的“风向标”作用。在考核资源整合上，要有效整合县委督查室、县政府督查室和县绩效办、作风办、小康办、优化办等部门力量，构建县委直接领导下的大考核体系，避免多头考核、重复考核。在考核结果运用上，要取消以往凭票评优的做法，坚决将考核结果与评优、奖罚、任用挂钩；要设立重大贡献奖，对争取重大项目、获评重要荣誉、突破重点工作的单位和个人要实行重奖，让先进者无上光荣、后进者无地自容，在全县营造领跑争先、唯旗是夺的浓厚氛围。

同志们，领跑永州、争创一流，是时代赋予我们的历史使命，是全县人民寄予我们的殷切期望。我们一定要以更加饱满的热情、更加昂扬的斗志、更加务实的作风，攻坚克难、真抓实干，奋力谱写祁阳领跑争先新篇章、共同创造祁阳人民幸福美好新生活！

政府工作报告

——2015年3月2日在祁阳县第十六届人民代表大会第三次会议上

县长　周新辉

各位代表：

现在，我代表县人民政府，向大会作工作报告，请予审议，并请各位政协委员和其他列席人员提出意见。

一、努力攻坚克难，2014年工作取得新成效

过去一年，我们在市委、市政府的正确领导下，按照县委的决策部署，全力稳增长、促改革、调结构、惠民生，努力克服经济下行压力加大等不利因素影响，较好地完成了县十六届人大二次会议确定的目标任务。

（一）突出产业发展，综合实力稳步提升。推进“产业强县”战略，加快“四化两型”进程，产业经济较快发展。重要指标实现历史性突破。全县地方生产总值、固定资产投资、金融机构存款余额均突破200亿大关，分别达到217.4亿元、232.2亿元、224亿元，分别增长9.6%、20.4%、14.2%。全面小康实现程度达到75%。完成财政总收入11亿元，增长12.1%，其中地方收入增量税收占比提高2.4个百分点；税收过5000万元企业由1家增到3家，其中海螺水泥6774万元。工业经济提质发展。全县规模工业企业完成总产值159亿元、增加值47.1亿元，分别增长16.6%、12.2%，其中年产值过亿元51家，税收过1000万元7家；有6家公司被列为省重点上市后备企业，占全市1/2。工业项目建设来势看好，海螺水泥、凯盛鞋业、千山医疗器械、湘江稀土、科力尔电机等五大工业标志性项目二期工程加快建设，凯迪生物质发电、康都制药、东骏纺织二期、华庆泡绵等项目即将投产。鑫利生物、泰莱电子、华旺实业、江涵电子等多年未开工的项目全面开工。祁阳经开区新增基础设施投入2.5亿元，完成规模工业总产值110亿元，成为全市唯一过百亿县区工业园，被列为全省“飞地经济”试点。农业经济稳步发展。落实粮食播种面积162万亩，粮食总产稳中有增。国家农业综合开发现代农业示范园落户祁阳，632个村一事一议财政奖补、13座重点小二型水库除险加固、七里桥镇小农水、黄泥塘镇农业综合开发、八宝镇土地整理、县城堤防工程原种场段项目完成，集中供水工程、内下二级电站增效扩容改造、白水河治理、潘市镇农业综合开发有序推进，解决4.27万人不安全饮水问题；广东农垦集团15万亩油茶基地、农产品物流园项目启动。银光粮油与湘粮集团成功合作。“湘妹”商标被评为中国驰名商标，自然韵黑茶公司被认定为省级龙头企业。我县被评为全国粮食生产先进县、生猪调出大县和全省养殖业、水稻集中育秧先进县，以及全省生态公益林保护、农村土地纠纷仲裁、农村能源建设先进单位。第三产业加快发展。完成社会消费品零售总额49.1亿元，增长12.3%。旅游业发展较快，龙溪村被列为全国传统村落文化保护利用示范村，竹山雅苑被评为全省五星级乡村旅游示范点。金融业快速发展，县信用联社改制为祁阳农商银行。我县成为全市第一个“一县两行”县。

（二）狠抓城乡建设，承载能力明显提高。以县城创国卫为总抓手，加快城乡建设，城乡承载能力提高，保持“省级文明卫生县城”荣誉称号。城镇品位不断提升。全县城镇化率达42%，县城“一江两岸、一轴五星”发展格局初步形成。规划体系不断完善，县城总规修改获省住建厅批复，“四大片区”控规实施，祁阳经开区、浯溪风景名胜区建设规划完成设计招标，旅游、消防等专项规划初步完成。3个镇总规完成修编。祁阳被列为国家“智慧城市”试点县、全省新型城镇化示范县，被省政府定为重点支持撤县设市的县，为加快祁阳新型城镇化建设赢得了先机。县城建设成效明显。祁阳经开区、火车站等片区开发稳步推进，浯溪生态新城、杨梅湖片区、原种场安置小区、县城货运停车场、西区综合市场建设完成规划设计；民生路、平安路、新兴路、盘龙路、滨湖路提质改造有序推进，建设“五大管网”65千米，其中民生路完成路面、人行道和管网改造，平安路、新兴路、盘龙路完成人行道铺装；祁阳火车站广场完成绿化、美化、亮化和配套设施工程，成为县城建设的新亮点；新埠头水厂、污水处理、保障房、王府坪市场改造等工程加快建设，华润燃气主管网完成铺设，浯溪水利风景区开发、环城东路、环城北路等项目前期工作进展顺利。主次街道和小区清扫保洁、道路清洗、渣土管理明显加强；违章搭棚拆除1238个，小区集中整治有序开展，县城逐步变得敞亮、整洁、有序。小城镇建设扎实推进。黎家坪、白水镇被列为全国小城镇建设重点镇，白水、观音滩镇“六个一”改造提质工程有序推进。农村环境污染治理全面推进，八宝、七里桥镇垃圾清运模式运作良好，城乡面貌焕然一新。完善了农村宅基地审批管理，将县城规划控制区外村民建房用地的审核、审批、监管、查处等权限委托镇乡办场，规范农村建房管理实现破题。九洲、八尺等25个小康示范村面貌改观。我县被评为全省新农村建设先进县。生态文明建设加快。完成造林3.86万亩，森林覆盖率47.9%。湘江保护和污染防治第一个“三年行动计划”全面实施，湘江干流沿岸500米范围内50头以上生猪养殖场完成搬迁；河道采砂整治成效明显。基础设施进一步改善。祁阳出县通道建设步伐加快，祁冷快速干线建成通车，到市中心城区缩短为半小时车程，322国道绕城线完成南、北段主体工程，S320线改造竣工，木金公路路基初步完成，上大、黎马公路和千吨级码头建设前期工作加紧进行，衡永高速公路列入省建设规划；完成通畅公路205公里，改造危桥6座，行政村通畅率98%。民生设施日益完善。中医院新住院大楼投用，人武部指挥中心、公安局业务用房、陶铸体育馆、档案馆即将竣工，人民医院综合大楼主体工程正在建设。

（三）推进改革开放，发展活力不断增强。行政管理体制改革顺利实施。推行“四单”管理，减少行政许可项目8项，废止规范性文件66件；工商登记改革启动，在全市除试点单位外率先发出第一张“三证合一”营业执照，新注册企业465户，增长86%。用地、融资、用工“三大难题”实现根本性突破，新征地7133亩、批地2640亩；破解政府性融资瓶颈取得突破性进展，盘活资产25.57亿元，签约意向性融资22.9亿元，到位7.6亿元；金融机构贷款余额87亿元，比年初增长14%；园区新招工5800余人。县公共资源交易中心挂牌。农村综合改革深入推进，土地确权颁证工作基本完成，土地流转服务平台完善，新增土地流转面积24.6万亩、增长83.7%；新培育农村专业合作社127个，其中国家级1个、省级4个。开放型经济发展步伐加快，全年向上争取项目300个、资金28.8亿元，增长16.5%；新批利用外资项目5个，承接产业转移项目69个，到位外资1.3亿美元、增长29%，内联引资64亿元、增长16%。外贸大幅增长，进出口总额突破2亿美元、增长116%。我县被评为全省发展开放型经济先进县。创新型祁阳建设加快推进。获省政府专利奖1

项，科技对经济发展的贡献率达 53.5%，保持全国科技进步先进县、科普示范县和全省科技成果转化示范县荣誉，被列为全省可持续发展实验区。人才引进工作有新进展，公开招考公务员 19 人、事业单位人员 286 人。

（四）加强民生保障，人民生活日益改善。实现城镇居民可支配收入 21768 元，农村居民可支配收入 9904 元，分别增长 7.7%、11%。财政总支出 35.2 亿元，增长 15%；民生支出占财政总支出的比重达 84%。在全面完成省市确定的为民办实事基础上，较好地完成县委、县政府确定的城区供水、就业保障、保障性住房建设、城区学校大班额、城区道路提质改造、城乡农贸市场改造、“五小”水利建设、电网改造、食品安全、城乡环境卫生治理等“十件实事”年度任务，解决了一批群众期盼多年、久而未决的难题，实现了向全县人民的庄严承诺。为民办实事工作被评为全省先进。县财政投入 1.2 亿元，在收购浯溪水厂后，用不到 5 个月的时间，将日供水能力由 3 万吨提高到 10 万吨；开工建设新埠头水厂一期工程，县城缺水老大难问题得到了根本性解决。开展了以湿米粉和食用油为重点的食品安全专项整治、城乡环境卫生治理和公路“三乱”“超限超载”治理，受到群众广泛好评。社会就业工作得到加强。新增城镇就业 7212 人，转移农村劳动力 9000 余人。国有农林场危旧房改造完工，农村危房改造 1500 户，新建保障性住房 828 套，分配公租房 1734 套，发放租赁补贴 1787 户、140 万元，困难群众居住条件得到改观。新增城区学位 3000 余个，城区学校大班额问题得到缓解。启动王府坪农贸市场改造升级，完成三口塘农贸市场改造任务，取缔马路市场 17 处；县城机械化屠宰场建成投用。“五小”水利建设加快推进，完成山塘清淤扩容 1500 口，整修渠道 216 公里，新改建小泵站 100 座；电力建设得到加强，完成了 33 个县城台区、44 个行政村的农网改造升级和县城西区、梅溪 110KV 变电站前期工作。保障体系日趋完善。社会保险实现扩面征缴，被评为全省新农保工作示范县。推进新农合住院支付方式改革，实行“100+800（600）”付费模式，新农合参合率 98.87%，实际报账率由 58%提高到 65%。提高城乡低保、农村五保、医疗救助等社会救助标准，实行 65 岁以上老人免费乘坐公交车，65 岁以上失能、半失能老年人基本养老服务补贴发放率达到 50%，老年人和困难群体优待水平提升。扶贫开发有序推进，减少贫困人口 1.1 万人，被评为全省先进。湘祁水电站移民安置通过省级竣工验收，移民开发扎实有效。住房公积金财政缴存比例由 8%提高到 10%。第九次村委会换届选举完成。乡村运转经费保障水平提高，其中乡镇机关人平增加 1000 元，村均增加 5000 元、居委会增加 1 万元、村改社区增加 2 万元。社会事业全面进步。教育强县建设加快推进，完成 17 所合格学校和 65 所普惠性幼儿园建设，高考成绩居全市第一，3 人被清华、北大录取；县职业中专对口升学率连续四年全省第一，我县荣膺“全国农村职业教育和成人教育示范县”“全国职业教育先进单位”称号。医药卫生改革成效明显，医疗服务综合能力进一步提升。公共文化服务网络不断健全，潘市、黎家坪镇文化站被评为全国一级站。竞技体育获省十二运会金牌 5 枚，群众体育丰富多彩。农村无线数字电视用户新发展 2500 户、安全平移 2 万户，有线电视用户新发展 2000 户，广电新闻宣传工作被评为全省先进。农民负担监管工作得到加强。人口计生工作上新台阶，保持“全国人口和计划生育优质服务先进单位”“全省人口和计划生育先进县”称号。全国第三次经济普查和档案工作获全省先进。支持工青妇和工商联等人民团体履行职能，发展合力增强。审计、统计、盐业、石油、物资、供销、邮政、通讯、二轻、气象、水文等工作协调推进；民族宗教、民兵预备役、消防、人防、残联、红十字会、老干部、关心下一代、机关事务等事业健康发展。

（五）强化社会治理，和谐祁阳开创新局。扎实开展社会治安、县城公共客运、土地市场秩序“三大整治”，从乱到治的社会治理新体系初步建立。以空前的力度开展“打黑除恶”和打击“黄赌毒”专项行动，严厉打击各类违法犯罪活动，刑拘犯罪嫌疑人1052人，以郭某某为首、横行祁阳多年的重大黑社会性质组织被彻底摧毁，“打黑除恶”、禁毒、禁赌工作均排全市第一，社会面盗抢发案率下降，部分行业垄断行为得到有效遏制，社会治安秩序大为改观，重塑了群众对党委、政府“打黑除恶”的信心。强力推进县城公共客运整治，收缴非法营运车辆200台，查获违法车辆241台，近10年“黑车”横行的势头得到根本遏制；投放的士100台、公交车40台，有效缓解了客运压力。坚持动真碰硬，查处违法用地96宗，拆除违规建筑26处；推行货币安置、小区集中安置等方式，实现征地拆迁安置成功转型。安全生产形势持续好转，关闭退出落后小煤矿13家，我县连续四年被评为全省安全生产先进县，被省政府命名为全省首批安全生产示范县，安全生产监管监察工作被评为全国先进。长虹街道、七里桥镇被评为全省安全生产示范乡镇（街道）。推行轻刑快办、公开听证化解模式，信访形势总体向好，进京非正常上访总量退出全市前3位。

（六）提升执行能力，政府建设得到加强。以党的群众路线教育实践活动为契机，认真贯彻落实中央和省、市作风建设规定，大力改进学风文风会风，全面清理超标办公用房和公务用车，大力压缩“三公”经费支出，切实解决“四风”突出问题，查处涉农、涉法涉诉、安全生产、食品药品等方面典型案例396个、572人；清理多占办公用房面积6193平方米；压缩“三公经费”747万元，降低23%，政府行政效能不断提高。扎实开展“正风肃纪”、电视问政、县直机关满意度民主测评等活动，敢于直面困难，勇于攻坚突破，切实解决了一批群众反映强烈的突出问题，高效推进了一批事关全局的改革事项和重大项目，政府公信力和干部队伍执行力得到提升。沿江路改扩建遗留问题、浯溪水厂收购、泓溧水泥收购以及浯溪电站坝桥断头路等多年未解决的顽症迎刃而解，社会反响良好。坚持依法科学决策，完善政府工作规则，规范行政决策程序，政府工作科学化、规范化、民主化水平不断提高。加强“六五”普法教育，全民法律素质提升，“法治祁阳”进程有序推进。严格执行县人大及其常委会的决议决定，自觉接受法律监督和工作监督；全力支持县政协履行政治协商和民主监督职能，全年办理人大代表建议327件、县政协委员提案233件，办复率100%。扎实推进惩防体系建设，查处违纪案件81件，处分90人。

各位代表，祁阳的发展已步入新阶段。过去一年所取得的成绩，是县委统揽全局、正确领导的结果，是县人大、县政协加强监督、全力支持的结果，是全县人民万众一心、奋力拼搏的结果。在此，我代表县人民政府，向辛勤工作在各条战线、各个岗位上的全县人民，向各位人大代表和政协委员，向驻祁武警、消防官兵和公安政法干警，以及所有关心、支持祁阳发展的同志们、朋友们，表示崇高的敬意和衷心的感谢！

在总结成绩的同时，我们也清醒看到，经济社会发展面临的困难和问题仍十分突出。发展基础不牢、经济总量不大、产业层次不高仍是基本县情；产业发展不快、骨干财源不多、内生动力不足、发展环境不优仍是突出短板；土地保障难、资金筹措难、社会治理难、防范金融风险难仍是最大瓶颈；解决“四风”问题、创新体制机制、提高行政效能仍是艰巨任务。对此，我们将采取有效措施，认真加以解决。

二、正确研判形势，主动适应经济发展新常态

2015年是全面深化改革的关键之年，也是

"十二五"收官和"十三五"规划的谋划之年。当前，祁阳处于迎难而进的攻坚期、抢抓机遇的关键期、稳定向好的发展期。政府部门要把思想和行动统一到中央关于新常态的重大战略判断上来，做到观念更新、方法对路、工作得力，努力实现新常态下的新发展。

（一）认识新变化，抢抓新机遇。具体来看：增长潜力更大。国家出台了一系列政策措施，积极鼓励引导社会投资，加强棚户区改造、中西部铁路、重大水利工程等重点领域建设。这将给我县稳增长、调结构带来巨大的项目空间。改革红利更多。随着全面深化改革的持续推进和既定改革方针政策的逐步落实，市场主体的决定性作用将进一步释放，微观主体活力、全民创新创业活力将进一步激发，有利于加快实现动力转换。发展空间更广。新常态下腾出粗放式经济增长模式所占有的产能空间、资源空间、生态空间，有利于我们拓展新能源产业、文化旅游产业、现代服务业等资源节约型和环境友好型产业。

（二）分析新形势，应对新挑战。主要表现在：经济下行。新常态下，我县经济增长的不确定、不稳定因素持续增多，信贷资金向实体经济传导不畅，要素成本上升，企业生产经营困难增多，稳增长任务十分艰巨。风险增加。伴随着增速下行和结构调整，经济运行出现明显的边际变化，如民间借贷风险、产能过剩等，一旦措施不当，调控不力，极有可能演化为相互交织的系统性风险。财政趋紧。国务院出台的系列调控性文件，对维持财政平稳运行提出新要求。我县过去重要财源如传统产业、高能耗产业和过剩产能相继退出，税源建设将面临较长阵痛期。转型困难。我县产业基础尚不牢实、科技含量不高，增长动力欠缺，基础条件比较薄弱，创新发展能力不强，难以迅速适应转型升级的新要求。

（三）适应新常态，树立新思维。牢固树立主动超前思维。超前谋事，未雨绸缪，加强预测和研究，增强工作的预见性和方向性，保持时间超前性。牢固树立高铁思维。充分认识高铁带来的区域经济加速融合的机遇，积极利用高铁带来的信息流、人才流、物流和新业态，培育新的经济增长点。牢固树立移动互联网思维。借助移动互联网在创新驱动发展中的先导性、决定性作用，在商业运营、物流、金融业等方面早谋划、早行动，力求在互联网经济占有一席之地。牢固树立人力至上思维。强化人才使用、引进和培养，加快创新创业平台建设，保障各类人才在祁阳有用武之地、有作为空间。牢固树立法治思维。坚持以法治为引领和保障，把法治精神、法治意识和法治方式渗透到依法治县的全过程，渗透到依法行政和经济工作的各领域，渗透到大众创新、万众创业的各方面。

（四）明确新要求，强化新举措。善于冷静研判。切实把握宏观经济走势，承接祁阳发展来势，增创新的发展优势；深入研究政策，把握中央和省里政策的指向、内涵、路径、着力点，努力向政策要项目、要红利、要保障。坚决守住底线。既要守住稳增长的底线，确保一定的速度和效益，打好经济发展的"组合拳"；又要守住控风险的底线，加强预防和调控金融、民间融资、政府债务、房地产等方面的风险。坚持问题导向。坚持用辩证唯物主义和历史唯物主义方法，认真分析，具体研究，抓住矛盾，找准症结，有的放矢。务求精准高效。一切工作务必实打实，立足大局，把握细节，做到更具体、更细致、更管用、更具品质。

新的一年，机遇与挑战同在，希望与困难并存。只要我们进一步提振信心，奋发有为，就一定能够顺应新常态、引领新常态。

2015 年政府工作的总体要求是：以党的十八大、十八届三中、四中全会和中央、省、市经济工作会议精神为指引，坚持稳中求进工作总基调，主动适应经济发展新常态，贯彻落实县委"三个三"工作部署，以全面建成小康社会为总揽，狠抓改革攻坚，突出创新创业，着力转型升级，加强民生保障，切实提高经济发展质量和效益，推动经济平稳健康发展和社会和谐稳定。主要预期目标是：地方生产总值增长9.5%，财政总收入增长12%，固定资产投资增长20%，规模工业增加值增长12%，社会消费品零售总额增长13%，城镇登记失业率控制在4%以内，全面小康实现程度提升8个百分点，城乡居民收入增长与经济发展同步，约束性指标达到省市要求。实现上述目标，必须着力在深化深入、提高提升、落地落实上下功夫，在重点工作、发展难题、关键举措上求突破，努力提升全县经济发展整体水平。

三、坚持务实创新，推动经济社会又好又快发展

今年，政府及其部门要重点做好以下六个方面的工作：

（一）加快重点项目建设，切实增强发展后劲

项目是发展之基、产业之母、财税之源。从一定意义上讲，抓项目就是抓经济、抓发展。必须强化项目统揽意识，以项目促发展、增后劲。

强化项目前期工作。深入研究新常态下国家政策取向和投资重点，做好项目开发、包装、申报工作，常年储备项目200个以上，力争10-15个重大项目进入省“十三五”重点项目实施计划。2015年向上争取项目300个以上，到位无偿资金15亿元以上。着力抓好衡永高速公路、祁阳千吨级码头、湘江稀土产业园、湘江治理、挂榜山风力发电等重大项目前期工作。

强化重点项目实施。全年实施重点项目60个、完成投资50亿元以上。产业项目方面，力促广东农垦集团农产品物流园、湘粮集团粮油产业园、东方日升100兆瓦光伏发电、康都膳食、红星美凯龙家居商业城、小微企业创新创业园、富福服装等项目开工建设；海螺水泥、凯盛鞋业、千山医疗器械、科力尔电机、湘江稀土、东骏纺织、华庆泡绵等二期工程和电子信息产业园、鑫利生物、凯迪生物质发电、泰莱电子、合丰拉链、江涵电子、华旺实业等项目建成投产；争取稀土资源综合利用产业园、海螺新型环保建材产业园落地。基础设施方面，322国道绕城线、木金公路建成通车，启动黎马、祁冷快速干线城区段、上大公路建设，完成S320线白水至木梓圩段提质改造；祁阳火车站广场配套工程竣工投用；实现100%的行政村通水泥路。启动县城西区和梅溪110KV变电站建设，抓好农网升级改造。农业方面，实施病险水库除险加固“百库工程”、内下二级电站增效扩容改造、应急水源、一事一议奖补和四大灌区渠系配套项目，抓好土地开发整理、新增粮食产能、农业综合开发、小农水项目建设，完成5.4万亩高标准农田建设。民生项目方面，力促人民医院综合大楼主体完工，人武部指挥中心、公安局业务用房、陶铸体育馆、县档案馆建成投用。

强化要素保障。创新融资模式，拓展融资渠道，金融机构新增贷款16亿元以上；重点项目建设融资16亿元以上。完善征地拆迁安置模式，实行项目用地捆绑报批，探索集体建设用地流转方式，确保项目建设供地3000亩以上，动态储备土地1万亩左右。完善项目建设全程跟踪服务，建立规划、评审、办证、拆迁、补偿、安置工作全程协调服务机制。减少审批事项，简化办事程序；从严打击“三强”“两违”行为，进一步优化项目建设环境。

（二）实施产业强县战略，不断提升综合实力

大力推进新型工业化。坚持大抓工业、抓大工业，全年实现规模工业总产值180亿元、增加值52亿元。发展集约集聚产业。整合提升农副产品加工、矿产品精深加工、机电制造等优势产业，改造提升稀土、冶炼、建材、烟花爆竹等传统行业，力推银光粮油与湘粮集团深度合作。培育发展战略性新兴产业，重点发展先进装备制造、电子信息、生物医药、新能源新材料

等产业，拉长产业链条，壮大产业规模。培育高端高效企业。实施骨干企业提升、中小企业成长、小微企业培育“三大工程”，积极推进创新驱动发展，推进产学研深度融合，加快培育一批骨干企业，其中年产值过亿元企业55家、过5亿元10家，新增规模企业10家；力争3年内将海螺水泥、凯盛鞋业、科力尔电机、千山医疗器械、湘江稀土5个企业培育成年产值过10亿元、年税收过亿元的标志性企业。打造创新创业园区。以实施“135”工程为契机，推动祁阳经开区创新发展，争创国家新型工业化示范基地。建设1个创新创业园，力争两年内新扩园面积3平方公里，新建标准厂房40万平方米以上，引进50家以上创新创业企业，其中投资过亿元项目达到20个，园区用工规模达到2万人。启动建设小微企业创新创业园，规划用地1000亩，发展工业地产，整体承接战略投资者建设“飞地”工业园。加快园区路网、安置小区、污水处理、燃气管道和学校、医院、市场等配套设施建设，力争全年园区基础设施投入2.5亿元，加快“工业新城、城市新区”的形成。

大力发展特色农业。以特色县域经济重点县建设为契机，加快推进农业现代化。培育大产业。围绕优质稻、油茶、茶叶、果蔬、畜禽、花卉苗木等产业，培育发展农业产业化龙头企业，力争新增国家级龙头企业1家、省级2家以上，年销售收入过5000万元企业5家以上。推进粮食高产创建，大力制止耕地抛荒，力争粮食播种面积162万亩以上，粮食总产65万吨以上，巩固全国粮食生产先进县地位。发展规模养殖，全年饲养生猪220万头、出栏生猪125万头以上，继续保持全国生猪调出大县地位。建设大基地。实施广东农垦集团15万亩高产油茶、湘粮集团30万亩优质稻和10万亩高产油茶、自然韵万亩有机黑茶、云南天昌生态科技万亩名贵中药材、温氏集团40万头生猪等基地建设，发展25万亩油菜、7万亩外销蔬菜基地，培育火龙果等特色种植基地。开发林下经济。优化大布局。推进国家农业综合开发现代农业示范园建设，构建“一核、二带、五区”产业布局。“一核”，即依托祁阳经开区，建设农副产品加工核心区；“二带”，即打造沿湘江和祁冷快速干线生态休闲观光旅游农业产业带、沿S320线20公里生态休闲观光体验农业产业带；“五区”，即依托产业优势，集中发展粮油果蔬、畜禽水产、苗木花卉、特色种植、休闲观光等特色农业示范区。推进大服务。推进农业生产全程社会化服务，加强农产品质量监管，大力扶持有机特色农业，提升重大动物疫病防控水平，争创全省农产品质量安全示范县。积极培育新型农业经营主体，年内新发展农民专业合作社100个以上，其中省级示范社1家以上。完成农村土地确权颁证和农地规划编制，有序推进土地流转，争创全国土地流转平台建设试点县。加强农产品名牌创建，新增省级以上名牌产品1个、“三品”认证10个以上。

大力发展现代服务业。积极发展现代物流业。以祁阳经开区为核心，筹建原料进出、精深加工、展示推广、产品交易、仓储配送等功能于一体的生产性物流园区；以祁阳火车站为节点，祁冷快速干线、祁阳大道为轴线，筹建集商流、物流、信息流、资金流于一体的电子商务物流园区；以县城西区为中心，瞄准红星美凯龙、沃尔玛、碧桂园等战略投资者，筹建大型超市、综合市场、商贸批发于一体的城市综合体。年内力争德鑫物流园、祁达钢材物流园、广东农垦集团农产品物流园和湘粮集团粮油产业园、兴龙国际购物中心开工建设。加快发展文化旅游业。推进100公里湘江综合旅游开发，完成浯溪省级风景名胜区规划编制和报批工作，启动陶铸故里和龙山公园创3A、浯溪碑林风景名胜区创5A景区工作，陶铸纪念馆和陶铸故居争创全国爱国主义教育基地，构建“百里湘江、山水画廊、和美祁阳”；实施浯溪公园扩园、浯溪风情小镇、浯溪水利风景区开发、长隆水上乐园建设，打造“一江两湖”特色景区，推动文化旅游融合发展。稳步发展现代金融业。加强金融产品创新，促进政银企深入合作，全力支持农商银行、村镇银行做大做强，引进华融湘江银行设立祁阳支行；强化金融生态建设，清理整顿投资公司，严厉打击逃废债行为，有效防范金融和债务风险，促进金融保险健康发展，争创全省金融支持现代农业示范县。鼓励发展新兴服务业。大力发展移动互联网、电子商务、文化创意、健康养老、中介服务等新型业态，培育住房、汽车、家居等消费热点。促进房地产业健康发展。

（三）全力推进新型城镇化，精心打造品质活力祁阳

加快建设新型城镇化示范县，争创国家卫生城市、国家智慧城市，打造品质活力祁阳。

建设新型城镇化示范县。按照“一江两岸、一轴五星”构架，加快实施“南拓、北扩、东靓、西优”战略，力争城镇化率提高1.5个百分点以上，打造全省新型城镇化示范县；加快推进撤县设市步伐，力争2015年取得实质性突破。坚持规划引领。坚持先策划后规划再计划，推进建设、用地、环保规划等“多规合一”，抓好土地利用总体规划修改；完成县城总规修改报批和控规评审报批，做好县城南区、西区、火车站片区、老城区控规编制；加强专项规划、镇村规划编制。突出县城建设。实施城区改造提质三年行动计划，完善设施配套，提升承载能力。县城重点抓好“三大工程”：县城路网工程，启动环城北路、环城东路（S231线）建设，加快完成环城南路、环城西路（G356线）规划，启动灯塔路大桥建设前期工作，祁阳大道建成通车，拉通人民西路、盘龙西路至祁阳大道，复兴路至盘龙路等断头路，形成对内大循环、对外大畅通的快速交通路网；片区开发工程，加快浯溪水利风景名胜区、浯溪风情小镇规划，启动原种场、浯溪生态新城、杨梅湖片区开发；站场建设工程，推进唐家岭汽车站、货运停车场、公交站场、王府坪市场建设。加强镇村建设。抓好2个全国重点镇建设，打造5个品质活力示范乡镇，培育一批工业强镇、商贸重镇和旅游名镇，打造小城镇建设样板街。启动“点亮祁阳”行动，对乡镇主要街道和小康示范村逐步安装路灯；拓宽乡村道路，提高群众出行舒适度。推进全面小康示范村建设，加强农村环境综合整治，建设秀美村庄，争创全省美丽乡村示范县。抓好村庄规划，规范农民建房，探索“小组生”新农村建设试点，办好25个村民集中建房示范点，打造2个省级美丽乡村；推进第三轮新农村示范村建设，将九洲村建设成为全省示范村。加强柏家、滴水、竹山等传统村落保护，让农耕文明的精华代代相传。

建设国家卫生城市。坚持建管并举，推动城市交通、市容市貌、卫生保洁管理常态化，市政管护、环卫作业市场化，建成城乡生活垃圾收集、清运、无害化处理系统。县城实行上门收集与定点收集相结合，全县垃圾无害化处理率90%以上。加大洗街、洒水频率，确保主次街道干净整洁。抓好一批市政工程、背街小巷和居民小区（城中村）改造，抓好城市亮化、绿化工程；强力开展市容、城市空间立面、“五小”行业、牛皮癣、城中村养殖场和交通、建筑管理秩序、房地产开发小区等专项整治和白蚁防治行动，集中整治、管理好出店经营、占道经营，引摊入市入店；狠抓控违拆违、土地市场清理和环境卫生专项整治，强化渣土管理。力争通过几年努力，把祁阳建设成为“环境优美、秩序优良、服务优质、市民文明、社会和谐”的国家卫生城市。

建设国家智慧城市。做好智慧祁阳顶层设计，借助大数据、云计算平台，建设智慧祁阳信息中心平台，推进电子政务、公共服务、社会治理三位一体数字化网络平台建设，推进基站大建设、宽带大提速、4G全覆盖。整合教育信息化、公安视频信息处理与运用、网格化管理信息平台建设资金，建设智慧产业和基础设施，打造基础平台、城乡一体化电商平台、智慧交

通、智慧城管、智慧教育、智慧社区、智慧医疗等示范工程。实施两化深度融合“111”工程和省政府促进信息消费十大工程，推进城市、园区、农地管理信息化，规划建设智慧产业园，完成2个市级两化融合重点项目以及15家数字企业创建任务。

（四）全面深化改革开放，充分释放发展活力

深化改革创新、扩大对外开放是适应新常态、实现新发展的内在要求，必须持之以恒，合力攻坚。

全面深化改革。推进政府机构改革和事业单位分类改革，完成机构整合和职能调整；抓好机关事业单位工资和养老保险制度改革。深入推进政务公开工作，推行“一窗式”审批；完善“四单管理”，推进简政放权，提升行政效能。加强财政预算体制改革，实行部门预算、“三公经费”全公开，改革乡镇财政管理模式，建立财税和土地出让金收入监管长效机制。深化工商登记制度改革，落实“宽进严管”措施，促进大众创业。加快户籍制度改革，推进农民市民化。

创新体制机制。推动投融资体制创新。进一步做实做强城建投、经建投等投融资平台，积极探索PPP等新型融资模式，在公共服务领域大力推行政府购买服务；积极化解政府债务；组建农建投、住保投，探索农地融资和保障房、棚户区改造融资新模式。推动科技创新。加快技术创新中心、技术研发中心等创新平台建设，增强企业自主创新能力，实施省级科技计划项目12个，申报专利200个，新增高新技术企业1个，保持全国科技进步先进县，力争国家“科技惠民”重大专项申报成功。加强创新型人才培养和选拔，大力引进专业技术人才，开发培训乡土人才。

不断扩大开放。依托商会协会，突出承接对接，推进小分队招商、产业链招商，积极引进一批央企省企、上市公司等战略投资者，引进投资3000万元以上的项目50个以上，到位外资1.5亿美元、内联引资70亿元，保持全省发展开放型经济先进县。扩大对外贸易，新增有出口实绩的企业2家，完成外贸进出口总额2.2亿美元以上。

（五）切实加强民生保障，不断提升“幸福指数”

切实保障和改善民生，让群众生活得更加幸福、更有尊严。

完善社会保障体系。大力开展就业优先工作，实施“一户一名新型职业农民”培养工程，做好就业培训和企业招工服务工作，成功创建省级创业型城市。全面推行城乡大病保险制度，加强社保基金征缴，实现五大保险参保90万人次、征缴额5亿元，各类社保待遇按时足额发放到位。扩大社会救助范围，全面整治城乡低保，保障特殊困难群众基本生活。推进社会养老服务，加强乡镇敬老院、农村幸福院建设与管理，新增养老床位200张；探索医养结合新模式。

坚持为民办实事。在完成省市为民办实事任务的基础上，着力抓好十件民生实事：①推进就业优先工程。培训1.5万人以上；实现城镇新增就业6600人、失业人员再就业3000人、就业困难人员再就业1100人、新增农村劳动力转移就业9500人。②推进新农合住院支付方式改革。患者住院实际补偿率为县级公立医院提高到70%以上、乡镇卫生院保持85%以上。③推进教育强县建设。新、改扩建中心幼儿园5所，建设合格学校16所，改造农村薄弱学校20所，完成65所学校信息化建设。④推进旧城改造和道路提质工程。完成道路提质改造年度任务和民生南路立面改造，打造富有时代气息和祁阳文化特色的样板街。⑤推进农贸市场改造工程。开工建设王府坪市场改扩建工程，完成2处农贸市场改造任务，取缔马路市场。⑥推进“两供两治”工程。完成新埠头水厂一期及华润燃气管网、站点建设；加大建制镇自来水提质扩容力度，加强饮用水源保护，确保水质达标；改造

城区雨污管网，启动黎家坪、城南污水处理厂建设；完成海螺水泥垃圾协同处理项目建设和道塘垃圾堆放场治理，加大垃圾无害化处理力度。⑦推进“两房两棚”工程。新建公租房2685套、农村危房改造2000户、城市棚户区改造1600户。⑧推进“放心食品”工程。巩固食品安全整治成果，确保食品药品安全监管全覆盖。⑨推进社区网格化体系建设。推动网格建设标准化、网格管理一体化、网格服务精细化，逐步实现“人在网中走，事在格中办”。⑩推进农田水利设施建设。完成市定“五小”水利工程建设任务；解决5.91万人不安全饮水问题。

加强生态建设。积极创建全国绿化模范县和省级园林城市，实施“三年绿化攻坚”行动，大力开展城市森林工程、通道森林工程、水系森林工程、山地造林绿化工程、绿色乡镇和秀美村庄工程建设，重点抓好湘江、祁水“两大水系”，浯溪、龙山、望浯“三大公园”，县城西区、祁阳经开区、浯溪风情小镇、祁阳火车站“四大片区”，祁阳大道、浯溪路、盘龙路、金盆路、灯塔路“五条道路”的绿化，构建“城在绿中、水在城中、人在景中”的秀美画卷。推进湘江污染防治“三年行动计划”，抓好湘江、祁水、白水河流域综合整治和重金属污染专项治理，启动湘江支流采砂整治。坚守耕地红线，确保耕地占补平衡。发展生态型循环经济，严格执行节能节地节水和环境、技术、安全等市场准入标准，坚决淘汰落后产能。抓好水资源保护，加强水库污染治理，巩固畜禽养殖污染治理成果。通过综合整治，让全县人民吸上新鲜的空气、喝上干净的水、吃上安全的食品。年内创建省级生态镇1个以上，市级生态村5个以上，积极申报国家重点生态功能区。

（六）统筹发展社会事业，保持社会和谐稳定

优先发展教育事业。深入推进教育强县建设，促进教育优先发展。加强基础设施建设，改善教育办学条件；优先发展普高、职业教育，力争全县高考一、二批本科上线2000人以上，保持全市第一，其中一批本科突破500人；县职业中专成功创建国家示范校，启动省卓越中职学校创建；支持发展民办教育；重视发展老年教育；稳步发展学前教育和特殊教育。

推动文化大发展、大繁荣。深入开展文明创建活动，保持省级文明县城荣誉。完善城乡公共文化设施，规划建设祁阳文化演艺中心、体育中心和工人文化馆，加强文艺创作，开展丰富多彩的文化生活。积极发展文化产业，强化文化市场和网吧管理。加强文物古迹保护和利用，做好祁剧、祁阳小调等文化遗产挖掘整理和保护传承工作，扩大祁阳文化影响力。推进双向网改，完成50%的乡镇有线电视数字化平移改造，安全平移无线数字电视2万户，逐步实现广播“村村响”、电视“户户通”。

积极发展医药卫生等社会事业。深化医药卫生体制改革和县级公立医院综合改革，加强医疗服务能力建设。抓好县卫生监督、急救指挥中心、祁阳经开区医院和乡镇卫生院建设，启动县妇幼保健院搬迁，完善医疗机构基础设施。强化体育设施，推进全民健身。加强人口和计划生育基层基础工作，推进整治“两非”行动，力保“国优”和省一类县称号。加强农民负担监管工作。抓好村民自治，完善农村“三资”管理。提高镇村运转保障水平，在去年大幅提升的基础上，乡镇机关人平增加1.02万元，村均增加1.5万元；加强乡镇机关“五小”设施建设和村级活动中心建设，改善镇村办公、生活条件。全面完成全国第三次经济普查，抓好全国1%人口抽样调查和第二次全国地名普查工作。统筹推进国防建设和民兵预备役工作。突出库区基础设施建设和移民产业开发，抓好精准扶贫，保护妇女、儿童、老年人和残疾人合法权益，改善困难群众生产生活条件。支持工青妇和工商联等人民团体履行职能。抓好物价、供销、物资、烟草、石油、邮政、民族宗教、外事侨务、档案、史志、保密、人防、气象、水

文、老干部、关心下一代等工作，确保各项事业协调发展。

维护社会和谐稳定。启动“天网”工程，完善城区电子监控系统，推动警力下沉、主动警务和智慧公安建设，提升社会整体防控能力和水平。强力推进“打黑除恶”专项行动，严厉打击“两抢一盗”、黄赌毒、非法集资等违法犯罪行为，做到命案必破、盗抢必打、有黑必除、有恶必铲、有黄必扫、有赌必禁、有毒必肃，还祁阳人民一个朗朗乾坤。深入开展“六五”普法，推进依法治县。推进领导干部下访包案、积案化解等工作，确保赴省进京非正常上访量持续下降，争创全市先进；综治民调在全省排名前移30位以上。深入开展“四大三基”三年行动计划，巩固全省安全生产示范县地位。完善突发事件应急管理和防灾减灾体系，提升突发事件处理能力。加强食品药品监管和工商、质量技术监督，积极开展“打黑除非”行动，严厉打击制售假冒伪劣行为，大力整顿和规范市场秩序。创新虚拟社会管理，依法规范网络行为。

四、坚持依法治县，切实加强政府自身建设

在全面推进依法治国的新形势下，政府及部门要自觉坚持在宪法和法律范围内活动，提高运用法治思维和法治方式谋划发展、解决问题、推动工作的能力，促进治理体系和治理能力的现代化。

（一）建设服务型政府。巩固扩大党的群众路线教育实践活动成果，按照政府“所有部门都是服务部门、所有岗位都是服务岗位、所有工作人员都是服务人员”的工作要求，自觉践行“三严三实”，持续开展电视问政、股室队所“满意度”测评等活动，加强政务服务、社区服务、电子政务等平台建设，不断提高办事效率、服务水平和群众满意度。铁腕整治“不作为、慢作为、乱作为”和“红顶中介”，消除行政审批“灰色地带”，斩断依附审批繁衍的利益链条，切实提升政府公信力和干部队伍执行力。

（二）建设学习型政府。坚持把学习作为改革创新的不竭动力，推进政府系统学习制度化、规范化、常态化。政府工作人员要牢固树立终身学习的理念，不断提高自身的政治素质、理论素养和政策水平；要带着问题学，围着问题干，做到学以致用、用以促学、学用相长，切实把学习的成果转化为谋划发展的思路、推进工作的举措、解决问题的办法、科学发展的成效。

（三）建设创新型政府。大力弘扬勇于担责、敢于破难的精神，坚决打破只求保险不担风险、只循陈规不探新路的保守思想。政府工作人员要敢于担当、敢于负责、敢抓敢管，善于全局谋划、科学规划和精细策划，真正把功夫用在注重实效、狠抓落实上，用在突出重点、突破难点上，用在推进发展、造福百姓上。切实增强目标和责任意识，完善政府绩效管理体系，健全重点工作推进机制，充分激发全县干群加快发展的能动性和创造力。

（四）建设法治型政府。严格按照法定权限和程序行使权力、履行职责，完善重大行政决策听证、专家咨询论证、合法性审查、风险评估等制度，推进政府工作法治化。自觉接受人大、政协监督，认真办理人大代表建议和政协委员提案，提升政府决策科学化水平。深入落实中央“八项规定”和省、市相关规定，着力纠正部门和行业不正之风；坚持零容忍的态度、猛药去疴的决心、刮骨疗毒的勇气、严厉惩处的尺度，将反腐进行到底，让权力阳光运行，切实做到干部清正、政府清廉、政治清明。

各位代表，祁阳的发展已经揭开新的一页。新常态蕴含新机遇，新形势催人奋进。让我们在县委的坚强领导下，在县人大、县政协的监督支持下，求真务实，锐意进取，扎实苦干，主动作为，为全面完成“十二五”规划，早日建成全面小康社会而努力奋斗！

在庆祝全国人民代表大会成立60周年大会上的讲话

县人大常委会主任　黄春华

同志们：

今天，我们在这里隆重集会，热烈庆祝全国人民代表大会成立60周年，主要是回顾总结人民代表大会走过的光辉历程和取得的巨大成就，坚定中国特色社会主义道路自信、理论自信、制度自信，进一步把符合我国国情的这一根本政治制度坚持好、完善好、发展好。借此机会，我谨代表县人大常委会，向在座的各位领导和同志们，并通过大家，向曾经为祁阳人大的发展作出过重大贡献的老同志，向全县各级人大代表，向工作在第一线的广大人大工作者，向多年来关心、支持人大工作的社会各界朋友，表示崇高的敬意和衷心的感谢！等会，县委副书记、县长周新辉同志将代表县委作重要指示，请大家认真领会，抓好贯彻落实。下面，我先讲三个方面的意见，供大家参考。

一、中国民主的伟大实践

在中国实行人民代表大会制度，是中国人民在人类政治制度史上的伟大创造，是深刻总结近代以后中国政治生活惨痛教训得出的基本结论，是中国社会100多年激越变革、激荡发展的历史结果，是中国人民翻身作主、掌握自己命运的必然选择。

（一）历史的必然。1840年鸦片战争后，中国逐渐沦为半殖民地半封建国家。积贫积弱、灾难深重的中国向何处去？各个阶级、各个阶层、各种社会势力围绕在中国建立什么样的政治制度和政权组织形式，展开了长期争论和激烈斗争。事实证明，不触动旧的社会根基的自强运动，各种名目的改良主义，旧式农民战争，资产阶级革命派领导的民主主义革命，照搬西方政治制度模式的各种方案，都不能完成中华民族救亡图存和反帝反封建的历史任务，都不能让中国的政局和社会稳定下来，也都谈不上为中国实现国家富强、人民幸福提供制度保障。始终以实现和发展人民民主为己任的中国共产党，在领导武装斗争、夺取全国革命胜利的同时，在建立新型人民民主政权及其组织形式方面进行了不懈的探索和实践。土地革命战争时期的工农兵苏维埃、抗日战争时期的参议会、解放战争后期和建国初期的人民代表会议，都是党领导人民创造的新的政权组织形式，都为新中国实行人民代表大会制度积累了丰富的经验。建国前夕召开的中国人民政治协商会议代行人民代表大会职权，会议通过的《共同纲领》，确定我国实行人民代表大会制度。1954年9月，第一届全国人大会议的召开和第一部宪法的颁布，标志着我国人民代表大会制度的正式建立。

（二）崭新的篇章。60年来，人民代表大会虽历经曲折，但始终伴随着共和国前进的脚步稳步前行。特别是党的十一届三中全会以来，党和国家把工作重心转移到社会主义现代化建设上来，社会主义民主和法制建设进入了新时期，人民代表大会制度不断焕发出新的活力。党的十一届六中全会通过的《关于建国以来党的若干历史问题的决议》指出：“逐步建设高度民主的社会主义政治制度，是社会主义革命的根本任务之一。建国以来没有重视这一任务，成了‘文化大革命’得以发生的一个重要条件，这是一个沉痛的教训。”党的十五大提出依法治国、建设社会主义法治国家的基本方略，强调人民代表大会制度的政体与我国实行的人民民主专政的国体相适应，不能照搬西方政治制度的模式。党的十六大提出建设社会主义政治文明，并把建设社会主义政治文明与物质文明和精神文明一道确定为全面建设小康社会的重要目标。党的十七大提出坚持中国特色社会主义政治发展道路，坚持党的领导、人民当家做主、依法治国的有机统一，坚持和完善人民代表大会制度。党的十八大及十八届三中全会吹响了我国新一轮改革的集结号，对深化政治体制改革作出了全面部署，明确要求推动人民代表大会制度与时俱进，推进这一制度的理论和实践创新。这是我们党坚持和完善人民代表大会制度的一次庄严宣示，揭开了人民代表大会制度建设的崭新一页。

（三）显著的成就。60年来的实践证明，人民代表大会制度是植根于中华大地、符合中国国情、具有中国特色的根本政治制度，是保证我国人民当家作主的最好的政权组织形式。以其人大代表的广泛性、与时俱进的先进性和组织形式的独特性，为人类民主进程作出了重大贡献！主要表现在三个方面：

1. 人民当家做主扎实推进。我国宪法历经5次修改，但都开宗明义明确规定：“中华人民共和国的一切权力属于人民。”人民通过各级人民代表大会行使当家作主的权力。各选区公民通过普遍的民主选举产生自己的代表，组成各级人民代表大会，人民代表大会依法选举产生本行政区域国家机关的领导人员和决定重大事项，保障广大人民充分享有宪法和法律规定的广泛民主、自由和权利。公民通过多种途径和方式主张自己当家作主的权力。可以评议、罢免人大代表，可以申请旁听人大及其常委会会议和各种听证会议，可以通过网络等形式对国家机关的工作建言献策、评头品足，可以批评和举报国家机关工作人员等。实践证明，人民代表大会制度广泛调动了人民群众建设社会主义的积极性、主动性和创造性，在党的领导下，有组织、有秩序地朝着既定的发展目标前进。

2. 依法治国方略全面落实。实行依法治国，建设社会主义法治国家，是党和全国人民的共同愿望。2011年3月10日，在十一届全国人大四次会议上，全国人大常委会委员长吴邦国郑重宣布：一个立足中国国情、适应社会主义初级阶段要求、体现党的主张和人民意志统一、符合改革开放和社会主义现代化建设要求、以宪法为统帅的多层次、多部门的中国特色社会主义法律体系已经形成。这是我国社会主义民主法制建设史上的重要里程碑，是中国特色社会主义制度逐步走向成熟的重要标志。法律体系的形成总体解决了有法可依的问题。为进一步营造“有法必依、执法必严、违法必究”的良好法治环境，我国大力开展法制宣传活动，已经连续开展了六个五年全民普法活动，法律知识得到较好的普及。各级国家机关依法行政、公正司法的氛围日益浓厚，全社会依法办事的理念深入人心，民主法制走向理性成熟。

3. 民主政治建设切实加强。经过60年的实践，人民代表大会制度已成为人民群众表达共同意愿、实现有序政治参与的重要制度载体，开明议政给中国带来了生机勃勃、公开透明的政治局面。全国人民代表大会邀请驻华使节旁听、海内外媒体采访，常委会议邀请代表列席；地方人民代表大会邀请公民旁听、常委会议邀请代表列席，向地方媒体开放，甚至现场直播，彰显了宽松稳定、团结和谐的政治环境。民主选举制度依法推行，差额选举不断扩大，县乡人大代表实行城乡人口同比例、按选区直接选举产生。会议表决改用无记名投票，更多地采用电子表决方式，保障了人大代表依法独立行使职权。人大会议对聚合民意、民智的承载力逐渐增大，人大立法、监督、决定重大事项从各个层次、各个领域扩大公民有序参与层面逐渐增多。这一系列看似平常的变化，体现了民主在开放中拓展、在开放中进步。

二、祁阳人大的坚实步伐

60 年来，人民代表大会制度在祁阳深深扎根并茁壮成长，为推进全县社会主义民主政治建设，推动祁阳经济社会又好又快发展奠定了扎实的政治基础。

（一）人大制度的建立发展。1954 年 7 月，祁阳县第一届人民代表大会第一次会议胜利召开，这标志着祁阳县人民代表大会的成立和人民代表大会制度在祁阳的确立，揭开了祁阳人民当家作主和地方政权建设的历史新篇章。人民代表大会制度在祁阳的建立和发展，大致可以划分为四个阶段。

第一阶段：人大制度的探索准备阶段。1949 年 10 月 9 日，祁阳全境获得解放。23 日，祁阳县人民政府在县城宣告成立。由此，祁阳各族人民在中国共产党的领导下，以主人翁的身份，登上了政治舞台，行使管理国家大事的权力。为建立人民民主政权，1949 年 12 月 9 日召开全县首届各界人民代表会议，代行人民代表大会职权。至 1954 年 3 月，历经两届共召开 13 次会议，对于调动全县广大人民群众当家作主的积极性，完成土地改革、征粮剿匪、抗美援朝、镇压反革命、恢复和发展生产等任务，实现向人民代表大会的过渡发挥了重要作用。

第二阶段：人大制度的初创阶段。1954 年到 1966 年，是人民代表大会制度在我县正式建立和初步发展阶段。1953 年 3 月，中央人民政府公布了《全国人民代表大会及地方各级人民代表大会选举法》，进行了中国历史上规模空前的普选，经普选产生的乡、县、省（市）各级人民代表大会机继召开。在此基础上，1953 年 12 月，祁阳成立选举委员会。1954 年 5 月，进行第一届普选。5 月至 6 月，全县各乡在普选的基础上召开人民代表大会，并选举产生县第一届人民代表大会代表共 445 名。1954 年 7 月 3 日，祁阳县第一届人民代表大会第一次会议在县城开幕，至 1964 年 8 月 21 日县五届人大一次会议，历经五届共召开 9 次会议。

第三阶段：人大制度遭到破坏的阶段。1966 年 6 月至 1976 年 10 月，“文化大革命”造成经济停滞和社会动乱，社会主义民主法制遭到肆意践踏，人民代表大会制度受到严重破坏，宪法和法律实际上失去了对国家政治生活的约束力。这一时期，祁阳县各级人民代表大会被迫停止工作，人民代表大会和人民委员会被革命委员会所取代。

第四阶段：人大制度恢复和发展阶段。党的十一届三中全会以来，人民代表大会制度在我县全面恢复和逐步完善。1978 年 1 月县七届人大一次会议至今，共历经 10 届召开 38 次会议。这期间有两大特点：一是根据 1979 年颁行修改的《选举法》，从 1980 年县八届人大换届选举开始，对县人大代表改等额选举为差额选举；改间接选举为选民无记名投票直接选举。2012 年十六届开始对县人大代表实行城乡按人口同比例选举，标志着人民民主制度逐步得到完善。二是根据地方组织法规定，1980 年 12 月县八届人大一次会议选举产生了祁阳县人民代表大会常务委员会，作为县人民代表大会的常设机构。1987 年 3 月，我县乡镇建立人大主席团，区一级设立人大联络处，1995 年撤区并乡建镇后，乡镇普遍设立了带常设性质的人大主席团，地方国家权力机关体制进一步健全。地方设立人大常委会体现了政治体制改革的分权原则，有利于发挥中央和地方两个积极性；冲破了“议行合一”的传统束缚，增强了地方国家权力机关对行政、审判、检察机关的监督，健全了权力运行制约机制。是我国政权建设的重要进步，是人民代表大会制度的重大发展，是一项彪炳史册的创举。

（二）历届人大的闪光足迹。60 年来，特别是设立地方人大常委会以来，历届县人大及其常委会坚持在中共祁阳县委领导下，认真履行宪法和法律赋予的神圣职责，在实践探索中取得了一系列重大进展，为促进和保障我县的民主法制建设和经济社会发展作出了积极的贡献，赢得了人民群众的信赖和拥护。

1966年以前，县人民代表大会的议题主要是审议通过县人民委员会（人民政府）的工作报告。1980年后，根据《宪法》和《组织法》规定，逐步规范为审议通过计划、财政、政府、“两院”和人大6个报告。对报告的审议采用会议形式，遵循法定程序，经过代表充分酝酿再提请大会表决。议题的增加和程序的民主，充分体现了人民代表大会制度的鲜明特点，体现了人民的意志和民主的精神，体现了人民代表大会是地方最高国家权力机关特征。同时，由县人民代表大会选举产生的历届县人民政府、法院和检察院，本着对人民群众高度负责的精神，认真贯彻落实国家的法律法规，落实县人大及其常委会通过的各项决议决定，切实履行职能，确保了在党的领导下，由县人民代表大会统一行使国家权力。

60年来，县人大及其常委会依法履职行权，届届相继，本着“抓重点、议大事、求实效”的原则，结合祁阳改革发展实际，讨论决定了涉及政治、经济、文化建设各个方面事关全局的、根本的、长远的一系列重大事项，较好地将党委意图和人民群众的意见建议通过法定程序转变成国家意志和人民群众的自觉行动，促进了全县经济社会的协调发展。紧紧围绕全县中心工作以及人民群众普遍关心的热点、难点问题，采取听取审议工作报告、执法检查、工作审议、专题询问等形式，加强对法律法规实施情况的监督检查，加强对政府、法院、检察院的工作监督，促进了依法行政和公正司法。始终坚持党管干部与人大依法选举和任命干部相结合，按照德才兼备原则和干部队伍“四化”方针，依法选举和任命国家机关工作人员，保证了地方国家机关的正常运转。创新推行了对人大常委会任命干部的任前考察、履职承诺、法律考试和任职满意度民主测评工作，实现了党委满意与人民满意的有机统一。切实保障人大代表的合法权益，组织开展视察、调研活动，积极提出议案和建议，建立代表联系群众工作室，较好地发挥了人大代表的主体作用。不断加强人大自身建设，组织机构不断健全，职能职权以及履职程序更加明确，人大工作逐步走上制度化、程序化、规范化。

（三）60年实践的鲜活经验。60年来地方人大工作的实践和探索，给我们留下了丰富而宝贵的启示和经验。归结到一条，就是必须坚持党的领导、人民当家做主和依法治国的有机统一。

1. 必须始终坚持党的领导。60年的实践告诉我们，党的领导是人大制度建设和人大发挥作用的关键。中国共产党是中国特色社会主义事业的领导核心。要落实人民代表大会的宪法地位，充分发挥好人大的职能作用，就必须始终坚持和加强党的领导。多年来我们坚持重要工作向县委报告，重大活动请县委参加，使全县人大工作自始至终沿着县委领导的正确方向向前推进。

2. 必须保证人民当家做主。国家权力机关由民主选举产生，人大工作的根基在人民、血脉在人民、力量在人民。必须坚持国家一切权力属于人民，坚持人民主体地位，支持和保证人民通过人民代表大会行使国家权力。国家权力机关由人大代表组成，人大工作的主体是代表、基础在代表、发展靠代表。实践证明，时刻保持同人民群众的血肉联系，自觉接受人民群众的监督，切实尊重和全面保障人大代表的民主权利，进一步发挥好人大代表的作用，是做好人大工作、确保人民当家做主的重要基础。

3. 必须全力推进依法治国。国家权力机关的权力是宪法和法律赋予的。必须坚持依法治国、维护宪法法律权威，严格按照法定的权限和程序，行人大之权、尽人大之责、谋人大之为，确保党的主张通过法定程序成为国家意志，确保人民的意志和要求通过法律法规得到有效贯彻实施。60年来，我们坚持依法履职、依法办事的原则，注重在宪法和法律的框架内，针对人大工作的具体环节和具体程序进行改革、创新，收到了较好的效果，得到了上级人大的肯定和兄弟县区的好评。

三、人大制度的美好前景

60年来，人民代表大会制度为实现最广泛的人民民主，实现国家富强、民族振兴、人民幸福，奠定了坚实的制度基础。站在新的历史节点，人大制度和人大工作面临着新的机遇和新的要求。

（一）经济社会的发展变化对人大制度和人大工作提出新要求。党的十八大对全面建成小康社会、实现“两个一百年”奋斗目标作出新的战略部署，习近平总书记提出实现中华民族伟大复兴的中国梦。在新的历史条件下，坚持和发展中国特色社会主义，必然要求人大制度和人大工作围绕实现国家宏伟的奋斗目标来完善、来加强。

（二）人民积极的政治参与对人大制度和人大工作提出新要求。随着改革开放和现代化建设的发展，公众对国家政治和社会生活的参与意识、对权利和利益的保护要求、对自身能力的发挥和自身价值的追求，已呈现出越来越活跃的发展趋势。这就要求人大制度在扩大公民有序政治参与、密切同人民群众联系方面发挥更为积极的作用。

（三）解决前进中的矛盾和问题对人大制度和人大工作提出新要求。我国正处在一个社会矛盾凸显期，各种社会矛盾多发多样、交织叠加、复杂敏感。同时，我国改革进入攻坚期和深水区，触及深层次问题和利益关系调整，统筹协调的难度加大。这就要求我们更好地发挥人民代表大会这一根本政治制度的作用，妥善调整利益关系，广泛凝聚社会共识。

（四）全面深化改革开放对人大制度和人大工作提出新要求。党的十八大和十八届三中全会对全面深化改革开放作出了战略部署，既有对人大制度本身发展完善的要求，也有推进各领域改革开放、需要人大制度与之相互适应的任务。这些都会给人大制度和人大工作带来新变化、新影响。

社会主义愈向前发展，愈要求社会主义民主向前发展。党的十八大对坚持和完善人民代表大会制度、发展社会主义民主政治提出了总的要求。展望美好前景，我们一定要保持清醒的政治头脑，切实担负起民主法制建设的重任、共建小康祁阳的重任，更加自觉地坚持和完善人民代表大会制度，以改革创新的精神做好新时期人大工作。

（一）最根本的是，要坚持党的领导、人民当家作主、依法治国的有机统一，核心是坚持党的领导。人民代表大会制度是坚持党的领导、人民当家作主、依法治国有机统一的根本制度安排。在我国，中国共产党是执政党，党通过人民代表大会领导国家事务和社会事务，支持和保证人民当家作主，最广泛地动员和组织人民群众依法管理国家。因此，只有坚持党的领导，才能真正实现人民当家作主，才能真正做到依法治国。

（二）最基本的是，要坚持国家一切权力属于人民，更好地代表人民意愿，保障人民各项权益。人民当家做主是人民代表大会制度的本质和核心。在这一制度下，国家的一切权力最终都掌握在人民手中。要进一步健全民主制度，丰富民主形式，拓展民主渠道，从各个层次、各个领域扩大公民有序政治参与，保障人民依法实行民主选举、民主决策、民主管理、民主监督，确保人民的主张得到体现和实现。

（三）最关键的是，要坚持围绕党和国家大局开展人大工作。人大工作是党和国家工作的重要组成部分，必须服从服务于党和国家的中心工作，牢牢抓住发展这个党执政兴国的第一要务，紧紧围绕全面建成小康社会的奋斗目标，紧紧围绕改革发展稳定的重大问题，紧紧围绕人民群众普遍关心的热点和难点问题，不断增强人大工作的实效性，开创人大工作的新局面。

（四）最重要的是，要坚定中国特色社会主义制度自信。世界上不存在完全相同的政治制度，也不存在适用于一切国家的政治制度模式。中国特色社会主义政治制度之所以行得通、有生命力、有效率，就是因为它是从中国的社会土壤中生长起来的，未来要继续茁壮成长，也必须深深扎根于中国的社会土壤。

（五）最终的落脚点是，要扩大社会主义民主，健全社会主义法制，发展社会主义政治文明。人民民主是社会主义的生命。没有民主就没有社会主义，就没有中华民族的伟大复兴。要牢牢把握社会主义民主的方向，不断推进中国特色社会主义民主政治的发展，使它在新的时代展现出更加蓬勃的生命力。要全面落实依法治国基本方略，加快推进依法治县进程。国家机关、社会团体和企业事业都要在宪法和法律范围内活动，严格依法办事，切实维护公民的合法权益。全县人民都要牢固树立法制观念，自觉履行法定义务，依靠法律维护自身权益。

同志们，人民代表大会成立的60年，是我国人民当家做主的60年，是人大制度不断完善和发展的60年。60年，我们见证并共创了光辉的历史。新的征程，我们还将创造更加辉煌的未来。让我们在县委的坚强领导下，认真贯彻十八大和十八届三中全会精神，团结拼搏、锐意进取、开拓创新，为推进社会主义民主法治建设和全面建成小康祁阳作出我们应有的贡献！

协商民主框架下基层政协界别建设的路径探索

县政协主席　郑　弋

中共十八届三中全会通过的《关于全面深化改革若干重大问题的决定》，就推进协商民主广泛多层制度化发展作出了原则性部署。尔后，各级政协积极探索、勇于实践，尤其是在加强界别建设、发挥界别作用上时有创新。县区基层政协机制灵活，更接地气，创新冲动也更强烈，他们对路径问题的探索尤其值得肯定。笔者从事基层政协工作多年，对此也形成了一些肤浅的看法。

一、协商民主框架下基层政协界别建设的主要缺失

缺失之一：在认识层面，界别意识亟待加强。与国家、省、市政协不同，县区一级政协在当前并未对界别建设给予特别重视，主要表现：一是政协组织界别意识亟待加强。当前，县区政协的各种参政议政活动，以界别为单位组织的很少，特别是经常性的工作绝大多数是经政协工委（有的地方叫政协联工委）和政协联络组组织，界别的整体优势发挥还很不够。以祁阳县为例，政协除全会期间召开界别座谈会和平时部分联络组（如工商联组、教育组等）开展活动具有“界别性”外，其他很少开展界别活动。同时，政协在组织提案发言、专题研讨、调研考察等活动时，也一般以单位组织的集体名义实施，很少以界别为组织实施各项工作活动。这些都致使界别特色体现得不突出，界别作用不够明显。二是政协委员界别意识亟待加强。虽然委员进入人民政协前，都被注明来自某一界别，但是，进入政协后，界别没有组织形式，界别成员之间的关系较为松散，活动也没有统一性。政协委员履行职责时多以个人或工委、联络组的名义“出场”，大都没有以明确的哪一个界别的委员的身份“出场”。同一界别的委员之间缺乏共同调研的途径和互相联系的平台，缺乏自觉和有意识地收集、了解、反映界别合理诉求的意识，难以形成界别的整体合力。三是政协制度界别意识亟待加强。尽管新修订的政协章程规定：“每届中国人民政治协商会议地方委员会的参加单位，委员名额和人选及界别设置，经上届地方委员会主席会议审议同意后，由常务委员会协商决定。”[1]对界别设置提出了一些程序性的规定。但是，随意性较大，可操作性不强，特别是应该设置哪些界别、保存哪些界别、合并哪些界别、增设哪些界别，等等，都没有规范性的要求，而是由各地政协自行取舍，在实践中很难把握和执行。

缺失之二：在结构层面，界别设置亟待改善。基层政协的界别设置缺乏时代感，界别种类往往无法完全适应当前社会发展的需要。主要体现：一是设置有滞后性。政协的界别应基本覆盖整个社会的各个阶层。随着时代发展，当前社会出现了一些新兴行业和社会新阶层，如金融业、事务所、法律工作者以及中介机构等组织，政协界别构成中没有专门体现。还有劳务工、个体工商户、服务业从业人员等重要社会阶层在界别构成中也缺失。二是界线有重叠性。目前，从上到下对政协界别的定义、内涵和外延没有十分精确、具体的阐明，各地政协在设置界别时“各自为政”，如界别划分的标准

有的是以政党区分，有的是以团体区分，有的以社会职业区分，有的以民族区分，有的以区域划分，等等。把不同划分标准的社会阶层归并到一起，必然出现交叉重叠的情况。[2]如科协与科技界、工商联与经济界、民主党派人士与教育界等等，大多存在人员交叉重叠问题。三是比例有悬殊性。受单纯地从委员的身份进行界别划定和届中委员的辞去、增补等因素的影响，当前界别人数悬殊较大。如政协九届祁阳县委员会现有经济界委员为 34 人，占委员总数的 11.4%，而宗教界只有 4 人，占委员总数的 1.34%，两者相差 10 个百分点。特别是属于机动、安置性质的“特邀”界别，委员 52 人，占委员总数的 17.4%，界别人数多，且归属芜杂，但难以就委员共同关心的问题共同研究。这些都不利于发挥界别作用。

缺失之三：在机制层面，界别委员产生程序亟待改进。一是委员的准入条件弹性过大。目前，县区政协委员一般要符合以下四个条件方能入选：一是具备统战性、代表性、进步性；二是具备相应的年龄条件；三是看委员人选是否具有参政议政能力和较好的个体素质；四是减少交叉安排。[3]原则上政协委员纵向不能交叉，横向也不要交叉。上述四个条件中，无论是具备“统战性”“进步性”的要求，还是诸如“某些界别中的个别特殊需要安排的代表人士，年龄界限可适当放宽”等规定，都给实际操作留下了不确定的空间。二是委员产生的公开化和程序化程度过低。目前，政协委员人选的推荐提名一般经过人选推荐、提名汇总、党委审议、协商确定四个程序。主要是由县区委组织部和统战部负责操作，县委负责把关。由全体成员推荐和选举产生本团体政协委员人选的做法几乎没有。这种自上而下的推选程序，导致各界群众对政协换届知之不多，对政协委员需具备什么条件、通过什么途径，是否确实能代表他们的意愿进入了政协均不了解。公开性不足和大众参与的缺失，使得人们对政协委员的代表性和广泛性产生怀疑。三是政协在委员协商提名中话语权过小。政协委员协商提名工作由组织部和统战部负责，政协组织介入较晚，对政协委员人选的意见难以在遴选前期等较为关键的阶段及时、有效地表达出来。这样一来，一方面，部分不符合参政议政要求的人士极有可能进入委员队伍；另一方面，政协组织对新任委员的情况并不了解。有人形象地将其比喻为“地方选兵，部队用兵”，政协就是将要带兵的部队，如“兵源”素质不高，有时甚至需要一个整整界期来磨合。这两方面的问题都已影响到政协组织工作的正常开展。

缺失之四：在组织层面，界别内生力亟待强化。一是部分委员公信力不够。作为界别的代言人，政协委员是架设在政府与民众之间的桥梁。但是，由于政协目前的许多界别大多具有浓烈的行政色彩，运作能力的独立性极为有限，其委员的遴选是自上而下产生的，缺乏应有的必要的民意基础，由此选出的委员自然缺乏公信力和威信，难以代表本界别的利益和诉求。二是政协机构作用力不强。目前，基层政协专门委员会机构设置欠合理，与任务不相适应，存在专业性（如提案委、文史委等）与行业性（如法制群团委、经科委等）的机构并行，很不利于联系界别和委员。同时，许多专委会主任基本上都是单干的“个体户”，有的连副主任都未配，很难联系界别开展工作。在职能分工上，如提案委负责征集、督办提案，文史委负责征集、编撰文史资料，都是常忙型办事机构，直接影响与界别的联系与作用的发挥。三是界别活动保障力不足。从制度上审视，今天的政协章程是从《中国人民政治协商会议组织法》演化而来，而中共中央的《意见》更强调“认真探索发挥界别作用的方法和途径”，但从现实来看，目前我们仍不能企求很快制定新的《人民政协组织法》，只能根据中央精神和政协章程的规定，认真探索，不断积累实践经验，组织指导界别开展活动。同时，就目前而言，大多数地方财政对政协界别活动的经费等就没有建立硬性规定，缺乏保障。正是自身内在力量缺乏，导致外在发力时力不从心。

二、协商民主框架下基层政协界别建设的路径选择

界别协商是政协智力优势、组织优势和制度优势的结合点、交汇点，理应成为政协推进协商民主的最重要之一。根据发挥界别作用的重要性和当前基层政协界别建设中存在的问题，笔者认为，要根据基层政协的工作实际，既保持现有的以工委、联络组为单位开展活动的优势，又要发扬以县区政协、政协专委会为组织者，组织相对集中同一界别委员开展活动的成功模式，还要以无比的勇气和改革创新精神，积极探索发挥界别作用的途径和方法，做到三者并重。

（一）高度重视界别工作，增进界别建设共识。一是强化政协组织的界别意识。县区基层政协应强化界别意识和界别组织委员履行职能的作用，增加界别活动次数，丰富界别活动内容，提高界别活动效果。将界别工作年度活动安排列入年度工作计划安排中予以实施；积极邀请界别委员参加相应界别的调研考察活动，进一步提高调研活动的工作效率和质量；利用各界别人才的专业优势，整合各界资源，特别是在召开协商会议时，收集界别民意，倾听界别呼声。二是强化政协委员的界别意识。充分发挥政协委员的界别代表性作用，强化其自身界别意识和代表意识，主动组织本界别的活动，提升其所代表界别的群体性，主动搜集界别群众的意见和民意。三是强化政协立法的界别意识。建议全国政协会议再次修改章程，对政协工作的程序，特别是“界别设置”等组织原则及工作程序进行规范。同时，考虑重新制定《中国人民政治协商会议组织法》《中国人民政治协商会议界别工作条例》等专项工作制度。对政协内部的机构设置和运作方式，加以完善和规范，使之与加强界别联系，与加强界别建设相适应。对基层政协一些经常性、专业性的工作，如提案、文史、联络等工作应从政协专门委员会序列单列出来，其工作可设立专门的办事机构来完成。

（二）合理调整界别设置，优化界别建设结构。政协界别设置应适应经济和社会结构新变化，与社会发展的需要协调一致。具体做到“三个结合”：一是上下对口和因地制宜相结合，调整和充实界别设置。从加强政协的制度化、规范化、程序化建设入手，各地应按照全国政协界别设置的总体框架和要求，界别设置全国政协系统应有个“统一版本”，应保持上下对口，基本一致。同时考虑一些地方的实际情况，因地制宜，不搞一刀切，特别是民族自治地区、农牧区，因民族、宗教关系及社会情况特殊，应有体现地方特色的界别设置。二是与时俱进和不断优化相结合，归并和充实一些界别。目前，要求增加新经济组织、新社会阶层的界别人士呼声强烈，应把增设界别的重点放在吸纳和界定工作上，扩大团结面，增加包容性。如增加社会组织界、社区界、法律界等参加政协。同时，对一些属于政治安排，性质相近，容易发生交叉重叠的界别进行细分、归并。如对人员构成复杂、代表性不强的“特邀界”进行分解、归类，尽可能减少这类委员，或者依据其自身“属性”，将其归并到相关行业或界别中去。又如可将科学技术界与科协合并，少数民族与宗教界合并等。而农业界可立足于基层实情，对此界别予以删减，合并到经济界。三是政治安排和履职需要相结合，突出政协的界别特点。这就要从完善界别协商产生委员的程序和机制入手，政协组织要提前介入，提出合理建议，对界别设置、委员名额和人选安排等进行统筹协调，以适应政协履行职能的需要。尤其注意的是，政协必须重视委员的履职能力与热情，要尽量减少“领导委员”，如现在的群团组织政协委员中，90%都是些领导干部，建议吸收部分群

团组织“赤膊”成员为委员。

（三）完善委员产生机制，提高界别建设质量。第一，通过自荐和推荐方式引入选举机制产生委员。一是个人申请。为把真正热爱政协工作、愿意投身政协事业同时具备政协委员条件的各界人士吸纳到政协组织中来，可以考虑采用申请制的形式，由个人通过其所在单位向政协组织提出书面申请。二是界别推荐。政协组织对提出书面申请的人员进行汇总梳理，并按申请人基本情况划分界别，然后把申请人名单反馈给各界别，再由各界别对申请人的基本情况综合考查，确定推荐人选上报政协组织。三是引入选举机制。让界别推荐方通过选举提出推荐名单。第二，政协组织力争在委员产生过程中起主导作用。经界别推荐的人选，政协组织首先要予以审查，即由政协党组会同同级党委组织、统战部门，对界别推荐人选按照政协委员的标准进行审查，确定初选名单。其次协商推举。由政协党组牵头，就初选名单再与各界别进行协商，充分听取各界别的意见和建议，最后确定政协委员建议名单，提交政协主席会议审议。再次政协常委会通过。把政协委员建议名单提交政协常委会进行协商，经全体常委无记名投票过半数同意，并按得票额多少差额选举产生政协委员。第三，试行政协委员产生公示制。委员提名人选应向社会公示，接受群众直接监督，确保政协委员的质量和政协队伍的纯洁性。在确定政协委员参选人员初步名单后，应在参选人所在的单位内或界别内进行时间不少于 7 天的公示，以便获得社会的认同。除此之外，可尝试通过媒体将提名人选向社会公示，全面接受社会和公众的监督。第四，实行政协委员动态管理机制。政协组织成员不是终身制，应构建能进能出的动态管理机制。按委员履职要求，建立委员履职档案登记卡、政协界别活动记录本，对委员履职情况进行量化考核和定性评价，将其作为委员评先评优和届中调整的重要依据。对不认真履行政协委员职责的，不能代表民意的在任政协委员，应建立劝辞委员的相关规定；对于犯罪或因故死亡等情况使委员名额出现空缺时，应建立增补程序。

（四）努力搭建活动平台，夯实界别建设载体。主要是让界别特色贯穿于政协履职的全过程、覆盖在政协工作的各方面。重点要搭建好界别参加活动的平台。一是以全会为重要舞台，表达界别的声音，树立界别的形象，展现参政议政风采。二是以专委会为重要依托，积极探索发挥界别作用的途径和方法。在相关的调研、视察中，根据界别特点，发挥界别作用；在与党委、政府相关部门的对口联系和协商中，关注界别集体智慧，发挥界别整体优势。三是以提案为重要手段，强化界别的群体意识，集中界别的集体智慧，反映界别的共性要求，展现界别的建言水平。四是以调研视察为重要途径，各界别形成的专题调研、视察和考察报告，要以政协界别的名义及时报送给党委、政府或相关部门参考。五是以反映社情民意为重要渠道。基层政协平时可通过调研、视察和委员专题座谈等界别活动，及时搜集和反映社情民意，也在各界别中聘请一批特约信息员，重点反映有关界别的信息，充分发挥好各界别委员的建言献策作用。

（五）探索健全管理机制，强化界别建设保障。基层政协要以机制建设为重要基础，保障和规范界别工作的开展，促进和引领界别工作的提高。一是建立完善界别工作制度和机制。县区一级基层政协，可先行制定“政协界别工作办法”或“关于进一步发挥界别作用的意见”等制度和规章，对界别工作和活动加以规范。积极探索建立界别召集人制度，县区政协可根据人数多少分别设立 1 到 3 名不等的召集人，具体负责联系本界别委员，牵头开展界别活动。建立健全专委会联系界别、界别联系委员、委员联系群众的制度，利用 QQ 群、微信等现代信息方式密切委员之间的联系，同时加强界别之间、界别与对口党政部门的工作联系，使界别组织由松散变为紧密。认真制定并实施界别年度工作计划，有序开展座谈、调研、协商和日常活动。同时，探索开展界别召集人向县区政协主席会议述职工作，促进界别履职活动的开展。二是加强对界别工作的领导与指导。政协主席会议要高度重视界别工作，将其融入政协整体工作之中，体现到年度工作要点、工作计划之中，每年要专题研究一两次界别工作，听取工作汇报，及时研究解决界别工作中存在的困难和问题。主席会议成员要根据分工，分别联系几个界别，参加相关活动，了解相关工作情况，听取意见建议。专委会作为联系界别的工作部门，是界别履职活动的主要依托，要充分发挥组织、指导、协调、服务的职能，把开展界别工作、发挥界别作用作为一项重要工作抓好抓实抓出成效，要勤联系、多沟通、常指导，形成良性互动。三是加强对开展界别工作的绩效考核。县区政协要为界别活动开展提供必要的经费，创造有利条件，搭好台、服好务。高度重视界别提出的提案和社情民意信息等，及时向党委、政府报送相关履职成果，做好协调、跟踪和督办工作，促进界别履职成果的转化落实。切实加强对专委会服务界别履职工作的考核，将联系界别委员、组织开展界别活动、服务界别履职情况纳入绩效考核的重要指标；加强对委员履职的管理和考核，委员参加界别活动情况要有记录，列入考核的重要内容，并作为下届是否留任的重要依据，对工作积极、履职成效显著的给予表彰。

大事记

1月

1月1日 祁阳县第三次全国经济普查入户登记全面启动。从2014年1月1日至3月31日将进行为期3个月的入户登记。本次普查登记涉及全县基本单位6900多家，个体经营户近4万家。

1月1日 为期3天的“湘南明珠，宜居祁阳”首届祁阳房产交易会在陶铸广场开幕，《潇湘晨报》、永州广播电视台、《永州日报》等十多家新闻媒体，金沙湾、浯溪御园、鑫利8号、天宇第一城等12家祁阳主要楼盘参与。

1月10日 市委书记陈文浩到祁阳县开展党的群众路线教育实践调研活动。强调在党的群众路线教育实践活动中，广大党员干部要关注解决民生问题，深入了解群众疾苦，切实保护群众利益，给人民群众带来更多实惠。市委常委、市委秘书长颜海林、县领导张常明、桂砺锋、李天明、庾庐山、崔福生、邓晓阳参加调研座谈。

1月15日 市委书记陈文浩深入祁阳县扶贫联系点村——茅竹镇大塘村和白水镇毛家村开展党的群众路线教育实践活动调研。

1月28日 召开祁阳县领导干部会议。市委常委、组织部部长、统战部部长董石桂出席会议。会上，市委组织部副部长黄冰宣布省委、市委的人事安排决定：张常明不再担任祁阳县委书记职务，另有任用；魏湘江担任中共祁阳县委书记；周新辉担任中共祁阳县委副书记、县人民政府县长候选人。

1月30日 县委书记魏湘江在县领导周新辉、邓晓阳、陈环玉陪同下深入县城渡口、汽车站、火车站督查春运安全工作，走访慰问企业。魏湘江强调，春运工作关系到广大群众切身利益，各单位要充分认识春运工作的重要性，切实把这项民生工作抓紧抓实抓好。要狠抓安全管理，完善春运应急预案，提升服务水平，落实安全责任，确保春运期间的客运安全，让人民群众过一个安全、祥和的春节。

2月

2月10~11日 省委农村工作部副部长袁永远带领省发改委、省财政厅和省特色办有关人员到祁阳县调研特色县域经济重点县建设工作。座谈会上，县委书记魏湘江、县委副书记、代县长周新辉就祁阳县农副产品加工产业和县域经济发展进行了介绍。袁永远对祁阳县以特色培育为重点，以项目建设为载体，大力推动传统农业向现代农业转变，不断提升和巩固农业强县品牌所取得的工作成效给予充分肯定，并希望祁阳在下一步的工作中，突出重点，扶优扶强，全力推动农业产业化快发展、大发展。

2月12日 全市农田水利建设现场会在祁阳县召开，会议传达贯彻2月7日省委、省政府在宁乡县召开的全省农田水利建设现场会精神，对全市农田水利建设进行再动员、再部署。市委副书记唐松成，市委常委、副市长蒋善生，市政协副主席唐运军、县领导魏湘江、周新辉、唐安宝、冯祥文参加会议。祁阳和江永两县就2013年“五小水利”工程建设作典型发言。

2月17日　市委书记陈文浩到祁阳县开展党的群众路线教育实践活动调研。县委书记魏湘江汇报祁阳县教育实践活动的工作情况。陈文浩对祁阳在推进教育实践活动的过程中高度重视、工作主动、扎实有效给予充分肯定，要求在第二批教育实践活动中，把学习、查摆问题、整改有机结合起来；要聚焦“四风”问题有针对性地进行整改，提振干部的精气神，真正做到干部受教育，人民群众得实惠。

2月18~19日　祁阳县召开党的群众路线教育实践活动讨论暨县委工作务虚会议，紧紧围绕群众路线教育实践活动主题和2014年全县各项工作进行深入探讨和部署。县委副书记、代县长周新辉就2014年全县经济社会发展提出了具体要求，县委书记魏湘江就如何进一步做好全县工作作讲话。会议要求，要以经济社会的可持续科学发展和人民群众的满意度来检验党的群众路线教育实践活动的成果，用群众路线教育实践活动的成果来推动经济社会稳定快速发展。

2月23日　县委书记魏湘江，县委副书记、代县长周新辉先后深入黄泥塘镇、内下乡、晒北滩水电站等边远乡镇和企业进行调研。要求各单位按照党的群众路线教育实践活动总要求，转变干部作风，扎根基层，切实解决群众关心的焦点、热点和急需解决的问题，思发展、惠民生、促和谐，齐心协力推动全县经济社会赶超发展。

2月28日　湖南省公立医院综合改革调研组到祁阳进行县级公立医院综合改革情况专题调研，听取祁阳县公立医院改革工作汇报，希望祁阳县政府和有关部门要进一步落实责任，深化改革，为全省2015年全面推行公立医院改革提供好的经验。

3月

3月1~4日　召开政协祁阳县第九届委员会第二次会议。会议要求县政协充分发挥优势，紧紧围绕党委政府的中心工作，提高参政议政的针对性和时效性，为祁阳快速发展出谋划策。

3月2~5日　召开祁阳县第十六届人民代表大会第二次会议。周新辉代表县人民政府作《政府工作报告》，大会选举周新辉为祁阳县人民政府县长。会议要求，全县上下要紧紧围绕县委、县政府的决策部署，强化争先意识，增添干事激情，全力以赴搞建设，大干快上促发展。

3月7日上午　祁阳县召开深入开展党的群众路线教育实践活动动员大会。省委派驻永州督导组副组长、省委统战部副巡视员谢德胜，市委督导组组长、市人大常委会副主任、巡视员程晨曦等省、市委督导组领导及全体县级领导参加会议。省、市督导组领导就深入开展党的群众路线教育实践活动提出了具体要求，县委书记魏湘江就全县开展的第二批党的群众路线教育实践活动进行动员和部署，提出具体任务和目标。

3月8日　祁阳县委十一届四次全会暨经济工作会议召开。会议全面贯彻落实中央和省、市经济工作会议精神，表彰奖励全县2013年经济工作先进单位和个人，安排部署2014年经济工作，动员全县上下为实现“领跑永州、争创一流”目标而努力奋斗。

3月27日　祁阳县举行城市管道燃气项目启动仪式，该项目建设对祁阳的经济社会发展、群众生活质量提高、现代化城市建设将发挥十分重要的作用。市委常委、市委秘书长颜海林，华润燃气董事局副主席葛彬、县委书记魏湘江、县长周新辉等领导参加启动仪式。

是月，祁阳县连续第四次获全国科技进步先进县称号。

4月

4月4日　全县县级领导、县直单位党政负责人在浯溪公园举行“缅怀陶铸同志　弘扬松树风格”主题教育活动。县委书记魏湘江，县委副书记、县长周新辉，县人大常委会主任黄春华，县政协主席郑弋代表县四大家向陶铸铜像敬献了花篮；参加活动的全体人员在县委书记魏湘江的带领下重温了入党誓词，参观了陶铸纪念馆，深刻缅怀陶铸生平光辉业绩。

4月9日　全市农村产权制度改革工作推进会在祁阳召开。市委书记陈文浩出席会议并作讲话。市委副书记、市长严志辉主持会议，市领导唐松成、蒋善生、唐运军，以及市直农口系统单位、全市各县区、管理区、开发区负责人，祁阳县领导魏湘江、周新辉、唐安宝等参加会议。

4月9日　祁阳县召开湖南祁阳农村商业银行股份有限公司筹建工作大会。

4月16~17日　县委常委会集中学习暨各镇乡办场党（工）委书记、县直局以上单位党委（党组）书记专题培训在县党校举行。县委书记魏湘江作题为《坚持问题导向　推动科学发展》的党课讲座，县委副书记、县长周新辉以“改革创新发展”为主题进行了党课讲座。培训会还特邀市委组织部副部长、市人社局局长唐树成作《深刻领会党的十八届三中全会决定，开启我市全面深化改革开放新征程》的专题辅导。

4月17日　全市人大农业与农村工作第八次联席会议在祁阳召开，会议的主要内容是集中开展中共十八届三中全会精神专项学习辅导，听取各县区2014年“永州农产品质量安全行”活动启动会议贯彻落实情况，讨论听取加强县区人大工作联系与指导的意见和建议。

4月21日　市委书记陈文浩到祁阳县白水镇、肖家村镇调研农村土地流转、基层建设等工作，并指导祁阳县党的群众路线教育实践活动。

4月22日　省农业综合开发办主任李丙力到祁阳县调研指导现代农业示范园建设，先后实地查看七里桥镇高标准粮食基地、茅竹镇肖家、向家大棚蔬菜基地、板桥新泉生态农庄和经开区自然韵黑茶公司，详细了解示范园区规划、定位、发展现状以及存在的问题，并就现代生态高效农业示范园区建设提出具体要求。

4月23日　祁阳县举行人武部党委第一书记暨国动委主任任命大会，任命魏湘江为县人武部党委第一书记、周新辉为县国防动员委员会主任。市委常委、军分区政委张恒洲出席会议。

4月27日　县委书记魏湘江率县委办、县委农村工作部，深入白水镇竹山村调研农村土地流转、农村产权制度改革等工作，详细了解当前农村重点工作开展情况。县委常委、县委办主任邓晓阳陪同调研。

4月29日　县委、县政府工作会议在行政中心六楼召开。会议贯彻落实省、市有关会议精神和县委经济工作会议精神。安排部署2014年全县财税金融，招商引资，重点项目建设和跑项争资及推进新型工业化、交通、安全生产，卫生食品安全、无偿献血、新型城市化等工作。

4月29日　祁阳县观音滩镇14岁的唐千在2014年全国残疾人游泳锦标赛男子组S6级400米自由泳比赛中获得第一名，并被组委会评为“体育道德风尚奖”。

是月，湖南湘妹食品有限公司的“湘妹 Xiang Mei”注册商标被认定为中国驰名商标。

5月

5月1日　祁阳楚湘国际影城正式对外营业。祁阳楚湘国际影城是一家集影视演艺、文化休闲、儿童益智、超市购物于一体的综合性、多功能数字的五星级豪华影城，是湖南省重点文化产业引导项目。

5月8日　举办县委学习中心组第三次集中学习暨专题讨论会，深入学习贯彻习近平总书记系列重要讲话和中共十八届三中全会精神，切实增强在新时期坚持群众路线、做好群众工作的自觉性，奋力开创祁阳领跑争先的新局面。

5月9日　召开全县开展非法集资风险专项排查及规范整顿投资公司专项行动工作会议，要求做好非法集资活动预防应对，有效防范和化解风险，维护群众合法权益和金融秩序稳定。

5月12日　祁阳县召开县招商小分队动员暨培训大会，进一步提高祁阳县招商小分队整体招商水平，动员、培训骨干力量深入发达地区全力招商引资，为全县经济社会发展增动力、添活力。

5月12日　省委统战部副部长崔永平到祁阳县调研社会组织统战试点工作，先后调研了金桥建材商会、志愿者“义工”联合会、哈弗实验初级中学等三个有代表性的社会组织。祁阳县是全省社会组织统战工作唯一县级试点县。

5月14~17日　县委书记魏湘江率招商小分队赴珠三角地区进行招商，参加广州湖南永州商会成立大会，并先后参观考察深圳望家欢集团、浪涛科技等企业。

5月16日　县委副书记、县长周新辉率有关单位负责人深入黄泥塘镇九洲村、白水工业园等地，就新农村建设和白水工业园发展进行现场调研。

5月17~19日　前中国女足副队长王燕一行4人到祁阳进行为期三天的考察。王燕一行分别考察了陶铸足球场、祁阳一中、陶铸中学、浯溪一中、浯溪二中、椒山小学、民生小学、人民小学等足球场地，希望用最短的时间、最先进的管理模式来帮助祁阳做大做强足球文化事业。

5月22日　全市乡镇统计工作规范化建设现场交流会在祁阳县召开。与会人员先后参观了八宝、白水、观音滩和长虹街道办事等四个镇（办）的统计站建设和祁阳县统计局专业统计台账和规范化建设。

5月23日　县委书记魏湘江，县委副书记、县长周新辉深入经开区现场办公，实地视察了园区的华旺朔胶、富服制衣、泰格莱电子等准备近期开工建设的项目，全面了解企业生产、建设情况，协调解决具体问题，并对项目建设提出了更高的要求。魏湘江、周新辉强调，各级各部门要大兴真抓实干之风，全力推动工作落实，积极有效破解难题，快马加鞭推进项目建设，促进经济持续较快增长，为确保实现今年目标任务奠定良好基础。

5月23日　由郑安顺作词，伍立新作曲的祁阳县白水镇竹山村村歌《竹山青青我的家》被评选为“畅想希望·放飞梦想”第六届全国村歌大赛优秀作品，并参选“中国村歌十大金曲”。

5月26日　水利部安监司督察专员赵卫带领国务院安委办督查组深入羊角塘、梅溪、白水等镇，督查指导祁阳县汛期安全生产工作。省水利厅副厅长许向东，省水利厅政法安监处处长曹希，市政府副市长唐能武，县委副书记、县长周新辉，县委常委、常务副县长李天明，副县长陈环玉陪同督查。

6月

6月6日　祁阳县第十一届银企合作洽谈会召开，会议现场签约了53个贷款项目，授信总额达16亿元。

6月6日　祁阳县举行党的群众路线教育实践活动先进事迹报告会。文富市镇党委书记唐冬平、县龚家坪司法所所长李天喜、县粮食局政工人事股长张红、县法院林业庭庭长刘有元、县房产局产权管理股长陈贻专及大江林场龙凼村村支书刘福元等作先进典型发言。

6月9日　祁阳县妇联推荐的汪柏秀、陈昌世家庭获湖南省“最美家庭”。

6月9日　祁阳县人民政府与广东农垦集团签订推进农业现代化建设合作框架协议。根据协议，双方将在生态种养、农产品加工及物流、电子商务等方面展开全方位合作，共同建设面向粤港澳、辐射华南地区的“大厨房”。

6月13日　央视第12套社会与法频道的《道德观察》

栏目组走进祁阳，专题摄像报道祁阳县检察院干警王祁平的先进事迹。王祁平曾先后获得"全国见义勇为好人""湖南省十杰政法干警"候选人、永州市第三届见义勇为道德模范和湖南省第四届道德模范提名奖等荣誉称号。

6月13日　全市水稻病虫害专业化统防统治和绿色防控现场观摩会在祁阳县召开，与会人员参观考察面积为2.1万亩的肖家村镇的祁阳县专业化统防统治与绿色防控融合推进核心示范区。县委副书记、县长周新辉，县领导冯祥文及政府办、农业局等相关部门负责人陪同。

6月16日　祁阳县获湖南省安全生产示范县称号，并获得省人民政府奖励的安全生产执法监管车一辆。

6月17日　祁阳县为统一加强公务用车管理，在县行政办公中心厅堂为446辆公车集中张贴"公务用车"和"监督举报电话"。

6月17日　副省长盛茂林率领省政府、省公安厅、省司法厅等省禁毒委成员单位相关负责人到祁阳县调研指导禁毒工作，先后到县美沙酮药物维持治疗中心、龙山街道办事处邵家岭社区戒毒（康复）工作站等地现场调研，并强调要创新社会管理，采取有力措施打好禁毒人民战争，促进社会和谐发展，实现人民幸福安康。市、县领导向曙光、唐湘林、蒋建湘、魏湘江、周新辉、唐恒杰、邓晓阳、唐建平等陪同。

6月18日　省发改委党组书记、主任谢建辉率省发改委调研组一行深入祁阳县调研指导城市建设、项目建设和经开区建设等工作。市、县领导易佳良、魏湘江、周新辉、郑弋、李天明、邓晓阳、彭丹、尹显乾、雷秀新等陪同调研。

6月27日　《人民日报》、新华社、《光明日报》《经济日报》等七家中央级媒体到祁阳，报道祁阳农田生态系统国家野外观测研究站官山坪红壤站文石林等科研人员扎根山区、潜心科研的感人事迹。

是月，祁阳县国家级非物质文化遗产保护项目《祁阳小调》代表性传承人蒋钟谱纳入湖南省文化厅公布的第三批省级非物质文化遗产项目代表性传承人名单。

是月，湖南自然韵黑茶科技有限公司被评为湖南省农业产业化重点龙头企业。至此，祁阳县农业产业化省级以上龙头企业总数达到8家（其中国家重点龙头企业2家）。

7月

7月1日　永州市首家官方微信公众号——祁阳官方微信公众平台"中国微祁阳"正式开通。将进一步提高新闻信息传播的时效性，增强与读者的互动性，为广大人民群众发布最及时、最重要、最有趣的新闻资讯。

7月7日　中央电视台记者到祁阳拍摄专题片，6位祁阳小调传承人在浯溪碑林风景区协助拍摄。祁阳小调属非物质文化遗产重点保护项目，已纳入第三批国家级非物质文化遗产保护名录。

7月11日　《湖南省安全生产示范创建工作管理办法》征求意见座谈会在祁阳县召开。省安监局党组成员、副局长罗德龙等领导及永州市、郴州市、衡阳市、邵阳市等市县安监部门相关负责人等出席会议。县委副书记、县长周新辉在会上致欢迎辞，汇报祁阳县安全生产基本情况。

7月11日　永州市"4·17"专案情况通报暨祁阳县打黑除恶动员大会在县祁剧院召开。会议通报"4·17"案件的侦办情况，进一步发动人民群众检举揭发郭怀安黑社会性质组织的犯罪证据和线索，敦促在逃人员主动投案自首，动员各级各部门积极投入打黑除恶专项斗争，在祁阳乃至全市迅速掀起打黑除恶的新高潮。市委常委、市委政法委书记唐湘林，市人民政府副市长、市公安局局长蒋建湘，省公安厅刑侦总队副总队长蒋有为、县委书记魏湘江，县委副书记、县长周新辉等参加会议。

7月28~29日　召开全县上半年经济形势分析暨工作考核总结会议，会议传达了省市经济工作会议精神，分析全县上半年经济形势，总结各项工作，安排部署下半年工作计划。

7月29日　全县城乡社区（村）网格化建设动员大会召开，会议深入贯彻落实省、市有关会议精神，全面安排部署全县城乡社区（村）网格化建设工作，动员全县各方面力量迅速行动起来，推动社区（村）网格化建设工作尽快落到实处。

是月，祁阳师范学校首届“祁剧班”毕业汇报演出在县祁剧团剧院开演，祁剧班43个学生共演出十个剧目，时长3个多小时。2010年，县委、县政府为抢救传承发展祁剧这一国家级非物质文化遗产，委托祁阳师范学校创办“祁剧班”，学制4年，培养祁剧人才。

是月，祁阳县“农副产品加工生态经济可持续发展实验区”项目通过省科技厅组织的专家评审和现场考察，荣列“湖南省可持续发展实验区创建县”，创建时间为5年，每年可申报国家科技惠民专项资金2000万元。

是月，祁阳县被授予“全国计划生育优质服务先进单位”荣誉称号，是湖南省8个获此称号的县市区之一。

8月

8月1日　湖南省乡镇企业局局长肖彬一行到祁阳县专题调研加快推进农业产业化经营，并与祁阳县部分农业产业化龙头企业家代表座谈。会上，肖彬代表农业部为祁阳县乡镇企业局局长汪翔颁发“全国农业先进个人”荣誉证书。市委常委、副市长蒋善生，县领导魏湘江、李天明、唐安宝出席座谈会。

8月2日　祁阳县召开经开区重点项目建设动员会，动员全县各级各部门提高认识、统一思想、集中时间、集中精力，快速高效地推进经开区项目建设，掀起重点项目建设的新高潮，为县域经济突破发展提供动力。会议期间，县委书记魏湘江，县委副书记、县长周新辉，县人大常委会主任黄春华，县政协主席郑弋等县四大家领导还现场察看祁阳经开区鑫利生物科技、千山医疗器械、电子信息产业园、华庆泡棉等开发区在建重点项目，认真听取了项目建设工作汇报，实地踏勘建设现场，详细了解项目企业生产、建设进度以及存在问题等情况。

8月6日　祁阳县召开湿米粉专项整治动员大会，会议宣布了《祁阳县关于开展全县湿米粉专项整治集中行动实施方案》，会议要求加大部门之间的配合，全力做好专项整治工作，切实保障全县湿米粉质量安全，让全县人民吃上安全放心早餐。

8月8日　连接新兴路、平安路、盘龙路全长2560米的主供水管网改造建设顺利完成通水，长期困扰商业城、邵家岭等小区居民的缺水难题得到彻底解决。

8月12~13日　国家安全监管总局副司长张本清到祁阳县调研指导安全生产工作，与县内34个烟花爆竹生产企业主要负责人进行了谈心对话。张本清在座谈会上强调，各级各部门和各企业要牢固树立安全生产红线意识，始终把安全放在首位。烟花爆竹生产企业要以机械化为核心，进一步加快机械设备的升级换代，全力推进烟花爆竹“五化”（工厂化、标准化、机械化、科技化、集团化）进程。

8月11~13日　广东农垦集团公司（农垦总局）副总经理（副局长）吕林汉、总经理助理梁光等到祁阳开展垦地合作考察。双方就15万亩高产油茶林示范基地、1万亩有机水稻和蔬菜基地、100万头畜牧养殖基地、农产品物流园区建设、粮油贸易合作等事项进行交流，并签订15万亩高产油茶林示范基地建设投资意向协议。县领导魏湘江、周新辉、左雅婷、刘晓春、唐安宝、陈振文等参加意向协议签约仪式。

8月14日　全县农村土地承包经营权确权登记颁证试点工作动员会在肖家村镇召开。县委书记魏湘江出席会议并作讲话，县委副书记、县长周新辉主持会议，县领导黄春华、邓晓阳、刘晓春、唐安宝、陈振文、冯祥文等参加会议。

8月14日　市委书记陈文浩深入祁阳县白水镇毛家村指导该村党支部的专题组织生活会和民主评议党员会。

8月15日　“杂交水稻之父”、中国工程院院士袁隆平来到祁阳县下马渡镇江西桥村和大桥湾村，实地探访超级稻品种“超优1000”的制种基地。祁阳县作为全国仅有的“超优千号”两块小面积制种基地之一，制种面积60余亩。

8月21~22日　省卫计委副主任易露茜率队到祁阳，就县级卫生、计生基层工作的现状和运行情况，县级妇幼保健院、计生服务站运行情况，乡村两级卫生、计生服务机构的运行情况等展开调研，并召开座谈会听取基层工作人员对基层卫生、计生服务资源整合工作的看法、意见和建议。

8月28日　祁阳县召开农村集体土地所有权地籍调查成果省级外业预检会，省级预检组充分肯定祁阳县前段工作取得的成绩，认为祁阳县农村集体土地所有权地籍调查成果符合相关技术规定，通过省级预检。

9月

9月3日　祁阳县农村商业银行股份有限公司创立暨第一届第一次股东大会在县行政中心六楼大会议室隆重召开。会议选举产生了第一届董事会和第一届监事会，刘国富当选为农村商业银行董事长，黄荣林当选为监事长。县领导魏湘江、周新辉、郑弋、李天明、庾庐山、崔福生、李建民、唐建平、于建春出席会议。

9月12日　祁阳县召开县城交通秩序和城市客运秩序集中整治动员大会，专题部署县城交通秩序和城市客运秩序集中整治工作，重点整治在县城范围内从事非法营运行为的两轮、三轮摩托车和小汽车等机动车辆，在县城范围内无牌无证行驶、随意调头、乱停乱靠等违章违规机动车辆以及在县城范围内拒载、甩客、乱收费的公交车和出租车。县领导魏湘江、周新辉、郑弋、李天明、庾庐山、崔福生、唐恒杰、邓晓阳、左雅婷、龚红辉等出席会议。

9月18日　2014年湖南省投资促进工作培训会在祁阳县举行，采取以会代训、以现场培训的方式推动全省招商引资和承接产业转移上一个新的台阶。副市长张常明，县委副书记、县长周新辉、县委常委、副县长、统战部部长左雅婷参加会议。

9月19日　祁阳县人大常委会通过召开纪念大会、书画展、报告会等一系列纪念活动，纪念全国人民代表大会成立60周年，省人大常委会委员、联工委主任王刚应邀到祁阳县讲座，并参加纪念活动。

9月19日　市委书记陈文浩深入祁阳县茅竹镇、观音滩镇调研时强调，祁阳要积极探索土地流转新模式，促进土地流转标准化、规范化，要加强对职业农民的培训，大力发展现代农业，促进农业增效、农民增收。县委副书记、县长周新辉，副县长唐安宝陪同调研。

9月29日　祁阳县浯溪水厂扩建和提质改造工程举行开工仪式。为提升水厂供水能力，缓解县城用水困难，县委、县政府共投入近7000万元对浯溪水厂进行扩建和改造，整个工程预计于2015年春节前完工，届时浯溪水厂日供水能力将由3万立方米提高到9.9万立方米，县城用水困难将得到解决。县领导魏湘江、周新辉、黄春华、邓晓阳、刘晓春、雷秀新、陈振文、蒋祁阳，省建筑设计院常务副院长肖绍斌、副院长龚进军，湖南万力建设集团有限公司董事长陈永忠及各相关部门负责人等出席开工仪式。

9月29日　市委副书记、市长向曙光深入祁阳县检查安全生产工作时要求，要加强领导，强化责任，规范制度，严格执行，建立健全安全生产防控体系，严密防控，确保节日期间的安全稳定。县委副书记、县长周新辉，副县长陈环玉陪同检查。

9月30日　中国首个烈士纪念日，祁阳县党政机关干部、学校师生、部队官兵、烈士家属代表、社会各界群众300余人，聚集在县龙山烈士陵园举行公祭烈士活动。县委书记魏湘江出席纪念活动并作讲话，县委副书记、县长周新辉主持公祭仪式，其他在家全体县级领导出席纪念活动。

10月

9日　省发改委副主任黄志军一行到祁阳调研县域经济发展和新型城镇化建设情况。县委书记魏湘江主持召开调研座谈会，县委副书记、县长周新辉代表县委、县政府就祁阳县域经济发展情况和新型城镇化建设情况作汇报，并介绍祁阳县在推进新型城镇化建设的主要做法。县领导邓晓阳、左雅婷、彭丹、雷秀新等陪同调研或出席调研座谈会。

10月13日　全县秋冬农业生产暨土地承包经营权确权登记颁证工作会召开。县委副书记、县长周新辉主持会议，县委书记魏湘江作讲话，要求全县上下不折不扣完成今年的秋冬农业生产和土地承包经营权确权登记颁证工作。

10月14日　省委调研组到祁阳县调研县域城镇化建设发展工作，县委常委、县委办主任邓晓阳就祁阳县加快推进新型城镇化建设作了简要汇报。省委调研组对祁阳县推进新型城镇化工作所取得的成绩给予充分肯定，希望祁阳县进一步探索研究有利于人口向城镇集聚和促进县域经济科学发展的政策措施，优化发展布局，统筹城乡建设，构筑一体化发展格局，推动城镇化和县域经济快速发展。

14日　市人大常委会组织部分常委会委员、专委会委员及部分市人大代表到祁阳，视察农村产权制度改革工作。市人大常委会主任高建华、副主任袁满娥参加视察。市委常委、副市长蒋善生，县委书记魏湘江，县委副书记、县长周新辉，县人大常委会主任黄春华，副县长唐安宝等县领导陪同视察。

10月15日　县委书记魏湘江主持召开浯溪碑林风景名胜区建设现场办公会，研究解决浯溪碑林风景名胜区在规划、保护、管理、开发中遇到的实际问题和困难，在保护好当前100亩核心景区的同时，将现有面积扩充到800亩，通过统筹规划、整体推进、共同开发，力争将浯溪碑林风景名胜区打造成为全省乃至全国的旅游胜地。周新辉、宋振平、黄春华、郑弋、邓年生、庾庐山、崔福生、左雅婷、彭丹、谢铁山、黄爱蓉等县领导及相关部门负责人等出席会议。

10月22~23日　县委书记魏湘江，县委副书记、县长周新辉率祁阳县党政代表团赴冷水滩、零陵、宁远、江华等地考察“取经”。参观学习中，代表团一行结合各自工作与对口单位深入交流，要把学到的经验好好消化，结合单位实际，立即启动创卫工作，共同打造宜居宜商、品质活力新祁阳。

10月24日　祁阳县召开党的群众路线教育实践活动总结大会，深入学习贯彻习近平总书记在党的群众教育实践活动总结大会上的重要讲话以及全省、全市总结大会精神，对全县党的群众路线教育实践活动进行总结，进一步巩固和拓展教育实践活动成果、加强党的作风建设、全面推进从严治党等。省委督导组副组长谢德胜，市委督导组副组长王转平到会指导。会上，祁阳县委书记魏湘江全面回顾总结了全县教育实践活动所取得的成效。县委副书记、县长周新辉主持会议。

10月29日　省发改委党组成员、纪检组长罗懿到祁阳县调研现代农业生产和公立医院改革工作，对祁阳县现代农业生产给予了充分肯定，希望祁阳因地制宜，大力发展现代农业生产基地；积极探索管理体制改革，进一步提升医院服务能力和运行效率，从根本上解决群众“看病难、看病贵”的问题。县委副书记、县长周新辉，县委常委、副县长彭丹陪同调研。

11月

11月5日　祁阳县召开全县治理车辆超限超载工作动员大会，学习推广郴州治超经验，动员全县各级各部门迅速行动起来，强力推进全县治理车辆超限超载工作。县领导周新辉、庾庐山、陈环玉、唐建平等出席会议。

11月7日　县政协组织部分政协常委和委员，就祁县城道路提质改造工程进行协商。县领导郑弋、邓晓阳、雷秀新、陈振文、文英雄、桂湘及原县人大常委会副主任毛学标出席会议。县政协主席郑弋在讲话中要求大家进一步领会县委、政府的指导思想，进一步理解市民的心情，进一步完善和优化施工方案，各方面力量参与、加大宣传力度，完善监管和督查，确保县城道路提质改造工程优质、高效、顺利推进。

11月11日　湖南省2014年智慧城市试点初审专家评审会在省住建厅召开，祁阳县从11个申报城市中脱颖而出，以总分第一的成绩通过省级评审。

11月14日　县直机关“满意不满意”股室民主测评活动动员大会召开，将首次对158名县直机关的股长进行满意度民主测评，对排位前10名的股室为满意股室，排位最后10名的为不满意股室，排在最后5名的，对该股室负责人进行免职处理并调离原单位。

11月14日　祁阳首场电视问政开启。问政现场，暗访短片揭短亮丑，现场提问步步紧逼，祁阳用电视问政的方式将政府管理、权力运行“晒”在荧屏上，搭建起了公众参与、媒体监督、官民互动的考场。县领导魏湘江、宋振平、黄春华、郑弋、邓年生、庾庐山、崔福生、左雅婷、彭丹出席问政会。

11月18日　由省新闻出版广电局副局长蒋强先带队的调研组到祁阳县调研文广职能部门改革后的运行管理情况，县领导邓年生、谢铁山、黄爱蓉出席座谈会。会议要求进一步加强新闻出版的管理工作，创新思维方法，全面提升管理能力和服务水平，在“扫黄打非”、版权保护、新闻出版产业、文化创意产业等方面，创造新经验，取得新成效。

11月19日　省检察院党组书记、检察长游劝荣在市委书记陈文浩，县委书记魏湘江，县委副书记、县长周新辉等人陪同下，视察祁阳检察工作。

11月19日　县人大常委会组织对祁阳县保障房建设和管理情况进行专题视察。县人大常委会主任黄春华、副主任刘晓春在县领导雷秀新、陈俊广陪同下，先后到经开区、黄土岭、彭井塘、盘龙西路等地的廉租房、公租房建设现场，实地了解项目推进情况，详细询问工程质量和造价，仔细察看户型结构和配套设施建设情况。黄春华强调，按计划和要求完成好建设任务，并积极完善保障性住房分配和管理制度，真正把这项民心工程办好、办实。

11月26日　省民政厅副厅长周建忠率省社会主义新农村建设考核验收工作组到祁阳县检查指导新农村建设工作，先后深入小江村、八尺村、竹山村等地现场调研，走村入户，实地察看新农村建设以来农民生产生活改善情况，详细了解群众对新农村建设的认识、调整产业结构后生产发展等内容。市委常委、副市长蒋善生，县领导新辉、刘晓春、唐安宝、冯祥文等陪同。

11月27日　祁阳县召开创建国家卫生县城千人动员大会，动员全县上下迅速行动起来，齐心创国卫，共建新祁阳。县委副书记宋振平作动员报告，会后，举行“创国卫”游行宣传活动和近万人参加的“文明祁阳从我做起、全民创卫青年先行”大型签名活动。

12 月

12 月 4 日　省教育厅副厅长邹文辉深入祁阳县职业中专，专项调研职业教育发展现状、存在困难及今后发展方向等。县委书记魏湘江，县委常委、宣传部部长邓年生，副县长谢铁山陪同调研。

12 月 4 日　祁阳县与东方日升（宁波）电力开发有限公司签订光伏发电项目开发框架协议，100 兆瓦绿色能源光伏发电项目将落户祁阳县。县委书记魏湘江，县委副书记、县长周新辉，县委常委、宣传部部长邓年生，东方日升（宁波）电力开发有限公司副总经理魏承刚等出席签约仪式。

12 月 10 日　市人大常委会主任高建华、副主任李俊湘等市人大领导及代表到祁阳县视察水利建设情况，先后参观了白水河道治理工程现场、观音滩砂场、黎家坪水厂、七里桥小农水利项目工程现场，了解工程建设情况，听取相关负责人的工作汇报。周新辉、黄春华、刘晓春、唐安宝等县领导陪同视察。

12 月 11 日　市委常委、副市长蒋善生率参加永州市“四冬”生产现场会的市农办、水利局、农业局、林业局和冷水滩、零陵、宁远、东安等县区分管领导及相关部门负责人到祁阳参观“四冬”生产工作，先后参观大村甸镇秋冬水利建设现场和文明铺镇、黎家坪镇五小水利建设示范片。县委书记魏湘江，县委副书记、县长周新辉，县委副书记宋振平，副县长唐安宝陪同参观。

12 月 18 日　县委书记魏湘江，县委副书记、县长周新辉深入祁冷快速线、G322 绕城公路项目现场办公，协调解决项目在建设过程中遇到的困难和问题，加快推进工程建设进度，确保顺利完成建设目标任务。县领导邓晓阳、尹显乾、段观阳、蒋祁阳、龚伟及相关部门负责人陪同现场办公。

12 月 19 日　市委副书记、市长向曙光深入祁阳县调研金融工作和项目建设情况，并参加县农村商业银行股份有限公司举行开业大会。县领导魏湘江、周新辉、黄春华、刘晓春等陪同调研。

12 月 23 日　市委书记陈文浩深入祁阳县红心火龙果基地、鸭婆洲生态旅游基地、湘江稀土厂、祁冷公路施工现场查看调研指导工作。市委常委、市委秘书长颜海林，县委书记魏湘江，县委副书记、县长周新辉，县人大常委会主任黄春华、县政协主席郑弋及相关部门负责人的陪同。

12 月 23 ~ 24 日　住建部督察考核组付建国、牛剑平等一行到祁阳检查农村危房改造工作并给予了充分肯定。自实施农村危房改造项目以来，祁阳县大力推进农村危房改造等工作，努力改善农村困难群众基本居住条件，取得初步成效。省住建厅副厅长宁艳芳，市委常委、市委秘书长颜海林，县委常委、县委办主任邓晓阳，副县长雷秀新等陪同检查。

12 月 25 日　祁阳县在县武装部会议室召开 2014 年度县委常委议军会议，传达贯彻市委常委议军会议重要精神，研究解决县武装部、消防大队、武警中队在军队建设中遇到的实际问题，安排部署今后工作。县委书记、县人武部党委第一书记魏湘江作讲话，周新辉、宋振平、黄春华、郑弋、邓年生、崔福生、唐恒杰、邓晓阳、左雅婷、彭丹、龚红辉、唐建平等县领导及相关部门负责人出席会议。

12 月 27 日　县经济开发区内湖南鸿达园食品有限公司、新埠头水厂相继举行开工典礼。县领导魏湘江、宋振平、黄春华、郑弋、邓晓阳、陈环玉、文英雄等为项目的开工建设培土奠基。

12 月 28 日　在深圳市麒麟山庄举行招商洽谈推介会，现场签约引资 46.2 亿元。县领导魏湘江、周新辉、黄春华、郑弋、邓晓阳等与在深圳祁阳籍同乡及深圳市企业界人士深入交流，共同见证项目签约。

12月　中共祁阳县委党校（行政学校）获全省党校（行政学院）系统“先进党校”荣誉称号。

12月　祁阳县在全省城乡居民养老保险经办管理服务示范点创建活动中，被省人社厅评为首批“城乡居民社会养老保险经办管理服务示范县”称号。

12月　祁阳县被湖南省委、省政府授予“2014年度安全生产工作先进单位”称号。

祁阳概况

地理位置

祁阳县位于湖南省南部、永州市东北角，北依衡山、祁山，南靠阳明山，湘江横贯县境中部。东接衡阳市的常宁市、祁东县，东南邻郴州市桂阳县，南接新田县、宁远县，西南邻双牌，西抵永州市零陵区、冷水滩区，西北邻永州市冷水滩区，北连衡阳市祁东县，东北邻衡阳市祁东县。地理坐标为北纬26°02′10″～26°51′12″、东经110°34′58″～112°14′20″之间。南北长距离90.4千米，东西宽64.5千米，土地总面积2538平方千米。其中山地1066平方千米，占土地总面积的42%，丘陵355平方千米，占14%，岗地431平方千米，占17%，平地558平方千米，占22%，水面、道路、村庄等128平方千米，占5%。

历史沿革

祁阳历史悠久，早在约几万年前就有人类活动，春秋战国时，祁阳为楚之南疆。秦始皇统一中国，置郡县，祁阳属长沙郡。西汉时分长沙郡南部置桂阳、零陵二郡，祁阳属零陵郡的泉陵侯国。东汉时除泉陵侯国为县，隶属未变。

东吴孙皓元兴元年（264），分泉陵县，置祁阳、永昌二县，祁阳县设县治于今祁东县金兰桥镇新桥头村，因县治地处古祁山之南（今祁东、衡南、衡阳3县交界之岐山），故名祁阳。永昌县设县治于今祁东县砖塘镇烟合岭。

隋开皇九年（589），撤并州县，祁阳、永昌二县并入零陵。唐武德四年（621），恢复建置，永昌县并入祁阳县，县域面积扩大了一倍，达到3800多平方公里。不久废县。唐贞观四年（630），重新恢复祁阳县，仍属零陵郡。同时，将县治迁至老山湾（今茅竹镇老山湾村和茶园村一带）。宋代祁阳隶属未变。元时属永州总管府。明清时期属永州府。明景泰三年（1452）将县治迁至东北高埠檀山湾，今祁阳县城。

民国3年（1914），祁阳属衡阳道，不久，废道。民国27年（1938），设行政督察区，祁阳属第七区行政督察专员公署。

中华人民共和国成立后，改第七行政督查专员公署为零陵地区专员公署。祁阳仍属之。1952年，改属湘南行政公署（衡阳、零陵、郴州三个区合并为湘南行政公署），4月，将原祁阳县的东北部地区划出，另置祁东县。1954年，将宁远县部分地区划入祁阳，置金洞区（今金洞管理区），7月，撤湘南行政公署，祁阳改属衡阳地区行政专员公署。1983年又改属零陵地区行政公署，1995年11月，撤销零陵地区，设立永州市，祁阳隶属于永州市。

地形地貌

祁阳县境山岗、丘陵、盆地、平原兼有，大小河流250余条，南北狭长，三山四水构成地貌基本骨架。南有阳明山，北有四明山，东北有祁山，中有湘江，流长100.8千米，主要支流有3条，白水自南向北流入湘江，长78.1千米，祁水自北向南流入湘江，长67.2千米，清江自西北向东南经祁东归阳流入湘江。地形南北高，中部低，呈“凹“字形。

行政区划

2014年，祁阳辖观音滩、茅竹、三口塘、大忠桥、肖家村、八宝、白水、进宝塘、黄泥塘、潘市、梅溪、羊角塘、下马渡、七里桥、大村甸、黎家坪、文富市、文明铺、龚家坪、金洞等20个镇，龙山、浯溪、长虹等3个街道办事处，内下、小金洞、晒北滩、凤凰、白果乡、石鼓源、上司源、万宝山、大江、挂榜山等10个乡，共33个乡镇及街道办事处。共有878个行政村，82个社区居委会，总人口107.17万人。

自然资源

【土地资源】 全县土地面积253769.27公顷，其中耕地面积53194.38公顷，园地面积7888.52公顷，林地面积135710.75公顷，草地面积9230.11公顷，城镇村及工矿用地面积18039.01公顷，交通运输用地面积3089.23公顷，水域及水利设施用地面积18963.96公顷，其他土地面积7653.31公顷。

【水力资源】 祁阳境内溪河纵横，河网密布，有1公里以上河流250条，其中湘江境内长100.8公里，湘江的一级支流有白水河、祁水河等30条，二级支流有清江等58条，三级支流108条，四级支流45条，五级支流9条。流域面积在200平方公里以上一级支流有祁水河、白水河，200平方公里以上的二级支流有祁水河的燕子岩和双江口、白水河的大黄系河、祁东白河的清江等。全县多年平均降雨值为1398.3毫米，湘江经流祁阳多年平均地表水资源量约为184.8亿平方米。全县水能资源理论蕴藏量35万千万，技术可开发量30万千瓦，绝大部分集中蕴藏在湘江河、白水河、祁水河、昌木套河、大黄司河及黄花河流域，占全县水能理论蕴藏量80%以上，其他小河流由于地势平坦，其水能资源的可开发利用价值不高。

祁阳2014降雨量为1265.4毫米，湘江经流祁阳多年平均地表水资源量约为184.8亿平方米。全县洪水主要由降水形成，因此水位变化与降水相应。由于全年降水时空分布特点，既有局部暴雨，又有普遍大雨，加之水库蓄水发电调节，因此全县的水位变化并不完全同步。

【野生动植物资源】 全县共有野生植物135科972种，主要木本植物103科、290属、835种。其中具有栽培经济价值的210种，特用经济价值的25种，速生树30多种，古老孑遗树种7种，国家一级保护植物4种，二级保护植物9种，省级保护植物11种。主要乡土树种有杉木、马尾松、檫木、泡桐、香椿、柏木、樟树、毛竹、油茶、油桐、杜仲、厚朴、柑桔等。野生动物有13纲28目75科246种，其中国家一级保护动保护动物有梅花鹿，二级保护动物有穿山甲、水鹿、果子狸、鸳鸯等9种，省级保护动物20余种。境内设有祁阳小鲵自然保护区。

【矿产资源】 祁阳矿产资源种类较全，分布具有明显的分带性，2014年全县共探明矿产地235处，已发现矿种21种。煤炭资源储量1068.89万吨，铁矿资源储量1342.7万吨，锰矿资源储量180万吨；有色金属矿产有铜、铅、锌、金、银、钨、锡、钼、锑、汞等10种；非金属矿种有水泥石灰岩、建筑用石灰岩、耐火黏土、砖瓦黏土、砖瓦页岩、砂卵石、重晶石、花岗岩等8种，水泥石灰岩资源储量25113.3万吨；重晶石资源量12.0万吨；耐火黏土资源储量153.3万吨。2014年，全县共有矿山企业67家，矿业从业人数3915人，矿业总产值29

亿元。

【旅游资源】 祁阳旅游资源丰富，文化底蕴深厚。有全国最大的露天碑林、国家AAAA级景区、全国重点文物保护单位、湖南十大文化遗产——浯溪碑林；有国家AAAA级景区、中国历史文化名村、全国重点文物保护单位、独具湘南民居特色的明清古民居——龙溪李家大院；有国家非物质文化遗产——祁剧、祁阳小调；有全省30个重点红色旅游景区之一的伟人故里——陶铸故居及陈列馆；有至今保存最完好的中型歌特式教堂、省重点宗教活动场所——天主教堂；有当代中国十大名石之一——祁阳石；有文昌塔、潇湘楼、甘泉寺等10多处省市重点文物保护单位。祁阳山水清秀，别有风情。大自然在这里慷慨恩赐黄沙河漂流、狂狮河峡谷漂流，神奇造化三圣湖风光、八庙温泉、祁阳小鲵，形成"红色、古色、绿色"三日游旅游线路。

人口·民族

【人口】 2014年年末，全县总人口数为1071696人。比2014年增加6052人。其中，男性553432人，女性518364人。全年出生人口11641人，出生率为10.86‰；死亡人口8004人，死亡率为7.46‰。

【民族】 2014年年末，有汉族、瑶族、佤族、苗族、蒙古族、壮族、傣族、彝族、回族、布依族、土家族、哈尼族、朝鲜族、拉祜族、侗族、景颇族、藏族、满族、白族、维吾尔族、布朗族、水族、傈僳族、阿昌族、仡佬族、普米族、毛南族、德昂族等30余个民族。

气　候

【气候综述】 2014年平均气温19.2℃，较历年平均偏高0.7℃。年极端最高气温38.6℃，出现在7月31日，年极端最低气温-1.9℃，出现在2月14日。全年极端最高气温≥35℃的高温日数有37天，7月17~24日出现连续8天的轻度高温热害天气。日平均气温稳定通过10.0℃和20.0℃的初日，分别出现在3月10日和5月1日。年内有2天积雪出现，最大积雪深度只有1厘米。年日照时数1292.8小时，比历年平均偏少161.3小时，年日照百分率为29%。上年度终霜日出现在2月20日，本年度初霜日出现在12月13日，年无霜日295天。

【基本气候概况】 2014年平均气温19.2℃，较历年平均偏高0.7℃，比2013年平均气温偏低0.4℃。2014年平均气温居1981年以来第三高位。全年各月平均气温如图（2014年各月平均气温及距平）所示，2014年5~7月、11~12月气温正常；3~4月、9月气温偏高，10月显著偏高2.6℃，1月异常偏高3.3℃；2月和8月气温偏低。

2014年降水量1265.4毫米，比历年平均偏少83.3毫米，属于正常年景。降水主要集中在3~8月，占全年降水的80.0%，全年各月降水量如图（2014各月降水及距平百分率）所示，2~4、6~8月降水量正常，5月偏多、11月显著偏多，1月、9~10月和12月降水显著偏少。

表1　2014年各月平均气温及距平　单位：摄氏度

月份	1月	2月	3月	4月	5月	6月	7月	8月	9月	10月	11月	12月	全年
月平均	9.7	7.0	14.0	19.7	23.3	26.7	29.9	27.8	26.6	22.4	14.8	9.0	19.2
气候平均	6.4	8.4	12.2	18.4	23.3	26.7	29.8	28.9	25.1	19.8	14.3	8.8	18.5
距平	3.3	-1.4	1.8	1.3	0.0	0.0	0.1	-1.1	1.5	2.6	0.5	0.2	0.7

表 2　　**2014 年各月降水及距平百分率**

月份	1月	2月	3月	4月	5月	6月	7月	8月	9月	10月	11月	12月
各月降水量/毫米	24.4	80.9	146.0	115.0	255.8	173.1	125.6	159.5	19.8	33.1	110.6	21.6
气候平均值/毫米	76.1	97.6	140.2	152.2	191.9	197.7	119.4	132.5	63.4	66.2	66.0	45.5
各月距平/毫米	-51.7	-16.7	5.8	-37.2	63.9	-24.6	6.2	27.0	-43.6	-33.1	44.6	-23.9
距平百分率/%	-67.9	-17.1	4.1	-24.4	33.3	-12.4	5.2	20.4	-68.8	-50.0	67.6	-52.5

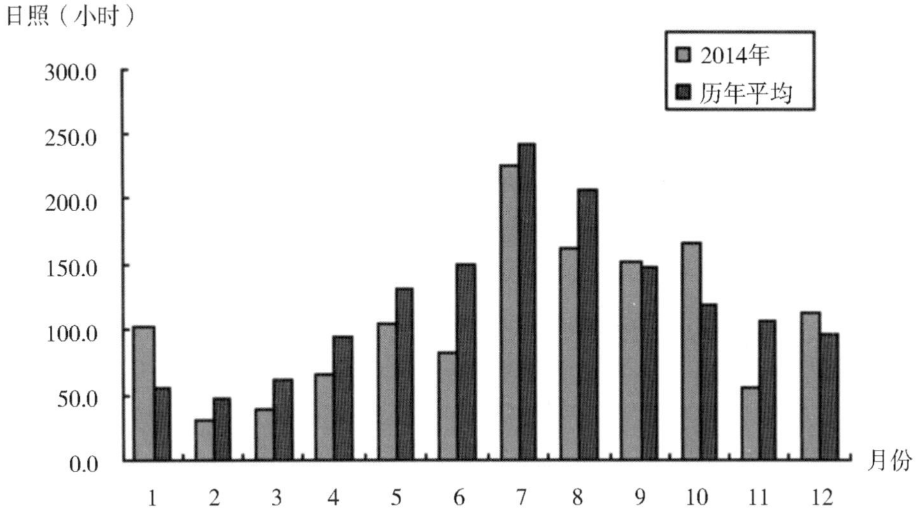

图 1　2014 年各月日照分布图

2014 年日照总时数 1292.8 小时，较历年平均少 161.3 小时，偏少 11.1%，年日照百分率 29%。9 月日照正常，1 月、10 月、12 月日照偏多，其中 1 月偏多 91.1%；其他月份日照时数偏少，其中 11 月偏少 48.5%。全年各月日照如图（2014 年各月日照分布）所示。

【主要气候事件】　2014 年祁阳县异常天气气候事件时有发生，主要是低温雨雪、强降温、倒春寒、洪涝、高温等异常天气气候事件，其中暴雨洪涝是影响当年的主要气象灾害。

低温雨雪冰冻　受冷空气影响，2 月 5～14 日出现低温雨雪和冰冻天气，期间最低气温降至-1.9℃，最大积雪深度 1 厘米。

强降温、倒春寒　受强冷空气的影响，2 月 3～5 日 48 小时降温幅度达 18.3℃，最低气温降至 6.4℃；受冷空气影响，3 月 19～21 日 48 小时降温幅度达 12.8℃，最低气温降至 9.0℃。4 月下旬祁阳气温特低，旬平均气温只有 17.8℃，较常年同期偏低 2.7℃，出现倒春寒天气，对早稻移栽返青、烤烟等作物的生长造成不利影响。

暴雨洪涝　5 月 10～11 日，祁阳普降大到暴雨，局地大暴雨，强降水主要出现在祁阳南部和东部乡镇场。大暴雨有 3 站次，暴雨有 22 站次，最大降雨出现在金洞管理区小茗洞 127.5 毫米，其次是内下乡瓦窑 118.2 毫米。5 月 29 日～6 月 2 日受中低切边影响，祁阳出现大范围暴雨过程，雨量分布不均，局地出现大暴雨。根据祁阳区域站监控显示，5 月 30 日祁阳北部乡镇有 5 个站点达到暴雨，其中最大出现在文明铺，6 个小时降水量达 85.1 毫米。6 月 2 日祁阳有 23 个站点（包括祁阳站）降水达到暴雨等级，1个站点达到大暴雨等级，全县平均降水就达52.8毫米，其中最大出现在七里桥镇青山冲，7个小时内降水达106.4毫米。暴雨过程对祁阳部分乡镇造成较大损失，但是没有出现人员伤亡。这2次强降水过程共造成全县12个乡镇、场，28个乡村受灾，受灾人口53210人，紧急转移人口2850人，需紧急救助人口522人，需过渡性救助人口187人，安置人口2580人；全县农作物受灾面积达4100公顷，其中农作物成灾面积2950公顷，农作物绝收面积1060公顷；全县倒塌房屋128间，损坏房屋115间；直接经济损失2760万元，其中农业经济损失1690万元，基础设施损失390万元，家庭财产损失680万元。6月20日祁阳北部和东部乡镇普降大到暴雨，祁阳全县平均降水量为22.3毫米，大于50毫米的站点4站次，最大降水量出现在黎家坪，降水量77.6毫米。21日，祁阳普降暴雨，部分大暴雨；大于100毫米的站点有12站次，大于50毫米的站点有32站次；全县平均降水量为69.6毫米，日最大降水量在梅溪镇皮冲，为128.2毫米。暴雨过程对祁阳部分乡镇造成较大的损失，全县有9个乡镇82个乡村受灾，受灾人口15800人，死亡1人，转移安置人口1243人；全县农作物受灾面积1790公顷，成灾面积1450公顷，绝收面积340公顷；倒塌房屋216间，损坏房屋111间。造成直接经济损失2730万元。8月19～20日，祁阳普降暴雨，降水≥50.0毫米的站数有16个，全县平均降水48.6毫米；日最大降雨量出现在三口塘镇的金凤，为78.0毫米。此次暴雨洪涝过程致使9个乡镇不同程度的受灾，农作物受灾面积8300亩，受灾人口1570人，直接经济损失323万元，其中水利设施直接经济损失为185万元。

高温热害 全年极端最高气温≥35℃的高温日数有37天，年内出现4次高温期天气。7月17～24日出现连续8天日极端最高气温≥35.0℃的高温期天气，达到“轻度高温热害”标准，不利于农业生产和人们户外活动。7月28日～8月1日和8月29日～9月2日分别出现连续5天日极端最高气温≥35.0℃的高温期天气，达到“轻度高温热害”标准。9月7～12日出现了连续6天日极端最高气温≥35.0℃的高温期天气，达到“轻度高温热害”标准，不利于农业生产和人们户外活动。

国民经济与社会发展

【概况】 2014年，祁阳县地方生产总值217.4亿元，比2013年增长9.6%。其中，第一产业增力值43.5亿元，增长4.9%；第二产业增力值82.9亿元，增长11.1%；第三产业增力值91亿元，增长10.3%。实现规模工业总产值159亿元、增加值47.1亿元，占计划的101%、102%，分别增长16.6%、12.2%。三次产业结构比重由2013年的27.3∶30.6∶42.1调整为25.7∶34.1∶40.2.按常住人口计算，全县人均GDP为20401元，增长5.6%。财政总收入11亿元，增长12.1%。实现社会消费品零售总额49.1亿元，增长12.3%。

全县规模以上工业企业101家。规模以上工业企业完成增加值47.13亿元，增长12.2%。分轻重工业看，轻工业增长22.5%，重工业增长9.9%。全县规模以上工业企业实现主营业务收入144.78亿元，比2013年增长11.4%；实现利税8.07亿元，增长-3.9%。全年原煤产量32.01万吨，增长-42.01%；发电量14.56亿千瓦时，增长-10.15%；生产大米36.1万吨，增长-0.1%；生产饲料16.89万吨，增长26.1%；生产精制食用植物油6.86万吨，同比增长27.5%；生产速冻食品5.57万吨，增长24.9%；生产罐头5.81万吨，增长10.6%；生产印染布469万米，增长21.8%；生产服装649.5

万件，增长 72.9%；生产鞋1003万双，增长77.8%；生产人造板2.57万立方米，增长11.1%；生产家具2.59万件，增长11.1%；生产水泥281.56万吨，增长21.6%；生产商品混凝土54.67万立方米，增长215.7%；生产日用玻璃制品3.17万吨，增长120.0%；生产铸钢件2.15万吨，增长17.8%；生产铝材1.05万吨，增长35.7%；生产电子元件808万只。

农林牧渔业完成总产值75.99亿元，比2013年增长12.14%；实现增加值44.81亿元，增长13.06%。粮食种植面积0.72万亩，增长1.63%。其中稻谷面积0.55万亩，增长12.2%；蔬菜种植面积0.17万亩，增长10.2%。全年粮食总产量64.7万吨，增长2.4%。生猪出栏107.79万头，增长4.68%；出栏牛1.39万头，增长2.96%。水产品产量5.8万吨，增长4.89%。全县完成通畅公路205公里，改造危桥6座，行政村通畅率98%；13座重点小二型水库除险加固、七里桥镇小农水、黄泥塘镇农业综合开发、八宝镇土地整理、县城堤防工程原种场段项目完成，集中供水工程、内下二级电站增效扩容改造、白水河治理、潘市镇农业综合开发有序推进，解决4.27万人不安全饮水问题。五小”水利建设加快推进，完成山塘清淤扩容1500口，整修渠道216公里，新改建小泵站100座；电力建设得到加强，完成33个县城台区、44个行政村的农网改造升级。

实现社会消费品零售总额49.12亿元，比2013年增长12.3%。分行业看，批发零售业实现社会消费品零售总额38.3亿元，增长12.5%；住宿餐饮业实现零售额10.8亿元，增长11.9%。完成固定资产投资232.19亿元，增长20.4%。分行业看，第一产业投资8.96亿元，增长19.0%；第二产业投资106.67亿元，增长13.6%，其中工业投资106.2亿元，增长13.6%；第三产业投资116.56亿元，增长26.9%。

全年全县获省政府专利奖1项，科技对经济发展的贡献率达53.5%，保持全国科技进步先进县、科普示范县和全省科技成果转化示范县荣誉，被列为全省可持续发展实验区。全县共有小学99所，在校人数7.23万人；初中35所，在校人数3.19万人。全县医疗机构37个。医院和卫生院拥有床位3417张，卫生技术人员2893人，执业医师及助理医师1232人，护士3392人。新增城镇就业7212人，转移农村劳动力9000余人。国有农林场危旧房改造完工，农村危房改造1500户，新建保障性住房828套，分配公租房1734套，发放租赁补贴1787户、140万元。推进新农合住院支付方式改革，实行“100+800（600）”付费模式，新农合参合率98.87%，实际报账率由58%提高到65%。提高城乡低保、农村五保、医疗救助等社会救助标准，实行65岁以上老人免费乘坐公交车，65岁以上失能、半失能老年人基本养老服务补贴发放率达到50%，老年人和困难群体优待水平提升。扶贫开发有序推进，减少贫困人口1.1万人。

【政府机构改革】 根据《中共湖南省委湖南省人民政府关于市县政府职能转变和机构改革的意见》文件精神，完成祁阳县新一轮机构改革工作前期调研，着手起草工作方案，年内将完成改革任务。2014年10月，祁阳县设立县公共资源交易中心；完成公路部门、海事等省市管部门全面下放接收工作。

【事业单位分类改革】 根据《中共湖南省委湖南省人民政府关于分类推进事业单位改革的实施意见》和永办〔2014〕25号等文件精神要求，制定下发《中共祁阳县委办公室祁阳县人民政府办公室关于印发〈祁阳县事业单位分类工作方案〉的通知》，将全县现有纳入机构编制管理范围的事业单位分为3大类，即承担行政职能的事业单位、从事公益服务的事业单位、从事生产经营活动的事业单位。全县所有纳入机构编制管理的事业单位进行预分类，并进行备案。

【县级议事协调机构管理】 根据《地方各级人民政府机构设置和编制管理条例》《中共湖南省委办公厅湖南省人民政府办公厅关于印发〈湖南省省级议事协调机构管理办法〉的通知》，结合祁阳县实际情况，制定下发《中共祁阳县委办公室祁阳县人民政府办公室关于印发〈祁阳县县级议事协调机构管理办法〉的通知》。全年共清理纠正评比达标表彰项目29项，较2013年同期减少9项；议事协调机构减少162个，精简率达52%。对37个指挥部等临时性机构进行清理整顿，对保留的23个临时性机构规范管理。

【政治文明建设】 建立健全依法、科学、民主决策机制，规范县政府常务会议、县长办公会议等集体决策程序，严格遵守公众参与、专家论证、风险评估、合法性审查、集体决策的行政决策程序，减少决策失误，提高决策质量。2010~2014年，共召开决策听证会28次，有514名听证代表出席听证会，提出听证意见742条，采纳436条。同时出台《祁阳县规范权力运行制度建设工作方案》，以职权法定、公开透明、绩效评估为切入点，完成了职权清理，准确把握权限内容，建立行政权力运行制度，绘制行政权力运行流程，查找风险防范点。全县共有65个县直单位编制实施行政权力运行制度，并在祁阳政府网进行公示。编印《祁阳县行政职权汇编》并向社会公开，主动接受社会监督。按照省市部署，积极推进行政审批制度改革，对行政许可项目和非行政许可审批项目实行动态管理、逐年清理。全县公布保留行政许可项目155项，非行政许可审批项目18项，分别减少107项和8项；2014年共承接省市下放的行政审批项目118项。同时，通过祁阳政报、祁阳政府网等媒体将清理结果进行公布。10月31日，祁阳县发出永州市除试点单位外第一本工商营业执照、组织机构代码证和税务登记证（“三证合一”）。

重大活动

【开展党的群众路线教育实践活动】 按照中央、省、市的统一部署和要求，祁阳县党的群众路线教育实践活动从3月7日开始全面启动，覆盖全县1892个基层党组织、40184名共产党员。全县各级党组织和广大党员干部围绕“为民务实清廉”主题，贯彻“照镜子、正衣冠、洗洗澡、治治病”的总要求，有序推进活动深入扎实开展，既把“规定动作”做到位，又把“自选动作”抓扎实，取得重大成果，实现预期目标。

党的群众路线教育实践活动开展期间，全体党员干部系统地学习了《党的群众路线教育实践活动学习文件选编》《论群众路线重要论述摘编》《厉行节约反对浪费重要论述摘编》《面向未来的赶考—习近平总书记指导河北省党的群众路线教育实践活动回访记》等读本，增强理想信念。聚焦“四风”，开展“百乡千村万户”走访调研，对群众反映的热点难点问题进行认真梳理，给予解决；集中整治，开展55项专项整治活动，重点摧毁了以郭怀安为首横行祁阳二十多年的重大黑社会性质组织，全县社会治安形势持续好转；转变作风，创新开展“打开一扇门、破解一道题、办好一个示范点”活动，有力推动党政机关“庸懒散”“门难进、脸难看、事难办”、乡镇干部“走读”等突出问题的整治。用好批评与自我批评这个法宝，全县各单位召开了高质量的领导干部民主生活会、党员组织生活会，真正做到了亮出问题不怕丑，剖析自己不怕严，触及灵魂不怕痛；着眼长远，建立长效机制，全县拟订出台49项相关制度规定，并建立了切实有效的监督机制。

祁阳县在全市“四风”突出问题专项整治工作推进会上作典型发言；在县级党员领导干部中创新开展“打开一扇门、破解一道题、办好一个示范点”活动，得到湖南省委领导高度关注和批示，并被省委办公厅内刊《工作情况交流》向全省推介；县委班子的对照检查材料和县委常委相互批评清单，受到省委领导的高度肯定，被省委活动办作为县级层面的典型推荐到中央活动办；在省学教活动办组织的县（市）、区直机关作风满意度民意调查中，祁阳县名列前茅，机关干部评价方面祁阳县列全省第一位。

【农村环境污染治理】 2014年，祁阳县委、县政府将农村环境污染治理工作作为一项重大的民生工程来实施，举全县之力掀起了农村环境污染治理工作的热潮，农村生活垃圾集中收集率、无害化处理率均达到60%以上，各类示范村制度化保洁率达到95%以上，农村环境污染治理工作取得明显成效。

一、构建了一批工作网络。县里成立县委书记、县长负总责的领导小组，组建了办公室和专抓队伍。各级各部门相应成立专抓班子和专抓队伍，层层签订责任制，制作宣传标语1.2万条，设置宣传栏650个，发放宣传资料5.2万份，制定村规民约的村411个，组建清扫保洁队伍1398人，构建了“横向到边、纵向到底”的工作网络。

二、投入了一批专项资金。采取“政府补助一点、部门帮助一点、镇村补贴一点、群众自筹一点”方式，多渠道筹措治理资金。一是大力整合涉农资金，县财政每年安排5000万元，按每个重点村2.4万元以奖代补。二是国道省道公路沿线村、县城城中村从村级转移支付资金中，每年安排5000元。三是各镇乡办场创建的2个示范村，联系的后进单位帮扶资金每村不低于2.4万元。四是镇乡办场非重点村每年从村级转移支付中安排5000元至1万元。2014年全县共投入各类资金9000余万元，确保了农村环境污染治理工作的顺利开展。

三、建设了一批基础设施。投入3000万元，正式启动了白水镇、观音滩镇街道“六个一”示范建设。筹资5000万元，新修村组公路265公里，硬化公路204.5公里，完成了30%的村改厕任务，新建沼气池600个，完成25个示范村户平10株的植树造林任务。投入8650万元建设日处理300吨生活垃圾项目。投入2500余万元，新建垃圾中转站3个，垃圾填埋场48个，垃圾焚烧炉35个，垃圾池1321个，可回收垃圾处理中心1个、可回收垃圾中转站25个、可回收垃圾收购点（站）540个，添置环卫车辆121台，垃圾桶9796个，全县农村环卫设施的承载能力明显增强。

四、推进了一批治理项目。以农村脏乱差为突破口，全面开展农村环境污染专项治理大行动。共清垃圾4万吨、杂草26万平方米、路障416公里、污水沟4万多米，新修下水道3万米，疏浚河溪3万米。制订出台《祁阳县农村宅基地管理办法》，拆除空心房1687户、13.5公顷，查处违法侵占耕地建房2起，违法占用耕地面积320平方米，拆除乱搭乱建棚子2100处。关停小煤矿、小窑炉13家，责令5家中小企业限期整改。对湘江流域500米内70家养猪场（50头以上）全部进行了搬迁，治理规模养猪场5个。推广应用测土配方施肥160万亩，建成秸秆腐熟还田万亩示范区1个，恢复发展绿肥生产17万亩，建设农业标准化示范基地5个，实施绿色防控农作物3.2万亩，通过“三品一标”农产品认证12个，开展农村灭鼠行动84万亩。

五、打造了一批示范样板。按照以点带面、整体推进的工作思路，县级领导和镇乡办场党委书记共创办162个示范村。县委书记魏湘江领办的小江村，开展了“五清四改三建”大行动，建立了清扫保洁常态化管理机制，使小江村市级魅力村庄魅力绽放。县长周新辉领办的九洲村进行了公路硬化，集中供水，拆除空心房8000平方米、改厕216户，村庄面貌焕然一新。七里桥镇金竹山村自筹资金70多万元，实行垃圾分类、处理常态化，成为祁阳县农村环境污染治理又一亮点。观音滩镇八尺村投入资金800多万元，对村庄的环境面貌进行整体提质，全面整修公路、路桥、河道，安装路灯、地灯，村庄面貌日新月异。

六、建立了一批制度机制。落实“一把手”负责制。将农村环境污染治理工作纳入绩效考核内容，健全完善一把手责任制，并将考核结果与奖补资金挂钩。完善督查考评机制。县委书记或县长每月召开一次调度会，其他县级领导定期召开本责任区工作调度会、整改会。建立现场督办机制。发现问题，现场交办、现场落实。推进分层级考评机制。对县级领导和镇乡办场党委书记创办的示范村、各镇乡办场农村环境污染治理工作进行分类打分排位，并将考评结果通报全县，有力地推动了农村环境污染治理工作的深入实施。

【湿米粉专项整治】 祁阳居民有早餐吃米粉的传统习惯，加强对湿米粉整治事关广大群众食品安全，是一项重要的民生工程，县委、县政府高度重视，县委书记魏湘江两次作出专门批示，要求“既要治‘质’，又要治‘量’，对老百姓长期反映湿米粉短斤少两的问题要取得根本性成效。”2014年7月30日，县委常委、县委办主任邓晓阳组织县食安办、质监、卫生、食品药品监管、物价、公安等部门召开湿米粉专项整治工作会议，分析讨论湿米粉专项整治集中行动实施方案。8月6日，召开了全县湿米粉专项整治动员大会，各职能部门表态发言，米粉生产企业、部分米粉餐饮店负责人递交了质量安全承诺书，明确了各部门职能职责，细分了整治任务。

动员大会后，由县委督查室牵头，组织质监、卫生、食品药品监管、工商、公安、网络办、电视台等部门，采取联合检查、突击检查、日常巡查相结合的方式，对生产企业每周1~2次检查，所有餐饮服务单位每月1次轮查，重点检查无证无照生产经营、原料大米是否符合国家标准、生产过程是否添加非食用物质及滥用食品添加剂、生产经营场所卫生是否符合要求、是否使用“回头粉”生产加工湿米粉、湿米粉出厂重量是否存在短斤少两等行为。积极邀请县党代表、人大代表、政协委员和新闻单位参与检查，全过程监督，并通过祁阳电视台、祁阳新闻网、祁阳手机报、中国微祁阳等媒体向公众报道整治效果。检查组每天凌晨一两点米粉生产企业开展突击检查，对发现的违法违规行为一律进行顶格处理、全部曝光，至12月底，共开展专项检查31次，抽取湿米粉、大米、米浆等样品128批次，查处生产企业使用“回头粉”加工湿米粉等违规案件15起，紧急召回问题米粉7000余砣，查封处理不合格原料大米35.15吨，及时处置了1起米粉生产企业串通涨价行为，确保了市场价格稳定，依法取缔无证生产企业1家。

通过近半年的专项整治，各湿米粉生产经营单位的卫生条件、生产加工及原料把关、台账建立等有了明显改观，全县湿米粉质量大幅提升，从抽检合格率82%提升至100%，湿米粉重量从暗访平均抽样的206.4克/砣增加至标准重量250克/砣左右，彻底解决了老百姓反映强烈的湿米粉质量不高、短斤少两突出的问题，成效十分显著，群众普遍反响很好。《湖南日报》《永州日报》对祁阳湿米粉整治进行了专题报道。

部分重点项目建设

【祁阳火车站配套设施工程建设】 祁阳新火车站配套设施

工程项目是湘桂铁路改扩建工程祁阳火车站的一个重要组成部分。该工程项目位于长虹街道长虹村、大村甸镇前锋村，主要由站前路、车站路和站前广场三个部分组成。站前路设计长1105米，宽32米，车站路设计长661米，宽60米；站前广场设计长250米，宽300米，面积75000平方米；分别由祁阳县建筑规划设计院和湖南省景然园林有限公司设计。计划征地1000亩，其中一场二路用地225亩。工程预算总投资约16853万元，其中土地征地报批费用为8000万元，“一场两路”工程造价为6333万元，拆迁安置费为2520万元；共需拆迁237户，拆迁面积42000平方米，迁坟310壕。采取BT模式进行建设，由湖南省国联招标有限公司在全国范围内依法公开招标，湖南鸿腾建设工程有限公司中标，全额垫资建设。2011年11月正式破土动工建设，2013年12月28日顺利通车运营。

到2014年年底，已全面完成火车站“一场两路”征地红线范围内的征地工作，共计1125.12亩，给付征地款3900.833万元（含青苗赔损）。征地村组主要为：长虹办事处长虹村4、5、6（1）、6（2）、7、8、10组和大村甸镇前锋村1、3、8组，共计10个自然小组。

完成征地范围内房屋丈量211户，3.1万平方米。其中已签订拆迁安置协议72户，拆除面积14434平方米；完成迁坟205棺，支付拆迁费8918904元。完成开挖土石方1320000立方米；站前路、广场环路混凝土面硬化30000平方米；广场景观工程顺利推进，安装部分路灯及高杆灯，路灯66盏，硬化公交停车场路面约10800平方米，站前广场铺装地板砖3000平方米，植树500余株；完成雨、污水管道约4500米；给水管道2300米；平整四处临时安置点7000平方米；电线改造4200米；搬迁变电器四座；租用弃土场33亩。累计完成工程投资约7100万元。

【城区道路提质改造工程】 祁阳县城区道路提质改造工程包括人民路、民生路、甘泉路、金盆东路、盘龙路、平安路、滨湖路、椒山路、新兴路、兴浯路、陶铸路共11条道路，总长度约20公里，总投资1.8亿元。祁阳县委、县政府授权祁阳县城镇建设投资开发有限公司作为城区道路提质改造项目业主，项目采用“BT”（建设——回购）建设模式。经公开招标，湖南高岭建设集团股份有限公司中标。2013年11月，成立“祁阳县城区道路提质改造工程指挥部”，启动城区道路提质改造工程建设。改造工程建设主要包括：新建雨水管网、污水管网维修、清淤；自来水管网改造；弱电入地综合管网改造；电力跨马路入地管网改造；新建燃气管道；环卫绿化工程；规划公交车停靠点；改造人行道；机动车道“白改黑”等。城区道路提质改造采取分批次分路段进行，实行分段封闭式施工。按照先行人道后路面、先地下后地面、先排水后给水再燃气管网、弱电管沟等先后顺序进行施工。

至2014年年底，完成项目建设总投资7030万元，税收350万元。平安路、新兴路、盘龙路、民生路完成“五大管网”改造；民生路完成管网、人行道、路面（民生南路）和电力改造。其中，完成自来水主管网改造21.81千米，并改造支管、水表井、水表及安装消防栓等附属设施；民生路完成管网改造2千米、人行道铺装1.91万平方米、机动车道“白改黑”（民生南路）2.31万平方米、电力改造1.9千米、跨马路电线入地2.5千米；改造路灯130盏，初步形成样板街；完成盘龙路、民生路、平安路、新兴路、滨湖路雨水管网改造18.8千米；完成盘龙路、民生路、滨湖路污水管网维修与清淤10.8千米；完成民生路、盘龙路、新兴路的弱电综合管沟建设6.5千米；完成盘龙路、民生路、新兴路、平安路燃气管网安装6千米。

（高发明　王晓毛）

【祁冷公路建设】 祁冷公路起点位于祁阳工业园区灯塔路与G322国道绕城线祁阳大道交汇处，终点位于冷水滩区上岭桥二广高速公路互通进出口处，为双向四车道的一级公路工程，路基宽度24.5米，全长23.679公里，项目总投资6.8亿元，是全市重点工程建设项目之一。该工程于2010年3月启动项目前期工作，2011年11月底完成二阶段设计报批等前期工作，2012年4月底完成项目一期工程冷水滩重合路段和五座桥梁的工程招标开工，2012年年底一期工程将完工通车。二期工程于2013年7月10日完成招投标，8月全线开工。

在施工过程中，根据县委、县政府的要求调增了部分工程，起点段K0+000至K2+242共计2242米按城市道路建设。按设计要求需扩宽至60米的大道，两边各扩宽18米，形成双向六车道、中间6米绿化带、两边各3米辅道绿化带、两边各设7米的辅道和各5米的行人道，作为城区道路建设的一部分。

经过全体建设人员16个月的紧张施工，祁冷公路祁阳段共征地700多亩，房屋拆迁70余户，开挖土石方100余万立方米，于2015年1月竣工通车。

【祁阳县浯溪水厂扩建和提质改造工程】 祁阳县浯溪水厂原为民营水厂，供水能力仅3.0万吨/天。为提升县城供水能力、全面解决祁阳县城区用水困难，中共祁阳县委、县人民政府决定收购浯溪水厂并进行改扩建。

2014年7月初浯溪水厂成功收购，同时启动扩建和提质改造工程建设，投入8000万元，对现有3.0万立方米/天供水设施提质改造，新建6.9万立方米/天的供水处理设施，将浯溪水厂供水总规模提高到10万立方米/天。项目8月底完成可研、环评、立项、设计及招投标等前期工作，9月2日全面开工，采用设计、采购、施工总承包模式（EPC模式）进行建设，中标总承包方为湖南省建筑设计院，施工单位为湖南万力建设集团有限公司。工程项目部克服场地狭窄、地质条件不好、石方开挖量大等困难，倒排工期、科学谋划、周密组织、日夜奋战、精心施工，仅用5个多月施工时间，新建了预臭氧格栅配水池、絮凝沉淀池、气水反冲洗滤池、清水池、取水泵房配电间和10千伏高压配电间及中控室6个单位工程，完成了现有3.0万立方米/天供水设施提质改造、进厂双电源线路、厂区道路和绿化建设，于2015年2月9日如期实现建成通水目标，在2015年春节前彻底解决了祁阳城区近30万居民的用水困难。

领导名录

（以2014年12月31日所在职位为准）

中共祁阳县委员会

书　　记　魏湘江
副 书 记　周新辉　宋振平
常　　委　邓年生　庾庐山
　　　　　崔福生　唐恒杰
　　　　　邓晓阳　左雅婷
　　　　　彭　丹　龚红辉
副调研员　苏元朝
副处级干部　王贵华

祁阳县人大常委会

主　　任　黄春华
副 主 任　尹显乾　柏曼红
　　　　　蒋忠朝　李建民
　　　　　刘晓春
原副主任　杨迎春　毛学标

祁阳县人民政府

县　　长　周新辉
副 县 长　左雅婷　彭　丹
　　　　　陈环玉　唐安宝
　　　　　谢铁山　唐建平
　　　　　雷秀新
正处级干部　冯祥文　陈俊广
副调研员　刘起群
副处级干部　莫少波　蒋祁阳

龚　伟　张应生
邓开封

祁阳县政协

主　席	郑　弋
副主席	陈振文　于建春　文英雄　黄爱蓉　桂　湘
正处级干部	汪亚雄
原副主席	刘和平　伍文化

县人民武装部

部　长	龚红辉
政　委	汤建林

县法院

院　长	祝　群

县检察院

检察长	唐筱勇

县委部门管理机构

县委党校校长	刘文高

县政府部门管理机构

县经济开发区管理委员会书记	段观阳
县经济开发区管理委员会主任	桂富生
县浯溪碑林管理处党委书记	江国田

县直机关单位主要负责人

县纪委	书　记	庹庐山
县委办	主　任	邓晓阳
县委组织部	部　长	崔福生
县委宣传部	部　长	邓年生
县委统战部	部　长	左雅婷
县政法委	书　记	唐恒杰
县政府办	主　任	唐明生
县编委办	主　任	刘盛华
县保密局	局　长	唐渊明
县直属机关党委	书　记	黄玉彬
防范办	主　任	曾新和
县综治办	主　任	李文斌
县维稳办	主　任	胡国强
县委农村工作部	部　长	吕　勤
县机关事务局	局　长	冯育忠
县史志办	主　任	张　平
县档案局	局　长	蒋盛文
县接待科	科　长	郑昭宇
县信访局	局　长	邹长明
县老干局	局长 党组书记	曾　鑫
县总工会	副主席	何晓松
团县委	书　记	汤铁球
县妇联	主　席	周思敏
县工商联	主　席	桂　湘
	书　记	陈巧琼
县侨联	主　席	李永明
县残联	理事长	黄拥军
县科协	主　席	肖霏霏
县文联	主　席	邓艳明
县人大常委会办公室	主　任	雷卓明
县人大选举任免联络工作委员会	主　任	朱金权
县人大内务司法工作委员会	主　任	陈　超
县人大财政经济工作委员会	主　任	廖　廷
县人大民族教育科学文化卫生工作委员会	主　任	庄小敬
县人大城建环保工作委员会	主　任	陈爱君
县人大农业农村工作委员会	主　任	毛智永
县政协	秘书长	彭扬帆
县政协办公室	主　任	唐书东
县政协提案委员会	主　任	何　峰
县政协文史委	主　任	王双春
县政协经科委	主　任	李爱华
县政协法制群团委	主　任	陈新春
县法制办	主　任	邓国勇
县人防办	主　任	张旭光
县民宗局	局　长	周新民
县政务中心	主　任	蒋金勇
县禁毒办	主　任	段慧颖
县发改委	主　任	黄化宏
县经信委	主　任	陈卫平
县教育局	局　长	刘双顺
县科技局	局　长	朱新德
县公安局	局　长	唐建平
	政　委	陆强耀

县交警大队	大队长	刘志杰
	政委	高铁民
县监察局	局长	赵作琦
县民政局	局长	唐双喜
县司法局	局长	王干劲
县财政局	局长	谭元明
县人事局	局长	杨美华
县劳动社保局	局长	彭国峰
县国土资源局	局长	何志刚
县住建局	局长	伍志耕
县自来水总公司	总经理	罗卫平
	总支书记	高连佑
县交通局	局长	柏一秀
县水利局	局长	邓卫芳
县内下管理局	局长	邓卫芳(兼)
县农业局	局长	许伦中
县林业局	局长	蒋林奇
县商务局	局长	刘祥贵
县文广新局	局长	黄爱蓉
	党组书记	刘继东
县卫生局	局长	任志杰
县计生委	主任	周贞霖
县审计局	局长	张俊球
县环保局	局长	李晓华
县安监局	局长	董黎明
县食品药品监管局	局长	何志宇
县统计局	局长	张松柏
浯溪碑林管理处	主任	张俊卿
县体育局	局长	邹国成
县市管局	局长	詹国平
县农机局	局长	刘祁春
县农经局	局长	申庆宇
县旅游局	局长	向珍媛
县广播电视台	台长	周金生
县农业开发办	主任	王先群
县供销社	主任	谢建中
县畜牧水产局	局长	全　辉
县城管执法局	局长	谢建军
县房产局	局长	奉江南
	书记	刘银球
县粮食局	局长	赖　荣
	书记	王清和
县移民局	局长	李美光
县物价局	局长	奉和成
县物资局	局长	熊自立
县商业局	局长	柏爱国
县二轻局	局长	包本发
县煤炭局	局长	阳汉平
祁阳科技工业园	主任	郑新华
县城建投	主任	谭振华
县公路局	局长	赵道生
	书记	邓燕山
县文化执法大队	队长	李朝阳
祁阳一中	校长	邓　振
	总支书记	唐秀成
祁阳二中	校长	桂来根
	总支书记	于华山
祁阳四中	校长	王建华
	总支书记	聂伍阳
祁阳七中	校长	石献忠
	总支书记	张华成
县职业中专	校长	钟端阳
县教师进修学校	校长	何新军
	总支书记	胡爱民
县人民医院	院长	奉　毅
	书记	郭金玉
县中医院	院长	李安清
县疾控中心	主任	邓海平
	总支书记	周四清
县妇幼保健院	院长	蒋建明
	书记	陈　湘

中央、省、市驻祁单位主要负责人

官山坪红壤站	站长	张会民
祁阳师范	校长	刘吉祥
县工商局	局长	王　胜
县质监局	局长	王恩鹏
县国税局	局长	彭志义
县地税局	局长	杨建华
县烟草局	局长	唐明友
县药材公司	经理	漆国华
县气象局	局长	邹志红
县邮政局	局长	唐　健
电信祁阳分公司	经理	周冬军
县移动通信公司	经理	钟洪斌
县联通公司	经理	邓拥军
县电力局	局长	黄慧才
县石油公司	经理	周洪祁
县盐业公司	经理	陈小文
县人民银行	行长	陈智明
县工商银行	行长	龙立新
县建设银行	行长	杨旭晖
县中国银行	行长	伍孝松
县农业银行	行长	唐昌文
县农业发展银行	行长	刘定波

县农商行	行　长	刘国富
县村镇银行	行　长	王　度
县邮政银行	行　长	蒋齐勇
县新华书店	经　理	陈有林
县人寿保险公司	经　理	朱振祥
县人民保险公司	经　理	李代忠
县平安产险公司	经　理	谢　芳
县平安寿险公司	经　理	唐东风
县住房公积金管理部	主　任	刘运龙
县消防大队	大队长	谢章强
县武警中队	中队长	袁　华
大华山电台	台　长	刘毅华

2014年祁阳县乡镇办场正科级机构负责人

龙山办

书　记　罗　轩
主　任　苏建萍
人大主席　刘　强
政协工委主任　蒋贤娟

长虹办

书　记　甘小玲
主　任　李　政
人大主席　苏　斌
政协工委主任　赵凌云

浯溪办

书　记　刘　勇
主　任　郑志宇
人大主席　夏立军
政协工委主任　邓海明

观音滩镇

书　记　张学明
镇　长　邓国祁
人大主席　张　敏
政协工委主任　刘　峻

茅竹镇

书　记　陈　彬
镇　长　于　浩
人大主席　唐　凯
政协工委主任　周　亮

三口塘镇

书　记　胡红波
镇　长　柏雪宾
人大主席　周　春
政协工委主任　钟建华

大忠桥镇

书　记　黄荣升
镇　长　刘剑波
人大主席　邓　辉
政协工委主任　王勇平

肖家村镇

书　记　刘　军
镇　长　王可君
人大主席　赵明奇
政协工委主任　易东林

八宝镇

书　记　尹显仪
镇　长　莫　逆
人大主席　袁　牧
政协工委主任　桂健军

白水镇

书　记　李秋来
镇　长　何向东
人大主席　陈江森
政协工委主任　蒋志杰

进宝塘镇

书　记　伍晓文
镇　长　杨　扬
人大主席　于小军
政协工委主任　邓必须

黄泥塘镇

书　记　王启明
镇　长　陈旭东
人大主席　唐海宁
政协工委主任　杨海欧

羊角塘镇

书　记　谢　波
镇　长　任海峰
人大主席　王海战
政协工委主任　付路军

梅溪镇

书　记　李　玲
镇　长　柏建勇
人大主席　周　舟
政协工委主任　唐月明

潘市镇

书　记　蒋志红
镇　长　桂　军
人大主席　桂鹏程
政协工委主任　陈冬升

七里桥镇

书　记　曾海燕
镇　长　李峥嵘
人大主席　王　孟
政协工委主任　林少华

下马渡镇

书　　记　唐小娟
镇　　长　唐琳玮
人大主席　蒋友名
政协工委主任　张　鑫

黎家坪镇

书　　记　刘　诚
镇　　长　周立志
政协工委主任　谭方东

文富市镇

书　　记　唐冬平
镇　　长　曾文玉
人大主席　雷振华
政协工委主任　伍　军

大村甸镇

书　　记　谢东良
镇　　长　周　洁
人大主席　邓卓林
政协工委主任　唐云华

文明铺镇

书　　记　蒋明明
镇　　长　邓　飞
人大主席　陶志华
政协工委主任　唐茂森

龚家坪镇

书　　记　唐　军
镇　　长　王卫红
政协工委主任　陈立斐

内下乡

书　　记　陈首文
乡　　长　陈文广
人大主席　周春生
政协工委主任　谢志敏

大江林场

书　　记　何贵云
场　　长　黄来生

挂榜山林场

书　　记　陈贻春
场　　长　邓玉华

中共祁阳县委员会

综　　述

中共祁阳县委辖基层党委49个，党总支62个，党支部1781个，共有党员40184人。2014年，祁阳县委深入学习贯彻中共十八大和十八届三中、四中全会精神，团结带领全县人民积极应对经济下行压力和其他多方面挑战，着力稳增长、抓改革、惠民生、促和谐，全县经济社会呈现科学跨越发展的良好态势。全年实现地方生产总值217.4亿元，同比增长9.6%；固定资产投资232.2亿元，增长20.4%；金融机构存款余额224亿元，增长14.2%；财政总收入11亿元，增长12.1%；社会消费品零售总额49.1亿元，增长12.3%；农民人均纯收入9904元、城镇居民人均可支配收入21768元，分别增长11%和7.7%；全面小康实现程度达到75%。认真开展群众路线教育实践活动，对“四风”突出问题扎实整改，强力推进“正风肃纪”“电视问政”、县直机关“满意不满意”股室民主测评等活动，干部作风得到明显转变。县委常委带头“打开一扇门、破解一道题、办好一个点”，以上率下改作风的做法，得到省委领导高度关注和批示，并被省委办公厅内刊《工作情况交流》面向全省推介。制定出台县管领导班子和领导干部分类定级管理等制度，圆满完成村支“两委”换届选举和基层党支部分类定级。在市、县委书记抓基层党建省、市调查核实和述职测评中，祁阳县委综合排名全市第一。深入推进党风廉政建设和反腐败工作，以“零容忍”态度惩治腐败，全县纪检监察机关共立案81件，党纪政纪处分90人，移送司法机关3人。全县地方生产总值、固定资产投资、金融机构存款余额均成功跨越200亿关口。工业经济稳中向好。完成规模工业总产值159亿元，增长16.6%。新增规模工业企业12家，产值过亿元企业达51家。6家公司被列为省重点上市后备企业，数量接近全市1/2。经开区实现规模工业总产值110亿元，率先在全市各县区工业园中过100亿。现代农业发展提速。粮食生产实现“十一连增”，被评为全国粮食生产先进县。农业产业化进程加快，金浩、银光、湘妹3家企业被列入省人民政府“百企千社万户”现代农业发展工程“百企”名单，新增省、市龙头企业4家，“湘妹”商标被认定为中国驰名商标。农田水利建设再掀热潮，国家现代农业示范园项目落户祁阳，农机装备及作业水平进一步提升，农机工作、重大动物疫病防控工作分别被评为全国、全省先进。第三产业日益繁荣。商贸物流业有新发展。旅游业快速升温，启动浯溪风景名胜区规划编制工作，开展“祁阳十大美景”评选活动，竹山雅苑被评为全省五星级乡村旅游示范点，龙溪村被列为全国传统村落文化保护利用示范村。金融业稳健发展，祁阳农商行挂牌营业，成为全市首个“一县两行”县。承接产业成绩喜人。湖南康都膳食生产线、东方日升太阳能光伏发电、广垦集团15万亩高产油茶基地等投资过10亿元的重大项目成功落户。全县实际到位外资1.3亿美元、内联引资64亿元。全年外贸进出口总额突破2亿美元，总量稳居全市第一，被评为全省发展开放型经济先进县。项目建设进程加快。纳入市“十百千”工程考核任务的85个重点项目，完成投资58亿元。海螺水泥二期、凯盛鞋业二期、千山医疗器械、湘江稀土二期、科力尔电机等五大工业标志性项目加快建设，县中医院新住院大楼投用，县人民医院综合大楼主体工程如期推进。要素保障攻坚有力。新征地7133亩、批地2640亩；签约意向性融资22.9亿元，到位7.6亿元；为园区新招工5800余人。改革工作稳步推进。农村产权制度改革取得宝贵经验，土地承包经营权确权登记颁证工作基本完成。行政体制改革取得重大突破，积极推进“三证合一”改革，除市本级及试点单位外，发放永州市第一本“三证合一”营业执照；成立县公共资源交易中心。社会治理机制改革有序实施，县城社区网格化管理取得阶段性成效。积极争取上级改革试点政策，被列为全省新型城镇化试点县、全省“飞地经济”试点县、国家智慧城市试点县。坚持城乡统筹发展，在城乡规划、建设和管理上同步发力，城乡面貌大为改观，成功创建省级文明县城、继续保持省级卫生县城荣誉，黎家坪镇、白水镇被列为全国重点镇。创国卫工作全面启动。自加压力、高点定位，提出用三至五年创建成为国家卫生县城，全面启动创国卫各项工作，城乡环境卫生明显好转。城乡规划日益完善。县城总规修改获省批复，专项规划编制工作有序实施。城乡建设全面发力。祁冷一级公路建成通车，祁阳大道、木金公路、县城十一条道路提质改造、新埠头水厂、管道燃气工程、黎家坪污水处理厂等项目建设加快。民生路实现“白改黑”，样板街已显雏形；三水厂扩能提质工程建成通水，日供水能力从3万立方米提高到10万立方米，县城缺水老大难问题得到根本性解决；新建的垃圾处理场完成省市验收；白水镇、观音滩镇小城镇改造提质工程进展顺利。浯溪水利风景区开发、环城东路、环城北路等重大城建项目前期工作有力推进。美丽乡村和新农村示范村建设深入开展，农村基础设施持续改善，行政村通畅率达到98%，国有农林场危旧房改造完工。我县被评为湖南省新农村建设先进县。生态文明建设加快，全县森林覆盖率达到47.9%，竹山村被评为全国生态文明示范村。湘江干流两岸养殖污染防治、河道采砂整治等工作成效明显。城乡管理逐步规范。大力开展城乡环境综合整治和城市客运秩序、土地市场等专项整治行动，村容镇貌、城区客运秩序有效改善，近10年来“黑车”横行的猖獗势头得到有力遏制，土地市场步入规范。省定26项民生实事指标任务全部提前完成，县委、县政府确定的10件惠民实事较好完成，全年民生财政支出占公共财政支出比重达77%。社会治理取得重大突破。强势开展社会治安专项整治行动，成功摧毁以郭某某为首、横行祁阳二十多年的重大黑社会性质组织，“打黑除恶”、禁毒、禁赌工作均排全市第一。着力解决信访突出问题，进京非访总量退出全市前3位。严抓重管安全生产，连续4年被评为全省安全生产先进县，并被省政府首批命名为全省安全生产示范县。社会保障有效加强。全县城镇新增就业7212人，新增农村劳动力转移就业9000余人。各项社会保险实现扩面征缴，获评全省新农保工作示范县。大力推行新农合支付方式改革，实际报账比例从改革前的58%提高到65%。城乡低保、农村五保、社会救助水平稳步提高。保障性住房建设和农村危房改造加快推进。社会事业全面发展。教育强县建设步伐加大，完成17所合格学校建设，高考成绩继续领跑全市，成功创建全国首批农村职业教育和成人教育示范县。科技创新和科普示范全面加强，成功申报湖南省可持续发展实验区。公共文化服务体系不断完善，浯溪公园向全县人民免费开放。卫生事业取得长足进步，人口计生工作扎实推进，继续保持全国人口和计划生育优质服务先进单位、全省人口和计划生育先进县荣誉。其他各项事业都有新发展。

县委常委会议

【第一次会议】 1月9日，县委书记张常明在县委常委会议室主持召开了县委常委会议。会议传达省市委经济工作会议精神，分别就党的群众教育路线实践活动、春运工作进行研究。会议原则同意成立县委党的群众路线教育实践活动领导小组，以祁群组的名义下发群众路线教育实践活动两个文件，按照上级要求征订活动相关书籍43660本，将活动经费纳入财政预算；同意成立2014年春运工作领导小组，从交通、公安、交警、物价、运管、海事、城市客运办等相关部门抽调执法人员成立联合执法队伍进行执法，形成全面监管和打击违法违规行为的合力；同意解决春运工作经费100万元，其中包括火车站联合执法工作组工作经费10万元和城管工作经费10万元。

【第二次会议】 1月17日，就春节走访慰问、沿江路改扩建工程投资建设合同遗留问题、整体收购泓溧水泥固定资产等工作研究。会议表示原则同意走访方案。会议强调，走访慰问活动要轻车简从，不扰民、不铺张、不张扬，注意公开透明，切实把好事办好。会议决定：沿江路改扩建工程投资建设合同遗留问题要尽快解决。会议明确了兴龙公司优惠政策。沿江路改扩建工程第二期暂时搁置，根据今后的实际情况再行商谈。会议原则同意由县城市建设投资公司代表县政府整体收购泓溧水泥公司固定资产。会议决定：整体收购泓溧水泥公司固定资产的价格由县经信委与泓溧水泥公司进一步进行洽谈，在确定好整体收购价格后，签订好整体收购协议，会议还明确付款方式。同意成立收购泓溧水泥公司固定资产工作领导小组，由县政府副县长陈环玉任组长，县政府副县长雷秀新任副组长，相关职能部门主要负责人为成员。会议要求祁阳海螺水泥建设指挥部要尽快启动祁阳海螺水泥二期工程项目建设，争取2014年上半年动工建设。

【第三次会议】 2月21日，就财政预算、县人大十六届二次全会筹备工作、县政协九届二次全会筹备工作、党的群众路线教育实践活动、事业单位吸纳人才、考核评奖、信访等工作进行研究。会议原则同意预算草案，对部分预算项目名称进行调整。原则同意县人大常委会提出的县十六届人大二次会议筹备工作方案。同意3月2日至3月5日在县城召开县十六届人大二次全体会议，会议经费由县财政据实核拨。同意县政协提出的县政协九届二次全体会议筹备工作方案。同意3月1日至3月4日召开县政协九届二次全体会议，会议经费由县财政据实核拨。会议原则同意学教办提出的两个活动的实施意见和督导组组成方案。同意县人事局提出的2014年全县事业单位吸纳人才招聘方案。会议决定，招考所需工作经费由县财政据实予以保障。会议听取了县人事局关于2013年度公务员考核评奖工作的情况汇报，会议同意上报人员的评定等次。会议听取了县绩效考核关于2013年度全县绩效评估和重点工程项目奖励推荐意见。获奖单位按照祁办发〔2013〕5号文件有关规定执行。会议听取了县人口计生委关于2013年度全县人口和计划生育工作评估考核情况的汇报。评定单位按照祁发〔2009〕9号文件有关规定执行。会议听取了县纪委关于2013年度全县党风廉政责任制工作表彰情况和2013年度全县优化经济环境和机关效能建设工作评选结果的汇报。同意评定上报的单位和人员，对被评为不满意单位提出通报批评。会议听取了县委组织部关于2013年度基层党建工作和“三思三创三服务”活动表彰的情况汇报。同意上报的单位和个人。会议原则同意信访局提出的《关于建立健全信访工作机制的暂行规定》。同意2月25日召开全县信访工作会议。

【第四次会议】 2月26日，就县委全会报告、审议政府工作报告、第九次村民委员会换届选举等工作进行研究。会上县委办副主任陈首文通读了县委全会报告（讨论稿）全文，县政府办副主任邓志刚通读了政府工作报告（征求意见稿）全文，与会人员进行了讨论发言，对两个报告提出了部分修改意见和建议。会议原则同意将《政府工作报告（征求意见稿）》提交即将召开的县十六届人大二次全体会议审议。会议要求，县委办、县政府办要充分吸纳与会人员的意见和建议，进一步做好两个报告的修改完善工作。会议同意成立祁阳县第九次村民委员会换届选举工作领导小组，由县委书记任组长，县委副书记、县长，县委常委、常务副县长，县委、人大、政府、政协分管或联系民政工作的领导为副组长，相关单位主要负责人为成员，领导小组下设办公室，由民政局局长兼任办公室主任，办公地点设县民政局，负责日常工作。会议原则同意县民政局提出的《祁阳县第九次村民委员会换届选举工作实施方案》。适当增加换届选举工作经费，报县财政审批，保障整个换届选举工作需要。

【第五次会议】 3月6日，就招商引资、跑项争资、新型工业化、“三农”和城乡环境综合治理表彰等工作进行研究。会议原则同意县商务局提交的2013年度招商引资目标管理奖励方案，要求分管领导牵头组织相关部门进行会审核实后按程序报请县委、县政府审批，在县委经济工作会议上进行表彰。同意县发改委提交的2013年度跑项争资工作表彰意见，要求发改委按程序报请县委、县政府审批，在县委经济工作会议上进行表彰。同意县经信委提交的2013年度推进新型工业化奖励方案，要求经信委按程序报请县委、县政府审批，在县委经济工作会议上进行表彰。同意县委农村工作部提交的2013年度农业农村工作表彰奖励方案，要求县委农村工作部按程序报请县委、县政府审批，在全县农业农村工作会议上进行表彰。同意县城乡环境综合治理领导小组办公室提出的2013年度城乡环境综合治理工作表彰方案，要求县城乡环境综合治理领导小组办公室按程序报请县委、县政府审批，在县委经济工作会议上进行表彰。

【第六次会议】 3月27日，就2014年度目标管理考核、人大工作要点等工作进行研究。会议听取了县委办副主任、县委督查室主任段国华关于祁阳县2014年度目标管理综合考核工作的情况汇报，会议原则同意县考核办提出的《祁阳县2014年度目标管理综合考核实施方案》，会议要求待进一步修改完善后行文。会议听取了县人大办公室主任雷卓明关于祁阳县人大常委会2014年工作要点的情况汇报，表示原则同意，并以县委名义转发县人大常委会2014年工作要点。

【第七次会议】 4月8日，会议传达了徐守盛书记在全面深化改革专题研讨班的讲话精神，就政协工作要点、反腐败、政法、宣传、组织、办公室、统战等工作进行研究。县委书记魏湘江向与会人员介绍了研讨班的学习内容，传达了讲话精神。会议听取了县政协2014年工作要点的情况汇报，同意以县委名义转发县政协2014年工作要点。同意县纪委、监察局提出的2014年工作目标和任务。会议决定：同意召开县纪委第十一届四次全会暨全县反腐败工作会议；同意县纪委提出的《祁阳县“正风肃纪”和机关效能建设相关规定责任追究办法》，报请县“两办”按程序行文；同意成立祁阳县土地清理工作领导小组，在全县范围内迅速开展土地清理工作。会议听取了唐恒杰关于传达贯彻中央、省委、市委政法工作会议精神的情况汇报。会议决定：同意召开全县政法综治维稳工作会议，同意由县财政拨付全县集中整治社会治安行动经费10万元；同意全面推行农村治安联防工作，工作经费由县财政据实拨付；同意按2013年标准拨付政法综治短信平台经费10万元；同意县政法委提出的关于全县民调工作奖惩办法。会议决定：同意召开全县宣传思想工作会议；同意举办全县领导干部学习贯彻习近平总书记系列重要讲话及十八届三中全会精神培训班；会议原则同意县委组织部提出的2014年全县组织工作要点。同意根据省市委要求将“中国共产党祁阳县直属机关委员会”更名为“中国共产党祁阳县直属机关工作委员会”，作为县委的派出机构。同意召开全县关心下一代工作“双先”表彰大会，出版《托起明天的太阳》第三辑和开展“美丽中国我的梦”老少同乐书画赛等活动。同意明确各镇乡办场和县直局以上单位每年必须安排关心下一代工作经费不得低于5000元，确保各级关工委工作正常开展。同意召开全县办公室工作会议，表彰2013年度先进单位和个人，纳入全县党委工作会议一并召开，所需经费由县财政据实保障。同意召开全县统战工作会议，表彰一批全县统战工作先进单位和先进个人。同意按照中央、省市要求，进一步加强党外领导干部的配备和使用；同意举办全县非公经济代表人士培训班；同意将中国特色社会主义宗教理论和宗教政策法规纳入各级党委理论学习中心组学习内容以及县委党校举办的科干班和中青班培训内容。

【第八次会议】 4月28日，会议分析了一季度经济形势，就跑项争资、招商引资、新型工业化、党的群众路线教育实践活动等工作进行研究。会议听取了县政府办关于全县一季度经济形势分析以及下阶段工作建议的情况汇报。会议原则同意县发改委提交的《祁阳县2014年度项目建设目标管理考核实施意见》，进一步修改完善后迅速下发。会议原则同意县商务局提交的《关于加快承接产业转移发展开放型经济的若干规定》《祁阳县2014年招商引资发展开放型经济目标管理考核实施意见》和《祁阳县招商小分队工作方案》，进一步修改完善后迅速下发。会议原则同意县经信委提交的《关于进一步加速推进新型工业化的实施意见》，进一步修改完善后迅速下发。会议要求，要以深入开展党的群众路线教育实践活动为契机，按照全面提升领导干部精神状态和思想境界，全面提升领导干部执政能力和执政水平的要求，充分发挥县“四大家”班子党员领导干部在教育实践活动中的引领示范作用，切实按照“打开一扇门、破解一道题、办好一个示范点”的要求，带头转变作风，切实履行职责，强化对活动统揽全局、牵头抓总的全面领导责任，示范带动全县党的群众路线教育实践活动深入开展。会议原则同意县活动办提出的实施方案，由活动办进一步完善修改后下发施行。

【第九次会议】 5月28日，会议传达了习近平总书记兰考讲话精神和徐守盛书记衡东讲话精神，就农村产权制度改革、农村环境污染治理、水利、城市生活垃圾处理项目、禁毒等工作进行研究。会上县委常委、县委办主任邓晓阳分别传达了习近平总书记调研指导兰考县教育实践活动重要讲话精神和徐守盛书记在衡东县调研党的群众路线教育实践活动的讲话精神。就农村产权制度改革会议要求：要全面组织清理、整理、规范土地承包档案，建立完善土地承包经营权登记簿，对农户承包土地利用GPS、卫星图片等技术手段进行空间定位，绘制好承包土地空间分布图，开展土地承包经营权初始、变更和注销登记等工作，最终完成确权颁证的总体目标。要按照“先行试点、总结经验、典型引路、稳步推进”的工作思路，在肖家村镇开展农村产权制度改革试点工作。以县政府名义下发《祁阳县土地承包经营权确权登记试点工作方案》和《祁阳县土地流转平台建设工作方案》。同意成立祁阳县土地承包经营权确权领导小组。同意在建设数字祁阳地理框架结构的基础上开展全县土地测绘工作，由分管城建的县级领导牵头，以国土部门为主，积极向上级有关部门争取专项资金，聘请专业技术公司，按照农村 1∶2000 和城区 1∶500 比例的要求，分别对全县农村土地和中心城区土地进行遥感影像数据和航空摄影测绘。同意成立祁阳县农村环境污染治理工作领导小组。同意县城乡环境综合治理办提出的《祁阳县农村环境污染治理实施方案》。同意今年按标准先在白水镇和观音滩镇开展示范街道创建工作。同意在城管行政执法局成立白水和黎家坪城管执法中队，县财政据实解决相关经费。同意按照上级要求对我县水资源费征收标准进行调整。原则同意水利局提出的《祁阳县取用水计量设施使用管理办法》，对县内规模企业用水户安装取用水计量设施。同意由县水利局牵头组织相关部门制定关于规范县内养殖行为、防止水质污染的规范性文件，以县委县政府名义下发，以保障全县水生态安全。同意将“五小”水利面上建设任务参照水利普查基数按类别比例分解到全县各镇乡办场，奖补资金按照去年整合涉农资金和一事一议资金标准来解决。原则同意县河道采砂专项整治领导小组提出的《湘江河道祁阳段采砂权拍卖后遗留问题处理方案》，领导小组和相关部门要组织力量做好宣传解释、接访和奖补兑付工作。同意引进安徽海螺创业投资有限责任公司在祁阳投资新建 300 吨/天处理垃圾规模的水泥窑协同处理生活垃圾项目。会议原则同意以县“两办”名义下发《祁阳县禁毒委成员单位和镇乡办场禁毒工作考评细则》《祁阳县禁毒工作奖励办法》和《祁阳县禁毒工作领导责任追究办法》。

【第十次会议】 6 月 3 日，就党的群众路线教育实践活动、公务用车管理等工作进行研究。按照全市“四风”突出问题专项整治工作会议要求，要坚持边整边改，抓住重点解决突出问题。会议决定：同意在县委党的群众路线教育实践活动领导小组下设立专项督查问责工作办公室，办公室下设三个工作小组：一是专项整治工作督查组，由县委常委、纪委书记庾庐山任组长，重点督查省市指定的 35 个突出问题专项整治工作和群众反映强烈的突出问题整改落实情况；二是“一把手”履职情况督查组，由县委常委、组织部部长崔福生任组长，重点督查全县各单位“一把手”在教育实践活动中履职情况；三是作风建设督查组，由县委常委、纪委书记庾庐山任组长，重点督查《反“四风”改作风须知》中不能做的 99 件事的遵守落实情况。办公室的工作经费由县财政据实保障，严格使用。同意县党的群众路线教育实践活动办公室提出的《祁阳县“四风”突出问题专项整治方案及整治责任一览表》。会议要求，县纪委要迅速修改和完善县公务用车管理办法，并以县“两办”名义下发。同时，在 6 月 20 日之前全县所有公务用车必须在显著位置统一粘贴公务用车和监督电话标志。会议还通报了全县办公用房清理整顿情况和下一步整改方案，并就当前的重要工作做了具体的安排部署。

【第十一次会议】 7 月 15 日，就城乡社区网格化建设、民调、反恐、土地清理、上半年工作总结会议等工作进行研究。会议决定：同意成立县网格化建设领导小组，县委书记魏湘江任组长，县委副书记、县长周新辉任常务副组长，分管该项工作的县级干部任副组长，相关县直单位和街道办事处主要负责人为成员。同意召开全县城乡社区（村）网格化建设动员大会。同意由县委组织部根据工作需要，认真审查，按照有关规定从相关单位抽调工作人员到县网格管理中心工作。同意对城区 13 个社区每年增加工作经费 10 万元。同意先行在三个街道办事处选择一个社区进行城乡社区（村）网格化建设工作试点，到 10 月底再全面推行。会议听取了 2014 年上半年综治民调工作情况汇报。同意召开全县民调工作誓师大会。同意政法委提出的《祁阳县城区巡逻防控方案》。招聘协警 90 名，由县公安局负责招聘和管理。会议听取了省、市反恐工作会议精神的情况汇报。同意成立祁阳县反恐工作领导小组。会议听取了祁阳县土地清理工作情况汇报。会议决定，全县全体在职副科级以上领导干部都要与县委、县政府签订土地清理工作自查承诺书，自查自纠配合到位。同意县土地清理办公室从纪委、检察、法院、公安、财政、国土、住建、房产等单位抽调人员专职从事土地清理工作，抽调人员与原单位脱钩，由县委组织部办理抽调手续。同意将县容积率办的所有职能和业务移交县土地清理办。会议听取了县委常委、县委办主任邓晓阳关于召开 2014 年度上半年工作总结会议的实施方案的汇报。会议原则同意实施方案，时间确定为 7 月下旬召开。

【第十二次会议】 8 月 4 日，就浯溪水厂扩建提质改造、开展纪念全国人民代表大会成立 60 周年活动等工作进行研究。会议同意重新调整和完善县城供水专项规划。会议明确：浯溪水厂在今年春节前一次性完成新增 6.9 万吨/天供水能力，并对现有设施进行提质改造。借鉴外地经验，浯溪水厂扩建和提质改造工程采用设计、采购、施工总承包模式（EPC 模式）建设。加强跑项争资力度，确保工程正常施工。加强与本地金融部门沟通协调，争取融资贷款 5000 万元；积极争取省“两供两治”贴息和无偿资金 1000 万元。明确县自来水总公司为浯溪水厂扩建和提质改造项目实施主体和融资主体，县财政局、县住房和城乡规划建设局、县城建投资管理中心等相关部门全力配合。会议听取了关于开展纪念全国人民代表大会成立 60 周年有关活动及创建人大代表联系群众工作室有关情况的汇报。原则同意县人大常委会提出的纪念全国人民代表大会成立 60 周年“六个一”活动方案，由县财政据实核算，安排活动经费；同意在县人大机关设立代表联系群众工作站和各镇乡办场及金洞管理区共设立 26 个代表联系群众工作室。县委、政府主要领导和县人大正副职联系的镇乡场、县城的三个办事处单建工作室，县财政安排建设资金各 2 万元；其他镇乡场及金洞管理区与党代表工作室共建，县财政安排建设资金各 1 万元。

【第十三次会议】 8 月 11 日，就申报国家“智慧城市”试点、创建省级文明县城等工作进行研究。会议听取了申报国家“智慧城市”试点工作和“智慧祁阳”建设有关情况介绍。会议明确：由县长挂帅，常务副县长主抓，组织相关领导和部门继续抓好申报相关工作，由县长亲自出席在长沙和北京的两次申报答辩会。申报“智慧城市”试点设计工作由东大公司负责，设计费用视申报结果而定。1. 如果没有申报成功，相关费用由东大公司自行承担；2. 如果申报成功，且东大公司在后期建设招标中中标，相关费用计入建设总费用；3. 如果申报成功，但东大公司在后期建设招标中未中标，县政府支付东大公司设计费 129.8 万元（包括项目标准文本制作费用 29.8 万元和顶层设计报酬 100 万元）。县财政据实核算申报工作经费，保证工作需要。会议听取了创建省级文明县城工作情况汇报。会议决定：县文明办按照省级文明县城创建工作要求，尽快拟出县创建文明县城的实施方案和考核细则，提交下次县委常委会讨论通过，并召开相关会议。县文明办及相关部门要按照上级要求，迅速启动省级文明县城创建前期有关工作，待九月底创建国家卫生城市工作启动后，两项工作要统筹协调，合二为一，全力推进。

【第十四次会议】 8月28日，学习传达习近平在中央政治局第十六次集体学习时重要讲话精神，就县城交通秩序和城市公共客运秩序整治、创建省级文明县城、“电视问政”“四风”突出问题专项整治等工作进行研究。会议原则同意县交通运输局提出的关于县城交通秩序和城市公共客运秩序整治的实施方案。会议决定，成立县城交通秩序和城市公共客运秩序整治工作领导小组，由县委书记任政委，县委副书记、县长任组长，县委常委、政法委书记任常务副组长，其他相关县级领导任副组长，各相关单位“一把手”为成员。9月5日前召开好县城交通秩序和城市公共客运秩序整治工作动员大会。同意成立祁阳县创建省级文明县城工作领导小组，与创建国家卫生城市工作领导小组一套人马，两块牌子，合署办公。同意9月5日前召开动员大会，与县城交通秩序和城市公共客运秩序整治工作动员大会同一天分阶段召开。原则同意县文明办提出的《关于创建省级文明县城工作的实施方案》和《创建省级文明县城考核细则》，报请县“两办”按程序行文。会议决定：同意在全县第二批党的群众路线教育实践活动结束前开展一场“电视问政”活动。第一场“电视问政”工作的组织领导及具体工作开展，由县委党的群众路线教育实践活动领导小组负责，工作经费统筹安排。第一场“电视问政”工作由县委党的群众路线教育实践活动领导小组办公室根据常委会研究的意见拟出具体实施方案，组织实施。会议决定：同意9月1日召开全县“四风”突出问题专项整治工作会议，安排部署全县专项整治工作。由县纪委牵头制定出台《祁阳县专项整治村、社区等基层干部违法违纪行为的实施方案》，开展为期一个月的整治村、社区等基层干部违法违纪行为专项行动。抓好中秋、国庆两节前正风肃纪行动。切实做好“四风”突出问题专项整治工作成效的民意测评工作和“电视问政”工作。

【第十五次会议】 9月30日，学习传达《中共湖南省委办公厅湖南省人民政府办公厅关于采取断然措施坚决遏制重特大事故的通知》精神，就秋冬农业生产、平安城市治安电子防控系统建设、国道G322线绕城公路建设、审议基础设施项目委托融资及施工总承包合作协议、农村土地确权登记颁证、人力资源和社会保障局组建等工作进行研究。同意10月13日上午召开全县秋冬农业生产工作会议，与全县农村土地承包经营权确权登记颁证工作会议合并召开。同意11月上旬召开一次全县秋冬农业生产工作现场会。会议决定，增加200万元用于购买秋冬造林苗木资金；原则同意国道G322线绕城公路建设指挥部提出的补充条款，签订第二次工期顺延补充合同。因工期一再延长，而产生的前期费用和征地拆迁费投资利息、建安工程投资利息、投资款分期结付利息等问题，由宋振平、尹显乾与乙方进行协商，进行一次性打捆结算。存在同样情况须签订补充合同的新火车站配套设施建设工程，参照此补充合同执行，县委常委会不再研究。会议原则同意县城建投资管理中心提出的《祁阳县基础设施项目委托融资、施工总承包合作协议》。会议决定：同意10月13日召开全县农村土地承包经营权确权登记颁证工作会议，与全县秋冬农业生产工作会议合并召开。会议决定：成立县人力资源和社会保障局组建筹备工作领导小组。由县委常委、县委组织部部长崔福生牵头负总责，组织部、编办、财政局、人事局、劳动和社会保障局等单位共同配合，负责县人力资源和社会保障局组建筹备的相关具体工作。根据相关文件规定，县人力资源和社会保障局领导职数5个，其中局长1名，副局长3名，纪检员1名。由县编办下发“三定”方案，明确职能配置、内设机构、人员编制和领导职数。新组建的县人力资源和社会保障局领导班子成员配备工作不单独研究，纳入下半年政府机构改革单位班子配备一并考察。

【第十六次会议】 11月7日，学习传达习近平总书记在党的群众路线教育实践活动总结大会上的讲话精神、永发〔2014〕13号文件精神。就县直机关股室满意不满意测评、基层党建、县管领导班子和领导干部年度分类定级考核等工作进行研究。会议决定，元月底前，分别在镇乡办场和县直单位的党组织书记中，抽查5人向县委常委会或全委会就党建工作责任制落实情况进行述职。根据上级组织要求，在乡镇（街道）核定的领导职数和行政编制内，各镇办配备1名专职副书记和2名组织员，内下乡可配一名专职副书记和1名组织员，协助书记抓党务工作。专职副书记的产生，结合镇乡办场领导班子和领导干部分类定级考核工作，原则上由人大主席担任；也可以从其他优秀党（工）委委员中产生。同意从2015年起，每个乡镇（街道）增加基层党建经费2万元，并纳入县财政预算。同意县委组织部提出的处置不合格党员意见。同意县财政每年安排300万元资金用于新建和修缮村级活动场所，采取以奖代补的形式，对新建的予以每个5万元、修缮的每个2万元的奖励，直至实现村级活动场所全覆盖。同意分4期对全县村（社区）党组织书记进行集中轮训，所需经费由县财政审核把关，保证使用。同意2015年县财政整合计生、卫生、农业、教育等方面的资金，拨付每村村级组织运转经费6万元，确保村级组织运转经费标准达到省市的要求。会议原则同意县委组织部提出的《祁阳县县管领导班子和领导干部年度分类定级考核办法（试行）》，以县委的名义下发尽快组织实施，先试行一年，并逐步进行完善。

【第十七次会议】 9月5日，专题研究教育工作。会议研究决定：由县委、县政府分管教育的领导牵头组织相关部门外出学习考察，借鉴先进地区和单位的好经验、好做法，制订出台切实可行的教育信息化建设方案。设立每两年400万元的干部教师奖励专项经费。采取县教育基金会募集一部分、不足部分由县财政兜底。由县教育局按全县教师总数的一定比例每年评选一次优秀教师，再从优秀教师中评选一定比例的骨干教师、明星教师和学科带头人；每两年评选一次“十佳中学校长”“十佳小学校长”“十佳重教功臣”，给予适当奖励。同意将西区明德小学南侧的一块空地（约16亩）划拨给该校兴建教学楼。同意在经开区新区新建县教师进修学校和初中、小学各1所（预计容纳中小学生4000余人），安排建设用地300亩（其中初中120亩、小学120亩、教师进修学校30亩、教师周转宿舍30亩）。成立由县委分管教育的常委任组长，县人大、县政府、县政协分管联系教育的县级领导为副组长，财政、国土、规划、教育、监察等部门主要负责人为成员的学校筹建工作领导小组。解决祁阳一中征地问题。成立专门工作小组，由县政府分管教育副县长牵头，在一个月内做好相关工作，将龙山街道黄土岭村八组桔子园、茶山土地进行征收，交付祁阳一中使用。消除公路旁学校学生上下学交通安全隐患。由庾庐山牵头，县公路局负责国道、省道沿线学校的交通安全设施设置。解决祁阳二中教师周转宿舍问题。由县委常委、县委办主任邓晓阳牵头，限期1个月内化解矛盾纠纷，切实解决“房子建好却不能入住”的问题。同意实行县级领导联系学校制度。每位县级领导和各职能局每年要为联系学校办 2~3 件好事实事。同意对划入县职业中专规划控制区的浯溪街道五里村 7、8 组村民住房进行拆迁。确保地方教育附加费用于职业教育的比例不低于 30%，人均 1 元的职业教育专项经费在每年 100 万元的基础上逐年增加，确保土地出让收益每年用于职业教育不低于 500 万元并逐年提高。解决县职业中专培训资金问题。解决县职业中专重大项目建设资金短缺问题。鼓励支持县职业中专向县内商业银行融资，切实加快“国家中职改革发展示范校”建设进程，银行贷款由县财政全额贴息三年；将县职业中专教育信息化建设纳入全县中小学校教育信息化建设统一规划，由县教育局优先安排资金，确保 2014 年年底前完成县职业中专教育信息化建设任务。

【第十八次会议】 11 月 20 日，就创建国家卫生县城、推进新农合住院支付方式改革、教育信息化建设等工作进行研究。会议决定：半年内进行集中整治“脏、乱、差”，使县城面貌焕然一新；按计划逐步启动城市基础设施建设和旧城提质改造。成立创建国家卫生县城工作领导小组，县委书记任组长，县委副书记、县长任常务副组长，县委副书记任副组长兼执行组长，县委、县人大、县政府、县政协领导为副组长，县直相关部门和街道办事处主要负责人为成员。会议原则同意县创卫办提出的创建国家卫生县城一系列工作方案和考评奖惩办法，同意以“两办”形式下发文件。决定召开全县创建国家卫生县城工作动员大会。会议同意县卫生局提出的改革方案。同意本月底前召开 2015 年新农合筹资动员大会，并宣布新农合住院支付方式改革工作正式启动。同意成立“祁阳县药品采购管理办公室”，负责县内县级公立医院药品和医用耗材的采购管理工作。同意今年从县内医疗机构中公开招考、择优录用 3 名医学专业技术人员到县农合办工作。会议决定，由邓年生、谢铁山牵头，组织教育、监察、财政等部门成立教育信息化建设领导小组，统筹推进教育信息化建设工作。

【第十九次会议】 12 月 3 日，就广垦祁阳农产品物流园、光伏发电、城市综合体、水上乐园、西区综合市场、文化中心等项目建设和融资建设县城环城东路、经建投债券融资工作进行研究。会议决定，由左雅婷牵头，唐安宝具体实施，组织祁阳经济开发区、农村工作部、商务局等单位，根据县委常委扩大会议研究的意见，进一步与广东农垦集团洽谈合作协议，明确具体事宜，在财税、土地、金融、办证等方面用足用透政策，在政策范围内能优惠的给予优惠，尽快促成项目落地祁阳建设。由陈环玉牵头，发改委、经信委等相关部门参与，根据县委常委扩大会议研究的意见，尽快与东方日升（宁波）电力开发有限公司签订开发框架协议，并组织实施，该项目纳入明年重点项目建设考核。会议同意将县城浯溪中路白水停车场及交警大队一块 38 亩的土地规划为城市综合体项目建设用地，成立项目建设指挥部。同意成立水上乐园项目工作班子，与客商进一步对接，并将该项目纳入明年的重点建设项目考核。关于县城西区综合市场建设：成立专抓班子，明年具体组织实施；拆迁安置按照全县统一的方式进行，该项目纳入明年重点项目建设考核。由邓年生牵头，组织宣传、文化等部门，根据县委常委扩大会议研究的意见，进一步与广东复兴文旅地产有限公司洽谈文化中心项目建设事宜。会议决定，引进苏商集团建设县城环城东路，做好经建投债券融资项目。会议要求，县直相关部门要以最快的速度和最低的成本控制，做好相关工作，在规定时间内完成融资任务。

【第二十次会议】 12 月 25 日，专题研究议军工作。研究解决人武部作战指挥中心新址后期建设问题。会议同意组建一支民兵常驻应急排，分两步实施：第一步是组建时从近几年分配到县直各单位的退伍安置士兵中，按要求择优抽调30人；第二步是以后每隔两年从分配到县直各单位的退伍安置士兵中抽调15人，实行动态管理，替补轮换，常年保持30~40人队伍。民兵常驻应急排抽调人员与原单位工作脱钩，其所有工资福利待遇、保险等由原所在单位发放或交纳。同意从明年起将基层武装建设经费叁万元纳入各镇乡办场财政预算，并逐年按5%递增，由各镇乡办场统筹使用。关于随军家属安置问题。县委、县政府和县直相关部门一定要不折不扣地落实好军队和地方随军家属安置工作有关政策规定，对符合条件的，要优先妥善安排；不符合条件的，相关单位要做好政策宣传解释工作。关于消防站器材装备建设问题。采取分期付款方式尽快购置一台200万元左右的A类空气泡沫消防车。根据武警中队提出的请求，须县委、县政府解决的问题，由唐建平代表县委、县政府到武警中队进行调研，根据具体情况和需要予以解决。县人武部要加强驻祁部队的协调沟通，发挥部队优势，做好元旦春节期间值班备勤工作，积极参与自然灾害、重大事故、公共卫生事件处理，积极参与社会管理创新，促进社会和谐。

县委十一届四次全会暨县委经济工作会议

2014年3月8日，县委十一届四次全会暨县委经济工作会议在县行政办公中心六楼大会议室召开。全体在职在岗的的县级领导、县委督查员、县纪委委员、镇乡办场主要负责人、镇乡办场纪委书记、县直局以上单位党政一把手、部分有行政职能的省市垂直管理单位主要负责人、荣立县三等功以上奖励人员参加会议。县委书记魏湘江作题为《全面深化改革，转型创新发展，奋力谱写领跑争先新篇章》的主题报告。会议以实事求是的精神，肯定成绩，找准差局，分析加快建设品质活力祁阳的各种有利条件。会议要求：深入贯彻落实中共十八大和十八届三中全会精神，以稳中求进、改革创新为核心要求，以领跑永州、争创一流为总目标，突出工业抓产业、突出项目抓投入、突出创建国家卫生县城（以下简称“创卫”）抓城建、突出创新抓改革、突出民生抓稳定，切实提高经济发展质量和效益，推动经济社会更好更快发展。就做好今年经济工作要突出五要：一要突出工业抓产业。二要突出项目抓投入。三要突出“创卫”抓城建。要围绕创“国卫”做高城镇品味，要围绕创“国卫”做优城镇环境，要围绕创“国卫”做活城镇经营。四要突出创新抓改革。五要突出民生抓稳定。周新辉要求，一要切实抓好上半年的重点工作。全县各级各部门要在抓好其他工作的基础上，重点抓好项目建设、招商引资和跑项争资、财税入库、环境治理等工作。二要努力抓好当前工作。要抓好H7N9禽流感防控工作、春耕备耕、安全生产和信访维稳、村委会换届选举、河道采砂整治等工作。县委常委、常务副县长李天明宣读了表彰决定，大会向全县2013年经济工作先进单位和个人颁奖。

附：县委文件目录

祁发〔2014〕1号　3月6日　关于深入开展党的群众路线教育实践活动的实施意见

祁发〔2014〕2号　4月8日　关于批转《祁阳县人大常委会2014年工作要点》的通知

祁发〔2014〕3号　4月25日　关于批转《祁阳县政协2014年工作要点》的通知

祁发〔2014〕4号　5月27日　中共祁阳县委、祁阳县人民政府关于加快承接产业转移发展开放型经济的若干规定

祁发〔2014〕5号　5月27日　中共祁阳县委、祁阳县人民政府关于加速推进新型工业化的意见

祁发〔2014〕6号 6月5日 中共祁阳县委、祁阳县人民政府关于2014年项目建设目标管理考核的实施意见

祁发〔2014〕7号 9月19日 关于进一步加强县委常委会自身建设的意见

祁发〔2014〕8号 11月24日 关于印发《县管领导班子和领导干部年度分类定级考核办法（试行）》的通知

祁发〔2014〕9号 12月4日 关于全面贯彻好干部标准强化正确用人导向的决定

纪检监察

【概况】 县纪委机关与县监察局合署办公，实行一套工作机构、两个机关名称的体制，履行党的纪律检查和政府行政监察两项职能。县纪委对县委全面负责，监察局属于县政府序列，接受县政府领导。县纪委监察局下设办公室、纪检监察室、党风廉政建设室、执法监察室、纠风室、效能监察室、宣传教育室、信访室、案件审理室、财务监察室、案件监督管理室、干部监督室和行政效能投诉中心，编制43人。2014年，祁阳县纪委监察局在市纪委监察局和县委、县政府的正确领导下，认真贯彻落实中央、省、市纪委全会和国务院、省政府廉政工作会议精神，坚持务实创新、聚焦主业，切实深化群众路线教育实践活动和作风建设，全面履行执纪监督责任，坚决查处腐败案件，全县党风廉政建设和反腐败工作取得了新成效，被评为全市党风廉政建设先进单位。

【案件查办】 2014年，县纪委监察局业务内信访总量为252件次，其中，受理群众来信28件，来访140次，电话举报84件。全县各级纪检监察机关共立案查处案件81件，给予党（政）纪处分90人，其中科级干部11人，移送司法机关3人，收缴违纪金额400余万元。严肃查处县法院原副院长罗祁生案、原民四庭副庭长曾祥文案等一批典型案件。

【源头治腐】 成立以县委书记为组长、其他班子领导为成员的党风廉政建设领导小组，县委书记当好从严治党、推进党风廉政建设的第一责任人。协助出台《2014年祁阳县委、县政府领导班子及其成员党风廉政建设和反腐败工作责任制分工的意见》，将责任逐一分解到49名县级领导。加强对全县25个镇乡办场、11个省市驻祁阳垂直管理单位、98个县直单位的责任制管理，严格执行科局级以上单位党政领导班子及其成员党风廉政责任制报告制度。制定落实《祁阳县建立健全惩治和预防腐败体系2013—2017年工作规划》，从源头上建章立制，遏制腐败。出台《县直责任部门和反腐败工作部署的分工意见》，落实“一岗双责”，明确部门主要领导是党风廉政建设第一责任人，领导班子成员根据分工对职责范围内的党风廉政建设负领导责任。对玩忽职守发生重大腐败案件和不正之风长期滋生蔓延的地方、部门和单位，实行“一案双查”，既追究当事人的责任，又追究相关领导责任。对协助党委加强党风廉政建设和组织协调反腐败工作不力，发生严重违纪违法案件的地方、部门和单位，还必须追究纪检机构有关人员的责任。严查各级领导干部收送红包礼金、有价证券、支付凭证等违规行为，在全县设立5910廉政账户，并向社会公布，全年收到党员领导干部上交红包礼金款25万余元。

【作风建设】 严抓正风肃纪。严格执行中央“八项规定”、省委“九项规定”，对违反作风建设纪律规定的行为，坚决查处。2014年，共下发通报15期，督办函76期，发现并查处46起违反作风建设和“四风”方面的典型事例，其中给予通报批评单位67个，通报批评96人，免职18人，其中乡科级干部9人，停职待岗2人，诫勉谈话23人，作出书面检查26人，调离工作岗

位1人。通过正风肃纪，全县干部作风明显好转，工作执行力进一步提高。优化政务环境。对有令不行、有禁不止，以及在贯彻执行中央、省、市和县委、县政府决策部署上打折扣、做选择、搞变通等行为，严格问责，严肃处理。全年共查处损害经济发展环境和影响机关效能建设典型案件18件，给予党政纪处分10人，组织处理20人。突出专项整治。结合党的群众路线教育实践活动，围绕整治"门难进、脸难看、事难办""公款送礼、公款吃喝、奢侈浪费""超标配备公车""三公"经费开支过大等四个方面11项问题开展专项整治。治理公务用车，查处县公安局看守所、县环卫绿化管理处等3起工作人员违规使用公车的问题，并对全县488台公车统一喷绘"公务用车"标识。清理"小金库"，收缴违纪资金92万元。清查吃财政"空饷"，在全县421个行政事业单位中，共清查出29名吃财政空饷人员、45名违规长期借调人员、693名编外聘用人员。

【执纪监督】 扎实开展土地清理工作。对全县2010年1月至2014年6月县城规划区内的"两违"情况进行清查，共清理出违规建筑521宗，收缴入库违规资金4815万元，查办涉嫌非法倒卖国有土地使用权等案件3件。对中央、省、市重大决策部署执行情况开展执法监察。在节能减排方面，提升全民节能意识，突出"三个一批"，即加快淘汰一批、重点发展一批、严格限制一批，推动结构调整，加快技术推广，切实提高节能效率。在环境保护方面，集中整治饮用水源地环境违法违规问题，着力打击重污染企业的环境违法行为，开展重点行业专项检查，全面落实医疗废物管理，规范医疗废物转移行为，积极开展涉重金属企业专项整治。在清理闲置土地方面，规范国有土地使用权交易，规范土地执法。在水利监察方面，初步建立投入稳定增长机制，进一步严格水资源管理，规范水利资金的使用和管理。在管理通胀预期方面，切实加强民生价格监管，整顿市场价格秩序，积极稳妥推进价格改革，充分发挥价格职能作用。深入推进工程建设领域突出问题的专项治理。及时开展新立项、开工项目的滚动排查和重点项目监督检查，认真抓好问题整改。开展违规变更规划调整容积率专项治理，做好借用资质招投标和违规出借资质专项清理，切实加强工程建设领域项目信息和信用信息公开。继续加强政府采购监管。全年共监政府采购金额1980万元。

【政风行风】 率先在全省县（区）开启电视首场问政节目，用电视问政的方式将政府管理、权力运行"晒"在荧屏上，现场提问住建、民政、交通、城管、城建投等五部门主要负责人，督促相关责任单位部门转变作风，改进工作。县监察局会同相关部门开展"规范执法服务行为、优化经济发展环境"民主测评活动，组织全县500名各界代表对全县158名县直机关的股长从服务态度、办事效率、工作作风、依法行政、勤政廉政等5个方面进行测评，把测评结果按照县委文件规定落实到位。

（王曦　刘凤）

县委办工作

【概况】 中共祁阳县委办公室的主要职责是协助县委抓党的方针政策的贯彻执行情况，负责上呈下达，为县委书记办公会议、常委会议作好会务、资料准备工作；当好县委参谋；负责县委文件、报告的起草及机关行政事务工作。现有干部职工46人，设有政研室、督查室、政工室、文秘室、行政事务室、信息室、保密局、接待科、机关事务管理局等9个科（局）室。2014年，县委办全方位搞好"三提升三创建"工作，较好地完成全年各项工作指标和县委、省市委办交给的各项工作任务。

【服务县委决策】 立足县委常委班子决策需求，提高服务水平。紧扣中心工作抓调研。坚持把调查研究作为决策参谋服务的主要途径，先后就推进新型工业化、新型城镇化、新农村建设、改善民生、信访维稳、安全生产、干部作风建设等重大课题和重要工作开展调查研究，为县委常委决策提供科学依据和有价值的建议。调研成果得到省、市关注，《树立工业首位意识　掀起大办工业热潮》《向改革谋出路　以改革激活力》等调研文章被《决策天地》《工作情况交流》等省级刊物采用。紧贴决策需求抓信息。牢固树立大局意识、战略意识和忧患意识，围绕县委重大决策落实、应急事件处理和社情民意，及时搞好信息搜集、整理和报送，共上报信息682条，被采用256条，为领导正确决策提供有效的信息服务。同时，加强对乡镇和县直信息重点部门信息员的管理，创新信息报送和采集机制，建立信息工作责任制和责任追究制，办好《要情呈阅》《信息专报》《今日祁阳》等信息内刊，进一步形成“大信息”格局。紧跟决策落实抓督查。针对常委分工负责制下县委办公室督查任务加重、督查力量不够的现状，建议县委成立重点工作督查考核办公室，由县委办公室主任兼任负责人；对县委重大决策部署，由县委、县政府督查室，作风办、绩效办牵头，有关部门积极参与；对常委批示交办的重要事项，由县委督查室牵头，与常委所在部门联合督查。全年重点开展新型工业化、新农村建设、解决民生突出问题、集中处理信访突出问题、河道采砂整治等专项督查行动，做到督查、办结、反馈率三个100%，有力地确保县委重大决策部署落实到位。

【创新协调机制】 实行常委分工负责制后，常委直接对书记负责，部门直接面对常委，党委办公室出现被边缘化倾向，难统筹、难协调的问题十分突出。针对这一现状，及时导入和谐理念，创新协调机制，合理调节关系，确保高效运转。完善县委工作流程，促进县委常委班子和谐共事。及时修订《县委工作制度》，对常委分工负责的职责范围、工作程序、议事规则以及常委会的召开进行调整和规范。以县委常委会的组织服务为例，凡需提请常委会讨论的议题，会前先报县委办公室汇总，由县委办主任核报县委书记审定；凡列入常委会的议题，有关部门在会议2天前向县委办公室提交书面材料，再由县委办公室送达相关常委；对县委常委会议定的事项，由县委办公室及时做好会议纪要，并向相关部门和单位下发督查通知单，逐件跟踪督办落实，定期向县委常委会报告落实情况。强化核心协调功能，促进“四大家”及常委部门和谐处事。完善县委、县人大、县政府、县政协（以下简称“四大家”）办公室主任（秘书长）联席会议制度，定期召开联席会议，对涉及“四大家”的重要工作和重大活动提前协调，对需要“四大家”办公室处置的事项提前介入。建立县委办公室与常委所在部门办公室协调沟通制度，定期召集常委所在部门办公室主任会议，通报情况、布置任务、加强沟通；同时，明确责任分工，对常委分管的工作以县委办公室为主，主管的工作由常委所在部门为主，县委办公室积极配合，确保服务不缺位。发挥牵头抓总作用，促进乡镇及部门和谐干事。对涉及面广、环节多的全局性工作，按照县委的部署，针对各个部门的职责，认真搞好协调。如在2014年的春运工作，为及时落实县委的决策部署，县委办公室主任经常与各镇、交通、交警、物价等部门联系，加强调度，并派出3个协调小组分赴各乡镇，确保春运工作各个环节、各个重点路段都有人管事，2014年县内高速公路、干线国省道畅通，未发生长时间、大面积交通堵塞，未发生客运交通事故，成功实现春运零死亡。

【队伍建设】 抓好学习提素质。创新学习形式，拓宽学习内容，坚持定期集体学、科室集中学、个人自学紧密结合，进一步完善学习检查、考评和奖惩等各项学习制度，着力抓好“五个一”学习活动，即组织办公室人员“每月读一本书、每周组织一次科室业务学习、每月开展一次讨论、每人写一篇读书笔记，每年开展一次学习考评”，使学习逐渐由“软约束”变为“硬指标”。创新载体强能力。认真办好文稿起草、信息报送、公文处理、督查工作、机要保密等专业培训班，每年选送一批业务骨干到市委办公室的综调、信息、督查、办文等业务科室跟班学习，有计划地组织办公室业务骨干轮流开展业务专题辅导，全面开展优质服务“无差错”活动和岗位练兵、技术比武等业务竞赛活动，办公室干部业务能力得到全面增强。2014年共办理文件186个，召开会议100多次，收发电报1201份，接待贵宾467批26080人次，其中省部级领导19批45人（次），接待经费减少30%，做到“零差错”“零失误”。组织34名办公室业务骨干参加全市党委办业务知识培训，积极组队参加书画展、乒乓球、门球、征文、写作等各项赛事活动。机关事务工作富有成效，被评为全省公共机构节能先进单位。营造环境促成才。积极开展谈心活动，拓宽思想交流渠道；树立正确用人导向，坚持凭实绩用干部；根据个人素质和特长，有针对性地进行岗位交流，做到人尽其才；积极开展爬山、气排球、乒乓球等健康有益的文体活动。加大对干部的推荐重用和提拔使用力度，从政治上、经济上、生活上多关心干部。全年先后有8人被提拔重用，6人交流到外单位任职，还向市委办、市财政局输送2名优秀人才，较好地调动干部职工的工作积极性。

【政研工作】 2014年，县委政研室为领导撰写和起草各类文稿140余篇，91余万字，起草县委全会、县委经济工作会议、县委工作会议等领导讲话和工作报告。围绕党的群众路线教育实践活动，起草动员会和总结大会的讲话，县委常委班子党的群众路线教育实践活动整改工作方案、整改工作清单，《中共祁阳县委常委会关于进一步加强自身建设的意见》等一批重要讲话材料及下发文件。在《永州通讯》《永州情况》等市级以上报刊杂志发表《树立工业首位意识 掀起大办工业热潮》《坚持“四个第一”强化自身建设》《坚持“四个突出”建设全面小康》《向改革谋出路 以改革激活力》《科学推进城镇化建设幸福新祁阳》等领导署名文章、各类新闻稿件共20余篇。在《湖南日报》上刊发《艰苦奋斗重在“四敢”》《做好农村土地规范有序流转大文章》等领导署名文章4篇。《以上率下改作风》得到省委领导高度关注和推介，并被省委办公厅内部刊物《工作情况交流》面向全省推介。认真办好县委县政府内刊《今日祁阳》，全年出刊10期。扎实完成市委政研室、市委办综调室交办的各项工作，较高质量地完成预约材料，积极向《永州通讯》《永州情况》投稿，协助市委办综调室开展建立湘江生态补偿机制、关于从省级战略层面将永州打造成对接“两广”和东盟桥头堡、物流业发展情况等5次专项工作调研，建立并实施文稿奖励基金制度。

【督查工作】 2014年，县委督查工作紧紧围绕县委、县政府提出的“领跑永州、争创一流”的工作目标和“突出工业抓产业、突出项目抓投入、突出‘创卫’抓城建、突出创新抓改革、突出民生抓稳定”的工作思路，充分发挥督查落实、考核激励、参谋决策等职能作用，有效促进全县重大决策和重要工作落实，推动全县经济社会又好又快发展。2014年，县委督查室共开展各项决策督查活动41次，编发专报22期、通报18期。对4个单位进行通报批评，1 个月时间打通断头路 3 条，新开工项目 5 个。2014 年重点开展河道采砂整治、客运市场整治、信访维稳、发展粮食生产制止耕地抛荒等督查。春耕期间开展粮食生产连续跟踪督查 5 次，每次督查都取得实效，祁阳再次获评全国粮食生产先进县。在落实县委主要领导批示、群众反映强烈的湿米粉质量不高、短斤少两突出的问题上，县委督查室牵头定方案、抓整治、严督查，连续 5 个多月对生产企业每周 1~2 次检查，湿米粉质量从抽检合格率 82%提升至 100%，湿米粉重量从暗访平均抽样的 206.4 克/砣增加至标准重量 250 克/砣，督查结果得到各界领导群众的一致好评，其经验在《永州通讯》《永州日报》上推介。2014 年，县委督查室全年共办理各级领导批示件 93 件，办结率均达 100%，共获得县委主要领导肯定性批示 5 次。积极做好督查调研。全年共上报正反两方面典型情况材料 15 篇，其中，督查调研材料 8 篇、典型材料 7 篇；被市采用 3 篇，《创新机制抓落实　强化落实促发展》作为全市经验交流材料在《永州督查》上刊发，《实施专项整治　打造放心米粉》在《永州通讯》上刊登。

【信息工作】　全年上报信息 688 篇，被省市采用 256 篇，省全年考评质量系数 251 分，位列全省第 31 名，被评为全省信息工作先进单位。进一步修改完善《2014 年祁阳县信息工作目标管理责任制》，对年度目标任务进行层层分解，每星期着重选取 1~2 个信息题材，通过自己写、上网查、向下约等方式，撰写出 1~2 篇高层次、高质量的调研或经验信息。《湖南祁阳探索“网格化”模式创新社会管理见成效》《基层反映：当前三种新传销方式值得警惕》《基层反映：“四风”问题投影网络的四种不良表现需重视》等一批信息被省市采用。制订下发《中共祁阳县委办公室关于进一步加强和改进重大紧急信息报送工作的通知》，进一步明确重大紧急信息报送范围、报送要求、报送程序、报送纪律，要求各级各部门正确对待重大紧急信息的报送工作，党政一把手要亲自把关，必须第一时间报送，严禁迟报、漏报、瞒报、虚报的情况发生。2014 年信息室向省、市报送重大紧急信息 40 多条，未出现任何纰漏，较好的维护祁阳的正面形象。2014 年全县各部门向信息室报送信访稳定信息 150 余条，采取妥善措施进行化解，全年没有出现大的信访事件。

【文秘工作】　2014 年，文秘室建立健全公文处理 11 个方面的工作制度，从制度上规范办文服务工作。在文件起草上做到情况清楚，观点明确，表述准确，结构严谨，条理清晰，直述不曲，用词规范，标点正确，篇幅力求简短，符合党的方针政策和国家法律法规，提出的政策措施切实可行。严格审核公文的报批程序，合理有序地履行会签手续，严防文稿“倒流”，对不符合办理程序和要求的文稿坚决执行退文重办制度。严格落实中办发〔2012〕16 号、湘办发〔2012〕42 号和永办发〔2014〕8 号文件精神，结合党的群众路线教育实践活动，大幅精简各类文件简报。全年共办理各类文件 180 余个。单独承办或与县政府办共同承办以及协助部门组织召开各种会议共 100 多次，建立健全办会工作制度、会议请假制度、会议作风督查制度，严格控制会议的规模和数量，确保会议的效率。全年共撰写、核发常委会议纪要 20 期，常委办公会议纪要 25 期。按照“职责明晰、管理规范、效率优先、奖惩严明”的原则，严格落实《值班工作制度》《值班人员信访接待制度》《值班交接班制度》《紧急情况重大事件报告处理规范》《处理突发事件工作预案》等各项值班工作规章制度和工作运行机制。2014 年，值班室共下发通知 600 余次，办理领导临时交办事项 150 余件，接待群众电话、信访、人访300余人次，接处紧急重要情况报告40余件次，传办上级党委批示、指示50余件次。

（唐科　王洪清）

附：县委办文件目录

祁办发〔2014〕1号　1月3日　关于印发《祁阳县2014年村党组织换届工作方案》的通知

祁办发〔2014〕2号　1月22日　关于印发《2014年春节期间走访慰问活动实施方案》的通知

祁办发〔2014〕3号　2月27日　关于2013年度全县人口和计划生育工作评估与奖惩情况的通报

祁办发〔2014〕4号　3月6日　关于转发《祁阳县第九次村民委员会换届选举工作实施方案》的通知

祁办发〔2014〕5号　3月7日　关于印发《祁阳县2014年重点建设项目安排表》的通知

祁办发〔2014〕6号　3月11日　关于印发《2014年县委中心组理论学习安排意见》的通知

祁办发〔2014〕7号　3月11日　关于党政机关停止新建楼堂馆所和清理办公用房的实施意见

祁办发〔2014〕8号　3月26日　关于转发县老科协、老年保健协会工作领导小组《关于创建“百岁健康县”工作方案》的通知

祁办发〔2014〕9号　4月8日　关于印发《祁阳县集中整治社会治安实施方案》的通知

祁办发〔2014〕10号　4月4日　关于转发《县优化办县效能办关于2014年度全县优化经济环境和机关效能建设工作“满意不满意单位”民主评选活动实施方案》的通知

祁办发〔2014〕11号　4月18日　关于印发《祁阳县机关干部职工社区巡逻实施方案》的通知

祁办发〔2014〕12号　4月21日　关于印发《2014年全县办公室系统目标管理考评记分细则》的通知

祁办发〔2014〕13号　4月23日　关于印发《祁阳县2014年度工作目标管理综合考核实施方案》的通知

祁办发〔2014〕14号　4月25日　关于进一步规范评比达标表彰活动管理的通知

祁办发〔2014〕15号　4月25日　关于印发《祁阳县“正风肃纪”和机关效能建设相关规定责任追究办法》的通知

祁办发〔2014〕16号　4月25日　关于印发《2014年度祁阳县特色县域经济重点县建设实施方案》的通知

祁办发〔2014〕17号　4月28日　关于印发《2014年为民办实事实施意见》的通知

祁办发〔2014〕18号　3月30日　关于印发《祁阳县议事协调机构全面清理调整工作实施方案》的通知

祁办发〔2014〕19号　3月30日　关于印发《祁阳县从严控制会议专项整治工作实施方案》的通知

祁办发〔2014〕20号　3月30日　关于印发《祁阳县从严控制各类文件简报和内部刊物专项整治工作实施方案》的通知

祁办发〔2014〕21号　5月13日　关于印发《祁阳县县直行政单位会议管理暂行办法》的通知

祁办发〔2014〕22号　5月13日　关于印发《祁阳县培训费管理办法》的通知

祁办发〔2014〕23号　5月13日　关于做好全县老干部工作先进单位和先进个人、先进离退休干部党支部和老干部先进个人评选工作的通知

祁办发〔2014〕24号　5月13日　关于印发《祁阳县招商小分队工作方案》的通知

祁办发〔2014〕25号　5月21日　关于印发《祁阳县县级议事协调机构管理办法》的通知

祁办发〔2014〕26号　5月21日　关于在全县退役军人中深人开展“双带双促”活动的实施意见

祁办发〔2014〕27号　5

月27日　关于做好2014年度全县新农村建设扶持资金统筹与管理工作的通知

祁办发〔2014〕28号　6月3日　关于印发《祁阳县2014年“工业企业服务年”活动实施方案》的通知

祁办发〔2014〕29号　6月12日　关于印发《全面建成小康社会推进工作领导小组成员单位及指标责任单位主要职责》的通知

祁办发〔2014〕30号　6月17日　关于印发《祁阳县禁毒工作奖励办法》的通知

祁办发〔2014〕31号　6月17日　关于印发《祁阳县禁毒工作责任追究办法》的通知

祁办发〔2014〕32号　6月17日　关于印发《祁阳县禁毒工作考评细则》的通知

祁办发〔2014〕33号　6月17日　关于转发县纪委、县监察局《关于全县工程建设项目招投标、政府采购招投标和国土资源招拍挂突出问题专项治理工作的实施方案》的通知

祁办发〔2014〕34号　6月17日　关于印发《祁阳县公务用车管理暂行办法》的通知

祁办发〔2014〕35号　6月18日　关于印发《2014年法治祁阳建设工作要点》的通知

祁办发〔2014〕36号　6月26日　关于印发《祁阳县2014年度工作目标管理综合考核个性指标》的通知

祁办发〔2014〕37号　6月26日　关于印发《县“四大家”班子党员领导干部“转作风解难题百日大会战”专项行动实施方案》的通知

祁办发〔2014〕38号　7月25日　关于印发《祁阳县2014年“八·一”期间拥军优属活动实施方案》的通知

祁办发〔2014〕39号　7月29日　关于开展农村土地经营权确权颁证工作的意见

祁办发〔2014〕40号　8月13日　关于建立领导干部带队检查安全生产工作制度的通知

祁办发〔2014〕41号　8月13日　关于印发《祁阳县城乡社区（村）网格化服务管理实施方案》的通知

祁办发〔2014〕42号　8月27日　关于印发《祁阳县国家公职人员参与赌博问题专项整治行动实施方案》的通知

祁办发〔2014〕43号　8月27日　关于印发《祁阳县党政机关国内公务接待管理实施细则》的通知

祁办发〔2014〕44号　8月30日　关于精简文件简报和从严控制会议的实施意见

祁办发〔2014〕45号　9月10日　关于印发《祁阳县县城交通秩序和城市公共客运秩序集中整治实施方案》的通知

祁办发〔2014〕46号　9月30日　关于印发《关于广东农垦重大投资项目推进工作方案》的通知

祁办发〔2014〕47号　9月30日　关于印发《祁阳县农村环境污染治理工作实施方案》的通知

祁办发〔2014〕48号　9月30日　关于印发《祁阳县创建省级文明县城实施方案》的通知

祁办发〔2014〕49号　10月9日　关于印发《2014年全县落实省市定绩效评估指标任务》的通知

祁办发〔2014〕50号　10月9日　关于印发《祁阳县事业单位分类工作方案》的通知

祁办发〔2014〕51号　10月9日　关于印发《祁阳县贯彻<党政机关厉行节约反对浪费条例>实施办法》的通知

祁办发〔2014〕52号　10月14日　关于印发《祁阳县2014年秋冬农业生产工作意见》的通知

祁办发〔2014〕53号　11月6日　关于印发《祁阳县四大家班子领导及县直单位联系学校工作方案》的通知

祁办发〔2014〕54号　11月11日　关于印发《祁阳县加快推进全面建成小康社会工作考评奖励办法》的通知

祁办发〔2014〕55号　11月12日　关于认真做好2015

年度全县党报党刊发行工作的通知

祁办发〔2014〕56号

11月13日 关于印发《2014年度祁阳县县直机关“满意不满意”股室民主测评活动实施方案》的通知

祁办发〔2014〕57号

11月13日 关于印发《2014年县四大家领导办 “全面小康社会建设示范村”联系点名单》的通知

祁办发〔2014〕58号

11月24日 关于印发《2014年11—12月份县级领导联系重点税源税收任务分配表》的通知

祁办发〔2014〕59号

11月25日 关于印发《祁阳县创建国家卫生县城工作方案》的通知

祁办发〔2014〕60号

11月25日 关于印发《祁阳县创建国家卫生县城十六个专业组主要职责》的通知

祁办发〔2014〕61号

11月25日 关于印发《祁阳县创建国家卫生县城工作考评奖惩办法》的通知

机要保密工作

【概况】 2009年10月，原县委办机要科更名为县委机要局并加挂县国家密码管理局牌子，与县保密局合署办公，归口县委办管理。主要职责有密码管理、密码通信、密码科研及党委信息化建设，升格为正科级单位，人员编制由过去的4人增加到5人，领导职数设置为一正两副一副科级密码督查员4个领导职数，内设办公室。保密工作主要职责有保密宣教、保密执法、保密检查。2006年被评为全国保密工作先进单位。

【机要工作】 2014年度，祁阳县密码工作紧紧围绕“两个确保”，深入践行“三零”活动，确保密码通信绝对安全畅通，为全县经济社会发展和社会大局稳定发挥重要作用，被评为2014年度全省密码工作先进单位。3月份，根据《中共湖南省委省办公厅关于党政专用通信十二五规划的通知》文件精神和省委、市委关于全省党委视频会议系统建设要求，县财政拨款30万元建设党委视频会议系统。是年，逐步完善全县电子政务内网组网工作，建设以县委机要局为交换中心，向上连接省、市，向下连接县直、镇乡（场）办120多家部门机关电子政务内网，实现上级党政部门文电、信息、数据的正式传输与共享，全年共收发文件763个。9月份，在县行政办公中心六楼大会议室举办全县密码电报管理员培训班，重点培训党政电子政务内网管理、计算机基本知识、网络故障排除、密码电报管理等知识。在重点抓好紧急重要电报译传办理的基础上，完善译传办理工作流程，对收发电报操作进行明确规定。全年共收市机电报551份，其中密报161份、明报390份，递发县直各单位各类密、明电报650份，均做到迅速及时、准确无误。

【保密工作】 3月份，制定和完善《祁阳县涉密人员工作制度》和《祁阳县涉密计算机管理规定》等一系列保密规章制度，加大对涉密计算、涉密网络和涉密人员的管理力度。6月份，开展保密法制宣传月活动，发放《保密知识读本》200余册，保密知识书签260余张。在高考、中考、学考、事业单位招考中，派人全程参与试卷的保密监管，共抽查试卷保密室11个，派人参与动员教育5次，现场指导检查4次。5月，市国家保密局对祁阳县委办系统要害部门、部位进行保密专项检查与指导，对县委书记、县长、县委办主任办公室进行专项检测，对文印室进行重点检查。9月中旬，召开全县保密员培训班，全县150个单位的专（兼）职保密员参加培训。9月下旬，下发《关于开展网络保密管理专项检查的通知》，10月对全县25个重点涉密单位的进行检查，对18个一般涉密单位进行抽查，对各单位的网络保密管理情况、移动存储介质交叉使用情况进行严格细致的检查。12月下旬，对全县25各镇乡办场和120个县直单位开展保密工作年终检查，对涉密单位的保密专干配备、涉密设备以及密级文件、规章制度等具体情况进行检查。12月，下发《关于规范国家秘密载体销毁管理工作的通知》，明确国家秘密载体销毁范围，规范销毁程序，确保国家秘密载体销毁环节万无一失。

组 织 工 作

【进行专项整治】 在群众路线教育实践活动期间，祁阳县始终站在讲政治的高度认真谋划，把专项整治作为一项重要的政治任务狠抓落实。对省、市确定的55项专项整治，每项都明确1名县委常委或副县长牵头负责，落实牵头部门、配合部门和第一责任领导，逐项制定整治方案，并将专项整治纳入全县绩效考核内容。县“四大家”带头改进文风会风，仅县“两办”文件数量较2013年同期减少75个，精简20.3%；全县性会议比2013年同期减少36次，下降36.8%。县“四大家”领导班子成员腾退超标办公用房89间，全县腾退总面积达5734.6平方米。县“四大家”机关、县直单位、乡镇公务用车率先统一喷涂“公务用车”和监督电话，双休日和法定假日一律集中入库，统一上交钥匙，由机关后勤安排专人管理。积极清理规范领导干部在社会组织及企业兼职行为，认真清理纠正违规长期借调和调动工作不转工资关系人员，扎实推进“三超两乱”专项整治，加大调整不称职、不胜任现职领导干部的力度，全年共有8名科级领导干部因作风不实被免职。认真开展超职数配备干部专项治理工作，制定整改消化方案，力求用2~3年的时间将超职数配备的干部逐步消化整改到位。突出整治乡镇干部“走读”问题，共查处“走读”干部25人次，乡镇干部“走读”问题得到明显好转，群众反响良好。

【干部队伍建设】 扎实开展干部考察考核工作，积极配合做好市管干部、县管干部的推荐考察工作，先后对15名试用期干部、4名公选干部、15名新招录公务员进行转正考察和任职考察，完成对全县市管干部、科局级党政一把手年度考核和任职满3年的镇长及街道办主任的届中考察。制定出台《关于深入开展“提振干部精气神”集中行动的实施方案》《关于全面贯彻好干部标准强化正确用人导向的决定》等文件，进一步提振全县干部的精气神，充分调动广大干部干事创业的积极性。紧紧围绕学习贯彻习近平总书记系列讲话和中共十八届三中、四中全会精神，扎实推进干部教育培训工作，充分发挥县委党校在干部培训中的主阵地作用，全年在党校举办各类培训班20期。同时，全年共选派43名处级干部、27名科级干部参加省、市委党校的培训，全面完成上级组织部门的干部调训任务。认真开展领导干部经济责任审计工作，全年共组织实施经济责任任中审计项目14个。加大群众信访举报的查核力度，共受理反映干部作风、村级两委换届等违纪违规事项20余起。积极做好人才及科技特派员工作，全年共派科技特派员32名（市5名、县27名）。认真做好干部信息档案工作，对各类档案材料进行收集归档、改版升级工作，对各类数据库及时维护更新，干部档案管理进一步规范化。

【实施分类定级考核】 探索建立凭实绩用干部的工作机制，科学设置考核指标，建立实绩考核评价体系，研究出台《领导班子和领导干部年度分类定级考核暂行办法》，决定每年度对县内各单位的目标责任、领导班子、领导干部进行“三位一体”考核，初步形成一套比较科学合理的考核评价工作机制，对125个正科以上单位和领导干部进行分类定级考核，根据评定等级实行奖惩，强化考核结果运用，在年底的干部调整工作中，县委提拔重用13名分类定级考核成绩突出的领导班子成员，调整或免去5名领导班子成员职务。

【完成村级党组织换届】 根据省、市和县委的统一安排部署，全县村级党组织换届选举工作部署周密、纪律严明，程序严格，推进有力，整个换届选举工作风清气正。全县25个镇乡办场的808个村严格按照“两推一选”办法，顺利完成村支部换届选举工作任务，共选出村党组织书记、村委会主任1354人，村支两委成员4022人。优化村级班子结构，通过选举，全县村支两委会成员比上一届减少121名；村支书、村主任平均年龄比上一届降低2.4岁；村支两委成员高中以上文化的2050人，较上届增加210人，增幅11%；妇女干部985人，占24%，每村一个女干部达100%；党员在村委会中所占的比重增大，村委会中共有党员1451人，所占比重由上届的77%增加到85%，增幅8%；全县村支书、村主任“一肩挑”的村共262个；大学生村官通过选举担任村两委班子成员62名，其中村支书4名。

【服务型党组织建设】 基层软弱涣散党组织整顿工作成效明显，对全县886个基层党支部进行分类定级，确定软弱涣散基层党组织90个，通过落实“一村一策、派驻工作队、选派第一支书、建强村党组织”等措施，强力推动整改。全县共调整软弱涣散重点村的党组织书记10名，处分违纪党员1名，整治村务财务公开和民主管理混乱党组织18个，整治治安问题和信访矛盾集中党组织6个，整治宗族宗教势力干扰党组织14个。以“打造一个平台、发放两张卡片、印制三本手册”为主要内容的“123”便民服务新模式，得到省、市调查核实组领导的充分肯定。进一步规范发展党员工作，严把党员入口关，改善党员发展结构。狠抓远教站点的学用工作，对远教站点红星视频学用进行严格考核，确保远教站点的管理制度化、规范化，全年为远教站点共配备新电脑45台。全面加强大学生村官队伍教育管理，对大学生村官在结对帮带、培养使用、借调借用、工作纪律等7个方面进行了明确规范。在非公经济组织中，推行以“搭好一个台、唱好一出戏、举好一面旗”为主要内容的“搭唱举”工作法，非公党建活力明显增强。

【党建述职评议】 为贯彻“党要管党、从严治党”和“抓党建是最大政绩，抓党建是第一责任”的要求，中央、省、市都开展党委书记履行基层党建工作责任述职评议大会，县委书记魏湘江在全市县（区）委书记履行基层党建工作责任述职评议中综合排名第一。为检验各乡镇办场党工委书记一年来履行党建工作责任制的工作情况，祁阳县召开乡镇办场党（工）委书记履行基层党建工作责任述职评议大会，各乡镇办场的23名镇乡办党（工）委书记公开述职，接受述职评议。述职评议会采取各乡镇办场党（工）委书记述职、群众提问、县委书记点评的方式一轮一轮进行。述职中，各乡镇办场党（工）委书记开诚布公，在8分钟规定时间内亮工作、找差距、析原因、明措施；述职报告现状清楚、问题清晰、整改措施明确。述职后，与会的“两代表一委员”和基层党员群众代表轮番上阵提问，涉及的问题广泛而集中，主要包括基层党建责任落实、投入保障、队伍建设等内容。县委书记魏湘江对各乡镇办场党（工）委书记基层党建工作履职情况逐一进行点评，点评具体到位，说成绩恰如其分，点问题正中穴位，提整改直指要害。随后，170多名与会人员对各乡镇办场党工委书记的述职情况进行打分，并当场晒成绩、排名次。

【自身建设】 始终坚持从严治部，改进作风，围绕建设

"学习型、创新型、服务型、效能型、节约型"机关，全面规范职能职责，进一步形成科学规范的组织工作制度体系。加大组织工作的调研和宣传力度。撰写的《祁阳县委组织部带头边学边改见成效》等多篇信息被《湘组研究》等刊物编发，部机关主持的《大力加强基层党建网格化管理问题研究》获全市组织系统重点课题调研二等奖，全年在国家、省、市各类党报党刊上稿62篇，为建设优秀组工部门奠定良好基础。

（王祁峰　刘云博）

宣传思想工作

【概况】 2014年，在上级宣传部门的指导和县委的正确领导下，全县宣传思想文化战线围绕中心、服务大局，坚持抓根本把导向、抓改革促发展，抓重点创亮点、抓队伍强基础，各项工作呈现向好向上的良好态势。祁阳县城再次获省级文明县城荣誉称号。县委宣传部被评为2014年度全市宣传思想工作先进单位、全市宣传文化系统"四创四争"先进单位、全市调研与舆情信息工作先进集体，获得2014年度"欢乐潇湘·和美永州"大型群众文化活动组织工作奖；在"永州市党的十八届三中全会理论知识考试"中获先进集体。在全县各级党组织和广大党员中广泛开展"五创五评一大考"活动，推荐入选全市学习型机关、学习型乡镇、学习型党组织先进学校、党员学习明星、学习型企业创业先锋五类"十佳"各一个。文明创建成果显著。组织开展祁阳县第二届道德模范评选工作，成功创建全国文明单位，全县创建省级文明单位3个，市级文明标兵单位2个，市级文明单位5个。文学类获国家级奖3个、省级1个；音乐类《竹山青青我的家》获第六届全国村歌大赛优秀作品奖；书法类入展国家级9个、省级3个；摄影类入展国家级4个，获金奖1个，优秀奖2个。举办"欢乐潇湘·魅力祁阳"大型群众文艺汇演，参加省市比赛，获市一等奖4个、二等奖9个、三等奖12个；获省三等奖1个、先进单位、先进个人奖3个。

【意识形态管理】 祁阳县各级党委（党组）坚持党管宣传、党管意识形态，将意识形态工作纳入党委重要议事日程，建立健全"一把手"负责机制，着力构建党委统一领导、党政齐抓共管、宣传部门组织协调、有关部门和地方分工负责的工作机制，切实掌握工作的领导权和主动权，确保对意识形态工作的有效掌控。按照"谁主管、谁负责"和属地管理原则，对各级各部门、各街道、社区和企事业单位组织的各类讲坛、讲座、培训、报告会进行报告备案，严格规范全县各级各类讲坛讲座。严格执行全县新闻宣传由县委宣传部统一协调、统一扎口管理制度，规范做好新闻发布、信息通报和媒体接待、协调工作，确保全县所有新闻发布统一出口、统一声音。完善网络舆情引导监控和处置机制，密切监管网络舆情；加强网络信息管理员队伍建设，优化舆情信息员队伍，不断提高信息员的素质和能力。充分发挥户外广告、电子屏、宣传橱窗、横幅等宣传载体作用，加大形势政策教育和主题宣传。

【新闻宣传管理】 积极宣传县委战略思想，推进县委战略部署，自觉服从和服务于县委中心工作和重点工作。坚持团结、稳定、鼓劲，正面宣传为主的方针，把握正确的舆论导向，遵循客观、准确、及时、实事求是的原则，严格落实新闻报道报告制度、新闻报道审核制度、新闻宣传纪律和保密规定，不断提升和扩大全县对内对外的影响，实现新闻宣传工作的法制化、科学化、规范化管理，形成全员参与、多方协作、上下联动、各负其责的大宣传格局。

【理论学习宣传】 坚持贯穿"一条主线"，积极推进理论学习规范化、常态化、信息化建设，把深入学习贯彻中共十八届三中全会、四中全会精神以及习近平总书记系列重要讲话精神、落实“四个全面”战略部署贯穿到宣传思想文化工作各领域、各方面、各环节，为建设品质活力新祁阳提供精神动力和智力支持。理论学习进一步制度化，对全县中心组学习作出年度整体规划，把中心组学习情况纳入干部述职评议和年度目标管理绩效考核的重要内容。理论培训力度进一步加大，举办全县党政领导干部培训班和理论骨干培训班，县委书记、县长亲自授课。县委中心组集中学习6次，邀请中央、省市专家讲课。举行十八届三中全会理论知识考试，全县党员干部5000人参加。祁阳县中心组集中学习的做法，被《湖南省党委中心组学习秘书工作交流文集》等书刊推广。学习型党组织建设稳步推进，在全县各级党组织和广大党员中广泛开展“五创五评一大考”活动，将学习型党组织建设推广到机关、学校、企业、社区、农村。推荐入选全市五类“十佳”各一个。

【舆论监督引导】 在做大做强广播电视台等传统媒体的同时，强化互联网思维，下大力气用好管好祁阳新闻网、祁阳手机报、中国微祁阳等新兴媒体，汇聚全县的“好声音”，形成强大的主流舆论场，抢占新兴主流媒体的制高点。2014年，祁阳新闻网共发布新闻近4000条，人民网、新华网、红网、华声在线、永州新闻网等中央、省、市主要媒体转发涉祁新闻2600余条。《祁阳新闻网》开设“祁阳县两会专栏”“党的群众路线教育实践活动专栏”“城区道路提质改造专栏”“城市客运整治专栏”“创建国家卫生城市专栏”“祁阳十景评选” “发现美丽湖南——祁阳篇”“祁阳县第二届道德模范评选活动”等专题宣传栏，营造良好的氛围，为全县人民全面及时把握全县重要社会经济活动情况提供专门窗口。《祁阳手机报》开设的栏目主题突出，关注社会热点、焦点，体现社会民生，反映百姓呼声，宣传国家政策，提供服务咨询，社会反响很好，全年共编发手机报259期。7月1日，祁阳官方微信公众号平台“中国微祁阳”正式开通，全年共编辑发送152期，吸引6000余人订阅关注，在全省政务类微信影响力排名中稳居12强。进一步加强舆情引导，正确引导和成功处置“海螺水泥”“文富市市场”“进宝塘黄泥塘岩口、东方、团结3煤矿事件”“干部测评”“羊角塘超市火灾”等网上舆情，未造成大的负面影响。全年共处置涉祁舆情269条，转交相关单位办理181条，回复139条，转交回复率76.8%。

【对外宣传工作】 祁阳县外宣工作坚持把镜头对准重点工作、重点项目一线，把报道的目光聚焦于各行各业的先进典型，把新闻的触角延伸到社会生活的方方面面，突出宣传全面小康社会建设的新成效，突出宣传从严治党的新成果，突出宣传“两创同步”的新经验。在《湖南日报》上稿33篇，其中头版头条1篇，市州新闻版头条5篇；在《永州日报》上稿480篇，其中头版头条12篇，居全市第一。在中央电视台上稿5条，其他央媒上稿12篇；在湖南电视台上稿23条，在永州电视台上稿265篇。在中央省市新闻网站上稿400余篇。其中，三季度央媒、省媒上稿33篇，居全市第一。市以上主流媒体对祁阳负面报道为零。湖南电视台、《湖南日报》、永州电视台、《永州日报》等省市主要媒体对祁阳县经济社会发展情况进行专版专题报道。如湖南卫视以《肖家村镇的“丑话会”》为题进行专访，在湖南新闻联播“到群众中去”专栏中播出。《湖南日报》对祁阳县经济社会发展成就进行系列重点报道，对“全国文明村”——白水镇竹山村经济社会发展特别是乡村旅游进行专版宣传推介。配合做好《人民日报》、中央电视台、新华社、中国新闻社、中央人民广播电台、《光明日报》《经济日报》

《中国科学报》《科技日报》等中央媒体到祁阳专题采访报道“最美科技人员——文石林”先进事迹有关工作。配合做好了中央电视台《道德观察》栏目到祁阳县专题采访“全国见义勇为好人——王祁平”有关活动。配合做好全市庆祝第十五个记者节暨永州新闻奖颁奖活动。《做细工作做实项目做大产业——祁阳县大力推进文化改革发展》一文在《湖南宣传动态》上发表。在县电视台、《今日祁阳》《祁阳新闻网》《祁阳手机报》等媒体上开辟《为民·务实·清廉——深入开展党的群众路线教育活动》宣传专栏，同时在电视台开设《电视问政》专栏，第一次问政单位有县规划局、交通局、民政局、县城建投和县经管局等单位，民进中央经济委员会副主任、中国改革与发展研究中心研究员王林与湖南师大教授魏敏出席问政现场并做点评，现场进行全方位、全过程宣传报道；先后在《祁阳新闻》中开辟《到群众中去》《群众路线大家谈》和《践行社会主义核心价值观》等专栏，刊播大量鲜活的新闻报道，使整个群众路线教育实践活动的新闻宣传主题突出、持续升温、氛围浓厚。

（黄文兵）

统战工作

【开展社会组织统战工作试点】 2014年5月，省委统战部部长崔永平到祁阳调研社会组织情况，把祁阳县作为全省社会组织统战工作唯一县级试点县，也作为全省推进“同心工程”的一大抓手。根椐实施方案要求，确定县义工联合会、县陶铸中学、县中西结合医院作为试点示范点。6月，召开示范点的党外代表人士座谈会，掌握党外代表人士的基本信息、思想动态和关切问题，确定重点联系对象。7月，组织并参与永州红十字中西医结合医院祁阳分院在黄泥塘镇、黎家坪镇、羊角塘镇和白竹湖社区义诊4次，义诊人员达1600余人次。9月，引导祁阳县义工联（志愿者）协会开展助学活动2次，捐助资金52万余元，资助贫困学子100余名。10月，组织县卫生局、县民政局、县劳动社保局、县医保中心、县农合办等相关单位在县中西医结合医院开一次社会组织统战工作联席会议，探讨民营医院发展方向，帮助中西医结合医院解决5个发展和运作方面存在的问题和困难。这项工作被省委统战部授予“2014年度全省统战工作实践创新成果”奖，祁阳县是全市唯一获奖单位，并在全省今年社会组织统战工作推进会上作典型发言，试点工作经验在《中国统一战线杂志》上发表。

【开展“四同创建”工作】 6月初，参加省委统战部“同心工程”湘南片区推进会，并迅速向县委、政府汇报，书记、县长要求县委统战部牵头，其他相关部门配合，全力抓好“四同创建”工作。6月底，县委统战部成立“四同创建”工作领导小组，部长任组长，并制订实施方案，选好四个创建示范点，分别将县中小企业创业园作为“同心示范园区”创建示范点、将鸿达园食品作为“同心示范项目”创建示范点、将浯溪街道白竹湖社区作为“同心示范社区”创建示范点、将七里桥镇乌山冲村作为“同心示范乡村”创建示范点，建立联动工作机制、联系工作机制、考核工作机制。高标准完成创建4个示范点，并顺利通过省、市委统战部对祁阳县“四同创建”工作的督查和验收。鸿达园食品、白竹湖社区分别被评为市级“同心示范项目”、市级“同心示范社区”。

【加强党外代表人士队伍建设】 健全党外人才资料库，将50名统一战线各领域代表人士和党外后备人才纳入人才库，进行跟踪培养。完善政治协商、交友联谊、对口联系等多项制度。组织党外代表人士用近1

个月的时间，深入全县经济发展热点、民生工程难点等领域进行调研，共撰写调研报告4篇。举办全县非公经济代表人士培训班。截至2014年年底，重点联系的党外代表人士467人，主要分布在非公经济、中介组织、党外干部、教育、医卫等领域，其中5人任副处级领导职务、55人任正副科级领导职务，1人当选全国人大代表、2人当选省人大代表、5人当选市人大代表、73人当选县人大代表，1人任省政协委员、18人任市政协委员、178人任县政协委员，10人被聘请为政府部门及司法机关特约人员。全县有在职党外干部1297人，教育、医卫、农业、会计、律师等行业具有中高级职称党外人士1107人。

【服务经济发展】 2014年，新增3家民营企业参与“百企联村·共同发展”活动，全县共有132家民营企业与132个村建立对口联系，实施公益项目159个，安排农村就业人员4000多人。组织工商联对湖南天龙米业有限公司、湖南雄胜实业有限公司、祁阳宇晖机电实业有限公司等40多个会员企业进行集中走访调研。为会员企业提供法律维权和咨询服务400余次，为祁阳宇晖机电实业有限公司、金桥建材商会、鑫利商会会所等会员企业解决用工、用地、股权转换等矛盾纠纷40余件。6月，协助县委、县政府召开银企洽谈会，为非公企业融资16亿元。统战部招商小分队参与招商活动15次，与广州致远电子有限公司、深圳崧顺电子有限公司、东莞飞鸿光电子有限公司、祁乡商会在长沙的企业、郴州台达电子进行洽谈。与商务局、经开区共同引进康都制药肠内营养液项目，项目总投资10亿元。和工商联一起成功承办“欢乐潇湘·魅力祁阳”、庆国庆“民企之夜”大型广场文艺晚会，取得良好的社会效应。

【积极扶贫帮困】 和工商联共同举办长沙市祁乡商会“情系桑梓，爱洒学子”助学活动祁阳现场会，当场向100名贫困优秀学子发放资助金52.9万元。组织政协工商联联络组委员开展捐资助学活动，与35名贫困学子结成帮扶对子，送出助学金17.8万元。成功组织海峡两岸同心光明行永州（祁阳）站慈善活动，为100名白内障眼疾患者带来光明。

【强化统战信息调研】 2014年，先后在中央、省统战内网及三湘统战网上发表90多篇统战信息及调研论文，全市仅有3篇统战信息被中央统战内网采用，其中有两篇采用祁阳报送的统战信息，县委统战部参评的调研报告获全市调研成果一等奖。祁阳县统战信息工作连续5年在全市评比中获第一名。

（陈攀）

对 台 工 作

【概况】 1950年祁阳县委成立“三三三”办公室，具体负责祁阳对台事务；1979年落实党的统战政策，改“三三三”办公室为对台办公室；1984年改对台办公室为中共祁阳县委台湾工作办公室与祁阳县人民政府台湾事务办公室，归口县委统战部管理，系两块牌子一套人马，级别为正科级。据调查新中国成立前夕，随国民党部队去台人员有560余人，2013年台情调查时有确切联系方式和地址的40余人，有涉台婚姻653对，有台属5000余人，先后回祁阳定居的台胞有13人，2014年仍健在的定居台胞3人，在祁阳定居生活的台湾籍台胞2人。在祁阳注册的台资企业先后累计35家，经营正常的有7家，长期在祁阳县工作生活的台商12人。

【夯实工作基础】 目标管理健全。县委、县政府把对台工作纳入乡镇和县直单位年度责任制考核内容，明确对台工作的任务和工作措施，使党的对台方针、政策得到深入贯彻和落实。保障机制健全。把对接台资企业放在十分突出的位置，先后出台一系列优惠政策，对台资企业在水、电、税收、土地等方面给予优惠，同时建立台商权益保障工作联席会议制度，成员单位由工商、税务、环保、商务、开发区等部门组成，针对台资项目建设中存在的问题和困难进行联动服务，形成各职能部门各司其职、密切配合、齐抓共管的工作机制。

【服务与维权】 坚持把为台胞台属排忧解难作为对台工作的大事来抓。对台商投资生产中的问题，逐个登记，安排专人负责处理。8月5日，县委书记魏湘江在祁阳经济开发区主持召开关于协调解决凯盛鞋业有限公司反映的有关问题的现场办公会议，为企业解决在用地、产权证办理、税费减免、出口补贴、水电补贴、降低运输成本等方面的问题。在企业用工上，每年春节过后与劳动部门和各乡镇配合为台企举办不同类型的人才招聘会，积极组织外出务工人员到祁阳台资企业就业，确保台企不因用工问题影响生产。对台商台胞生活中的问题，采取上门走访和跟踪服务的办法，及时帮忙解决。为台属到台探亲、处理在台去世亲属后事等事项提供尽可能的服务。利用春节、清明、中秋等节日，积极走访慰问和座谈，增强与台商、台胞和台属的感情联络和培养，收到良好效果。2014年，帮助查找住址不详或改变的台湾来信收信人16件次，为台胞台属解决实际困难15个。中秋节期间，专门宴请所有在祁投资的重要台商。此外，还通过各种方式，邀请岛内台胞到祁探亲访友、参观考察。5月11日，台胞郑昌平和郑湘仁父子到祁阳省亲，协助其亲属举办盛大的欢迎午晏，获得台胞的高度认可。

（赵富生）

机关党建工作

【概况】 中共祁阳县直属机关委员会设立于1981年，属行政编制的县委工作部门。2002年1月31日，中共祁阳县委、祁阳县人民政府下发《关于印发〈祁阳县县直机关机构改革方案的实施意见〉的通知》文件，将县直属机关党委与县委组织部合并，对外保留县直属机关党委牌子。2014年，中共祁阳县直属机关委员会设书记1人，副书记1人，纪委书记1人，有党委委员8人，其中兼职委员5人，有纪委委员5人，其中兼职委员4人。辖县直机关基层党组织440个，其中：局（台、队、处、院）党委14个，机关党委7个，党总支部23个，党支部396个，共有党员7944人。

【基层组织建设】 认真落实党建工作责任。坚持将党建工作摆在重要位置，将县直机关基层党组织换届、发展党员、党统、党费收缴等工作纳入全县党建工作责任制考核范畴。年初下发《2014年县直机关党建工作要点》，层层分解任务、落实责任，确保党建工作年初有计划、平时有检查、半年有小结、年终有考核。切实抓好基层组织班子建设。建立基层党组织换届选举台账，及时督促县直机关做好党组织成立、换届、调整等工作。2014年，审批新成立党支部14个，撤销党支部2个，完成换届改选的机关党委、党总支和党支部等党组织25个，经考察，调整、充实班子成员66人。建立健全党建工作制度。健全党建工作量化考核、党员教育管理、党内选举、组织生活会、民主议事、党务公开、任期目标责任制等各项规章制度，真正做到用制度管人、用制度管事的目标。建立党内关怀机制，年初争取县财政安排5万元预算作为党内关怀资金。

【党员教育管理】 积极抓好党员经常性学习教育。积极争取县财政安排党员教育经费10万元，安排部署创建“学习型党支部”活动，充分利用中心组学习、支部集中学习、组织生活会和集中上党课等平台，在党员中掀起新一轮学政治理论、政策法规、业务知识的热潮。同时，积极抓好县直单位党组织党员冬训与民主评议工作。扎实抓好入党积极分子培训。举办县直机关入党积极分子培训班1期，培训县直单位入党积极分子96人，并对培训对象统一进行闭卷考试，发放结业证书，确保培训效果。

【党员队伍建设】 积极开展庆“七一”党建活动。直属机关党委于6月25日~27日，在祁阳一中体艺馆成功举办县直机关庆“七一”第一届“劳动保障杯”气排球比赛。有县直机关基层党组织的40支球队参赛，共进行69场比赛，参赛的领队、教练员和运动员共计480人。认真做好县直机关发展新党员工作。认真贯彻落实发展党员新的十六字方针和习总书记提出的新要求，在发展党员工作中始终做到坚持标准、严格程序，严把新党员“入口关”，坚持成熟一个发展一个的原则，及时把符合党员标准的同志吸收到党员队伍中来。全面落实入党积极分子“三推一定”制、发展党员公示制、预审制、票决制、谈话考察制和责任追究制，有效地保证发展党员的质量。2014年，县直属机关党委考察县直机关发展对象63人，7月15日组织发展对象进行党的基本知识集中闭卷测试。经严格考察和党委集体研究，批准发展预备党员60人，批准预备党员按期转正59人。7月25日，组织县直机关60名预备党员在浯溪碑林风景名胜管理处陶铸铜像前举行集中宣誓仪式。积极参加市直机关工委组织的活动。10月13日~17日，永州市直工委举办2014年全市机关气排球比赛。直属机关党委从县直单位抽调人员，组建一支12人的代表队参赛。在县区组比赛中，代表队以小组第一名的成绩进入决赛，并最终夺得县区组第二名的好成绩。

【勤政廉政工作】 扎实开展党的群众路线教育实践活动，围绕改“四风”、转作风，从“强化群众观念、增强服务意识、规范从政行为、解决突出问题、严格督促检查”入手，着力加强机关作风建设，树立县直机关为民、务实、清廉的良好形象。进一步加大机关廉政文化建设力度，深入开展党性党风党纪教育，有针对性地开展示范教育、警示教育和岗位廉政教育，引导机关党员干部在遵守党的纪律和廉洁自律上做表率。积极推行党员定期评议基层党组织领导班子成员制度，全面落实“三会一课”，提高基层党组织议事决策科学化、民主化水平。继续搞好党务公开栏建设，进一步深化党务公开工作。

（曹宏满）

机构编制工作

【概况】 祁阳县机构编制委员会办公室，简称县编委办，是县机构编制委员会的常设正科级机构，负责全县行政管理体制与机构改革及机构编制的管理工作。县编委办内设综合室，下属事业单位有祁阳县事业单位登记管理局（副科级、局长高配正科级）、祁阳县机构编制信息中心（副科级）。

【机构编制管理】 为全面推进机构编制的科学化、规范化、精细化管理，2014年根据省、市安排，建立机构编制实名制管理系统数据库。2014年7月全县所有机关事业单位机构编制实名制数据库录入工作圆满完成，为机构编制日常管理和办理出入编登记、申报、编制使用计划与领导职数使用审核提供了重要依据，同时为机构编制、人员异动、工资审批、经费预算、社会保障等多个管理环节有机结合提供基础数据。

【事业单位分类】 按照政事分开、事企分开和管办分离的要求，对全县纳入机构编制管理范围的事业单位实行分类改革，根据其社会功能划分为三大类，即行政类事业单位、公益类事业单位（含公益一类事业单位、公益二类事业单位）、生产经营类事业单位，实行分类管理。

【事业单位登记管理】 县事业单位登记管理局创新工作思路，规范操作程序，严把登记质量关，强化监督检查，使全县事业单位登记管理工作逐步迈上规范化、制度化、科学化的发展轨道。按照《事业单位登记管理暂行条例》和《事业单位登记管理暂行条例实施细则》规定，2014年全县登记事业单位608家，年检合格575家，年检不合格数为零，设立登记15家，变更登记46家，注销登记2家。

（邓星文）

机关事务管理

【概况】 祁阳县机关事务管理局于2004年3月成立，由县委办、县政府办共同管理，原名叫祁阳县机关服务中心，2008年12月更名为祁阳县机关事务管理局。为正科级全额拨款事业单位。内设保卫科（副科级）、办公室、物业管理股、园林环卫股4个职能股（科、室），人员编制9名。2014年被评为省公共机构节能示范单位、市委办公室系统机关事务管理工作先进单位。

【机构节能】 认真组织开展全国节能宣传周活动，突出抓好节约用电，大力抓好节约用水，积极推广和应用节能降耗新产品，降低行政成本，节电、节水等能耗指标降低5%以上。2014年被评为省公共机构节能示范单位。

【清理办公用房】 着力加强全县办公用房清理整改工作，按照中央、省、市工作部署，在全县范围内开展党政机关清理整改办公用房工作，2014年底，共整改腾退办公用房面积6193.72平方米。

【安全保卫】 制定行政办公中心信访维稳工作规定，坚决杜绝上访人员进入办公楼内，扰乱办公秩序。重点抓好行政办公中心的日常安保工作，加强车辆停放秩序管理、昼夜值班巡查制度。

【会务保障】 密切配合相关部门做好各类会议服务工作，对会议室的椅套进行及时更换和清洗，对设备进行定时保养和维护，会务服务确保服装整洁、茶水供应及时，全年会务中心共承办各类会议约200余场次。

【卫生保洁】 认真落实卫生保洁制度和轮值班制度，明确卫生保洁工作职责范围，确保了行政办公中心的清洁卫生，按季节、天气及时更换办公大楼内及领导办公室的花卉。

【设备维护】 做好机关大院办公区的设施、设备维修工作，确保供电、供水、中央空调、电梯、消防、监控系统等设施设备正常安全运行。对中央空调系统进行清洗，保证中央空调系统空气质量符合检测标准；完成县委、县政府2台电梯的年检。

【后勤保障】 进一步抓好机关食堂建设，搞好餐饮服务，严格执行《中华人民共和国食品卫生安全法》，增加花色品种，不断提高烹饪技艺和菜肴质量，倡导文明就餐、节约、节俭的饮食理念，抵制“舌尖上的浪费”。

（伍三华）

史志工作

【概况】 1982年3月，成立祁阳县委党史资料征集小组办公室，1983年8月成立祁阳县志编纂委员会，下设祁阳县志编纂委员会办公室（简称县志办）。1984年2月县党史资料征集小组办公室更名为县委党史资料征集编纂办公室。1993年，成立中共祁阳县党史联络小组，邀请离退休老干部专家参与党史资料征集和宣教工作。1995年4月，县党史办与县志办合并，成立祁阳县党史地方志征集编纂办公室（简称县史志办），为正科级全额预算事业单位，归口县委办管理。主要职能是征集、编写祁阳地方党史、编纂出版党史书刊，组织老干部专家撰写回忆文章，编写主要党史人物传记；开展党史地情宣传教育，参与组织重大党史事件、重要党史人物的纪念活动；组织编修《祁阳县志》、部门志、专业志及旧志点校工作；收集、整理、研究祁阳地方文献和县情资料，编辑出版《祁阳年鉴》。2014年，县史志办结合史志"存史、资政、教化"功能，扎实工作，开拓创新，圆满完成年度制定的工作目标和作任务。被市委办评为2014年度全市史志工作先进单位。

【党史研究】 党史正本第三卷编写工作有序推进。继《中国共产党祁阳历史》第一卷、第二卷（1919—1978）出版后，全面着手党史正本第三卷（1978—2008）的编写工作，2014年7月形成党史正本第三卷的初稿，共计近40万字。党史专题研究和《资政文集》较好完成。共完成《祁阳出征三线铁路会战》《祁阳县批林批孔运动》《祁阳县开展的"一批两打三清"运动》《祁阳县开展的"三反运动"》等4个党史专题，计2万余字，完成市史志办《资政文集》征稿任务，提供《农业产业化经营是大势所趋》和《更新思路、加快农业产业化进程》2篇文章，计15000余字。

【党史联络】 2014年5月，县史志办、县党史联络组召开党史联络组成员会议，安排启动《岁月回眸》第三辑的组稿和编写工作。该辑回忆录主要征集改革开放时期文化、教育、卫生、体育等领域内的回忆文章。共征稿50余篇，初稿确定40篇，计15万字。向省党史联络组、省委党史研究室征编出版的《湖南党史联络工作三十年（1983—2013）》供稿1篇。

【方志工作】 2014年，争取领导重视，安排专项经费，成立专门班子，对从国家图书馆影印的清康熙十九年（1680）《祁阳县志》进行点校注释。通过查阅大量古辞典，对清康熙十九年的祁阳县志进行断句、标点、繁体改简体、校正和注释，截止12月，整个整理点校注释工作基本完成，全书约50万字。启动《祁阳年鉴（2015）》编纂工作。成立祁阳年鉴编纂委员会，2014年共征集文字资料和图片共10万余字。

【史志宣传】 2014年，配合县民政局对市级文物保护单位——祁阳县龙山革命烈士纪念碑亭进行维修，维修工程于8月竣工。同时为新建的祁阳烈士纪念碑撰写碑文。按时保质完成省、市史志网站的供稿任务。向市史志网上阅读专栏提供《中共祁阳历史》（1919—1978）、《陶铸的故事》《祁阳县志》和《岁月回眸》等近200万字的文史资料。向《省党史工作简讯》和《湖南省地方志》投稿7篇，上稿5篇。省委党史联络组湘南片组领导到祁阳调研，对祁阳史志工作给予高度评价，并将祁阳经验刊发在百年湘潮网上进行推介。录制党史专题片。与县电视台共同制作"纪念卢沟桥事变77周年——抗日电视专题片"《寻访红色遗迹》，由县党史联络组长黄承先整理、编著和讲述《陶铸的故土情怀》在永州市电视台的"潇湘讲坛"栏目录制并播出。超额完成《湘潮》杂志发行，共征订《湘潮》杂志281份。开辟党史宣传专栏。在县委月刊《今日祁阳》杂志中刊载永州市重要党史人物系列丛书——《陶铸的故事》。

（周娟）

档案工作

【概况】 祁阳县档案馆成立于1958年11月，1980年6月成立县档案局，与县档案馆合署办公，为县委直属正科级事业单位，确定县档案局（馆）事业编制9名，负责履行全县档案行政管理和档案保管利用开发职能。内设机构有办公室、业务指导股、管理利用股。县档案馆是一个综合性档案馆，是全县集中保管和开发利用档案信息资源中心、县现行文件查询中心、县档案寄存中心，也是县爱国主义教育基地。2014年年底，馆藏档案248914卷、49581件，资料9950册。2014年，县档案局被省档案局评为全省档案宣传工作先进集体、全省档案工作先进单位。

【档案馆项目建设】 2014年，新档案馆建设项目完成总投资2168万元，实际到位资金826万元，室内外装修进展顺利，完成内外墙保温、内外墙粉刷、强弱电布线、外墙干挂石材和玻璃墙，三楼库房安装档案密集架640立方米，其中手动密集架516立方米，电动密集架124立方米。

【档案资源开发利用建设】 档案资源建设重点抓好“重要会议、重点项目、重大活动”等三重图片档案收集工作，共征集3600张；同时还抓专门档案——学籍档案接收工作，利用暑假，深入祁阳一中接收1943～2012年度学籍档案518盒907卷，还接收财政局等10个单位文书档案8016件。另外还做好档案资源开发利用工作。2014年9月，为县委、县政府出版《活力、品质、新祁阳》提供图片档案128张。通过开展节假日预约查档、函查、电话查询等服务，县档案馆共接待查阅利用档案人员达10690人次，利用档案17639卷，其中用于编史修志656卷次、工作查考1890卷（件）次、经济建设4386卷（件）次、宣传教育2017卷（件）次、民生维权如退伍军人、“五小”企业参保人员等方面8690卷（件）次，极大地提高档案利用服务率，赢得百姓的称赞和社会各界的好评。

【档案法制宣传建设】 组织相关单位档案员集中在县城莲子塘、白竹湖、两区广场等集中设点悬挂开展“国际档案日”活动标语，发放档案知识和征集特色档案宣传单2000份。举办档案馆开放日活动，组织祁阳一中、龙山完小等部分学生500人前来档案馆参观“祁山春秋——祁阳历史档案图片展览”。开展档案执法检查。年初，对全县机关档案室下发档案执法大检查考核细则，年底参与县“两办”组织的检查，深入各单位进行检查，促进依法治档。

【档案基础业务建设】 主动抓好农村土地确权档案管理，认真落实湘政农办〔2014〕15号文件精神，专门抽调业务股长到县土地确权颁证领导小组办公室，负责土地确权档案管理业务指导工作。加强对重点建设项目档案工作监督检查指导。对湘祁水电站、祁阳一中体艺馆等重点建设项目开展业务指导，为湘祁水电站收集整理基建档案169卷、移民拆迁档案1523卷，为祁阳一中体艺馆收集整理基建档案55卷；积极开展档案工作规范化管理工作。按照档案工作规范化管理年活动的要求，对祁阳一中、县职业中专、县劳动社保中心、工伤保险中心、城乡居民社保局等15个单位开展业务指导，收集整理档案3895卷，祁阳一中、县职业中专等机关档案室晋升为省一级，县劳动社保中心、县工伤保险中心、城乡居民社保局等机关档案室晋升为省二级。

（周铁桥）

接待工作

【概况】 祁阳县委接待科创建于1991年6月。主要职责负责管理全县党政机关国内公务接待工作，指导镇乡办场及县直单位国内公务接待工作。2014年接待工作坚持更新思想观念，跳出狭隘封闭的“小接待”圈子，围绕县委、县政府重大经济活动，改进工作方法，掌握接待工作主动权，创新“大接待”新格局，高质量、全面完成接待工作任务。县公务接待工作从传统型向现代型、事务型向综合型、被动型向主动型、经验型向管理型转变。接待科紧紧围绕“争当县域经济发展排头兵”这一战略目标，把服务发展大局作为接待工作的出发点和落脚点，将政务接待与商务接待有机结合，为我县招商引资和跑项争资提供全方位优质服务，增强了接待工作服务县委、县政府中心工作的务实性和针对性。近几年共成功接待美国、英国等10多个国家的商务考察团队，圆满完成了重大会议、重大活动、重要来宾的接待任务。深受各级的好评，先后被评为省、市公务接待工作先进单位，县跑项争资、招商引资优质服务单位。

【厉行节约严管经费】 2014年县接待工作严格按照党政机关国内公务接待管理规定，厉行勤俭节约，坚决抵制铺张浪费。建立严格的“接待总结制度，仓库物资管理台账、内部管理制度汇编”，班子成员及工作人员职责分工明确，全年接待量较上年增长10%，接待费用严格控制在规定的范围内。

（郑昭宇　周菲）

信访工作

【概况】 1989年，撤销原祁阳县落实政策办公室，设立祁阳县信访办公室。2002年2月，撤销原祁阳县信访办公室，设立祁阳县信访局，是祁阳县委部门管理机构之一。2004年9月，设立祁阳县处理信访突出问题及群体性事件联席会议办公室，简称县联席办，主要职责是指导推进全县信访工作，协调解决信访突出问题，及时妥善处置群体性事件。2011年8月，设立祁阳县群众服务中心，在祁阳县群众工作领导小组的领导下，整合县联席办、县信访局、县调纠办、县社会矛盾纠纷调处中心、县涉法涉诉联合接待中心的力量，实行县直相关职能部门直接参与的联合接访工作模式，行使对全县信访事项的转送交办、督促检查、调度协调、情况通报和责任追究等职能，统一接待、受理、调处人民群众反映的各类信访问题。2014年，县信访局下设办公室、信访股、调处纠纷股，有干部职工22人，主要职责是贯彻执行国家《信访条例》及相关法律法规，受理、转送、交办群众信访事项，督促有权处理的行政机关依法按政策处理人民群众反映的相关问题。

【来信来访】 2014年，全县共受理群众来信来访376批7108人次，与上年比较下降20.46%。其中：办理群众来信204件次，与上年比较上升25.93%；接待群众来访6904人次，与上年比较下降21.66%；接待群众集体上访145批2178人次，与上年比较下降30.57%。全县共发生进京上访249人次，非正常上访登记43人次，与上年比较分别下降33.6%、53.67%；发生赴省上访488人次，非正常上访登记2人次，与上年比较分别下降12.6%、60%；没有发生一起因信访问题处置不当造成的群体性事件和重大恶性事件。全县信访工作呈现出信访总量、赴省进京非正常上访量、集体上访量和群体性事件发生量逐步下降，信访秩序逐渐好转的良好态势，圆满完成县委、县政府确定的“进京非访量下降50%、退出全市前三位”年度工作目标，为全县营造和谐稳定的发展环境作出积极贡献。

【落实工作责任】 县委、县政府始终高度重视信访工作，将信访工作纳入全县绩效考核，实行目标管理，与县委经济工作一起研究部署和检查考核。县委书记、县长担当信访工作第一责任人的责任，逢会必讲信访、遇事常议维稳。县委副书记、政法委书记、县委办主任等信访联席会议召集人坚持每月一次例会，分析研判、安排部署信访维稳工作。其他县级领导负责分管领域内的信访维稳工作，调处化解矛盾纠纷，解决信访突出问题。各镇乡办场和县直职能部门的主要领导对信访工作亲自抓、负总责，分管领导具体负责，其他领导落实“一岗双责”，形成一级抓一级、一级对一级负责的信访工作体系。加大督查追责力度，由县纪委牵头，与县委督查室、县政府督查室、县信访局组建专项督查组，每季度开展一轮督查督办，全面促进信访工作的整体推进。对因信访责任不到位、工作不力、措施不实导致发生非正常上访的，因信访问题处置不当引发群体性事件的，按照规定进行责任倒查，严格追究责任单位和责任人员的责任。2014年，共通报批评责任单位9个、对11个责任单位实行重点管理（其中：挂牌督办8个），通报批评责任人员7人次、责令书面检查13人次、进行诫勉谈话7人次、予以停职半年专抓信访工作2人次。

【完善工作机制】 2014年，制订《关于建立健全信访工作机制的若干规定（暂行）》，进一步完善信访工作中关于接访导访、下访议访、接返劝回、交办包案、信访救助、依法处置、排查信息、责任划分、考核奖罚和责任追究等10个方面的制度，按照信访事项“属地管理、分级负责”和“谁主管、谁负责，谁联系、谁负责，谁引发、谁负责”的原则，明确各方面工作的具体要求，确保信访工作有序开展。

【畅通信访渠道】 深入开展领导大接访活动，不断推进领导干部接访制度化、经常化。每月10号县委书记、县长带头接访，各分管县级领导分别到固定场所接访；每个工作日县级领导轮流在县群众服务中心（县信访局）值班接访；每周一与永州市领导干部接访活动同步接轨，县“四大家”主要领导和县委常委轮流坐班接访。2014年，全体县级领导均参加了接访活动，共接待来访、带案下访192批2417人次。县信访局认真办理群众来信，规范来信来访受理办理程序，按时办结各类群众来信204件次，受理并回复网上信访13件、人民来访绿色通道28件、“12345”投诉热线696件次；按时回复、办结各级交（转）办信访事项44件次（其中：国家级12件、省级17件、市级8件、县级7件），并全部回访到位，回访满意率为100%。大力夯实基层基础，县直各职能部门、25个镇乡办场、958个村（居）委会和社区全部配套建立群众服务机构，共接待上访群众206批4217人次，现场解决各类信访问题148件次。通过县、镇、村“三级联动”，各部门协调配合处理信访问题，有力推进信访工作重心下移、关口前挪，有效促进信访问题依法、及时、就地妥善调处化解。

【调处矛盾纠纷】 组织开展4次矛盾纠纷排查调处活动，排查的重点内容是各类社会矛盾纠纷、不稳定因素和信访问题隐患。对排查出来的一般性矛盾纠纷，坚持边排查边化解，将问题解决在萌芽状态；对比较复杂、问题突出、影响较大的矛盾纠纷，通过梳理分类、分析研判，统一进行交办，实行领导包案负责制，明确包案领导、明确化解时限、明确工作要求，全力调处化解。2014年，全县共排查各类社会矛盾纠纷、不稳定因素和信访问题隐患362件3000余人次，成功调解处理281件次，及时疏导化解8起可能引发的群体性事件，没有发生一起因调处不当引发的群体性事件和重大恶性事件。

【化解疑难积案】 2014年，深入开展“化解信访积案‘百案百日大会战’”活动。交办重点信访事项和突出信访问题54件、特殊疑难信访积案33件，采取“定人员、定时间、定要求、定责任、定奖罚”的领导包案负责制，各包案领导和责任单位因案因人施策，依法、及时、就地解决问题。成功调处重点信访事项和突出信访问题41件次，化解特殊疑难信访积案33件（其中：市级领导包案化解2件），促使42名信访老户息访息诉。开展信访事项公开听证活动，履行公开听证程序，依法办结8件久拖未决、久访不息的信访问题。

【维护信访秩序】 引导信访群众依法有序、理性反映合理诉求，组织开展多层次、多角度、多形式的宣传教育活动，在祁阳电视台播放信访专题节目4期、固定时段轮播依法信访公益广告，免费发放各类宣传资料2万余份，全力营造依法信访氛围。2014年，从县行政中心疏导规劝来访群众186批2152人次到信访接待大厅有序反映信访事项，为县委、县政府机关营造和谐、舒适的办公环境。开展集中整治违法上访专项活动，在依法处置过程中，通过信访人违法行为发生地和户籍所在地管辖的政法机关互相配合，特别是积极配合北京市有关政法机关在信访人违法行为发生地就地实施依法打击，或由北京警方立案后移交给信访人户籍地管辖的政法机关执行，适用“轻刑快办”工作机制，对一批违法上访行为或在信访过程中发生违法犯罪行为的人员依法予以打击处理，全县信访秩序明显好转。

【强化队伍建设】 深入开展党的群众路线教育实践活动，强化信访工作者自身素质，提升信访工作效能和服务群众能力。抓思想建设，认真学习中共十八大、十八届三中四中全会和习总书记系列重要讲话精神，用中国特色社会主义理论体系武装头脑，统一思想认识；抓作风建设，深入贯彻落实中央八项规定、省委九项规定、市委十项规定、县委十二项规定和反对“四风”的要求，切实改进作风、密切联系群众；抓能力建设，通过学理论、学政策、学典型，比学习效果、比岗位实绩、比股室效能，全面提升服务群众的各项能力。通过开展教育实践活动，使党员干部的思想素质、信访工作效能和服务群众能力得到锻炼和提升，打造“工作一流、群众满意”的信访工作队伍。

（蒋海云）

老干部工作

【概况】 祁阳县委老干部局的前身为中共祁阳县委组织部老干部办公室。2002年1月，更名为中共祁阳县委老干部局，为正科级行政单位，归口县委组织部管理。2014年县老干局内设办公室；下属单位1个，即祁阳县离退休干部活动中心；归口管理单位1个，即祁阳县离退休干部综合管理办公室；挂靠单位2个，即祁阳县老年人体育协会、祁阳县关心下一代工作委员会。共有工作人员11人，其中班子成员5人。县老干部局的主要职责是宣传、贯彻、执行党的老干部工作方针、政策；管理和服务离休干部和副县级以上退休干部；负责对全县老干部工作的指导、督促、管理和协调，督促老干部政治和生活待遇的落实；指导、督促各部门离退休干部党组织建设；依法维护老干部的合法权益，发展老干部事业；协助做好县关心下一代工作委员会和老年人体育协会的日常工作。同时，县老干局负责指导、管理、协调县老年大学、县老年人书画协会、县老干部党校等涉老组织工作。至2014年年底，全县共有离退休干部6100余名。其中，离休干部43人（行政单位13人，事业单位12人，破产改制企业单位14人，省市及异地代管4人）；退休县级干部68人，享受正县级待遇20人，曾担任过“四大家”主要领导及县委副书记11人。2014年全县老干部工作围绕“让县委政府放心、让老干部满意”的目标，切实加强老干部两项建设，全面落实老干部两项待遇，认真学习贯彻全国、全省老干部工作“双先”表彰会议精神，充分发挥老干部作用，老干部工作取得可喜成绩。2014年在全市老干部工作评比考核中获第一名，获全县工作目标综合考核先进单位。

【离退休干部党支部建设工作】 2014年年底，全县共建立离退休干部党支部96个，县委组织部、县委老干部局加大对离退休干部党支部建设的指导和督促力度，全年共调整选配支部书记6名，支部委员18名，将刚退下来有威望、热心老干部工作、有组织工作经验的老同志充实到支部中来，提高支部的战斗力和凝聚力，增强组织活力。全县离退休干部党支部建设工作得到省、市的充分肯定。祁阳县《“四力驱动”促进离退休干部党支部建设》获“全市老干部工作优秀项目奖”，并获“全省老干部工作优秀项目”提名奖。推荐县人大离退休干部党支部为“全省老干部工作先进集体”。

【老干部两项待遇落实】 2014年，全县老干部政治待遇、生活待遇落实更加到位，更有保障，实现“老干部晚年生活有尊严”的目标。认识更到位。各级各部门将老干部工作置于重要位置，对老干部关爱有加，切实落实老干部两项待遇，积极创造条件为老干部排忧解难，在对老干部“政治上关心、生活上厚待、经费上优先”等方面形成共识。配合更密切。县委组织部加强老干部工作的领导和指导，每年七一表彰为离退休干部党支部预留一定的表彰名额，及时返回离退休干部党支部上缴的党费，2014年还将老干部工作纳入全县党建工作考核内容。县财政局优先安排老干部经费，优先发放老干部生活津补贴，县人事局及时审批离休干部生活补助，县劳动社保局及下属各中心开通“绿色通道”，方便老干部办事。全县各单位离退休干部党支部充分发挥密切联系在职干部与老干部的桥梁纽带作用，形成“尊重老干部、老干部支持理解”的良好局面。落实更有力。全县各级各部门认真落实在职领导联系老干部制度、走访慰问老干部制度、情况通报制度、老干部阅文制度、重大活动请老同志参加制度、离退休干部党支部“三会一课”制度，让老干部充分感受到组织和单位的温暖。上半年，县委老干部局与县委组织部等五部门联合转发《关于提高离休干部护理费标准的通知》，为全县44名离休干部增发护理费近20万元。

【离退休干部作用发挥】 组织开展健康向上、丰富多彩的文体娱乐活动，积极引导老干部在建设品质活力祁阳中发挥余热作用。参政议事当参谋。离退休干部退岗不褪色，参政不干政，积极建言献策，为科学决策当好参谋。在每年的县人代会和春节老干部座谈会召开之际，部分退休县级干部和离休干部深入开展调查研究，深入听取群众意见，在征求意见座谈会上向县委、县政府提出合理化建议和意见20条以上。为做好创国卫和综治民调工作，很多离退休干部进社区、入联组、访楼栋、上街道甘当义务宣传员、巡逻员，不辞辛苦，不厌其烦，做深入细致的劝导和说服工作，促进工作的开展。创先争优立新功。很多老干部继续保持创先争优的热情，在老年教育、书画竞赛、老年体育、关心下一代等方面做出积极贡献。倾心公益作表率。很多老干部发挥自己的特长，在推动经济社会发展和倾力公益中大显身手。县委原调研员、慈善总会会长陈运祥积极投身祁阳经开区建设，为全县慈善事业忘我工作。县工商局退休干部陈昌世创办“昌世基金会”，20年助力公益事业，共资助贫困学生900余名。发挥余热促发展。很多老干部注重发挥经验、威望、特长优势，继续为社会作贡献。

【老干部文体活动】 2014年大力组织老干部开展形式多样、有益身心健康的文体活动，使老同志心情愉悦，科学养生。全年举办全县农村门球赛2次，开展全县大型门球赛5次及钓鱼、象棋、乒乓球等比赛20多场次，参加比赛人员达3000余人次，老年体育工作如火如荼，蓬勃开展。县老年书画协会经常结合纪念日或重要活动单独或联合县文联、县书协、县美协等单位开展书画展，老年书画工作节节攀高，深受群众青睐。10月与县关工委联合举办“老少同乐书画展”，县“四大家”主要领导题词祝贺，老少书画爱好者精心创作，踊跃参展，获得好评，并结集出版《老少书画作品集》，为祁阳的文化发展和繁荣添上重要一笔。县老年大学以“学”“乐”“为”结合为目标，引领、凝聚全县老干部，汇聚正能量，传递好声音，共圆“中国梦”。县老年大学积极改善办学条件，巩固办学成果，搬迁至龙山公园教学，教学环境更宽松、更优美。全校共设12个专业，三个课堂，学员近5000人，其中第一课堂学员达700人，创历史新高。学校举办《唱响中国梦，传递正能量——祁阳县第三届中老年人自我保健大型文艺汇演》，举行第26届、27届文体运动会，还会同县老科协加强与祁阳玛丽亚医院的合作，“祁阳县老科技工作者协会定点医院”正式挂牌成立。

【关心下一代工作】 县关工委通过开展“扶贫帮困”“五老四教”（五老：老干部、老模范、老教师、老战士、老专家；四教：开展形势政策、党的历史、思想道德、公民意识四项教育）“大手牵小手”“一帮一”等活动，扩大关心关爱下一代工作的社会影响。年初，县委常委会议听取关工委工作汇报，会议决定：将关心下一代工作纳入全县党建工作目标考核，并明确各镇乡办场和县直单位工作经费不低于5000元。为推进工作开展，召开全县关心下一代工作“双先”表彰会和经验交流会，并召开两次关工委成员单位会议。考察贫困大学新生150人，资助96名，资助金额30余万元。县昌世基金会在祁阳一中举行2014年度助学金发放仪式。捐资150万元用于改善文明铺镇狭江小学办学条件。县关工委还联合县义工联成立“义工联老年志愿者分会，开展社会义务监督、关心下一代、宣传教育等公益活动。大力开展“一帮一”结对帮扶活动，共有1.2万人参与结对帮扶，帮扶青少年1.6万人。加强对关心下一代工作先进典型的搜集、总结和整理，出版《托起明天的太阳》第三辑。推进家庭教育示范县创建工作，确立浯溪一中为试点，探索示范家长学校创建的新路子。积极在青少年中开展社会主义核心价值观教育，做好全省最美孝心少年的推荐评选工作。

（黄田星）

党 校 工 作

【概况】 中共祁阳县委党校位于祁阳县城南端的湘江河畔，与闻名中外的浯溪公园隔河相望。校园占地面积19公顷，建筑面积8091平方米，建有高标准的综合楼1幢，有大、中型教室各1间，普通教室3间。学员宿舍楼2幢，两层楼的现代化新食堂1座，藏书室和阅览室各1间，教学人员和工作人员全部配备学习电脑。学校有教职员工25人，内设办公室、教研科、行政科三个职能科室。2006年，根据湘编（2006）19号文件精神，升格为中专体制的县级党校，副处级单位。2014年全年先后获得全省党校行政学院先进单位、全市党校行政学院先进单位、全县基层党建工作先进单位、全县计划生育工作先进单位、全县文明单位5项荣誉。

【干部培训】 3月中旬，县委党校召开全县干部教育领导小组会议，制定干部培训计划和任务。围绕培训计划，党校积极开展教学培训、科学研究、决策咨询工作，在“理论基础、世界眼光、战略思维、党性修养”的教学布局中突出能力教育这个重点，将理论与实际更加紧密地结合起来，不断提高干部教育的质量。全年共举办各类干部培训班11期，其中主体班两期，部门班9期，共培训干部近3000人次，超额完成县委下达的干部培训计划。通过座谈和问卷调查，学员满意度达98.8%。

【教学科研】 坚持“教学兴校，质量立校”，深化教学改革。创新教学模式。教学布局合理，坚持“三个1/3”原则，即1/3为基础理论课题、1/3为本地实际课题、1/3为岗位职责能力培养课题。教学方法多样。主动联系各部门，搜集教学案例，将祁阳在改革和经济社会发展中具有代表性和启示意义的事例编写成教学案例，引入课堂；开辟现场教学基地，组织现场教学、情景模拟教学5次。采取1+1+1模式组织研讨式教学2次；开设以“祁阳加快转变经济发展方式”“毫不动摇地坚持党的领导”为主题的学员论坛2次；举行祁阳县委党校第10次教学比武。组织教师深入开展调研，鼓励全校教师深入各单位辅导讲课，宣讲党的路线方针政策百余场。

【师资能力建设】 县委党校共有在职专职教师12人，其中研究生2人，本科10人；高级职称2人，中级职称10人。始终注重教师的培养管理。先后派出2名教师参加省、市党校师资班培训，8名教师参加省委党校十八届四中全会精神师资培训班学习，2名教师深入基层实践锻炼，积极鼓励中青年教师在职进修，有1名年轻教师通过在职研究生学历教育。制定《中共祁阳县委党校教师选聘及竞争上岗制度》，充分调到和发挥教师的积极性和创造性。

（桂卫平）

祁阳县人大常务委员会

【概况】 2014年，祁阳县第十六届人民代表大会及其常务委员会认真贯彻中共十八大，十八届三中、四中全会和习近平总书记系列重要讲话精神，坚持党的领导、人民当家作主、依法治国有机统一，忠实履行宪法和法律赋予的神圣职责。3月2~5日召开县十六届人大二次会议审查通过政府、计划、财政、人大、法院、检察院工作报告，批准2014年祁阳县国民经济和社会发展计划，批准2014年祁阳县财政预算，补选县人民政府县长和2名县十六届人大常委会委员，收集代表议案和建议、批评、意见327件，集中全县人民的智慧和力量，实现人民当家作主。县人大常委会严格执行县十六届人大二次会议决议，本着抓大事、议大事的原则，认真履行重大事项决定权，依法作出批准政府融资、县城城区道路提质改造、本年度财政预算调整、上年度财政决算等12项决议、决定，为落实县委决策，推动相关工作提供法制保障。强化监督工作实效，围绕全县中心工作以及人民群众普遍关心的热点、难点问题，加强对法律法规实施情况的监督检查，加强对“一府两院”（人民政府，人民法院、人民检察院）的工作监督，全年听取和审议“一府两院”专项工作报告和计划预算报告13项，检查4部法律法规贯彻执行情况，开展对5局的工作审议、3项专题调研、1项专题询问和2项跟踪监督，开展“四行”（环保世纪行、农产品质量安全行、农民健康行、民族团结进步行）活动，开展规范性文件备案审查，带着感情和责任做好人大信访工作，促进依法行政和公正司法。坚持党管干部与人大依法任免相结合，按照德才兼备原则和干部队伍“四化”方针，依法任免国家机关工作人员107人次，保证组织人事安排安排意图的顺利实现。尊重代表主体地位，保障代表知情知政权力，闭会期间，组织在祁省、市人大代表和部分县人大代表开展2次集中视察活动，邀请代表列席常委会和“一府两院”相关会议和活动330人次。加强代表与群众的联系，在县人大机关设立代表联系群众工作站，在各乡镇（街道）及金洞管理区设立24个代表联系群众工作室。创新议案建议办理，修订代表议案，重点督办创建全国文明县城、国家卫生县城的议案和规范管理早餐米粉行业的议案以及5件重点建议，服务代表依法履职。加强常委会及机关自身建设，将农业农村与城建环保工作委员会分设为农业农村工作委员会和城乡建设与环境保护工作委员会。以“服务优质、作风优良、环境优美”为目标，成功创建市级文明单位。根据县委分工，常委会相关领导主抓或参与的创国卫、海螺水泥、祁冷公路、祁阳大道、湘粮银光、江涵电子、泰莱电子、黎马公路、木金公路、县城道路提质改造等重点工程进展顺利。

【召开县十六届人大二次会议】 3月25日，在县城召开县十六届人大二次会议，出席代表308人，应邀参加会议人员49人，列席人员491人。会议主要议程：听取和审查县人民政府代理县长周新辉关于祁阳县人民政府工作报告；审查和批准县发展和改革委员会主任黄化宏关于祁阳县2013年国民经济和社会发展计划执行情况与2014年计划草案的报告，批准祁阳县2014年国民经济和社会发展计划；审查和批准县财政局局长谭元明关于祁阳县2013年财政预算执行情况和2014年预算草案的报告，批准祁阳县2014年财政预算；听取和审查县人大常委会主任黄春华关于祁阳县人大常委会工作报告；听取和审查县人民法院院长祝群关于祁阳县人民法院工作报告；听取和审查县人民检察院检察长唐筱勇关于祁阳县人民检察院工作报告；选举。会议通过6个工作报告，批准国民经济和社会发展计划，批准财政预算，并作出相关决议。会议以无记名投票方式补选周新辉为祁阳县人民政府县长，补选何晓松、周思敏（女）为祁阳县第十六届人民代表大会常务委员会委员。会议共收到议案68件，经大会主席团会议审议，决定将县人民政府提出的《关于加快创建全国文明县城、国家卫生县城的议案》、庄小敬等11名代表提出的《关于严格规范“祁阳早餐米粉”行业管理，使全县人民吃上放心早餐的议案》确定为大会议案，其余66件议案转为建议、批评和意见，连同会议期间收到的259件代表建议、批评和意见一并交由“一府两院”有关机关和部门研究办理。会议组织全体代表对县十六届人大一次会议3件议案和6件重点建议办理工作进行了测评，测评结果进行通报。

【讨论与决定重大事项】 贯彻县委决策部署，适时作出12项决议、决定：审查批准2013年财政决算，强化绩效管理，尊重审计成果，审计报告中提出的问题绝大多数得到整改。审查批准2014年财政预算调整方案，树立过紧日子的思想，维护预算审查的严肃性。批准政府融资14.6亿元用于经开区良性滚动发展和重点工程、重点项目建设，服务全县发展大局。批准县城城区道路提质改造工程投资预算和实施方案，推进改善县城基础设施，提升城市文明程度，助推创建全国文明县城、国家卫生县城进程。批准财政贴息贷款4000万元支持职业中专创建国家中职改革发展示范校，批准财政贴息贷款2980万元用于祁阳一中学生宿舍、食堂和实验室等基础设施建设，促进办学条件改善，保障和促进职普高的协调发展。听取县人民政府贯彻落实县人大常委会《关于加强城乡环境综合治理的决定》情况的报告，促进城乡环境治理工作深入开展。

【监督工作】 听取和审议专项工作报告。听取和审议2014年上半年经济社会发展计划执行情况的报告，支持政府积极应对经济下行压力加大、部分行业低迷的严峻挑战，努力实现经济平稳健康运行。听取新型工业化推进情况的报告，充分肯定政府以项目为核心、以园区为平台，做大产业、做强企业、调优结构、降低能耗的做法和成效。突出城乡同治主题，听取政府专题报告，推动常委会《关于加强城乡环境综合治理的决定》的贯彻落实。听取农村土地确权颁证和土地流转工作情况的报告，推进农村产权制度改革、有效利用农村土地资源。听取新农村建设情况的报告，促进农民增收和农村人居环境的改善。听取全县廉租房公租房建设管理情况的报告，促进保障性住房建设，打造改善民生、促进和谐的民心工程、德政工程。听取和审议全县城乡规划执行情况的报告，要求管理到位、执法到位，维护规划权威，提高城乡建设品位。审议关于《祁阳县城市总体规划（2001—2020年）2012年修改》的议案，督促政府在2015年内基本实现规划全覆盖，真正发挥规划的引领作用。围绕公平与效率主题，听取和审议县人民法院执行工作情况的报告，督促法院大力加强执行信息平台建设，逐步建立完善执行联动威慑机制和失信惩戒制度，形成案件执行工作合力，提高执行到位率。财政监督。听取和审议祁阳县2014年财政预算执行情况的报告，支持政府管好“钱袋子”。大力推动乡镇办场财政管理模式改革，提升基层政府公共服务保障水平，2015年乡镇办场运转经费预算拟新增支出1376万元，人均运转经费由去年的9807元提高到2万元，人均增加1万元；跟踪监督预算资金使用，持续监督2013年城乡环境综合治理和校车补贴专项资金并听取专题报告，全程监督2014年特色县域经济重点县建设和合格学校建设项目资金，确保专款专用，提高资金使用效率。执法检查。检查《中小企业促进法》和《湖南省实施〈中小企业促进法〉办法》贯彻实施情况，督促政府进一步落实扶持政策，优化发展环境，发挥中小企业的县域经济主力军和劳动就业主渠道作用。检查《加价中华人民共和国农业机械化促进法》贯彻实施情况，支持政府在维护农民合法权益的同时，加快推进农业现代化进程。检查《中华人民共和国水污染防治法》贯彻实施情况，督促政府抓好湘江流域保护与治理一号工程，大力推进防治体系建设。湘江祁阳段水质达到国家规定的三类标准，县城饮用水质达到国家规定的二类标准。开展《中医药条例》执法检查，督促政府加大贯彻“条例”力度，进一步落实中医药发展保障措施，2014年县中医院新楼如期交付使用，2015年新农合将中医药诊疗费用补偿标准提高12%，针灸、治疗性推拿等中医非药物诊疗技术纳入报账范围。“四行”活动。围绕“水污染治理”为主题，开展“环保世纪行”活动，协调解决一批影响自来水厂取水口水质的突出问题。围绕“农产品安全”主题，开展“农产品质量安全行”活动，重点关注畜禽水产品质量，确保广大人民群众舌尖上的安全。开展“农民健康行”活动，督促政府投入320万元加快全县村卫生室建设，提高农村卫生服务能力和水平，方便农村老百姓就近就医，实现“小病不出村”目标。开展“民族团结进步行”活动，组织一系列助学募捐活动，支助部分少数民族家庭困难学生。专题询问。县十六届人大二次会议将规范管理早餐米粉行业确定为大会议案，反映全县人民的共同心声。为督促形成早餐米粉治理的长效机制，常委会成立专题调查组，针对早餐米粉的生产许可、日常监管、销售流通、餐饮卫生及消费环节进行深入调查，在此基础上就“早餐米粉”议题开展一次专题询问，会议邀请部分人大代表和群众代表参加。会议建议：部门合力监管，实现无缝对接；建立长效机制，防止问题反弹；提升米粉质量，形成品牌效应。县政府高度重视，成立以一名副县长为组长的领导小组进行专项整治，并纳入全县为民办实事工作目标考核范畴，组织专门班子进行跟踪督查，全县早餐米粉的质量和份量都得到很大改善。工作审议。依法开展对县劳动社保局、国土局、交通局、文广新局和畜牧水产局等五局工作审议。各被审议单位高度重视，逐条整改，有力解决一批群众关注、反映强烈的问题。县劳动社保局切实加大劳动就业培训和社保扩面征缴力度，重点关注拖欠民工工资问题，多措并举，有效破解经开区企业用工难题。县国土局大力整治非法买卖、租赁集体土地，非法占用耕地，违法用地，滥采乱挖，稻田改鱼塘行为，一批违法案件得到及时查处。县交通局重拳整治城市和道路客运市场秩序，集中销毁非法营运摩托车200辆，查扣县城违法违规车辆149台，查处道路非法客运车辆77台。县文广新局大力开展文化下乡和广场文化活动，进一步强化文化市场监管，收缴和销毁盗版音像制品3800片，整顿网吧25家。县畜牧水产局率先成立全省第一家生鲜肉销售协会，引入第三方监督，无害化处理生猪屠宰边角残料30.56吨，退出或搬迁湘江两岸500米内规模养猪场76个，社会反响较好。规范性文件备案审查。坚持和完善备案审查制度，对30件县人民政府出台的规范性文件和乡镇人大作出的决议、决定依法进行审查，维护法制统一。

【人事任免】 坚持党管干部的原则，严格把关任前调查、法律考试、法官检察官任前公示、颁发任命书等人事任免程序。全年依法任免副县长2人次，县人大常委会工作人员3人次，县人民政府工作人员5人次，县人民法院法官22人次，县人民检察院检察员1人次，任命县人民法院人民陪审员74人次。强化任后监督。对常委会任命的29名政府组成部门主要负责人和“两院”负责人执行人大及其常委会决议、决定，办理代表建议意见，勤政廉政等方面情况进行履职调查和测评，并将测评情况通报县委组织部门，推进国家机关及公务员队伍建设。

【调研视察】 调研投融资平台建设。着眼缓解建设资金压力，围绕“做大做强投融资平台、加快推进城镇化建设”主题深入调研，提出构建“政府主导、产业化发展、市场化运作、企业化经营、法制化管理”的新型城市建设融资体制，最大程度吸纳建设资本的调研意见呈送县委作决策参考。调研财政运行质量。围绕“做实财税收入，提高财政质量”主题，常委会成立专门调查组，会同财政、国税、地税等相关部门对全县2012~2014年财税收入数量、结构、源流等作认真比较分析，有针对性地提出抓发展强财源，抓征管强责任，抓质量强筋骨等合理化建议，均得到及时采纳。2014年财政收入汇总时，消化上年预收税款9900万元，将2015年的收入预期增幅拟定为12%，同比下调3个百分点。同时，大力调优财政收入结构，提高税收收入在财政总收入中的比重，将地方财政收入增量中的税收占比调整至70%，同比上升7个百分点的预期。调研职业教育。针对职业教育发展中存在的职教统筹不畅、基础设施薄弱、师资力量不足等瓶颈问题，常委会组织部分常委会委员、人大代表及政府相关部门深入调研，并赴慈利县学习取经，形成专题报告，督促政府进一步转变职教观念、加大职教资金投入、理顺职教中心职能、加强师资队伍建设，切实增强职教对接产业和服务县域经济社会发展能力。视察保障性住房建设。为切实保障符合条件的困难群众有房住、住得好、住得有尊严，常委会组织部分常委会委员和人大代表专题视察保障性住房建设。视察组召开多场次座谈会充分听取各方意见，实地走访察看真卿、彭井塘、嘉园等11个小区，全面了解建设情况，掌握第一手资料，据此形成高质量的视察报告，有针对性地提出建设总量要适度、规划布局要合理、配套设施要完善、土地保障要有力、融资格局要多元、交付使用要及时、后期管理要规范等7条意见向县委汇报，向政府反馈。

【信访工作】 热情接待群众来访，及时办理群众来信，积极做好思想疏导和矛盾化解工作。对反映比较集中的民生问题，加大调查研究和督办力度。受理来信来访200件次、500人次，协调处理集体访12批次，督促“一府两院”及相关部门较好地解决一批群众反映的实际困难和问题，如政府融资4000万元进行水厂扩能和自来水管网改造，于2014年8月解决县商业城片区用水难问题。

【议案和建议、批评、意见办理】 修订完善《祁阳县人民代表大会代表议案处理办法》和《祁阳县人民代表大会代表建议、批评和意见处理办法》，强化对议案建议的跟踪督办和代表“面对面”办理，5件重点办理的建议件提交常委会进行测评，均达到满意标准。关于加快创建全国文明县城国家卫生县城的议案办理时间为3年，2014年只听取政府办理情况的报告，暂不进行测评。县十六届人大二次会议确定的327件议案、建议，办结或正在办理的为298件，占议案、建议总数的91%。受条件限制，暂时无法办理的为29件，占议案、建议总数的9%。从抽查代表的反馈意见来看，代表满意或基本满意的达95%。

【联系代表和群众】 推进和规范代表联络服务机构，在县人大机关设立代表联系群众工作站，在各乡镇（街道）及金洞管理区设立24个代表联系群众工作室，为代表闭会期间依法履职提供了重要平台，为“一府两院”和基层群众之间架起沟通桥梁。深入开展“双联”活动，全年，县人大常委会组成人员和“一府两院”负责人通过各种形式走访联系市、县人大代表136人次，代表联系选民2万人次，收集意见建议1700多条。坚持为代表订阅人大刊物，寄送常委会公报等文件资料，邀请代表列席常委会会议、参加工作审议、执法检查、调研视察等活动，拓宽代表知情知政渠道。全年邀请代表列席常委会会议30余人次，组织参加各类测评会200余人次，列席“一府两院”相关会议100余人次，旁听县法院的临庭听审活动和参加“两院”的司法开放日活动160余人次。年底组织在祁省、市人大代表和部分县人大代表80余人，开展为期3天的集中视察活动，为各级代表出席人民代表大会做好会前准备。

【常委会自身建设】 围绕市级文明单位创建工作，以“服务优质、作风优良、环境优美”为目标，坚持开展“一月一学习两月一活动”，提高机关干部履职能力，营造团结干事氛围。严格上班签到制度、设立干部职工去向牌，强化岗位目标管理责任制考核，进一步严肃工作纪律。践行社会主义核心价值观，开设道德讲堂、开展学雷锋志愿者活动，响应县委创国卫号召，绿化、美化、亮化机关环境，抓好联系帮扶片区创卫工作，顺利通过市级文明单位评审，进一步树立机关文明形象。

【联系和指导乡镇（街道）人大工作】 开展“创四好”乡镇（街道）人大工作评比竞赛活动，加强指导，严格考核，促进基层人大工作。8月，在肖家村镇召开全县乡镇（街道）人大工作联系会议，交流乡镇（街道）人大工作经验，整体提升人大工作水平。年底，在县城召开全县人大工作总结表彰会议，总结2014年人大工作成绩，安排部署2015年乡镇（街道）人大工作，表彰一批先进人大工作单位和个人。

【重大活动】 为隆重庆祝全国人民代表大会成立60周年，宣传祁阳县人大工作的光辉历程、显著成就和实践经验，进一步坚定制度自信，推动人大制度与时俱进，常委会开展以“六个一”为主要内容的一系列庆祝纪念活动，即召开一次庆祝大会、举办一次专题讲座、举办一次座谈会、组织一次摄影书画比赛、开展一次电视专题宣传、举办一次机关气排球邀请赛。庆祝纪念活动掠影和部分优秀摄影书画作品汇编成册出版。

（申峰）

祁阳县人民政府

【综述】 全年完成GDP217.4亿元（现行价，下同），增长9.6%，其中，一产业增加值43.52亿元、第二产业增加值82.9亿元、第三产业增加值91亿元，分别增长4.9%、10.9%和11.4%。三次产业结构比为20∶38.1∶41.9。完成财政收入11亿元，增长12.1%。

农业完成增加值43.52亿元，增长4.9%。主要产品产量：粮食64.7万吨，棉花579吨，油料4万吨，水果17.5万吨，烟叶168吨，茶叶272.5吨，生猪出栏107.79万头，牛出栏1.4万头，羊出栏5.5万只，家禽出笼1229万羽，水产品5.8万吨。被评为全国粮食生产先进县、生猪调出大县和全省养殖业、水稻集中育秧先进县。国家农业综合开发现代农业示范园落户祁阳，632个村一事一议财政奖补、13座重点小二型水库除险加固、七里桥镇小农水、黄泥塘镇农业综合开发、八宝镇土地整理、县城堤防工程原种场段项目完成，集中供水工程、内下二级电站增效扩容改造、白水河治理、潘市镇农业综合开发有序推进，解决4.27万人不安全饮水问题；广东农垦集团15万亩油茶基地、农产品物流园项目启动。银光粮油与湘粮集团成功合作。“湘妹”商标被评为中国驰名商标，自然韵黑茶公司被认定为省级龙头企业。

规模工业企业完成总产值159亿元、增加值47.1亿元，分别增长16.6%、12.2%，其中年产值过亿元51家，税收过1000万元7家；有6家公司被列为省重点上市后备企业，占永州市1/2。主要工业产品产量：原煤32万吨，发电量145636万千瓦/小时，水泥281.6万吨，铁合金1.5万吨，日用玻璃制品3.2万吨，食用植物油6.9万吨，鞋1003万双，服装649.5万件，速冻食品5.6万吨。祁阳经开区新增基础设施投入2.5亿元，完成规模工业总产值110亿元，成为全市唯一过百亿县区工业园，被列为全省“飞地经济”试点。

社会消费品零售总额49.1亿元，增长12.3%。人民生活水平不断提高。全县城镇居民人均可支配收入21768元，增长7.7%；农村居民人均可支配收入9904元，增长11%。招商引资成效明显，全年向上争取项目300个、资金28.8亿元，增长16.5%；新批利用外资项目5个，承接产业转移项目69个，到位外资1.3亿美元、增长29%，内联引资64亿元、增长16%。外贸大幅增长，进出口总额突破2亿美元、增长116%。被评为全省发展开放型经济先进县。

全社会固定资产投资232.2亿元，增长20.4%。城镇化进程加速推进，城镇化率达到42%，祁阳被列为国家“智慧城市”试点县、全省新型城镇化示范县，被省政府定为重点支持撤县设市的县；全面启动创建国家卫生县城工作。祁冷快速干线建成通车，到市中心城区缩短为半小时车程。海螺水泥、凯盛鞋业、千山医疗器械、湘江稀土、科力尔电机等5大工业标志性项目二期工程加快建设，G322国道绕城线完成南、北段主体工程，S320线改造竣工，木金公路路基初步完成，上大、黎马公路和千吨级码头建设前期工作加紧进行，衡永高速公路列入省建设规划；完成通畅公路205公里，改造危桥6座，行政村通畅率98%。

社会事业长足发展。创新型祁阳建设加快推进。获省政府专利奖1项，科技对经济发展的贡献率达53.5%，保持全国科技进步先进县、科普示范县和全省科技成果转化示范县荣誉，被列为全省可持续发展实验区。教育事业协调发展，完成17所合格学校和65所普惠性幼儿园建设，高考成绩居全市第一，3人被清华、北大录取；县职业中专对口升学率连续四年全省第一，获“全国农村职业教育和成人教育示范县”“全国职业教育先进单位”称号。医药卫生改革成效明显，医疗服务综合能力进一步提升。公共文化服务网络不断健全，潘市镇、黎家坪镇文化站被评为全国一级站。竞技体育获省十二运会金牌5枚，群众体育丰富多彩。农村无线数字电视用户新发展2500户、安全平移2万户，有线电视用户新发展2000户，广电新闻宣传工作被评为全省先进。人口计生工作继续保持“全国人口和计划生育优质服务先进单位”“全省人口和计划生育先进县”称号。全国第三次经济普查和档案工作获全省先进。

民生保障得到改善。财政总支出35.2亿元，增长15%；民生支出占财政总支出的比重达84%。在全面完成省26项、市11项为民办实事基础上，较好地完成县委、县政府确定的城区供水、就业保障、保障性住房建设、城区学校大班额、城区道路提质改造、城乡农贸市场改造、“五小”水利建设、电网改造、食品安全、城乡环境卫生治理等“十件实事”年度任务；县财政投入1.2亿元，在收购浯溪水厂后，用不到5个月的时间，将日供水能力由3万立方米提高到10万立方米；开工建设新埠头水厂一期工程，县城缺水老大难问题得到根本性解决。开展以湿米粉和食用油为重点的食品安全专项整治、城乡环境卫生治理和公路“三乱”“超限超载”治理，受到群众广泛好评，祁阳为民办实事工作被评为全省先进。社会保障能力不断增强。新增城镇就业7212人，转移农村劳动力9000余人。国有农林场危旧房改造完工，农村危房改造1500户，新建保障性住房828套，分配公租房1734套，发放租赁补贴1787户、140万元，困难群众居住条件得到改观；全面推进新农合住院支付方式改革，实行“100+800（600）”付费模式，新农合参合率98.87%，实际报账率由58%提高到65%。提高城乡低保、农村五保、医疗救助等社会救助标准，实行65岁以上老人免费乘坐公交车，65岁以上失能、半失能老年人基本养老服务补贴发放率达到50%，老年人和困难群体优待水平提升。扶贫开发有序推进，减少贫困人口1.1万人，被评为全省先进。社会大局保持稳定。突出重点行业、领域安全生产专项整治，连续4年被评为全省安全生产工作先进县，被省委、省政府评为全省首批安全生产示范县。

【县政府常务会议纪要】 2月20日，召开县人民政府第16次常务会议，研究安全生产、2014年全县事业单位拟吸纳人才、重大动物疫病防控、村民委员会换届选举、2014年财政预算等工作。会议研究通过《2013年度安全生产工作先进单位和先进个人表彰意见》《2014年全县事业单位拟吸纳人才工作方案》《祁阳县第九次村民委员会换届选举工作实施方案》《祁阳县2014年公共财政预算（草案）》《祁阳县2014年政府性基金预算（草案）》《祁阳县2014年国有土地使用权出让收支计划（草案）》《祁阳县2014年社会保险基金预算（草案）》等文件。3月21日，召开县人民政府第17次常务会议，研究国土资源、环境保护、体育等工作。会议研究通过《祁阳县人民政府关于调整祁阳县征地补偿标准的通知》《祁阳县人民政府关于公布祁阳县征地补偿补充标准的通知》。4月15日，召开县人民政府第18次常务会议，分析一季度全县经济形势，研究岩口、东风、团结三个煤矿淹井矛盾处理以及禁毒工作。5月13日，召开县人民政府第19次常务会议，研究安全生产、水利、扶贫开发、禁毒工作。会议同意开征水资源费，通过县河道采砂办提交的《祁阳县湘江河道采砂权拍卖后期遗留问题处理方案》。6月18日，召开县人民政府第20次常务会议，研究公共资源交易中心组建与政务公开政务服务、人防、数字祁阳规划、反恐、广播电视、城区供水、污水处理工作。会议同意采取“一委一办一中心、行业监管、行政监察”的管理模式。设立县公共资源交易管理委员会，管委会下设办公室；成立公共资源交易中心筹建工作领导小组。讨论通过《祁阳县公共资源交易中心建设实施意见》《祁阳县公共资源交易管理暂行办法》和《祁阳县政务服务监督管理办法》。同意从2014年7月1日起，县防空地下室易地建设费征收按湘价费〔2014〕60号文件执行，由县物价局和县财政局联合向社会公布。同意启动黎家坪污水处理厂厂区工程建设。7月17日，召开县人民政府第21次常务会议，分析上半年全县经济形势，研究跑项争资、“十三五”规划编制、落后小煤矿关闭退出、老龄、地名设标、“八一”走访慰问、食品安全及国民体质监测工作。会议同意成立由县委书记、县长任顾问，县委常委、常务副县长任组长的“十三五”规划编制工作领导小组。同意制定下发全县小煤矿关闭退出工作方案及《关于加快发展养老服务业的实施意见》《祁阳县2014年“八一”期间拥军优属活动实施方案》《祁阳县食用油、大米、米粉放心工程实施方案》《祁阳县食品生产加工小作坊和食品摊贩专项整治实施方案》等文件。9月17日县人民政府第22次常务会议，研究行政事业单位国有资产移交、“撤县设市”、平安城市治安电子防控系统建设、开展农村危房现状调查和建立农村人居环境信息系统、湘江干流两岸养殖污染防治、秋冬农业生产、完善G322线绕城公路建设合同等工作。会议同意成立祁阳县行政事业单位国有资产移交工作领导小组，同意制定下发《关于做好行政事业单位国有资产移交工作的意见》《祁阳县畜禽养殖禁养区、限养区、适养区划分方案》《祁阳县湘江干流两岸养殖污染防治工作实施方案》《2014年祁阳县秋冬农业生产意见》等文件。10月21日，召开县人民政府第23次常务会议，分析三季度全县经济形势，研究议案、重点建议和提案办理，“先照后证”和“三证合一”登记制度改革，治理车辆超限超载和加强农村道路交通安全，城市地名命名，发放重度残疾人护理补贴，县城总体规划修改工作。会议同意成立祁阳县“先照后证”和“三证合一”登记制度改革工作领导小组、祁阳县治理车辆超限超载工作领导小组、祁阳县发放重度残疾人护理补贴工作领导小组。同意制定下发《祁阳县工商前置审批制度改革实施方案（试行）》《祁阳县工商营业执照、组织机构代码证和税务登记证“三证合一”登记制度主要改革实施方案（试行）》和转发《永州市工商登记和许可审批监督管理试行办法》《祁阳县治理车辆超限超载工作方案》《祁阳县城市地名命名方案》《祁阳县重度残疾人护理补贴制度实施细则》《祁阳县城市总体规划（2001—2020年）（2012年修改）》。11月28日，召开县人民政府第24次常务会议，研究增强湖南祁阳农村商业银行（以下简称“农商银行”）支农资金实力和发行“福祥惠民卡”、制定出台土地管理规范性文件等工作。会议同意成立增强农商银行支农资金实力和发行“福祥惠民卡”工作领导小组。同意农商银行推广发行“福祥惠民卡”，同意下发《农商银行“福祥惠民卡”发行管理工作方案》《祁阳县集体土地及集体土地上房屋征收与补偿安置实施细则》《关于规范征地拆迁安置工作推动城乡建设健康有序发展的通知》《祁阳县农村宅基地管理办法》。12月24日，召开县人民政府第25次常务会议，研究公布清理的行政审批项目目录，原民办教师、代课教师和老年乡村医生生活困难补助发放，水库污染治理，消防等工作，传达贯彻省市产业园区建设暨“135”(即在“十二五”期间实现100家企业升级、30家企业重组、5家企业上市）工程动员部署会议精神。会议同意下发《公布保留的行政许可项目非行政许可审批项目其他管理服务事项和年检项目目录工作方案》《祁阳县水库污染治理实施方案（试行）》《祁阳县重大火灾隐患整改制度》。同意县消防大队采取分期付款方式购置一台空气泡沫消防车。同意启动县第二消防站建设，将王府坪市场、芦家甸市场火灾隐患交由县市场管理局进行挂牌督办。

【为民办实事】 2014年，全县实施为民办实事指标47项，累计投入资金10.19亿元。全年共完成农村公路建设204.5公里，解决农村饮水不安全人数42990人，改扩建乡镇敬老院1所，确保城乡最低生活保障标准分别不低于330元与165元，农村五保户分散供养标准达到每人每年2640元，改造农村危房1547户，新增公租住房（含廉租房）828套，县以上城镇污水和生活垃圾无害化处理率分别达到80%与91.63%，新增城镇就业人员7732人，建设农民专业合作社省级示范社1个，建设义务教育合格学校17所，农村公办幼儿园2所，城市治安电子防控系统安装监控摄像机225个，为农村寄宿制学校添置学生床位7000个，贫困残疾人家庭无障碍改造15户，抢救康复贫困残疾儿童28人，改扩建精神卫生服务机构1所，救治救助贫困重性精神病患者51人，新农村示范村1个，农民健身工程30个，建设室外健身路径1个，确保省级以上公益林管护面积到位率与补偿资金发放到位率分别达100%，改造陶铸路等3处自来水管网，实现二、三水厂并网运行，失业人员现就业2800人，新增农村劳动力转移就业9000人，“零就业”家庭动态就业援助达100%，改造人民小学，筹办浯溪三中，新增城区学位3000个，完成民生路、盘龙路等5条城区道路提质改造，启动西区农贸市场建设，完善三口塘镇农贸市场建设，改造小渠道215公里，整修小山塘1500口，新改建修小泵站100座，病险水库除险加固21座，改造城网台区36个，行政村农网改造23个，开展城乡环境卫生治理，加强食品安全。

附：2014年县人民政府文件目录

祁政发〔2014〕1号 1月8日，关于收回长虹街道长虹社区六组行政划拨土地使用权的决定

祁政发〔2014〕2号 1月26日，关于春节期间森林防火禁火的通告

祁政发〔2014〕3号 2月8日，关于县城禽类批发市场和农贸（肉菜）市场禽类交易区实行短期休市的通告

祁政发〔2014〕4号 3月19日，关于做好清明期间森林防火工作的通告

祁政发〔2014〕5号 3月23日，关于调整祁阳县征地补偿标准的通知

祁政发〔2014〕6号 3月25日，关于公布祁阳县征地补偿补充标准的通知

祁政发〔2014〕7号 4月1日，关于公布湘祁水电站移民安置房屋补偿价格调整标准的通知

祁政发〔2014〕8号 4月2日，关于印发《祁阳县政府性合同管理办法（试行）》的通知

祁政发〔2014〕9号 4月19日，关于收回大江水库管理所白水中转站行政划拨土地使用权的决定

祁政发〔2014〕10号 4月19日，关于聘请邓国勇等同志为县政府法律顾问的通知

祁政发〔2014〕11号 5月14日，关于公布2014年度国有建设用地供地计划的通知

祁政发〔2014〕12号 9月12日，关于开展县城交通秩序和城市公共客运秩序集中整治的通告

祁政发〔2014〕13号 9月22日，关于森林防火禁火的通告

祁政发〔2014〕14号 9月22日，关于切实加强油茶收摘管理的通告

祁政发〔2014〕15号 9月24日，印发《关于做好行政事业单位国有资产移交工作的意见》的通知

祁政发〔2014〕16号 9月30日，关于加快养老服务业发展的实施意见

祁政发〔2014〕17号 9月30日，关于公布2014年规范性文件清理结果的决定

祁政发〔2014〕18号 10月17日，关于全县落后小煤矿关闭退出的决定

祁政发〔2014〕19号 11月12日，关于开展车辆超限超载集中整治的通告

祁政发〔2014〕20号 11月19日，关于收回祁阳二中部分行政划拨土地使用权的决定

祁政发〔2014〕21号 11月19日，关于划定高污染燃料禁燃区的通告

祁政发〔2014〕22号 8月15日，关于明确白沙村土地储备项目有关事项的通知

祁政发〔2014〕23号 11月26日，关于加强城市管理的通告

祁政发〔2014〕24号 11月16日，关于印发《祁阳县城乡居民基本养老保险实施办法》的通知

祁政发〔2014〕25号 12月2日，关于严厉打击窃电违法犯罪行为的通告

祁政发〔2014〕26号 11月17日，关于印发《祁阳县2014年行政执法指导案例》的通知

祁政发〔2014〕27号 12月23日，关于收回湖南皓志新材料股份有限公司长流路宗地出让土地使用权的决定

祁政发〔2014〕28号 12月19日，关于印发《祁阳县农村宅基地管理办法》的通知

祁政发〔2014〕29号 12月19日，关于印发《祁阳县集体土地及集体土地上房屋征收与补偿安置实施细则》的通知

祁政发〔2014〕30号 12月19日，关于进一步规范征收补偿安置工作推动城乡建设健康有序发展的通知

祁政发〔2014〕31号 12月30日，关于公布保留的行政许可项目、非行政许可审批项目、其他管理服务事项和年检项目目录的通知

祁政发〔2014〕32号 12月30日，关于进一步确定城镇蔬菜基地的通知

祁政发〔2014〕33号 12月16日，关于收回湖南凯年达数码科技有限公司灯塔路与望洲路交汇处宗地出让土地使用权的决定

祁政发〔2014〕34号 12月20日，关于收回祁阳县浯溪镇机械化牲畜定点屠宰场划拨土地使用权的决定

县政府办公室工作

【概况】 祁阳县人民政府办公室是协助县政府领导处理政府日常工作的机构，主要负责文电运转、材料起草、督促查办、后勤保障等工作，内设综调室、督查室、文秘室、政工室、行政事务室、应急办、信息室、金融办，归口管理县人防办、县政府法制办、县民宗局、县政务中心、县禁毒办、县电子政务办等8个职能科室。2014年，县政府办紧紧围绕县委、县政府中心工作，坚持以“服务群众、服务基层、服务发展”为主线，大力弘扬“忠诚、奉献、睿智、卓越”的办公室精神，创新工作机制，提高工作效率，圆满完成各项任务。全年共获得“全省优秀政府网站”“为民办实事先进单位”等省级荣誉6项；

“全市宣传工作先进集体”“全市依法行政工作先进单位”“全市三项改革优秀单位”等市级荣誉12项；“绩效考核先进单位”“党风廉政建设先进单位”“城乡同治先进单位”“宣传工作先进单位”“综治工作先进单位”“推进新型工业化先进服务单位”等县级荣誉42项，为促进全县经济社会又好又快发展发挥积极作用。

【综合调研】 全年高质量撰写和审核把关工作报告、情况汇报及各类综合材料近400篇，上报典型材料30篇，累计120多万字，出色地完成县委经济工作会议、县人大政协“两会”、县委县政府工作会议、半年经济形势分析会、全市园区建设及重点项目建设流动现场会等各类会议的文字材料。全年共组织和参加新型城镇化、农村土地确权登记颁证、集体土地征地拆迁安置、农村宅基地管理、城乡公共客运秩序等5次大的调研活动和10余次小范围的调查研究，为领导决策提供服务。

【文电运转】 全年共办理县政府及县政府办文件752个。按照“按时批办、不积压”的原则办理上级来文1285个，落实领导特批文件481个。全面提升应急管理能力，对《祁阳县突发事件总体应急预案》进行修订并行文下发，对《祁阳县自然灾害救助应急预案》《突发环境事件应急预案》等30个专项预案完成修订更新并发布。

【金融管理】 整合2600万元资金设立祁阳县农副产品加工产业融资风险担保基金，注入祁阳县中小企业信用担保公司，提升担保公司担保实力，累计为全县168家中小企业提供4.8亿元的担保贷款，极大地缓解全县中小企业贷款难问题。

【政务服务平台建设】 2014年政务服务平台建设进一步完善，新增加“三证合一”、县文广新局、县公证处、县残联等四个窗口单位，共有33个职能部门进驻政务中心办公，进驻人员182人，进驻事项336项。同时，利用现有平台，重点建设“三条龙”（“公共资源交易一条龙”“工商企业注册办证一条龙”“税费收缴一条龙”），实现“一条龙”服务，全面提升政务服务水平。

【信息工作】 2014年，县政府办以“加强联系沟通、提供决策服务、挖掘亮点工作、宣传祁阳形象”为目标，狠抓政务信息的搜集、整理、撰写、编发、上报和对外宣传工作，全年向县直部门和各镇乡办场约稿和收集政务信息1100余条，采用、刊发335条；向省、市政府办公厅（室）推介报送新型工业化、农业农村、城镇建设、旅游产业发展、技术创新等反映祁阳重要、亮点、特色工作的信息稿件620余条，分别被省、市分别采用39条、166条。2014年9月，在政府主要领导支持下，成功创办《经济参阅》刊物，并印发9期，及时将中央、省市最新政策安排和外地创新性的工作举措提供给各级各部门领导参阅，以利于指导和促进政府工作。

【《祁阳政报》编辑】 《祁阳政报》为县人民政府机关刊物，2014年出版4期。实施免费赠阅，赠阅范围为县委，县人大，县政协，县政府工作部门及部门管理机构，县法院，县检察院，镇乡办场，村（居）委会，中央、省、市驻祁单位，县内规模以上工业企业，公共图书馆、档案馆及其他公共场所，全体县级领导，县人大代表、政协委员。

【重点督查】 坚持抓重点带全盘，把主要精力放在县委、县政府领导高度关注、事关经济社会发展的大事难事上，通过重点督办、联合督查的形式，充分发挥督查督办在推进工作落实中的作用。全年牵头或参与完成为民办实事、春运工作、食品安全、重大疫病防控、无偿献血、打非治违、粮食生产、森林防火、油茶收摘、防洪度汛、抗旱救灾、消防禁毒、河道采砂、重点项目建设、招商引资、跑项争资、“五个三”（每年重点扶持3个特色产业、每个特色产业每年扶持3个重点县、每个特色县域经济重点县滚动扶持3年、对每个特色县域经济重点县的支持不低于3亿元、特色县域经济重点县政策暂定3轮）工程、绩效考核评估、会纪会风等37项专项督查，共编发《督查通报》18期，《督办通知》13期，《督查专报》1期，督查现场提出整改落实意见155条。积极做好各类矛盾纠纷和群体性事件的处理协调工作，有效化解各类矛盾137起。全年办理县长（县领导）批示件219件，回复及时率100%，按要求处理到位率100%。共接收市委市政府督查室和市领导交办（转办）22件工作事项，全部按要求完成。全年牵头完成全面清理调整议事协调机构、整治“形象工程”和“政绩工程”等3项整治工作，对接完成24项专项整治。

【电子政务】 积极推进网上办事和电子监察应用。县电子政务平台建设成功后，由县纪委牵头，县电子政务办与县行政效能办、县政务服务中心、县法制办积极配合协调，推进全县各单位对电子政务应用的积极性，保证全县电子政务工程的整体推进和目标的全面实现。为贯针对全县各单位在实际应用中出现的问题，县电子政务办加强人员培训，解决技术难题，保障系统应用工作的顺利开展。为使各单位工作人员尽快熟练使用系统，提高工作效率，县电子政务办派出技术人员对各单位操作人员进行操作培训，面对面指导，手把手教会。此外，还通过建立“祁阳电子政务QQ群”，使各单位操作人员联系更紧密，在系统使用过程遇到任何问题，都可以及时得到在线帮助，保证政务和电子监察系统应用工作的顺利开展。2014年，祁阳县网上办事大厅共完成当年收件265297件，当年办结265213件，办结率100%，全面完成省市要求办结率必须达到95%以上的目标任务，办件量居全市第一，受到市里表彰。

【政府门户网站建设】 祁阳政府网站共设政务公开、领导专页、工业建设、农村工作、重点项目、政府文件、乡镇传真、信息集装、招商引资、文化旅游、企业推荐等20多个栏目。2014年全面改版政府门户网站，全新设计，全新构架，全新面貌。开设公共服务、政民互动等网站栏目，开辟县长信箱、民意征集、在线调查、咨询、投诉、反馈等互动渠道，优化网站结构，加快信息的更新，在网站安全、管理运行等方面，建立相关制度，以及立足本地特色服务方面做一些工作，取得较好的成绩。2014年对网站进行进一步的升级改版，增加政务微信、无障碍浏览等技术革新。2014年，祁阳县政府门户网站及子网站总体信息更新量达36224条，通过信息直报系统发布信息238条，网上行政审批办理26万余件，县长信箱165件，工程建设领域项目信息公开和诚信体系建设信息公开项目、从业单位和从业人员数共计1131条。2014年，祁阳县政府门户网站共做包括“全民齐心 共创国卫”“祁阳十大美景评选活动”“县城交通专项整治行动”“园区建设和重点项目”“群众路线教育实践活动”“食品安全”“重点项目”“教育强县”“城乡同治”“12345县长热线”“政府应急管理”等13个专题专栏，取得较好的宣传效果。全年共发布政务动态、部门工作、乡镇快讯、公示公告等各类信息3.1万余篇，网站月平均更新信息1800篇左右。此外，对市政府网站内容保障做到重大信息必须报，最新信息及时报，共报送市政府网站信息126条。在政府网站管理制度方面，陆续制订《祁阳县人民政府网站安全管理制度》《祁阳县政府网站信息发布审核制度》《祁阳县政府网站在线服务管理制度》《祁阳县政府网站技术运维管理制度》《祁阳县政府网站监督投诉制度》《祁阳政府网“群众来信”处理批转制度》等，把对政府网站的管理纳入制度轨道，提升对网站安全的认识，提高政府网站抵御风险的能力，保障政府网站安全运行。2014年，加强对全县电子政务方面的监管，配合县纪委行政效能监察对全县有电子政务业务的单位实行全面、有效的监管，制订相关的管理规定、问责制度，对执行情况分季度进行考核通报，取得较好的成效。

附：2014年县人民政府办公室文件目录

祁政办发〔2014〕1号

1月14日，关于印发《祁阳县水上搜救应急预案》的通知

祁政办发〔2014〕2号

1月22日，关于印发《祁阳县道路交通事故应急预案》的通知

祁政办发〔2014〕3号

3月3日，关于印发《祁阳县工程建设领域守信激励与失信惩戒办法》的通知

祁政办发〔2014〕4号

3月7日，关于印发《祁阳县旱灾应急预案》的通知

祁政办发〔2014〕5号

3月18日，转发县财政局等单位关于祁阳县2014年农业保险实施方案的通知

祁政办发〔2014〕6号

3月19日，关于印发《祁阳县人民政府常务会议工作规范》的通知

祁政办发〔2014〕7号

3月19日，关于印发《祁阳县防汛应急预案》的通知

祁政办发〔2014〕8号

4月1日，关于印发《湖南祁阳农村商业银行筹建工作意见》的通知

祁政办发〔2014〕9号

3月31日，关于印发《祁阳县贯彻落实〈大气污染防治行动计划〉实施方案》的通知

祁政办发〔2014〕10号

4月1日，关于印发《祁阳县城市建筑垃圾管理规定》的通知

祁政办发〔2014〕11号

4月2日，关于印发《祁阳县“三公”经费审计监督办法》的通知

祁政办发〔2014〕12号

3月26日，关于印发《祁阳县金融突发事件应急预案》的通知

祁政办发〔2014〕13号

4月15日，关于印发《祁阳县2014年〈政府工作报告〉目标任务责任分工意见》的通知

祁政办发〔2014〕14号

4月21日，关于印发《祁阳县突发事件新闻发布应急预案》的通知

祁政办发〔2014〕15号

4月24日，关于印发《祁阳县城市供水事故应急预案》的通知

祁政办发〔2014〕16号

5月4日，关于印发《祁阳县火灾事故应急预案》的通知

祁政办发〔2014〕17号

4月4日，关于加快全县农村土地流转服务平台建设的意见

祁政办发〔2014〕18号

6月18日，关于印发《祁阳县突发重大动物疫情应急预案》的通知

祁政办发〔2014〕19号

6月23日，关于印发《祁阳县批而未供和闲置土地清理处置实施方案》的通知

祁政办发〔2014〕20号

9月22日，关于印发《祁阳县政务服务管理办法》的通知

祁政办发〔2014〕21号

10月11日，关于进一步加强农村信用社不良贷款清收工作的通知

祁政办发〔2014〕22号

10月31日，关于印发《祁阳县畜禽养殖禁养区限养区适养区划分方案》的通知

祁政办发〔2014〕23号

10月28日，关于进一步落实企业下岗失业军队退役人员就业援助工作的补充通知

祁政办发〔2014〕24号

10月31日，关于印发《祁阳县重度残疾人护理补贴制度实施细则》的通知

祁政办发〔2014〕25号

10月31日，关于印发《祁阳县林业生物灾害应急预案》的通知

祁政办发〔2014〕26号

11月12日，关于印发《祁阳县人力资源和社会保障局主要职责内设机构和人员编制规定》的通知

祁政办发〔2014〕27号

11月12日，关于印发《祁阳县工商登记前置审批制度改革实施方案（试行）》的通知

祁政办发〔2014〕28号

11月12日，关于印发《祁阳县工商营业执照、组织机构代码证和税务登记证“三证合一”登记制度改革实施方案（试行）》的通知

祁政办发〔2014〕29号

11月11日，关于印发《祁阳县重污染天气应急预案》的通知

祁政办发〔2014〕30号

11月16日，关于印发《祁阳县公共资源交易管理暂行办法》的通知

祁政办发〔2014〕31号

4月17日，关于印发《祁阳县湘江污染防治第一个“三年行动计划”实施方案》的通知

祁政办发〔2014〕32号

12月3日，关于印发《祁阳县预算绩效管理办法》的通知

人事人才工作

【概况】 祁阳县人事局是综合管理祁阳县人事人才工作的政府职能工作部门。1949年10月，祁阳县人民政府成立之初，县民政科确定一人兼管人事；1952年3月，成立县人事科，负责管理有关人事任免、录用、调配、考核、奖惩、劳动就业、福利、离退休等工作；1979年9月，成立祁阳县人事局，职能相应扩大，负责管理国家行政机关、企事业单位有关人事任免、干部调配、吸收、录用、聘用、考核、工资福利、退休离休、科技干部管理、军队干部转来安置，机关办公地点设在县人民政府机关院内。2014年，祁阳县人事局（含直属事业单位）总编制为17名，在职干部职工13人，下设办公室、公务员管理股、专业技术人员管理股、工资福利股；下属事业单位1个：祁阳县人才交流服务中心，属全额预算事业单位；局机关军转干部安置办与公务员管理股合署办公、职改办与专业技术人员管理股合署办公。

【公务员管理】 全年招录公务员15名，其中乡镇9名、公安4名、司法2名；对2012年录用的10名选拔生办理转正定级手续；完成91名公务员及参照公务员的审批、登记工作；对4459名公务员及参照公务员进行考核，评出优秀668人，称职3778人，基本称职2人，不定等次6人，不称职5人。

【事业单位招考】 全年举办1次公开招聘，推出教育、卫生等系统98个岗位，计划招聘361人，共有1723人报考，经笔试、面试、体检、考核，择优聘用286人。安置免费师范生23人，特岗教师转正37人。

【工资福利管理】 完成3938名在职机关工作人员和16846名事业单位工作人员正常晋升工资的审批工作；完成全县第三步公务员津补贴调标审批工作，共审批公务员津补贴3938人次、事业单位绩效工资11302人次、离退休人员生活补贴8767人次；完成丧葬费标准和遗属生活困难补助费标准调标工作，共审批1563人次；审批机关事业单位死亡一次性抚恤金及遗属生活困难补助94人次；为463名机关事业单位工作人员办理退休手续。

【专业技术人才管理】 评审通过高级职称93人，中级职称212人，初级职称329人；对全县10507名事业单位专业技术及管理人员进行考核，定为优秀1231人，合格9268人，基本合格5人，不合格2人，不定等次1人；组织168名工勤人员报名参加工勤技能转岗考试。

【军转干部安置】 接收军转干部2名，分别安置在县劳动

和社会保障局、县交警大队工作。

【人才交流工作】 接管大中专院校毕业生档案240份，办理人事代理178人次，办理档案托管62人次，转出档案113份，查、借阅档案26份。

（陈文奇）

民族宗教工作

【概况】 祁阳县是全省民族工作小县、宗教工作大县。全县共有瑶族、佤族、壮族等32个少数民族，总人口3500余人，主要分布在内下乡的内下村、河上江村、新屋场村、瓦窑村以及大江林场的龙凼村、白竹村等6个以瑶族为主的少数民族聚居村，属散杂居少数民族地区；全县佛教、道教、天主教、基督教、伊斯兰教五教齐全，成立有县佛教协会、县道教协会、县基督教“两会”（县基督教协会、县基督教“三自”爱国运动委员会）、县天主教爱国会等5个县级爱国宗教团体，宗教教职人员72人，宗教活动场所66处（包括已登记的13处民间信仰活动场所），信教群众10万余人。祁阳县民族宗教事务局设立于2011年7月，为在县政府办加挂牌子的正科级全额拨款事业单位。内设宗教股、民族股和办公室，在职干部4人。

【召开民族宗教工作会议】 4月24日，召开全县民族宗教工作会议。县民族宗教工作联席会议成员单位分管领导、各镇乡办场组宣统委员、少数民族村支部书记、各宗教团体负责人、宗教活动场所及基层佛教小组负责人，共260余人参加会议。县委常委、副县长、统战部部长左雅婷出席会议并讲话。县民宗局局长周新民在报告中，回顾总结全县2013年度民族宗教工作，并对2014年工作进行了安排部署。县佛教协会常务副会长张修奇、县道教协会会长文德平、县基督教“两会”主席何建华、天主教祁阳教会代表邱林分别向大会报告了本协会工作情况和2014年工作计划；同时，递交《祁阳县2014年度宗教团体目标管理考核责任制》。会议还表彰一批全县宗教界学习中共十八大精神知识竞赛活动先进单位和先进个人。

【做好民族团结工作】 做好少数民族“两种考生”资格审核和民族成份更改工作，为15名少数民族“两种考生”落实高考加分优惠政策，为8人办理民族成份更改手续。做好“祁阳县民族团结进步行动”活动安排，配合县人大科教文卫委深入到内下、大江林场开展少数民族群众生产生活困难情况调研，资助5名少数民族贫困学生1.5万元。内下乡组队参加在金洞管理区晒北滩举办的湘南3市6县8瑶族乡公祭盘王暨瑶族坐歌堂活动。做好流动少数民族人员的服务管理工作，帮助部分外来少数民族群众解决生产经营、子女就学等方面的问题。

【春节走访】 2014年春节期间，开展走访慰问活动，把县委、县政府的温暖送到宗教界人士和少数民族困难群众的心中。全县共走访慰问县级宗教团体4个、宗教活动场所21个、宗教界人员46人、少数民族贫困家庭55户，送去慰问金3万余元。

【协会换届】 6月25日，县道教协会第三次代表会议召开。全县道教界30名代表参加会议，会议听取和审议《祁阳县道教协会第二届理事会工作报告》；审议通过《祁阳县道教协会章程》修正案；选举产生县道教协会第三届理事会。会议要求，全县广大道众积极行动起来，高举爱国爱教伟大旗帜，切实加强自身建设，严格遵守党的宗教政策法规，依法开展道教活动，团结一致，奋发向上，慈悲济世，服务社会，将会议提出的目标、任务和措施全面认真地贯彻落实，促进全县道教事业健康、有序发展。10月23日，县基督教第五次代表大会召开。全县基督教45名代表参加会议，县委统战部、县民宗局领导全程参与、具体指导。会议听取和审议《祁阳县基督教第四届委员会工作报告》；审议通过《祁阳县基督教协会章程》《祁阳县基督教三自爱国运动委员会章程》修正案；选举产生祁阳县基督教“两会”新一届领导班子。

【潇湘楼重修开放】 5月23日，县道教协会举办潇湘楼重修开放暨潇湘观神像开光庆典活动。潇湘楼是在明朝嘉靖年间（公元1522~1566年）由潇湘庙改建而成，有“湘楼钟韵”之称，为“学宫八景”之一。现存建筑为1936年重修，属市级文物重点保护单位。潇湘楼维修工程是县人大十五届七次会议第4号重点建议。县民宗局2012年开始承办，坚持“仿古续旧”原则，通过争取财政拨款、信众捐献等方式共筹措资金120万元，对潇湘楼进行全面维修。供奉道教始祖三清、财神、观音、潇湘大王、舜帝以及娥皇、女英等神像。

【宗教慈善】 2014年，祁阳宗教界立足公益、面向社会、服务大众，精心组织“宗教慈善周”“慈善一日捐”活动，广泛开展了“扶贫济困”“爱心助学”“助孤扶残”“安老助医”“帮困助疾”等深得民心的慈善活动，真正起到“上为政府分忧，下为百姓解愁”的作用。共募集资金35.2万元，发放救助款项和物资32.5万元，救助人员147人；配合长沙洗心禅寺做好全省佛教界“金秋助学”活动，资助8名贫困大学新生；组织祁阳甘泉普济会向肖家村镇中学赠送1200本《弟子规》。

【社会保障】 12月15日，祁阳县第一次为全县59名县级宗教团体领导班子成员及宗教教职人员发放个人养老保险困难补助。

（于金良）

政协祁阳县委员会

【概况】 1982年1月，召开中国人民政治协商会议祁阳县一届一次会议。2012年9月，县政协进行换届，产生县政协第九届委员会，县政协常委会设一室四委，即办公室、提案委员会、学习文史宣教卫体委员会、经济科技人口资源环境委员会、民族宗教法制群团三胞联谊委员会。2014年有县政协委员299名，政协常委52名。政协祁阳县第九届委员会在中共祁阳县委的领导下，以党的群众路线教育实践活动为契机，以贯彻落实中共十八和十届三中、四中全会精神为动力，围绕中心，认真履职，凝心聚力，服务大局，为民协政，扎实工作，较好完成县政协九届二次会议确定的各项工作和县委交给的各项任务，为加快祁阳县转型发展和推进全面小康社会建设做出积极贡献。

【政治协商】 2014年，全县政协组织和政协委员紧紧围绕“县委政府想什么，政协议什么，县委政府做什么，政协帮什么”的工作思路，利用常委会议、主席会议、对口协商会等形式，认真协商讨论，为县委、政府科学决策、民主决策提出具有前瞻性和建议性的意见和建议。九届二次会议期间，对“一府两院”报告和计划、财政报告以及全县经济社会发展思路和目标进行协商，就优化经济发展环境，加强农村饮用水保护等4个专题，采用PPT的形式，在大会上进行发言，书记、县长逐一批示给相关部门及时办理，跟进落实，激发委员的履职热情。如针对优化经济环境的发言，县优化办开展“发展环境优化年活动”，加大案件查处力度，全年查处涉及优化发展环境案件8起。针对化解企业“用工难”的发言，县委、政府通过强化宣传、强化责任、强化服务等措施，为企业招工8000多人，实现历史性突破。探索建立“三事协商制度”，即围绕“县委安排的事，年初计划的事，临时交办的事”，全年召开4次常委会，5次主席会、8次对口协商会，分别就财政预算、农副产品加工集约发展、县城道路提质改造、反渎等工作开展协商。如在县城道路提质改造工作协商中，县政协提出“完善和优化施工方案、动员各方力量参与、完善监督管理办法”等建议，很有针对性和探索性，并结合创国卫的实际，推进改造工程的进程。

【参政议政】 2014年，县政协充分发挥人才库、智囊团的优势，从解决党政所想，部门所虑，群众所盼，政协所能的问题入手，精心选题，深入调研，建言献策。3月，围绕提升城市管理水平，以“加强城乡客运秩序整治”为题组织委员开展调研，提出“发展合法运力、加大打非力度，建立规范机制”等中肯建议，为县委、县政府强力开展城乡客运秩序整治提供重要决策参考。6月，围绕“三大难题”之一的“融资难”问题，组织开展“关于做强城建投”的调研，撰写的报告切合“加紧谋划转型，加速资源归集，加强资金融通，加快规范动作”等思想，在省、市优秀调研报告评比中分别获得二等奖、一等奖。年内除由县政协办公室牵头进行的大调研外，各专委会还围绕拆迁安置方式改革、发展育秧工厂等主题，采用县内调查与县外考察相结合的方式进行调研。积极推动调研向基层延伸，政府、财税金融、农林等联络组和茅竹、潘市等镇政协工委，围绕“县改市”“一事一议”“公立医院改革”“粮食加工”“信访维稳”等等，组织开展高质量的调研活动，特别是政府联络组开展的“县改市”调研，顺应群众期盼，针对性、实用性很强。配合省、市政协完成“湘江流域生态补偿机制”“潇湘城市群建设”“历史文化名村保护”“永州名人故居保护与利用”等课题调研。坚持把开展视察活动作为履行职能的重要载体，组织部分县政协常委、驻祁阳省市政协委员，围绕重点提案、重点工作、重点项目开展情况，有计划地视察浯溪文物管理处、土地流转中心、燃气配套项目、千山药械、陶铸体育中心等现场，委员们与相关部门共解难点同话良策，提出建议性意见30余条，有效拓展工作思路，开阔职能视野。为充分发挥政协文史“存史、资政、团结、育人”的作用，2014年由学习文史委牵头，抽调人员组建强有力的文史编辑队伍，经过精心筹划，9月底高规格举办祁阳美景摄影大赛作品展。在此基础上，挑选精品之作，编辑出版祁阳文史委29辑——《祁阳美景》，书中图文并茂，较全面地展现祁阳风光之美、人文之美、发展之美，具有较高的观赏和收藏价值。配合省、市政协，收集部分“湖南省农业文化遗产资料”和“‘祁阳籍’二十世纪永州名人”资料，参与全市系统“情系潇湘，履职为民”摄影大赛并获奖。为宣传推介祁阳，按照“外扩影响，内树形象”的思想，县政协进一步强化宣传，一批具有创新性和实效性的工作和活动在社会上、在群众中赢得较好的口碑，全年共在《人民政协报》《湘声报》《文史博览》等媒体中上稿30余篇，其中《祁阳县政协委员“摆摊”收民意》被评为市优秀新闻稿件，扩大祁阳政协影响力。

【民主监督】 2014年，县政协始终把维护和实现人民群众根本利益作为工作的出发点和落脚点，紧紧围绕民生抓监督，突显监督实效。聚集社会焦点开展民主监督，县政协将涉及重大民生问题，纳入政协工作议题，把执行力建设情况列为政协监督重点，组织政协委员参与机关效能建设、优化经济发展环境群众满意度测评，参与事业单位招聘、治理车辆超限超载、信访听证，“正风肃纪”，电视问政等活动，配合开展县直机关“满意不满意”股室民主测评。从5月开始，担任特约监督员的30名县政协委员围绕劳动用工、农机购置补贴、医德医风、打黑除恶等开展多次特约监督专题活动。以希望之情提出建议，以支持之意开展监督，有力支持部门日常工作，提升部门效能。围绕百姓福祉加强提案办理。九届二次会议召开到年末，共收到提案298件，共立案239件，其中直接涉及民生的提案158件，占全部提案的66.1%。内容包括教育、医疗卫生、社会保障、文化娱乐、食品药品安全等。县政协注重提高提案的“办复率、落实率、满意率”，办复率达到100%，绝大部分委员对承办工作比较满意。确定6件重点提案，重点提案都由主席会议专题督办。探索实行提案办理“回复会”、无预告视察、全员测评等方式，确保了提案办理的质量。特别是“免费开放浯溪碑林景区”的重点提案，受到县委、县政府领导高度重视，县委书记魏湘江亲自主持现场办公会，决定从2015年开始，浯溪碑林风景名胜区对祁阳籍市民免费开放。“邵家岭片区供水难亟待解决”“大力整治食品安全”等民生提案，在县长周新辉等领导的重视下得到较好办理。积极拓展信息搜集渠道，及时反映群众诉求。全年共编发《社情民意》专报5期，先后就“修建

322国道牛坡陡路段下水道”“建议将322国道路灯延伸至东风社区”等民生问题向县委、政府反映，实现条条有答复、有办理，推动相关问题的落实解决，全年向省市政协报送社情民意信息20篇，被采用9篇，其中“县城公交车应全部实行‘公汽公营’”被《湘声报》采纳转发，并被评为市优秀社情民意，实现质量和数量的双丰收。

【自身建设】 县政协坚持“以活动增活力”，积极开展各项活动，强化自身建设，提升政协组织形象。在教育实践活动中提升战斗力。按中央和省市县委的部署，2014年，县政协深入开展以“为民务实清廉”为主题的党的群众路线教育实践活动，聚焦形式主义、官僚主义、享乐主义和奢靡之风，广泛听取各方面的意见和建议，对照检查，深入查摆问题，切实制定整改措施，开列重点问题清单，制定责任书、完成时间表，逐项整改。制定和完善20多项制度并狠抓落实。精简文件简报，改进调研方式，严格公务接待，清理规范办公用房，建立遏制“四风”问题的机制，及时解决一批群众反映强烈的突出问题。在活动中，正、副主席带头转变工作作风，深入第一线解决问题，牵头主抓或联系的火车站配套工程、农商银行筹建、新埠头水厂建设、千山药械、垃圾无害化处理及污水处理等10个重点工程进展顺利。其中，祁阳火车站配套工程基本完工，农商行正式挂牌，新埠头水厂主体工程动工兴建。同时，县政协通过广泛联络、优化服务，成功引进湖南泰克新能、天江生物科技有限公司，完成年度招商引资任务。政协机关还通过理论中心组、机关支会学习等形式，组织干部职工学习人民政协理论，学习重要会议精神，以武装头脑，指导实践，促进工作。2014年，以“基层政协的界别性”为主题积极开展理论研讨活动，在省政协理论研讨会上，祁阳政协作为县级政协唯一代表作典型发言，《协商民主框架下基层建设的路径探索》一文在省、市政协理论征文评比中分别获二等奖、一等奖。政协机关为丰富文化生活，组织开展气排球、乒乓球比赛等活动。在交流活动中提升亲和力。县政协注重加强与工商联合会等社会团体的团结合作，重视与社会各界人士的联系，主动邀请他们参加政协的各项活动，由各办委牵头，与全县119个县直和省、市驻祁阳单位建立对口联系，坚持“天下政协是一家”的原则，推进省内外兄弟县区政协的交流与联谊，先后接待四川、广西、湘潭、邵阳等省内外政协考察学习20余批次，8批次组织县政协委员赴浏阳、平江、赫山、武冈等地，就创国卫、建设物流园、发展学前教育等进行考察学习，全面拓展履职思路，开阔工作视野，促进交流合作。在帮扶活动中扩大影响力。2014年，县政协注重发挥组织优势和政协委员专长，突出开展以“就业扶助、法律援助、医疗救助、教育资助”为内容的“四助行动”，引导科力尔电机有限公司出资200万元成立葆春慈善基金会，用于助教助学等慈善事业。8月，在“手拉手”捐资助学活动中组织政协委员、祁乡商会和其他社会组织，共筹集资金100余万元。资助180余名大中小贫困学生，在社会上引起良好反响。工商联联络组委员与35名贫困学生结对帮扶，并参与永州市“心得乐”助学活动，为寒门学子送去助学金30.8万元。此外，很多政协委员积极参加“雷锋志愿者协会”和支助各种公益事业，主动资助修路、架桥、兴修水利和学校建设以及慰问特困户，累计捐款达500多万元。同时，各政协工委和联络组，组织政协委员积极参加本单位、本系统的相关会议和重大活动，为履职创造条件，所有政协组织以“我为祁阳作贡献、我为政协添光彩”的活动为载体，建立健全履职考核档案，通过开展履职考评和优秀委员评选活动，有效地激发委员的责任意识和参政热情，在各行各业建功立业，成为先进个人行业标兵，为政协赢得良好声誉。

主要会议

2月17日上午，在县政协四楼常委会议室召开县政协九届五次常委会议，专题协商财政预算工作。参加会议人员：全体政协常委；各镇办乡政协工委主任、政协各联络组组长。县委常委、常务副县长李天明应邀参加会议并讲话。会上，县财政局局长谭元明同志就2014年全县财政预算安排情况作说明。通过充分协商，认为：2014年全县财政预算，既统筹考虑了发展、民生等事项，又做到了资金的有效整合和优化使用，总体上比较科学合理。通过协商，会议也提出一些建议：1、完善预算。根据上级规定和要求，对一些应纳入财政预算安排的项目和经费，应统一纳入财政预算，尽量减少通过报告、申请等预算外渠道来获得经费。解决好各级党代表活动经费，参照人大代表、政协委员活动经费列入财政预算；把县政协文史工作经费、信访接待经费以及政协联络组工作经费等纳入财政预算。2、统筹均衡。在统筹的基础上，预算资金适当向基层倾斜，调动基层工作积极性。同时，要考虑部门工作实际，对类同工作，资金分配尽量持平，合情合理。3、改善民生。资金预算安排要立足于改善民生，全面梳理好各类民生问题，根据轻重缓急，视情况安排预算。如对危桥改造、老年人免费乘坐公交车等一批实在的民生问题，在预算时优先给予充分保障。

2月20日上午，在县政协三楼会议室召开主席办公会议。参加会议人员：政协正副主席、秘书长，各办委正副主任。主要议程：一、讨论政协九届二次全会筹备工作；二、讨论2013年度政协工作评先评优方案。

2月25日上午，在县政协三楼会议室召开县政协九届九次主席会议。参加会议人员：政协正副主席、秘书长，各办委正副主任。主要议程：一、研究县政协九届二次全会筹备工作；二、协商九届二次会议常委会工作报告、提案工作报告。三、研究讨论政协九届六次常委会议程。

2月25日上午，在县政协四楼常委会议室召开县政协九届六次常委会议。参加会议人员：全体县政协常委。县委常委、副县长、统战部长左雅婷应邀参加会议并讲话。主要议程：一、协商政府工作报告；二、协商通过县政协九届二次会议有关事项；三、协商通过有关人事事项；四、协商通过九届二次会议常委会工作报告、提案工作报告。

3月1日下午，在鑫利大酒店四楼会议室召开2013年全县政协工作总结表彰会。参加人员：县委常委、副县长、县委统战部长左雅婷，县政协主席、副主席、秘书长，全体政协委员，县直单位（含省、市驻祁单位）主要负责人，各镇乡办场负责人。会议议程主要有四项：一、县政协副主席于建春同志作全县政协工作表彰报告；二、县政协副主席桂湘同志宣读表彰决定；三、颁奖；四、县委常委、副县长、县委统战部部长左雅婷同志讲话。会上对下马渡镇等23个先进单位，周玉蓉等36名优秀政协委员，20件优秀提案建议案，6篇优秀调研报告，6篇优秀社情民意信息予以表彰。

3月1日至3月4日在鑫利大酒店举行县政协九届二次全会。参加人员：政协委员299人，特邀人员80人，列席人员144人。大会议程：（一）听取和审议政协祁阳县委员会第九届常务委员会工作报告。（二）听取和审议政协祁阳县委员会第九届常务委员会关于九届一次会议以来提案工作情况的报告。（三）大会发言。（四）县委副书记、代县长讲话。（五）列席县人大十六届二次会议并听取和协商政府工作报告及相关报告。（六）协商县长候选人建议人选。（七）补选县政协常委。（八）审议通过政协祁阳县委员会第九届委员会第二次会议政治决议和其他各项决议。（九）县委书记讲话。会上陈许生就《优化经济发展环境要以项目为中心》、易东林就《保护农村饮用水源刻不容缓》、蒋春林就《食品安全问题必须要下猛药整治》、李莺就《广场舞健身活动亟待规范》作了发言。增补汤铁球、陈新春、唐国元为政协常委。

3月4日上午，在鑫利大酒店四楼三会议室召开县政协九届七次常委会议。参加会议人员：全体县政协常委、各组召集人。主要议程：一、听取各组召集人对政府工作报告和其他报告、决议协商讨论情况的汇报；二、听取各组召集人对人事任免事项协商情况的汇报；三、协商常务委员选举办法（草案）及总监票人、监票人名单（草案）；四、听取县政协九届二次会议提案审查情况的报告（草案）；五、通过县政协九届二次会议政治决议（草案）六、通过县政协九届委员会常务委员会工作报告决议（草案）；七、通过县政协九届委员会常务委员会关于九届一次会议以来提案工作情况报告的决议（草案）。

3月21日上午，在县政协三楼会议室召开主席办公会。参加人员：政协正副主席、秘书长、各办委正副主任及交通局、残联等单位负责人参加。专题协商讨论城乡客运秩序整治调研报告。

3月31日上午，在县政协三楼会议室召开主席办公会。参加会议人员：政协正副主席、秘书长，各办委正副主任。主要议程：一、讨论政协2014年工作要点；二、讨论2014年政协文史编撰工作；三、当前工作安排。

5月30日上午，在县政协四楼常委会议室召开县政协九届八次常委会议。参加会议人员：全体县政协常委。副县长唐安宝应邀参加会议并讲话。县乡镇企业局、财政局、城建投、人民银行等部门负责人列席会议。主要议程：一、协商农产品加工业集约化发展；二、协商通过有关人事任免；三是讨论协商《提案工作实施办法》等制度和规定。在就全县农业产业集约化经营进行协商时，与会人员一致认为，必须正视和重视农业产业产业化经营问题。在充分肯定过去成绩的同时，必须正视现阶段产业单一、加工初放、资金紧缺、引导乏力、管理混乱等问题并积极抓紧、想法解决。而且农业产业集约化经营，是现代农业发展的必由之路，祁阳作为全省的农业产业化先进县，既然已拥有优势，那么面对现在的挑战，就更不能轻言放弃，而是要以无比的勇气去克服困难，创造新的辉煌。会议还形成了以下具体协商意见，供参考：一、建议调整和优化产业结构。要抓紧整合粮油企业生产布局和生产要素，走集约化发展的道路，改变多、散、小的现状。培育新的产业，如培植肉食加工、蔬果加工企业；引进和推广一批品质优效益好的新品种，为加工企业提供优质原料。二、建议加大政府引导和扶持力度。改变政策扶持办法，政府对一种产业最多重点支持和扶持一至两个龙头企业，采取全额贷款贴息的办法加大扶持力度，减少企业的经营风险。加大土地流转力度，加快农产品基地建设，当前重点做好现代农业示范园农业基地建设规划；尽快落实经开区农产品加工园和物流园的用地规划。三、建议全力促进企业靠大靠强。引进全国大型企业集团落户祁阳，加快我县粮油企业靠大靠强，解决现有粮油企业产能过剩，资金不足困境。改造提升粮油企业品牌建设，整合现有品牌资源，做大做强名牌产品。

5月27日上午，在县政协三楼会议室召开县政协九届十次主席会议。参加会议人员：政协正副主席、秘书长，各办委正副主任。主要议程：一、研究《祁阳美景》编撰相关工作；二、审议《做大做强投融资平台加快推进县城建设》调研报告；三、研究县政协九届八次常委会主要议程；四、安排近期群众路线教育实践活动有关工作；五、其他。

7月9日上午，在县政协三楼会议室召开主席办公会。参加会议人员：政协正副主席、秘书长，各办委正副主任。主要议程：一、讨论政协2014年“手拉手”助学行动方案；二、讨论《祁阳美景》编撰工作；三、政协工作考核办法。

9月23日上午，在县政协三楼会议室召开主席办公会。参加会议人员：政协正副主席、秘书长，各办委正副主任。主要议程：一、讨论县政协九届三次全会大会发言工作；二、讨论“一报一刊”发行工作；三、讨论《祁阳美景》编撰工作；四、讨论安排政协常委考察工作；五、安排老年门球赛参赛工作；六、安排重阳节老年支部活动。

10月10日上午，在县政协三楼会议室召开主席办公会。参加会议人员：政协正副主席、秘书长，各办委正副主任。主要议程：一、讨论县政协专题调研面向社会活动；二、讨论政协报刊发行工作；三、讨论《祁阳美景》编撰工作。

12月3日上午，在县政协三楼会议室召开县政协九届十一次主席会议。参加会议人员：政协正副主席、秘书长，各办委正副主任。县检察院有关领导，县委常委、政法委书记唐恒杰参加会议并讲话。主要议程：一、协商九届二次全会以来提案办理工作；二、协商县检察院反赎工作。

12月22日上午，在县政协四楼常委会议室召开县政协九届九次常委会议。参加会议人员：全体政协常委；各镇办乡政协工委主任、政协各联络组组长。县委副书记宋振平应邀参加会议并讲话。主要议程：一是听取县政协九届二次会议重点提案办理情况的汇报并测评；二是协商通过有关人事任免；三是听取和协商发展职业教育工作；四是听取和协商管道燃气工程建设工作；五是听取和协商市场建设与管理工作。

政协提案办理

县政协九届二次会议以来，广大政协委员、政协各组织和专门委员会认真履行“政治协商、民主监督、参政议政”职能，积极建言献策。共提交提案298件，其中，大会提案285件，闭会后的提案13件。经审查，立案239件，其余59件作并案或委员来信交相关部门办理答复。

总体来看，委员们的提案内容丰富，针对性强，通过提案办理，许多意见和建议被县委、县政府采纳并落实，为推动全县经济社会又好又快发展发挥了积极作用，展现了政协委员的履职能力和水平。

（一）有关经济建设方面的提案96件，占立案总数的40%。内容涉及推进重点项目建设、靠大做强农副产品加工、发展特色县域经济、优化经济发展环境、加快园区建设、破解中小企业融资难、用工难等方面。关于强力推进海螺水泥二期项目建设的提案，县委、县政府想方设法促成了项目落地，项目建设如火如荼。关于发展特色县域经济的提案，引起了县委、县政府高度重视，15万亩高产油茶、万亩自然韵有机黑茶、万亩红萝卜等特色基地初现规模。银光粮油与湘粮集团成功合作。关于引进燃气项目入祁的提案，得到了县委、县政府的重视，祁阳燃气项目于去年成功签约，燃气工程建设快速推进，至2014年底，已完成管网建设13.9公里，安装1100余户。关于《优化经济发展环境要以项目为中心》的1号重点提案，提出的各项建议，得到了县委、县政府积极采纳，并通过开展“电视问政”、作风测评等活动，大力优化经济发展环境，特别是对全县158个县直股级单位开展“满意度”测评的做法，开全省先河，有力促进了执行力的提高，社会反响良好。

（二）有关政治建设方面的提案16件，占立案总数的7%。内容涉及深化体制改革、行政审批制度改革、发展协商民主、加强基层组织建设、推进“县改市”等方面的提案，促进了政府的相关工作。关于行政审批改革的提案，得到县委、县政府迅速采纳，“三证合一”办理制度已全面推行。关于解决村级组织阵地建设资金的提案，县委加大了资金投入，从2015年起计划每年安排500万元用于村级阵地建设。“县改市”已纳入县委、县政府重大决策范畴，争取力度进一步加大。

（三）有关文化旅游体育卫生事业方面的提案65件，占提案总数的27%。内容涉及发展文化产业、保护传统文化、挖掘旅游资源、推进医疗改革、完善文体设施等方面。关于将浯溪碑林景区和陶铸陈列馆免费对外开放的提案得到了县委、县政府主要领导的高度重视，县委、县政府确定自2015年1月1日起，浯溪公园对祁阳市民免费开放。关于医疗卫生方面的提案，也得到县委、县政府的积极采纳。县人民医院综合大楼如期建设，县中医院新住院楼投用，医保改革强力推进，实现按病种分类包干，从2015年元月开始，新农合报账比例较去年有大幅提高。关于加快陶铸体育馆建设的提案，政府加快了工程建设进度，即将投用。

（四）有关社会建设方面的提案41件，占提案总数的17%。内容涉及改善就业创业服务、促进义务教育均衡发展、推进保障性住房建设、规范城市交通秩序、完善城镇设施建设等方面。九届二次会议期间，委员们对城乡客运秩序混乱问题反响强烈，为此，县委魏书记专门指示县政协开展专题调研，为县委、县政府科学决策当好参谋，全县客运秩序整治成效十分明显，老百姓和委员非常满意。针对城区学校大班额现象的提案，县政府及教育部门想方设法积极增扩城区学位4000多个，有效解决了困扰多年的民生难题。关于改善县城自来水基础设施的提案，县委、县政府把它作为十大民生实事之首，收购了三水厂并启动了县城自来水管网改造。特别值得一提的是，县委、县政府主要领导决策英明，以最小的代价、最快的速度、良好的效果完成了浯溪水厂的扩能提质改造。年前，日供水10万吨的浯溪水厂已向全城供水，结束了商业城、邵家岭等地段二十年供不上水的历史，县城供水难问题得到明显改善全城居民拍手叫好。

（五）有关生态文明建设方面的提案21件，占提案总数的9%。内容涉及环境治理、湘江保护、饮用水源保护、农业污染防治、推进绿色发展等方面。关于建立湘江生态补偿机制的提案，促成相关部门积极争取省市层面的重视，将湘江流域治理纳入生态效益补偿范围，我县50公里湘江治理工程已成功立项，年内将开工建设。关于加大农村畜禽养殖污染治理力度的建议，县政府已对湘江干流沿岸500米范围所有规模养猪场实行了100%退出，得到省市政府的高度肯定。关于保护农村饮用水源刻不容缓的提案，得到了县委、县政府主要领导的高度重视，县政府已出台相关规范性文件，制定了保护规划。

2014年底，所有提案已全部办结，办复率100%。从办理结果看，委员所提问题，已全部或基本解决的139件，占提案总数的58%；正在解决或列入计划逐步解决的86件，占提案总数的36%；受政策等条件限制，暂时无法解决的14件，占提案总数的6%。从反馈的意见来看，绝大部分委员对承办工作比较满意。

（王双春）

人民团体

工会工作

【概况】 2014年，县总工会紧紧围绕“贴近中心促发展，贴近职工办实事，贴近基层搞服务”的工作思路，立足祁阳经济社会发展实际，为全县经济发展和社会进步做出积极的贡献。县总工会在2014年全县工作目标管理综合考核中获先进单位，还获得全县安全生产先进单位，县优化经济发展环境满意单位，在全市县区工会“星级创建”工作中排名前列。

【工会组织建设】 认真开展工会组织“大核查、大摸底”专项行动。7月11日至30日，全体干部职工分成4个组，用时20天，逐个走访核实全县的工会组织。经过核查全县现有工会组织463个，其中行政机关73个，事业单位181个，企业单位209个，工会会员3.95万人。重点抓好祁阳经开区和非公企业的工会组建工作。把责任捆绑到相关工会联合会，签定建会责任状，符合建会条件的单位有一个建一个。全年新建工会组织16家，吸收新会员1800人。

【维护职工合法权益】 2014年为困难职工提供全程法律服务2例，建立维权律师团队，并提供资金保障。

【帮扶慰问活动】 开展“四送活动”。其中，“春送岗位”103人，帮助下岗职工再就业和农民工就业；“夏送清凉”为8家企业、218名职工送去清凉物资2.1万元；“秋送助学”30人，发放助学金3.5万元；“冬送温暖”为困难职工送大米350袋，重5250公斤，医疗救助102人、生活救助298人，共发放救助金38.4万元。开展第1期全县职工医疗互助活动。全县共有207个单位、1.6万名职工参加职工医疗互助活动，筹集职工医疗互助金96万元，帮助1060人次职工住院报账，发放医疗补助金103.5万元。开展劳模帮扶和慰问。组织开展“给劳模送健康”活动，共为50名市级劳动模范发放价值1.1万元的植本堂牌暖茶100盒；走访慰问困难劳模28人，共发放慰问金2.56万元。组织全县省部以上劳动模范32人在县人民医院、县中医院作健康检查，并建立劳模健康档案，健康检查开支1.02万元。

【职工文体活动】 7月2日至4日在祁阳羽毛球馆举办全县职工全健排舞师资力量培训班，96个单位118名学员参加培训，有力推进全县职工全健排舞普及。8月下旬，组织优秀队员参加永州市“中国梦·劳动美”全市职工全健排舞大赛，获得优秀节目奖和优秀组织奖。

【女工工作】 开展第七轮“芙蓉杯”竞赛，搭建女职工建功成才平台．向省、市总推荐“芙蓉标兵岗”2个和“芙蓉百岗明星”4名，组织女职工参加书香“三八”——“阳光女性·幸福中国”读书活动，共向市总工会报送读书征文10篇，开展女职工“关爱行动”和困难女职工帮扶活动。3月份组织全县100余名女职工主任、女工会主席在县经济开发区召开“帮扶进园区、关爱进企业”、女职工“关爱行动”专题会议，在全县女职工组织中，继续开展女职工“关爱行动”。全年共帮扶困难女职工94名，发放大病救助、生活救助及金秋助学款7.84万元。

【职工技术创新】 组织开展“中国梦·劳动美”祁阳县环卫技能竞赛。县环卫处组织参赛选手36人，分道路清洗、绿化带修枝、球状灌木艺术造型三个比赛项目，共评选出一等奖1个、二等奖2个。组织职工参加“为技术湖南建言”活动。共收集职工合理化建议321条，其中3条被市总推荐到省参评。开展“寻找最美班组长”活动，共评选出全县最美班组长10人。组织全县职工继续深入开展合理化建议、技能比武、岗位练兵、劳动竞赛活动，参与职工4.2万人，晋升高级技能55人，名师带出高徒92人，创经济价值1.2亿元。

（周光彪　贺飞燕　曾红艳　王太平）

共青团工作

【概况】 1950年4月，成立中国新民主主义青年团祁阳县工作委员会，1957年更名为中国共产主义青年团祁阳县委员会（以下简称团县委）。其主要职能是：领导全县共青团工作，组织全县各级共青团组织围绕全县改革、发展、稳定的大局开展工作，在县内政治、经济、文化、社会建设中发挥党的助手和后备军作用。共青团祁阳县委属群团机关，为正科级行政单位，内设综合性办公室、学少部、权益部。定行政编制4名，事业编制2名，其中书记1名、副书记2名。在编在岗人员6名，实配领导数1正2副。

【青少年思想道德建设】 2014年，团县委把青少年思想道德建设放在团工作的重要位置，丰富形式，一以贯之，常抓不懈。大力践行社会主义核心价值观。借助三五学雷锋、“五四”“七一”“国庆”等重大节庆纪念日，开展一系列主题鲜明、形式多样、内容丰富、气氛活泼的主题团日活动和各类公益活动，大力宣传、弘扬传统文化；组织社会主义核心价值宣讲团进入学校开展宣讲活动。坚持用先进典型激励青年群体。大力推进“乡村创富好青年”“乡村道德好青年”活动，召开“乡村好青年”宣讲报告会，通过青年典型激励、带动青少年形成积极向上的生活理念，树立正确的人生观、世界观和价值观，传播青春正能量。

【少先队工作】 全面提高青少年素质教育，祁阳县设立50万专项资金全力打造少先队雏鹰争章工作，雏鹰奖章分为基础章和特色章两类，基础章按照“德育达标”系列分类，设定入队准备章、礼仪章、勤劳章、自理章、自护章、孝敬章、环保章等7枚；特色章按照“智育、体艺”系列分类，设定阅读章、口语章、表达章、学习章、进步章、体育章、艺术章，基础章和特色章共7枚。以奖章的方式鼓励青少年积极进取，实现青少年成长的全面发展及个性发展。

【希望工程】 2014年，团县委积极争取希望工程各类资助项目，争取的资助项目包括国酒茅台助学金、加多宝助学金、芙蓉学子助学金、怡基金助学金、华融湘江银行助学金、“918”助学金、李雨助学金、潇湘学子助学金、“一元捐”助学金等9类助学项目，助学资金总计21.96万元，救助贫困大学新生36名，贫困高中生15名，贫困中小学生129名；争取三口塘镇希望小学援建项目40万元；争取肖家村镇码头村卫生室建设工程项目10万元。

【青年志愿者工作】 团县委指导各镇乡场（街道）团（工）委成立青年志愿者队伍，指导祁阳县志愿者（义工）联开展各类志愿服务工作，指导义工联发展万联志愿者分会、法院志愿者分会和老年人志愿者协会，进行助学、助残、扶老、环保等各类志愿服务活动。加强对祁行者户外俱乐部、水电维修服务大队、绿韵健康开心俱乐部等青年社会自组织的指导和帮助，鼓励祁阳县的青年社会自组织团体形成规模，形成气候。2014年开展各类志愿服务活动50余次，参与志愿服务超过6000人次。

【青年就业创业工作】 开展青年就业创业培训，2014年完成培训青年共计1500人，其中培训青年农民工1000人，返乡农民工300人，农村“两后生”200人。在职业中专举行“就业创业培训大讲堂”，邀请市青企协及县青企协成员为大学生村官群体及职业中专的学生、农村创业青年进行就业创业培训，分享他们的创业经历，营造鼓励青年干事业、支持青年干成事业的良好氛围。成立祁阳县农村青年致富带头人协会及祁阳县青年创业者协会，建立青年创业见习基地，为创业青年发展提供有力的交流平台。大力开展农村青年创业小额贷款工作，2014年帮扶创业青年贷款208笔，贷款金额1881万元，为青年就业创业工作提供了良好的发展环境。

【团组织建设】 2014年，全县有基层团组织1682个，团员8.9万人。对25个镇乡办场辖区内的村级团组织和团（工）委进行换届选举，选拔一批年轻有干劲的青年人进入团组织队伍，进一步优化团干部组织队伍。建立长虹办事处、观音滩镇、大村甸镇、梅溪镇等四个乡镇（街道）规范化建设示范点，建立12个村级示范性团支部和25个乡镇示范性直属团组织，在全县20个非公企业和两新组织中建立团组织。截至12月底，全县乡镇直属团组织共440个，农村专业合作组织团26个。为全面提升团干部的业务水平和综合素质，组织团干部参加永州市中职中学团干培训；对全县镇乡办场团（工）委书记进行学习习近平总书记系列讲话精神暨团干业务知识培训，不断充实、提高团干部的政治理论水平及业务能力，保证共青团干部队伍生机与活动。

【联谊活动】 主办“万人公益相亲大会”，吸引了返乡青年、本县各行业、各系统的广大单身青年参与到相亲活动中来。为迎接“五四”青年节举办了第四届青年歌手大赛，给众多热爱音乐的青年朋友提供了一个展示自我的平台，丰富了祁阳青年的精神文化生活。6月26日在浯溪街道白竹湖社区开展“蓝结行动第四季—禁毒宣传进社区”活动。共发放资料1000余份，受众群众达1000余人。禁毒宣传增强社区居民识毒、防毒、拒毒的能力，使社区居民对毒品的危害性有进一步的认识和了解。联合长沙医学院开展暑期大学生社会实践活动，进行义诊11次，为农村留守儿童义务支教2天，举行大型文艺汇演一场，入村走访调研1000余人次，服务群众达3000余人，受到当地群众及学生的一致好评。

（肖罗）

妇联工作

【概况】 1950年2月，祁阳县民主妇女联合会成立，1957年10月，改名祁阳县妇女联合会，简称县妇联。主要职责是代表和维护妇女权益，促进男女平等。2014年，县妇联围绕中心、服务大局，着眼于党政所急、妇女所需、妇联所能，在倡导男女平等、维护妇女儿童合法权益、推进妇女民生工程等方面，通过抓活动、抓阵地、抓典型、抓培训，创造性地开展大量卓有成效的工作，为推动全县妇女儿童事业健康发展做出突出贡献。2014年，县妇联获得“省妇联系统宣传工作先进单位”“市五好关工委先进集体”“市三八红旗集体”“市妇联目标工作管理考核一等奖”“市女性安康保险工作优胜单位”，同时，还被评为“县优化经济发展和机关效能建设满意单位”。

【引领妇女创新创业】 全县各级妇联积极与农业、劳动部门合作，开展各类实用技能培训，培训农村妇女4000余人。开展“春风行动”，为3400余人提供免费服务，成功介绍1300余名女性就业。继续加大妇女小额担保贷款工作宣传力度，通过宣传，全县197名妇女获得妇女小额担保贷款1320万元，女性获贷人数达34.38%。创建祁阳县荣达牧业有限公司、祁阳县云绿生态经济林种植基地两个“永州市巾帼现代农业科技示范基地”。争创县国家税务局财务管理科、县财政局社会保障股两个市级“巾帼文明岗”。

【促进社会和谐发展】 组织开展“五好文明家庭”创建和寻找“最美家庭”“十佳好媳妇”以及敬老、爱幼志愿服务、社会主义核心价值观宣传等活动。在白竹湖社区设立社会主义核心价值观宣传专栏。庆“三八”营造和谐氛围。举办庆“三八”“盈正杯”趣味体育赛、开设“巾帼风采”宣传专栏、开展“关爱千名潇湘女”和“下基层、访妇情、办实事”为主题的爱心帮扶活动。组织全县各级妇联组织通过召开表彰会、座谈会，举办演讲赛、知识抢答赛、拔河赛、爬山比赛等一系列群众喜闻乐见、参与度高的活动来营造和谐向上的节日氛围。庆“六一”关爱少年儿童。通过认真组织参加永州市庆“六一”中小学生美德故事演讲赛、倾情走访慰问留守儿童、特困家庭儿童、单亲家庭儿童、残疾儿童等特殊困境儿童、完善农村留守儿童数据库建设关心关爱少年儿童。组织全县各乡镇妇联以及县直单位妇委会联合各地学校采取不同的形式，开展丰富多彩、寓教于乐、健康向上的庆祝活动。

【维护妇儿合法权益】 深化普法宣传。县妇联组织县政法系统妇委会开展以宣传《中华人民共和国婚姻法》《中华人民共和国妇女权益保障法》以及男女平等基本国策为主的“三八”维权周宣传咨询活动。2014年9月12日，县妇联在白竹湖社区开展“平安家庭”创建暨“蓝结行动第四季——禁毒宣传进社区、进家庭”活动。还组织全县60名妇联系统干部参加禁毒师资培训及考试。做好信访接待。2014年全县妇联系统共接待来信来访467起，其中县妇联73起，结案率100%。推进妇儿民生项目的实施。认真做好农村妇女“两癌”免费检查项目。2014年，全县完成宫颈癌检查人数24986人，乳腺癌检查人数2081人，并对146名“两癌”农村妇女患者情况如实进行系统填报。通过向省市妇联积极汇报争取16万元贫困母亲两癌救助金。同时，还开展女性团体安康保险竞赛活动，完成女性团体入保16.7万元，完成农村留守儿童信息数据采集和录入5.2万余份。开展走访慰问活动。2014年，共组织走访慰问特困、孤残、留守妇女儿童180余人，慰问金额达3万余元。

【加强组织自身建设】 加强干部队伍建设。2014年，共组织130余名优秀妇女干部参加省、市、县妇联举办的妇联干部能力建设、女干部综合能力提升、乡镇妇联主席、村“两委”女性正职等培训班。确保妇女参政议政。2014年，选举周思敏、柏雪宾、郑绿云、刘艳等四人出席省第十二次妇女代表大会。全县完成换届的808个村，村妇代会主任进村支“两委”的有808名，达100%，女村支书31名、女村主任13名，其中女村支书兼村主任9名，比上届有所增加，代表中女性占1/3以上。推动“两新”组织建立妇女组织。县妇联在全县范围内开展调查摸底，并在县经济开发区的入园企业——祁阳三华针织时装公司开展组建妇女组织的试点工作。加强“妇女之家”示范创建。2014年，小江村、排林村创建为市级示范“妇女之家”。全县有省级示范妇女之家1个，市级示范妇女之家4个，县级示范妇女之家25个。推动各团体会员开展系列主题活动。2014年3月，县妇联联合县工商联在鑫利酒店举行县女企业家协会座谈会。

（刘小文）

侨联工作

【概况】　祁阳县归国华侨联合会成立于1983年，成立之初与县侨办合署办公，1996年机构分设挂靠县委统战部，2012年财政单列。2014年有工作人员3名，另设兼职副主席5名。

【加强基层基础工作】　积极发挥挂靠县委统战部的优势，将侨联工作纳入全县绩效考核范畴；同乡镇和县直各单位分管领导沟通交流，形成全县上下知侨、重侨的良好氛围；第六次侨代会后，建立侨联班子成员分片联系侨代会代表和重点归侨、侨眷属的工作机制，主席、副主席（专、兼职）分别负责联系各分管区域的涉侨对象，确保涉侨各类情况和问题的及时掌握与处置。

【队伍建设】　举办主题活动，学习王兆国、林军在中国侨联八届三次全委会议上的讲话，结合本地形势，加强学习培训工作，着力建立学习型的侨联干部队伍。县侨联采取集中学习和自学相结合的方法，组织听取各类专题讲座，选派人员参加省、市各类学习班。找准侨联机关工作上出现的新情况、新问题，广泛征求侨界群众意见，对发现的问题，自上而下地进行检查整改，进一步健全各项工作制度，实现侨联工作的规范化、制度化。

【扶贫帮困】　侨资、侨属企业对侨联组织开展的各项活动鼎力相助，1989年创办的县侨联仪器仪表厂，每年都拿出资金资助侨联开展活动，在该厂的影响下，企业也做到有号召就有响应。4月，提请县委常委会研究同意，筹备成立“祁阳县侨爱心基金会”，已通过各种渠道筹集资金6万元，为开展侨爱心公益活动打下良好基础。筛选出20名生活困难、具有代表性的归侨侨眷进行经常性地走访慰问。

【参政议政】　2014年下半年，通过多方沟通、协调，积极争取县“四大家”及县委统战部领导重视，县政协增设侨联宗教联络组，安排4名侨界委员，侨联主席首次与工青妇等人民团体负责人一样确定为政协常委候选人。县侨联加强与侨界人大代表、政协委员的联系，要求他们充分履行职责，积极反映侨情民意、侨界心声，为改善和优化祁阳经济环境发挥作用。发挥人大代表、政协委员的积极性，发挥政治参与、民主监督作用，围绕政府关心、侨界关注的热点、难点问题，深入调查研究，先后在人大、政协会议上提出有影响力的议案、提案15件，各类社情民意20余条。

【依法维权】　按照省侨联和省政法委的统一安排，与县公安局、检察院、法院等单位建立涉侨案件相关工作机制，为侨联组织依法参与维护侨益，妥善化解涉侨矛盾纠纷提供政策支持。2014年年底，成立“县侨联法顾委”，工作上由过去的“等”事情上门，转为“找”事情去办。县侨联进行集中调研，组成专门的工作小组，采取入户走访、座谈的形式，开展维权调研工作。从解决侨界群众最关心、最直接、最现实的利益问题入手，了解其在就业、低保、教育等方面的需求，掌握带普遍性的问题，集中研究解决。同时，根据县委、县政府维稳工作要求，认真收集排查涉侨侵权案件，配合政府有关部门制定涉侨工作应急预案，积极稳妥地处理各种信访案件10起。全年，接受归侨侨眷及侨资企业的法律咨询50余起，全县侨界无一例违法上访案件。

（谭斌）

工商联工作

【概况】 祁阳县工商业联合会（简称工商联）成立于1953年5月。1984年7月成立祁阳县工商联恢复筹备小组，次年2月恢复成立祁阳县工商联。1995年10月加挂“祁阳县总商会”的牌子。工商联的主要职能是参与政治协商，发挥民主监督作用，积极参政议政等。2014年年底，祁阳县工商联内设会员部和经济联络部，定行政编2个，事业工人编1个，实有干部5名。县工商联（总商会）领导班子中，主席1人，党组书记兼副主席（副会长）1人，名誉主席1人，专职副主席2人，兼职副主席11人，兼职副会长10人。县工商联下设25个镇乡办场分会，全县共有会员1626名，其中企业会员378个，团体会员27个，个人会员1221名，直属会员101人。曾获得“全国工商联系统先进单位”“全省工商联宣传教育工作先进单位”“永州市工商联系统先进单位”“全市非公有制经济组织党建工作先进单位”“永州市工商联系统先进单位”“祁阳县政协工作先进单位”“祁阳县组织工作先进单位”“祁阳县统战工作先进单位”等荣誉称号。

【第十一届二次执委会】 2014年12月，县工商联（总商会）十一届二次执委会在县委党校召开，99名执委参加会议。会议听取并审议《祁阳县工商联（总商会）十一届二次执委会工作报告》，选举产生2位执委、1位常委。

【参政议政】 县工商联积极引导会员参与地方政治、经济、社会生活中重要问题的协商，发挥民主监督作用，做好非公有制经济代表人士政治安排的推荐工作。2014年，非公经济代表人士担任市党代表1名，县党代表2名，市人大代表15名，市政协委员10名，县人大代表45名（占代表总数的14%），县政协委员68名（占委员总数的22.9%），政协常委15名（占常委总数的26.8%）；工商联界政协委员撰写提案140件，社情民意信息260余条。

【公益事业】 积极引导会员和会员企业弘扬民族传统美德，热心公益事业，承担社会责任，将自身发展与社会发展结合起来，参与构建和谐经济，建设和谐社会。2014年，继续发动祁阳宏泰铝业有限公司等16家建立“关心下一代协会”非公企业，关心和支助贫困学子，组织非公有制经济人士开展为留守儿童送图书、送生活物资、送健康的“三送”活动，引导非公有制经济人士帮助解决留守儿童感情缺失、心理失衡、生活失助、安全缺保、学习缺教等30多个问题。组织10余名县工商联（总商会）副主席（副会长）去长沙参加“长沙市祁乡商会慈善募捐、投资项目推介暨第二届一次会员大会”，并捐款20余万元。举办长沙市祁乡商会“情系桑梓，爱洒学子”助学活动祁阳现场会，当场向100名祁阳贫困优秀学子发放资助金52.9万元。组织会员积极参与永州市“心得乐”助学活动，为寒门学子圆大学梦送去助学金13万元。组织政协工商联联络组委员开展捐资助学活动，与35名贫困学子结成帮扶对子，送出助学金17.8万元。

【教育培训】 组织10名非公企业党支部书记参加永州市非公经济组织党组织书记群众路线教育实践活动专题培训班；组织30余名非公企业党支部入党积极分子参加镇乡办场和县直属机关党委开展的为期3天的培训班；在县委党校举办全县非公经济代表人士培训班，全县各镇乡办场组宣统委员、非公有制经济代表人士、非公企业党支部书记及工商联全体人员共230余人参加培训。

【会员服务】 县工商联充分

发挥桥梁纽带作用，革新服务概念，强化服务手段，拓宽服务领域，代表并维护会员的合法权益，竭诚服务会员。成立“祁阳县民营企业维权服务中心”，为企业提供法律维权和咨询服务500余次，调解各类矛盾纠纷200余起。组建“祁阳县工商联信息服务中心”，根据企业需求，搜集有关法律政策、市场动态、科技信息等资料，向会员企业分发信息资料1.5万余份；积极开展融资服务，定期举办银企联谊会，协助县委、县政府在政府常务会议室召开银企洽谈会，70余家单位100余人参加会议，当场为非公企业融资16亿元；成立祁阳县商会投资有限公司，接收濒临破产的原锦江大酒店，以及协助众胜公司接收天龙米业，有效化解债务危急，维护社会稳定。对湖南天龙米业有限公司、湖南雄胜实业有限公司、祁阳宇晖机电实业有限公司等40多个会员企业进行集中走访调研，就调研中了解的意见、建议和诉求进行整理，形成材料，积极向上级有关部门和县委、县政府反映，借政府之力，协调督促各职能部门，把鼓励、支持和引导非公经济发展的有关优惠政策落实到位，促进非公经济健康快速发展。

【文体活动】 为庆“三八”国际妇女节，组织女会员去茅竹镇1组进行爬山比赛；组织湖南鑫利大酒店党支部参加县直机关党委举办的庆“七一”气排球赛；组织羊角塘镇鞭炮行业代表县工商联以《祁阳小调》节目参加“欢乐潇湘·魅力祁阳”大型群众文艺晚会；参加市、县广场舞比赛；在祁阳电视台和祁阳电视台官网播放17个优秀民营企业专题片；筹资60余元，承办祁阳标准最高、品种最全、体现民企特色的“欢乐潇湘·魅力祁阳”庆国庆“民企之夜”大型广场文艺晚会。

【非公党建】 按照组建、巩固、规范、提升、创新的要求，推行“搭唱举”工作法，扩大“两个覆盖”。祁阳县非公党工委组建164个非公企业党组织，2014年整治6个软弱涣散组织，还有158个非公企业党组织，管理党员938人。2012~2014年，有12个非公有制经济党组织获县级以上荣誉，86人次获镇级以上优秀党员或优秀党务工作者荣誉。县非公党工委通过建强党组织、抓好经费保障、落实相关制度等措施，着力搭建非公党建平台，充分发挥党组织的领导核心作用；组织各非公企业党组织紧紧围绕坚定信念、生产管理、技术攻关等，积极创新活动载体，通过开展扶贫帮困、创先争优、和谐文化等活动，唱好非公党建大合唱，不断激发党员的责任感和荣誉感，着力发挥党组织的战斗堡垒作用和党员的先锋模范作用；高举非公企业党支部这面旗帜，强化非公党建的引领作用，促进企业健康发展，不断树立企业品牌和形象，使非公企业党支部成为企业的政治核心，成为员工的贴心人。2014年，非公企业共发展20名党员，着力把非党员业务骨干培养成党员；创建“非公企业群众路线教育实践活动QQ群”，开展党的群众路线教育实践活动和“组织找党员、党员找组织”等活动，组织非公企业党支部书记参加市、县举办的3次培训。

（桂海英）

残联工作

【概况】 1991年4月成立祁阳县残疾人联合会（简称县残联），为副科级事业单位，归口县民政局领导。1997年4月县残联与民政局分设，升格为正科级单位，由县政府直接管理，为社会团体组织。县残联是县人民政府领导下的中国残疾人联合会的地方组织，是将残疾人自身组织、社会福利团体和事业管理机构融为一体的全县综合性残疾人事业团体（正科级）。内设办公室、康复股、宣教就业股、维权股四个股室，下辖祁阳县残疾人用品用具服务站和祁阳县残疾人劳动就业服务站两个股级事业单位。2014 年在职干部职工 26 人。主要负责全县残疾人康复、教育、培训、就业、扶贫、社会服务、用品用具供应等工作。

【残疾人康复工作】 2014 年共发放轮椅、助视器等辅助器具 1000 多件；完成 38 名假肢安装任务；发放精神病防治资金 6.8 万元；完成 31 户贫困残疾人家庭无障碍改造及 28 名 0~6 岁贫困残疾儿童抢救性康复项目任务。

【教育就业工作】 为 8 名高中在校生争取市补助资金每人 1000 元；创办祁阳县特殊教育学校，并于 9 月份招生开学；在全国残疾人游泳锦标赛中祁阳县获 400 米自由泳金牌 1 枚，在省第九届残疾人运动会上，获游泳金牌 1 枚、银牌 3 枚，田径金牌 1 枚，盲人象棋金牌 1 枚；举办 3 期实用技术培训班，共培训残疾人 210 人；制定《祁阳县残疾人创业扶持暂行办法》，全年共扶持残疾人创业 20 人，发放扶持资金 25 万元，带动残疾人就业 72 人。

【扶贫帮困】 2014 年出台《祁阳县重度残疾人护理补贴制度实施细则》，发放护理补贴 9000 余人；除省为民办实事指标外，另自筹资金对 15 户贫困残疾人家庭实施每户平均 7000 元的无障碍设施改造工程；为“连千村帮万户残疾人扶贫工程”观音滩镇双龙村 10 名残疾人发放资助款 4000 元；对全县 200 余户贫困残疾人家庭进行走访慰问，发放慰问金 8 万余元，为特困残疾人发放临时救助金 10 多万元；免费为特困残疾人捐赠轮椅 60 台以及助视器、助行器、腋拐、手拐、盲杖等各类辅助器具 200 余件；为 2 名残疾人及 1 个就业扶贫基地，申请并贴息 5 万元，帮助贫困残疾人脱贫致富；发放残疾人机动轮椅车燃油补贴 15 万余元；对 180 户重度残疾人发放每户 600 元的阳光家园居家服务补贴。

【维权信访工作】 2014 年，县残疾人法律救助站共代理 4 件残疾人维权案件；在全国两会期间积极做好综治维稳工作，做到包保对象无一人赴省进京；全年共接待来访 89 人次，来信 3 封，做到事事有答复，件件有回音；做好残疾人摩托车非法营运整治工作，共收缴残疾人摩托车 200 余台，集中安置 55 名下肢残疾人摩托车车主。

【残疾人需求专项调查前期工作】 根据国务院残工委《关于开展全国残疾人基本服务状况和需求专项调查的通知》要求，对 15151 名残疾人及 0~15 周岁未持证残疾儿童进行初步核查，开展培训班四期，培训调查人员 922 人，为科学、有序、高效地开展调查工作奠定基础。

（成春燕）

科协工作

【概况】 1959 年 12 月成立祁阳县科学技术协会（以下简称县科协），与县科学技术委员会合署办公，2001 年 3 月 8 日独立设置。2002 年正式分设。内设办公室和科普学学会部，主要工作职能是普及科学技术、加强学会管理。2014 年，县科协发挥桥梁纽带作用，团结和组织全县广大科技工作者，坚持“三服务一加强”即“为经济社会发展服务，为提高全民科学素质服务，为科技工作者服务，努力加强自身建设”，贯彻实施《中华人民共和国科学技术普及法》和《全民科学素质行动计划纲要》，祁阳县被评为“2011—2014 年度全国科普示范县”“2011—2014 年度湖南省科普示范县”，县科协被湖南省科协评为“2014 年湖南省‘全国科普日’活动优秀组织单位”，平安街社区获湖南省科协、财政厅联合表彰的“湖南省科普益民计划”先进集体，县养鸽专业技术协会获湖南省科协、财政厅联合表彰的“湖南省科普惠农兴村计划”先进集体。

【科普宣传】 开展阵地科普宣传。县科协、祁阳县电视台与中国科学技术协会在祁阳电视台继续联合开设“科普大篷车”电视专栏节目，全年播放科普专题片52期。更换县白竹湖13块科普画廊和镇、村700多块科普宣传栏4次。开展主题科普宣传活动。组织和发动县级17个学（协）会、25个镇（乡、办、场）科学技术协会组织和相关单位开展“科普之春”、科技下乡、科技培训、科教进社区、科普集市、食品药品安全知识宣传、“世界防艾滋病日”“世界环境日”等主题科普宣传活动。5月，县科协组织17个学（协）会的280名科普志愿者，在县城民生路和人民路开展“科技活动周——科普一条街”活动，共展出展板300多块，挂图100多张，发放科普图书、宣传资料80多种10余份（册），科技咨询300多人次，义诊5000多人次，科普宣传实物2万余件，价值3万多元，现场大型体检仪器8台，出动科普宣传车辆12台次，受益群众达8万余人。开展新闻宣传报导。县科协被报刊、网站、手机报等采用新闻报导108篇，其中省级46篇，市级52篇，县级10篇。举办农村实用技术培训班。组织科技专家讲师团，在全县乡村进行种养方面的实用技术培训，共办班50个，听课人数达4150人。发放专业技术资料。科协印发《枣树高产栽培技术》等以及翻印《食品安全知识你知多少》等各种技术资料16种10万余册发放到农户手中。

【科技之家】 2014年，有25个镇（乡、办、场）科学技术协会，17个县级学（协）会，县级学（协）会会员6000余人，科普志愿者2280人。县科协按照《中国科学技术协会章程》，召开县科协九届四次全会（扩大）会，县四大家分管领导、县科协委员、县级学会理事长、各镇科学技术协会主席等出席会议，全会审议大会工作报告，表彰10个科协工作先进单位，10名科协工作先进个人。走访科技工作者60次，听取他们的意见和呼声，了解镇科协、县级学会、会员等发展状况。加强县级学（协）会的管理，完善学（协）会管理制度，突出抓好组织管理、学术活动、科普宣传、科技服务、争取社会职能、创办实体等方面的工作，17个县级学（协）会共收集调研报告和学术论文1687篇，其中在市以上刊物发表的有279篇，课题225个，科研、科技开发项目96个。开展调研、考察活动36场次，参加人员560人次，学术交流会76场次5300人次。加强学会改革，在争取社会职能，县水电学会、县林学会积极争取挂靠单位领导的重视，主动承担相关业务职能，开展科技有偿服务，增强学会组织的经济实力。在镇（乡、办、场）科协工作方面，县科协突出抓好永州市科普示范乡镇大忠桥镇的科协工作，将科协工作纳入镇党委、政府的工作计划，以提高全民科学素质工作重点，组建1个由50名专业技术人员组成的科普志愿者队伍，围绕镇农业产业发展、建立全民健康生活方式等方面，开展农村实用技术培训、科技咨询、科技服务、举办科普文艺晚会等科普活动，培育农村专业技术协会、科普示范基地、科技示范户。通过示范镇的建设，辐射带动其他乡镇的科协的开展。县科协新发展东方红家庭农场科普示范基地1个，新发展县级科技示范户12户。

【农民专业协会】 2014年，新组建农民专业技术协会（以下简称农技协）2个，新增会员206人。为进一步做好对已建农技协的管理服务，提升农技协的质量，支持农业产业化经营和龙头企业发展，提高农民组织化程度，采取“农技协+基地+农户”的运作模式，将农村中的能人或科技带头人纳入协会班子，切实按“民办、民管、民受益”原则办会，服务会员，促进产业发展。开展优秀农技协、先进科普示范基地、优秀科普带头人的评选、推荐、奖励工作，引导农技协健康发展。祁阳县养鸽专业技术协会成功申报湖南省科协、财政厅联合表彰的“科普惠农兴村计划”项目，获“全省优秀农村专业技术协会”先进单位称号，获奖补资金10万元，科普带头人段彩云获中国科协、财政部联合表彰的“科普惠农兴村计划”项目“科普带头人”荣誉称号，获奖补资金5万元。县科协组织引导农技协开展科普示范、科技推广、科技培训、科普宣传、科技创新等活动。初步形成以县科协为龙头，以乡（镇）科协为枢纽，以村科普小组为骨干，以各类农技协为依托，覆盖各产业的农村科普网络组织。

【全国科普日活动】 围绕“创新发展，全民行动”主题，县科协组织农口部门、医卫、教育、环保等系统的17个学（协）会及县科技局、县药监局等共计42个单位的1700多人次科技工作者和科普志愿者，开展市民科普广场活动、科技下乡、创建“百岁健康县”科普大讲堂、“倡导生态文明，共建幸福祁阳”科普展览、科技创新讲座等系列活动，促进科普进社区、进农村、进学校、进企业活动，展出实物40件、展板385个、挂图80幅，发放图书资料62余种12万余份（册），免费发放种子、兽药、药品、计生用品、科普宣传袋等物品1.5万余件，科技咨询、义诊6000多人次，受惠群众达40200人次。

【青少年科技创新大赛】 县科协、县教育局组织县青少年辅导协会、县教育学会举办祁阳县第十八届青少年科技创新大赛，选出全县72所中小学610件优秀作品参与角逐大赛的各种奖项，并在浯溪一中会展室展示。其中科技小制作150件，科技小论文200篇，科技实践活动30件，科学幻想绘画200幅，科技辅导员创新作品28件，优秀科技教师材料30份。通过比赛评委的认真评比，共评选出一等奖32个、二等奖65个、三等奖120个，优秀科技辅导员6个。奖120个，6名优秀科技辅导员受到县级表彰。选送优秀作品参加永州市2014年青少年科技创新大赛，经过角逐，获市一等奖17个、二等奖5个、三等奖10个，优秀教师1名，优秀组织单位1个，参加湖南省第31届青少年科技创新大赛，获一等奖2个。

（张永红）

文联工作

【概况】 祁阳县文学艺术界联合会（简称祁阳县文联）是由全县文艺家协会组成的群团组织，属于参照公务员管理的事业单位。县文联实行团体会员制，2014年有县作家协会、县书法协会、县美术协会、县摄影协会、县音乐协会、县舞蹈协会、县国际流行舞蹈协会、浯溪诗社、浯溪书画院、浯溪碑林书画研究院、县戏曲艺术协会、芙蓉文艺研究院，共12个文学艺术团体，有会员612名。11月，县文联和县网宣办联合建立“发现美丽湖南·魅力祁阳”红网宣传专栏，通过网络把具有祁阳特色的民间文化以及名家名作对外宣传。

【文学】 5月，浯溪诗社完成《祁阳当代诗赋集成》的出版发行。6月，成立《祁阳当代散文选》编委会。8月，县作协和浯溪诗社、摄影协会参加“山水祁阳，大美龙凼”的现场采风和文艺创作。9月，创建“中国微祁阳”文艺栏目，在这个栏目中推介文艺家及新作品。全年，县作协编辑出版《祁阳文学》2014年第1~4期。

【书法美术】 县书法协会书法家到八宝镇开展“送春联下乡”活动，共送出春联1000余幅。组织参与由中国书法家协会、湖南省文化厅、永州市人民政府主办的“草圣故里之旅”书法艺术系列活动，邀请全国知名书法家来到浯溪碑林，开展书法交流活动。组织全县14位书画名家携30余幅书画作品前往长沙，参加长沙祁乡商会慈善募捐拍卖活动，慈善募捐活动共募得善款70多万元，全部用于资助祁阳贫困学子。县文联、县书法协会承办“潇湘雅集·第三回”永州书法精英展，通过初评、复评的程序，从32位书法家的作品中选出19幅，入展“潇湘雅集第三回·永州书法精英展”。12月，出版《潇湘雅集第三回·永州书法精英作品集》。

【摄影】 组织县书法协会、摄影协会展出优秀书法、摄影作品100余幅，向群众宣传“单独两孩”计划生育政策法规和相关知识。组织县美术协会成员参与“中国微祁阳”标志的创作与评比。组织县摄影、书法、美术协会参加县人大成立65周年摄影书画比赛。组织县摄影协会参加全省“发现最美村落”——李家大院的资料建档工作。

【音乐曲艺】 县文联组织县音协青年歌手参加祁阳县五四青年歌手大赛。组织文艺工作者到武警消防大队驻地，进行庆“八一”军民慰问演出。组织县戏曲艺术协会参加市“京剧票友艺术节”活动。

（李亚飞）

国　防

人民武装

【概况】　祁阳县人民武装部的前身是中国人民解放军零陵军分区祁阳县大队，组建于1949年10月。1954年4月，撤销祁阳县大队和祁阳县民兵支队，建立中国人民解放军祁阳县人民武装部（以下简称县人武部），隶属零陵军分区管辖。1954年7月，祁阳县人武部易名为湖南省祁阳县兵役局，隶属于衡阳军分区。1966年11月全称番号恢复为中国人民解放军祁阳县人民武装部。1983年10月经广州军区、中央军委批准，祁阳县人武部由衡阳军分区划规零陵军分区管辖。1986年4月，祁阳县人民武装部改称为“湖南省祁阳县人民武装部”，为副县级单位。1996年4月，县人武部收归为军队建制，由地方副县级升格为军队正团级，番号称为中国人民解放军湖南省祁阳县人民武装部（简称县人武部），隶属永州军分区管辖，编制14人，2004年10月，军队进行体制编制调整改革，县人武部编制9人（含士官1人），目前现有干部7人。共辖基层武装部26人，其中乡镇武装部22个，街道武装部3个，金洞管理区武装部1个，配备专武干部48人。

【思想政治建设】　围绕学习个贯彻党的十八大精神这项重要政治任务，采取集中辅导、领导带读、个人学习、专题研究等多种形式深入学习；将贯彻党的十八大精神与“三湘读书月·进军营”活动紧密结合起来，开展读书交流、演讲辨析；十八界三中全会召开后，迅速在人武部掀起学习贯彻的高潮，开展“时刻听党召唤，自觉服从组织安排，努力做改革的实践者”的专题教育。严密组织“坚定信念，铸牢军魂”和“学习贯彻党章，弘扬优良作风”教育活动、编印《学习贯彻党章、弘扬优良作风教育活动学习资料汇编》，抓好人武部机关作风纪律教育整顿。注重将培育革命军人价值观活动向民兵预备役人员延伸，依照民兵政治工作规定，每季度下发一次民兵预备役人员教育提纲，并利用开展大项活动、执行重要任务、民兵整组和国防教育日等时机，采取集中授课、电化远程教学和刊授等多种形式，加强对民兵预备役人员的思想政治教育。抓好国防教育工作，召开县国教委全会，组织开展全民国防教育日系列活动。

【战备训练】　坚持以强军目标为统领，狠抓战备建设和军事训练工作落实。扎实抓战备值班系统综合整治工作，进行战备值班系统操作要领，独立操作该系统。按照上级要求，结合实际，组织对战备方案进行集中修订，实现预案齐全配套、上下衔接。采用电话查岗、现场抽查等形式，狠抓战备值班制度落实，值班人员战备意识进一步增强，均能保持在职在位。严格落实党委议训制度，坚持按纲施训，狠抓首长机关在职训练，官兵军事综合素质进一步提升，参加“湘江—2014”演习，国防动员和组织指挥能力得到进一步提高。着眼提高建武管武能力，狠抓专武干部训练，抽调6人参加全省新任职基层武装部长集训，3 名同志被评选优秀。针对境内水系发达、植被茂密，水患和森林火灾多发的实际，清明前夕和主汛期带来前，分别组织森林灭火分队训练和抗洪抢险综合演练。

【后备力量建设】 着眼提高质量效益，狠抓改革创新，国防动员和后备力量建设有新发展。贯彻全国、军区和全省民兵工作会议精神，召开全县民兵工作会议，认真贯彻军分区下发《关于加强和改进永州新形势下民兵工作的意见》文件精神，对基干民兵规模进行调整。扎实抓好民兵基层建设，全县 75%的基层武装部和 65%以上的民兵营（连）达标。启动抓建基层重点建设单位工作，通过抓点带面，促进基层建设全面发展、整体提高。征兵时间调整后，祁阳县军地各级在认真分析“当兵冷、征兵难”原因教训的基础上，组织县乡村三级分别签订责任状，将大学生征集比例和“零退兵”要求等逐级分解、层层明确，对未报名的适龄大学生采取打电话或上门入户的方式逐一进行点对点、面对面的再发动，圆满完成征兵任务。

【安全稳定】 积极运用“安全稳定年”活动成果，防止“大紧”之后出现“大松”，大力加强部队安全稳定工作。扎实开展“百日安全无事故”活动，组织作风纪律教育整顿活动，重点围绕落实工作不实、部队管理不严、军人形象不好、机关办公秩序不规范和营院管理不正规等内容，进行彻底的清查，并严肃整改。扎实开展军营、军人和军车专项整治活动，大力纠治非军事化倾向，取得良好效果。严格涉密介质管理，所有办公电脑和移动存储介质重新进行统一编号、统一标识、统一管理。积极搞好“双带双促”活动动员部署会议，配合地方定期进行信访接待，加强与县 610 办、县维稳办、县信访局等部门的联系，及时掌握涉军群体动态，发现化解集防事件。

【保障能力建设】 按照“一保战备、二保生活”的要求，不断加强后勤保障调整改革。重新修订完善《财物管理规定》和《接待管理规定》进一步规范经费管理使用权限，严格经费标准，降低行政消耗性开支，确保经费投向合理、高效运行。认真贯彻习近平关于厉行节约、反对铺张浪费的重要指示精神，坚持从简搞接待，严格控制会议、走访等开支，将有限的经费向“能打仗、支援保障打胜仗”聚焦。坚持向点滴要效益，全面推广使用节能灯、节能用具；坚持日检查、周讲评、月通报的做法，定期分析总结执行勤俭节约的形势，人武部行政消耗性开支下降 13%。继续强势推进现代营房建设，人武部新址建设进展顺利。严格对外有偿服务管理，坚持审批把相关合同内容及期限，每季度清缴租金，定期组织清查，较好地维护军队良好形象和军事经济利益。

【党管武装】 着眼实现后备力量与经济建设协调发展，县委、县政府把武装工作和国防后备力量建设摆在重要位置，认真落实党管武装工作制度，扎实履行党管武装职责。召开县委常委议军会，分析研究武装工作和后备力量建设形式任务，认真学习习近平关于国防和军队建设的论述、市委常委议军会精神。更加注重强化宗旨意识，积极支持地方经济社会建设，尤其在抢险救灾上发挥作用。

【党委班子和干部队伍建设】 加大班子调整配备的力度，安排 1 名达到任职年限的正营职干部转业，使党委班子的结构得到进一步优化。部里通过以会代训、言传身教等方式，加强对人武部党委新调整的同志的帮带力度，使其能够尽快进入角色、尽快过度磨合期。按照政治工作条例、党委工作条例和民主集中制的要求，修订完善党委议事的原则、程序、内容和要求。部领导带头立言力行，严格落实干部管理规定，持续开展创先争优活动，将评先评优的具体标准条件贯彻到日常学习和工作当中。

（汤建林　黄亚军）

武装警察

【概况】　2014年，武警中队坚持以科学发展观和中共十八大精神为指导，着眼建设现代化武警、有效履行职责使命，深入贯彻落实习近平关于加强武警部队建设的一系列指示精神，全面贯彻落实总队党委“六个突出抓”工作思路，按照支队党委思路的要求，突出“建强班子、改进作风，严管干部、提高能力，打牢基础、精细管理、正规秩序，形神同聚、弘扬正气”5个重点，励精图治，开拓创新，努力实现中队“高标准实现两个确保，再创标兵中队”的工作目标。为高标准实现“两个确保”提供坚强的服务保证作用，为“全面建设上台阶”提供有力支撑。

【支部班子建设】　年初，中队支部对发展建设形势以及支部战斗作用做全面的剖析，深刻体会到只有不断提高支部班子的建设水平，发挥好其战斗堡垒作用，才能使中队建设在组织上有最根本的保证。为此，首先从学习入手，坚持各项学习制度，进一步坚定支部“一班人”的政治信念、强化敬业意识；其次是注重团结，通过平时工作中的交心通气、交换意见和开展批评与自我批评，增强凝聚力、提高战斗力；最后是积极搞好帮扶工作，对遇到实际困难时，思想出现波动的人，支部都会及时地靠上去帮助疏导、解决。支部带领中队全体官兵制定工作计划、理清工作思路、指明工作方向。全年发展4名党员、推荐3名战士考学、6名战士参加总队、支队举办的各类培训。坚持“三公”原则，公开透明，官兵信服，群众满意度高，营造愉快的工作氛围。

【思想政治工作】　投入大量精力做好政治工作，广泛听取群众意见，根据形势的发展要求，结合中队的实际情况，从政治教育的各项制度入手，制定各项教育计划和措施，明确分工。通过教员的精心授课，大幅度提高了教育的实效性，激发了官兵参与教育的积极性；通过开展多种形式的辅助活动，把教育的实质引向深入，真正做到以兵为本，使教育能很好地贯穿于生活、工作、学习等各个方面；通过制定好的精心计划，保证工作开展不打乱仗，确保教育秩序正规化。2014年，圆满完成以“坚定信念，筑牢军魂，永远做党和人民的忠诚卫士”“第二适应期”“密切内部关系”为主题的各项政治教育任务，深入讨论和学习全军政治工作会议精神。根据完成“中心”任务、实现“两个确保”的目标需要，每月有计划地安排党课教育、勤务教育、战备教育、安全教育、条令教育、法纪教育、爱装教育、卫生教育等8项经常性教育。始终依照制度办事，坚持从实际出发，不断增强针对性和有效性，使得教育的效果十分明显。中队官兵的思想稳定，工作积极主动，内部关系融洽，各项秩序正规，完成任务速度快、质量高，中队政治教育各项制度落实到位。

【执勤处突工作】　“中心”工作是保底工程，始终把执勤工作当作自己的“饭碗工程”来抓，把执勤工作作为一切工作的重中之重，让每一名官兵牢固树立“哨位就是战场、执勤就是战斗”的敌情观念，不折不扣的以《正规化执勤检查验收标准》为蓝本，按照总队“执勤五跟机制”的要求，对照条款认真抓落实。在上级党委和中队党支部的正确领导下，中队的执勤工作秩序正规，全体官兵认真学习贯彻总部、总队议“中心”工作会议精神，牢固树立居安思危的忧患意识，切实转变工作作风，认真抓好《正规化执勤检查验收标准》的落实，紧密结合

“3·1”“9·2”“11·1”三起暴恐和犯人逃跑事件认真分析研究社会不安定因素和看守所情况及本单位执勤形势，确保“中心”任务的圆满完成。全年，中队没有发生一起执勤事故，确保执勤目标的绝对安全。同时中队战士警惕性高，处置多起监外人员喊话和一起向监内投掷物品事件，确保目标安全。中队共出动兵力140余人次，圆满完成城市武装巡逻、武装押解、安全保卫等19次临时勤务。使武警部队威武文明之师的形象得到更好地树立。

【军事训练工作】 中队以提高战斗力为根本标准，按照“按纲施训、以人为本、稳中求进、确保安全”的指导思想，抓好训练工作落实，促进部队战斗力的提高。中队坚持“军事工作求突破”的指导思想，以落实新大纲训练为契机，以打牢基础、突破难点为切入口，以提高军事技能、增强遂行任务能力为目的，结合中队实际，重点做好3件事情。拟制全年军事训练计划。明确全年训练重点和奋斗目标，训练的重点是单兵专业训练，奋斗目标是保三争一。建全奖励机制。制定军事训练奖惩实施细则和措施，激发士兵训练的内动力；同时设立军事训练奖励基金，采取奖励训练尖子的举措，充分构建“有为才有位”训练氛围，提高训练的积极性，三季度，中队在支队组织的应急班比武竞赛中取得第三名的好成绩。狠抓以基础科目为主的军事训练。科学制定教学计划，合理调整训练时间，实行专人专教，“扶、帮、带”的练兵方法，推进训练效果的落实。

【部队安全管理】 中队至始至终都以条令条例和各项规章制度为依据，坚决打牢正规四个秩序的根基。严格按照作息时间表和周表进行操课，干部坚持跟班作业，绝不弄虚作假走过场走形式。同时把人才培养贯穿于整个管理教育过程中，注重科学，讲究方法，充分发挥个人特长，调动全体兵参与管理的积极性，不论是士官还是义务兵，都能主动地转变思想，积极参与管理工作，为中队建设提供很多很好的建议和意见。全年，中队所有士官都担任过中队值班员，有50%的人运用特长在中队工作中做出较大的贡献。在正规的管理制度促进下，中队参加勤训轮换取得综合总评第一名的好成绩。

【后勤综合保障】 始终坚持为兵服务的指导思想，充分利用中队完善的后勤设施，积极为官兵创造良好的物质生活条件。落实制度，严格经费开支和管理。坚决做到经费开支发票双主官签字，对于重大开支，由支委会研究决定，然后报支队审批。支部每月听取经费开支情况汇报，做到精打细算，合理安排，避免经费开支盲目性和随意性。加大后勤物资管理力度，对中队所有营产营具进行登记造册并责任到人，成立营产营具维修小组，确保平时有人管、坏时有人修，较好地保证官兵的生产生活。加强后勤人员业务技能培训，请地方人员到中队传授面点制作手艺，使得各项设备都能发挥其作用，改善官兵生活。大力发展种养殖业，全年共养生猪12头，圈养鸡鸭40余只，蔬菜种植品种产值达30余种，农副业生产品种多样，长势喜人，收益明显。

公安消防

【概况】 祁阳县公安消防大队成立于1995年12月，直属永州市公安消防支队管辖，为副团级建制单位。2014年，有现役官兵36人，其中干部8人，士官、士兵28人，文职雇员6人。大队获“全市消防部队先进大队党委”、全市消防部队“2014年度安全工作先进单位”“2014年度政治工作先进单位”“2014年度全面建设先进中队”，县“2014年度无偿献血先进单位”。2人被支队荣记个人三等功，10人被支队荣记个人嘉奖，3人被支队表彰为先进个人。全年，消防部队共接警出动486起，出动消防车972辆次、消防官兵5832人次，抢救被困人员263人，疏散人员518人，抢救财产价值1202.6万元。

【思想政治建设】　以贯彻落实公安现役部队党建工作会议精神为主线，以示范基层党组织建设为契机，围绕“四个作用”抓党建，着力强化党委班子的驾驭和统领全面建设的能力，取得明显成效。党委班子凝聚力、战斗力明显增强，想事谋事、争先创优的意识较强，核心作用明显。开设“官兵大讲堂”军政主官带头授课，开展全员岗位大练兵、优秀团队主题征文、演讲比赛等专题活动，切实强化官兵党性意识。

【基础设施建设】　2014年，全县消防业务费预算总额为230.72万元。全年投入消防装备建设经费概算29.57万元，新购灭火救援装备276件套。投入14万元建设大队军人俱乐部，投资10万余元建设大队视频室和部队招待所，投资5万元用于食堂改造，投资1万元用于营区绿化，并利用闲置土地种植绿色蔬菜，积极打造“警营是我家”的美好家园。同时，大队结合祁阳城市建设现状和部队实际需要，加快启动推进第二消防站建设，项目已通过政府常务会议讨论通过，进入规委会立项、选址阶段。

【实战化大练兵】　紧扣祁阳县区灭火和救援的形势，全面加强实战演练、战术推演、体能技能训练和“六熟悉”（熟悉消防队责任区的交通道路、水源情况；熟悉责任区内重点单位的分类、数量及分布情况；熟悉责任区内主要灾害事故处置的对策及基本程序；熟悉责任区内重点单位建筑物使用及重点部位情况；熟悉重点单位内部的消防设施情况；熟悉重点单位的消防组织及其灭火救援任务分工情况）工作。举办授课辅导、技术讲座、组织现场观摩12余次，更新官兵业务知识。组织开展辖区“六熟悉”及消防安全重点单位灭火演练80次，针对辖区主要灾害事故特点开展战术研讨10次，修订各类灭火救援预案67份，参加整建制中队实战化训练对抗赛和比武竞赛活动1次，不断提高遂行任务能力。

【火灾防控工作】　全方位推进消防工作社会化进程，部署开展乡镇（街道）消防安全“网格化”和消防安全重点单位“户籍化”管理等工作。推动20个乡镇完成消防专业规划编制工作。结合第二次清剿火患战役、“3·15”消防产品专项整治、消防安全生产“打非治违”、非法违法建筑消防安全专项整治、区域性火灾隐患治理、消防控制室分类达标创建、重大火灾隐患集中整治、九九平安行动、今冬明春消防安全整治等10余次专项行动，排查和整改一大批火灾隐患，确保全县火灾形势平稳。2014年，大队共派出检查人员1626人次，检查单位813家，发现火灾隐患或违法行为711处，下发《责令改正通知书》493份，督促整改火灾隐患或违法行为703处，临时查封单位15家，责令“三停”单位11家，罚款金额37.8万元，拘留1人。

【消防宣传教育】　以宣传贯彻《全民消防宣传教育纲要》为契机，全方位、多层次地开展消防宣传“进企业、进学校、进社区、进农村、进家庭”活动，以《全民消防安全宣传教育纲要》为抓手，广泛开展消防安全“三入户”“安全生产月”“119”消防宣传周等活动。依托手机短信、LED显示屏、官方微博等现代化电子传媒以及标语、灯箱、广告牌等传统宣传媒介开展消防知识宣传，全县LED显示屏播放标语2500余条，设立大型消防宣传牌4块，发送手机短信20万余条，发放宣传资料5万余份，制作长119米的消防安全知识长卷在全县巡回展出。

开展消防知识巡回宣讲12次，举办知识讲座16期，消防站开放25次，培训人员近6000余人次，接受群众咨询930余人次。深入各乡镇、街道开展乡镇长、村“两委”负责人消防安全培训活动，共计培训乡镇长38人，村两委负责人1067人，有效提升农村火灾整体防控能力。组织企业、社会单位开展大型灭火逃生疏散演练活动，动员全社会积极参与，共同做好消防安全工作，努力减少火灾事故的发生，为构建“平安祁阳”创造良好的消防安全环境。同时，积极组织消防监督员、消防志愿者、基层派出所民警等消防服务队伍深入乡镇农村、社区开展消防宣传活动，发放消防宣传手册、画报和防火知识传单10万余份，悬挂消防标语横幅20余条。2014年，全县共举办各类消防安全培训12次，培训人员5000余人，发放宣传资料8万余份。设置群众举报投诉信箱，设立“96119”举报投诉热线，未发生一起当事人投诉、不满意事件，实现100%核查、100%奖励、100%群众满意。

（庄严）

人民防空

【概况】 1995年5月12日，成立祁阳县人民防空委员会，下设办公室。1996年办公室归口县政府办管理，为内设正科级行政机构，定编3人。主要职责是：平时负责组织管理行政区域内的人民防空建设，战时负责组织开展城市人民防空袭斗争。2014年，祁阳县人民防空办公室坚持“长期准备、重点建设、平战结合”的人防方针，按照“继续打基础，全面搞建设，逐项抓落实，整体上台阶”的工作思路，紧扣年度工作目标，创造性地开展工作，取得了优异成绩，人防事业呈现出大跨越大发展的强劲势头。全年共获得3项市级、1项县级荣誉，即全市人防绩效评估二等奖、全市城市防空袭方案修（制）订一等奖、全市人防宣传工作优秀单位；全县优化经济环境先进单位。

【工程建设与维护管理】 对县城早期人防工程（防空洞）进行一次全面清查，完善了登记台账和记录档案，重点对龙山公园防空洞进行了整修，清理了洞内淤泥和垃圾，更换了电线电灯。

【通信警报建设与管理】 加强通信警报系统维护管理，各个警报点均落实维护责任人和协助管理人员，实行月巡检制度，确保警报设施处于良好的战备状态。严格执行战备值班制度，确保指挥通信网络畅通。认真组织开展一年一度的警报试鸣活动，警报鸣响率、音响覆盖率均达到100%。

【宣传教育】 继续按照宣传“五进”（进机关、进院校、进企业、进社区、进媒体）、教育“四化”（社会化、基地化、规范化、常态化）的要求，采取常规+创新的方式手段，广泛开展人防宣传教育。上半年，按照省市统一部署，通过板报、横幅、街头设点咨询、电视播报、出动宣传车等多种形式，在县城大张旗鼓地宣传“一令一文件”，即省政府令第270号、湘价费〔2014〕60号文件；结合“5·12”防灾减灾日，开展全县“5·12”应急知识集中宣传活动，制作版报10余块，发放防空防灾宣传资料5000多份。同时会同县应急办、县教育局在县城民生小学举行一次防空防灾紧急疏散演练，新闻媒体作现场拍摄和专题报道。下半年，会同县教育局于8月27日为祁阳一中500名师生播放全国首部人防建育系列电影科教片《居安思危，备战人防》；按照省市要求圆满完成全省“11·1”防空袭警报试鸣演练活动；全年在省级、市级的官方网站和人防专业杂志上共刊发经验推介材料2篇、各类人防信息14条。

【新建县人防指挥中心】 2005年，县人防办在县城滨湖路择址，行政划拨代号15111

人防工程建设项目用地315.89平方米。2014年3月省人防办批准，5月市发改委立项，原批复拟建10层、总建筑面积约3300平方米、总投资505万元，实际建7层、总建筑面积2206.32平方米。项目于2014年7月公开招标，8月正式动工，12月主体竣工。

【编纂《祁阳县人民防空袭方案》】　2014年7月初，按照永州军分区、祁阳县人民政府、祁阳县人民武装部的统一部署，县人防办组织各有关部门和单位分工协作，结合实际，启动第一部《祁阳县人民防空袭方案》编制修订工作。“方案”编制修订做到框架科学合理、结合本地实际、依据明确、内容充实、结构清晰、要素齐全、资料翔实。2014年12月经验收，符合市人防办统一规定和要求。

【编制人防工程建设专项规划】

按照省市要求，结合县城总体规划修改和县城地下空间开发利用规划，于10月份在全市率先启动全县人防工程建设专项规划的编制工作。

【行政执法】　2014年上半年，将人防行政审批项目列入县政务中心进行一站式报建，将防空地下室易地建设费征收进入全县建筑领域税费一体化征缴系统，县人防办派专人进驻县政务中心人防办窗口办理相关业务，行政征收公开透明，行政审批日趋规范。同时，为县人防办全体专职人员办理行政执法证，实行亮证执法，并建立执法台账。8月，开始规范行政执法程序和案卷、文书整理，开展专项整治行动，提升行政执法业务能力。

（陈安美）

法　　治

政法委工作

【概况】　中共祁阳县委政法委员会（简称县委政法委）成立于1982年2月，2002年4月出台“三定方案”（祁办发〔2002〕15号文件），正式明确县委政法委的职能配置、内设机构和人员编制情况。祁阳县社会管理综合治理委员会办公室（简称县综治办）与县委政法委一个机构两个牌子。

县委政法委是县委领导政法工作的职能部门，共设有4个内设机构，分别为办公室、政工室、维护稳定工作办公室（加挂县维护稳定工作办公室牌子）和执法监督室，2014年有在编在岗人员20人。

【和谐祁阳建设】　2014年，全县各级各部门突出工作重点，狠抓责任落实，主动依法履职，确保社会大局持续稳定。矛盾纠纷化解有力。全面推行重大事项社会稳定风险评估和“3+X”矛盾调处机制，全年共排查各类矛盾纠纷和不稳定隐患3926件，其中重大矛盾纠纷62件，已调处化解各类矛盾纠纷3846起，其中重大矛盾纠纷55起，化解民转刑案件43起。信访秩序明显好转。全县各级各部门接待群众来信来访376批7108人次，其中集访145批2178人次，与2013年相比分别下降20.46%、30.57%；解决突出信访问题41件次，化解信访积案33件次，促使42名信访老户息访息诉。同时，加大依法处置涉访违法行为力度，依法处置在县行政中心现场缠访闹访人员33人次，疏导规劝来访群众186批2152人次。开展集中打击进京非访专项活动，对非访人员进行训诫谈话129人次、治安（行政）拘留100人次、刑事拘留28人次，定罪量刑6人次，圆满实现县委、县政府年初提出的“进京非访量下降50%、退出全市前三位”的工作目标。突发事件处置果断。为全力维护社会稳定，快速、妥善处置各类突发事件，组建一支500人的应急处突队伍，各镇乡办场各组建20~30人的应急处突中队。各级应急处突队伍依法处置堵桥堵路、停尸闹事、非法聚会等各类突发事件48起，成功处置海螺水泥、滨江豪庭、天宇第一城、梅溪交通事故堵路等一批群众聚集性突发事件，有力地维护社会大局稳定。

【平安祁阳建设】　按照“什么问题突出就整治什么问题”的原则，不断加大严打整治工作力度，切实增强人民群众的安全感。攥紧铁拳抓打击。从2014年4月份开始，在全县开展社会治安集中整治行动，公安机关共立各类刑事案1987件，同比下降11.9%，刑拘各类犯罪嫌疑人1052人，同比上升112%；检察机关依法提起公诉765人，法院依法判决660人，同比分别上升93%、85%。特别是成功摧毁以郭怀安为首、横行祁阳20年的黑社会性质组织，连续侦破在全县造成恶劣影响的2013年“9·20”“9·21”“10·02”等三起涉枪涉刀恶势力案件，“两抢一盗”发案率持续下降，社会治安秩序大为改观。积极开展打击“黄赌毒”专项行动。共破获黄赌毒刑事案件

133起，查处黄赌毒治安案件476起，捣毁聚众赌博窝点7个，抓获涉黄涉赌涉毒人员1478人，其中刑事拘留123人，治安拘留1299人，收缴并销毁电游赌博机180余台，缴获各类毒品总量近4000余克，强制隔离戒毒106人，社区戒毒195人，收治特殊人群17人。打黑除恶、禁毒工作年终考核均在全市排名第一。集中突破抓整治。2014年7月开始，对运输、建筑、河砂、米粉、藕煤、液化气、网吧等11个行业、领域的垄断行为进行集中整治。通过整治，一些反映强烈的行业垄断纷纷回归正轨，河砂价格下降至30元/立方米，液化气价格下降至30元/罐。为切实维护经济建设环境，整合政法各家力量，集中开展打击涉众型经济犯罪、“扫四黑除四害”“打三强”等专项行动，特别是抽调20名工作人员，常驻经开区，集中整治园区企业周边环境，共调处重大矛盾纠纷12起，治安拘留13人，刑事拘留40人，净化经开区社会风气，有力保障经开区企业健康发展。同时，对海螺水泥、湘祁电站、汀兰华府等全县重点项目建设周边环境进行3次集中整治，对以土地补差款为由强装强卸、强买强卖等“三强五霸”阻工阻路行为进行严厉打击，及时化解阻工行为16起，抓获犯罪嫌疑人8人，全县项目建设环境有明显好转。标本兼治抓防控。一方面，不断完善技防设施。在县城新增治安电子监控114处，升级改造电子监控55处。各镇乡办场加大在辖区内重点地段、路口安装电子监控系统的力度，其中龚家坪、潘市、黎家坪等镇自筹资金，在交通要道、重点部位安装80余个监控点。通过建设，全县城乡共建成治安电子监控摄像头682处，切实提高治安防控能力。另一方面，不断加强群防群治队伍建设。在县城12个社区继续坚持夜巡，有效打压小区“盗抢”违法犯罪空间。在农村全面铺开农村治安联防，积极构建乡村治安联防护村网络。全县共组建治安联防护村队260支7000余人，促进农村治安形势的进一步好转。在城区25个群众聚集地设立值守点，每处安排2名政法干警，一台警车，亮警灯值守，切实增强县城街面治安防控能力。清明、春节等重大节假日期间，交警在重要路口、重点道路进行全员上路值守疏导，确保全县道路交通安全畅通。

【法治祁阳建设】　紧紧围绕“严格执法、公正司法”这个核心，强本固基，标本兼治，切实提升政法各部门法治能力和法治水平。涉法涉诉改革稳步推进。大胆推进涉法涉诉改革创新，多措并举化解涉法涉诉信访积案。全年政法部门共接访246件468人次，同比下降20%；通过各种渠道救助涉法涉诉信访困难户46万元，促使40名涉法涉诉信访群众息访息诉。除信访老户外，所接访案件基本导入法律程序办理解决，未发生新的赴省进京上访现象，涉法涉诉信访呈现出“总量下降、积案下降、新案下降”的良好态势。司法为民保障有力。健全政法机关联系企业制度，大力推行优化远程立案、巡回执行、执行和解等措施，执结一批群众反映强烈、与百姓利益息息相关的劳动、教育、医疗、民间借贷等216件涉民生案件，兑现标的113.29万元。加大打击涉企犯罪力度，共批捕涉企案件5件8人，起诉6件10人。办理各类公证案件801件，为当事人避免和挽回经济损失180万元，办理法律援助案件212件。执法行为逐步规范。组织开展“坚决纠正涉法涉诉中损害群众利益行为专项整治活动”及政法机关办“关系案”“人情案”“金钱案”专项整治活动，查处损害群众利益案件7起，追究责任人7人，查处“三案”问题5起，处理责任人5人。组建案件评查工作小组，将案件质量评查工作纳入常态化管理，集中组织评查案件100件，评查出瑕疵案件10件，全部纠正到位，并对相关责任人进行问责。

【政法队伍建设】 按照政治过硬、业务过硬、责任过硬、纪律过硬和作风过硬的要求，努力建设一支信念坚定、执法为民、敢于担当、清正廉洁的政法队伍。深入开展政法系统群众路线教育实践活动，同步部署“双百”“三千”“五个一”专项活动。全年政法各单位结对帮扶贫困对象614名，解决民生问题156件，送文化法律科技到基层550人次，帮助3个村制定发展规划；编印普法和执法手册12.5万余册，开展普法讲座和课堂63场1900余人次，派驻法律服务工作者700余名，42个政法机关党支部先后与42户特困户和特困老党员签订“一对一”帮扶协议，帮助解决低保、危房改造指标、子女就学等民生问题7个。大力开展岗位技能培训。政法各部门按照“三年一轮、全员覆盖”的要求，坚持“干什么、练什么、缺什么、补什么”的原则，制定具体明确的培训计划和实施方案，推动政法干警教育培训有序进行。一方面，大力举办学习班，组织全体政法干警学习有关本职工作的基本法律、业务知识和工作制度，提高政法干警理论水平。另一方面，大力组织岗位练兵、技能培训，不断提高干警的业务素质和实际工作能力，全年共举办干警培训班6期，培训学员380人次。全面加强纪律作风建设。出台《祁阳县政法干警廉洁从警“十二条”禁令》，大力整顿干警队伍作风，共开展明查暗访90余次，督查干警作风30余次，整改各类作风问题79例，干警形象逐步提升。2014年全省民调中政法干警整体形象排名第68位，较2013年上升21位。2014年政法系统共获国家级荣誉2项、省级荣誉5项，市级荣誉90余项。

（邓奇峰　郭石磊）

法治政府建设

【概况】 祁阳县人民政府法制办公室（下称县政府法制办）为县人民政府法制机构，承担县人民政府法制工作，负责全县推进依法行政工作的组织协调和督促指导，加挂祁阳县人民政府行政复议办公室牌子，内设规范性文件管理室、综合室、执法监督室。

【依法行政】 执行行政决策制度和程序规定。健全并遵守一系列行政决策制度。完善集体讨论程序，县政府常务会议、县长办公会议严格按照承办单位作决策方案说明，县政府法制办作合法性审查说明，监察、审计等部门及与会人员充分发表意见，副县长发表意见，县长最后发表意见的程序进行。执行重大行政决策听证制度，全年指导召开集体土地征收补偿安置、农村宅基地管理、保障性住房管理、新建商品房交付使用管理、房屋专项维修资金管理、市政基础设施工程建设管理、预拌商品混凝土管理等决策事项听证会7件次。完善依法行政组织部署、考核奖励等推进机制。召开全县依法行政暨人大代表建议政协委员提案交办工作会议；与25个乡镇、街道、林场，53个县直执法类单位，15个县直公共服务类单位签订《2014年度依法行政责任书》。2014年，县政府常务会议先后2次听取依法行政工作汇报，专题研究解决具体问题。祁阳县被评为2014年度永州市推进依法行政工作先进单位，永州市三项改革（行政体制改革、社会治理机制改革和农村产权制度改革）工作优秀县区，被推荐为2010年至2014年湖南省依法行政工作先进集体候选对象。

【行政复议】 公布行政复议申请方式、申请书格式、受理及审查程序、申请人权利等内容，方便当事人申请。首次推行行政复议立案登记制度，对当事人提出的行政复议申请和反映的其他事项全部进行登记，并分门别类处理。对属于职责范围内的，分别作行政复议案件和行政执法监督案件处理；对不属于职责范围内，作出解释说明并提出建议。2014年行政复议申请受理16件，行政执法监督处理19件。丰富审理方式。行政复议案件都组织当事人召开听证会。对案情复杂、争议大的案件，还开展现场查看和走访。全力化解行政争议。审结的16件复议案件中，有5件通过调解或和解的方式结案，做到“定分止争，案结事了”。积极履行行政复议相关职责。2014年县政府法制办代表县人民政府答辩市政府受理的行政复议案件6件次，出庭应诉行政诉讼案件6件次。

【行政执法监督】　2014年12月，抽调10名法制工作骨干组成评议组，对全县30个行政执法单位，共85份行政执法案卷进行评查，同时邀请县人民法院、县人大内司委、县政务中心、县优化办等单位参与复核。对于参评案卷，采取交叉评分的方式，对照《祁阳县行政处罚案卷评查细则》和《祁阳县行政许可案卷评查细则》逐案卷打分，对发现的问题予以扣分并责令限期整改。行政执法指导案例编纂。认真编纂并及时公布《祁阳县2014年行政执法指导案例（汇编）》。

【规范性文件管理】　认真审查。执行合法性审查、听证、集体讨论决定等制度。2014年审查县政府本级规范性文件71件，提出审查意见276条。同时，审查把关同级党委文件、会议纪要等其他公文177件，提出修改意见1000多条。县政府及县政府部门制定的规范性文件，均统一登记、统一编号，并统一在政府网站和政府公报予以公布。严格备案。一方面，县政府本级出台的71件规范性文件均按照要求报市政府和县人大常委会备案，做到有件必备；另一方面，接受县财政、物价、林业等政府部门出台的18件规范性文件的报送备案，做到有备必审。及时清理。对县政府本级2014年9月10日前的规范性文件逐件清理，共梳理文件2400多件。在《祁阳政报》和县政府网站上公布《祁阳县人民政府关于公布2014年规范性文件清理结果的决定》，废止规范性文件3件，宣布失效63件，确认继续有效138件。

【政府性合同管理】　推行县政府法制办承办人员、分管负责人、主要负责人三级审核以及承办单位、县政府法制办、县政府三级把关制度。对合同审查中发现的双方权利义务约定不对等、超出国家规定范围的土地及税收优惠、履约主体不明确等问题提出修改意见，极力防范法律风险和减少合同纠纷。出台《祁阳县政府性合同管理办法》，进一步规范政府性合同管理工作。2014年审查政府性合同37件。

【完善政府法律顾问制度】　政府法律顾问工作有效开展。组建县人民政府第二届法律顾问工作组。下发《祁阳县人民政府法律顾问工作规则》，加强和规范政府法律顾问工作。政府法律顾问在县人民政府办理涉法事务、处理突发事件和信访事项复查中发挥了应有作用。政府法律顾问工作体系基本建立。下发《祁阳县人民政府办公室关于全面推行政府法律顾问制度的通知》，在全县推行政府法律顾问制度，全县有54个单位聘请法律顾问。

【行政审批事项清理】　按照上级部署和要求，执行单位上报、梳理汇总、征求意见、政府法制机构审查、政府审定的流程，依法持续开展行政审批事项清理工作。2014年全县公布保留行政许可项目233项、非行政许可审批项目19项。

【法律咨询服务】　2014年提供法律咨询服务280多件次，提出有效意见1600多条。

【县人大代表建议和县政协委员提案办理】　2014年，承接县十六届人大二次会议代表议案、建议、批评、意见（以下统称建议）327件，其中议案2件、重点建议5件；县政协九届二次会议委员提案（以下统称提案）233件，其中重点提案6件。会同县人大、县政协，邀请部分人大代表政协委员对县交通运输局、县水利局、县财政局等20余个承办单位进行现场督办。10月21日，县人民政府第23次常务会议专题听取议案、重点建议和重点提案的办理情况汇报，研究解决办理工作的具体问题。县十六届人大常委会第14次会议、县政协九届第9次常委会议分别听取县政府法制办代表县政府系统所作的办理工作情况汇报。全年办结建议提案510件，占总数的91%；受政策和客观条件限制，无法解决和转为解析答复的建议提案50件，占总数的9%。从抽查代表委员的反馈意见来看，满意或基本满意的达95%。比如县食品药品监督管理局办理《关于严格规范早餐米粉行业管理让全县人民吃上放心早餐的议案》和县公路局办理《关于322国道茅竹段弯道扩宽拉直的提案》，取得看得见、摸得着的实效。

（黄小阳　王猛）

公　安

【概况】　2014年，祁阳县公安局在编在职民警488人，职工45人，内设政工科、纪委监察室（警务督察大队合署办公）、法制信访室、警务保障室、指挥中心、考核办和刑事侦查大队、治安管理大队等12个直属大队；下设各镇乡派出所和县城4个派出所及水上派出所等25个派出所；所属单位有看守所、治安拘留所、消防大队、森林公安分局。2014年度，全县公安机关共立刑事案件2868起，破获1412起，受理治安案件3867起，办结3084起；共抓获各类违法犯罪分子3673人，其中采取刑事强制措施1058人，移送起诉851人，治安拘留1859人，强戒141人，特殊病人收治21人，社区戒毒102人，抓获逃犯213人；共破获黄赌毒刑事案件141起，查处黄赌毒治安案件576起，抓获涉黄涉赌涉毒人员1678人，其中刑事拘留123人，治安拘留1299人，收缴并销毁电游赌博机180余台，缴获各类毒品总量近4000余克；共立现行命案8起，破获8起；共摧毁犯罪团伙35个，其中黑社会性质组织1个，恶势力犯罪团伙8个，"两抢一盗"犯罪团伙16个。全年刑事警情、治安警情较2013年，分别下降32.8%和29.9%。大力开展道路交通安全保卫战、不断加强交通安全隐患排查整改，全县交通事故较2013年度下降14.81%、死亡人数下降10.95%、受伤人数下降17.74%、经济损失下降18.32%。

【维稳安保】　县公安局始终把维护社会稳定作为第一要务，狠抓三级情报信息网络建设，共搜集各类情报信息855条，其中深层次预警信息167余条，及时制止各类重点群体非法聚会活动65起，完成春节联欢晚会、端午节龙舟赛、建党93周年广场文艺晚会等各类安保任务40余次，实现全县重大群体性事件"零发生"、重点人员"零失控"、网上舆情导控"零失误"的目标，确保全县社会政治的持续稳定。

【专项行动】　县公安局扎实开展"打黑恶、反盗抢、攻积案、保民安"等各类专项行动，全力以赴攻坚命案犯罪，从重从严打击黑恶犯罪，持续推进禁毒人民战争，始终保持对违法犯罪活动的高压态势和凌厉攻势。及时组织开展打击"打侵财保民安"等专项行动。2014年，全局共破获盗窃、抢劫、抢夺、诈骗、敲诈勒索五类侵财性案件783起，其中盗窃案696起、抢劫案30起、抢夺案18起、诈骗案17起；摧毁盗窃变压器、盗窃通信电缆、盗窃摩托车、抢劫出租车等团伙16个；抓获犯罪嫌疑174人，其中移送起诉170人，为人民群众挽回直接经济损失达300余万元。持续深入开展命案必破专项行动。县公安局按照《杀人案件工作机制》的要求，对新发命案，严格落实"一长双责制"，迅速成立专案领导小组，落实破案责任，强力攻坚。2014年度共立现行命案8起，破案8起，侦破率达100%。加大打黑除恶工作力度。县公安局坚持“黑恶必除、除恶务尽”“打早打小、露头就打”的方针，精心组织，周密部署，狠狠打击黑恶势力犯罪的嚣张气焰。2014年，在全局共同努力下，共摧毁犯罪团伙35个，其中黑社会性质组织1个，恶势力犯罪团伙8个。其中以打掉省公安厅督办郭怀安黑恶势力团伙，抓获其团伙成员33人案件的社会效应最佳。有力维护社会治安大局稳定，为服务发展、保障民生、促进和谐做出积极贡献。深入推进“打四黑除四害”和治爆缉枪专项行动。在“打四黑除四害”专项行动中，县公安机关强化对食品、药品、农资、烟草、建材、制贩假证、涉枪涉爆七类案件线索摸排及打击处理工作。2014年，县局共破获四黑四害及涉枪涉爆类刑事案件47起，抓获涉案人员47人，收缴枪支、火铳等50支，收缴各类管制刀具40余把，查处涉爆违规案件20起，行政拘留32人次，收缴销毁炸药78千克、雷管384发，依法查处非法运输烟花爆竹案3起，治安拘留3人，并对非法运输的鞭炮1100余件予以销毁。加大对黄、赌、毒等违法犯罪的打击力度。2014年县公安局精心组织、全警动员，大力开展扫黄禁赌专项整治行动。全局全年共破获黄赌毒刑事案件141起，查处黄赌毒治安案件576起，抓获涉黄涉赌涉毒人员1678人，其中刑事拘留123人，治安拘留1299人，收缴并销毁电游赌博机180余台，缴获各类毒品总量近4000余克，有效震慑黄、赌、毒等为违法犯罪活动。

【窗口建设】　县公安局增加办证窗口、延长服务时间，2014年度共受理身份证42559张，迁出迁入户口12735人次；开通出入境POS机收款和电子通行证业务，受理各类出入境22248人次；协助民政，劳动社保等部门核实农民失地养老保险36866人次，通报计生部门新生儿入户6423人，已婚妇女迁入1471人；强化实有人口管理，采集流动人口5879人，出租房屋2324间，发放居住证1419张，列管工作对象8935人。

【基层基础工作】　2014年，县公安局积极稳妥推进县局业务用房工作、“三所合一”建设完成征地和规划设计等工作、新建羊角塘派出所、完成民生路派出所维修和改造工程、对打黑基地及五个派出所进行维修改造、对看守所、拘留所的配套设施进行完善；做优民警处警能力，县局投入35万余元购置个人防护装备、单警装备以及应急处突装备；实现所有基层派出所均有执法办案区，配齐调查取证用的录音录相器材、刑事取证设备、电脑和打印机等。城区的“1234”社区警务模式渐趋成熟，在农村探索建立护村队，推行村村联防，试点工作取得实效，有力地创新和推进社会治理。共采集治安类基础信息156860条，指纹信息5399条，现场勘查信息1186条，DNA信息2746条，重点人员无一漏管，基础工作显著加强，为实战服务的作用日趋显现。

【队伍建设】　坚持人本情怀，切实把维护广大民警的根本利益作为从优待警工作的出发点和落脚点，及时落实民警加班补贴和岗位津贴，提高公安民警特别是基层民警的政治、经济、生活待遇，建立完善因公牺牲、负伤民警补助、救治及医疗费用保障机制，努力为民警排忧解难，提升民警幸福指数，充分激发队伍活力。把贯彻落实党风廉政建设责任制作为加强党的建设重要内容，健全规章制度，狠抓日常监管，整肃警风警纪，促进队伍管理常态化、制度化、规范化。严格按规范执法办案，及时纠正执法错误，保证权力运行有章可循，杜绝滥收费、滥罚款、滥摊派等侵犯企业和群众利益的现象发生。全局各单位负责人向县局递交责任状，实现由权力问责到制度问责。坚持严教育、严管理、严查处，2014年度全局共查处民警违规违纪案件6起8人。

【摧毁郭怀安黑恶势力团伙】 2014年4月1日，经永州市公安局领导研究决定，成立永州市公安局祁阳县打黑除恶专案组，打掉在祁阳危害百姓多年的以郭怀安为首黑社会性质团伙，抓获团伙成员33名，依法查明以郭怀安为首的涉黑性质团伙涉嫌组织、领导、参加黑社会性质组织罪、故意杀人（未遂）罪、故意伤害罪、开设赌场罪、非法持有枪支罪等17项罪名，共946起犯罪事实，并于9月30日依法移送起诉。

【打击赌博违法犯罪】 2014年上半年，县局抽调十余名精干警力成立"扫黄打赌"专业队，全力以赴投入扫黄禁赌工作。4月30日，专业队联合白水派出所、肖家派出所成功摧毁白水镇洲上村地下六合彩赌博窝点，现场抓获违法人员10余人，其中4人被刑事拘留，有效震慑当地开设地下六合彩赌场的不良风气。

【打击侵财犯罪专项行动】 2014年6月，刑侦大队联合梅溪派出所针对梅溪镇一批来历不明的摩托车进行调查摸底，并成立专案组。通过专案组民警不懈努力，摧毁以唐某为首的摩托车盗窃团伙，成功抓获长年流窜于祁阳、冷水滩等地作案的团伙成员唐某、王某等11名犯罪嫌疑人，追回被盗摩托车48台，处理非法购买赃车人员30余人，破获系列入室盗窃案件80余起，为人民群众挽回经济损失达100万余元。

【禁毒缉毒工作】 2014年度，全局共立涉毒刑事案件59起，破53起，破年前案件5起，刑事拘留62人，批准逮捕51人，移送起诉69人。查处涉毒行政案件307起，行政处罚涉毒违法人员505人，其中行政拘留480余人，强制隔离戒毒167人，社区戒毒105人，收治特殊人群32人次。缴获毒品麻古共32300余粒约2900余克，冰毒743余克，各类毒品总量近4256余克。通过打击处理，毒品违法犯罪活动发展蔓延的势头得到了有效的遏制。

【严打经济领域犯罪】 全年共立经济案件82起，破获86起，抓获嫌疑人75人，其中刑拘42人，逮捕15人，移送起诉31人，判决12人。为国家、集体和个人挽回直接经济损失1500余万元。

（申钰）

道路交通管理

【概况】 祁阳交警大队组建于1986年10月，为正科级单位。2014年有人数97人，其中在岗在职民警78人，工勤人员7人。下设纪委、政工室、办公室、行财股、法制股、车辆管理所、低速中队、客运中队、交管中队、羊角塘中队、唐家岭中队、白水中队、黎家坪中队、浯溪中队。为策应创国卫工作，大队成立创国卫专业办公室，安排1名领导、1名民警、2名协警。2014年县公安局交警大队在县委、县政府和上级公安机关的正确领导下，以学习贯彻中共十八届三中、四中全会精神为动力，将预防道路交通事故作为第一要素，把疏通保畅攻坚作为第一突破口，视队伍建设和执法规范化建设为第一保证，以不断提升人民群众满意度为第一目标，在创新中前行，在实干中奋进，实现道路交通事故稳中有降，全年无1次死亡3人以上交通事故的发生。

【事故预防】 排查整改夯实事故压降防线。以客运公司为重点，排查隐患企业；以客车、校车、危险品运输车为重点，排查隐患车辆；以A证、B证为重点，排查隐患驾驶人；以事故多发危险路段为重点，排查隐患路段；以源头清理，网上选查，路面监管为重点，排查隐患行为，年内排查出隐患车辆45台，隐患驾驶人160人，排查主体责任落实不到位的运输企业2家，排查隐患路段76处，治理到位36处。机制创新夯实事故压降防线。将二客一校一危（大中型客车，校车，危险品运输车）车辆管理上升为政府行为，会同交通运输、教育等部门，按要求逐一建档，全县有专业校车216台、危爆运输车辆12台、企业客运车辆237台，全部实行档案管理。开展专项督查。制订《关于开展全县道路交通安全隐患大排查、大整治、大督查专项行为方案》，先后督导检查；落实客运企业凌晨2至5点客车停运规定，安装使用GPS动态管理系统，安排专人24小时值守。同时对重点车辆开展“违法清零”行动，做到见车，见驾驶人，见车辆合格，见业主，面对面宣传，开展“大排查、大治理、大检查”“道路客运安全年”“打非治违”“酒驾”“涉牌涉证”“城区交通秩序整治”“非法营运行动整治”等十多项事故预防专项行动。宣传教育夯实事故压降防线。对近来的交通事故汇总分析，制成板报及视频资料，开展警示教育，同时，通过电子屏、“122”报警热线发布信息，开通微博、微信、微视宣传教育广大群众开安全车、走安全路。2014年全县发生交通事故961起，死亡21人，受伤216人，直接经济损失97.6万元。同比下降10.8%、0%、12.5%、16%。

【秩序管理】　借县城提质改造创卫生县城的契机，摸清城区道路交通设施底数，并聘请湖南省交通规划勘查设计院进行详细调研论证，报请县委、政府将五交化路口、苗圃路口的电子信号灯实行改造、更换。在城区添置更新标志、标牌27块，标线1.6万米。创新理念变“事后治堵”为“事前防堵”，调整勤务模式，建立“繁华路段常年值守，高峰期疏堵值守，平峰期巡查值守，重要路口示范值守”制度，经县委、政府同意为创国卫从县直各单位抽调142人到大队担任交通协管员，充实管理队伍。同时组织交警志愿者、驾校学员组成文明劝导岗，重点劝阻行人走斑马线，机动车闯红灯等不文明行为。安排专业力量组织5个摩托车小分队和6个巡逻小分队，对城区乱停乱放车辆，采取巡逻喊话、违停拍照、当场劝离、强制拖离车辆等手段，加强对民生路、人民路、陶铸路等复杂路段的即时管控。开展“打四非、查四违”“酒驾”“货车超限超速”等行动，查获超速7156起，超员475起，闯红灯851起，酒驾81起，醉驾8起，治安拘留18人，刑事拘留20人。

【规范执法】　注重执法主体建设。采取聘请法律专家讲座、邀请上级领导授课、执法业务能手点评等形式，使民警树立理性、平和、规范的执法理念，通过业务培训、随岗培训、执法业务比武等活动提升民警的执法实战能力。强化执法流程管理，建立业务监控平台，对机动车查验、驾驶人考试、违章处罚、车辆及驾驶人年检审、事故处理安装电视监控头实行实时在线监控，所有交管业务实行网上办案流转，堵死网外流转操作漏洞，发现异常业务立即通报整改。同时大队开展执法巡查和立案突出问题专题治理行动，全方位地开展警务公开，畅通短信、电话、网络监督举报措施，自觉接受社会媒体、人大、司法的监督，规范执法、阳光执法、高效执法。

【科技投入】　为增强路面管控能力，提升交通管理执法水平，积极向县委政府争取增加财政预算，共投入资金380万元，不断完善道路交通安全设施，对五交化路口和苗圃路口2处红绿灯系统进行了更新改造，新增2处红绿灯，施划路面交通标志标线2600平方米，新设和更换老旧标志牌25块，规范行人及驾驶人的行为，确保群众的安全出行，同时落实路面执勤民警人手1台警务通和执法记录仪，使民警在路面就可以对被盗抢车辆、在逃人员等信息进行查询和比对，完成现场拍摄取证等业务，执法记录仪规范民警现场执法，有效地保护民警自身安全，同时投诉案件也明显减少。

【服务民生】 创新车管服务机制。认真把好考试关、检验关、牌证关，着力在提升上牌率、驾考优质率、车辆检验率、驾驶人年审率上下功夫。组织年管所人员到乡镇和企业为群众办理摩托车牌证一条龙服务，大队车辆管理所被公安部评为一等车管所，全年办理机动车注册登记8628台次，初检车辆8394台，受理驾驶人业务18400笔，其中初次申领五小车辆驾驶证4177笔；创新事故维稳机制，对发生死亡交通事故及时掌握情报信息，推行社会维稳。最大限度地减少堵路、堵门、堵政府事件发生，设立道路交通事故社会救助基金，为7名交通受害者发放救助基金21.5万元。创新服务民生载体，常年为车辆及驾驶人实行车辆年检、驾驶人换证、交通违法处罚告知服务，安排专人回访交通管理当事人，及时掌握道路交通管理的动向和不足，必要时上门“回访”。

【队伍管理】 开展教育整顿活动。扎实有效地开展党的群众路线教育实践活动，大力加强公务用车统一IC加油卡管理，公务用车定点维修、车辆节假日统一停放大队院内，公务接待一律安排食堂就餐。开展“执法检查回头看”活动，对交通事故处理，车辆驾驶人管理，路面执勤执法中的问题，及时部署整治整改，对1名民警进行诫免谈话，对2名协管员和2名聘用人员予以辞退。开展岗位培训活动，举办培训班3期，轮训民警110人次，对从县直单位抽调的142名协警在县委党校全封闭进行法律、交通法规、交通手势等内容的7天培训。大队各项工作有声有色，2014年大队被省交管局评为绩效考核评估先进单位、市文明单位、综合考评市先进单位。

（唐少民　曾晓华　周良梅）

检　　察

【概况】 祁阳县人民检察院，最初成立于1955年8月1日，2008年搬迁至县城西区平安西路，占地面积1.33公顷，检察综合技术大楼总建筑面积7600平方米。共有15个内设机构和1个派驻机构，有政法编制85人，在职干警82人，其中有检察官59人，司法警察5人。

【刑事检察】 2014年共受理提请审查逮捕刑事犯罪案件458人，批准逮捕379人，不捕73人；受理移送审查起诉刑事犯罪案件872人，起诉697人，起诉人数同比增长86%，不起诉87人，移送市院审查起诉72人，无一例错案。认真贯彻宽严相济刑事政策，共依法办理刑事和解案件52人。协同县公安局、法院在快速办理轻微刑事案件工作上达成共识，建立“侦、捕、诉、判一体化”快速办理机制，着力做好轻微刑事案件、涉稳案件和群体性事件的调解和依法处置工作，将宽严相济刑事政策贯彻到执法办案全过程，减少社会对立面，促进社会和谐。积极参与社会治安综合治理和社会管理创新工作，组织干警参与定点值守、夜巡等活动，有效推进专项整治行动和治安防控体系建设。加强涉检信访排查工作，畅通民意表达渠道，妥善处理群众控告、举报、申诉等各类信访，积极回应群众诉求，努力化解社会矛盾。及时、有效处理来信25件，接待来访群众376人次，为民解除诉求35个，化解社会矛盾6起，未发生一起涉检赴省进京上访事件。院控告申诉接待室连续五届被评为“全国文明接待室”。建立社区、学校、家庭“四位一体”帮教机制，形成对不捕不诉未成年人的帮扶合力，帮助其重回正道。加强未成人犯罪预防工作，积极与县教育局沟通、磋商，启动覆盖6所重点学校的“法制进校园”巡回活动。由县教育局统一聘请院检察官为法制副校长，负责法制教育、宣讲。院公诉科继续保持“省青年文明号”荣誉称号。

【查办和预防职务犯罪】 2014年立案侦查职务犯罪案件6件8人，参与上级院侦查一体化办案2件3人，大要案率为100%，法院作有罪判决4人。充分履行查办和预防职务犯罪工作职责，整合资源，汇聚力量，大力查办职务犯罪案件。依法对县国税局、民政局等部门工作人员在永州市观音滩稀土公司、华鑫磁性材料公司弄虚作假、以虚增残疾人就业安置等手段骗取国家退税过程中，不认真履行职责，造成国家税费严重流失的问题进行立案侦查，联合公安机关为国家和集体挽回经济损失2000余万元。依法查办原县财政局经建股股长兼财政投资评审中心负责人郑某受贿、挪用公款一案，一审郑某被判处有期徒刑11年，剥夺政治权利1年，并处没收个人财产5万元。坚持“标本兼治、惩防并举”，紧密结合执法办案，加强犯罪分析和检察建议工作。回应群众呼声，在涉农惠农领域开展专项预防调查，促进侦防一体化。创新社会化预防格局，与9家机关事业单位建立预防职务犯罪检察联络室。完成职务犯罪分析报告4篇，开展警示宣传教育6次，提出检察建议3份，出具行贿犯罪档案查询告知函427份。围绕“无悔青春、精彩人生，自觉远离职务犯罪”，为县委党校2014届中青班学员上警示教育法制课，反响良好。院反贪局于龚家坪镇召开案件回访座谈会，公开答复何家岭村民实名举报该村在退耕还林过程中存在贪污的问题，并当场依法返还被贪污的涉农资金3万余元，受到群众好评。

【诉讼监督】 立案监督5人，追捕3人，追诉漏罪漏犯20人，依法提起抗诉3人，发出纠正违法通知书21份，发出检察意见书3份，检察建议书8份。不断加大诉讼监督力度，解决可能存在法律监督空位、错位、不到位问题，做到让公权力敬畏法律。加强侦查和审判活动监督，对侦查机关存在大案小办、有证不取的问题以及审判机关适用附加刑不当、重刑轻判的现象开展专项监督，抽调侦监、公诉、反贪、反渎等部门人员组成个案监督小组，遴选不同类型的具体个案进行监督，从诉讼各个环节开展调查。加强民事行政监督，围绕生态文明建设、民生领域，深入调查、走访县农业开发办、财政局、环保局等行政执法部门，积极摸排案件线索。办理对行政机关不当履职的监督案件12件，及时向有关单位发出检察建议，为国家挽回经济损失130余万元。积极配合市院民行处工作，协助办理民事抗诉案件3件。强化刑罚执行监督，开展监外执行检察活动和羁押必要性审查工作。对全县范围内的减刑、假释、暂予监外执行案件进行全面清理，促进公正司法。院驻看守所检察室已接入检察专网，建立检察、公安监管信息和监控系统“双联网”，实现审讯活动同步录音录像和实时查看各监室视频。全年办理羁押必要性审查案件3件，召开联席会议14次，开展清监、打击牢头狱霸专项活动18次，开展社区矫正社会调查评估监督178起，发出监所检察建议书23份。院驻所检察室被高检院评为“二级规范化检察室”。

【队伍建设】 大力开展全员岗位练兵活动，多次组织法律文书制作竞赛、演讲比赛、庭审观摩点评等活动。实行竞争上岗、双向选择、月度考评和量化岗位责任制考核，通过各种督促机制奖优惩劣、奖勤罚懒，充分调动干警工作积极性和主动性，队伍活力不断增强。不断加大干警教育培训力度，全年组织干警参加上级党委和上级院的各类学习培训24人次，自行组织培训46人次。

以“祁检讲坛”为平台，推行党组成员讲政治课、部门负责人讲业务课的学习模式。通过学习和培训，检察干警综合素质和执法能力不断提高。制订完善院领导班子成员党风廉政建设职责、党组中心组学习等制度，共开展学习讨论5次，领导班子凝聚力、执行力明显提升。被市委创建学习型党组织领导小组评为全市“十佳学习型机关”。按照中央八项规定以及省市县有关作风建设规定和政法机关各项禁令要求，全面开展检务督察，共开展明察暗访各类督察56次，发出通报25期，发现问题8起，整改8起，确保理性、平和、文明、规范执法。针对查摆出来的问题，进行认真研究分析，确定整改的方向和任务，制定廉洁从检、规范办公、遏制文山会海、严格“三公”经费管理、落实惠民政策、提高执行力等六大类48项制度。通过建立健全制度，切实把廉政和作风建设固化于制，强化制度执行力，形成长效机制。坚持以群众满意不满意作为衡量检察工作好坏的标准，多次深入基层了解情况，听取群众诉求，坚决查处群众反映的突出问题，把惠民措施落到实处，提升检察公信力。

（周逸林）

法　　院

【概况】　祁阳法院始建于1950年7月。2014年内设立案庭、民一庭、民二庭、审判监督庭、林业庭、刑事庭、行政庭、执行局等16个中层单位，外设金洞人民法庭、黎家坪人民法庭、白水人民法庭等8个派出人民法庭，在职干警140名，其中法官（助理审判员、审判员）97名。2014年，全院共受理各类案件5250件（2013.12.21～2014.12.20），审结4901件，结案率为93.35%，收结案总数名列全省前茅，创历史新高。

【刑事审判】　全年共审结各类刑事案件471件，判处罪犯660人。从重打击严重危害人民群众生命财产安全的暴力犯罪，审结故意杀人、故意伤害、抢劫、强奸、绑架等案件97件128人，判处5年以上有期徒刑37人；从快打击严重危害社会治安秩序的多发性犯罪，审结盗窃、毒品、赌博、寻衅滋事、敲诈勒索等案件198件252人，平均审理周期缩短至26天；从严打击职务犯罪和经济犯罪，共审结贪污贿赂渎职犯罪案件5件5人。审结非法吸收公众存款、金融诈骗、制假售假等类型案件57件89人；坚持惩戒与挽救相结合原则。对91名罪行较轻、确有悔改表现的初犯、偶犯、未成年犯，依法从轻、减轻或免除处罚。对40名符合法律援助条件的被告人指定辩护人。对36名社区矫正对象认真开展回访帮教。贯彻落实省法院关于量刑规范化《实施意见》，扎实推进量刑规范化改革。

【民商事审判】　共审结民商事案件3394件，结案标的2.83亿元。审结金融、借贷、商业开发、建设工程等商事纠纷516件，平等保护各类市场经济主体，全面优化经济发展环境。在平等保护中突出保障民生，审结婚姻、家庭、邻里纠纷案件1891件，促进社会和谐；审结劳动合同、劳动争议等案件67件，有力维护劳动者的正当权益；审结人身伤害、医疗纠纷、交通事故等民事损害赔偿案件583件，依法制裁民事侵权行为；审结土地承包经营权、土地征用等涉农案件43件，依法促进新一轮农村土地制度改革稳步推进，收到良好的法律效果和社会效果。

【行政审判】　审结行政诉讼案件91件，同比增加31.32%。坚持合法性审查原则，对3件被诉具体行政行为违法的案件，依法判决予以撤销。对39件具体行政行为合法的案件，依法予以维持或驳回诉讼请求；对9件诉讼主体不适格或超过诉讼时效的案件，裁定驳回原告的起诉。协调化解争议，原告自动撤回起诉40件。共审查劳动、计生、国土、水利、环保等行政部门申请的非诉执行案件237件，有力地促进依法行政。

【执行案件】　坚持文明高效的执行理念，着力化解“执行难”。共受理各类执行案件865件，执结716件，执结率82.77%，无一差错案件。推行“阳光执行”，明确“十一个公开”，满足当事人对执行工作的知情权、参与权和监督权；加大对抗拒执行、逃避执行的惩治力度，2人涉嫌拒不执行法院判决裁定罪被移送刑事立案，178名“老赖”身份信息予以曝光；深化网上“点对点”查控被执行人银行存款、车辆、户籍、出入境、婚姻登记、房地产的执行新机制，查询被执行人存款2132人次，反馈信息1万余条，执行标的1.03亿元；落实执行措施，依法采取查封、冻结、扣押、司法拘留等强制措施369件次；积极开展劳动就业、社会保障、教育、医疗、婚姻家庭、人身损赔等涉民生案件专项执行活动，共执结此类案件115件，兑现标的671.21万元。执行工作同时突出为大局服务。继续开展为县原信用联社清收不良贷款专项行动，共收回贷款本息2200余万元，为成立祁阳农村商业银行，提供有力的司法保障。

【司法救助】　针对无法获得赔偿的刑事案件被害人及其亲属，无法执行到位的民事案件申请执行人和生活确有困难的涉诉信访当事人给予司法救助21.39万元，依法通知法律援助机构为180名民事诉讼当事人提供援助代理，对符合条件的219名诉讼当事人减缓免诉讼费77.35万元，努力让经济困难的当事人打得起官司，让有理有据的当事人打得赢官司。

【审判监督】　本着有错必究的原则，依照法定程序，2014年县法院依法对已经发生法律效力的3件民事案件、2件刑事案件，启动再审。

【队伍建设】　切实加强自身能力建设，努力提升全院干警司法能力和司法水平。组织39名干警参加国家法官学院、省高院业务培训，组织96名法官参加市中院和本院审判工作专项培训，开展审判技能竞赛、审判实务讲评9场次，全院干警业务素质进一步提高，司法能力、司法水平不断增强。深入开展党的群众路线教育实践活动，聚焦“四风”突出问题，努力解决人民群众关切的“六难三案”问题。全院共腾退办公用房302.5平方米，整改腾退率100%；控制压减“三公”经费56.35万元，同比下降39.13%；清理在编不在岗人员1人，辞退临聘人员2人，通报批评干警21人次；查处“四风”典型案例1起，党内警告处分1人。干警的责任感和危机感进一步增强，司法作风明显好转，全省民调排位前移到67名。全面加强党风廉政建设，狠抓队伍廉政纪律。坚持层层签订党风廉政建设责任状，强化廉政警示教育，筑牢全院干警廉洁自律意识。深化审判执行重点岗位防控机制建设，健全权力运行内控机制，以“零容忍”的态度持之以恒抓好队伍建设，推进公正廉洁司法。加强纪检监察人员配备，安排专人接收网络、电话情况举报。加强对各类投诉、举报案件的查处，队伍廉政纪律日趋增强。

（李春林）

司法行政

【概况】　祁阳县司法局成立于1981年，内设办公室、法制宣传股、公证律师管理股、基层工作股、社区矫正股、政策法规股、财务股、政工室等8个职能股室，下辖县公证处、县法律援助中心、22个司法所。2014年在职职工92人，其中领导班子9人，机关中层负责人10人，司法所长22人，司法行政干警51人。管理两个律师事务所，注册律师25人，3个法律服务所，注册法律工作者40人。2个司法鉴定所，司法鉴定人员18人。多次获“全国普法依法治理先进单位”“全省优秀司法局”“省五好司法局”“全省基层司法行政指导管理先进单位”“中华全国人民调解宣传工作先进单位”等称号。

【普法深入开展】 成功组织全县干部年度学法考试。在全县范围内全面推行公务员学法用法无纸化考试，达到以考促学、以学促治的目的。50多名副处级以上干部推行闭卷考试，其他公务员推行无纸化考试。大力开展社会法治宣传教育活动。以“农村法制宣传教育月”“青少年法制宣传周”“12·4”国家宪法日等重要节点为载体，针对重点对象有针对性开展普法宣传教育，取得实效。认真抓好“五个一”（读好一本法制教育读本、观看一部法制宣传教育片、参观一次法制宣传挂图、上好一堂法制教育课、组建一支法制宣传队伍）活动，编印《祁阳县普法实用手册读本》12.5万册，免费发放到全县村（居）民手中，深受群众好评；在《祁阳手机报》上开辟《法治之窗》专栏，组织全县各行政执法单位进行行业法律宣传，每周至少有1条普法内容见报。开展“诚信守法文明户”评选活动，在全县22个乡镇、街道办事处评选出250户文明户，以点带面，带动此项活动在全县范围内全面开展。扎实开展依法治理和专项治理活动。推荐3个“依法治理示范窗口单位”，加强对已命名“窗口单位”的动态管理，确保创建活动健康、深入开展。进一步深化创建活动，将各项任务分解落实到责任单位，将“法治祁阳”创建工作纳入政府绩效考核、综治考核范畴，着力提升社会法治化水平。

【法律服务新发展】 深入开展以律师为主体的“两牵手”和“法律顾问百千万”等专项活动，大力推行“政府法律顾问”制度，组织引导律师、基层法律工作者、公证员，积极服务于政府和企业，推荐优秀律师担任政府法律顾问，为县委、县政府重大决策提供法律服务，特别是各乡镇和全县行政执法部门聘请法律顾问工作得到省、市领导的高度评价。金浯、博大两个律师事务所共担任公民、法人、机关、企事业单位法律顾问115家，办理各类案件620件。公证工作有新进展。为着力推进公证机构规范化标准化建设，开展“公证质量年”“公证业务拓展年”等活动，提升公证法律服务水平，积极拓展证源，发挥公证工作证明、监督、服务、沟通的职能作用。2014年共办理各类公证801件，无一假证、错证。司法鉴定管理工作有新模式。开展调查研究、整合现有资源，创新管理，探索一条符合祁阳实际、规范有序的管理模式。推动建立司法鉴定法律援助制度，降低困弱群体诉讼成本，探索行业惩戒机制。严肃查处鉴定机构或鉴定人违规行为，坚持杜绝“一伤多鉴”“一伤多果”，浯溪、中泰两家司法鉴定所共进行司法鉴定1459件，提供司法鉴定法律援助案例3件，无一假鉴、错鉴案件，采信率100%。法律援助工作有新提高。进一步规范法律援助工作，夯实法律援助基础。通过降低援助门槛，设立援助“绿色通道”，扩大法律援助覆盖面，实行“一案一补”，完善在检察、民政、劳动、残联、看守所等单位设立的法律援助工作站，做到“应援尽援”。2014年共办理法援案件200余件，发放办案补贴20余万元。

【人民调解】 构建基层人民调解组织网。全县19个乡镇3个街道办事处、897个村（居委会、社区）建立各级各类人民调解委员会919个，聘任专职、兼职人民调解员2859人，实现人民调解工作网络区域全覆盖，为全县社会稳定奠定扎实基础。继续扩宽行业性、专业性调解委员会。在原有的医疗、交通、劳动、工伤四个专业性、行业性调委会的基础上，建立和完善食品药品、婚姻家庭、消费者权益保护专业性行业性调委会。设立人民调解员人才库、信息库，探索建立由当事人自主选择人民调解员进行调解的“点调”新模式。扎实开展“三调联动化矛盾，息访息诉促平安”专项调解活动，加强人民调解与行政调解、司法调解的“三调联动”，加强与信访部门的衔接，确保调处矛盾纠纷和涉法涉诉信访案件“联得动、调得好、化得了”。各级人民调委会共调解案件3803件，成功率99%，防止民转刑13件60人，防止群体性械斗6件100人次，防止群体性上访34件519人次，真正发挥人民调解“第一道防线”的作用。

【社会管理创新】　社区矫正工作顺利开展。认真做好审前社会调查评估工作，认真把好“入口关”，2014年全年共出具审前社会调查评估意见216份，采信率达到95%以上，为法院、检察、公安办案提供科学依据。加强对社区服刑的监督管理。在加强对社区服刑人员日常管理的同时，定期或不定期地对社区服刑人员进行现场点名，电话抽查，落实对社区服刑人员的监督；全县共有社区矫正对象422名，其中缓刑375名、管制4名、假释34名、暂予监外执行9名，解矫118名。刑释人员安置帮教工作扎实开展，积极抓好安置帮教基地建设。协同民政、人社局、团县委、妇联等部门，整合帮教资源，建立过渡性安置帮教基地，安置帮教刑释解教人员35人，衔接帮教率达到100%。

（张艳）

综合经济与管理

发展和改革

【概况】 2014年，祁阳县发展和改革委员会在职人员26人，内设办公室、综合改革发展股、项目投资管理股、政工股、纪检（监察）室等5个股室，下辖县重点建设项目管理办公室、县招标投标管理办公室、县节能监察中心、县以工代赈管理办公室。

【跑项争资】 2014年全县各级各部门共向国家、省、市有关部门争取项目300余个，到位资金9亿元，占年计划的109.7%。2014年年初，科学分析国家的投资走向和投资重点，围绕中央预算内7大重点投资领域开发并包装286个项目，基本上挤进国家和省计划笼子。争取到位的重大竞争性项目主要有：湘江祁阳县白水工业园河道治理工程890万元、农村学前教育推进工程800万元、浯溪摩崖石刻数字化保护520万元、浯溪摩崖石刻安防工程362万元、县人民医院精神科大楼建设300万元、2014年国家中小企业发展专项资金200万元。

【项目建设】 全年全县计划实施重点建设项目58个，年计划投资29.57亿元。其中，前期项目10个；新建项目28个，完成投资7.6亿元；续建项目20个，完成投资16.4亿元。

【服务建设】 全年共审批、核准、备案各类项目108个，概算投资总额27亿余元，有效地克服项目建设的重复性和盲目性。认真核准建设项目的招标方式、招标范围和招标组织形式，对所有招标项目必须上湖南省招标投标监管网进行发布。全年共核准招标事项124项，无一差错和遗漏。围绕建立良好的经济秩序，充分发挥发改委综合协调职能作用，牵头协调重点项目、重大工作等，取得较好的成绩。

（王伟）

物 价

【概况】 物价局成立于1988年。2014年有干部职工80人，内设收费管理股，价格调控股，办公室三个股室，下设价格监督检查局（副科级），价格认证中心，价格调节基金征收管理办，价格成本调查队四个二级机构。主要担负全县价格和收费的监督和检查，依法组织实行政府指导价，政府定价的商品，服务价格以及行政事业性收费的成本费用的监审，制定和调整实行政府指导价，政府定价的商品，服务价格，审批行政事业性收费项目和标准，办理涉案物品价格鉴证，以及价格调节基金的征收管理使用工作。2014年，县物价局紧密围绕“稳物价、惠民生、优服务、强基础”的工作目标，加大价格调控力度，强化市场监管，规范市场价费行为开展工作，被评为2014年度国家级农产品调查先进单位。

【价格调控】 推行涉企收费清单制度。在县政府的统一领导下，与相关部门配合，对涉企收费进行清理规范，从严落实“涉企收费进清单、清单以外无收费”的要求。全力服务县级公立医院改革。自全县启动县级公立医院改革试点工作后，物价局积极履行职责，严格按照“取消医疗机构药品加成政策，总量控制，结构调整”的原则，大力推行医药价格改革和医保支付方式改革，调整收费结构，实行药品零差率销售，从根本上破除“以药养补医”机制，进一步规范医院收费行为，减轻患者负担，一定程度上缓解群众看病难、看病贵问题。这项经验受到省局表扬和推荐。积极稳妥推进价调基金征管。把服务“菜蓝子”工程，作为合理运用价调基金的主要抓手，全年共征收价格调节基金320万元，省级下拨价格调节基金120万元扶持发展德辉现代农业和天子龙蔬菜专业合作社等基地。

【价格监督检查】 从严整治农村客运市场。春运期间，采取“全局动员，分片包干，责任到人”的工作机制，对全县农村客运班线进行价格监督检查，累计出动执法人员400余人次，查处违价车辆150余辆次，清退和处罚价款20万余元。春运后，又持续开展3个月的专项整治行动，重点检查群众反映强烈的祁阳至黎家坪、祁阳至大忠桥、祁阳至文明铺、祁阳至冷水滩等客运线路票价执行情况，使9条通乡镇的客运班线票价恢复到核定标准，其中有6条线路下调票价1元/人次，4条线路下调票价0.5元/人次，较好地维护广大人民群众的根本权益。积极开展涉农价格专项检查。以“农业稳定发展，农民持续增涨”为目标，着力开展农民建房、农村中小学收费、农产品流通、农村殡葬服务、农机服务等领域的价格和收费检查。特别是在春耕备耕期间，与农业部门配合，重点开展对化肥、种子等农资价格的监督检查，为春耕生产起到较好的保驾护航作用。切实加强“12358”价格举报平台建设。进一步畅通价格举报渠道，转变价格监督检查方式。全年共接听“12358”热线举报电话65起，回复65起，立案查处48起，全部限期整改到位。

【价格收费管理】 根据省物价局要求，全面推行全国收费动态系统数据录入工作，并结合收费许可证审验，开展对全县行政事业性收费清理整顿工作，落实两个要求：凡是无合法有效文件规定的收费项目一律不予登记，凡是上级已取消的收费项目一律予以注销。共取消行政性收费项目2项，涉及收费金额40万元；取消服务性收费项目13项，涉及收费金额130万元；降低服务性收费项目18项，涉及收费金额48万元；规范行政性收费项目17项；规范服务性收费项目34项。收费许可证审验工作基本完成，共换发行政性收费许可证41本，服务价格登记证55本，真正让各项收费取消、减免和优惠政策全面落实到位，进一步规范行政事业收费行为，为优化经济社会发展环境做出应有贡献。

【价格鉴证与成本调查】 高效率做好价格鉴证工作。全年，价格认证中心共受理各类价格鉴定116件、涉案标的达212万元，均及时准确出具价格鉴定结论，较好地发挥“调节价格矛盾、处理价格纠纷“的作用，赢得了服务对象的广泛好评。高质量做好农产品成本调查。一方面，加强业务指导，完善生猪、稻谷价格指数成本发布平台，认真分析、预测和上报市场价格变化情况。另一方面，坚持质量优先，推动农调户登记质量提升。对全县农调户分批次进行培训、指导，开展优秀农调户的评比竞赛，较好地保证农业生产成本数据的真实可靠。

【队伍建设】 在县委的统一安排部署下，扎实开展党的群众路线教育实践活动，强化措施，狠抓整改，努力为群众排忧解难。深入转变全局干部作风，全力打造“政治过硬、业务精湛、服务群众”的价格工作队伍，全面提升依法行政、服务发展、服务群众的能力和水平。

（唐国雄　管兰芳　黄云荣）

审　　计

【概况】　祁阳县审计局成立于1984年。2014年，有干部职工63人，内设办公室、经济责任审计室、基建投资审计室、行政事业审计股、财政金融审计股、经济贸易审计股、法规审理股、政工股，下设副科级全额拨款事业单位祁阳县审计基层工作室。2014年共完成审计项目82个，查出违规行为金额7552万元，上缴财政162万元，归还原资金渠道1054万元，提出合理化建议216条。

【财政审计】　按照年度计划安排，财政预算执行审计主要审计县财政局具体组织实施2013年度县本级预算执行情况，县地方税务局组织实施地方税收征收管理情况，县国库、县公安经侦大队、县国土资源局、县农业局、县卫生局、县民政局及所属单位、县教育局等单位预算执行情况。通过预算执行审计，发现存在部分预算收入未纳入预算管理、部分预算收入未按规定缴入国库、部分专项资金下拨不及时、挤占挪用专项资金、漏交税金及附加、无规定发放奖金及补助等问题。对发现的问题，依照有关法律法规分别进行处理并提出建设性建议。2014年6月27日，在祁阳县第16届人民代表大会常务委员会第12次会议上，县审计局作专题汇报，得到县人大及其常委会的充分肯定。

【专项审计】　县审计局参与市审计小组，对全县2011年至2013年生猪生产专项资金的筹集、分配、管理、使用和项目的实施情况进行审计。通过审计，发现资金分配不当、挤占挪用项目资金、保险经办机构违规理赔等方面存在的突出问题作出了处理处罚，绝大部分问题得到整改。

【固定资产投资审计】　2014年，县审计局突出狠抓县中医院医疗大楼、祁剧团装修、就业服务中心等项目基建预决算审计，并对县人民医院医疗大楼进行跟踪审计。共完成审计投资额2081万元，核减工程款210万元。

【经济责任审计】　完成县信访局、职业中专、扶贫办、妇幼保健院、机关事务管理局、勘察测绘院等8个单位的经济责任审计，共查出违规金额1887万元，管理不规范金额370万元。

（唐洪斌　黄丽莉）

统　　计

【概况】　祁阳县统计局成立于1981年，是县人民政府组成部门之一。2014年全局有干部职工32人，其中在职人员27人。全局下设办公室、业务股、法规股、经济调查队、民调中心、计算站。承担全县400多个单位劳动工资、230多个投资项目、30个镇乡办场、20个生猪监测样点、20个粮食产量抽样点、12个住户调查点的统计和调查任务；负责全县209个“四上”企业联网直报工作的督促、检查和数据监控工作。同时，县统计局还负责绩效考核的数据评估、为民办实事数据认定以及全面建成小康社会的数据汇总和考核等工作。2014年，县统计局被评为全省第三次全国经济普查先进单位，全省住户调查先进集体。农业统计、住户调查和生猪监测等3个统计专业获全省先进奖，人口抽样调查、网站和信息化建设等4项工作获全市先进奖。在统计巡查中，县统计局继续保持全省统计规范化建设先进单位荣誉称号。

【作风建设】　深入开展以解决“四风”问题为主要内容的党的群众路线教育实践活动。通过学教活动，全县主要经济指标数据回落。GDP增幅由

2013年同期的11.5%以上，降到9.6%，固定资产投资增幅由35%降至21%；商贸增幅由15.8%降至12%。全局“三公”经费比2013年同期下降28.4%；压缩会议10%；办公用品及水果杂物减少60%，精简文件简报和统计月报卡40%；修改完善工作制度8个、新建制度4个。

【统计工作】 圆满完成第三次全国经济普查。完成涉及全县18个行业，7000多个单位和企业，4万家个体户的普查登记工作。共审核37万处逻辑关系，剔除2000余条错登、漏登、重登信息。县统计局、龙山街道办事处申报为为全省先进单位，开展企业联网直报。如期、如质完成209家“四上”企业联网直报任务。认真搞好住户调查和样本更换。每季度开展样点回访、核查，指导记账户记账，全局累计收集、整理36万条住户收支记录，回访调查1000多人次，确保全县城乡居民监测数据的准确和完整。同时，组织4个工作组，进驻12个样点，调查摸底200多个农户，并完成120户新样点的住户信息采集与录入。新样本户本月正式记账。完成粮食抽样调查任务。组织全局力量，抓培训、抓核查、抓报表、抓迎检，顺利实施20个样点的粮食产量监测，为祁阳县保持全国粮食生产先进县、全省粮食生产标兵县奠定坚实基础。

【统计服务】 进一步提升统计服务质量。2014年，通过积极努力，为祁阳县保持全国粮食生产先进县、生猪调出大县荣誉以及监测全面建成小康社会指标体系、争取“智慧城市”等做出积极贡献。为争取省、市文明县城指数测评工作排位，更是竭尽全力协助县委宣传部、县文明办拿出较为全面细致的工作方案，并积极跑省跑市，加强协调，为创建文明县城做出积极贡献，受到县委及县委宣传部领导的充分肯定。此外，还积极做好“三转”工作（无证照个体工商户通过登记注册转为有证照个体工商户、达到一定经营条件的个体工商户升级转型为企业法人单位、达到规模以上企业标准的规下企业转为规上企业）、企业入统、畜禽监测、人口抽样调查、保障性住房统计、文化产业统计、绩效考核内部评估、新型工业化考核和为民办实事数据评估认定等工作，为社会各界提供更多的数字服务，充分体现统计部门的价值。

【队伍建设】 为建设一支接地气、有朝气、长底气的统计团队，一方面结合群众路线教育实践活动，着力提高统计人员思想政治素质、职业道德素质和统计业务技能，提升专业人员的综合能力。通过认真查摆“四风”现象，深刻剖析存在问题的原因，积极开展批评与帮扶活动，引导全局干部勤学苦钻，创新求变，增强大局意识、责任意识和服务意识，提高统计工作的敏锐性、预见性和准确性。全局有17人具备大学学历，1人为研究生学历，10人获统计师职称。另一方面，以创建市级文明单位为契机，内修素质，外树形象，引导全局“树文明新风，创一流业绩”，干部职工的思想道德素质、团结协作能力和爱岗敬业精神都有新的起色。庆“七一”气排球比赛，以及全市统计系统“湘江源”杯气排球竞赛，均取得较好成绩，展现统计人的良好精神面貌，赢得各级各部门的好评。

（刘兰桥）

工商行政管理

【概况】 祁阳县工商行政管理局成立于1970年，是政府主管市场监管和行政执法的工作部门。2014年有内设机构10个、直属行政机构3个、事业单位1个、挂靠社团组织办事机构2个、派出机构9个。现有在职人员219人，其中公务员184人，工人28人，干部6人；提前离岗人员1人。

2014年获得全市工商系统年度绩效考核第一名、工商所规范化建设第二名、县直单位绩效考核先进单位、党风廉政建设先进单位，以及计划生育、安全生产、依法行政、义务献血先进单位。

【培育市场主体】 通过降低准入门槛、放宽经营领域、缩短办照时限、优化服务举措等措施促进市场主体发展。推行先照后证、三证合一改革，10月31日发出全县首张“三证合一”营业执照，成为继试点区域市本级、宁远县以外第一个颁发“三证合一”营业执照的县。2014年共登记各类市场主体16117户。其中，新增个体工商户1787户；新登记注册企业302户，注册资本106971万元，较2013年分别增长53.3%、152%；登记农民专业合作社121户，成员出资33283.8万元，较2013年分别增长77.9%、82.9%。

【服务企业发展】 开展企业走访活动。采取“走出去、请进来”的工作方法，开展“一对一”“多对一”的对口服务；将企业和人大代表、政协委员请进来，面对面进行交心谈话，共征集30余条意见和建议，切实解决企业融资难题。2014年为企业办理动产抵押20起、抵押金额83947.8万元；办理股权出质登记15件，出质有限责任公司股权18046.5万元，担保债权数额20130万元。

【强化监管执法】 扎实开展元旦及春节期间流通环节食品安全专项整治、打击假冒伪劣商品、打击传销、治理商业贿赂、红盾护农、打击商标侵权、整治虚假广告、不公平合同格式条款整治、网络商品交易监管、投资公司清理整顿等整治行动，全年共立案219起，下发听证告知书142份，下发处罚告知书76份，办结下发行政处罚决定书218起。

【实施商标战略】 2014年，全县新发展注册商标185件。争创省著名商标2件、中国驰名商标1件。截至2014年年底，全县共有有效注册商标889件，湖南省著名商标11件，中国驰名商标4件。

【强化消费维权】 截至2014年年底，全县共设立47个消费申诉举报联络站、9个“12315”消费维权申诉举报站、7个消费维权服务站，在主要消费场所和大型超市悬挂统一制作的“12315”公示牌，并在旅游景点竖立大型的宣传牌，基本形成覆盖城乡的消费维权网络。2014年全县共受理各类申诉举报咨询217起，其中投诉40起，举报7起，咨询170起，为消费者挽回经济损失36.26万元。

（陈海峰）

市场管理

【概况】 祁阳县市场管理服务局于2000年5月成立，是县人民政府直属正科级自收自支事业单位，实行企业化管理。主要工作职责是经营管理市场资产；负责市场内的物业管理、市场规划、市场开发和维修；负责市场内治安、消防、卫生等日常服务；提供交易场所和服务设施，开展代储、代运、信息咨询和其他服务；收取市场设施租赁费、交易手续提成费和其他符合国家和省规定的有偿服务费。2014年，内设政工股、财计股、监管股、建设股、调纠股、办公室；下设11个市场管理服务所，全局有职工429人，其中在职干部59人，工人317人，退休职工53人。

【市场开发建设】 2014年，全县累计投入1506万元，共完成4家农贸市场标准化改造，即黎家坪农贸市场、观音滩农贸市场、三口塘农贸市场、白水农贸水果批发市场，其中黎家坪、观音滩为省级标准化示范性农贸市场。累计改造面积2.24万平方米，新增经营面积8000平方米，新增摊位1200个，直接创造就业岗位2500个，带动当地就业1.1万人。投入市场维修建设资金90余万元。进一步维修改善原有老市场的配套设施，提高市场载体功能，方便群众上市交易，提升市场文明程度，促进小城镇建设。完成对王府坪市场改扩建工程的前期考察、规划、论证工作，计划投资 8600 万元，将原浯溪镇机关纳入到王府坪综合市场的整体改扩建规划范围，规划总占地面积 10496.61 平方米，总建筑面积 18000 平方米，一层为蔬菜水果批发，二层为农贸市场，三、四层为超市、小商品市场；按照“高起点、上档次、上水平、现代化”的市场建设要求建成四层市场交易大厅；将原来敞开式经营改为全封闭式经营，设立净菜市场区、农产品交易区、工业品连锁经营区，粮油经营区；市场内配套设施建设齐全，有保鲜库和储藏库、电子结算系统、检测检疫系统、专门停车场等，市场建成后，是县城区最大的集批发、零售于一体的综合市场。

【市场交易和管理】 全县共有各类集贸市场 72 个，总占地面积 326785 平方米，总营业面积 216630 平方米，资产总值（市值）1.86 亿元。其中：县城有集贸市场 7 个，总占地面积 3.8 万平方米，总营业面积 2.6 万平方米；乡镇有集贸市场 65 个，总占地面积 9.6 万平方米，总营业面积 7.3 万平方米。按规模大小和基础设施条件划分，规模较大且基础设施条件较好的市场，县城有王府坪市场、芦家甸市场、望浯园市场、椒山市场等 4 个市场，乡镇有白水中心市场、大忠桥中心市场、羊角塘中心市场、文明铺综合市场、黎家坪中心市场等 5 个市场；规模较小且基础设施条件较差的市场，县城有西北农贸市场、盘龙路市场、光明市场等 3 个市场，乡镇有近 30 个市场；已经投用或自然形成的马路市场，县城有 2 个，乡镇有 16 个。按市场结构划分，有农贸市场 36 个，工业品市场 4 个，专业批发市场 3 个，综合性市场 29 个。按产权及管理性质划分，国有资产市场 36 个，镇办、村办或合资联办等形式的市场 28 个，个体民营市场 8 个。全县市场年交易额约 30 亿元，年上缴税收 560 万元，各项规费合计 800 余万元。市场管理人员总数 580 人，其中县市管局市场管理人员 432 人，各民营市场管理人员 152 人，市场内经营户数 5200 余户，从业人员 2.2 万余人。

（邓鹏飞　桂小松）

质量技术监督

【概况】 祁阳县质量技术监督局前身为成立于 1958 年的“衡器检定站”，1989 年 1 月，成立祁阳县技术监督局。2014 年有干部职工 89 人，内设股室和直属单位 9 个，有产（商）品质量、计量检验检测仪器设备 468 台（件），拥有固定资产 1000 万元。获全国质监系统首批依法行政示范单位，2014 年 12 月 4 日《湖南日报》12 版质量专刊对祁阳县质量技术监督局依法行政工作进行专题报道；2014 年获湖南省质量技术监督系统先进集体。

【实施质量强县战略】 2014 年工作不断创新，积极主动融入祁阳经济主战场，不断提高工作的有效性和贡献率，充分发挥标准化、计量、认证认可、检验检测等质量管理方面的重要作用，加强技术服务，为企业提供技术支撑。精心打造质量品牌，帮助银光大米、自然韵黑茶成功创建湖南名牌，积极培育祁阳石、祁阳鞭炮、祁阳茶油成为国家地理标志保护产品。

【质量安全保障】 围绕县域经济建设，突出安全、民生两大主题，切实抓好食品质量安全、特种设备安全、烟花爆竹质量安全，为县域经济建设和社会和谐稳定保驾护航。在食品质量安全监管上，面对食品监管体制调整的特殊时期，坚持队伍不散、工作不误的情况下，以铁的决心、铁的手段抓食品质量安全，为全县食品等各类企业申报办理生产许可证22个，对食品企业监督抽查163个，合格率83.4%，为全县食品企业委托检验产品960批次。召开湿米粉专项整治动员大会，多次开展湿米粉专项整治行动，确保全县老百姓吃上健康放心米粉。在特种设备安全监管上，以宣传特种设备安全法为主线，以打非治违为重点，落实"重、狠、实"三个字，重点突出，狠抓查处，落实责任，查处隐患186处。在烟花爆竹安全监管上，采取宣传、引导、检验、处罚多管齐下的监管措施，对新标准进行宣贯，督促企业按标生产，落实批批检验，共检验烟花爆竹560批次，对不合格产品加大后处理工作力度，督促整改落实到位。

【加强食品安全】 县委书记魏湘江对《祁阳质监简报》关于开展米粉专项整治情况先后两次批示，县长周新辉对报送的食品监管请示做出重要批示，政府常务会专门听取关于食品安全监管情况汇报，全县湿米粉专项整治动员大会在局里召开。会同县委督查处、电视台和网络办等部门联合开展或单独开展湿米粉专项整治30次，每次都在晚上0点到3点开展行动，取得明显成果，达到整治目的，《永州日报》11月21日4版头条进行专题报道，县委政府领导对湿米粉专项整治工作给予高度评价。

【加强班子建设】 领导班子通过认真学习来加强自身建设，全面提升能力素质，推进机关的工作创新，增强集体的战斗力。以党的群众路线教育实践活动学习为主，在学习内容规划和安排上力求贴近时事特征和结合业务工作。学政治理论知识。组织班子成员学习中共十八届四中全会精神、《廉政准则》等，使领导班子进一步解放思想、坚持与时俱进、确立正确的世界观、人生观、价值观，不断提高政策理论水平和思想政治素质。学法律法规知识。组织班子成员学习《中华人民共和国质量法》《中华人民共和国计量法》《中华人民共和国标准化法》《中华人民共和国食品安全法》《中华人民共和国特种设备安全法》等法律知识，学廉政教育案例，增强法制观念和法制意识，提高依法办事、依法行政、依法管理的水平。学科学文化和业务知识。组织班子成员自学相关业务知识，钻研本职业务，增强开拓创新能力，提高工作层次和水平。

【加强党风廉政建设】 局领导班子把党风廉政建设作为质监事业健康发展的基础，带头抓紧落实，取得一定实效，全年没有发生一起违规违纪案件，没有上访案件和投诉事件。廉洁自律，带头作表率。局领导班子要求干部们做到的，自已先做到，要求干部们不做的，自已坚决不做。班子成员没有利用职务之便谋取私利，全局上下风清气正，讲艰苦奋斗、讲奉献、比工作；在开支方面，从不铺张浪费，没有大吃大喝，没有出入娱乐场所。在行政执法方面，坚持依法行政，不吃拿卡要，不为亲朋好友说情，树立一个公正的质监人形象。依法行政，规范权力运行。完善规章制度。积极推行政务公开、首问责任制、服务承诺、违规责任追究、重大决策程序规则等制度。全面清理行政职权，研究制定《祁阳县质量技术监督局规范权力运行制度》，对每一项行政职权均规定工作程序、明确责任单位和责任人、绘制流程图，并制定《行政执法岗位责任制》《行政执法过错责任追究规定》等配套制度。严格监督检查。局领导班子始终保持高度警惕，认真了解各股、室、所运行情况和出现的问题，及时对财务管理不规范、乱收费、不作为、乱作为和执法程序不规范等不良苗头进行批评教育、督促整改，避免同志犯错误。通过纪委、审计、物价等专项检查。

（谢交进　周志蓉）

安全生产监督管理

【概况】 祁阳县安监局成立于2003年，县安全生产委员会办公室与县安监局合署办公。2014年年底县安监局有工作人员55人，乡镇安监站有68人。全年，全县共发生各类生产安全事故10起，比2013年下降37%，各类生产安全事故死亡2人（道路交通事故），比2013年5人下降60%，其他各行业领域实现“零事故”“零死亡”。2011年至2014年连续四年被评为全省安全生产先进县，2014年被省人民政府命名为“全省安全生产示范县”，被国家安监总局评为全国安全生产监管监察先进单位。10月，成功举办全省安全生产示范创建现场会。

【落实安全生产责任】 树牢意识，安全生产责任有效落实。认真学习贯彻习近平总书记关于安全生产的系列重要论述，牢固树立“发展绝不能以牺牲人的生命为代价”的红线意识，严格落实安全生产责任。强化责任分解。在相继建立和完善领导干部“一岗双责”“一票否决”和“黄牌警告”、领导干部安全生产述职和包干责任制等制度基础上，各单位与县政府签订目标管理责任状和重大安全隐患责任状，明确责任，并交办6个市级重大安全隐患、69个县级重大安全隐患。并且将安全生产考核结果作为考核各级领导班子和干部的重要指标，作为党政领导班子和领导干部选拔任用、培养教育、奖励惩戒的重要依据。凡是涉及到表彰奖励的党政领导、企业负责人等必须征求安监部门意见。对年度安全生产目标责任考核不合格的单位实行“一票否决”，取消当年度各类评先评优资格。

【安全生产大检查】 突出重点，集中开展安全生产大检查。按照“党政同责、一岗双责”的要求，县委常委、县政府副县长亲自带队分片对安全生产大检查情况进行督查督办。各镇乡办场和县安委会成员单位根据各自监管的实际，制定切实可行的工作方案，做到“一把手”亲自抓，分管领导具体抓。全面督导，强力推进。县安委办常设10个安全生产督查组，每个组负责督查2~3个镇乡办场，采取不打招呼、直插现场、直面隐患、严厉问责的方式不定期督查，督查区域将实现全覆盖。2014年，共检查生产经营性单位1332家次，督促企业隐患自查自纠1841处，治理1358处，责令停产整顿企业66家，关闭取缔企业14家。

【重点行业领域专项整治】 动真碰硬，深入开展重点行业领域专项整治。组织开展水上交通、道路交通、煤矿、烟花爆竹、非煤矿山、职业卫生、城市工业灾害、损害群众利益等安全生产专项整治行动，排查和整治一批安全隐患，改善重点行业领域安全生产状况。全面落实重点渡口视频监控措施，成立视频监控中心，对年均日渡运量300人次以上的8个重要渡口码头实施实时视频监控，及时发现隐患，督促船主、签单员及时整改。全县共排查客运车辆1.5万余台次，客运驾驶员4200余人次，查处各类交通违法违规行为1.5万多起，排查各类安全隐患110余处，取缔非法运营摩托181辆，“黑校车”20辆，完善交通标志、标牌和防护墩30余处，有效遏制较大以上道路交通事故的发生，全县道路交通各项事故指标同比全面下降。全县15家煤矿按要求关闭退出13家，11家于2014年11月30日前全部关闭到位。全县烟花爆竹企业有7家实施重组，合并为3家企业，另外淘汰落后产能13家企业。到2014年年底，全县烟花爆竹生产企业数量比2013年年底减少30%以上、企业控制数在58家左右。非煤矿山方面共关闭非法矿山7家，取缔非法开采矿点2处，捣毁各类机械设备设施12台，立案调查6起，移送公安处理案件3起，遣散采（洗）矿人员200余人。

【“打非治违”集中行动】 重拳出击，扎实开展“打非治违”集中行动。根据省、市“打非治违”工作实施方案，对集中行动进行全面部署，明确打击严厉打击13类非法违法生产经营建设行为和深入排查治理20类安全生产隐患和制度缺陷，成立由13个县直部门牵头负责的“打非治违”集中行动驻点督导工作组，督导全县各镇乡办场和重点领域“打非治违”工作。全县安监部门共检查生产经营单位426家、1700次，出具整改和处罚文书316份，责令停产停业整顿企业47家，现场处罚企业113家，立案16家，罚款175万元。公安交警部门开展整治无证驾驶、非法挪用牌照和假牌假证车辆，以及两轮摩托车违章载人、不戴安全头盔等专项执法，共查纠交通非法违法行为1200余起，暂扣车辆520余辆、驾驶证350余本，行政拘留27人。水上交通严打非法采砂行为，共封停采砂船17艘，扣押采砂船22艘，强制拆除采砂设备18套，疏通航道2处共计5.8公里。消防部门开展消防产品质量、警示标志等专项执法，共收缴不合格消防产品260件。由县级领导带队，组织国土、公安、环保、监察、安监、工商、电力等部门100余名执法人员，按照“四个一律”和“六个不留”的要求，全县共捣毁工棚11个，砸毁洗矿机4组，扣押机械6台，收缴发电机2台，立案调查10起，移送公安处理案件6起；截至10月底，全县共开展13次大的联合执法行动，查处各类非法违法行为1600余起，停产整顿生产经营单位50余家，依法取缔关闭生产经营单位24家，没收非法设备价值100余万元。

【安全监管能力建设】 创新举措，强化县乡安全监管能力建设。县委、县政府高度重视乡镇安监机构和队伍建设，多次对乡镇安监站建设进行专题研究，在全市乃至全省做到“四个率先”，即：率先成立乡镇安监站机构、率先将安监站纳入全额拨款事业单位、率先将安监站工作人员的工资及经费列入县财政预算、率先将安监站进行标准化建设。对镇乡安全生产连续两年实现“零事故”或连续3年实现“零死亡”的，乡镇安监站工作人员是干部的给予政治上优先待遇。加强对乡镇安监站标准化建设，真正做到工作有机构、办公有场所、干事有专人、经费有保障。各镇乡办场明确安全信息员，各村民小组明确安全信息联络员。县安监局每年邀请省、市安全生产方面专家，对乡镇安全生产执法人员进行培训。特别是创立安全监管直属管理的祁阳模式。乡镇安监站管理，由县安监局负责业务指导，由所在乡镇负责日常管理。每年都对乡镇安监站工作人员进行轮换，从源头上避免违规执法、执人情法。

【安全生产基础建设】 多管齐下，全面夯实安全生产基础。坚持安全生产工作“两条腿走路”，既深入持续强化监管，又全面加强基层基础建设。宣传培训“树”安。先后共投入资金500多万元，用于在县乡骨干公路沿线设置永久性安全生产宣传牌，建成安全文化宣传长廊，在镇乡办场设置宣传橱窗，村组、企业办宣传墙报，对高危行业从业人员进行安全培训等。达标建设“强”安。全县有66家烟花爆竹，38家非煤矿山，3家运输企业，65家规模企业均达到三级安全标准化企业。加大投入“护”安。全年在财力非常紧张的情况下，累计投入各项安全经费1000多万元，安监系统装备建设得到明显改善，专门为安监局配置20多万元的事故应急指挥车，为海事部门购置100多万元的水上执法交通工具。科技创新“兴”安。全县100%的露天采石场实行中深孔爆破、机械化铲装及液压二次破碎技术；烟花爆竹生产企业全部实行机械化装混药工艺；4个客运企业、危货运输企业全部建立GPS监控平台，600余辆客危货车辆安装车载GPS定位监控系统。责任保险“保”安。按照省安监局安排部署，在非煤矿山、危险化学品、烟花爆竹生产经营企业大力推行安全生产责任保险，截至年底，全县已入保企业522家，缴纳安全责任保险116.6万元，入保企业数和保费均居全市第一。全县所有高危行业企业均缴纳工伤保险。

（郑诚　杨龙泉）

食品药品监督管理

【概况】 2001年9月组建永州市药品监督管理局祁阳县分局，属省垂直管理。2004年6月更名为祁阳县食品药品监督管理局（以下简称“县药监局”）。2010年9月改垂直管理为属地管理，列县人民政府工作部门。2014年定编34人，内设一室四股和3个全额拨款事业单位。主要负责全县餐饮消费环节的食品、药品、保健食品、化妆品、医疗器械（简称四品一械）的安全监管。共有监管对象3579家，其中餐饮服务单位1365家（其中学校幼儿园食堂406家），保健食品经营企业（场所）398家，化妆品经营单位360家，药品经营企业187家，医疗器械经营企业27家（其中批发企业16家、零售企业11家），医疗器械生产企业1家，药品医疗器械使用单位1241家。

【科学监管】 强化责任落实，提升食品药品安全监管效能。通过与各成员单位、乡镇（街道、场）、监管相对人签订食品药品安全工作责任书、承诺书，进一步明确各级各部门和监管相对人工作职责和要求，确保各项工作组织到位、领导到位、主体责任落实到位，全县上下形成食品药品安全监管工作“横向到边、纵向到底、不留盲区、不留死角”的工作格局。强化宣传教育，增强公众食品药品安全意识。2014年共举办各类食品药品培训班10多期，开展食品药品安全宣传活动5次，设立咨询点10余个，散发安全饮食用药常识宣传单、用药和餐饮小锦囊手册2万余份，开办宣传专栏8期。在“3·15”活动中，给广大市民发放饮食安全常识宣传单5000余份，发放用药安全知识宣传单1万余份，接待公众医疗咨询300余人次，并在当天公开销毁一批假冒伪劣、过期食品药品、医疗器械达370多种次，货值17万余元。9月14日在县城白竹湖广场、羊角塘镇集贸市场同时启动祁阳县第四个“全国安全用药宣传月”大型主题活动启动仪式，设立宣传咨询台6个，发放《湖南省食品药品安全科普丛书》《安全用药、科学餐饮、健康生活》等宣传资料2000余册，解答群众咨询1000多人次、免费义诊300多人次。县药监局开通网站，群众可以随时上网查询有关问题。通过广泛宣传，食品药品安全意识深入人心，群众食品药品安全意识和自我保护能力明显增强。推行电子化精细化管理，加大食品药品经营企业诚信体系建设力度。在对全县药品、医疗器械生产经营企业已建立信用档案的基础上，对全县776家餐饮服务单位建立相关的电子信用档案，进一步完善祁阳县餐饮药械企业的信用体系。制定《祁阳县药品安全“黑名单”管理规定实施细则（试行）》《祁阳县食品安全“黑名单”管理规定实施细则（试行）》，对受到行政处罚严重违法的药械、餐饮生产、经营和使用者，纳入“黑名单”管理，在公众媒体统一公布，促进企业诚信经营和行业自律。

【稽查打假】 加大日常监管力度，实现城乡全覆盖。以“为民办实事”工作为牵引，以专项整治为抓手，由城镇向乡村、由药品零售企业向村（社区）卫生室转移，扩大监督检查面，实现全覆盖。全局共出动执法人员1680人次，出动执法车辆420台次，对辖区内1365家餐饮服务单位，304家药品、医疗器械、保健食品、化妆品生产、经营、使用单位进行监督检查，累计下达责令改正通知书1042份，办理一般程序案件137起，简易程序案件56起，做到行政执法零差错、零复议、零应诉。加大技术监督力度。2014年完成药品委检584批次，药品委托检验工作完成率100%，检查涉药单位覆盖率高达98%以上。对189家餐饮服务单位(其中中小学校食堂53所、幼儿园9所、餐饮店83家、早餐店43家、甜品店1家）进行食品快速检测工作，检测6大类349个品种、批次，其中食用油163批次、大米129批次、米粉24批次、素菜7批次、鲜猪肉2批次、酸菜12批次、餐用具12批次，并将检测结果在祁阳县食品药品监督管理局网站进行公布，其中有4家餐饮单位的餐用具消毒不合格，检测出使用2年以上陈旧米的餐饮单位6家。加大对餐饮服务环节高风险食品、食品原料和餐用具的监督抽检力度，共抽检51个单位13大类83批次样品，经省食品药品检验院检测，检测结果在县政府网站进行公示，对其中抽检不合格的6家餐饮店进行立案处罚。强化集中整治，保持高压态势。县药监局先后下发《坚决纠正食品药品安全方面损害群众利益行为专项整治方案》《祁阳县餐饮环节食用油、米粉、大米放心工程实施方案》《2014年祁阳县中药材中药饮片专项整治实施方案》《祁阳县开展医疗器械“五整治”专项行动实施方案》《2014年祁阳县餐饮服务食品安全专项整治工作方案》《学校食堂及周边餐饮服务单位食品安全专项整治行动工作方案》《2014年祁阳县保健食品、化妆品安全整治工作方案》等一系列文件，成立食品药品安全专项整治工作领导小组，明确责任部门、分管领导、责任股室和责任人。将重大节假日和特定时期的食品药品安全作为整治重点，加大执法检查和整治力度。上半年，在县“两会”和“高考”等重大活动期间，局领导多次组织专项行动，亲自带队巡查重点供餐单位，督促供餐单位全面落实食品安全责任，特别在高考期间，派驻食品药品监督执法员对食材的购进、验收、储存以及加工制作、供餐等环节进行全面监控，确保重大活动期间广大消费者饮食安全。开展学校食堂及学校周边餐饮服务食品安全专项整治行动。上半年，对7所使用过期食品、无标识预包装食品、食品安全条件不达标又拒不整改的中小学校，进行严厉处罚，并移送法院强制执行。5月下旬与教育局联合对全县各类中小学校、幼儿园食堂开展食品安全专项检查，共检查164所，排查食品安全隐患238处，下达整改通知书159份。9月15日至19日，由政府督查室牵头，组织县食药局、县教育局、县疾控中心对全县110所中小学校、幼儿园食堂开展食品安全专项检查，共扣押外包装标识与内签不符大米215袋，重达5375公斤；查封无生产日期大米23袋，重670公斤。

【依法行政】 转变执法理念。积极推进执法稽查向和谐稽查的转变，建立行政约谈制度，在每一个行政处罚之前，与监管相对人进行谈话，除宣传相关的法律法规外，听取当事人意见，加强与行政相对人思想沟通和教育，注重方法策略，刚柔相济，务求实效，把依法行政，和谐执法贯穿于稽查执法的全过程，营造出良好的“在执法中服务，在服务中执法”的服务意识和执法理念。通过建立监管相对人约谈制度，及时了解监管相对人的动态，倾听意见和建议，得到监管相对人的一致好评。无一起行政复议和行政诉讼案件，无一起投诉案件。规范许可流程，实现服务提速。从依法行政、规范执法行为入手，推动行政许可工作全面提速。县政务服务中心窗口全年共受理餐饮服务许可申请357起，核发“餐饮服务许可证”239张。其中：特大型、大型餐饮服务单位7个，中小型餐饮服务单位102家，快餐店42个，学校食堂18个，甜饮品店28家，小吃店12家，对外食堂25家，企事业单位食堂5家。受理药品经营许可申请变更74家，其中筹建2家，核发“药品经营许可证”1张，变更27家，换发41家。受理医疗器械经营许可申请3家，核发“医疗器械经营许可证”3张。受理申请、变更药品医疗器械经营许可74起，平均审批时间为6个工作日，比法定的30个工作日提速80%。受理、办结“餐饮服务许可证”申请357起，平均审批、现场评审时间为5个工作日，比法定的20个工作日提速75%。没有出现一起违法违纪行为。制度建设更加健全完备。出台《推广使用文明礼貌用语30句》《行政许可“十不准”》《行政执法人员执法行为规范》《工作人员十条禁令》《行政效能问责暂行规定》等一系列文件。同时建立《公共服务对象跟踪回访制度》，成立“回访办”，加强对局工作人员作风建设、行政许可、日常执法的监督。回访办从6月份开展工作，到年底，共建立回访信息资料715个，回访电话584个，回访率达到82%，受到相对人和上级领导的好评。同时，优化政务服务，建立上门便民服务制度，与县疾控中心联合发放便民服务卡400余张，向102家企事业单位提供服务260人次。

【廉洁从政】 认真践行党的群众路线和正确政绩观，要求全局上下更新观念，明晰工作思路，将“立足药监做事、跳出药监做人”的理念贯穿于工作始终，引导大家融入全县工作大局，始终坚持用党性原则和道德规范严格要求和带领全局干部职工，自觉维护党和政府、食品药品监管部门的形象，坚持依法行政，廉洁从政，始终做到四不欠，即不欠法律账、不欠责任账、不欠服务账、不欠廉洁账。坚决杜绝行政执法过程中索、拿、卡、要的现象，进一步调动班子成员的积极性、主动性和创造性，形成干部职工队伍在局党组领导下思想认识一致、重大决策一致、重大部署一致、工作落实一致、生活上互相关心、工作上互相支持、思想上互相交流、政治上互相信任的良好氛围，提高干部职工队伍的凝聚力和战斗力。

（王爱民）

住房公积金管理

【概述】 2014年，祁阳县住房公积金归集1.77亿元，同比增加5600万元，增长46.28%，归集余额5.26亿元；缴存单位270个，同比增加25个，增幅11.11%。全县缴存职工2.5万人，新增扩面2626人；为2126位职工购建住房、退休办理提取公积金4443万元，同比增加1228万元，增长38.20%；发放职工个人住房公积金4095万元，支持购建房面积38626平方米，发放住房公积金贷款本金余额2.07亿元，资金运营安全。

【财政补贴取得新成效】 祁阳县财政供养单位将津补贴纳入公积金缴存基数并能按月及时拨付到位，缴存比例已达10%。全年到位财政补贴4177万元。

【业务运作更加规范】 修改完善工作纪律、操作规范、业务运行、内部管理、岗位责任、风险控制等各方面的规章制度，严格落实以制度管人管事。开展经常性的自查自纠，配合市住房公积金管理中心组织的专项稽核检查，成效显著，全年无违规运作现象。

【事业基础更加强大】 主动向市、县区两级党委、政府和财政等部门汇报、沟通与协调，把住房公积金归集扩面工作纳入政府绩效考核和财政部门目标管理工作考核。通过报刊、电视、电台、网站、户外显示屏，及进广场、街道、社区、园区和企业现场等方式，宣传法规政策，促进了住房公积金在非公经济体的扩面建制工作。通过媒体曝光、行政执法等途径，依法催建催缴，切实维护应缴未缴人员的合法权益。大力推行期房按揭贷款，加强宣传，简化手续，上门服务。调整贷款政策，最高贷款额度提高至个人或家庭均为35

万元。

【服务能力更加提升】 积极参加市住房公积金管理中心组织的党支部和团支部活动，制定学习培训计划，管理部每周安排1次集中学习。定期参加职业道德教育和警示教育培训。鼓励干部职工参加自学考试、学历提升教育和职称考试。健全学习效果检验机制，采取考试和岗位技能比武的方式检验学习成效，对涌现出来的先进分子进行表彰奖励。办公场地进入购置选址和谈判阶段。

【服务基层更加扎实】 紧紧围绕“为民、务实、清廉”的工作作风，主动深入项目、深入企业、深入群众开展送政策、送服务等活动。先后深入管理部联系社区和联系村，了解实际情况，找准存在的困难和问题，筹资3万元，给困难群众送去党和政府的关怀；深入汀兰华府、金沙湾等楼盘，上门提供个性化服务，有效推进楼盘建设进度。

（陈莉琼）

农业经济

【概况】 2014年完成农林牧副渔总产值75.99亿元，增长12%；实现增加值26.34亿元，增长13%。其中，农业实现增加值2.63亿元，增长18%；林业实现增加值0.36亿元，增长14%；牧业实现增加值8.98亿元，增长1.04%；渔业实现增加值5.31亿元，增长14%。粮食播种面积162万亩，增加0.54万亩；蔬菜播种面积32.06万亩，增长3.3%；水果种植面积27.3万亩，增长10.7%。全县粮食总产量69.82万吨，增加0.59万吨；油料产量3.39万吨，增长6.49%；蔬菜产量50.57万吨，增长12.2%；水果产量10.2万吨，增长0.45%。全年生猪出栏118.2万头，增长2.07%；牛出栏1.75万头，增长1.16；羊出栏5.52万只，增长2.03%；家禽出笼1256万羽，增长2.4%；水产品量6.2万吨，增长0.32%。

2014年全县完成水利建设投入2.41亿元，完成大小水利工程5800处，完成劳动工日158.4万个，完成土石方161.7万立方米；修复水毁工程240处。完成24座水库除险加固。新增灌溉面积0，95万亩，恢复、改善灌溉面积4.51万亩，新增旱涝保收面积3.1万亩。拥有农业机械14.98万台，增长0.94%；总动力84.72万千瓦，增长1%。综合机械化水平达到50%，提高2.3个百分点。农村土地流转面积54万亩，新增24.6万亩。新增农民合作社127个，增长56%。

农业农村工作

【概况】 中共祁阳县委农村工作部、祁阳县人民政府农村工作办公室（以下简称“县农办”），是祁阳县委管理全县农业农村工作的管理部门，正科级行政事业单位。于2003年改编为祁阳县农村工作领导小组办公室，2004年加挂祁阳县人民政府农村工作办公室牌子，2008年更名为中共祁阳县委农村工作部，与祁阳县人民政府农村工作办公室实行“一个机构、两块牌子”。2014有干部职工20人，内设综合调研室和秘书室，归口管理祁阳县蔬菜工作领导小组办公室、祁阳县农村能源办公室、祁阳县扶贫开发办公室等3个副科级参照公务员管理事业单位。2014年，完成农林牧渔业总产值75.99亿元，增长12%；完成增加值26.34亿元，增长13%；农村居民人均可支配收入9904元，增长11%。

【农村经济稳步发展】 农业生产稳中有增。粮食生产完成播种面积162万亩，总产量到达69.82万吨。祁阳县被评为全国粮食生产先进县。规模养殖业稳步发展，新增市级以上标准化规模养殖场12个，猪、牛、羊、家禽、水产品产量增长较快，质量不断提高；祁阳县被评为全国生猪调出大县、全省畜牧业工作先进县、全省畜禽水产品质量安全先进县、全省重大动物疫病防控先进县、全省渔业和渔政工作管理先进县。农业产业化水平持续提升。全县市级以上龙头企业总数达到24家，新增省级龙头企业1家，市级龙头企业3家。农产品加工业实现总产值51.11亿元，增长19.87%。特色经济快速发展，建成外销性蔬菜基地5.9万亩，水果基地19.89万亩，规模花卉苗木基地1800亩。国家现代农业示范园等一批重大农业项目正式落户祁阳。

【农村改革】　农村土地流转有序推进，全县农村土地流转面积达到54万亩，流转率21.8%，新增农村土地流转面积24.6万亩，县农经局被评为湖南省农村土地承包纠纷调解仲裁工作先进单位。培育壮大农民合作社、家庭农村、专业大户等新型经营主体。全县新发展农民合作社127个，新创建1个国家级示范社、1个为民办好事实事省级示范社、3个省级示范社。农村电子商务和综合供销服务发展良好。全年新建网上供销社镇村级服务网点10个，恢复供销社基层社8个，完成实体供销网络覆盖全县各乡镇的布局。

【基础设施建设】　水利建设扎实开展。全年完成水利建设投资2.41亿元。2013年度13座重点小二型水库除险加固工程基本完工，2014年度8座小一型水库除险加固主体工程基本完成。中小河流治理顺利推进，完成水毁工程和“五小”（即小水窖、小水池、小泵站、小塘坝、小水渠）水利工程5800处，累计完成山塘清淤扩容1500口，渠道整修216公里，新改建小泵站100座，解决农村饮水不安全人口4.28万人。气象、水文预测预报水平明显提高。生态建设稳步推进，全县完成造林3.86万亩，种植各类通道绿化大苗44.6万株。林地流转成效明显，广东农垦集团15万亩高产油茶基地建设项目成功签约并开工，积极培育各类龙头企业开发林业基地共计6700余亩。祁阳县被评为全省生态公益林保护建设为民办实事工作先进单位。农业机械化水平日益提高。全年新增各类农机7921台套，新建水稻机插育秧点56个，水稻机插面积达到24万亩，水稻机插率达到23%。祁阳县被评为全省农业机械化技术先进推广单位和全省油菜生产机械工作先进单位。农业综合开发有效推进，完成高标准农田建设1.4万亩。

【农村民生事业】　新农村建设力度加大。通过组织实施“城乡统筹试点镇”工程、“示范建设”工程、“乡村风貌”工程，完成改水、改厨、改厕共4000余户，拆除空心房1.7万平方米。祁阳县被评为全省社会主义新农村建设工作先进单位。农村能源新增农村户用沼气池600户，安装太阳能热水器500台，推广高效生物节能炉灶500台，开展各种维修服务近1000人次，修复各类病池、废池80余口。县农村能源办被评为全省农村能源建设工作先进单位。完成移民搬迁安置1764人，打卡发放2013年~2014年大中型水库移民直补资金1142.28万元，惠及移民14212人。投入基础设施建设移民项目资金615.96万元，收益移民群众6万余人。扶贫工作力度进一步加大，全年减少贫困人口1.1万人，县扶贫办被评为全省扶贫系统先进单位。农业农村保障体系日益健全。农村党风廉政建设常抓不懈，综合性农廉网络平台“祁阳阳光三农网”上线运行并建成县、镇、村三级联网，成为群众的“政策直通车、信息公开栏、三农服务站”。

【蔬菜工作】　2014年，全县累计完成蔬菜播种面积32.06万亩，生产蔬菜总产量50.57万吨，实现产值10.02亿元。各级财政安排蔬菜发展资金120万元，投入价格调节基金90万元用于蔬菜基地建设。全县建设蔬菜基地面积6.67万亩，其中，湖南德辉现代农业开发有限公司、祁阳县天子龙蔬菜专业合作社、湖南亲如家人生态农业开发有限公司分别在茅竹镇肖家村、白水镇里丫塘村、茅竹镇容驷村新建城镇蔬菜基地1020亩，外销蔬菜基地5.896万亩，提质改造蔬菜专业基地0.655万亩。县长办点的湖南德辉现代农业开发有限公司的肖家蔬菜基地，起到良好的示范带动作用。湖南德辉现代农业开发有限公司基地、祁阳天子龙胡萝卜基地、湖南亲如家人生态农业开发有限公司基地、祁阳大自然蔬菜基地等蔬菜基地标准化建设规模日趋完善。全县共发展以湖南德辉现代农业开发有限公司为主的品牌蔬菜合作社共19个、蔬菜企业7个。2014年，祁阳县被评为永州市县区长菜篮子责任制先进县。

【农村清洁能源工作】 2014年，全县大力开展农村清洁能源配套改造和综合利用工作，累计投入各项资金510余万元，新增建设农村清洁能源用户1600户（含农村户用沼气池、太阳能热水器、生物节能炉灶），开展各种维修服务近1000人次，修复各类病池、废池80余口，使全县5000余农村人口用上干净方便、环保高效的清洁可再生能源。白水天子龙蔬菜基地“猪沼菜”综合利用示范项目、茅竹大唐村沼气联户示范项目等一批省级重点示范项目有序推进。联户沼气示范点、节能示范村、小型沼气示范发电场的等县级示范点各处开花。全县各项农村清洁能源设施可无害化处理农业生产生活污水10万余吨，减少二氧化碳及二氧化硫排放1000余吨，节约薪材近2000吨，节电20余万千瓦时，单口沼气池的年均经济效益达到3000元以上，累计可为农户直接增加经济收入近200万元，取得良好的能源、环保、经济、生态和社会效益。

【农村扶贫工作】 2014年，全县农村精准扶贫工作全面开展，精确识别出贫困人口87079人，贫困村88个，并建档立卡录入全国扶贫开发信息管理系统，实行精准动态管理。全年投入各项扶贫资金1477万元，其中争取上级部门专项资金489万元，整合部门项目资金596万元，县直部门帮扶资金134万元，群众自筹258万元。组织实施整村推进、小型水利、通达工程、危房改造、庭园经济、扶贫助学、科技培训等扶贫项目70余项，有力的促进了困村社会经济的发展。2014年全县贫困人口人均纯收入比2013年增加380元，增长10.4%；全年减少贫困人口1.2万人，贫困面积下降12.6%。

（赵安原　周成功）

种　植　业

【概况】 祁阳县农业局属县政府正科级职能组成部门，负责贯彻落实农业方针、政策和法律法规，编制农业发展规划，制定农业增产技术措施，组织引进繁育和推广农业新品种，开展植物检验检疫、农资市场管理、农业技术培训等工作。辖县乡镇企业局、县原种场、县河埠塘农场、县农业技术推广中心、县农业执法大队、县农作物种子繁育推广技术服务中心、县农产品质量综合检验检测站、县耕地质量建设管理局、县粮油作物站9个副科级单位，种子管理站、农业利用外经办、植保站、经作站、农环站、农广校、绿色食品管理站、农业信息站、农产品质量安全监管站、农药监管站及22个镇（办）农技站等36个正股级单位。有干部职工550人，其中，在职干部职工447人，具有中高级职称113人，助理职称112人，技术员职称22人。

【粮食生产】 2014年，全县落实粮食播种面积106000公顷、总产64.7万吨，分别较2013年增加360公顷、1.44万吨，粮食生产实现十一连增。其中，水稻早稻40060公顷，总产24.86万吨；中稻2030公顷，总产14368吨；晚稻41100公顷，总产27.86万吨。玉米总产25704吨，豆类总产25380吨；薯类总产48878吨。发展高档优质稻42000公顷，示范推广超级稻19330公顷，建设1333公顷绿色食品糯稻、6680公顷优质稻新品种试验示范基地、200公顷高档优质稻种子（单本）制种基地。天龙1号、陆两优996、深两优

5814等8个高档优质稻品种获大面积推广种植。全县落实集中育秧示范点915个，建设集中育秧大棚80栋，完成集中育秧大田面积22万亩。创建扩种双季稻储备秧田面积0.3万亩，建设玉米千亩高产创建示范片4个，建设文明铺双季稻整建制推进镇和3个万亩粮油示范片，每个镇（办）各创办1个千亩片，150个村各创办1个百亩片。示范区粮食单产524.65公斤，总产0.57万吨，分别较2013年增加16.94公斤/亩、0.02万吨。推广土壤有机质提升秸秆还田10670公顷，水稻病虫害专业化统防统治18080公顷。开展农业生产机械化服务，全年完成粮食机械化作业面积58670公顷。

【粮食生产投入】 2014年，县财政共安排发展粮食生产资金3212万元，较2013年增加812万元，粮食播种面积亩平投入30.5元。其中，水稻集中育秧资金670万元，制止耕地抛荒资金270万元，规模化生产资金360万元，县级育秧中心资金100万元，优质稻基地资金300万元，粮食高产创建资金372万元，专业化服务资金580万元，粮食生产先进单位和个人奖励资金400万元，农机购置补贴资金160万元，另投入水稻保险配套资金1138.08万元。

【经济作物生产】 祁阳县经济作物有水果、蔬菜、油料、茶叶、棉花、麻类、糖料、烟叶、药材、席草等10大类上百个品种，其中，以水果、蔬菜、油料、茶叶为主。2014年，全县经济作物播种面积52080公顷，产值14.69亿元，占种植业总产值的42.7%。水果生产面积1.38万公顷，总产16.93万吨，其中柑桔生产面积8980公顷，产量7.98万吨，占水果总产量的47%；蔬菜播种面积23680公顷，年产蔬菜53.78万吨；油料播种面积20670公顷，总产4.06万吨，其中油菜播种面积17030公顷，产油菜籽2.95万吨，花生种植面积3640公顷，总产1.11万吨。新开发种植高标准柑桔园213.33公顷，落实低改园346.67公顷；观音滩镇建设台湾红心火龙果生产基地133.33公顷，白水镇建设胡萝卜生产基地200公顷。自然韵黑茶科技有限公司在肖家村镇建设高标准有机黑茶基地533.33公顷，湘君白茶种植专业合作社、永怡茶业建设茶叶基地86.67公顷，全县产茶叶450吨、产值2.5亿元。

【农业产业化】 2014年，湖南新金浩茶油股份公司、湖南银光粮油股份有限公司、湖南湘妹食品有限公司被列入省政府“百企千社万户”现代农业发展工程的“百企”名单。湖南自然韵黑茶科技有限公司被评为省级农业产业化龙头企业，兴冠农牧、鑫利生物、祁阳宏发养殖合作社被评为市级农业产业化龙头企业。截至2014年12月，祁阳县拥有湖南新金浩茶油股份有限公司、湖南银光粮油股份有限公司2家国家级农业产业化龙头企业，湖南天龙米业有限公司、湖南湘妹食品有限公司、湖南宝达食品有限公司等6家省级农业龙头企业，祁阳县金丽鸽业发展有限公司、祁阳县黑凤生态农庄有限公司等16家市级农业产业化龙头企业。全县注册农产品商标60余个，新增“自然韵黑茶”“银光大米”2个湖南名牌产品，新增“黑凤凰”湖南著名商标。2014年，全县农产品加工企业完成总产值51.11亿元，增长19.87%；其中市级以上农业产业化重点龙头企业完成产值38.34亿元，同比增长20.57%，占全县规模以上工业比重的29%。

【农业技术推广】 全县形成县有农业技术推广中心，22个镇办设立农业技术推广站、村有科技示范户的三级农技推广服务体系。2014年，县农业局通过创建星级农技服务站、举办农技培训班、发布病虫情报、印发技术简介、出板报墙报及科技下乡等形式推广农业生产先进技术。全年共发布农业信息700余条，发行《湖南农业》杂志3400份，举办各类技术培训750期，发布病虫情报10期，推广水稻病虫害专业化统防统治及绿色防控18080公顷，土壤有机质提升秸秆还田11130公顷、累计推广测土配方施肥106670公顷，灭除假高粱276.67公顷、福寿螺205.33公顷，建设优质稻示范面积42000公顷，示范推广超级稻19330公顷，创建6670公顷水稻集中育秧、5800公顷粮油高产示范。

【农业项目建设】 2014年，祁阳县争取中央、省项目37个，到位项目资金9989.3万元。重点实施“新增粮食产能”“全省油料产业大县”“水稻集中育秧”“农业生产全程社会化服务”等重大项目。省财政投入1000万元实施农业生产全程社会化服务项目，为全县农户粮食生产产前、产中、产后提供代育、代插、代防、代收、代烘等全程社会化服务。中央财政投入1300万元实施新增粮食产能田间工程项目，在文明铺镇联益、宝塔、谷塘湾等村，龚家坪镇中益、渗塘湾、田头冲、甸中间等村，新建灌溉渠28478米、排灌渠8051米、机耕道10800米，维修山塘37口、电灌站2座，建设高产良田1733公顷。实施水稻集中育秧项目，在大村甸镇、大忠桥镇、黎家坪镇新建3个育秧中心，建设育秧大棚80栋。中央投入900万元实施全省油料产业大县项目，全县建设万亩省级油菜示范片1个，3000亩以上县级油菜示范片5个，500亩以上油菜基地22个，落实冬种油菜面积17030公顷。中央投资427万元的“基层农技推广服务体系建设”项目，完成新、改建农技站站房22个，配备办公、培训和综合服务设备19类1500余台（套）。

【农业综合执法】 祁阳县常年农作物播种面积达146670公顷，水稻播种面积稳定在80000公顷左右，年需种子1000吨、化肥3万吨、农药350吨，全县有农贸市场40多个，大小农资经营网点350余家。2014年农业执法部门累计出动执法车辆400多台次，执法人员1860人次，对全县农资经营网点进行拉网式检查3次，重点市场检查4次，检出不合格复合肥料4个批次、劣质农药1个批次、假农药6个批次，送检种子样品40多个、农药样品33个，肥料样品13个；查处未审先推品种1个，立案查处假农药（含隐性成份农药）6个，异地扣押不合格农药2720公斤，依法没收假劣农药2580公斤，对违规行为和假劣农资产品曝光1次，下发责令整改书23份、简易程序处罚5起，到位执罚金额10多万元。接待农户因浸种催芽事件来访100多起，涉及水稻品种10个，种子数量1000多公斤；调解种植事故纠纷22起，涉及20个乡镇60户农户，面积33.33公顷，为农户挽回直接经济损失130多万元。

【农作物种子繁育推广】 2014年，祁阳县从国内各大种业企业挑选具有综合优势杂交水稻品种50余个进行区域生态适宜性种植，筛选适合祁阳种植的12个高产优质农作物品种、20个优质水稻新品种进行展示推广种植。推广“天隆1号”种植面积933.33公顷，“湘春豆21号、24号”种植面积533.33公顷。全县建设1333公顷绿色食品糯稻、6680公顷优质稻新品种试验示范基地，高档优质稻种子（单本）制种基地200公顷，杂交稻制种面积866.67公顷，杂交稻总产2340吨。

【农产品质量管理】 全县先后成立祁阳县农产品质量综合检验检测站、县农产品质量安全监管站，22个镇（办）成立农产品质量安全监管站，配有专门检验检测人员及检验检测工具。2014年，以优质大米、蔬菜、茶叶为重点，七里桥、肖家村、白水、黎家坪、浯溪等镇办建设农业标准化生产示范基地5个，总面积1733.33公顷，制定标准化生产技术规程5个，其中，湖南自然韵黑茶有限公司在肖家村镇累计投入资金5000万元，建设黑茶标准化生产基地666.67公顷。全县确定10个市级、30个县级农产品质量例行监测点，全年开展农产品质量专项整治行动12次，抽检样品5547个，总合格率99.7%，发布农产品质量安全信息简报22期，全县未发生一起因食用农残超标蔬菜而导致的中毒事件。全年申报“三品一标”认证45个，其中，有机食品认证2个，绿色食品认证9个，无公害农产品认证22个，续展认证12个，新增无公害生产基地认定333.33公顷，新增有机食品基地认证面积180公顷，“三品”年认证产量6万吨。截至2014年12月，全县种植业有效使用“三品一标”标志的农产品有71个，其中无公害农产品28个、绿色食品40个，有机食品3个。

【耕地质量建设管理】 2014年，全县推广测土配方施肥面积106670公顷，首次利用手机平台向全县种植大户发送配方肥短信。测土配方施肥数据库建设初步通过省农业厅审核验收。落实早中稻秸秆还田腐熟技术施用面积11130公顷，发放腐秆剂334吨。实施腐秆剂腐熟还田项目，八宝镇古桥村、文富市镇平阳甸等村建立1个高标准测土配方施肥万亩示范区，龚家坪、文明铺、黎家坪、观音滩、白水等镇马路沿线，创建5个腐秆剂腐熟还田千亩示范片，大村甸镇16个村各建立腐秆剂腐熟还田村级示范点，示范面积2000公顷。探索配方施肥新路子，在德辉农业和鑫利科技基地实施经济作物“2+X”田间肥效试验。加强耕地质量管理，开展耕地质量督查，查处制止茅竹镇杨司桥村6组村民曾某以土地流转为名，毁坏稻田71.8亩挖鱼塘案件1件；肖家村镇金星村12组村民杨某毁坏基本保护农田建房案件1件；采集并化验三年一轮回土样500个，个性化土样130个，为全县耕地质量监测及耕地质量评定提供依据。

【农业环境保护】 2014年，祁阳县开展外来入侵物种和农业野生植物资源调查，共发现阔叶猕猴桃、中华猕猴桃、野大豆、野菱等珍稀农业野生植物资源26种，发现假高粱等外来入侵物种17种。全县假高粱发生面积3726.67公顷，福寿螺发生面积5646.67公顷。全年铲除假高粱面积266.67公顷，福寿螺面积200公顷，减少疫区面积1066.67公顷，为农户挽回经济损失23.5万元。黎家坪镇开展“稻米镉污染控制技术研究与示范”课题攻关，研究组装集成污染稻田“VIP”及“VIP+N”控镉技术体系。祁—黎工业小区建立2个重金属污染监测点，对企业排放废水、废气和废渣进行日常监测。建设白水镇毛家村、大村甸镇漆家坪村农村清洁工程示范，示范村推广“猪—沼—稻”“猪—沼—果”等立体生态种养模式，推广测土配方施肥113.33公顷，秸杆综合利用93.33公顷，稻鸭共生73.33公顷，安装频振式杀虫灯25盏，建成生活污水处理系统34套，生活垃圾回收池2座，田间收集池10个，有机物发酵堆沤池2个，成立村级物业管理站2个。

【植物保护与检疫】 2014年，祁阳县成立8个专业化统防统治组织（日防治能力333公顷以上的服务组织6家），15个镇级专业化防治服务站，138个村级机防队，全年完成农作物病虫害专业化统防统治面积18080公顷，其中在肖家村镇开展统防统治与绿色防控融合推进示范面积1426.67公顷。示范区内病虫危害损失率在3%以下，农产品合格率100%，生物多样性指数增加15%，化学农药使用量减少10%。全年上报病虫测报数据68次，发布病虫情报10期，病虫害电视预报6期，印发病虫情报12500份，受理农民病虫害防治咨询电话800次，帮助农民解决疑难病症300例。按检疫规程完成水稻杂交稻制种121.47公顷，检疫水稻种子46批次，数量22.8万公斤；检疫柑桔、柚类、桃、李、板栗等水果苗木290万株，检出病虫苗木1800株，开具产地检疫证23份，开具调运检疫证5批次。

【新型经营主体培育】 2014年，祁阳县开展新型职业农民培训及农村实用技术、专业技术培训期数750期，发放技术资料5.85万余份，完成培训4万多人次。全年完成新型职业农民培育1800人，其中生产经营型职业农民100人，专业技能型职业农民50人，农业职业技能培训150人，农业专项技术培训1500人；绿色证书培训1.2万人次。全县新增农民专业合作社80家，新培育承包稻田100亩以上大户108户，其中，培育种粮为主的家庭农场62户。截至2014年12月，全县承包耕地30亩、100亩、300亩以上种粮大户分别达2336户、557户、168户，大户种粮面积占全县粮食总播面40%。

（蒋德元　彭卫华　陈铁牛）

养　殖　业

【概况】 祁阳县畜牧水产局是主管全县畜牧兽医和渔业工作的县人民政府直属事业单位。1986年由县农业局畜牧股、水产股分离出来合并组成祁阳县畜牧水产总站，1995年更名为祁阳县畜牧水产局，2002年推行机构改革。县畜牧水产局下辖23个镇乡（街道）动物防疫站，下设动物卫生监督所（副科级）、饲料工业办公室、渔政管理站、兽药饲料监督所、综合执法大队、畜禽水产品检测检验中心、畜牧水产技术服务中心和种畜种禽场等8个二级机构，内设办公室、政工股、畜牧股、水产股、兽医药政股、法制办、账务室等7个股室。2014年，全局有干部职工299人，具有专业技术职称人员162人，其中中级职称38人，初级职称124人。县畜牧水产局主要职责是拟定全县畜牧兽医、渔业发展战略、规划，负责全县种畜禽、水产种苗、牧草种子、兽药、兽医医疗器械、饲料药物添加剂的质量监测、鉴定和执法监督管理，负责渔业行政执法监督管理、保护渔业资源，负责渔船检验和渔船安全监督管理，负责渔业水域生态环境及水生野生动植物保护，负责全县兽医医政、兽药药政药检，承担动物及动物产品检疫和动物防疫及监督、监测、预报、发布动物疫情，组织实施动物疫病的控制和扑灭，负责畜牧业、渔业专项资金管理，组织养殖业重大项目申报。

【重大动物疫病防控】 2014年，县委、县政府将重大动物疫病防控纳入对各镇乡（街道办事处）绩效考核。年初，市、县、镇三级政府逐级签订重大动物防控工作责任状，将重大动物疫病免疫密度、经费投入、综合防控措施、疫情控制等纳入目标考核内容，防控工作摆上各级党委政府的重要议事日程。县防治重大动物疫病指挥部制定《祁阳县2014年度重大动物疫病防控工作目标管理考核评分办法》，组织开展年度考核评比。各镇乡（街道）针对规模养殖场、养殖小区、畜禽交易市场等重点防疫区域，明确监管的行政责任人和技术责任人，定期巡查，加强监管，发现问题及时整改到位。为督促各镇乡（街道）抓好防控工作，县防治重大动物疫病指挥部办公室加强督查，在春、秋季集中免疫和重大动物疫病应急防控期间，成立专门督查组开展防控工作明查暗访。通过采取配足力量、强化责任、明确奖罚、严格考核等综合防控措施，2014年，取得H7N9禽流感防控工作全面胜利，并制定出台《祁阳县动物产地检疫工作实施办法》，规范产地检疫行为，确保全县重大动物疫情稳定，获全市重大动物疫病防控工作一等奖。

【畜禽水产品质量安全整治】

2014年，县畜牧水产局把畜禽水产品质量安全整治作为全年工作重点，组织开展4大专项整治活动，破解质量监管难题，取得显著成效。开展“瘦肉精”等违禁物品专项整治行动。县畜牧水产局下发《关于进一步加强“瘦肉精”等违禁物品整治工作的通知》，要求各镇乡（办）站及局属各单位采取有效措施，全面开展“瘦肉精”等违禁物品整治行动，努力构建整治工作长效机制。组织对生猪养殖场（户）进行地毯式排查，全县畜禽水产品质量总体安全。开展兽药及兽药残留专项整治。全县推行兽药经营GSP认证，对全县72家兽药经营单位进行整顿培训，42家通过GSP认证验收，并领取“兽药经营许可证”。同时，查处假劣兽药，严格兽药质量管理。2014年共出动执法人员156人次，检查兽药经营单位72家、规模养殖场120家，立案查处案件56起。完成省、市兽药残留检测样品41个、畜禽水产品兽药残留检测样品26个，兽药残留检测合格率为100%。开展饲料及饲料添加剂专项整治。全县共出动执法人员69人次，检查饲料生产经营企业11家、养殖场（户）120个，查处违法违规案件5起。杜绝在饲料中非法添加三聚氰胺等有毒有害物质行为，饲料产品中“瘦肉精”检出率为零。饲料安全专项监测的总体合格率为100%。开展农资打假专项整治。集中整治饲料、兽药市场、种畜禽市场，对在畜禽水产品养殖过程中使用违禁药物和兽药残留超标的问题进行认真治理，对生产、销售和使用“瘦肉精”的违法行为进行严厉打击。整治行动中，全县共出动执法人员123人次，查处当事人在养殖过程中使用违禁药物和兽药残留超标案件2起。

为加强畜禽水产品质量监管，延伸监管视角，2014年率先在全省成立群力生鲜肉销售协会，成为畜禽水品质量安全监管工作一支重要的中介力量。该协会向社会兑现承诺“不购病死猪、不赚黑心钱、不注水掺假、边料全处理、举报违法事、购销放心肉、打造新秩序”，打造社会公信力。2014年无害化处理猪“三腺”，俗称生猪屠宰后摘除的边角残料50.56吨，为全县人民吃上“放心肉”做出突出贡献。

【推广养殖污染治理新模式】

养殖业迅速发展，随之带来的养殖污染问题倍受社会关注，引起县委、县政府及相关部门高度重视。根据省、市要求，2014年从生猪调出大县奖励资金中砌块270万元，推广生化处理池、地膜式沼气发电、生物发酵床等3类养殖污染治理新模式。文富市镇双鑫养殖有限公司、白水鸿丰生态农业发展有限公司和双峰生态养殖专业合作社分别建立生化池处理、沼气发电和生物发酵床等先进粪污处理系统，养殖环境得到大改善，基本实现零排放。同时，为杜绝广大养殖户乱丢乱抛病死动物，2014年在十里坪畜牧场兴建病死动物无害化处理中心，占地1000平方米，建筑面积260平方米，总投资150万元，日处理病死动物1.5吨，列入全省病死动物无害化处理建设长效机制试点县。

【湘江干流两岸养殖污染防治】

2014年，按照县委、县政府指示精神，县畜牧水产局等相关部门认真落实省政府“一号”重点工程，采取过硬措施，全面完成湘江干流两岸500米内生猪出栏50头以上的养殖场退养任务，赢得省、市考核好评。2014年全县拆迁生猪养殖场76个，拆除栏舍面积70975平方米，其中年出栏300头以上的猪场21个，拆除面积49025.17平方米，年出栏50头以上的猪场55个，拆除面积21949.83平方米，共发放拆迁退养补偿资金2129.25万元。主要做法：成立机构，精心组织。湘江干流两岸养殖污染防治工作由县人民政府统一领导，有关部门、党委政府具体负责落实。成立祁阳县湘江干流两岸养殖污染防治工作领导小组，由县长任组长、分管副县长任副组长，县政府办、公安、发改、农办、国土资源、财政、住建、环保、畜牧水产、林业、水利、卫生、科技等相关部门及浯溪、龙山、白水、观音滩、茅竹、潘市、七里桥、大村甸、黄泥塘、进宝塘等镇乡办镇长（主任）为成员，办公室设县畜牧水产局，由畜牧水产局局长兼任办公室主任。办公室从相关单位抽调18人组成，分宣传组、摸底组、退搬组、补偿组等4个工作组，各司其职、各负其责、相互协调、互相配合，有理有节全面开展日常工作。浯溪等11个镇（办）也成立领导机构，由镇长（主任）任组长，一名副职任副组长，抽调精干力量，组建强有力的工作班子，切实加强对湘江干流两岸养殖污染防治工作组织领导，督促和协调开展工作。落实责任，强化配合。县委、县政府将湘江干流两岸养殖污染防治工作纳入重点工作考核，与县直相关单位和相关镇办签订《祁阳县湘江干流两岸养殖污染防治工作责任书》，明确任务和责任。同时配套制订考核办法和奖惩措施。根据湘府办发〔2014〕87号文件精神，祁阳县湘江干流两岸养殖污染防治工作由县政府负总责，各镇（街道）具体负责组织实施，明确镇（办）负责人为第一责任人，分管农业领导专抓。全县各级各有关部门按照《祁阳县湘江干流两岸养殖污染防治工作实施方案》的要求，认真履行职责，相互协调，全力配合。其中环保、畜牧这两个部门明确1名班子成员主抓，其他班子成员及所在镇办驻村干部组成小分队，每个小分队负责4户规模养殖户退出或搬迁任务。广泛宣传，科学核定。全县召开3次专题会议，即县政府常务会议、县直相关部门及有关镇乡办负责人会议、退出或搬迁对象动员会议，传达贯彻省、市文件、政策及会议精神，分析形势，安排部署全县湘江干流两岸养殖污染防治工作，并印发《祁阳县湘江干流两岸养殖污染防治工作实施方案》《祁阳县畜禽规模养殖禁养区、限养区、适养区划分方案》。同时，做好上门宣传，将省、市有关退出或搬迁政策、后续发展的扶持政策、奖励措施、工作程序等资料印制成宣传单，分发到退出或搬迁对象手中，切实做好走村入户宣传工作。营造浓厚氛围，动员全社会力量积极参与，并接受监督。在掌握退出或搬迁对象摸底数据的基础上，确定三个硬性基本条件，即湘江干流两岸、直线距离500米范围以内、年出栏生猪50头以上，深入各相关镇（办）进行地毯式核定，确保“应拆尽拆”，杜绝“打擦边球”现象发生。县湘江干流两岸养殖污染防治工作领导小组办公室组建专门工作组，严格操作流程，做到专业部门、专业人员、专业设备、专业方法，确保测量真实准确。每测量一户，经当事人签字确认后，及时绘制好养殖平面图，并拍摄照片5张，填写退养户基本信息，签订好《养殖场拆迁协议》。落实资金，妥善安置。根据省人民政府办公厅关于印发《湘江干流两岸养殖污染防治工作实施方案》（湘政办函〔2014〕87号）文件精神，及时预算拨付县级配套资金935.4万元。同时，县政府组织各级各有关部门创新政策机制，扶持产业发展。对继续从事养殖业发展的对象，采取“统一规划养殖用地、优先安排项目资金、优惠用水用电政策、加大金融信贷支持”等措施，鼓励和支持退出规模养殖户异地搬迁，科学发展养殖生产，确保畜禽水产品有效供给。县畜牧水产部门派出技术人员18人，与退出或搬对象建立联系帮扶责任制，指导退出、搬迁和后续发展养殖业工作，并跟踪做好服务工作。

【渔业资源养护】 按照“以人为本、养护资源，和谐发展”的思路，推进渔业资源养护。推进渔政综合执法。2014年，县畜牧水产局组织开展渔政专项执法行动4次，共出动执法人147人次，查获非法捕捞作业鱼船19艘、清理取缔“布围子”“迷魂阵”等违法网具21套、收缴高频升压机14台、电瓶17台、电竹杆39根，放生鱼类98.5公斤，依法处理处罚当事人14人。有力、有效的打击了非法捕鱼行为，保护祁阳河流渔业资源，赢得社会各界普遍赞誉。推进鱼类人工增殖放流。2014年8月6日，在浯溪桥头举行渔业资源增殖放流启动仪式。县人大、县政府、县政协及县委办、县人大办、县政府办、县政协办分管农业领导和县畜牧水产局全体干部职工、渔民群众代表，共计300余人出席增殖放流启动仪式并参与鱼苗放流，共投入资金10万元，向湘江投放青、草、鲤、鳙等鱼苗100万尾，有效增殖鱼类资源，改善水域生态环境。这次渔业资源增殖放流是祁阳县鱼类人工增殖放流规模最大、放流面积最广、放流数量最多的一次。

（欧盛）

林　　业

【概况】　祁阳地处湖南省南部，永州市北部，阳明山北麓，是陶铸的家乡，是中国油茶之乡、国家油茶产业发展示范基地、国家级林业科技示范县、中央财政森林抚育补贴、造林直补和生态公益林补偿试点县，湖南省重点林区县。全县围绕“发展现代林业，建设生态文明，推动科学发展”工作主题，坚守林业“三条底线”，统筹兼顾“造、抚、管、用”，抢抓机遇，通力协作，林业经济实现快速发展，绿色祁阳建设稳步推进。2014年12月，县委县政府作出创建全国绿化模范县暨实施三年绿化攻坚行动决策部署，实施城市森林、通道森林、水系森林、山地造林、绿色乡镇和秀美村庄建设五大绿化工程，用3年时间创建全国绿化模范县。截至2014年年底，全县（含金洞管理区）有林地面积230.8万亩，森林覆盖率60.4%，林木蓄积量571.6万立方米，林业生产总值20亿元，林农人均年收入8762元。

【造林绿化】　2014年，全县完成人工造林总面积31824亩，合格面积31824亩；人工造林中工程造林21323.7亩，其中退耕还林荒山造林1500亩，油茶造林14555.3亩，巩退项目5268.4亩；面上造林10500.3亩；按林种分：防护林4508.5亩，经济林19250.2亩，用材林8065.3亩；采用良种造林31824亩，良种率100%。完成更新造林3096.5亩。按林种分：用材林3096.5亩；良种造林3096.5亩，良种率达100%。造林树种有杉木13171.8亩，国外松1352亩，油茶16815.2亩，桉树94亩，柑桔72.5亩，枣子123亩，珍贵硬阔876.5亩，其他树种2415.5亩。完成“一抚两垦”9.9万亩，其中楠竹常改1.5万亩，油茶常改2.8万亩，中幼林抚育5.6万亩；封山育林60500亩。2014年全县实际完成各类造林34920.5亩，面积核实率100%；造林成活率85%以上的合格面积34920.5亩；中幼林抚育率为100%。

【中央财政森林抚育补贴项目】　2014年，全县实施中央财政森林抚育补贴项目总面积1066.7公顷。按乡镇分，挂榜山林场133.3公顷，大江林场539.1公顷，大忠桥镇24.8公顷，肖家村镇71.1公顷，八宝镇35.9公顷，三口塘镇15.0公顷，观音滩镇26.8公顷，龚家坪镇10.6公顷，梅溪镇6.1公顷，潘市镇37.1公顷，下马渡镇131.1公顷，白水镇2.1公顷，七里桥镇2.1公顷，浯溪镇21.7公顷；按权属分，集体林666.7公顷，国有林400公顷；按林种分，防护林1066.7公顷；按龄组分，幼龄林631.8公顷、中龄林434.9公顷。按抚育方式分，疏伐402.2公顷、割灌除草664.5公顷。

【通道绿化】　2014年，全县完成通道绿化、三边绿化小苗造林 1 万亩，桂花、杜英、樟、桉、杨等大苗绿化 66.26 万株，通道绿化达标建设 318 公里，衡枣高速公路、湘桂复线、G322 国道、S320 省道沿线全面绿化，无宜林荒山荒地。

【规模基地建设】 2014 年，全县新建连片 500 亩以上基地 15 个；建设万亩油茶基地 2 个、杉木速丰林五千亩规模基地 2 个、千亩珍贵树种培育基地 1 个；发展千亩林下经济示范基地 1 个；新培育 100 亩以上大户 51 户，其中 100~499 亩以上大户 36 户，500~999 亩的大户 8 户，1000 亩以上造林大户 7 户。

【公益林保护建设】 截至 2014 年年底，全县有省级以上生态公益林地 672396 亩。按事权等级分：国家级公益林 589397 亩，省级公益林 82999 亩。国家级公益林按权属分：国有 18017 亩，集体（个人）571380 亩。省级公益林全部为集体（个人）所有。2014 年上级拨付祁阳县森林生态补偿基金总额 1091.61 万元，其中国家级公益林 969.19 万元（国有标准为 6.75 元/亩，集体标准为 16.75 元/亩），省级公益林 122.42 万元（标准为 14.75 元/亩）。公益林保护建设纳入为民办实事考核，落实公益林小班 15494 个，涉及镇乡办场数 25 个，涉及行政村个数 510 个，涉及国有单位个数 2 个，涉及林农人数 58979 个，落实公益林护林员 512 名，签订管护合同 512 份，管护面积到位率 100%，资金发放到位率 100%，被评为全省为民办实事工作先进单位。

【退耕还林】 截至 2014 年年底，全县累计实施退耕还林 195544 亩。其中坡耕地造林 74020 亩，配套荒山造林 105524 亩，封山育林 1.6 万亩，工程覆盖全县 25 个镇乡办场 454 个村 53939 户。2014 年，国家重启新一轮退耕还林。10 月，县林业局牵头，县发改委、财政局、农业局、国土资源局参与，组织编制 2014、2014~2020 年退耕还林实施方案，上报省退耕办，省发改委、财政厅、林业厅、农委、国土资源厅下达祁阳县 2014 退耕地造林任务 1500 亩，项目建设资金 225 万元。2014 年国家下达完善退耕还林资金 861.62 万元，涉及全县 22 个镇办场，20833 户。县林业局组织技术人员检查验收后，对合格小班造具发放表，经县财政审核后打卡发放。

【森林病虫害防治】 2014 年，全县古树名木白蚁、樟袋蛾危害严重，采用防治白蚁专用药液防治 36 株，樟袋蛾危害古树名木 51 株，实施防治 51 株。苗木检疫圃地面积 1630 亩，产地检疫 715 亩。

【湿地保护】 2014 年，全县新建立湿地保护小区 2 处，增加保护面积 4080 亩。

【野生动物保护】 开展鸟类保护执法行动 5 次，收缴违法猎捕工具 16 件，放生鸟 376 只；发放野生物驯养繁殖许可证 6 本，发放野生动物及其产品经营许可证 2 本。开展珍稀树种挂牌保护等专项执法行动，制作珍稀树木标识牌 876 块。

【天然林资源保护】 推行“采伐指标进村入户”阳光工程，年度下达主伐指标 42436 立方米，采伐蓄积 16960.4 立方米，采伐材积 10113.4 立方米，办理林木采伐许可证 229 份，年审年检木竹经营（加工）许可证 116 本（正本），查处无证加工案件 6 起，加工无证木材案件 19 起，办理县内木材运输证 22 份，省内和出省木材运输证共 630 份，审核审批建设项目使用林地 23 起，面积 388.4557 公顷；农民建房使用林地 20 起，面积 0.6 公顷。

【林下经济】 2014 年，大江林场与湖南天江生物科技有限公司合作，投资 800 多万元，从云南引进名贵中药材石斛、重楼，建设特色林下经济规模基地1000亩。10月11日，县政府与云南天昌生物科技有限公司签订林下经济（药物）发展合作框架协议，达成1万亩石斛和重楼基地建设项目。2014年5月，县林业局从浙江招商引进投资5000万元的10万亩松脂加工项目，注册成立祁阳永康林化责任公司，流转松林7万亩，在潘市镇铜锣村兴建松脂加工厂，竣工投产。

【林木种苗】　2014年，全县主要树种育苗327亩，验收保存327亩，育苗用种12510公斤，产合格苗968.5万株，其中一级苗848万株，二级苗120.5万株。主要造林树种产苗：杉木300万株，湿地松125万株，木荷3.5万株，油茶230万株，柏木160万株，漆树50万株，楠木60万株，柑桔40万株。全县造林所需种苗来源主要有：杉木、国外松等种籽从省种苗站进购；油茶接穗从省指定地点采回的良种接穗；板栗、柑桔等经济水果林苗木，从县内优良林分种子园采种，林农自采自育。主要树种良种使用率100%。

【油茶产业】　2014年，完成油茶新造1.68万亩，低改3.32万亩，油茶林总面积49.97万亩，茶籽总产量18071.8吨，产值达5亿元。年内突出建设唐家山油茶高产栽培示范园、金浩公司油茶产业园、八宝油茶特色产业园、羊角塘油茶特色产业园和祁羊公路沿线油茶低改产业带；育苗150万株；开始提高油茶基地建设补助标准，工程项目区内油茶新造每亩补助800元（含种苗），低改每亩补助300～400元。年内被永州市委、市政府授予油茶产业开发先进单位。与广东农垦集团签订15万亩高产油茶基地建设协议，注册成立永州市广垦祁阳油茶科技公司。

【森林防火】　成立祁阳县森林防火指挥部，由副县长唐安宝任指挥长，下设防火办。县森林消防大队设3个中队，共有23名队员。25个镇乡办场设半专业防扑火队伍25支。2014年，县政府发布《关于森林防火禁火的通告》，印发《关于加强森林防火工作的紧急通知》和《森林防火、人人有责》公开信10万份，签定责任状，镇乡办场制定《森林防火乡规民约》，开展村内“五清”活动（清地边、清林边、清坟边、清矿边、清隔离带内的可燃物）。全县投入森林防火经费90万元，修建望台（哨）10台，购置了高压水泵4台，喷水灭火机6台，油锯6台，购置2号扑火工具300套，配备砍刀600把，配备价值30万元消防水灌车1台，无线对讲机12部。全年未发生较大森林火灾。

（刘得花）

水　　利

【概况】　2014年，全县加大水利基础设施的投入，秉持“献身、负责、求实”的水利精神，攻坚克难，开拓奋进。全年全县完成水利建设投入2.41亿元，水利工程5800处，劳动工日76.93万个，修复水毁工程260处。2014年获永州市水利“潇湘”竞赛先进单位、2014年度祁阳县招商引资工作目标管理先进单位、2014年祁阳县为民办实事先进单位。

【汛情抗情】　1至12月，全县平均降雨量1265.4毫米，较历年均值1398毫米减少34.8毫米，偏少2.5%，降雨集中在5至8月，出现5次强雨过程，局地发生严重洪涝灾害。6月2日强降雨造成县城人民小学等地内涝，最深达1.5米，6月21日强降雨导致黄泥塘镇老街内涝，最深达1.2米。5月23日湘江祁阳站水位83.15米，超警戒水位0.15米，相应流量7000立方米每秒。2014年全县降雨总量较历年均值略偏少，但降雨分布不均，南部降雨多，北部和东部降雨偏少，导致龚家坪、文明铺、羊角塘、潘市等镇局地出现轻度旱情，但未对人畜饮水造成影响，未对农业生产造成重大损失。

【农村饮水安全工程】 2014年度实施农村饮水安全工程24处，解决饮水不安全人数5.91万人，涉及15个乡镇，51个行政村。工程总投资为2892.15万元，其中国家投资2558万元，市县财政配套资金193.82万元，群众自筹资金140.33万元。建制乡镇集中供水工程4处：梅溪镇水厂工程、观音滩镇水厂改扩建工程、内下乡供水工程、挂榜山林场供水工程。联村及单村工程共18处：大忠桥镇十里村供水工程、大忠桥镇胜利村供水工程、大江林场白竹村供水工程、龚家坪镇田头冲供水工程、羊角塘镇黄坪供水工程、下马渡镇城月村供水工程、潘市镇谢家湾供水工程、白水镇火冲村供水工程、羊角塘镇雪里红村供水工程、观音滩镇裕华村供水工程、进宝塘镇里仕村供水工程、黄泥塘镇闲亭村供水工程、羊角塘镇高槐村供水工程、大村甸镇新铺子供水工程、七里桥镇竹山口村供水工程、龚家坪镇复兴村供水工程、潘市镇龙潭水厂工程、进宝塘镇白合水厂工程。

【水库除险加固工程】 2014年度对24座水库进行除险加固处理，年内基本完成主体工程建设，完成投资3280万元。小一型水库8座：茶园、长塘、楼塘、里塘、高拱桥、唐家冲、乌山冲、畔塘等水库；小二型水库16座：铁丝塘、大忠桥黄泥塘、火塘冲、金台、胡泉塘、龚家坪黄泥塘、乌泥塘、道塘、七里桥唐家冲、东塘、长春元、莲花庵、银子塘、楠木冲、泉塘、邓家冲。

【河道治理】 祁阳县城市防洪工程城北保护圈两桥之间原种场段的主体工程和扫尾工作均于2014年9月份完成，共完成堤防476.7米，土方填筑至86.8米高程，完成投资500万元。东江桥至陶家岭段共计1815米，年内完成浆砌石护坡246米，完成投资260万元。

【五小水利建设】 2014年市委市政府将“五小”水利建设纳入祁阳县六件惠民实事之一。全县“五小”水利重点完成21个村“五小”水利建设，分别为大忠桥镇莲鹤观村、大忠桥新马村、肖家镇上白鹭村、肖家村镇樟树桥村、八宝镇山背村、黄泥塘镇双联村、进宝塘镇义学村、潘市镇赤二村、梅溪镇秧塘村、羊角塘镇永安村、白水镇福田村、白水镇朱家桥村、茅竹镇容驷村、下马渡镇石塘冲村、下马渡镇汤家岭村、龚家坪镇古木堰村、黎家坪铁脚湾村、文明铺镇泥井湾村、大村甸镇漆家坪村、文富市镇官山坪村、浯溪街道办五里村，完成渠道改造21.57公里，山塘整修47口，堰坝改造2座，机电排改造4处，总投资287.18万元，其中财政奖补252万元，群众自筹35.18万元。

【水电开发】 年内完成内下二、三级电站、大江二级电站增效扩容总投资（4156.25万元）的80%，增加（改造）装机1930千瓦。

【水土保持】 祁阳县是湖南省水土保持重点预防保护区，全县水土流失面积470.24平方公里，占全县总面积的23.14%。2014年审批水土保持方案8宗，下发限期编制水土保持方案通知书25份，行政责令改正通知书32份，下发整改通知书22份。全年在祁阳台《祁阳新闻》连续2个月开辟《水土保持知识问答》专栏。

【水政执法】 全县共开展18次河道采砂大型专项执法行动，查扣采砂船21艘，强制拆除违法建筑物8处，采砂设备18套，治安拘留1人，刑事拘留15人，刑事判决11人。依法收回拍卖前河道采砂管理费86万元，处理采砂船56艘，处置沙洲租赁遗留问题36起，发放奖补资金696.3万元。全县控制用水总量在3.6亿立方米之内，万元工业增加值用水量在100立方米之内，两项指标符合市里要求。全县没有明文禁止的高耗水企业进入。水功能区达标率100%，全年无一重大水污染事件发生。

（蒋金元）

内下电站管理

【概况】 2014年内下水库流域平均降雨量1644.6毫米，产水量为1.95亿立方米，内下管理局共完成发电量10817万千瓦/时，实现发电收入3600万元，上缴国家税收176万元，获“永州市文明单位”“跑项争资工作目标管理二等奖”“全县基层党建工作先进单位”“全县宣传思想工作先进单位”“全县工会工作先进单位”等9项荣誉。

【强化项目建设】 内下二、三级站增效扩容项目工程：2012年，由中华人民共和国财政部和水利部联合发文，对农村小水电运行20年以上且设备老化，效率低的电站，实行改造，经内下电站管理局的努力争取，水利部批准，二级水电站和三级水电站列为改造对象，国家及省配套资金3937.5万元。增效扩容改造工作于2014年10月10日开始，计划到2015年11月底结束。改造后，水能损失减少，机械效率提高，自动化程度得到提高，保护动作更灵敏，更完善，改造成后总共扩容3000千瓦，设计年增发电量1000万千瓦时，电费收入增加360万元。一级电站以电代燃项目进入笼子工程，可争取国家资金1790万元。小黄司河引水工程即将启动，年发电量净增2200万千瓦/时，可增收入800万元/年。立项三级电站病险闸门改造工程，争取国家资金二千多万元。内下直供区农网改造全部完成，亟待县电力局接管，农户用电质量大幅提高。

【安全生产管理达标】 2014年，抓劳动纪律，确保安全生产；抓设备管理，确保安全运行；抓安全检查，防患于未然；抓技术管理，争取效益最大化；抓近区用电秩序，确保用电规范化。充分认识到防汛工作的重要性，采取有力措施，切实做好防汛工作。

【文明创建】 2014年，成立以局长为组长的领导小组，制定《文明创建实施方案》。局工会组织职工运动会，开办全县“内下杯”乒乓球赛和老年人门球队赛，在全局开展“创森、创卫、创绿”活动。实行绩效工资改革，全局职工加入“五险一金”，修缮厂房及职工宿舍，组织二次义务献血活动。团委组织演讲比赛等多项有益的传递正能量的活动。2014年成功创建“永州市文明单位”。

（桂梅生）

农业机械化管理

【概况】 祁阳县农业机械化管理局成立于1974年，其主要职责是负责全县农业机械化管理。局机关内设4个职能股室，下设县农机安全监理所、农机化学校、农机推广站、农机服务站4个直属单位和各镇（办、乡）农机管理站。2014年，全县农业机械总动力15.3万台，85万千瓦，比2013年增加3万千瓦，增长3.5%，稻田亩均1.45千瓦。年内新入户的大、中型拖拉机、旋耕机、收割机、烘干机、油菜直播机和农田基本建设等农业机械368台套，拖拉机拥有量3231台，水稻联合收割机拥有量为756台，插秧机拥有量为508台，烘干机拥有量为56台套。完成机耕面积76667公顷，机电排灌面积28667公顷，机插面积16067公顷，机械化植保面积3万公顷，机收面积30667公顷，农产品初加工163万吨，农用物资机械化运输量2.58亿吨/公里，其他农机作业量也不断增长。全县水稻耕、种、收综合机械化程度达到51%，实现农机下田上山进园入水的新格局。

【农机购置补贴】 推行“全价购机，县级结算，直补到户”的新举措，举办系统操作专题培训班，全县23个镇（办）农机站站长和补贴经销商负责人参加培训和充电。充分利用电视、报刊、媒体、张贴农机购置补贴流程图、发送手机短信、送科技下乡、机具展示、现场演示等多种形式广泛宣传，将农机购置直补政策宣传到千家万户。同时，规范操作程序，简化购机手续，推进信息公开，建立完善资金管理、投诉处理、廉政风险防控等有关管理制度。定期开展补贴机具核查，做到补贴机具在哪就核查到哪。严格实施对比核查、严格重点机具核查、严格落实工作责任、严格查处违法行，切实加强对经销商的有效监管。2014年，全县落实农机购置补贴资金1000万元，拉动农民投入3300多万元，农民购置补贴机具1689台套。县财政拨专项资金200万元，累加补机具325台，加快农业机械化的发展。

【财政支持农业生产全程社会化服务项目】 采取强化领导、精心组织、规范操作，严格实施的办法，努力探索试点模式，创新工作机制，打造服务平台，祁阳县首次实施的财政支持农业生产全程社会化服务试点项目圆满完成，9月9日，经省项目办验收合格。突出做好2014年早稻的农资供应、农技推广、机械化作业、专业化防治、田间管理和仓储加工环节的服务，完成服务面积3333公顷，仓储加工3.75万吨，落实补贴资金1000万元，有效地提高农业生产经营的专业化、组织化、集约化水平，达到农业生产全程社会化服务主体多元化、服务专业化、运行市场化的预期目标，走出一条具有祁阳特色的农业生产全程社会化服务之路。

【基层农机推广补助项目】 做到认真组织，强化管理，规范运作，点线面结合，搞好水稻机械化育插秧、收获、烘干、油菜直播等农机化新技术、新机具的推广。2014年，共扶持农机示范大户21户，扶持农机专业合作社12个，先后在白水镇新中村、福田村、湘江村，大忠桥镇乐果、黄家桥村，八宝镇八宝、双合村，七里桥观音堂、丁庙湾村建立水稻生产机械化示范村9个，完成示范面积358公顷，11月下旬顺利地通过项目验收。

【推广水稻育插秧机械化技术】 以宣传到户、培训到人、指导到家、服务到田为抓手，层层办点示范。县、镇（乡、办）两级政府均成立水稻机械化育插秧工作领导小组，把推广机械化育插秧工作列入粮食生产的重要内容，制订2014年水稻机械化育插秧工作实施方案，落实水稻机械化育插秧推广任务，并纳入绩效考核。县委、县政府为鼓励农民购机，继续实施累加补贴措施，县财政拨专项资金对购置“洋马”“东洋”等高速插秧机的种粮大户给予每台2万元的累加补贴，对购置“东洋”“常发”等手扶式插秧机的给予每台4000元的累加补贴，加快水稻机械化育插秧步伐。2014年，推广插秧机103台，完成水稻机插面积16067公顷，获省、市水稻机械化育插秧先进单位。

【推广机播油菜】 为推广油菜机械化直播新机械、新技术，带动和促进秋冬农业生产，入秋后，分别在下马渡镇的胡家台、文明铺镇的磨石塘、白溪、黎家坪镇的新塘和观音滩的花山等村，办油菜机械化直播示范点5个，新购油菜直播机械5台、大型拖拉机1台。2014年9月中旬起，从机耕、旋耕、整地到油菜直播，节假日不休息，连续奋战1个多月，30多台耕作、整地和油菜直播机械联合作业，高标准地完成油菜机械化直播面积205公顷，创全县油菜机械化种植最高记录。

【农机社会化服务】 充分发挥农业机械、技术和网络优势，积极开展机耕、机灌、机插、机防、机收、机运，机烘、农副产品加工等产前、产中、产后农机社会化服务。春耕、双抢和秋收期间，组织农机修理服务小分队深入村组田间、农舍、机埠，为农民检修农机具3.5万台次。县农机推广站、大忠桥、白水、八宝、黎家坪等镇站积极组织跨区跨镇机收服务队，分别开赴到毗邻的区镇收割水稻，机收面积达8000公顷。2014年，全县完成农机作业面积143330公顷，农机经营服务总收入10亿元。完成农机产品销售总额4320万元，比2013年增长8%。

【农机专业合作组织】 贯彻落实湘政发〔2014〕5号和湘农业联〔2014〕79号文件精神，按照全省扶植建设500家小型精干的水稻生产全程机械化现代农机合作社的要求，做到“缺什么，补什么”，装备水稻生产中机耕、机插、机收、机械植保、机械转运、机械烘干、机械化加工等环节的农业机械及设施。通过政策促动，资金拉动，技术推动，服务带动等措施的实施，加快农机合作组织的发展。2014年，全县拥有农机专业合作社26个，新增规模较大、机械较多的香惠、全程、中发等9家农机专业合作社，被列入省财政支持建设项目。

【培训新型职业农民】 以县农机校、农机合作社和种粮大户田间为课堂，多形式地培训新型职业农民。培训中做到边学习、边实践、边提问、边解答，资料、电教片、机械、硬软盘一条龙，让学员一听就懂，一学就会。2014年，共办农机实用技术培训班10期，培训农机操作手，修理工，驾驶员等新型职业农民465人，绝大多数农机操作手学会农机操作和维修保养技术，部分农机手做到一专多能，一精多会。

【农机安全生产】 坚持“安全第一、预防为主、综合治理”的方针，进一步落实农机安全生产责任制，切实加强农机安全的规范化管理。深入开展“平安农机”创建活动、“春耕、双抢”期间农机安全生产大检查和农机安全生产月活动。2014年，检验各类农业机械735台，注册登记146台，其中大中型拖拉机75台，农业工程机械28台，申领各类农业机械驾驶证132人，其中工程机械操作45人，排查安全隐患39起，纠正农机违章作业361起，打击黑机非驾28起，收缴互助保险费48620元，农机重特大事故为零。

（唐文达）

农村经营管理

【概况】 1956年2月成立祁阳县人民委员会农业社财会指导科，以后随着经济体制的变革和生产关系的调整，县农村经营管理的内容、任务以及机构名称也随之变化。2002年成立祁阳县农村经营管理局，2014年内设办公室，集体财务管理股、农民负担监督管理股、农村土地承包管理股，农民专业合作社管理股等一室四股，另下属正股级全额事业单位一个即县农村土地承包纠纷仲裁委员会办公室。机关共有工作人员17人，其中班子成员5人。2014年，农村土地承包纠纷调解仲裁工作获湖南省农村经营管理工作先进单位。农民负担监督管理和农村产权制度改革工作被永州市委市人民政府评为先进单位。局机关被评为县文明单位、县人口与计划生育工作先进单位。

【农民负担监督管理】 开展强农惠农政策落实情况督查，7月10日至16日由县政府牵头，组织县人大、政协、纪委及减负、财政、物价等相关职能部门抽调专门人员分成5个组对全县25个镇乡办场及19个县属涉负部门强农惠农政策落实情况进行专门督查。对发现的16个问题发出专门整改函并要求限期整改，专项整治办进行跟踪督办。开展专项整治工作。教育收费专项整治，5月初，县纠风办、财政局、物价局、教育局成立组织联合检查组对全县中小学开展专项整治督查，全县共清退上学期结余学生伙食费177.8万元，查处克扣学生伙食费案例两起，对责任单位负责人进行行政纪律处分1人，行政警告处分1人，免职处分1人。国土收费整治。2013年7月全县全面停止收取耕地开垦费后，国土部门从2014年3月10日起对全县2012年以后农村宅基地批准的8299宗，发证的5210宗进行全面自查，5月份国土局又组成12个组开展专项整治，对8宗镇国土所违规收取开垦费一案进行查处并落实整改。农村村级组织订阅报刊情况整治，2014年对全县835个村级组织2013年度的报刊订阅情况逐一开展清查，通过清查2013年报刊订阅有45个村出现不同程度的超限额现象，违规资金5.6万元，对于超限额村进行整改，由村组干部、党员自费订阅一部分，剩余部分由乡镇财政承担。坚持原则，有序推进村内公益事业“一事一议”财政奖补政策的落实。2014年度实施一事一议财政奖补项目村632个，到位国家、省级奖补资金2510万元，其中公路建设156公里，山塘426口，水渠68316米，其他项目32处。

【农村财务管理】 为进一步提升村级财务管理规范化建设，切实维护农村集体经济组织和广大农民群众的合法权益，根据《关于清理整顿村级财务和“三资”问题的工作实施方案》（祁农部发〔2014〕15号）文件精神，结合祁阳县实际，制定《祁阳县关于清理整顿村级财务和“三资”问题的工作实施方案》，同时对全县835个村进行财务清理和“三资”问题的专项整治，共查处案件16起，查处违法违纪村干部17人，查处涉案金额11万元。

【农民专业合作社】 2014年祁阳县农民专业合作社数量稳步增长，运行质量明显提高，据统计，截至12月8日，全县共有农民专业合作社354个，新增合作社127个，同比增长56%，同时2014年度共创建1个国家级示范社，1个为民办好事实事省级示范社，10个县级示范社，共争取中央省财政合作社扶持项目4个，扶持资金137万元，县财政合作社扶持项目10个，扶持资金10万元。

【农村产权制度改革】 强化组织领导，推进产权制度改革。成立由县委书记任顾问，县长任组长，县委县政府分管领导任副组长，县直相关部门主要负责人任成员的农村产权制度改革工作领导小组，并相继出台《关于开展农村土地经营权确权颁证工作的意见》《关于加快全县农村土地流转服务平台建设的意见》和《祁阳县农村土地承包经营权确权登记颁证试点工作方案》等3个文件，为全县农村产权制度改革进行总体设计明确路线图、任务书、时间表和操作方法。扎实推进农村土地确权发证，规范土地流转。6月5日在肖家村镇启动试点工作，从全县25个乡镇办场和13个县直相关部门抽调231名（其中国家工作人员76人）队员进驻肖家村38个村，历时40天，经过入户调查，内业制图，农户家庭承包及地块分布情况经公示无异议后由农户签字确认并全部录入电子管理系统，确权农户8796户，地块52860宗，耕地承包合同面积25307.89亩，而实测面积34183.18亩，比合同承包面积多34.69亩。试点成功后，10月13日，组织召开由县“四大家”领导，各镇乡办场党政负责人、主管领导和农经站长，县直科局级单位负责人近500人参加的全县农村土地承包经营权确权颁证全面铺开动员大会。10月29日，中标技术单位湖南省农林工业勘察设计研究总院、湖南博通工程技术有限公司、湖南天源国土资源勘察有限公司、湖南省第一测绘院、核工业第二地质工程勘察局等五个专业技术公司426名工作人员已陆续到位并开展工作。截至12月底，全县动员县镇村干部3648人，组指界员40395人参与配合工作，25个镇乡办场80万亩耕地外业调查实测和信息数据录入，第二轮公示工作全面完成。搭建平台网络，服务土地流转。依据祁政办发〔2014〕17号《关于加快全县农村土地流转服务平台建设的意见》文件精神，首先建立农村土地流转服务网络体系。县、镇乡办场分级成立农村土地流转服务中心，县投资40万元建立面积120平方米，具有信息联络、收益评估、合同签订等功能齐全的土地流转交易服务大厅。镇乡办场设有土地流转服务大厅50平米左右，并配备有3人以上固定工作人员、服务窗口、电脑打印机、名称标牌电话、档案柜、办公桌椅、服务柜台等设施。村（居委会）成立农村土地流转服务站并明确1名村干部为信息联络员。其次建立县、镇乡办场、村（居委会）三级土地流转纠纷调解仲裁体系。县里成立由分管副县长任主任，政府部门、人民团体、集体经济组织、农民等为代表和经济、法律等专业人士共11人为成员的县农村土地承包仲裁委员会，按照农业部“一庭三室”的要求标准，投资120万元（其中中央财政50万元）建成仲裁庭、合议调解室、案件受理室、档案室等高标准仲裁调解场所。镇乡办场成立由分管负责人任主任，经济发展办、司法、经营等站所负责人为成员的农村土地承包经营纠纷调解委员会。委员会设调解室，调解工作人员3人以上。村成立由村委会主任任组长、村支两委干部、党员、群众代表为成员的农村土地承包经营纠纷调解小组并明确1名村干部任专职土地承包经营纠纷调解员。建立相关配套机制。建立健全土地流转的价格机制、运行机制、补偿机制和调解机制并逐步将农村住房、宅基地、集体非农建设用地和集体经济组织的股权等产权纳入交易服务范围。出台奖补政策，激活土地流转，县委县政府决定从2014年开始县财政每年预算安排200万元奖补土地入股的农户及土地股份合作社和规范经营主体，并出台具体的奖补办法。

（李良群）

农业综合开发

【概况】 祁阳县农业综合开发办公室成立于1989年3月，是归口县财政的正科级事业单位，2014年年底，有在职职工31人。1989~2014年，土地治理共投入开发资金33678.5万元，土地治理面积168.8万亩，改造中低产田57.39万亩，开垦宜农荒地1.89万亩，治理小江、河、溪17条共17.63千米，整修小（Ⅰ）型水库15座，小（Ⅱ）型水库32座，河坝152处，山塘486口，修架渡槽17.85千米，修建电灌站447处，装机容量10645千瓦，新修和配套各类水利工程11326处，新增有效水量13750万立方米；扶持农产品加工企业共百余家，共投入农业综合资金28372.55万元，其中财政资金14362.4万元（无偿资金8978.36万元，有偿资金6224.68万元），建设单位和群众自筹资金8416.26万元，银行贷款4753.25万元。2014年祁阳县农业综合开发工作，围绕社会主义新农村和农业现代化建设，项目布局向粮食主产区聚焦，资金安排向高标准农田聚焦，建成“旱能灌、涝能排、渠相连、路相通”的高产稳产节水农田。突出抓好高标准农田建设，大力实施规模农业开发战略，以项目实施为抓手，大力实施高标准农田建设和生态综合治理。新建、维修、整治山塘等水利设施25处，新增或改善灌溉面积1.4万亩。

【土地治理项目建设】 2014年，共建设高标准农田1.4万亩，涉及潘市镇的新民、枫树、柏家、陆家等11个村。项目总投资2139万元，其中：中央财政资金1340万元（第一批670万元、第二批670万元），地方财政配套资金530万元（第一批265万元、第二批265万元），自筹资金269

万元（第一批134万元、第二批135万元）。其中水利措施：新建拦河坝4座，新建排灌站5座，开挖疏浚渠道6.20公里，衬砌灌排渠道62.35公里；农业措施：改良土壤1.2万亩，修建机耕道路27.6公里，购置农业机械12台（套）；科技措施：技术培训3350人次，发放资料3350份，示范推广示范推广频振诱蛾灯杀虫0.6万亩。项目建成后改善灌溉面积1.2万亩，改善除涝面积0.45万亩，改良土壤面积1.2万亩，新增节水灌溉面积0.9万亩，年节约水量50万立方米，增加机耕面积0.6万亩，年新增粮食165万公斤，新增种植业总产值290万元，项目区农民年纯收入增加额87万元。计划整合涉农部门项目资金1500万元，其中国土资源局土地整理项目投资1200万元，水利局小型水库除险加固项目投资180万元，农业局测土配方施肥项目投资28万元，农机局农机补贴项目投资20万元。

【产业化项目建设】 对投资201万元，其中财政补助资金98万元的“祁阳县5000亩公优质水稻育秧基地新建项目”和总投资320万元，其中财政补助资金140万元的“祁阳县1万吨稻谷低温仓储新建项目”两个财政补助项目，以及总投资3180万元，其中财政贴息资金66万元的财政贴息项目“祁阳县5000吨精炼米糠油新建项目”加强跟踪督查，督促企业落实项目的实施工作，3个项目建设进展顺利。

【部门项目建设】 2014年，总投资420万元，其中财政补助资金210万元的祁阳县油茶丰产林基地示范项目和总投资188万元，其中财政补助资金84万元的祁阳县500亩茶叶示范基地改建项目开工建设，进展顺利。

（郑浩　吕志杰）

移民开发

【概况】 祁阳县移民开发局是正科级全额拨款参照公务员管理单位。2014年在编17人，内设办公室、后期扶持股、规划安置股等3个股级机构。主要职责是制定移民后扶规划计划上报，并根据批复计划组织项目实施；负责移民直补资金及时足额打卡发放；负责新建水库移民搬迁安置和后期扶持；负责对移民进行培训；负责做好移民产业开发；负责移民资金项目管理安全有效高效运行；负责库区社会稳定并逐渐致富。包括全县内下水库、大江水库、龙江桥水库、石喝库区、浯溪水电站、人民电站、湘祁水电站库区移民开发工作。

【领导重视】 3月28日召开全县移民工作会议，县政府副县长唐安宝在会上全面安排部署移民开发工作，同时要求做好移民后扶项目实施、移民后扶资金的发放、湘祁水电站、浯溪水电站的移民后续建设及移民搬迁安置后扶等工作。年初，县政府又将移民工作经费纳入全县财政预算，为移民开发工作开展提供有力保障。5月14日县委副书记、县长周新辉主持召开湘祁水电站现场办公会议并决定要加快湘祁水电站工程建设进度，确保年底通过省市移民局验收；做好湘祁水电站黄泥塘镇移民集中安置点建设，维护库区大局稳定；做好湘祁水电站移民搬迁安置各项工作。

【落实移民后期扶持政策】 全县有享受国家大中型水库移民后扶政策农村移民25378人。2014年以邮政储蓄所“一卡通”形式及时打卡发放大中型水库移民直补资金852.72万元。惠及移民14212人。通过落实移民后期扶持政策，改善移民的生产生活条件，促进库区和移民安置区经济发展和社会稳定。县移民开发局严格按照项目管理规定安排使用资金，项目资金管理更趋规范、安全、有效。2014年顺利通过省、市移民局内部审计、稽查和三峡移民资金总决算的专项审计，没有出现违规违纪现象和问题。

【基础设施建设】 基础设施建设是改善移民民生的重要环节，也是广大移民最直接受益的项目。针对库区和安置区仍然存在行路难、饮水难、用电难等实际问题，县移民开发局加大扶持力度，把解决这些问题作为改善民生、为移民办实事、办好事的重要内容。按照移民自筹为主，移民资金适当配套的原则，大力推进移民基础设施建设，进一步改善移民生产生活条件。2014年全县共投入基础设施建设移民项目资金615.96万元，其中农田水利配套194.68万元，农村饮水安全29万元，农村交通174.2万元。农田水利配套中，整修排灌站3处，防渗渠道10.4千米，涵闸8座，堤坝6处，小水库整修5座，骨干山塘8口；农村饮水安全中，打机井6口，建卫生蓄水池15个420立方米，安装卫生管网10.54千米，建自来水2处；修建机耕道7公里，修筑公路9.76公里，新建村级文化室5座680平主米。通过基础设施项目的实施，受益移民群众达6万余人，大大改善移民生产生活条件。

【移民产业开发】 按照“区域化规划，规模化开发，基地化建设，产业化经营，市场化运作”的思路，创新工作机制，大力推进移民产业化进程。一是抓杉树产业开发，根据省、市移民产业发展规划，结合移民库区实际，在移民库区扶持发展种植杉树5500亩，共涉及15个村126个村民小组。二是抓油茶基地扩建项目的实施，油茶基地建设按照“公司+基地+移民”的模式，在原有基础上扩种400亩。三是抓山苍子种植，在大江、内下库区发动移民种植山苍子963亩，深受广大移民欢迎，为移民致富提供又一条途径。四是抓水果产业，2014年发展水果种植面积800亩。其中近尾洲库区九洲村种植景红甜橙280亩，浯溪库区向家村种植冬枣220亩，大江库区大院村种植柑桔300亩，提高移民收入。五是抓黑茶生产，县移民局与湖南自然韵黑茶科技有限公司合作，建设年生产能力30万担、年产值10亿元的黑茶生产线，第一期投资1.2亿元（园区三期总投资23542万元）。县移民后扶项目湖南自然韵黑茶基地在原有基础上，2014年扩建黑茶面积2100亩，总面积达6800多亩，前期种植黑茶已进入采摘期，产生出效益。县移民局抓产业开发的经验在全市移民产业开发工作现场会上作典型发言。

【新建水库移民搬迁】 严格按照《湖南省大中型水库移民条例》和《湖南省大中型水库移民安置工程建设项目管理暂行办法》开展新建水库移民搬迁安置工作。湘祁水电站移民搬迁安置任务318户1516人全部完成，移民搬迁安置和生产安置人口已全面核实上报，湘祁水电站移民搬安置工作于9月16日通过市移民开发局初验，10月25~26日湖南省水库移民开发管理局对湘祁水电站移民搬安置工作进行了终验。

【移民培训】 制订移民培训工作实施方案，灵活采取“请上来”和“沉下去”等多种方式方法，对移民进行实用技术培训。4月在近尾洲库区黄泥塘镇九洲村举办1期养殖实用技术培训班，课堂上专业教师生动地讲解理论知识，技术人员现场培训移民实用技术，得到移民一致好评。7月、10月分别在内下乡河上江村、大江林场赵家棚村举办库区移民实用技术培训。在县城举办2期移民实用技术培训班和移民干部培训班，共培训128人，为广大移民提供了技术保障，使移民人平年增加收入800人，为广大移民发家致富提供技术保障。7~10月与金洞管理区移民办联合在祁阳县职业中专开办1期移民转产就业技能培训班（电工班和电脑班两个班），全县培训移民68人，就业率95%以上，人均工资在3000元以上，圆满完成省市分配的任务。

【示范点建设】 黄泥塘镇九洲村是近尾洲水电站库区移民村，该村四面环水，总面积5.68平方公里，有9个村民小组，546户，总人口2068人全部为移民。借县委县政府将九洲村列为全县新农村建设示范村之东风，在省市业务部门的大力支持下，紧紧围绕移民致富奔小康之路为主导目标，将该村列入全县库区移民示范带头村，充分利用移民政策，给予该村最大扶持。通过后扶项目立项，移民资金的倾斜，整合其他资金和资源帮助九洲进行新农村建设，通过一年扶持，九洲村的面貌发生了翻天覆地变化，移民生产生活得到了很大改观。2009年至2014年，移民局共投入资金1000余万元资助该村加强基础设施建设：投资630万元修建九洲大桥，使洲上之国与岸相联，方便移民出行；投资60万元修建并硬化九洲村沿江大道，为洲上移民避险搬迁提供宅基地等安置条件；投资84万元修建九洲村小学，方便移民子女就学，改善教育条件，提高教学质量；投资50万元修建电排和修筑灌溉渠道，为移民生产生活打下基础；投资40万元修建洲上公路，方使移民出行；投资18万元帮助九洲开展绿化美化亮化工程，提高移民生活质量；投资15万元协助九洲村做好农电网改造；投资10万元帮助该村安装户外路灯15座；投资55万元修建村办公楼和活动室并修建蓝球场；投资8万元，帮助移民改厕。

【争资跑项】 2014年，祁阳县争取中央、省移民资金实际到位近2200余万元，其中后扶资金1320万元，争取到位的基础设施建设和经济发展规划结余资金三批540万元、移民扶助金360万元，两项合计为900万元。

【信访维稳】 制订严格的信访维稳工作目标管理责任制，及时准确掌握广大移民的生产生活情，特别是对安置到祁阳的三峡移民随时了解他们总体动态，积极调解各类矛盾，将一些矛盾纠纷消灭在萌芽状态，为在移民综合治理、信访维稳工作中减少压力，防止重大事件或突发事件的发生。根据省、市移民局和县委、县政府的总体安排，成立综治维稳领导小组，制定信访维稳工作责任制，奖罚分明。局班子成员和股室负责人分兵把守各库区，排查信访隐患，妥善处理移民反映的问题，引导移民以合理合法的方式表达利益诉求。重点突了三峡移民、小水库移民、浯溪库区和湘祁库区移民信访维稳工作，全年共接待来访366人次，处理来信47件，下库区处理化解移民矛盾纠纷16起。确保库区大局稳定。

【省移民局领导来祁调研】 12月28日，省移民局副局长彭顺喜、省移民局副巡视员马志武率省移民开发局领导一行在市移民局局长周智亮、祁阳县县委书记魏湘江、祁阳县县委副书记县长周新辉、县移民开发局局长李美光和湖南自然韵黑茶科技有限公司总经理王人庆的陪同下，深入祁阳县考察指导移民产业开发工作。省移民局一行在实地考察位于祁阳县肖家村镇的湖南自然韵黑茶科技有限公司生产基地，参观湖南自然韵黑茶科技有限公司总部生产厂房及加工生产流程，听取祁阳县委、县政府、县移民开发局和湖南自然韵黑茶科技有限公司的工作汇报会后，对祁阳县的移民产业开发工作给予充分肯定，认为祁阳县县委县政府对移民产业开发很重视，对移民产业开发投入力度大、基地建设速度快，标准高，效益好，值得在全省推介。特别是湖南自然韵黑茶科技有限公司同广大农户和移民签订的土地承包流转的方式方法，更值得大力推介。

（陈锋）

气 象 工 作

【概况】 祁阳县气象局属于

国家一般气象站，主要负责承担本行政区域气象预报、气象灾害预警信息发布和防灾减灾气象服务；负责本行政区域内的气象观测业务、气象探测资料的采集、传输和汇交；负责本行政区域内的气象观测设备、气象设施和气象信息网络的建设、维护、部分维修和部分计量检定工作。有在职干部职工14人，其中，工程师6人，助理工程师4人，技术员4人。2014年被评为“市级文明标兵单位”。

【地面气象观测】 祁阳站每天进行08、14、20时三个时次的人工观测，24个时次自动观测，并进行24小时连续分钟记录观测。每小时自动上传一次小时数据，每天上传一次分钟数据和日数据。观测项目有气压、气温、相对湿度、能见度、天气现象、降水、蒸发、日照、地面温度、浅层地温、深层地温、草面（雪面）温度、风向、风速、积雪、电线积冰。承担降水、大风、冰雹、龙卷、雷暴、雾、霾、积雪、雨凇等重要天气报的观测和发送。全县共有48个区域自动气象站，观测的项目有气压、气温、相对湿度、降水量、风向、风速。1个土壤水分自动观测站，主要观测10厘米、20厘米、30厘米、40厘米、50厘米、60厘米、80厘米、100厘米各个层次土壤含水率。全部为无人值守自动观测和上传数据。

【气象信息网络与装备】 祁阳站使用DZZ6新型气象自动站进行观测，DZZ2型气象自动站做备份观测。区域自动站使用ZQZ－A、ZQZ－AW、ZQZ-AE、ZQZ-B型自动站进行观测。土壤水分设备型号是DZN3。CMA Cast系统负责接收和推送、处理卫星资料，系统包括卫星接收天线，HTP RSEA-100接收机、数据处理服务器。气象局负责GPS－MET基准站的日常管理和维护。2014年10月，湖南省县级综合气象业务平台投入使用。气象局共有网络信息设备50余台套，通过专线上传气象观测资料，使用湖南省气象局综合管理信息系统和Lotus邮件系统进行办公管理，并有专线宽带和无线网络做备份，保证网络信息畅通。

【气象预报服务与人工影响天气】 祁阳气象局每天17时制作发布全县各乡镇短期天气预报，由祁阳电视台播出。定期发布周报、旬月报，春播预报、汛期（5~9月）预报，重要节假期预报、重大活动专题预报、重要天气专题预报。3月23日是世界气象日，祁阳县气象局干部职工走上街头发放宣传单，宣传气象灾害防护和气象灾害应急救援，加强公众应急知识宣传。5月12日防灾减灾日，气象局干部职工走上街头，参加全县突发公共应急宣传活动，气象局工作人员现场共发放各种宣传单、突发气象灾害应急应对手册等资料共计3000余份。气象局内部全年开展应急演练一次，同时，气象局还及时按照省、市气象局的应急响应命令进入应急状态，密切监视天气演变，随时开展气象服务工作。对于突发灾害性天气都及时主动向有关领导和单位汇报，按要求及时启动应急预案，并充分利用手机短信、书面材料、电子邮件、电话等方式及时主动地开展服务。全年向县委政府、有关部门报送各种气象情报142期次近3000余份。还利用短信发布平台向各级党政领导、相关单位及各责任人发布降水实况信息2000余条，各类气象预警50余次，气象预警信息5万余条。2014年，为完成人工增雨标准化炮点建设，气象局采取改建的方式，在十里坪农场对已有炮点进行改建，得到十里坪农场领导的支持，建设符合要求的标准化炮点。

【行业管理】 2014年3月，县气象局与县安监局联合以祁气联发〔2014〕1号下发《关于开展全县防雷安全专项检查的通知》，对全县所有烟花爆竹企业，加油站，煤矿企业等危险物品生产、使用、储存场所的防雷装置进行一次全面的执法检查，对检查中发现的问题及时提出整改意见，限期整改。同时，气象局按照上级统一部署，在全县和金洞管理区开展防雷安全专项整治工作，成立由局长邹志红任组长，副局长周学军任副组长，三名防雷专业人员为成员的防雷安全专项整治领导小组，明确防雷安全专项整治的重要意义和具体工作要求，突出工作重点，气象局将检查重点放在民爆物品及烟花爆竹、石油、化工等生产、存储、销售易燃易爆物品的行业、单位和场所。主要是对全县的各类加油站，烟花爆竹生产企业、雷管炸药仓库等场所进行防雷设施的检测。在检查过程中，对不符合防雷安全要求的单位要求按时整改完善。同时，气象局加强政务中心气象窗口的管理，大力推进电子申报力度，服务水平和服务质量得到明显提高，窗口人员被政务中心评为先进个人。

（邹志红　毛铁石）

水 文 工 作

【概况】 祁阳县水文局始建于2006年，主要工作职能有水文水资源勘测、调查、评价、水环境监测、水土保持监测及评价等。有正式职工10人，其中工程师3名，助理工程师1名，高级工2名，中级工4名。下设祁阳水位站、下马渡水文站。祁阳水位站为湘江干流站，国家重点站，集水面积25182平方千米，主要监测湘江祁阳段的水位流量变化情况。下马渡水文站于2000年由黎家坪水文站下迁至下马渡镇大湖塘村，为湘江一级支流祁水控制站，省级重点站，流域集水面积1627平方千米，主要监测祁水流域的水位流量变化情况。两站的测验项目有水位、流量、降水、水质分析等，共管辖马井、日升堂、窑头铺、黎家坪四个雨量站及水文中小流域监测系统新建的白水、坪阳町等7个水位雨量一体站，管理维护全县山洪非工程措施的22个水位雨量一体站。

【设施设备建设】 祁阳水文局紧紧围绕全县防汛和抗旱的大局，做好水情分析预报和墒情预测预报工作。为保障湘江流域自动测报系统正常运行，在洪水期间能准确及时提供雨水情信息，对出现问题的站点进行维护12站次，对祁阳县山洪预警系统维护8站次。根据据省防汛抗旱指挥部《关于印发湖南省山洪灾害监测预警系统维护管理办法的通知》精神，全县山洪灾害监测预警系统共有22个监测站点纳入县水文系统管理。按县防办的安排，组织技术力量对该系统逐镇逐站进行查验、维护，对发现的问题及时向县防指汇报，要求承建单位整改。协助完成市水文局2013年度水资源简报及水资源公报数据收集、整理、编制等准备工作。完成湘江、祁水、白水流域全年的水质监测工作12份/站，完成全县农村安全饮水的水源地水质监测近30份。进一步加强测站基础设施更新改造，完成祁水下马渡站雷达水位计及ADCP流速仪设施的安装调试工作，完成湘江流域祁阳断面的在线视频监控安装调试工作，并投入使用。根据省水文局中小流域中心站项目安排，完成祁阳中心站建设的所有政府采购相关程序，正式签订合同。下阶段将进入装修工程的招投标程序。

【防汛测报】 全年湘江流域祁阳段共发生一次超警戒洪峰水位，出现日期为5月23日，洪峰水位83.17米。6月、8月受降雨及台风影响，湘江流域祁阳段也有两次洪水过程，但均未超过警戒水位。全年最高水位为83.17米，最低水位为74.78米，年变幅8.39米。在全年的各次洪水中，县水文局共发布实时洪水预报1次，洪水分析简报3份，发送雨水情信息短信100余条。参加县防指防汛会商会2次，为江河水库科学调度、防汛减灾工作提供可靠的决策依据。

【项目建设扎实推进】 2014年，加强中小河流水文监测系统项目建设管理，配合市水文局按省项目办认真要求抓好工程进度、工程质量、工程资料、安全等管理工作。祁水下马渡站雷达波水位计、ADCP流速仪设施按时完成安装调试，站房改造全部完成；湘江流域祁阳段面的在线视频监测系统投入使用；祁阳中心站建设进入装修招投标阶段。

【深化文明创建工作】 在市水文局文明单位三连创的基础上，县水文局进一步深化文明创建活动。制定深化精神文明建设工作规划，印发学雷锋志愿服务活动方案，大力推进学雷锋志愿服务活动，促进活动常态化。大力表彰和宣传先进，充分发挥先进典型的示范作用。在2013年度推荐贺松林为祁阳县敬业奉献模范并获得提名的基础上，与水文局工会配合团委召开以“学习先进典型，做爱岗敬业水文人”为主题的青年座谈会，教育引导广大青年学习先进、赶超先进。

【作风建设】 召开“改进工作作风密切联系群众”专题民主生活会。局班子成员先后紧紧围绕民主生活会主题，联系各自思想、工作、生活实际，认真开展批评与自我批评，对存在的问题、差距、不足进行诚恳地反思，深刻剖析8个方面问题。同时征求9条意见和建议。针对民主生活会征求的意见、建议和问题，局党委召开专题会议，逐条逐个进行研究，明确整改重点，落实整改责任，做到责任落实到人，限期整改，整改全部到位，群众满意度高，同时组织党员干部参加市局统一组织的党员教育培训，观看教育影片，用正面典型激励自己，党员干部作风呈现新风气、新气象。

（钟铭 冯永华）

中国农业科学院祁阳红壤实验站

【概况】 中国农业科学院祁阳红壤实验站位于湖南省祁阳县文富市镇，是中国农业科学历史最悠久的农村试验站。始建于1960年的“低产田改良联合工作组”。1964年改为祁阳科学工作站，全国著名土壤肥料与植物营养学家刘更另担任实验站首任站长。1989年建立国家肥力与肥料效益红壤监测基地。2001年被科技部列为湖南祁阳农田生态系统国家野外科学观测研究站。2005年以后分别被列为农业部祁阳农业环境科学观测实验站、中国农业科学院祁阳红壤生态环境野外科学观测试验站和国家水稻产业体系祁阳综合试验站。2014年入选国家农业科技创新与集成示范基地。

【科研项目】 2014年，全站共主持和承担国家973项目、国家自然科学基金、国家科技支撑项目、公益性行业科研专项等18项，经费316万元。在*Journal of Soils and Sediments*、生态学报、土壤学报等国内外刊物发表文章8篇，其中SCI收录2篇。“南方丘陵区幼龄林果园地红壤退化生态修复关键技术集成与示范”通过农业部科教司组织的鉴定，总体研究达到同类研究的国际先进水平。

【培训】 2014年，为加强人才培养，促进平台开放共享建设，全年有来自中国农业科学院农业资源与农业区划研究所的1名博士研究生和2名硕士研究生，在站时间均为6个月，分别开展“丘陵区红壤酸化时空演变规律”和“不同pH及施肥下小麦根际钾有效性”的研究工作；有分别来自湖南农业大学、河南农业大学、贺州学院和安徽科技学院的8名本科生来站进行大学毕业实习，在站实习时间为3~4个月/人；祁阳站做为中国农业科学院机关青年干部锻炼基地，2014年分别有来自中国农业科学院人事局、财务局、国际合作局、基建局、科技局和监察局的青年干部共计6人次，每人在站进行为期2个月的实践锻炼。同时为更好地服务三农，全站以5个核心示范县区为重点，围绕双季稻示范基地开展技术培训和技术服务，全年共培训农技人员221人次，种田大户406人次，农民1333人次。

【宣传报道】 2014年，祁阳站进一步突出媒体宣传工作，4月25日，祁阳电视台、湖南卫视专题报道祁阳站32年种植绿肥度对水稻增产情况。5月25日，中央电视台焦点访谈采访中国农科院资源区划所副所长（祁阳站前站长）徐明岗，并介绍祁阳站长期试验结果。6月18日中央电视台《朝闻天下》报道“最美科技人员”祁阳站文石林研究员。8月湖南卫视新闻联播《绝对忠诚》栏目以“土神”传人的红壤丹心为题报道祁阳站文石林研究员。7~8月，在科技部办公厅领导下，《新华社》湖南分社、《科技日报》湖南记者站、《经济日报》《中国科技日报》《中国科学报》《光明日报》等全国9大媒体集体报道祁阳综合试验站。同时，祁阳综合试验站开展各项工作和提供服务分别在中国农科院资源与区划所网站、中国农科院网站、院报等被报道，网站新闻报道条数达17条。

【合作与交流】 2014年，祁阳站加强同国内外科研单位的合作与交流。分别有来自中国科学院生态环境中心、南京土壤研究所、中国农科院资源区划所、中国农业大学、南京农业大学，湖南农业大学、中国农业科学院研究生院、衡阳师范学院等51家高等院校及科研院所到站开展学术交流活动。

【服务】 2014年，祁阳站分别为4家企业提供技术服务和产品创新。为永州鑫丰农业有限公司提供工厂化育秧技术和育秧基质配方材料；为成都新朝阳提高产品调理剂配方和技术服务；为中农博涛提供种植技术指导和场地服务；为永州果秀食品提供技术支撑。2014年，对中国农业科学院研究生院提供野外实践活动；为衡阳师范学院自然地理系师生提供科普教学基地服务；为湖南农业大学、贵州大学、河南农业大学、长江大学、安徽科技学院、广西贺州学院等8名大学生提供教学实习基地。

（黄晶）

工 业

【概况】 祁阳县经济和信息化委员会前身为2002年成立的祁阳县经济贸易委员会，2007年、2013年先后更名为祁阳县经济委员会、祁阳县经济和信息化委员会，内设6个职能股室，2014年有职工34人，下辖中小企业服务中心、中小企业信用担保中心、中小企业投诉中心、散装水泥办公室、新型墙体材料办公室、电子信息产业办公室等单位。2014年，面对全国宏观经济持续趋紧，资源环境等多重压力持续加强，用地、用工、融资等生产要素供需矛盾突出的形势，全县上下把推进新型工业化作为第一推动力，坚持抓规模、稳增长，抓转型、促升级，全力化解经济运行中的矛盾和问题，工业经济实现平稳增长。

【工业经济发展状况】 经济指标稳中有升。2014年，完成规模工业总产值158.8亿元，同比增长16.6%；完成工业增加值47.13亿元，同比增长12.2%，增速比全国8.3%高3.9个百分点，比全省高2.6个百分点；全年工业实缴税金3.06亿元，同比增长11%；新增规模工业企业12家，过亿元企业预计51家。骨干企业稳中有为。海螺水泥实现产值6.4亿元，同比增长2.26%，实缴税金6775万元，同比增长15%；凯盛鞋业今年新增百丽鞋业代理业务，盈利能力持续提升，实现产值7.5亿元，同比增长19.8%，全年实缴税金3977万元，同比增长69.7%；科力尔电机实现产值4.5亿元，同比增长21.3%，实缴税金3115万元，同比增长10.6%；湘江稀土实现产值2.7亿元，同比增长38.1%，全年实缴税金1379万元，与2013年持平。产业发展稳中有进。通过产业结构调整，全县主要产业规模逐步扩大，产业结构逐步优化。传统产业转型升级。新型干法旋窑水泥已全部替代传统机立窑，高效节能玻璃池炉已全部替代传统的玻璃池炉，机械化上药、插引、包装已全部替代传统手工生产烟花爆竹，小高炉、小电炉、小造纸、小煤窑、小玻璃已全部关停到位。全县高耗能产业占规模工业总产值的比例持续下降，预计降低到15%以下。全县万元规模工业增加值能耗降低率在10%以上。特色产业不断壮大。通过农副产品加工产业重点县建设，新发展唐家山万亩油茶基地、肖家村镇万亩有机茶原料基地等一批高标准原料基地，全县农副产品加工产业发展平台进一步夯实。农副产品加工产业全年实现产值50亿元，同比增长31.8%。新兴产业不断形成。全县先进装备制造、新能源新材料、生物医药、电子信息、轻纺制鞋等新兴产业增长较快，全年新兴产业完成产值89亿元，同比增长22%，占规模工业总产值的比重为56%，同比提高2个百分点。重点项目稳中有快。2014年重点推动祁阳海螺水泥二期及协同处理城市生活垃圾项目、千山医疗器械年产14亿支采血管项目、鑫利生物科技年产50吨植物提取物项目、凯迪3万千瓦生物质发电项目、东骏纺织年产6000万码涤纶布扩能改造项目、湘江稀土年产4000吨氧化稀土扩能改造项目等重点项目的开工建设。同时，重点推进银光粮油与湘粮集团的对接，东方日升10万千瓦光伏发电成功签约，为挂榜山风电项目申报开发路条。园区建设稳中向好。经开区全年完成规模工业总产值110.9亿元，同比增长25.2%；完成规模工业增加值32.6亿元，增长14.4%。2014年，经开区加大基础设施建设，全年预计完成基础设施及配套投入2.5亿元，其中，望洲路、长流路、创业路、水亦香路、荷园路拉通并完成硬化，真卿路、白竹路等道路工程进展顺利，园区内环形路网基本形成；真卿小区7栋公租房和2栋商住楼全面完工；电子信息产业园完成3栋厂房建设，面积7万平方米。一批园区内项目进度顺利，华旺塑胶、泰格莱电子、江涵电子等项目全面开工建设，厂房、办公楼施工进展较快；富康源电子、华泰钢瓶、华庆泡棉建成投产；千山药机一期开始试生产，二期工程厂房钢结构完成钢架施工；鑫利生物辅助车间、提取车间、前处理车间、宿舍楼、质检楼等均完成主体工程。信息化推进稳中有新。通过实施“城市光网工程”“无线城市工程”“宽带村村通工程”，全年新建成宽带端口7200余个，铺设光缆线路330公里，完成有线电视双向网络改造7800余户。年内全县23个乡镇集镇实现光网接入，150个以上村组接入光纤，建成71个城区4G基站点、150余个乡镇4G基站点，全县信息化基础设施建设水平逐步提高。通过不断培育，信息产业增长较快，全县新增2家信息制造业企业入统，信息产业实现产值19.4亿元，同比增长31.8%。全年创建数字企业23家，两化融合发展综合水平评估参与企业46家，得分为52.23，位列全市各县区第二名。服务企业稳中有优。通过推行权力清单、负面清单、监督清单、责任清单“四单”管理，强化了各级各部门服务企业、服务发展的理念；通过行政审批制度改革，减少行政许可8项、废止规范性文件66份，在全市率先发出第一张“三证合一”营业执照，规范行政权力运行，提高行政效能；通过创新机制，强力破解“用地、融资、用工”三大难题，新征地7133亩，批地2640亩，基本满足工业项目用地需求。通过政府牵线搭桥，银企洽谈会签约项目贷款资金16亿元，担保贷款资金达1.5亿元，缓解部分企业资金难题；通过采取搭建大型招工平台、落实镇乡办场招工责任、降低企业养老保险缴费比率、安排园区企业职工上下班专用班车等措施，全县新增劳动用工5800人；通过跑项争资和“一事一议”“一企一议”，加大对祁阳海螺水泥、科力尔电机、凯盛鞋业、湘江稀土等重点企业、重点行业的政策支持、财税支持。全年工业企业共获得上级和本级各类财政奖补资金1.5亿元以上。

【工业企业服务】　2014年继续开展“工业企业服务年活动”，县委、县政府出台《祁阳县2014年“工业企业服务年”活动实施》文件，选取全县29户上缴税金过100万元或产值过5000万元的企业分别作为县级领导和县直单位、垂直管理单位的服务对象，进行结对帮扶，年底根据考核评分情况，对10家服务效果好、考核得分高的联系单位进行奖励。活动主要作了以下工作：积极化解要素矛盾。2014年的银企洽谈会签约贷款项目53个，贷款总额16亿元；县担保公司新增注资3000万元，担保余额达到1.4亿元；举办7场大型招聘会为企业新招员工2000余人。突出抓好向上争取。通过跑项争资，向上争取各类奖励资金、补助资金1102万元，有效支持全县重点企业、重点行业、重点领域的技术改造、技术创新和落后产能的淘汰。坚持抓好长效服务。通过“工业企业服务年”活动，全县各县级领导、各单位部门主动深入一线，加强对企业的沟通联络，全年走访企业实现全覆盖，协调解决厂房办证、出口补贴、项目建设、企业用水、企业融资、企业职工社保政策等实际问题31项。

【工业节能减排】　积极引导企业进行节能技术改造和开展淘汰落后产能工作。在企业节能技术改造方面，重点用能企业祁阳恒泰玻璃制品有限公司进行玻璃窑炉节能改造，将原有老式的烧煤窑炉改造为石油焦粉窑炉，极大提高燃烧利用率，年均节约标准煤3000吨左右，每年可减少烟尘排放量38.4吨，减少二氧化碳排放量589.3吨，节水2万立方米。在淘汰落后产能方面，淘汰9家高能耗落后产能企业。到2014年年底，全县高耗能产业占规模工业总产值的比例已降低至15%以下，全社会用电量为9.33亿千瓦时，同比下降5.35%，增幅较2013年同期下降7.8个百分点；工业用电量为5.42亿千瓦时，同比增长2.39%。规模工业综合能源消费量为35.5万吨标准煤，同比下降6%；规模工业万元增加值能耗降为0.78吨标准煤，同比降低11.7%，全县节能降耗成效明显。

【产业结构调整】　2014年，在大力发展工业经济的同时，亦积极落实国家产业政策，认真开展淘汰落后产能工作。将祁阳江南贸易有限公司、祁阳县华天冶化实业有限公司、祁阳香祁经贸实业有限公司、永州市华鑫磁性材料有限公司、祁阳县创新科技材料有限公司、祁阳县精闻稀化材料有限责任公司、祁阳县三口塘镇金鑫炉料厂、祁阳鸿丰化工厂等8家高能耗落后产能企业申报国家淘汰落后产能奖励资金项目，通过国家资金引导，实现高能耗的落后产能企业停产关闭。此外，通过落实差别电价政策，祁阳金华冶金有限公司也实现退出。

【工业固定资产投资及项目资金】　2014年，全县工业固定资产投资完成116.9亿元，同比增幅25.1%，其中技术改造投资90.25亿元，同比增幅44.3%。2014年度申报争取项目资金572.5万元，其中，省中小企业信用担保资金100万元，省中小企业发展专项资金45万元，省战略性新兴产业专项引导资金50万元，国家中小企业发展专项资金240万元，省技术改造专项资金30万元，较有力地推动全县中小企业技术改造和产业升级转型。

【墙改推散工作】　祁阳县墙体材料革新和散装水泥推广应用工作具体由祁阳县经济和信息化委员会下设机构祁阳县新型墙体材料办公室和祁阳县散装水泥办公室负责组织实施，祁阳县新型墙体材料办公室和祁阳县散装水泥办公室成立于2012年10月，为全额拨款事业单位，正股级，各定编制2人，两块牌子，一班人马，有工作人员4人。主要职责是贯彻执行国家、省、市有关墙材革新和散装水泥发展的法规和政策；组织推广应用新型墙体材料和散装水泥的质量、生产和使用情况。负责新型墙体材料专项基金和散装水泥专项资金的征收、管理工作和开展行政许可及行政执法工作。2014年，不断深入群众和企业加强墙改和散装水泥法律法规的宣传和引导“禁实推新”“禁现推散”工作，着力提高全社会的节约能源、节约土地的意识。全县实心黏土砖厂减少35个，年产能力减少到7000万块标砖；新型墙体材料企业增加2家，总数达到了27家，年设计生产能力达到5.5亿块标砖；全县墙材实际产量为2.5亿块标砖，其中新型墙体材料产量为1.82亿块标砖，占墙材生产总量的72.8%，中心城区建筑工程应用新型墙材比例达到了78%，节约能源1.2万吨标准煤，节约土地600亩，利用煤矸石、粉煤灰等废渣7万吨，减少二氧化碳排放3700吨，改变以传统实心黏土砖为主体的市场格局。水泥产业不断改造提升，引进海螺水泥，淘汰原有的13条小水泥生产线，以新型干法旋窑水泥生产线代替传统落后的机立窑水泥生产线。不仅降低能耗、减少污染、提高产品质量，而且产能从原来的150万吨/年提升到500万吨/年。全县预拌混凝土企业新增到6家，预拌混凝土生产能力达200万立方米/年。散装水泥使用量达到100万吨，使用率达到54%。全年共征收两金390万元，其中，墙改专项基金征收325.6万元，散装水泥专项资金65.4万元；扶持新型墙材企业2家，发放扶持资金10万元；帮助2家新墙材企业取得省级认证，超额完成市定各项目标任务。同时，新型墙体材料办公室和祁阳县散装水泥办公室分别获得2014年度省墙材革新工作先进单位和省散装水泥推广应用工作优秀单位。国家级新闻媒体《中国建材报》对祁阳墙改工作进行专题报道。

【信息化基础设施建设】 县电信公司2014有线网络建设投资金额715.17万元，其中接入网主干光缆工程15个，建设立项金额380.62万元；接入网配线光缆工程20个，建设立项金额334.55万元；完成接入网光缆长度480.66皮长公里，接入网纤芯长度8643.81纤芯公里，新增FTTH用户光端口数12500个，覆盖用户28762户，第一批新建25个4G通信基站项目启动。县移动公司完成188个4G站点建设，开通多个集团专线，其中公安局平安城市115条、公安局内网31条、信用社视频监控60条、数据宽带网47条。县联通公司2014年第一期移网建设工程完成32个3G基站的开通，其中新建21个，利用原有基站开通3G信号11个。4G网络建设计划的15个站点已完成安装并开通8个站点，剩余7个站点已具备安装条件。

【信息化项目建设】 祁阳县电子政务公共平台建设项目建成电子政务外网平台，建成并运行电子监察系统，拥有配备齐全的专业机房110平方米，可扩展机房面积350平方米，服务器、防火墙等设备设施基本齐全，项目实施的设备、设施等基础条件已基本具备，电子政务公共平台建设项目顶层设计方案已通过，项目持续建设中。银光粮油产品溯源体系信息系统建设项目总投资255万元，主要建设RMM原料管理系统、FMS投料管理系统、CMS生产管理系统和产品数据中心。此项目能及时发现在食品生产中存在的问题并加以解决，有效地降低质量控制成本并对产品质量进行动态的跟踪，实现在整个产业链上的产品质量控制，并可向消费者提供生产商和加工商的全面信息，可从电脑中调出食品的来源地及生产流程，使消费者了解食品真实情况，掌握供方消息并决定是否购买，减少对食品安全生产的担忧。

【农产品精深加工行业】 按照“建设粤港澳、长株潭优质农产品供应基地”战略定位，县委、县政府制定了持农业产业化龙头企业发展的意见，并实施农副产品加工业3年行动计划，大力发展高效、集约、生态农业产业。强化项目领导，创新推新机制，调整扶持方式，做大农副产品加工业。2014年，全县发展农副产品加工企业513家，其中规模以上企业14户，实现产值50.47亿元，同比增长18.6%。加强标准化农业产业基地建设，做强优质稻、油茶、果蔬、禽畜等主导产业。坚持大产业用大基地支撑，大龙头以大基地配套，全县发展农业专业合作组织1747家，先后建起60万亩高档优质水稻、20万亩油茶、5万亩高淀粉红薯、10万亩特优水果、50万羽肉鸭、24万头无公害生猪等规模生产基地，发展订单农业95万亩。积极构建标准引领体系，打造一批农副产品知名品牌。全县拥有市级以上农业产业化龙头企业22家，其中国家级龙头企业2家，省级龙头企业6家，是全省拥有国家级龙头企业最多的县。拥有“中国名牌产品”2个、“中国驰名商标”4个，省级名牌、商标16个，是全省拥有国家级名牌和商标最多的县之一。拥有3个高新技术企业、2个省级企业技术中心、1个国家级农副产品质量监督检测中心南方分中心、1个国家级茶产品检测中心等。积极构建加工物流体系，引进、支持湘粮集团、广东农垦集团等战略投资者整合农产品加工企业。

【轻纺制鞋行业】 轻纺制鞋行业是祁阳县承接长珠闽产业转移后发展壮大的新兴产业。2011年以台资为主的制鞋及相关企业入驻祁阳，提高祁阳县鞋革生产工艺水平，促进外向型制鞋产业的形成；2012年年产2.5亿米涤纶布、服装面料生产线落户祁阳，促进祁阳县纺织行业实现飞跃。经过几年辛苦创业，2014年祁阳县初步形成以湖南凯盛鞋业有限公司为龙头的鞋业制造、以祁阳东骏纺织有限公司为龙头的纺织织布产业链，成为湘南最大的轻纺制鞋基地。2014年全县轻纺制鞋行业实现规模工业总产值34.84亿元，是2010年的12倍。

【信息化产业】 2014年祁阳县电子信息产业有美星光电、科力尔电机、江涵电子等8家规模企业，共实现产值19.4亿元，同比增长31.8%。其中，湖南美星光电科技有限公司的LED智能照明灯具的研发及产业化项目成功申报湖南省信息产业项目，该项目总投资500万元，建设无尘防静电实验室，购置实验室研发设备和检测仪器，完成LED智能照明灯具的产业化。项目投产后，极大地降低LED照明产品的耗电量，大幅度提升LED灯具的节能效应和智能化，为绿色照明产业做出突破性的贡献。

（李佑君　张旭　伍双莲　高扬　桂泽方　赵智勇　田武　毛桂方）

【中小企业信用担保工作】 2014年，县中小企业信用担保公司坚持“贴近政府经济政策，高效服务中小企业，以诚取信金融机构，共同促进社会和谐”的经营理念，共为各类中小企业（个人）提供担保132笔（次），担保总额3.55亿元。在保余额3.55亿元，其中工业制造企业18450万元，商贸企业2150万元，涉农企业13330万元，其他行业1600万元。

（李云霞　张旭）

重点企业选介

【祁阳海螺水泥有限责任公司】 祁阳海螺水泥有限责任公司位于祁阳县黎家坪镇，紧靠湘桂铁路及G322国道，交通便利，区位优势明显。公司于2009年7月成立，计划投资16亿元，建设2条日产5000吨新型干法水泥熟料生产线，并配套年产500万吨水泥粉磨和18兆瓦纯低温余热发电项目，两条生产线同步规划，分期实施。一期工程5000T/D熟料生产线于2010年5月开工建设，2011年6月建成投产，二期工程于2014年6月开工建设，预计2015年6月建成投产。公司主要产品为：商品熟料、P.O42.5普通硅酸盐水泥、P.C32.5复合硅酸盐水泥。2014年，实现产值6.4亿元，实缴工业税金6775万元。

【永州市湘江稀土有限责任公司】 永州市湘江稀土有限责任公司位于祁阳县观音滩镇，是国内唯一一家通过环保部核查验收的以独居石冶炼分离稀土的高新技术企业，有员工298人。公司拥有自营进出口权、自理报关权，拥有7条国内先进的萃取分离生产线，年加工处理独居石5000吨、萃取分离3000吨稀土氧化物的生产能力。公司主要产品有：氧化镨钕、氧化镧、氧化铈、氧化镨、氧化钕等。2014年实现产值2.7亿元，实缴工业税金1380万元。

【湖南凯盛鞋业有限公司】 湖南凯盛鞋业有限公司位于祁阳经开区新区灯塔路，注册资本3500万美元，是祁阳县委、县政府2010年成功引进的一家台资投资企业。公司计划总投资为8000万美元，分三阶段投资，已投入3500万美元。

公司总占地面积 577.6 亩，总建筑面积为 262937 平方米，设计年产各种鞋类产品及半成品 1800 万双，年产值为 3.24 亿美元，安置用工 1.5 万人，公司现有员工 5000 余人。公司经营范围为：生产、销售、加工各种鞋类产品、鞋类半成品及鞋材料，主要产品为世界名牌“耐克”（NIKE）运动鞋，产品主要销往美国及欧洲等世界各地。2014 年，实现出口创汇 1.2 亿美元，实现产值 7.5 亿元，实缴工业税金 3900 万元。

【湖南科力尔电机有限公司】

湖南科力尔电机有限公司位于祁阳县黎家坪镇，成立于 2001 年 8 月，注册资本 5000 万元，厂区面积 20 公顷。公司有员工 2000 人，其中大中专毕业生约占 35%，中级职称以上各类技术骨干、管理骨干约 80 名。公司主要从事微型电机生产销售，主要产品有罩极电机、串激电机、步进电机及贯流风机四大系列 100 多个品种，拥有国际先进水平的进口设备 360 多台（套）、15 条柔性装配流水线，罩极电机产销量位居全国第一。公司与湖南大学、信息产业部上海第 21 研究所、西安微电机研究所建立稳定的技术开发合作关系，产品通过中国电工委 CCC 认证、美国 UL 认证、欧盟 CE 认证及 ISO 9001 质量体系认证、IS1 4001 环境体系认证等。2014 年公司实现产值 4.5 亿元，实缴工业税金 3100 万元。

【祁阳东骏纺织有限公司】

祁阳东骏纺织有限公司位于祁阳科技工业园内，项目总投资 5 亿元人民币，新建年产 2.5 亿米涤纶布、服装面料生产线和年产 3.5 万吨环保再生纤维生产线。项目建成后，可实现年产值 8 亿元、实缴工业税金 2000 万元。公司 2012 年落户祁阳后，发展迅速，已完成安装新型水能织布机 1300 多台并投入使用。2014 年实现产值 1.8 亿元，实缴工业税金 150 万元。

（毛桂方　蒋志强）

煤 炭 工 业

【概况】 2014 年，全县煤炭系统按照“生产抓规范、监管抓创新、培训抓普及、安全抓质量”的思路，进一步落实安全生产主体责任，强化日常监管，扎实开展煤矿隐患排查治理、整合技改、瓦斯和水患治理、质量标准化建设、整顿关闭等重点工作。一年来，实现了安全生产无死亡事故，关闭落后小煤矿 12 处，促进了全县煤炭产业的安全健康发展。

【落实监管责任】 与各煤管站、各煤矿企业层层签订目标责任书，把煤矿安全生产责任层层分解落实；实行领导包片、职工包矿、安监员驻矿的煤矿安全监管负责制，做到了“人人都管矿，矿矿有人管”的监管工作格局；煤矿企业严格落实企业负责人和管理人员带班、特殊工种人员跟班作业制度，逐级落实政府的安全监管主体责任和煤矿企业的安全生产主体责任，确保了各项煤矿安全生产工作措施落实到实处。

【开展隐患整治】 始终坚持“关口前移、重心下移”，按照驻矿监管、日常监管和特防期大排查相结合的原则，健全了专家查隐患、政府搞督查、部门抓监管、企业抓落实、执法促整改的工作机制，扎实开展煤矿安全生产隐患集中排查整治活动。1 至 12 月份，共组织监管人员下井检查 389 人次，下井检查 120 矿次，下达监管文书 78 份，排查各类安全隐患 702 条，已督促整改安全隐患 688 条，整改率 98%，其中重大安全隐患 12 条，整改 12 条，整改率达 100%。同时，对煤矿重大安全隐患建立登记台账和公示台账并实行编号登记、限期整改、复查销号。

【加快整合技改】 派专人负责指导和督促技改工作，督促友谊开发煤矿递交了《煤矿整合技改工作承诺书》，采取过硬措施，严厉打击非法生产行为。10月23日，湖南煤监局衡阳分局与永州市煤炭行业管理办公室、县有关部门、进宝塘镇人民政府等联合进行了验收，并于12月20日办理煤矿安全生产许可证。

【提高办矿水平】 坚持“以引导推广先进的煤炭技术促进安全生产，不断提高煤矿生产能力和经济效益”为宗旨，推行壁式采煤方法，推动全县煤矿安全基础上水平。确定了以沙五井煤矿5煤采煤工作面为壁式采煤方法改革试点，并以点带面全面铺开，力争通过几年努力打造成本质安全型矿井。召集煤矿企业主进行专题学习讨论，组织煤矿的工程技术人员赴外参观学习和技术培训，有效地提高了煤矿企业主提高办矿水平的认识。沙五井煤矿5煤回采工作面、1煤回采工作面率先实现了壁式采煤、单体液压支柱支护，并在矿井正规化建设、新技术应用、安全高效生产等方面发挥了积极的示范作用，推动了全县煤矿办矿水平的提高。

【治理瓦斯水患】 一是着力构建“通风可靠、抽采达标、监控有效、管理到位”的瓦斯治理工作体系。所有矿井全部安装瓦斯监控系统，完善煤矿瓦斯监测监控系统装备、联网和维护工作，并保持正常运行，为杜绝瓦斯事故发挥了积极作用。二是按照“凡掘必探、先探后掘”的要求，扎实开展水患治理工作，严防透水事故。6月，友谊开发煤矿在掘进中发现老窑水，通过不同方位的钻探，成功放出了约3万多立方米老窑水，有效杜绝了透水事故的发生。

【强化安全培训】 强化培训质量，不断提高培训的针对性和实效性，制作TPT文件进行教学、培训中当场进行互动、培训完成后即进行考试等，还改进了部分特殊工种作业人员培训的教学内容，增加了现场操作方面的教学量，培训效果明显。全面开展煤矿特种作业人员的信息采集、清理登记工作，强化煤矿特种作业人员流转治理，实行挂牌上岗。举办各类培（复）训班16期，培（复）训从业人员1211人次。煤矿从业人员的安全意识进一步增强，有效提高了煤矿从业队伍的整体素质。

【整顿关闭煤矿】 贯彻省关退办《湖南省落后小煤矿关闭退出工作总体方案》〔湘煤关退办（2014）1号〕和有关会议精神，扎实推进落后小煤矿关闭退出工作。成立领导班子，召开动员大会，制定工作实施方案，集中人力、财力、物力对全县15个煤矿采矿范围、走向长度、保有资源储量、矿井生产能力和井筒分布等情况进行了全面调查摸底，分头分组做煤矿股东思想工作，9个煤矿自愿关闭退出。另外，有4个煤矿存在难以整改的重大安全隐患，县政府强制关闭。做到了公平、公正、公开，所有被关闭和保留煤矿名单经省、市、县三级审核，并在2014年10月13日《永州日报》上公示。关闭退出名单确定后，按照关闭煤矿6条验收标准以及“镇负责、县组织、市验收、省抽查”的要求，及时联合关退领导小组成员单位到关闭退出煤矿进行炸毁井筒、平整井口场地、撤除矿井生产设备设施、妥善遣散从业人员。张家塘、冬瓜皂、后塘、良如皂、藕塘冲、河南皂、佑兴、官山冲、岩口、东风、团结、祁阳煤矿铁丝塘矿井等12处煤矿在10月31日前关闭到位，并于12月5日通过省验收小组验收。

（江文）

电　　力

【概况】 国网湖南省电力公司祁阳县供电公司（以下简称国网祁阳县供电公司）于2007年由原祁阳电力公司上划与原祁阳电力局合并而成，主要担负着祁阳县工农业生产以及110千伏及以下输变电工程项目及农村电网建设任务。机构设置为“五部一中心”：综合管理部、发展建设部、运维检修部、营销服务部、乡镇供电所管理部、调控中心，下辖农电服务有限责任公司和劳动服务公司。2014年年底在册职工人数233人，农电工268人，用电客户30余万户。有变电站23座，主变压器36台968.15兆伏安，其中220千伏变电站2座，110千伏变电站8座，35千伏变电站13座；共有输电线路47条547.521千米，其中110千伏线路18条221.162千米，35千伏线路29条326.359千米；共有10千伏配电线路106条2346千米，配电变压器2066台259.315兆伏安，形成以220千伏为枢纽，110千伏为骨架的坚强电网。

【安全生产】　公司秉承“安全、效益、稳定、文化”新管理模式和理念，扎实推进“精益安全管理”与“精益生产提升年”活动，周密部署“安全生产月”活动，坚持严抓严管，安全局面持续稳定，截至2014年12月31日，实现安全生产4936天，创历史最长安全记录；全面落实各级安全生产责任制，充分利用周例会、日早会平台，掌控源头，超前监督安全生产，严格执行“五类制度和现场标准化作业，实现“三杜绝”“六不”“二实现”安全目标。在永州县公司层面率先推行生产管理向农电延伸试点工作，通过生产管理向农电延伸，对11个供电所全面规范各种安全生产规章制度，制订生产精益管理提升各项指标。农配电跳闸和配变烧毁比2013年同期下降57%；城配网继续保持配变零损毁记录。加强线路“六防”工作，开展防外力破坏，外力触电死亡事故下降99%。严格生产管理，加强科学调度、运行维护和应急建设。成立配网抢修指挥机构，通过建立完善“调控一体化”与“配网抢修指挥中心”，进一步优化业务流程，提升抢修进度和服务水平。圆满完成高考保电、国庆、春节等重大节日等各项保电任务。开展迎峰度夏、迎峰度冬、防冻融冰等工程，对全县负荷情况进行测控，对101个重载台区制定负荷调控整改计划。连续3年被评为市公司安全生产先进单位、连续2年被评为祁阳县安全生产先进单位。

【电网建设】　紧密围绕祁阳县经济发展规划，完成祁阳县“十二五”电力发展专项规划、祁阳县2013年～2020年配电网规划滚动修编等工作任务。严格执行里程碑计划，加快推进电网建设，全面完成年度农网建设任务和多年来的遗留项目。2014年，共完成电网投资6055万元，其中，完成主网建设3980万元，年底开工建设110千伏城西智能变电站，完工10千伏开闭所；建设凯迪生物发电到柏福园变110千伏线路4.8公里；完成35千伏潘家埠变电站改造工程；冠山变新增10千伏冠浯线建设，并及时对县城供电负荷进行调整；农网升级改造完成投资2075万元，共完成41个村、33个县城台区、5条10千伏线路建设。为确保全县农网升级改造工程进度，管控工程质量，公司确定每周四为电网建设例会，约定政府管理单位与施工单位签订施工农网升级改造协调合同，进一步明确双方责任，切实解决施工难题，约束施工方建设标准化流程确保质量。公司农网升级改造工程进度居全市前列。

【企业改革】　按照国网公司改革要求，全力推进“三集五大”体系建设，成绩构建新型管理构架和运转模式，实现体制机制的大突破。公司机构完成更名，制定《国网祁阳县供电公司“三集五大”体系建设操作方案》，设置本部职能部门4个：综合管理部、发展建设部、乡镇供电管理部和电力调度控制中心，业务支撑和实施机构2个：运维检修部、营销部；设定班组11个，其中运维检修部4个，营销部6个，调控中心1个，改革各项工作平稳过渡，衔接有序。加强“五位一体”协同机制建设，全力推进“三集”管理和“五大”业务的协同，以业务流程梳理为基础，切实抓好制度的执行、检查、考核和改进。全面实施全员绩效管理，将工作业绩、岗位责任与薪酬发放挂钩，建立岗位、能力、业绩并重为导向的薪酬分配制度，有力地提升员工自我管理能力和工作积极性，公司用工效率提升7.4%。以“三集五大”体系建设成效评估为抓手，有力促进各项工作的完善提升。“大规划”：结合全县“创国卫”、重点工业园区等多个重点做好项目编制工作，规划编制时间由原来的12个月缩短至10个月，项目前期手续平均办理时间由12个月缩短为10个月。祁阳县“十二五”配电网流动规划编制时间由原来的15天缩短至7天，提高“大规划”总体效率；“大建设”：进一步整合资源，明确建设职能、工程项目参建施工队伍管理定位，提高电网建设安全质量和工艺水平的整体管理能力；“大运行”：进一步强化业务归口，形成调度、调控一体化，电网运行方式调整节约15分钟左右，保证调控一体化持续高效运转；“大检修”：整合县公司生产班组的人力资源，推行设备检修专业化和“运维一体化”；运行和维护职责有效分工，城区到达故障抢修现场平均时长18分钟，远低于向社会承诺的45分钟，达到1+1>2的效果；“大营销”：推进“多元化”管理向“专业化”管理转型，形成专业管理一体化新格局。通过专业化管理运作，企业的发展质量、运营效率和服务品质均得到明显提升。

【经营管理】 着力练内功、提质效，大力实施管理提升活动。通过“二十四节气表”“月度工作计划和总结”制度的落实，不断提升管理绩效。全面加强财务管控，强化综合计划、预算管理和统计分析，严格规范“三公”消费，降本增效、增收节支力度加大。按照营销专业向农电延伸要求，将农电营销业务全部并入“大营销”体系，打造以“95598”平台为中心的全方位、多元化、立体型营销服务调度体系。加强“量、价、费、损”管控，对高损台区、高损线路实施跟班稽查。着力推进“六个零”工程，对重要客户进行调研访谈，制订改进措施，改进服务质量。拓展多渠道缴费，城区“十分钟缴费圈”和农村“村村缴费点”有序推进。制订“四个窗口服务”建设方案，开展窗口服务行为专项整治，规范各供电所收费项目、收费标准，扎实开展依法治企排查整治、供电所集中整治，查改问题59起。组织34个施工队对2089个农电公专变进行集抄改造，完成第二批农村台区5万户集抄改造任务。深化营销服务反违章，进一步提升服务质量。

【党建和精神文明建设】 深入学习贯彻中共十八届四中全会精神，严格按照党的群众路线教育实践活动的安排部署，以高度的政治热情和饱满的精神状态，从严务实、抓紧抓好活动的开展。充实基层党组织，增选、补选4个支部委员。以基础、基层、基本功为着力点，大力加强“三型”党组织建设，积极开展“共产党员服务队”活动。落实中央“八项规定”，落实党风廉政建设责任制，开展重点领域监督，加大违规违纪行为查处力度，反腐倡廉进一步加强，作风明显转变，公务接待开支比2013年下降70%以上。“道德讲堂”继续开讲，邀请市文明办主任陈水恩授课；通过“省文明单位”复查。加大行风建设力度，人大代表建议、政协委员提案答复满票通过。落实《职工民主管理纲要》制度，加大厂务公开力度，保障职工合法权益。统筹策划“国家电网”品牌形象建设，传播正能量。深化团青工作，引导青年岗位建功。落实退休老干部政治和生活待遇。加强后勤保障管理，逐级落实保密责任，杜绝外联事件发生。落实信访稳定责任，加强不稳定因素分析排查，及时化解矛盾，强化稳控措施，确保队伍和谐稳定。

（陈蓉）

二轻工业

【概况】　1954年9月，成立祁阳县手工业管理科。1958年11月，县人民委决定设立祁阳县轻工业局。1984年4月，更名为祁阳县二轻工业局。2003年1月，祁阳县二轻工业局更名为祁阳县二轻事务管理办公室（祁阳县二轻工业局牌子暂予保留），为正科级全额事业单位，定编10人，管理人员实行国家公务员制度。2005年后，二轻企业改制完成并属地管理，祁阳县二轻工业局实际上成为行业管理的挂名机构，职责也仅限于为改制二轻企业职工提供服务和管理城镇集体工业联社资产，确保资产保值增值。2014年年底在职人员缩减到7人，其中局领导班子成员（党组）4人。

【服务工作】　对原二轻系统职工服务实行首问责任制、流程化一站式办结，并由服务对象在《服务群众质量评定登记簿》上对工作人员的服务是否满意给予现场评定，并签名。2014年群众对服务工作的满意率为100%，年度工作目标管理综合考核在27个县政府及县政府部门管理机构中排位第九。

【资产管理】　对城镇集体工业联社资产（县二轻大楼）加强维护和经营，当年投入6万余元，对二轻大楼空坪仓库顶棚进行加固改造，提高了设施安全性、可靠性。确保城镇集体工业联社资产保值增。2013~2015年大楼出租收入比2012年增长20%。

（李康）

祁阳经济开发区工作

【概况】　祁阳经济开发区设立党的工作委员会和管理委员会，为县委、县政府的派出机构，享有县级经济综合管理权限，实行副处级建制，系参照公务员管理单位。内设“一室一部四局”，即办公室、党群工作部、招商合作局、产业发展局、建设管理局和社会事务局，实行副科级建制。园区2014年有在职工作人员42人（含科技工业园工作人员6人）。

【园区发展】　祁阳经开区创建于1996年5月，原名祁阳工业园区，2012年3月更名为祁阳经济开发区，是湖南省人民政府批准成立并经国家发改委审核公告的省级开发区，系湖南省新型工业化产业示范基地、湖南省特色经济园区。经过多年发展，开发区从小到大，逐步形成了以新区为核心，浯溪冶化产业园、黎家坪建材产业园、祁阳科技工业园为辅助的“一区三园”发展格局，规划总面积32平方公里。其中黎家坪建材工业园、浯溪冶化工业园、祁阳科技工业园已经建成，新区正在开发建设中。新区规划面积25平方公里，按照“县域经济新引擎、新型工业增长极、产业转移承接地、山水生态新城区”的发展定位，主要发展机械电子、制鞋服饰、食品医药及新型材料四大产业。新区于2008年5月开工建设，累计投入基础设施和项目建设资金35亿元，开发面积8平方公里。2014年，全区共完成技工贸总收入170.56亿元，增长28.4%；工业总产值129亿元，增长24.3%；规模工业产值110.93亿元，增长25.2%；规模工业增加值32.6亿元，增长14.4%，在全市率先成为规模工业产值过百亿的园区，并成功跻身全省首批“飞地经济”试点园区行列。

【规划建设】　2014年，完成基础设施投资2亿元，在建成灯塔路、浯溪南路、冠山110千伏变电站、白竹湘江提水工程、4座移动基站等一批水电路讯重大基础设施项目的基础上，拉通完善白竹路、望洲路、水亦香路、长流路等道路工程，形成“六纵四横”骨架路网；全面启动投资1.5亿元、设计规模16万吨/日的新埠头水厂建设。围绕改善“宜业”环境，在省级创业示范基地中小企业创业园和电子信息产业园新建标准厂房20多万平方米，并配套新建廉租房、商住楼、公租房共31栋、15万平方米；盈通达工业仓储物流、祁达钢材加工物流等物流项目正加紧建设。围绕提升“宜居”水平，全面推进学校、医院、银行、超市、公交等生活配套项目建设，新区拥有1所在校学生6200余人的省级示范性职业中专、1所投资3000多万元的现代化幼儿园、1所小学、1所中学、1家中心卫生院，开通3条公交线路，启动金鼎名府、浯溪金苑、时代名城等一批中高档住宅小区建设，区内基础设施和生活设施不断配套完善。

【招商引资】 2014年，通过围绕资源优势、支柱产业优势和承接产业转移优势找准招商引资的主攻方向，招大引强，招大靠强，成功引进康都制药投资10亿元的肠内营养液生产线、广东农垦集团农产品物流园和祁阳海螺水泥干法旋窑水泥窑协同处理生活垃圾项目；启动千山医疗器械二期、凯盛鞋业二期等一批重大项目。全年引进项目引进项目14个，合同利用外资27.13亿元，履约率达93%。另有晶鑫钢化玻璃、民生药业、东华机电、宇晖机电、杰西服装、阳鑫机械制造等项目达成投资意向。截至2014年年底，新区共引进项目52个，其中33个项目竣工投产，12个项目在建。

【产业发展】 2014年，实施“一个项目、一名领导、一班人马、一套方案、一抓到底”“五个一”工作机制，加大产业项目推进力度。共有富康源电子、合丰拉链、华泰钢瓶、华庆泡绵、千山医疗器械一期等未及时建成投产企业相继建成投产，有鑫利生物、华旺塑胶、泰格莱电子、江涵电子、鸿达园食品、祁达钢材加工、盈通达工业仓储物流等7个已签约多年而未落地的项目相继开工建设。随着一批批项目的开工落地、建成投产，加速了产业集群发展，年底区内机械电子、食品医药、轻纺制鞋三大产业集群基本形成。2014年，湖南湘妹食品有限公司“湘妹”牌系列食品被认定为“中国驰名商标”，湖南自然韵黑茶科技有限公司“自然韵”牌黑茶、伏砖茶等获“湖南名牌产品”称号，湖南自然韵黑茶科技有限公司成功晋级湖南省农业产业化龙头企业。

【“135”工程】 2014年年底，县委、县政府认真贯彻落实省委、省政府关于在全省范围内实施“135”（在农村重点培育100个中心村、整顿转化300个后进村、积极创建500个生态文明村）工程，推进全民创新创业的战略部署，迅速出台我县实施“135”工程的工作方案，确定“345”的工作目标：2015～2016年，在祁阳经开区规划建设创新创业园区3平方公里，新建标准厂房40万平方米，引进创新创业企业50个。2014年，完成规划面积3平方公里的创新创业园区和占地1000亩的小微企业创新创业园项目选址，委托湖南城市学院规划建筑设计院拟制规划方案，并向省发改委争取前期引导资金520万元，共征地830亩，加快了“135”工程一期工程电子信息产业园13万平方米标准厂房建设，有3栋标准厂房主体全部完工，2栋主体基本完工，有1栋进行主体施工，同时加快“135”工程二期工程小微企业创新创业园（一期）场地平整，积极为引进工业地产商建设标准厂房打基础、作铺垫。

【融资开发】 县委、县政府着力做实做活“经建投”，赋予其土地储备和城市开发功能，将政府部门25.57亿元经营性资产划归“经建投”管理，增强“经建投”的投融资担保能力。同时组建祁阳经济开发区宏城建设投资有限公司，融资平台建设进一步加强。2014年，多渠道、多形式融资2.7亿元，其中到位1亿元，1.7亿元已签订协议。另申请发行项目债5亿元，正在加强上报衔接，预计 2015 年发行完成。

【园区管理】　经开区立足品牌服务和特色服务，对投资项目有关手续实行代办制，从项目立项、审批、建设、招工、投产等方面进行全程跟踪。建立和完善首问责任制、限时办结制、定期走访制、专人联系企业制，对企业建设、生产中碰到的问题，做到有事即办、急事快办、特事特办、难事帮办，保证“围墙内不干预，围墙外全负责”，积极为企业提供“零距离、零障碍、零缺陷”服务。严格实行“封闭式”管理，未经同意，任何单位和个人不得进入企业检查收费。设立国土、住建、环保、城管等职能部门驻经开区办事机构，实行“双重”管理，大力提升了园区服务职能。

（柏熠）

祁阳科技工业园

【概况】　祁阳科技工业园创立于 2002 年 8 月，位于湘江与白水河交汇及衡昆高速公路祁阳互通处，距县城 25 公里，距湘桂铁路祁阳站 28 公里，S320 线贯穿园区，交通十分便捷。园区近期总体规划由武汉大学设计研究总院于 2003 年 7 月编制，规划开发面积为 2 平方公里。2003 年 9 月撤建设指挥部设立管委会，属县政府正科级财政全额拨款事业单位，2008 年并入祁阳经济开发区成为其下属单位。园区管委会内设办公室、项目建设部、招商部。2003 年成立中共祁阳科技工业园工业园支部，2004 年设立工业园党组。

【园区开发建设】　根据园区总体规划，先后投入近 5000 万元，用于交通、电力、供水、绿化、亮化等基础设施建设，包括建成主次干道 4.5 公里，110 千伏变电站 1 座，日产 1.5 万立方米自来水厂 1 座，铺设各类管线 5 公里，基本实现水、电、路、通信、排污、宽带网、有线电视“七通”，投资环境日臻完善。祁阳科技工业园定位为“农副产品加工区、机电制造配件园、沿海产业内移承接地”。园区管委会抓住国家中部地区崛起战略机遇，借鉴先进园区经验，以建设最适宜创业发展的现代园区为目标，视项目开发为第一要务，不断加大招商引资力度，确定全新的“亲商、富商、安商”理念，建立“精简、统一、效能”的组织架构和对企业“全过程、全方位、全天候”的服务体系，形成科学规范的管理秩序和法治环境，招商引资成效显著。到 2014 年年底，园区共引进企业项目 20 个，签约资金达 21 亿元，到位 14 亿元。其中投产企业已达 16 家，4 家企业在建，投资额超过 3 亿以上企业 2 家，年产值过亿元企业 7 家，上市企业 2 家，正在培育上市企业 1 家。园区初步形成农产品加工、机电制造、生物医药、生物发电、新材料加工、日用品生产等优势产业。2014 年投产企业实现产值 14 亿元，税金 3000 多万元。

（刘科佑）

商业·贸易

商　　务

【概况】　祁阳县商务局组建于2007年2月，是原县外经贸局和县财委内贸口整合而成，是主管招商引资、国际区域经济合作、内外贸易、流通市场监管等工作的县政府组成部门。下设办公室、外商投资服务中心、商务综合行政执法大队、政工法规股、对外贸易发展股、商业改革发展股、市场运行调节股、对外经济管理股、生猪定点屠宰办公室、对外劳务合作服务中心等10个股室。有在职干部职工32人。2014年县商务局抢抓沿海产业加速向内陆地区转移的大好机遇，坚持把提升对外开放水平作为第一要务，把招商引资作为第一菜单，把增强市场监管和公共服务能力作为第一追求，把推进现代商贸流通市场体系建设作为第一责任，奋发图强，奋勇争先，推动开放型经济高速发展，开创商务事业崭新局面，2011～2014年来，从商务部、省委、省政府和市委、市政府捧回奖牌20余块。

【商改工作】　2014年，商改工作从过去以成品油市场管理为主拓展到其他相关领域，并取得重大突破。制定《祁阳县商贸物流发展规划（2014—2020）》和《祁阳县二手车行业发展规划》；为祁阳县步步高超市装修、重新开业协调关系，全年完成超市销售额增幅排名永州市第2；引进2个二手车市场公司和2个二手车评估鉴定公司，并且对其进行备案登记管理；起草《当前祁阳县物流行业发展情况的调研报告》，为祁阳县委、县政府提供决策依据；对3家典当、1家拍卖企业加强监管，并向县政府递交《祁阳县非法集资风险专项排查情况汇报》；成立祁阳县华胥电子商贸有限公司，并且得到省厅的专项资金扶持；餐饮业在争取政策扶持方面也取得新进展；对超市、典当、二手车、废品收购、旧货、物流、娱乐场所、再生资源、住宿餐饮、租赁等行业进行调查摸底，并且整理归档。

【跑项争资】　2014年，商贸流通企业跑项争资取得较好成绩，主要有农产品直销店20万元、湘妹公司的冷链物流项目48万元、黑凤凰土鸡的湘菜引导资金10万元、华胥公司的电子商务培训项目8万元，三口塘、白水、潘市等3个市场的农贸市场标准化改造项目资金90万元，共计176万元。为湘妹食品申请省级储备商品代储基地到位资金10万元。

【招商引资】　2014年招商力度前所未有，招商成效明显，取得大的突破，首次组建并培训34支专业招商小分队，2014年共接待客商50多批、300余人次。引进肠内营养液生产、100兆瓦光伏发电、湖南一级农产品物流园、15万亩高产油茶基地、祁阳长隆水上乐园、红星美凯龙家居商业城、湘粮集团收购银光粮油等7个总投资分别达10亿元以上的重大项目；促成海螺水泥二期、千山药机二期、康都制药二期、东骏纺织二期、凯盛鞋业二期等5个二期项目落地并开工建设；推动海创城市垃圾处理、华润燃气、华旺实业、泰格莱电子、江涵电子、鑫利生物、宏达源食品、晶鑫钢化玻璃等17个新签约项目全部开工建设；引进固定资产投资在1亿元以上（含1亿元）的项目29个（含6个二期开发项目），在谈项目多达50余个。全年共新批外资项目5个，占年市定任务的125%；实际到位外资1.3亿美元，占年市定任务的118%，同比增长29%；内联引资64.07亿元，占年市定任务的116%，同比增长16%；承接产业转移项目69个，占年市定任务的138%，同比增长38%；新建标准厂房22.2万平方米，占年市定任务的111%，同比增长23%。

【对外贸易】 2014年，祁阳县对外贸易进出口总额完成20322万美元，首次突破2亿美元大关，总量排名永州市第一，同比增长116%，增幅高出永州市8个百分点，高出湖南省104个百分点。其中，出口额完成18381万美元，同比增长122%；进口额完成1941万美元，同比增长77%。加工贸易进出口总额完成11111万美元，总量排名永州市第一，同比增长95%，增幅高出永州市48个百分点，高出湖南省81.26个百分点。其中，凯盛鞋业完成10351万美元，同比增长121%；科力尔电机完成3575万美元，同比增长21%；宝达食品完成637万美元，同比增长13%；成信鞋材完成454万美元，同比增长36%；协荣橡胶完成400万美元，同比增长75%。三华服饰完成208万美元，同比增长108%。其中，湖南凯盛鞋业有限公司进出口额突破1亿美元，首次实现过亿外贸主体"零"的突破。湖南凯盛鞋业获省级鞋业产品专业出口基地、宝达食品获省级果蔬罐头食品专业出口基地。

【对外经济合作】 2014年，在全县30个镇乡挂牌成立对外劳务合作服务站，并与每个镇、乡、办、场签订《对外劳务合作协议》，与郑州八方人才资源开发有限公司、长沙市对外经济贸易有限公司等8家商务部备案登记的正规外派企业建立业务联系。全年完成劳务外派998人，占年市定任务111%，同比增长8%；完成对外承包工程和对外劳务合作完成营业额1584万美元，占年市定任务126%，同比增长65%；完成境外中方合同投资额1950万美元，占年市定任务130%，同比增长86%。

【生猪定点屠宰管理】 对生猪定点屠宰场严格按要求生产、检疫检验，把好合格关，严防病害猪肉投入市场，对肉品销售人员购销规范化管理，制定购销日报表，登记备案，确保人民群众吃上放心肉。建立食品安全应急预案，加强执法检查。采取主动查处和根据群众举报相结合、定期巡查与突击检查相结合等多种形式，加大对定点屠宰场的监管，制定屠宰企业"瘦肉精"检测制度，检查屠宰企业残渣油脂管理情况。加大对私屠滥宰注水或注入其他物质行为的打击力度，查处加工、出售未经肉品品质检验或经肉品品质检验不合格的肉品上市行为。全年县商务综合行政执法大队累计出动执法人员180人次，出动执法车辆30台次。共查处私屠肉品经营户4家，扣私宰肉品304公斤，查处定点屠宰企业违规行为2起，有效地改善肉品市场，保证县内没有发生肉品质量安全事故。加强生猪定点屠宰场建设，12月肖家村生猪定点屠宰场负责人周祥福投入36万元，新建生猪待宰间、存栏间和屠宰车间厂棚及相关基础设施。

【酒类市场监管】 把打击假冒伪劣，规范流通秩序，净化酒类市场作为中心工作来抓。执法队积极开展酒类品牌清理登记和对伪劣酒品的稽查力度，规范流通秩序。严格落实《酒类流通随付单》制度，对进货来源不清，渠道不明，手续不全，无法溯源的酒类商品依法查处。进一步完善酒类商品入市备案制度，建立索票、索证和进销货台账制度。全年，县商务综合行政执法大队共组织大型酒类执法检查活动15次，累计出动执法人员68人次，检查酒类经营户104家，查获假冒酒34瓶，规范酒类市场，确保人民群众饮酒的安全。3月12日，县商务局综合行政执法大队集中销毁100余瓶查获的假冒伪劣酒，其中包括茅台、五粮液、国窖1573等10多个品种。

【成品油市场管理】 全县有大小加油站共40座，其中中石化19座，中石油6座，社会加油站15座。为申批到期而未兴建的6座加油站办理延期手续。严格执行《成品油市场管理办法》，大力加强成品油市场监管，维护市场秩序，促进成品油流通体制规范化。为加油站印发《加油站检查手册》，对加油站的安全生产进行定期或不定期检查，加强对加油站的监管，打击违法经营行为，特别对非法加油点进行整治，调度好成品油供给，确保全年成品油市场稳定。根据群众举报，对非法加油站（点）加大打击力度，对18个非法加油点下发责令停业通知书并进行处罚。

（王永胜）

物资工作

【概况】 祁阳县物资局（又称祁阳县物资事务管理办公室），为正科级全额拨款事业单位，实施物资行业管理职能。2014年局机关内设办公室、政工股2个职能股室，有干部职工88人，其中在职职工9人，退休人员79人。下辖祁阳县物资贸易总公司、祁阳县羊角塘烟花爆竹原材料专营部和祁阳县群力报废汽车回收拆解有限责任公司，为永州市旺达民用爆破经营有限公司股东。

【基层党组织建设】 县物资局机关党支部和退休人员党支部两个党支部共有党员36名。依照党要管党、从严治党要求，县物资局坚持“三会一课”制度，开展批评和自我批评。局领导班子紧扣“为民务实清廉”党的群众路线教育实践活动这一主题，深入基层、走进群众，同困难群众结对帮扶。全年共走访群众（职工）350余人次，召开各类座谈5次，进行个人整改事项65项。机关党支部建立完善规章制度16项。通过教育学习，党支部的战斗堡垒作用得到加强，党员先锋模范作用得到提升。

【安全生产工作】 建立安全生产工作责任制，党政领导同责，一岗双责，齐抓共管。全年由局长带队对永州市旺达民用爆破器材经营有限公司祁阳分公司、祁阳县群力报废汽车回收拆解有限责任公司和祁阳县羊角塘烟花爆竹原材料专营部三个企业的安全生产进行定期大检查12次，查出安全隐患，全部督促整改到位。

【信访维稳工作】 全年接待各类来信来访58批272人次，及时解决职工病退后养老金、退休人员待遇等问题，维护一方稳定。

【协税护税工作】 年初县政府分配县物资局协税护税任务20万元。全局干部职工深入企业，经过不懈努力，全年完成协税护税任务80万元。

【招商引资工作】 招商引资800万元新办祁阳县群力报废汽车回收拆解有限责任公司；跑项争资完成20万元，占任务的400%。

（伍远征）

供销

【概况】 祁阳县供销合作社联合社是县人民政府直属全额财政拨款参照公务员管理正科级事业单位，是为农服务的合作经济组织。县社机关有在岗人员17人，内设办公室、政工股、财审股、合作指导股、经贸股、法保股，辖县供销社资产经营有限公司、县新三湘农资有限公司、县再生资源公司、县华泰烟花爆竹经营有限公司、湖南永怡生态茶业公司和祁阳县华胥电子商务有限公司。2014年紧紧围绕年初确定的“积极稳妥抓改革，一心一意谋发展、全心全力保稳定”的工作思路和主要预期工作目标，各项工作取得较好成绩，重点在“新网工程”“网上供销社”、农村合作经济组织服务及创新自身的组织体系建设取得实效。

【“新网工程”建设】 农资连锁配送服务网络覆盖全县，有2个经营、仓储面积在2000平方米规范的县级配送中心，有业务往来的经营网点346家。2014年，以县新三湘农资公司为龙头，大力建设农家店，延伸服务触觉，新建镇村级加盟店5个。2014年农资连锁配送服务网络销售农资产品1.6亿元，占全县储备、供应总量的70%。农村日用消费品经营服务网络初步建立。10家经营面积在50平方米以上的村级综合服务社以及动员原供销社职工和社会个体经营的门店加入“新网工程”并已挂牌的45家农村便利店。2014年，按照“开放办社”的原则，通过创建、参股、控股、租赁、合作经营等方式，新发展2家以经营南杂百货为主的个体超市门店加入“新网工程”。农产品加工流通网络建设逐步完善。全县有以加工经营茶叶为主的企业，农副产品加工销售专业合作社4个，2014年直销各类农副产品1.5亿元。重点以湘南蔬菜专业合作社为龙头，在县内拓展蔬菜生产基地面积，并积极与当地商场联系洽谈抢占市场。再生资源回收利用网络建设开始起步，以社区回收点为基础，找准切入点，已建成镇办乡场农村可利用垃圾回收站25个，村农村可利用垃圾回收点542个，发放垃圾桶9796个，组建保洁员队伍1398人，回收可利用垃圾6001680公斤。积极构建烟花爆竹安全经营网络。注重规范好烟花爆竹经营行为，以祁阳县华泰烟花爆竹经营有限公司为龙头，新发展烟花爆竹专营店5家。在茅竹镇大岭村征地30亩，投资120万元建成烟花爆竹仓库，同时发展烟花爆竹连锁点65个。打造好“网上供销社”电子商务平台，2014年9月组建成立“祁阳县华胥电子商务有限公司”，开启供销系统电子商务工作新进程。新建成一个“网上供销社”县级服务中心，发展42个横跨农资、日用消费、烟花爆竹、电器等行业直营店，实现网上销售额近2000万元，全面整合供销社行业资源，建立专业的、开放的涉农产品电子商务平台，联接城乡、服务三农，以最优质、最全面的服务，为农民兄弟解决“买难”“卖难”问题。此外，也注重加强自身建设和农村综合服务体系建设，恢复重建8家基层社，领办16家农民专业合作社，新建8家庄稼医院。

【“网上供销社”建设】 “网上供销社”建设是纳入县政府工作目标任务管理工作考核范围的重要内容，经过多次协商，下乡考察洽谈，保质保量地完成10家镇村级服务网点，行业涉及副食、百货、烟花爆竹、电器等。

【春耕农资供应工作】 2014年春耕期间，县新三湘农资公司调运销售各种化肥17600吨，由于各种客观原因，全年化肥、农药销售额比2013年同期减少15%和10%。公司的各类农资商品种类齐全，送货上门的服务方式从未改变，未影响全县农业生产的农资需求。

【农村综合服务体系建设】 立足全县优势资源和特色产业，严格按照《中华人民共和国农民专业合作社法》的具体要求，采取多种方式积极领办各类农民专业合作社，2014年在观音滩镇积极领办“祁阳县贵发生猪养殖专业合作社”、肖家村镇“祁阳县大泉养殖专业合作社”、龚家坪镇“祁阳县盛裕蔬菜种植专业合作社”3家农民专业合作社；同时注重发展农村综合服务社，拓展服务领域。在下马渡镇和茅竹镇新建设下马渡镇白尼庵综合服务社和茅竹镇三塘村综合服务社，恢复重建8家基层社，在大忠桥镇和文富市镇新建2个庄稼医院。

（李兴凤　陈芳青）

粮油流通

【概况】 1949年12月成立祁阳县粮食局。1953年县粮食公司并入县粮食局，成为政企合一机构，主要职责是贯彻执行党和国家粮食方针政策，编制粮食商品流转计划，保证商品粮食统购大于统销，搞好粮食保管、储存、调运等工作。具有粮食宏观调控、监督检查、指导粮食行业发展、对所属企业国有股权行使出资人权力等职能。2014年，县粮食局下设政工人事股、调控股、财务审计股、办公室、粮政执法大队，共有工作人员15人，其中班子成员10人。

2014年，粮食流通领域有粮油收储、加工企业24家，其中国家级龙头企业2家、省级龙头企业3家、市级龙头企业5家，培养粮食经纪人1500人，投入资金600万元新建粮食仓库5栋，新增仓容1.6万吨，投入资金540万元维修仓容48700吨，总仓容达到25万吨。全年收购社会商品粮食165491吨，加工稻谷10441吨，销售大米203823吨，生产销售米粉18488吨，生产销售饲料34949吨。2014年，有植物油罐容3.24万吨，生产植物油55517吨，年末库存2394吨，年末社会粮食库存260833吨，其中，国有粮食收储企业和加工企业库存68173吨，非国有粮食收储企业库存32103吨，转化用粮企业库存46691吨。农户存粮110660吨，城镇居民存粮3206吨，县级储备粮4250吨，省级动态储备粮8000吨，县级成品粮1700吨。湖南省银光粮油股份有限公司2014年12月分别获得省工商局、省质监局“湖南名牌”“湖南著名产品”称号和国家体系认证中心“三项体系认证”，湖南七里香米业有限公司2014年3月、8月分别得省工商局“湖南著名商标”和中国检验认证集团“三个认证”，湖南省天龙米业有限公司2014年12月获得市政府“市级科技一等奖”，新金浩2014年9月分别获得中华人民共和国“农业产业化国家龙头企业”和北京认证中心有限公司“质量管理体系证书”，湖南省银光粮油股份有限公司成功实现与湖南粮食集团公司对接，走出粮食加工企业发展的新路。

【粮食市场管理】 加大行政执法力度，落实“四个严格”，确保粮食市场稳定有序、安全可靠，取得明显成效。严格粮食收购资格核查。执行市场准入制度，联合工商、物价、质监、公安、交通等部门，组成联合检查组，全年共出动监督检查80多人次，及时调查群众举报2起，查处无证无照及时移交工商部门1起，发出责令整改4起。对1家不符合收购资格条件的企业按程序进行注销。全县有粮食收购证36户，已陆续注销21户。严格储粮安全管理制度。坚持粮食出入库质量检验制度和库存粮食定期质量检验制度、产品溯源制度、索证制度。核定最高（最低）库存量，严厉打击无证无照、囤积居奇、以次充好等不法行为，保证全市粮油市场稳定。指导企业科学保粮，积极推广应用新技术、新工艺、新产品和安全高效低毒药物，确保粮食安全储存。严格粮食运输技术规范。结合永州市粮食运输工作实际，重点针对公路、水路粮食运输开展监督检查，杜绝使用被污染的运输工具或包装材料运输粮食，严防污染、雨淋、霉烂变质等事故发生。严格粮食质量安全管理。对粮食市场进行不定期检查，实行粮油销售备案制度。重点在批发市场、超市、放心粮油店，防止不安全粮进入市场。同时，与县食品安全委员会有关成员单位一起，对加工、销售中的成品粮食质量、卫生进行监督检查，杜绝陈化变质、严禁不符合食品卫生标准的粮食流入市场，确保放心消费。

【粮油收购加工】 2014年，全县有收购粮食企业24家（含祁阳国库和祁阳县粮食购销总公司），仓容25万吨。全年收购早稻谷的103237吨、中晚稻谷31301吨、优质稻谷22665吨、糯稻谷4956吨，2014年中央和省里启动托市粮收购，祁阳县有黎家坪等8个点收购托市粮，全年收购托市粮8105吨，其中早稻谷5303吨。全县有粮油加工企业20家，其中小型粮油加工企业15家，设计加工能力为日产大米3800吨，其中，精米生产线5条，全年生产大米22吨，其中生产优质精米7吨，实现利税1250万元。湖南神怡米业有限公司由于信贷危急，于2014年6月停产。食用油生产线5条，其中银光生产线2条，金浩生产线3条，年植物油生产能力15万吨，年精炼茶籽油4万吨，银光有植物油罐容2万吨，金浩有储油罐25个，植物油罐容1万吨，还建有两个3000立方米的不锈钢地下油罐，全年生产植物油55517吨，其中精炼茶籽油766吨，实现利税1110万元。有食品加工生产企业4家，湖南湘妹食品有限公司主要生产速冻食品、冰淇淋、糯米粉三大系列，年产速冻系列产品8万吨、冰淇淋系列产品8万吨。全年加工糯米粉8000吨，加工冰淇淋1.2万吨，加工速冻系列产品1.2万吨，实现利税180万元。饲料加工企业1家，湖南北大农牧饲料有限公司主要生产各类饲料，生产加工能力8万吨，2014年生产5万吨，实现利税120万元。

【危仓老库维修】 2003年国有粮食改制以后，祁阳县国有粮食企业仅剩祁阳国库和祁阳县粮食购销总公司。祁阳国库于2005年上划郴州粮食直属库，县级国有粮食企业只有1家，祁阳县粮食购销总公司总经理由粮食局局长兼任。祁阳县粮食购销总公司是购销储备企业，粮所粮库改制而成，下辖13家原有粮站，27个收储点，改制返聘人员143人，由于没有开展任何业务，返聘人员大部分外出打工，自谋职业。2014年3月，县粮食局启动危仓老库维修工作，根据国家“粮安”工程建设规划，按照“一县一骨干和若干一线收纳库点”的基本思路，通过全面调查摸底，确定以黎家坪粮点维修改造为中心点，对全县14个点库、56处、121廒仓库，进行大修，一般维修及功能提升，总计投资金540多万元，其中县财政和企业配套271万元，8月底各点库维修工作全面完成。维修后全县仓容增加近5万吨，基本满足全县粮食储存，并且方便老百姓送粮，解决粮食仓老化存在的安全隐患问题。2014年管理改制前挂账贷款8千万元。

【粮食销售与储存】 年初库存早稻谷25153吨、中晚稻谷33715吨、优质稻谷27996吨、糯稻谷8213吨，其他杂粮1193吨。年末库存早稻谷3971吨、中晚稻谷18350吨、优质稻谷9782吨、糯稻谷4956吨，其他杂粮337吨。全年销售贸易粮（大米）203832吨，食用油55455吨（其中茶籽油1290吨）。经县政府同意，对县级储备粮进行第三次轮换，4~5月二次挂牌公开拍卖县级储备粮4250吨，6~7月出库，9~11月轮入新粮早稻谷4250吨。专仓储存在湖南省银光粮油股份有限公司。11月底，完成省下达给祁阳县县级储备粮4250吨的计划，同时粮食局和财政局共同与银光、天龙、七里香、军粮供应站签订1700吨（大米）应急成品粮储备任务。

【粮仓建设】 全年，祁阳县投入资金600万元，新建粮食仓库5栋，仓容1.6万吨，其中银光粮油股份有限公司新建1栋，仓容400吨七里香米业有限公司新建4栋，仓容1.2万吨。2014年3月进行部署，利用中央财政资金271万元，6~7月对原粮食企业6个点29栋仓的危仓老库进行维修，投入资金216万元，维修仓容48700吨，其中大修6栋，用于功能提升资金66万元，共购买输送机6台，除杂机6台。全县粮食有效仓容达到157662万吨。

【湘粮集团与银光粮油成功对接】　由于受国家的政策和农发行放贷不及时等因素给全县粮食加工企业带来极大的不利，一些企业面临走下坡路的危险，为保留特色县域经济牌子，2013年开始祁阳县粮食局和银光粮油多次与湖南粮食集团多次沟通，以诚信打动他们的高层领导，2014年5月湖南粮食集团决定以控股形成与银光粮油合作，10月银光粮油与湘粮集团签订意向协议，12月23日正式签订湘粮集团收购银光粮油的协议，并且注入2600万元资金到银光粮油，还安排银光粮油收购晚稻1.95万吨。其他企业如湘妹食品、七里香、天龙等正在洽谈之中。

【粮油千亿产业工程】　湖南省粮食局2006年实施粮食“千亿产业”“百亿物流”2大工作程建设和湖南省政府湘发〔2010〕33号《关于实施粮油深加工及物流千亿产业工程的意见》以来，祁阳县粮食局2014年从全省粮油“千亿产业工程”中分割出700万元支持特色县域经济。企业自主意识不断加强，湖南省银光粮油股份有限公司成功争取2600万元资金，补贴300万元，永州七里香米业有限公司引资1200万元，补贴300万元。

（唐国清　张红）

商业事务管理

【概况】　祁阳县商业局原下辖企业23个，干部职工3300人。2004年实行改制，成立祁阳县商业事务管理办公室，保留祁阳县商业局牌子，实行两块牌子，一套人马。2014年，县商业局下设办公室、财务股、政工股、综治办，有工作人员10人，局长柏爱国。2014年门面出租收入70万元，较2013年递增20%，上缴国家税收20万元，跑项争资20万元。招商引资、信访维稳、再就业工作以及创国卫工作也取得突出成效，得到市、县领导的充分肯定。

【围绕发展抓项目】　紧紧围绕县委、县政府关于招商引资目标任务，本着大项目顶天立地、小项目铺天盖地，全力构筑领导带头，全局参与的招商格局，明确一名主任科员全年专抓招商。由局长领办带动客商落实工业园签办企业两家。引进独资企业永州华鑫建材有限公司，已落户祁阳工业园区，投资总金额为5000万元，已正式投产，主营混凝土及水泥制品，年缴税金100万元。

【围绕改革抓争资】　全局下岗职工多，推介就业难度大，为克服资金短缺的困难，全局干部职工千方百计攀亲戚、找朋友、上下联动找关系，咬定青山不放松。经各方求援，从省劳动社保厅就业处争取就业帮扶及解困资金200万元。县委、县政府主要领导单批各项资金达25万元，省发改委非常关注祁阳县餐饮协会的创办，每年立项都给予资金支持，2014年获得10万元的项目资金。

【围绕国资抓服务】　充分利用现有资产，最大限度发挥国有资产保值增值，解决局机关退养人员的工资发放问题。创新服务，解决经营者的后顾之忧。给经营者提供好的平台，从场地、配置、人员、水电等服务工作入手，成立了门班子，专人专抓，经常召开座谈会，实现服务信息反馈。招商引资，引进成功合作典范。2006年，引进太平洋服饰连锁超市，每年为县里创税收近50万元，同时也实现资源与资本的整合，把资源优势转化为现实的经济优势。坚持公开、公平、公正的原则，实行公开招标，使效益最大化，真正让权力在阳光下运行。临街6间门面招标，每间门面竞标达12万元，比2013年递增20%。

【围绕稳定抓信访】 县商业局是全县信访维稳工作的重点单位，担负着近3300多名下岗职工信访调纠工作，全局干部职工克服工作艰难情绪，严格责任落实，成立专门班子，落实包案责任。成立以局长负总责专门领导班子，其他班子成员分组负责，落实包案责任。人人肩上有担子，个个头上有任务。做好稳控对象的思想工作，化解他们的矛盾，把信访维稳工作作为中心工作来抓，坚持“真诚、真心、真做”，为信访户办实事，做到“三先”，特殊困难户优先考虑生活来源，让生活无忧愁；正常上访户优先协调相关部门帮助解决问题到位；群案、急案优先介入，及时化解矛盾，将问题消除在萌芽状态。全年，帮助上访户解决问题13起，有2名重点挂号信访户签订息访息诉协议，退出上访历史舞台，投入资金达30万元。

【围绕队伍抓管理】 重制度，促自身提升。干部深学理论、精钻业务、提升素质、增强业务能力，形成良好的风气。严管理，促工作增效。建立“重激励、硬约束、严考核”的管理机制。在工作方式上实行职能、职责的整合，办事机构统一兼并，各项工作统一联动，内外关系统一协调，做到一套人马联动办事、一条龙服务到位，一个窗口办事了结，原祁阳二水泥厂700多人的上访摸底调查，只用20天的时间就调查完毕，为县委、县政府决策提供可靠的依据。在内部管理上做到每天上班统一签到，工作动向统一登记，接待用餐统一安排，财务收支统一管理，岗位绩效统一考核，奖勤罚懒统一兑现，形成工作一盘棋、管理一本书、考核一张表、干群一条心、干事一股劲的良好局面。对于干部职工采取教育保廉、制度保廉、自律养廉、惩治护廉等措施，有效遏制权力失控、决策失误、行为失范，确保不入“地雷阵”，不碰“高压线”。全年，全局没有在作风问题上被通报1次，没有在娱乐场所被“暗拍”1次，没有不检点行为曝光1次，形成心齐气顺、风正劲足的良好氛围。

【围绕就业抓帮扶】 商业系统原有23家困难企业，下岗职工近3300人。改制企业虽然完成“两个置换”，但由于改制时间仓促，原企业职工40、50岁人员和女性居多，大多缺乏一技之长，生活十分困难。为解决这一难题，稳定大多数下岗失业人员，让大多数人树立生活的信心，商业局组织人员在广州和江浙一带建立两处就业服务基地，每一季度开展调查摸底，推介就业，协调参与职工培训，帮助落实社保补助和税费减免政策等再就业服务。2014年在外地借助这一平台，祁阳在外地当老板的知名人士推介就业达2500余人。

（张明亮）

盐　　务

【概况】 县盐公司成立于1984年5年，属省盐工盐业集团有限责任公司垂直管理，县盐务管理局成立于1989年，与县盐业公司实行一套人马，两块牌子，机构分设合署办公。负责祁阳县内各类食盐、生产加工用盐的调拔、批发、销售，并负责县内盐业市场管理。隶属于湖南省轻工盐业集团有限公司垂直管理，内设综合股、营销股、市管股，在职职工20人。2009年省盐业股份有限公司改革食盐销售，原来凭证自购销售改为凭证配送销售，建立食盐终端零售网点，全县建立网点600多个，基本做到边界高密度，城镇全覆盖，一村一点或多点。同时拟定各网点户的送货线路和访销配送时间，方便群众，堵塞私盐，维护食盐市场稳定。2009年1月，省盐业集团公司提出经营非盐商品工作方案，祁阳盐业分公司努力开拓非盐商品经营领域，经营的主要品类有：酒类、油类、调味品类、饮料类。2013年，县盐业分对全县食盐市场全面调研，结合祁阳实况，实行片区责任制。

【食盐安全宣传】 2014年，县盐业分公司开展创建“祁阳县食盐安全示范村”和“百村千店”宣传走访的两次活动。“3·15”消费和“5·15”活动中，县盐业分公司联合工商、疾控等部门在全县人口密集的集市、路段广泛宣传小包盐、合格碘盐和新品盐知识，提高广大消费者自我保护意识和辨别真假盐的能力。全年开展盐政执法检查，有效减少侵销和遏制贩卖私盐行为。

（肖红梅）

石油供销

【概况】 祁阳石油公司成立于1978年12月，当时石油产品实行统购统配，定量凭票供应，单位或个人用油按机具马力和历年耗油水平核定，按季安排。1986年石油经营实行“双轨制”，允许各石油公司跨区域自采各类高价成品油以弥补市场缺口。1980年改造黎家坪油库，1996年搬迁另建，投资618万元，安装汽油、柴油5300立方米，年吞吐量6.5万吨，1991～1994年先后在黎家坪、白水、白鹤、茅竹建成4座加油站，投资70万元，安装10台加油机。2000年12月至2001年7月先后出资1500万元，收购威泰、秋林、兴浯、木梓圩、文明铺、羊角塘、顺风等11个加油站。2000年投资320万元建成群力加油站。公司主要经营成品油、润滑油（脂），非油品业务，有14座在营加油站，（直管站4座，托管站9座、家庭承包1座），有发卡网点5个，易捷便利店5个，年销量8000吨以上站2座；1000～3000吨销量站6座，其余6座小站年均销量为1000吨以下，分布在各个乡镇。2014年，零售轻油销量3.22万吨，非油品销售额实现670万元。

【综合服务提升年活动】 2014年是“加油站综合服务提升年”，公司结合“从严管理年”等活动的要求，把综合服务内容细化为员工规范服务、良好的站容站貌、设备完好安全运行、规范的数质量管理等，以规范服务促销量，以良好的消费环境促销量，以安全快捷的速度促销量，以质优量足促销量。

【制订市场拓展规划】 围绕全年目标任务，结合城乡区域市场特点和加油站不同情况，制订全年的市场拓展规划和保证措施，逐条列示，逐项落实。强化内部管理，严把数质量关。严格落实数质量管理规定，做到接卸存合格、油机不超差、定期检油品。全年送检油样多批次，全部合格。岗位练兵促服务，争创“群众满意加油站”。以站内培训为载体，理论和实践相结合办法，把加油站服务规范的具体要求，落实到员工的实际行动上来。以站容整洁、服务规范、质优量足、方便快捷的油站形象展示石化风范。内引外联，扩销增量。牢固树立全员营销理念，始终把扩销增量作为中心工作来抓，每座加油站都根据所处区域市场和竞争对手特点，提出占领市场，扩大份额的营销计划；建立客户档案动态管理制度，每1名加油站站长联系不少于50个目标客户，落实固定客户的定期联系、回访。立标兵树形象，做好传帮带。每个员工按照加油站服务规范具体要求，提出自己服务客户的具体承诺和办法，由直管加油站每月定期考评，评出当月销售能手1名，并张榜公布，激发大家“见红旗就扛，有第一就争”的进取意识，营造出学先进、赶先进、比先进的良好氛围。1～3月份，公司加强宣传并迅速开展“多卖一吨油”销售竞赛活动，零售同比增量合计412吨，市公司核发增量奖励11294元。

【发展非油品业务】 随着非油品商品种类不断增多，加油站服务功能不断完善。用足用活激励措施，增加员工收入。

坚持每月考核，非油品返还费用足额由站长先私人垫付及时发放到员工手中；增强发放透明度，激发员工非油品销售的积极性。加强大客户开发。在对区域内客户调查的基础上，号召全体员工充分利用各种社会人脉资源，主动走出去，宣传推介易捷商品。利用与地方政府沟通协调的各种机会不断推介公司“易捷”便利店商品。全年完成非油品经营670多万元，使员工得到看得见、摸得着的实惠，提高做好非油品的积极性。

（李志宏）

烟草专卖管理

【综述】 祁阳县烟草专卖局（分公司）下设办公室、财务室、综合室、专卖办、客户服务分部（含物流配送）等5个股室，在岗人员79人。2014年累计销售卷烟30442.704箱，单箱均价24942.5元（含税）；实现销售收入75931.71万元，上缴地方财政税收2647万元。专卖市场管理共查获各类涉烟案件137起，其中真烟案件117起，假烟案件20起，5万元以上真品卷烟案件3起，成功查获全省首例真品卷烟非法流通案1起；查获涉案卷烟254.96万支，其中真品卷烟249.22万支，假冒卷烟5.74万支，有效地净化全县烟草市场，维护消费者的合法利益。

【卷烟营销】 紧紧围绕“卷烟上水平”的战略目标，以规范经营为前提，着力调整市场状态，持续深化规范经营，重抓培育高端低焦品牌，不断强化队伍素质，大力创新营销管理，充分发挥现代卷烟零售终端的市场引领作用，扎实推进卷烟营销管理创新升级。强化队伍素质建设。狠抓市场服务分部和物流配送线的日常管理工作，提高客户经理、物流送货车组对工作的责任心和工作态度，通过对营销人员实行随机化和抽样化考核相结合的方式进行实地走访和督查。9月份，又积极探索实施电话回访制度，通过电话回访管理系统印证营销人员的走访地点和保障营销人员的拜访时间，及时发现一线营销人员在工作中存在的不足和工作不到位现象，对发现的问题及时要求并督导完善整改。持续深化规范整治。先后组织客户经理对全县在网运行客户进行拉网式实地走访核查，累计取消不符合条件的网订客户710户，降级1656户，解绑结算方式127户，中止示范店协议供货客户6户次；党组班子先后约谈大户39户次，劝退7户，改行3户，祁阳卷烟市场不规范经营行为得到有效遏止。稳步推进脱控帮扶。按照“提报—脱控—帮扶—建档—考核”五个步骤开展脱控帮扶工作，“一对一”为受控中小客户提供经营指导，累计发放《规范经营篇》《脱控须知》等宣传资料1.8万余份，分层分批组织客户座谈6场次，集中培训15场次，专卖、营销人员现场说法61场次。640户受控客户中有480户走上自订、自结、自取、自销的良性发展轨道。全力开展品牌培育。把创建“潇湘情”卷烟零售示范店作为开展品牌培育工作的切入点，全年开展湖南中烟、浙江中烟品牌文化交流会各1场次、品牌推介活动6场次，品牌评吸会4场次，事件营销30起，进一步扩大品牌知名度。优化重组送货线路。先后2次组织人员对辖区329户非直送户进行实地走访核查，共延伸7条线路，增加直送户58户，对其他确实难以直送到位的客户采取约时取货和一对一指定代取的送货方式，并严格做好代取协议签订、备案登记及跟踪监管，为全市系统物流配送中心非法人实体运作打下坚实的基础。

【专卖管理】 以“两个至上”（国家利益至上、消费者利益至上）行业共同价值观为导向，紧紧围绕“卷烟打假打非、行政许可管理、内部监管和队伍素质建设”四个工作重点，加强市场监管和打假打私力度，全面推进各项工作的深入开展，以规范经营为宗旨，加强内部专卖管理监督力度，提高队伍整体素质，辖区卷烟市场经营秩序趋向良好。持续强化证件管理，规范烟草专卖零售许可证管理，有效实施行政许可。切实加大无证户取缔力度，与县工商部门部门先后开展联合执法行动4次，依法依规下达整改通知书10份，取缔无证户78户，有力打击无证经营不法行为；进一步完善证件管理机制，提高许可证管理质量和效率，全年累计新办“烟草专卖零售许可证”288户，延续186户，依法依职权注销221户，停业6户，责令暂停烟草专卖业务3户。始终保持高压态势，深入开展打假打私和专项市场整治行动，为全县卷烟销售创造一个宽松的外部环境，为卷烟市场的正常流通秩序和顺价销售提供可靠的保证。联合公安、工商等县职能部门，先后集中开展“春雷4号”“潇湘金剑2号”等专项行动，突出对重点领域市场的监管。通过挖掘线索，主动出击，6月28日成功查办1起千万级真烟网络案，刑拘3人，案件达到省级真烟网络案标准；10月12日查办一起卷烟调包案，刑拘2人。持续强化内部监管。继续有效发挥内部监管作用，进一步完善“内管办案化”工作模式，制定内管人员考核方案，细化考核措施。全年共开展市场、送货、636零售店检查96次，针对检查中发现的问题下达经营建议书60份，责令整改通知书35份；处理送货违规一起，处理4人，罚款6364元。

【企业管理】 着力强化经济运行质量，突出机制建设，不断提高企业整体运行水平，促进企业管理出实效。财务预算管理更加精准，业务招待费、会议费、差旅费、车辆运行费等重点控制费用分别下降18.34%、4.72%、10%、9.21%。“三项工作”（工程投资、物资采购和宣传促销项目管理）更加规范有序，严格按程序执行工程投资、物资采购和宣传促销工作，全年共组织开展各类项目11个，金额近110万元，节约资金达16万元。绩效考核机制进一步细化和量化，逐步形成“制度管人、制度管事”的激励新机制。依法治企工作成效显著，2014年4月被授予“2013—2014年全省依法办事示范窗口单位”荣誉称号，9月，市、县司法部门对县烟草局依法办事示范窗口进行动态考核并给予高度评价。质量管理体系持续完善，开展科技创新、对标课题各1个，收集合理化建议114条，促进企业管理水平的全面提升。纪检监督职能得到有效发挥，严格执行党员领导干部报告个人重大事项、民主评议、诫勉谈话等制度，进行诫勉谈话4人次；开展廉政风险防控工作，共查找评估岗位廉政风险点37个，制定控制预案21个，切实从源头堵塞腐败风险漏洞。安全生产各项措施落实到位，结合“安全生产月”“119消防周”活动，全年举办各类安全培训16次、开展消防安全演练1次，开展各类安全检查30次，查出并整改各类隐患8处，整改率达100%。信访维稳没有产生新的不稳定因素，有力保障企业稳定发展环境。

【作风建设】 严格按照“三严三实”和“照镜子、正衣冠、洗洗澡、治治病”的总要求，坚持聚焦“四风”，以“四抓四转变”扎实开展群众路线教育实践活动，强力推动作风建设。抓信念教育，转变思想作风。先后组织中心组学习3次，领导班子成员上廉政党课2次，党员专题学习4次，演讲、知识竞赛各1次，观看教育影片3部；利用电子显示屏滚动播出群众路线相关知识80余条，通过短信平台编发短信126条，接收7000余人次，6月底，组织全体党员进行教育实践活动知识闭卷考试，合格率达100%。抓制度建设，转变工作作风。树立群众观念，制定完善并认真落实《祁阳烟草一线服务法》，建立群教活动挂靠帮扶制度。党组成员带头深入基层、市场、联系点开展交心谈心及征求意见活动，累计组织基层员工、离退休职工、帮扶单位、零售客户代表座谈会9场次，收集到群众意见68条，员工建议28条。抓日常监管，转变纪律作风。大力推行上下班指纹打卡考勤管理，制作工作人员去向公示牌，采取县局考核办每天检查、局党组班子每周突击检查，配合市局每月暗访检查等方式，对落实中央“八项规定”、专卖行政执法、规范经营和劳动纪律情况进行督查。累计查处违反劳动纪律人员16人次，扣发绩效工资4600元。召开行风评议座谈会，邀请行风监督员对生产经营情况进行全方位监督，累计征集意见建议16条。抓规定落实，转变政风行风。严格落实中央“八项规定”，按标准调整办公用房5间，缩减办公面积50平方米；纠正公务小车专车专用的陋习，改为由办公室统一调配；进一步规范公务接待制度，接待就餐一律在职工食堂安排，并加强跟踪督查，彻底杜绝超标接待和公车私用行为；在发文办会方面，制定专项整治方案和执行制度，严格审批把关程序，会议费同比下降4.72%，发文数量同比下降4%。

（邓呈　曾圆）

国土环保·城建城管

国土资源管理

【概况】 2014年，在县委县政府和市国土资源局的正确领导下，全县国土资源系统以服务经济社会发展为已任，做好耕地保护、维护矿产资源开发秩序、执法监察等工作，坚持以队伍、作风、廉政建设为抓手，各项工作稳步推进并取得明显成效。

【作风建设】 根据中央和省、市、县的统一部署，县国土资源局党的群众路线教育实践活动于3月31日正式启动，共有8个党组织、160名党员参加。专项整治了35项问题，公开通报了系统内3起违法违纪案件。广大党员进一步坚定了理想信念，强化了宗旨意识，“四风”（形式主义、官僚主义、享乐主义、奢靡之风）问题得到初步整治。文风会风得到改善，“三公”（政府部门人员因公出国（境）经费、公务车购置及运行费、公务招待费）经费管理明显规范，办公用房、公务用车等清理规范到位，土地、矿权审批程序进一步优化，维护被征地农民合法权益等专项整治工作取得阶段性成果。

【耕地保护】 实施土地整理项目8个，资金总投入5601.71万元，总建设规模1812.44公顷；完成省级项目4个，建成高标准基本农田面积12574.65亩，确保全县75.98万亩耕地和68.63万亩的基本农田数量不减少，质量不降低；批回用地项目27个，面积175.89公顷。

【执法监察】 签订责任制。县局与镇（办）站签订《国土执法监察责任状》《矿山整顿与管理工作目标管理责任状》和《动态巡查目标管理责任状》，进一步落实镇（办）站的监管责任。规范土地利用秩序。查处土地违法案件190宗，移送公安机关20宗，拘留4人，拆除非法建筑物51处，移送法院强制执行175宗，移送纪委监察7宗，行政处分6人。重点打击非法开采行为。查处矿产违法案件67宗，退回界内开采8宗，罚款650余万元，关闭非法煤矿8个。移送公安22宗，公安立案6宗，拘留11人，判处有期徒刑2人；移送纪检监察7宗，给予行政处分3人；移送法院强制执行25宗。

【矿政管理】 委托有地勘资质和矿山测量资质的技术单位对全县矿产资源进行勘查，查清相关矿产储量，合理设置矿业权。受理采矿权申请44宗，完成审批发证42宗，年检矿山132宗，清理过期证采矿企业65家，公开挂牌出让采矿权9宗，将原来9个采石场整合为4个。

【权益维护】 制订重点时段安全生产工作方案7个，召开安全生产办公会议4个，查出安全隐患232处，现场整改219处，搬迁53户，投入资金对官山冲煤矿等5个煤矿进行矿山环境治理。实施县原种场公租房建设用地等14个建设项目的征地拆迁安置，共征收实施1061.2675亩，安置农业人口821人，补偿费用5135.7853万元。为维护被征地群众的合法权益和规范征地拆迁工作，提请县委、县政府研究出台《祁阳县集体土地及集体土地上房屋征收补偿安置实施细则》《关于进一步规范征收补偿安置工作推动城乡建设健康有序发展的通知》；为进一步规范全县农村村民宅基地管理，提请县委县政府出台《祁阳县农村宅基地管理办法》。

【地产市场】 全县招拍挂供地14宗，面积206503.66平方米，出让金31388.5万元。办理转让手续170宗，面积767587平方米。

【专项工作】 对全县21个违法用地地块全部进行查处。通过整改，全县2014年度卫片执法检查中违法用地占用耕地与新增建设用地占用耕地的百分比下调为11.08%。批而未供和闲置土地处置工作。经自查清理，全县批而未供土地30宗，总面积3137.53亩；闲置土地37宗，面积967.12亩。土地清理工作。城区立案96宗，拆除26处，面积1668平方米，减少执法成本680万元，收缴罚款368万元，补缴土地出让金780万元。矿山整治工作。对2个超深越界开采的矿山、12个持过期证开采矿山、10个无证非法生产矿点进行调查取证；投入资金8万元用于官山冲煤矿、友谊开发煤矿的地质环境治理。2014年新开工项目清理工作。立案查处新开工项目违法用地14宗，面积207亩，其中耕地面积96亩。“打非治违”工作。联合执法18次，立案查处违法违规案件7个，下达处罚决定书6份。开展征地拆迁中损害群众利益行为专项整治工作。对湘桂铁路扩能改造工程祁阳段等63个建设项目的征地拆迁工作进行全面自查，清理停用征收补偿安置规范性文件4个，排查群众来信来访3个。开展低价出让国有建设用地使用权和矿业权专项清理。对供地方式、毛地出让、违规抵押、未供先用、基准地价更新等方面存在的问题进行整改。人大审议工作。按照县人大常委会的部署要求，着力整改宣传、土地监管、执法监察、队伍建设等4个方面共22个问题。基础工作。全面完成全县集体土地登记发证、城镇地籍、土地利用、耕地保护、基本农田保护数据库建设，共审查办理国有土地2272宗，综合用地1185宗，住宅用地993宗，工矿仓储用地14宗，机关团体用地3宗，公共设施用地1宗，批发、零售用地17宗，水利设施用地4宗，商务、金融用地55宗，转让变更登记发证2100宗，初始登记发证172宗，集体土地发证1153宗，国有土地使用权出让133宗，转让273宗，抵押463宗；在门户网站上公布信息4236条，通过电子政务系统办理各类案卷3754件。

（胡晓波）

环境保护

【概况】 1979年7月22日成立祁阳县环境保护办公室。1985年3月成立祁阳县环境保护局，是主管全县环境保护工作的县人民政府工作部门。主要职能是依照法律和行政法规，对祁阳县辖区内环境保护工作实施统一监督管理，防治污染和其他公害。保护和改善生活环境和生态环境，确保全县环境安全，促进经济和社会持续、协调、健康地发展。2014年年底，全局内设4个职能股室，即办公室、法制管理股、环境监察股、政工股，下设8个直属全额预算事业单位，即祁阳县环境监测站、祁阳县环境保护局浯溪、白水、黎家坪、羊角塘监理站、机动车尾气检测站、祁阳县环境监察大队、祁阳县主要污染物减排工作办公室。有干部职工141人，其中离退休人员14人。

【推进主要污染物减排工作】 2014年，永州市人民政府下达给祁阳县主要污染物年削减任务分别为：二氧化硫206.06吨；氮氧化物1310吨；化学需氧量260.8吨；氨氮170.2吨；2014年，全县共实施主要污染物减排项目14个（其中结构减排项目1个，工程减排12个，结转项目1个），二氧化硫削减223.02吨；氮氧化物削减1525.05吨；化学需氧量削减526.1吨；氨氮削减207.91吨，超额完成“十二五”减排目标任务，获得永州市2013年度减排工作目标责任制考核先进单位。

【主要污染物排污权初始分配】 2014年，根据省、市主要污染物排污权初始分配方案，经企业申报、环保部门审核、征求企业意见、公示、核定结果公布等程序，共完成县内77家企业主要污染物排污权初始分配工作，为推进排污权交易打下良好基础。

【建设项目管理】 坚持快捷服务和严格审批“两手硬”，积极贯彻“预防为主”的方针，2014年完成建设项目环评审批19个，完成项目“三同时”验收5个，否决项目2个。协助祁阳华润燃气、经开区和祁阳海螺二期工程等10个项目取得市环保局、省环保厅的环评批复。

【水环境质量状况】 2014年，全县设饮用水源监测断面4个，地表水监测断面4个。监测项目包括水温、pH值、溶解氧、高锰酸盐指数、五日生化需氧量、氨氮、总磷、总氮、硝酸盐、六价铬、总砷、氰化物、挥发酚、铜、锌、铅、镉、阴离子表面活性剂、氟化物、石油类、硫化物共21项指标。监测数据显示，饮用水源水质达到《地表水环境质量标准》（GB 3838—2002）中Ⅱ类水质标准，地表水水质达到《地表水环境质量标准》（GB 3838—2002）中Ⅲ类水质标准，达标率均为100%。

【环境空气质量状况】 2014年，县城空气环境质量监测设置龙山公园和浯溪中路2个监测点，监测频次为每季度监测一次，监测项目有二氧化硫、二氧化氮和可吸入颗粒物三项指标。监测数据显示，县城空气质量达到《环境空气质量标准》（GB 3095—1996）及2000年修改单中二级标准要求。

【声环境质量状况】 县城道路交通噪声监测路段总长19.0公里，有效监测路段39段。2014年度县城道路交通噪声路长加权平均值为61.7分贝，达到《声环境质量标准》（GB 3096—2008）4a类区标准限值要求。县城区域环境噪声总监测点位131个，县城区域环境噪声等效声级平均值为52.6分贝，超标点位4个，达标率为96.9%。

【自然生态状况】 截至2014年年底，全县有湖南金洞国家森林公园、阳明山国家森林公园（国家AAAA级景区，部分位于祁阳境内）、湖南祁阳小鲵省级自然保护区1个，观音滩鸭婆洲、人民电站庭院风景林、祝兴乡茶山坳村庭院风景林、小金洞乡土坳村内下电站庭院风景林、木子墟乡岩门口村岩洞、羊角塘岩洞、内下风景林、大江野生动植物、太白峰野生动植物等县级自然保护区9个；全县林地总面积1533.16平方公里，森林覆盖率60.42%；草地总面积124.32平方公里，覆盖率4.90%；水域湿地总面积106.92平方公里，覆盖率4.21%。

【大气污染防治】 牵头实施《祁阳县贯彻落实〈大气污染防治行动计划〉实施方案》《祁阳县饮食业油烟污染专项整治工作方案》和《关于划定高污染燃料禁燃区的通告》，重点完成恒泰玻璃玻璃窑炉节能技改项目和东骏印染公司烟尘治理项目。

【水污染防治】 牵头实施《祁阳县湘江污染防治“第一个三年行动计划”实施方案》和《祁阳县乡镇集中式饮用水

源保护区划定方案》，重点完成凯盛鞋业公司废水处理系统改建及中水回用工程、祁阳县中医院医疗废水处理项目。

【固废和辐射污染防治】 开展医疗废物规范处置督查，组织10余家固体废物产生大户开展工业固体废物申报，指导凯盛鞋业和鑫利化工建立危废管理台账，将祁峰水泥公司的祁阳县最后一枚放射性废源安全送贮至省辐射站。

【生态环保工作】 积极推进农村环境综合整治。茅竹镇大塘村的环境综合整治项目建设，2014年12月底完工并通过验收。认真推动重点生态功能区迎检工作。根据县政府印发的《县域生态环境质量考核工作实施方案》和迎检工作会议安排，按要求完成常规监测任务，汇总、上报2013年度县域生态环境质量考核资料并通过省环保厅的考核验收。同时，按照省环保厅的要求，上报2014年度生态监测能力建设方案。

【行政执法工作】 积极开展坚决纠正环境保护中损害群众利益行为专项整治，与政法部门建立执法协作、申请强制执行和案件移交工作机制，对涉重企业、国控重点污染源超标企业、清洁生产审核重点企业和畜禽养殖、小造纸、小塑料等重点行业和企业进行集中整治和处罚。2014年，共查处环境违法行为108起，其中31起整改到位免于处罚，77起处罚到位。环境行政执法立案22起，下达行政处罚事先告知书25份，下达行政处罚听证告知书25份，下达行政处罚决定书22份。行政处罚案件办结归档22件，在全县行政处罚案件评查中，获得三等奖。

【环境信访工作】 按照“提前发现、整改到位、群众满意”的原则，认真处理群众投诉。2014年，共妥善处理环境污染纠纷和环境信访案件37件，效果很好。

【环境行为信用评价工作】 2014年，按照省、市环保部门的统一部署，对16家重点企业开展2013年度环境行为信用评价工作，其中13家被评为环境合格企业，1家企业因长期停产暂缓评价，1家被评为环境风险企业，1家被评为环境不良企业。通过信用评价，通过亮“黄牌”“红牌”，对违法企业形成震慑力，提高企业的环境意识及遵纪守法的自觉性。

【环保宣教工作】 在全县范围内广泛开展环保法律、法规的学习宣传活动，宣传环保法律、法规的基本知识和基本内容，贯彻落实其重大意义，引导和树立环保法律法规意识和权威。2014年，邀请省环保法律法规专家、省环保厅法规处陈战军处长对祁阳县进行两期新《环境保护法》学习班，为“2015新环保法实施年”打下良好的基础。组织开展“六五”世界环境日主题宣传活动。通过发放环保知识宣传手册，举办环保板报展，环保知识有奖问答等形式，形成“人人知环保，环保从人人做起”的良好氛围。积极配合县人大开展“祁阳环保世纪行”活动，揭露和促进环保热点、难点问题的解决，切实维护人民群众利益。

（敖猛　黄勇）

住房和城乡规划建设

【概况】 祁阳县住房和城乡规划建设局是2013年7月由原祁阳县规划建设局更名的县政府工作部门，内设办公室、政工股、法规股、计划财务审计股、城乡规划建设股、规划管理股、市政管理股、建筑业管理股等8个职能股室。归口管理县自来水总公司、县建设工程质量安全监督站、县建筑规划设计院、县勘察测绘院、县市政工程公司；下辖县规划稽查大队、县村镇建设管理办公室、县建筑市场管理办公室、县劳务培训学校、县城乡规划管理办公室、城建档案馆、经开区规划分局和县建设工程造价管理站。2014年共审发“一书二证”464份，公建项目办理120项，用地面积735694.25平方米，建筑面积523991.72平方米，私建办理341户，用地面积45160.27平方米，建筑面积194585.61平方米。加强规划执法，强制拆除吾苑小区、河边渔庄等78处违规建筑，面积6471平方米，受理举报311件，立案296件，结案239件，罚没总额328万元。完成村镇规划项目560个，用地57120平方米，建筑面积171360平方米。全县城乡基础设施投资共完成6.27亿，其中县城5.368亿，乡镇0.902亿。全县重点项目加快建设，全年完成总产值24.239亿元。工程质量安全总体受控，加强有形建筑市场建设和管理。2014年，祁阳县成为湖南省新型城镇化示范县和国家智慧城市试点县，县住建局获全市规划建设工作绩效考核一等奖和“安全生产工作先进单位”，以及湖南省优秀城建档案馆。

（李湛源）

【省新型城镇化示范县规划建设】 认真贯彻落实中央新型城镇化工作会议精神，以创建国家卫生城市为目标，按照“祁阳城区规模达50万人口、50平方公里（2020年）”要求，加快推进新型城镇化建设，建设品质、活力、宜居、幸福新祁阳。2014年年底县城建成区面积28平方公里、常住人口26万人。强化规划引领，实施亮点带动。完善城乡规划体系，强化规划引领。贯彻《湖南省推进新型城镇化实施纲要》，坚持统筹城乡，坚持以人为核心的城镇化，坚持以宜居宜业为目的。完成县城总体规划修改，上报市政府批准；完成风景名胜区规划、经开区建设规划、县城旅游规划、县城消防规划等专项规划；完成杨梅湖片区、西区南部、南区浯溪新区、经开区控规等控制性详细规划35平方千米；完成羊角塘、八宝、大忠桥三个镇的总规修编。转变开发方式，加快设施建设。城建项目快速推进。完善“一名县级领导、一个专抓班子、一笔专项经费、一套方案、一抓到底”的“五个一”工作机制，加快推进重点城建项目。扎实推进原种场片区开发、王府坪市场改造、西区综合市场、货运停车场、环城北路、环城东路等重点工程，大大提升城市综合承载能力。积极转变方式，创新开发理念。坚持先策划、后规划、再建设的原则，改变城市开发建设思路，重点实行“五个转变”，即以地抵资转变为储地融资、以小区开发为主转变为片区开发为主、以毛地出让转变为净地出让、以边拆迁边开发转变为先安置后开发、以门面安置模式转变为货币补偿、产权置换安置模式。2014年开工建设20万平方米以上的规模住宅小区达11个，住宅建设由私人建房模式向小区化、组团化模式发展。突破建设瓶颈，强化科技支持。采取“三推”措施，实行政府、银行、企业三方发力。破解融资瓶颈，拓展资金来源。2014年，县经建投公司申报融资3.3亿元，到位1亿元。强化科技支撑，建设智慧城市。2014年启动申报国家智慧城市试点工作，创建包括智慧基础设施、智慧城市管理、智慧政务、智慧民生发展、智慧产业与新农村、智慧产业园区等智慧城市一体化建设，推进城市现代化。（李湛源）

【国家智慧城市试点县创建】 住房城乡建设部办公厅和科学技术部办公厅2015年4月7日联合发布《关于公布国家智慧城市2014年度试点名单的通知》，祁阳县被列为2014年度“国家智慧城市”试点县。祁阳智慧城市按照科学的城市发展理念，以互联网、物联网、无线宽带网、云计算等信息技术为基础，更加广泛深入地推进基础性与应用型信息系统开发建设和各类信息资源开发利用，将城市运行的各个核心系统整合起来，实现人、物、城市功能系统之间无缝对接与协同联动，从而对公众民生、环保卫生、公共安全、城市服务、商务活动等多种城市需求做出智能的响应，形成安全、便捷、高效、绿色的城市形态，让祁阳县广大市民今后生活更方便、更舒心、更省事、更美好。（邓文东）

【《祁阳县城总体规划（2001—2020年）修改》】《祁阳县城总体规划（2001—2020年）》是由湖南省城市规划研究设计院于2002年编制的，同年获得永州市人民政府批准。祁阳县人民政府于2012年8月向永州市人民政府提出关于修改《祁阳县城总体规划（2001—2020年）》的请示。2012年10月，永州市人民政府批复同意。2014年9月16日，省住房和城乡建设厅行文批复县城人口与用地规模。到2020年控制在33万人、34平方公里以内。2014年10月31日，祁阳县城总体规划修改成果提交县第十六届人民代表大会常务委员会第十四次会议审议通过。（贺少涛）

【规划管理与执法】在“大管理”格局的基础上，对城区的规划管理工作推行精细化管理，实行“分片包干、责任到人”的管理模式，规范业务流程，强化管理责任，提高管理效力。加强大型楼盘监管，抽调专业技术人员对县城浯溪御园、金沙湾、水映嘉苑等各大型楼盘在建工程开展规划验线，测量成图，整理成册、确保大型楼盘依规有序开发。加强规划公示，对县城建设项目现场总平面悬挂进行查验，汇总所有在建项目进度，建立精细化管理台账。全年共核发“建设用地规划许可证”226件（含变更10件）；核发“建设工程规划许可证”342件，用地面积45160.27平方米，建筑面积194585.61平方米；办理建设工程规划验收合格证228件。充实规划稽查队伍，强化违法建设查处及巡查工作制度，全年出动巡查人员600人次，查处违法建设60起。加强对在建项目的监督检查。参与房地产开发中违规变更规划、调整容积率等问题的专项治理，一经核实坚决给予惩处。定期对重点信访案件进行排查和督办，受理信访80起200人次，其中集体访5起80人次、个访75起120人次，坚持“依法及时解决问题与疏导教育相结合”的原则，热情接待来访群众、积极协调化解矛盾焦点。（唐刚生）

【建筑市场管理】建筑业是祁阳县支柱产业之一，建筑企业数量多，从业人员庞大，到2014年年底，全县共有19家建筑施工总承包企业，其中二级房建企业4家，三级房建企业11家，二级市政施工企业1家，三级水利水电施工企业2家，三级电力施工企业1家，三级公路施工企业1家。建筑劳务承包企业3家。建筑业咨询服务中介机构招标代理、工程监理、材料检测单位共3家，建筑业年产值达11亿元，从业人数达2.6万人。2014年，坚持以整顿和规范建筑市场为目的，着重抓制度建设、抓市场管理。严格加强工程项目管理，规范工程报建和施工许可证办理程序，加强建筑施工现场管理；组织开展建筑市场综合执法大检查，与施工管理处、建工股组成联合检查组，加强对城区在建工程建设项目进行综合执法大检查，对一些严重违反法定建设程序，未办理相关手续擅自施工的工程有关责任主体和责任人下达停顿通知书，全面累计下达停顿通知书7份，停工6起。严格按照《中华人民共和国建筑法》和有关法律法规，加强对建筑市场和施工现场管理力度，结合祁阳县实际县情，对建设单位、工程监理、施工企业等各方建设主体单位，执行国家法律法规、技术标准、规程监督检查。（陆悦婷）

【建筑工程招标管理】以科学发展观为统领，严格监管，强化对招标代理市场的引导和监管，全面提升招投标行业整体素质，实现祁阳县招投标工作的全面协调和可持续发展。通过加强对招投标活动监管，完善配套，工程建设领域突出问题专项治理，规范招投标活动，推进体制机制建设，健全工程建设市场体系，着力解决工程招标投标活动中规避招标、虚假招标、围标串标、评标不公等问题，做好房屋建筑和市政基础设施工程建设领域突出问题的专项治理。全年共完成招投标工程项目67个，均实行公开招标，招标工程总面积111653.43平方米，总造价35651.61万元；收取劳保基金908.51万元。（陆悦婷）

【市政管理】 2014年，完成《祁阳县城市市政基础设施工程建设管理暂行办法》征求意见稿，并召开论证会，广泛征求有关部门的意见，形成修改稿，最后在县法制办的指导下召开听证会，形成送审稿报送县人民政府法制办；通过公开招标方式确定县城排水防涝规划编制单位，组织开展县城排水防涝设施普查工作和城市排水防涝规划编制工作；探讨和实施市政工程许可发证工作；牵头组建祁阳县市政工程项目质量监督小组，深入县11条道路提质改造工程施工现场，指导规范施工，监督工程质量和安全生产。（聂金凤 伍晓）

【民生路改造】 民生路北至环城北路，南至烟草局前与滨湖路连接，全长约2200米。道路红线宽32米，建筑红线宽40米，其中机动车道宽20米，人行道每边宽6米。为加快推进民生路道路提质改造工程建设，改善全线基础设施面貌，2014年9月25日县城区道路提质改造工程指挥部对民生路全线路基重建改造施工，着力打造民生路样板街。指挥部采取分段封闭式施工，在保障通行的情况下，投资7000万元，按照先地下后地面，先排水后给水再燃气管网、弱电管沟，先行人道后路面等先后顺序施工。截至2014年12月下旬，共完成该道路自来水管网主管、支管、水表井改造；新建雨水管2.3千米，改造3.9千米；维修与清淤污水管网3.9千米；完成路基处理及路基水泥稳定级配碎石分层摊铺压实24200平方米，开挖旧人行道板13100平方米，完成人行道混凝土垫层13100平方米、安装路缘石2.2千米、完成了机动车道路铺油等工作；完成电力改造，跨马路电线入地2.5千米；拆除旧路灯83盏，拆除30米、15米旧高杆灯各一基；新安装LED灯109盏，铺设路灯电缆4千米，新安装13米3火180瓦LED路灯6基；完成弱电综合管理建设1.95千米；完成燃气管网安装1.2千米；完成民生路道路沥青混凝土路面工程，完成人行道麻石铺设2.2万平方米，基本改造好民生路样板工程。（陆悦婷）

【污水处理工程】 2014年，县城（浯溪区）扩建工程、白竹（城南）、黎家坪和白水污水处理厂四个项目共完成配套管网建设63公里；完成黎家坪镇污水处理项目的前期工作和招投标工作，签订黎家坪污水处理厂的BOT合同，落实该项目BOT建设资金2000万元；完成白竹（城南）、白水污水处理厂地灾评估、压矿、地勘调查、环评、选址、施工图设计、征地拆迁、青苗赔损及土地预审；完善旧城区污水收集配套管网建设，新建雨、污分流管网19.5公里；完成城区排水防涝规划编制工程的招投标工作并签订编制合同，完成城区排水管网普查16公里；加强对已建成污水处理设施的运营监管，全年共处理污水1116万吨，实现城镇污水无害化处理率达到80%的工作目标。（伍晓）

【法制工作】 印发《2014年住建局法制工作要点》，加强行政执法人员资格管理，共审核办理行政执法证27个。加强法制教育宣传培训工作，落实行政执法人员培训制度，共举办4次行政执法培训班，500余人参加。其中3月19～20日特邀全国知名专家重庆市规划局何向东为全局干部职工培训法律法规知识；共向县法制办等报送宣传稿件15篇。共组织3次大型法制宣传活动，出动宣传车30余次，印发宣传资料500余份。全年共审查核批行政处罚案件296起，其中拆除违法违章建筑78起，依法收缴违法违章建筑罚款328万元，完成2起重大行政处罚的听证工作。（颜家群）

【建筑节能与科技设计】 祁阳县2014年的建筑节能工作被列为国家可再生能源建筑应用示范县。建筑节能的社会认知度，业主配合度，相关标准和规程的执行度明显提升，新建建筑设计阶段节能强制性标准实施率达到100%，施工阶段节能强制性标准实施率达到97%以上，3家建筑节能材料生产企业通过备案登记，并进入县建筑节能市场。城区报建项目已全部使用新型墙体材料，新墙材年产量达到1.2亿标块，关闭实心粘土砖企业2家。散装水泥产能充足，推广使用力度进一步加大，预拌混凝土全面推行。利用努力争取到的2014年度湖南省建筑节能专项资金为祁阳县黎家坪镇老屋冲村，黄泥塘九洲村安装太阳能热水器200台，使其成为农村地区太阳能光热建筑一体化集中连片示范项目。

（邓文东）

【经济开发区规划建设工作】 经开区规划区范围达25平方公里，建成9.6平方公里。2014年随着县城总体规划的修改，经开区的分区建设规划也进行编制修改。控制性详细规划、编制小江生态示范区控制性详规5平方公里；南区概念性规划5平方公里；对新埠头水厂及污水处理配套管网进行初步设计和立项审批；完成水亦香路、荷园路、宝园路、长流路、真卿路、望洲路、渡香路等7条道路的设计（长度达10.8公里）和华泰钢瓶、北京优力维特电梯、泰格莱精密电子、江涵电子、鸿达园食品、新天磁电、皓志稀土、德鑫物流、钢材市场9个入园企业的入园建设规划；并对白竹、长流公租房小区和阳明路、渡香路、长流路、创业路、水亦香路安置小区进行规划编制。安置村民400户，总面积24公顷。完成气象站、消防站、垃圾站、桥头公园、公交站点、加油站、公共服务共规划设计6个。规划管理工作中，2014年勘测测绘、放线大型公建企业12处，面积68平方米，村民建房176户。经开区内的所有建设项目，取得土地使用证的，规划分局则按一书两证有关程序进行办理；村民拆迁安置户没有取得土地使用证书的，则先在规划分局进行登记、备案，发放建设工程告知书，待取得土地使用权证后统一补办有关手续。经开区的建设类型多样，违法建设时有发生，规划分局采取严管理、勤督查，将违法行为杜绝在萌芽状态，针对确已发生的违法行为，情节较轻的、没有严重影响规划的，采取登记建设者入黑名单，在办理后续手续中进行处罚；情节严重的，报告住建局主管领导及规划稽查队统一执法。2014年联合执法拆除6处违章建筑。（蒋意中）

【规划建筑设计】 祁阳县建筑规划设计院2014年获得建筑工程设计乙级资质。拥有全国一级注册结构师、全国一级注册建筑师、全国一级注册建造师、全国二级注册建筑师、全国二级注册结构师、全国注册电气师、全国注册设备工程师、全国注册水暖工程师、全国注册规划师、全国注册监理工程师等17人，高级工程师达7人，中级职称达20人。拥有彩色绘图仪、晒图机、传真机、打印机、扫描仪等设备，还拥有建筑设计、规划设计、结构设计、节能设计、给排水设计、道路设计、日照分析等各类设计软件，电脑设计出图率达100%。该院加强内部管理，坚持改革中求发展，以优质的设计和良好的服务求生存，取得了良好的经济效益和社会效益。共完成建筑、规划、道路等设计项目达516项，其中，优秀设计项目有浯溪金苑、鼎城新都、中央家园、公安局三所合一、祁冷快速路道路设计等。共完成年总收入560万元。（杨艳君）

【勘察测绘】 祁阳县勘察测绘院是永州市首批国家颁发丙级测绘资质证书的单位之一。2014年，完成县城环城北、东路1∶1000地形图测绘5.2平方千米，县乡、镇规划地形测绘和7个县合格学校建设测量及3个历史文化村庄测量总测绘面积20平方千米。县城各开发区规划道路放线测量16千米，土石方测量26处，面积89万立方米。城市规划建设测量方面，完成县城规划区建设项目放线310个，经开区湖南祁阳凯盛鞋业有限公司等入园重点企业项目，天宇第一城、海盟等大型楼盘规划竣工验收测量等共计331处。市政工程测量方面，完成黎家坪镇、白水镇新建污水处理厂管线测量放线12千米，县旧城区11条道路基础改造和给排水、污水管线测量22千米。重点工程服务方面配合省一院完成原县城54北京坐标系转换成2000国家大地坐标系和全县2538平方千米1∶2000数字航拍测绘成图及县城规划区范围内100平方千米1∶500地形图测绘项目。 （柏化长）

【建设工程质量安全监督工作】 祁阳县建设工程质量安全监督站是副科级自收自支事业单位，2014年共受监工程项目65个，建筑面积1450797平方米，竣工工程22个，建筑面积275986平方米。安全施工开工条件审查率100%，保险投保率100%，安全防护、文明施工措施费首付款足额支付到位，共受理质量安全投诉12起；完成起重机械设备备案登记56台，使用登记56台；全年共开展6次全县性的在建工程质量安全生产和专项整治大检查，共检查工程210项；组织对全县6家预拌商品混凝土企业进行两次专项大检查。

（刘峰）

【村镇建设】 2014年年初，县规委会下达新型城镇化建设修编3个建制镇和5个行政村的任务，其中1个特色村庄试点、1个特色民居保护改造、1个农村适度集中建房试点。在修编过程中，坚持“产业集中发展、资本集中下乡、土地集中流转、农民集中居住、生态集中保护、公共服务集中推进”的6个集中发展旗帜，完成羊角塘、八宝、大忠桥三个建制镇修编。新农村建设规划修编完成白水镇竹山村、毛家村；茅竹镇肖家村；八宝镇和平村；潘市镇柏家村等5个行政村。还有全国历史文化名村潘市镇龙溪村申请省级和国家级传统院落保护发展规划。2014年村镇规划建设管理，坚持规划先行，促进发展。全县19个建制镇、1个乡、3个办事处、2个林场，在小城镇和新农村建设中坚持先规划、后建设；先报批、后施工，严格遵守各建镇和新农村建设总体规划。全年村镇规划项目619个，用地232307平方米、建筑面积424867平方米。其中，公建项目59个，用地175187平方米，建筑面积253507平方米。2014年，祁阳县委、县政府根据永州市委、市政府《关于建设品质活力示范镇的意见》，着力开展建设品质活力示范镇活动，确定黎家坪镇、白水镇、观音滩镇为全县品质活力示范镇。通过实施“城乡政策一致，规划建设一体，公共服务均等，收入水平相当”建设理念和举措，黎家坪、白水、观音滩三个镇交通网络明显优化，城区品质明显提升，居住条件明显改善，区域开发明显见效。在2014年全县小城镇建设年终考核中，黎家坪镇获第一名，白水镇、观音滩镇分别获二、三名。

（桂钦　李平华）

【农村危房改造】 祁阳县2009年开始开展农村危房改造，到2014年年底共完成危改8824户。2014年全县完成农村危房改造1515户；其中五保户756户，低保户194户，残疾人和伤残军人33户，因灾倒房19户，其他贫困户513户；建房3481间，面积101540平方米。2014年12月23～24日，住建部检查组随机抽样检查验收祁阳县潘市镇谢家湾村和白水镇毛家村共15户，全部合格，并对白水镇竹山村和潘市镇柏家村、曾家岐村危改工作进行视察调研，对祁阳县整体推进和“五保之家”建设经验做法给予了充分肯定和高度评价。省厅、市局检查督导组入户抽查30户，县局入户抽查418户，合格率均达100%。祁阳县农村危改跨入全省先进行列。

（桂钦　郑小平）

【传统村落保护】　2014年全县开展传统村落保护工作，组织全县各镇参加省级和国家级历史文化名村申报工作。根据评选中国历史文化名村和传统村落基本条件，对全县20多个传统村落摸底、排查，筛选出10个村落申报省级传统村落保护。2014年年底，潘市镇侧树坪村、柏家村，大忠桥镇双凤村、蔗塘村，白水镇竹山村等5个村被列入湖南省传统村落保护名录。

（桂钦　郑小平）

【国家历史文化名村龙溪村（李家大院）】　潘市镇龙溪村位于祁阳县中部，距离县城30公里，有住户268户，常住人口906人。村域面积4.1平方公里，80%以上为李氏一族的后裔，人均居住面积约26平方米，古建筑占全村70%以上。其中李家大院经历500多年风雨沧桑，遗存房屋36栋、游亭18座、大厅36间、粮仓、花厅、宗祠等总建筑面积达11098平方米。2014年龙溪村被成功列入国家第一批传统村落整体保护与利用示范村名录，确立为危房改造整体推进试点村、祁阳县新农村建设示范点。县住建局邀请省规划设计院等部门专家、学者编制龙溪村传统村落保护和发展规划，完成档案录入工作；全年共投入基础设施建设资金304万元。

（陆悦婷）

房产管理

【概况】　祁阳县房产局属自收自支事业单位，有干部职工468人，其中在职在岗人员193人。内设财计股、办公室、政工股、产权产籍管理股、行业法规股、物业办、房改办、保障办、测量事务所、中介事务所，下设8个所、队、公司和10个镇房产管理办公室。2014年被评为全市住房保障工作先进集体，安全生产、计划生育工作先进单位。

【保障性住房建设】　2014年廉租住房建设任务为11310平方米，240套；公租房建设任务为33084平方米，588套，往年结转任务264套；发放租赁补贴1786户，140万元，全面完成省、市年初下达的目标任务；年初，在县委四大家和各级各部门的监督和配合下，依法组织对已完工且符合投入使用条件的1128套廉租房进行抽签分配，并签约入住。年底完成对1400余户拟分配入住家庭的入户复核调查、分门别类、整理、公示。全面配合保障性安居工程连续5年跟踪审计工作，阶段性完成审计任务。订购廉租房后续管理，打包式委托县公房管理所进行后续管理，完成对物业公司的招投标，于11月与物业公司签订临时物业管理合同，并配备压缩式垃圾箱、供水二次增压等一系列基础配套设施。组织力量，按时按量完成《祁阳县住房建设规划（2014—2020年）》编制工作。

【房政管理】　进一步规范房产交易与权属登记发证秩序。共完成房屋所有权登记2825件、他项权登记2527件，商品房在建工程抵押41件，预告登记1786件，出具房产证明6493份。完成交易性转移登记1190件，非交易性转移登记235件，其中二手房交易361件，住宅商品房交易789件，非住宅商品房交易1件，赠与37件，其他转让2件。进一步优化办事流程。2013年10月把档案查询收费窗口从政务中心迁到机关3楼，原来需要2天，搬迁到3楼后当天就可以出具无房证明。全年共接待查阅档案3890人次，出具查询结果81份，接收法院送达的法律文书94件，使产权档案发挥应有的作用。进一步提升业务素质。2013年4月和8月，分别在查处两起利用假房屋所有权证办理房屋所有权登记和房屋抵押权登记的案例中，组织工作人员仔细识别真假房屋所有权证，掌握辨别方法，增强辨别能力。组织工作人员参加有关业务考试，2014年有11人顺利通过全国房屋登记官考试。

【房屋安全监管】 2014年共签订《白蚁预防合同》286份，《白蚁灭治合同》35份，预防、灭治面积达80.4万平方米；在“五一”和特防期等时段，对全县中小学校舍、城镇老楼危楼、直管公房、自管公房、宾馆、保障房、超市和城镇危旧房屋进行定期和不定期排查，共检查房屋2876栋，建筑面积约47万平方米。全面检查装饰、拆除施工作业中存在的严重安全隐患，及时责令业主和施工企业整改，化解危险房屋3栋，面积约1050平方米，化解房屋拆改纠纷20起，下发责令整改通知书80份。完成公房维修78起，维修面积达1800平方米。

【房地产市场专项整治】 组织执法队等相关股室，对全县小商品房开发、无资质开发、拼凑开发、违规预售商品房等行为进行专项整治，严厉打击违法违规开发行为，共发放监察通知书50余份，责令改正通知书20余份，立案5起，发放行政处罚决定书5份。并集中力量对乡镇房地产开发进行专项检查，共检查开发企业及开发商9人次，涉及楼盘8幢，275套，商铺30余间，建筑面积5.5万余平方米，对违规行为进行处罚，有力维护房地产市场开发秩序。

【物业管理】 完善住宅维修资金交存使用管理制度，加大物业权属管理宣传，摸清全县住宅小区物管现状，做好维修资金个人账户缴交、对账、监控工作。着力提高“业主委员会”组建率，对所有新开发小区前期物业管理实行招投标，汀兰华府、彭井塘廉租房小区已招标，新城名都、浯溪御园已完成挂网，鑫利政中央、金桥建材业主委员会已正式成立，并开展扎实有效的工作。

【小区整治】 着力解决报建不规范、监管缺失、基础设施不到位、物业管理不规范等问题，纠正房地产开发领域的违规行为，推动小区物业管理规范化、制度化建设，集中力量完成24个规模小区、318幢、4780套房屋的清查工作，清查总建筑面积达66.8万余平方米，共查摆问题12类500余个，全面掌握各小区建设的实际情况，为下一步开展整治打下坚实基础。

【房屋拆迁】 全年共完成80户房屋征收工作，面积达1.58万平方米，安置被征收户39户，调查摸底144户，处理房屋征收纠纷20余起，为征收户办理房屋土地手续209户，配合完成征地440余亩。共签订房屋拆迁协议165户，涉拆房屋面积2.7万余平方米，补偿金达2000多万元，为祁阳经济开发区、绕城公路、新火车站、海螺等重点项目提供支撑。

（蒋淑芳）

城市管理

【概况】 祁阳县城市管理行政执法局前身为祁阳县城市管理局，2002年3月，撤销县建委组建县城市管理局。2004年，省人民政府批复（湘政函〔2004〕211号）同意在祁阳县城市管理领域开展相对集中处罚权工作，2005年4月，撤销祁阳县城市管理局和县城管综合执法大队组建祁阳县城市管理行政执法局，为县人民政府独立的行政执法部门，主要行使市容环境卫生管理、城市规划管理、园林绿化管理、市政设施管理、城市公用事业管理、城市规划管理方面的行政处罚权，行使环境保护管理、安全生产监督管理、工商管理、公安交通管理等方面的部分行政处罚权以及原城市管理局全部管理职能。2014年有干部职工596人，其中局机关和执法中队在职人员152人，环卫处424人，路灯所20人。局机关内设办公室、人事教育股、法制股、公用事业管理股、收费处罚中心等5个股室，下设经开区大队、机动中队、杨家桥中队、百花中队、白沙中队、光明中队、西区中队、民生路中队等8个直属大（中）队。下辖环卫绿化管理处（副科）、路灯照明管理所两个事业单位。2014年，县城管局紧紧围绕县委、县政府创建国家卫生县城的决策部署，积极创新城管工作理念，以“服务民生、和谐管理”为目标，真抓实干，切实履行城市管理职能，全面开展市容环境秩序整治，较好的完成年初制定的各项工作任务，改善县城人居环境，顺利通过湖南省文明县城指数测评，继续保持省级文明、卫生县城的荣誉称号。为实现县委、县政府提出的“三至五年创国卫”的目标打下坚实的基础。

【市容管理】 坚持“以疏为主，疏堵结合”的管理方法，加强日常管理，对占道经营和流动摊贩开展多次有效整治活动，共查处违规占道行为1025起，其中依法取缔358起，教育整改667起。特别是全县创国卫工作启动以后，重点对已拆除违章搭棚的兴浯路、浯溪路、陶铸路、金果路四条街道的占道经营现象进行集中整治，真正做到还道于车、还路于民，实现车辆通畅、出行便捷的目标。加强夜市管理，通过招商引资，于2014年10月成功引进湖南重庆啤酒国人有限责任公司永州分公司，投资建设一处夜市集中经营场所。全县夜宵摊点全部进入夜市或门店经营，夜市经营秩序总体趋好。通过充分宣传发动和深入细致的工作，共依法拆除兴浯路、浯溪路、陶铸路、金果路四条路段违章搭棚1358个，实现上述路段违章搭棚全拆的目标。对县城民生路实行精细化管理，成立民生路精细化管理中队，出台管理考核办法，并印发便民联系卡，按照“市容秩序井然，环境卫生整洁，绿化亮化完好，基础设施完善，日常管理到位”的目标，全力打造样板街，群众反响较好。加强对陶铸广场、白竹湖广场的日常管理，取缔各类商品促销活动，实现陶铸广场、白竹湖广场白天无经营性娱乐活动、全天候无经营行为的目标。开展户外广告整治，对主次街道占用人行道水牌广告、占道广告、路灯或电杆路灯上非法发布的零散广告全部进行拆除。共拆除违规条幅415条，拆除各类破旧广告设施1026处，城区广告秩序逐步规范。

【市政维护】 对县城浯溪路、人民路等主次街道及背街小巷进行沥青补修工作，共补修路面362处，计4500平方米，硬化水泥混凝土路面1020平方米；全年共清理检查井、雨水井3000多个，清运淤泥120余方，疏通排水管道800余米，清理管道淤泥130立方米，更换混凝土管道170米，补缺检查井、雨水井盖共计160块，疏通下水道200余米，安装排水管300余米；加强对县城陶铸广场、白竹湖广场及浯溪桥头广场市政设施的维护，共补修地面砖1600平方米，整修路沿石200米，清洗陶铸广场水池四次。广场面貌焕然一新，为广大市民提供一个干净、舒适、漂亮的休闲环境。

【公用事业】 3月27日，县城管道燃气项目正式启动。截至12月底，铺设管道16千米，完成投资5107万元。CNG供气站设备、工艺管道、站控系统完工，达到供气条件，签约用户2268户。

【路灯维护和管理】 对城区路灯集中维修4次，完成芳名亭至绕城路口段地埋电缆4200余米，安装LED路灯112盏。配合县城道路改造提质，拆除民生路灯杆74盏，安装LED路灯108盏，铺设架空临时线5400余米，并对在道路改造过程中损坏的路灯地埋电缆进行及时修复，保证路灯正常运行。配合县综治民调工作，安装小区简易节能灯170余盏。按照政协委员提案要求，在G322国道祁阳大道北端至东风社区路段安装单臂灯73盏。配合绕城路建设指挥部在绕城路湘江二桥南北安装双臂灯76盏，在湘江一桥、二桥和沿江路、浯溪路等主要街道布设彩灯和流星雨，为县城增光添彩。

（欧方兵）

城市建设投资开发

【概况】 祁阳县城镇建设投资开发有限公司前身是祁阳开元城建开发有限责任公司，成立于2002年元月，2007年7月，经县人民政府批准将祁阳开元城建开发有限责任公司变更为祁阳县城镇建设投资开发有限公司，公司注册资本1亿元，法定代表人为常务副县长。归口县政府管理，与“祁阳县城市基础设施建设投资管理中心”“祁阳县金源农业发展有限公司”，实行“三块牌子一套人马”合署办公，公司主要职能为：受县委、县政府委托，负责筹措、管理、营运城建资金，实现保值增值，开展多渠道经营，参与城市建设项目的开发，引进外资，广泛积累城建资金，承担大中型城市建设及建成后的国有资产的管理，发展相关的二、三产业业务。2014年年底有职工64人。子公司有祁阳县开元城建投资开发有限公司、祁阳县环城路投资开发有限公司、祁阳县保障性安居工程投资开发有限公司等，公司入股祁阳村镇银行，祁阳农商银行等，有浯溪水业有限公司、泓溧水泥厂等房地产资产。公司直接投资进行县域西区开发，征用建设用地7900余亩，其中2014年年底可供出让土地2900亩。截至2014年12月31日，公司资产总额为27.7亿元，负债6.1亿元；2014年10月被中国企业信用调查评估中心评为全国AAA信用企业。

【基础设施建设】 2014年工程项目建设累计投资6000万元。其中续建栖霞路、市场一路、市场二路、中兴路、银岭路；3月启动民生路、盘龙路、新兴路、平安西路、滨湖路的旧城道路改造；5月启动祁山路双向延伸工程建设；6月完成银岭路西段（明德幼儿园）的南面排水及人行道工程；7月完成原种场安置小区建筑初步设计；8月完成校园路、小园路、西园路、大井北路、荷塘路等土石方工程；9月启动复兴路、金民路、永兴路建设、大井北路续建（延伸至下马渡方向）；12月完成原种场安置小区、盘龙西路委托融资、施工总承包招标前期工作；启动环城北路、环城东路的修建。

【征地拆迁安置工作】 通过召开多次群众座谈会、走访群众等形式，征求拆迁户意见，积极完善安置模式方案，12月19日，推动县政府下文祁政发〔2014〕29号文“祁阳县人民政府关于印发《祁阳县集体土地及集体土地上房屋征收与补偿安置实施细则》的通知，明确规定全县安置模式：由铺面地安置向货币安置或产权调换的安置模式转变。其中2014年3月在唐茹冲征地46亩，5月启动椒山11组（唐茹冲）的拆迁安置工作；12月底前全面完成芹菜甸9组84户的拆迁安置任务等。

【融资平台建设】 全年积极调研，制定城建投转型改革的初步方案，做好了前期准备。融资平台实力增强，2008年9月评估完成；2014年1月成功收购县城西区老县委党校地块，积极接收各类优良有效资产；4月启动湖南泓溧水泥有限公司资产收购；7月顺利接交浯溪水厂资产；9月完成湖南泓溧水泥有限公司资产房地产手续的办理；11月，原种场安置小区的49.6亩土地及鑫利酒店西面43亩地由公司摘牌，挂牌过户到城建投名下。第一批移交的县武装部大院、交通、城管、种子公司等7个单位的近2亿余元的土地、房产，12月过户到城建投名下。

【房地产开发服务】 全年，重点解决浯溪御园、汀兰华府、兴龙国际购物中心、鑫利8号楼等重点房地产项目，在征地拆迁安置、基础设施建设等方面矛盾和纠纷的化解。

【重点项目建设】 7月县城弱电管网建设开始进行施工，开工县城民生路、盘龙路、新兴路、平安西路、滨湖路。12月底前，启动杨梅湖项目开发、县城货运车辆停车场建设、县城西区农贸市场建设、原种区域开发项目，并做好宣传、规划、设计、征地拆迁入户调查和测量等前期工作。

（张传胜）

环卫绿化管理

【概况】 1958年城关镇设立环卫所。1988年划入县建委，更名为县环卫所，为股级全额拨款事业单位。1993年3月，县编委下发文件，更名为县环卫绿化管理处，升格为副科级全民事业单位，仍隶属于县建委。2002年归口县城市管理局，2005年，县城市管理局更名县城市管理行政执法局。主要履行县城街道、道路、广场、公园、居民小区、公共服务区清扫保洁、垃圾收运、建筑渣土、生活垃圾无害化处理以及园林绿化等方面职能。服务范围东起黄土岭变电站（与七里桥镇相邻），西至浯溪水厂，南抵G322三南路口，北至G322长虹办事处东风村，约50平方公里，清扫保洁面积374万平方米。2014年有干部职工424人，内设办公室、政工人事股、清扫股、清运股、绿化股五个职能股室，下设渣土管理办、环卫有偿服务收费站、广场管理办、垃圾无害化处理场4个单位。

【环卫作业精细化管理】 根据城乡环境综合治理要求，以争创国家卫生县城为目标，以清扫保洁工作为重点，立足精细化管理，成立“三片两区”（长虹片、浯溪片、龙山片、西区、经开区）五个环境卫生责任区，管理职能和人、财、物全部下放，将日常工作精细管理到每一天、每一条路、每一座垃圾中转站、每一个环节，做到主街每天4扫6洒、16小时保洁，金盆路、浯溪路、人民路、民生路每天冲洗1次，其他主街每周冲洗2次；次街做到每天2扫3洒、12小时保洁；垃圾收集实行上门服务，做到街道垃圾不积压、垃圾装载不膨溢、沿途运输不撒漏。精细化管理重点是抓好“四化”。管理职责清晰化。实行“五定”，即定人员、定地段、定责任、定标准、定奖罚，明确职责，落实责任。将工作重心下移到作业一线和一线岗位，突出对各作业岗位和作业班组作业情况的监管，全面消除管理盲点，形成管理、作业、督查的一体化管理格局。检查制度化。抓好“日巡查、周抽查、月检查、季普查、年考查”工作，加强各项工作日常监管，确保问题的整改和各项工作的落实，实现管理手段精细化。质量数字化。利用数字化表述工作指标，数据化反映工作绩效，及时掌握工作进展情况、工作完成情况，并根据数据对比、总结、分析，找出工作和管理的薄弱环节，有针对性的采取措施，加以整改。要求标准化。每月组织集中评比，以安全生产、工作任务完成情况和质量情况等方面指标为主，结合日检、周检情况，对各单位工作综合完成情况分“优秀、良好、合格、基本合格、不合格”作出考核等级评定，作为年度评先创优的重要依据。

【垃圾无害化处理场】 2010年4月开工建设位于茅竹镇容驷村境内垃圾无害化处理场。垃圾无害化处理场占地面积319亩，库容311万立方米，投资8125万元，日处理垃圾量320吨，日处理污水200吨。垃圾场采用厌氧填埋方式进行无害化处理，地下水防渗采用国际先进的HDPE防渗膜作为防渗材料，渗滤液处理采用两级DTRO处理后达到一级排放标准排放。2014年1月正式投入营运，每年安排经费500万元，对县城和5个重点镇的生活垃圾进行无害化处理，全年处理城市生活垃圾81193吨，日均处理222.45吨，垃圾无害化处理率95%，渗沥液排放量3.8万吨。

【园林绿化】 2014年启动创建国家卫生县城工作，着重抓好广场绿化和重点街道绿化带日常管护工作，及时对广场和街道树木花卉施肥、修枝、杀虫抗旱，补种陶铸广场、金盆路、浯溪路、椒山南路、新兴路、盘龙路等花卉苗木3500平方米，补种天竺桂、樟树480株。到2014年年底，建成区绿化覆盖面积984公顷，建成区绿化面积204万平方米，其中广场绿地面积19.8万平方米，县城人均公共绿地面积11.89平方米，建成区绿地率37.1%，建成区绿化覆盖率42.77%。

【环卫设施】 县政府加大对环卫基础设施建设的投入，先后购买专业街道清扫车、洒水车、高压清洗车，更新全部垃圾转运车和垃圾收集车等，使设备完好率和机械化作业程度大为提高。2014年投入620万元，先后购置高压冲洗车、大型洗扫车、洒水车、渣土执法车、轮胎冲洗机、垃圾转运车、垂直式垃圾压缩站设备共15台，改造公厕4座，新增680个果皮箱，配置垃圾桶300个。到2014年年底，共有各类作业车辆49辆，地埋式垃圾站17处，公厕52座，其中水冲式公厕41座，并全部对外免费开放。

【建筑渣土管理】 出台《祁阳县建筑垃圾管理规定》，加大建筑渣土的管理力度，对县城建筑工地和施工场地实行跟踪监管、跟踪服务，力求在源头上控制渣土污染街道。委托县住建局代收建筑工地押金，严格审批和监管制度；加大巡查力度，做到渣土装运沿途不撒漏、街道不污染、群众不投诉，县城渣土管理状况有所改观。

【统筹城乡垃圾处理】 按照城乡环境综合治理要求，城乡垃圾应尽量做到统筹处理，根据祁阳县实际情况，先后购买垃圾压缩机4台、转运拖车1辆、垂直式垃圾压缩机1台，从2014年5月始，对黎家坪、白水、观音滩、七里桥、下马渡5个重点镇生活垃圾实行转运工作，每天安排转运车辆到各镇收集垃圾，然后转运到县垃圾处理场进行无害化处理，全年转运乡镇生活垃圾1.1万吨。

（刘中华　唐致樱）

城市供水

【概况】 祁阳县自来水总公司是正科级自收自支事业单位，主要负责祁阳经济开发区和祁阳县城城区生产和生活用水的供应；供水管网的建设、维护及自来水销售和相关服务。2014年3座水厂、日供水能力15.5万立方米，主营管网400多公里，固定资产2.1亿元，各类用户总数52331户，用水人口近30万人。总公司内设办公室、政工人事股、财务计划股、生产技术股、经营管理股、保卫股；下设生产供水服务公司、收费服务公司、安装服务公司、客户服务中心、水表计量检定站、维修服务部、稽查部七个部门。

【收购改造民营浯溪水厂】 2014年7月从原经营者手中收购民营浯溪水厂。该水厂设计总规模10万吨/天，2004年建成第一期3万吨/天。2014年9月正式开工建设浯溪水厂扩建和提质改造工程。工程投资8000万元，按国家最新水厂建设标准，新建7万立方米/天的供水处理设施，并对原有3万立方米/天的供水设施提质改造，将浯溪水厂供水规模提高到10万立方米/天。

【改造旧城区管网】 2014年完成老城区民生路、盘龙路、平安路、新兴路4条主干道供水管网改造任务。共计改造主支管19260米，水表井1520

座、消防栓15座。

【实现城区统一供水】 2014年8月8日，将一、二水厂和浯溪水厂并网统一供水，解决县城商业城、邵家岭等一些缺水地区的缺水问题。

【解决4个小区用水难题】 改造陶铸路的龙泉小区至滨江花园路段DN300球墨管800米，提升龙泉小区和浅马塘小区的供水能力。改造民生路与盘龙路交汇处以北路段供水主管430米，将原来DN100铸铁管换成DNPE225主管，供水管径增加一倍，有效解决省水泥厂宿舍小区水压长期不足问题，缓解供水矛盾。改造甘泉路与甘泉小区供水主管DN250PE管470米，解决该小区310户居民用水难问题。

【筹建新埠头水厂】 为从根本上解决全城供水矛盾，保障县城长远规划和发展，在浯溪办事处新埠头村筹建新埠头水厂。该水厂设计规模为日供水能力16万立方米。水厂建设分三期进行：第一期工程规模为日供水能力5万立方米；第二期要达到8万立方米；第三期达到3万立方米。2014年开始开展征地、拆迁、招标等工作。

【改善供水水质】 为提高出厂水水质，公司对化验室进行升级达标改造，新购进一批检测设备，使化验室的检测项目由原来的10项增加到42项，确保出厂水合格达到国家饮用水标准。并同时实行每月检测指标信息公开，进一步提升大众监督力度，严格保证供水水质。

（陈小平）

交通·通信

交通运输管理

【交通建设概况】 2014年祁阳县交通运输建设项目共6大项、14小项，全县交通运输基础设施建设年内实际完成投资3.841亿元，其中干线公路完成投资2.415亿元，农村公路及危桥改建完成投资1.35亿元，其他项目完成投资760万元。

【交通重点项目建设】 衡永高速、湘桂运河、湘江千吨级航道建设，积极配合市做项目前期工作。千吨级码头完成工可报告初稿和港口总体规划报告（初稿），完成项目前期工作。G322绕城公路项目（8.95公里）：征地全面完成，拆迁有序推进，南段1.4公里和北段2.5千米完成路面硬化，中段2千米完成路基土石方25万方；(2木金公路项目（9.75公里）：完成征地拆迁、三杆搬迁及八宝镇房屋拆迁；完成路基建设65%，涵洞建设的93%。祁阳县城至冷水滩一级公路（祁阳段9.12公里），2014年年底建成，2015年1月13日全线通车。祁阳黎家坪—黄阳司—冷水滩马坪公路（祁阳段11.7公里）：完成工程招投标、土地报批和征地、拆迁政策资料准备工作。上岭桥—大忠桥公路（祁阳段6公里）：主要做祁阳段项目前期工作。

【农村公路建设与养护】 2014年，全县农村公路建设完成61个项目、204.5公里路面建设，总投资达1.35亿元。全县纳入农村公路建设规划共854个建制村，已有837个村完成通畅，通畅率达98%；危桥改造枫林铺桥、东风桥、乱石桥、江口桥等桥已全面开工建设，白水镇杨家湾桥、小湖桥、浯溪镇樟树岭桥、文富市镇江口桥等4座危桥建成通车，完成投资500万元。农村公路养护完成投资350多万元。

【客运站场建设】 唐家岭汽车站建设完成土地征收、拆迁及补偿，完成建设用地审批和土地平整，工程规划设计已通过县规委会调规，正组织站场工程实际性建设；18个农村客运招呼站建设全面完成，累计建成农村客运招呼站60个，逐步有效解决农村“出行难”和农村居民没有固定站点候车问题，基本形成以农村客运站、招呼站为依托，覆盖全县各镇乡办场，通达全县92%行政村的农村客运网络体系。2014年年底，祁阳汽车总站获省道路运输管理局“群众满意客运站”殊荣。投入50万资金对白水中心客运站进行提质改造，有效解决“白水桥头交通阻塞”问题，实现“车进站、人归点”。

【水上交通建设】 祁阳县境内水系发达，溪河纵横交错，有湘江、祁水、白水三大水系和大江、内下两大水库，其中湘江流域里程100.8公里，祁水、白水流域里程118公里。有船舶、渡口码头的乡镇（街道办、场）达16个，现有渡口45处、战备渡口1处。渡口改造：对黄泥塘渡口、河埠塘渡口、观音滩渡口进行了渡口标准化改造。渡改桥：加快八宝镇和平渡、龙山办事处青竹村株林山渡口渡改桥项目的申报和前期工作进度。渡船改造：上报了渡船改造计划，拟在2年内改造45道渡口的53艘渡船，其中非机动船10艘，客渡船33艘自筹资金达到272.4万元。计划改造的渡船数量、吨位、资金、规模居永州市第一。航道的养护管理：对湘江航道浅滩段放置了航标，以便于船舶通行；加强了对航道的巡航力度，严禁采砂船舶在航道内乱采乱挖行为和影响航道通行安全行为。

【城市客运管理】 2013年10月15日，县政府第13次常务会议通过县城市客运管理职能职责由县城市管理行政执法局划归县交通运输局。2013年10月30日，祁阳县城市客运管理职能职责移接交仪式在县编委办举行。2013年11月6日上午9时，在县交通运输局五楼会议室举行祁阳县城市客运管理办公室揭牌仪式，县城市客运管理办公室正式挂牌成立。2013年12月28日，县公交8路车正式开通，免费乘车3天，搭乘者众多。2014年2月至5月，县城市客运办对全县城市客运情况进行了全面的摸底调查。并对现有的1、2、3、6、7、8、9路公交车、七条公交线路中的个别线路作出优化调整，对新增的3条线路进一步论证。8月12日上午，县政府组织相关职能部门在县交通运输局举行《祁阳县城市公共客运中长期规划（2013—2020年）》设计方案听证会，并邀请了部分人大代表、政协委员和社会各界人士等45人参加，对全县7条公交线路的调整、新增3条公交线路进行听证。2014年8月，祁阳县第一批60台出租车经营权已到期。8月14日，对60台出租车经营权重新招标。11月26日，湖南万众交通运输有限公司经公开招投标取得祁阳县城区100台新增出租汽车的经营权。12月15日，祁阳县万众出租汽车公司正式注册成立。12月底，100台一汽大众新捷达双燃料出租车正式投入运营。

【县城交通秩序和城市公共客运集中整治】 9月12日，祁阳县县城交通秩序和城市公共客运集中整治动员大会在县影剧院召开。在职的县级领导干部，近五年内退休的县级领导、县直正科以上单位领导班子成员、省市垂直管理单位党政“一把手”、参与整治的县直相关单位股级以上干部及参与整治行动的全体工作人员、各镇乡办场负责人、社区主任、群众代表等1000余人参加会议，为期8个月的集中整治活动拉开序幕。9月17日上午8时，县城交通秩序和城市公共客运秩序集中整治残疾人交车辆奖励工作在黎阳路派出所内正式启动。9月20日18时，交车奖励工作第一阶段工作结束，办理上交有手续的三轮摩的车、电瓶车等车辆共200台，实交195台。因有5人当时已停运外出，由其家属先代办交车手续，截至9月30日后续未交的5台车陆续交车到位。我县从事非法营运登记在册的残疾人共有289人，截至9月30日全部签订了不再在县城从事非法营运的承诺书。10月10日至10月31日，集中整治联合执法期间，从交通、交警、城管、残联、街道办抽调123人，按长虹、浯溪、龙山三个街道办事处管理辖区划分为三个责任区，分别在国土局、光明路口、五交化路口、苗圃路口、鑫利宾馆、汽车总站等重要路口、站点定人定点值守，另有人员作为流动巡查执法力量，在县城开展网格式执法监管，共查扣非法营运车辆99台（其中无牌无证车辆44台，二轮摩托车17台，三轮摩托车3台，面包车10台，小汽车12台。规范了合法营运的出租车、公交车。查处违规违章公交、出租车辆13台）。从11月起，县城市客运管理办全力开展常态化集中整治，县城交通秩序和公共客运秩序明显好转，集中整治成效明显。

客运集中整治

【城市公交】 制定了《祁阳县城市公共客运中长期规划（2013—2020年）》。8月，县公共汽车公司新增30台新型环保公交车经验收合格全部投入营运。8月15日，县公交公司，取消老年人凭借IC充值卡乘车的政策，改为凭借盖章的老年人证，就可上乘车，受社会好评。8月23日，4路、5路、10路三条公交线路正式营运。同时优化调整3路、6路、9路公交车按新线路图运行。截至2014年年底，全县新增公交线路4条（8路、4路、5路、10路），公交线路总数为10条，总里程为108.7公里（新增加44.2公里），公交车辆总数为124台（新增加40台）。县城区公交车通达率达87%。

【道路运输】 2014年年底，全县道路旅客运输经营业户达2659户，客运企业3家，共有营运客车548台，12894座，客运线路176条，日发班次850个。客运网络中，跨省线路25条，覆盖广东、广西、海南、福建、云南等省；市际班线18条，覆盖湖南省长、株、潭、邵、衡、郴等地市；县际班线22条，覆盖全市所有县区；县内班线126条，客运网络覆盖了全县所有镇乡办场，行政村客运班车通车率达92%。拥有货运业户2398户，货运企业11家，各类货车5000余辆。拥有二级以上客运站2个、三级以下客运站及停车场8个、招呼站60个，为广大旅客提供了较好的侯车条件。2014年全县新增二类汽车维修企业2家，三类汽车维修企业2家，共有二类汽车维修业户20户，三类29户；驾校9家，教学车辆300余台。2014年新增乡镇至村农村客运线路11条，投入19座客运车辆11台。强化道路客运监管，确保道路客运安全。严把客运市场准入关、客运车辆技术关、客运驾驶员资质关，加强客运站场驻站管理，规范站内经营行为，突出客运源头管理；打击非法营运，及时纠正和处理客运违章违法行为，2014年实行全县道路客运行业零死亡目标。

【春运】 2014春运40天，道路客运投入营运客车548辆，城市客运共投入公交车94台，出租车180台，投入客运船舶75艘，全县道路班线客运发送127.5万人次，水运发送10万人次，城市公共客运运送旅客185万人次，同比增长1.8%。对全县道路客运、水上交通、城市客运、乡镇办场交通运输的春运工作，采取领导包片、源头监控、定点监督、流动稽查四项监管措施，形成从点到线、从线到片、从片到面的三位一体、全县上下三级联动的保障系统，保障了全县春运工作安全有序的开展，实现了零事故、零死亡，全县春运工作做到了安全优质、平稳有序，圆满完成“平安春运、和谐春运、有序春运”工作目标。

【燃油补贴发放】 2014年，发放客渡船燃油补贴120艘（客船73艘、渡船47艘）、325万余元；发放道路客运车辆燃油补贴478辆、1472万余元；发放城市公交车燃油补贴95辆、486万余元，发放城市出租车燃油补贴200辆、295万余元，使车船主及时充分享受了国家燃油补贴政策。

【交通运输安全生产】 2014年以来，全县交通运输行业未发生一起道路运输和水上交通安全责任事故，未发生一起旅客滞留事件，交通运输行业安全生产形势持续平稳。

【路政管理】 年内清除违法占用农村公路的建材和建筑垃圾290余处，制止违章建筑25起，清除公路沿线非法广告标志牌1000余块；对长羊线、赤归线设置警示标志牌210块；对所管辖公路两旁85所中小学、幼儿园路段设置警示标志并施划减速线、斑马线21500米，长2107米，设置警示标志牌170块。

【党的群众路线教育实践活动】 以为民务实清廉为主要内容，以“照镜子、正衣冠、洗洗澡、治治病”为总要求，认真贯彻落实中央八项规定和省、市、县相关规定，立足交通运输工作实际，始终坚持边学边查边改，落实了规定动作，做好了自选动作。活动期间，调整清理机关办公用房138平方米；三公经费同比下降25%；压缩会议18%；精简文件22%；修改完善制度9个、新建制度6个。转变作风、教育干部、促进工作取得显著成效。

【文明创建】 2014年，在全县交通运输系统广泛深入开展各项文明创建活动。承办“欢乐潇湘、魅力祁阳、同心共筑中国梦”纪念建党93年大型广场文化晚会。办理人大代表、政协委员建议和议案89件。组织30台出租车在城区主要地段参与“爱心送考”活动，高考考生凭准考证可以和家人在全县优先免费乘坐出租车。开展文明公交线路、文明公交车、文明班车、文明驾驶员活动。局机关和祁阳汽车总站成功创建为全市文明卫生单位。

【交通战备】 2014年，精心组织十三五国防公路建设规划编制工作，将祁阳黎家坪至冷水滩马坪公路、龙溪至木梓墟公路、芝山至石坝公路、光明至熊罴岭公路、种田至S320公路纳入“十三五”国防公路建设规划进行上报。精心组织交通战备应急连人员参加“湘江2014”实兵演练。

（谢文君　欧阳达）

铁路运输

【概况】 祁阳站是一个全封闭式的高铁车站，有员工70人，管理人员5人。于2013年12月28日正式开通运营，隶属于广州铁路（集团）公司衡阳车务段。车站位于祁阳县城浯溪镇长虹街道办事处，中心里程103公里+353米。站内共有股道四条（Ⅰ、Ⅱ道为正线，3、4道为到发线）。建筑面积5980平方米，由主站房和站台雨棚两部分构成：主站房分为A、B、C三区，A区为车站办公、警务和出站区域；B区为候车大厅；C区为售票大厅。站台分为一站台和二站台，是旅客乘降所在。车站气势恢弘，设计独具匠心，主体建筑为全钢挂结构。站内设施先进，功能齐全，为祁阳人民出行打造理想的环境。

【运输生产】 2014年祁阳站日均接发客运列车24对（48趟），其中动车组列车13趟，分别是：G431/G432　G536/G537　G425/G426　G529/G530　G1501/G1502　G1503　/G1504　G433次。动车组和普速列车的开行，极大地方便祁阳人民外出、务工、经商、旅游。全年车站共发送旅客1251140人次，日均发送旅客约3400余人次；全年运输进款50519074元，日均运输收入为138408元。

【服务旅客】 祁阳站秉承团结拼搏、精细管理的理念，按照管理规范化、作业标准化、检查整治常态化的要求，为旅客安全出行、方便出行、温馨出行打造一流的软硬件环境。售票厅常年开展微笑服务，候车室全心全意为旅客排忧解难，受到旅客的广泛好评。全年共为旅客做好人好事50多起，共收到各种感谢信和锦旗30多件次，受到旅客和群众广泛好评，收到良好的社会效应。

（谢培忠）

【铁路货运】 祁阳北站隶属广州铁路（集团）公司衡阳车务段管辖，为货运三等站，是祁阳县境内唯一货运火车站，办理整车、零担发到等货运业务，并开办南方快运新物流业务。2014年年末有员工48人，提供电子商务、货运业务网上受理，对重点客户实行一对一服务，承接上门取货，送货到门的工作，不断满足客户安全、方便、快捷、经济物流的需求。配有专用机车和各种先进装卸设备，日均接发货运列车58趟，日均装卸20辆，2014年发送货物达28.8万吨。

公路建设管理

【概况】 祁阳县公路局前身是祁阳县公路段，1994年更名为祁阳县公路局，由永州市公路局垂直管理。2011年成建制下放，隶属祁阳县人民政府管理，正科级事业单位，主要职责是：贯彻执行并组织实施《中华人民共和国公路法》《中华人民共和国公路安全保护条例》和《湖南省实施〈中华人民共和国公路法〉办法》赋予的公路建、养、管职责和义务。参与制定全县公路中长期发展规划和年度县乡公路改造计划。组织实施所管养公路的建设、养护和管理工作。组织实施所管养公路水毁抢修，危桥改造、安保工程建设及公路应急抢险。负责所管养公路桥涵和其他公路附属设施的日常养护和维修工作，负责对道路绿化和养护。依法依规组织全县公路路政管理和治理超限超载运输工作，维护公路路产路权。负责所属单位的安全生产和精神文明建设工作。负责公路科技项目成果推广应用等工作。2014年12月，局机关内设办公室、政工股、财务股、工程股、安全法制股、路政股（对外称路政大队）、唐家岭治理超限超载检测站、养护股、工会、共青团等组织。有干部职工337人，其中在职人员222人（含参照公务员管理28人），退休职工115人。各类专业技术人员37人，大专以上学历干部职工66人。管理全县国省干线公路和主要县道263.943公里，其中，国道1条（G322线）40.163公里、省道1条（S320线）40.45公里、县道7条（X001、X002、X003、X004、X006、X007、X008）共计183.329公里。有水泥路面228.232公里，沥青混凝土路面35.711公里，管理桥梁39座，其中大中桥梁9座。办公地址位于县城康乐街7号。

【路桥改造】 2014年，县公路局以改危桥、险路、白改黑（水泥路面改沥青混凝土路面）工程为重点，保障人民生命财产安全和改变路面通行状态，完成干线公路国道G322线沙滩河大桥左半幅危桥改造；K81+837至K83+837段2公里路面改造；K92+000至K102+400段10.4公里水泥路面换板8500平方米；K119+000至K119+300连续急弯险路改造。省道S320线K250+312至K265+110段14.798公里路面大中修。县支线X003线4.6公里畅通工程，完成建设资金4370.4万元，为年度计划的100%。木梓圩至金洞二级公路新改建工程，起点位于木梓圩S320线K232+615处，途径八宝、金洞管理区万宝山乡、小金洞乡，终点位于金洞管理区的白沙源，全程35.734公里。祁阳境内9.361公里，按二级公路标准设计，路基宽12米、设计时速60公里/小时，全年完成建设投资2600万元，为年度计划的130%。

【公路养护】 围绕“六率”（路面破损率、路基缺损率、水沟畅通率、非法占路率、路面清洁率、绿化及设施完好率）定措施，抓落实。开展“水沟畅通月”“路面平整月”“路面防水月”“路肩美化月”4个专项活动，坚持“干支线养护并重”的原则，力促县支线养护标准化管理，开展日常养护专项巡查、考核工作，实行养护、路政联合巡查，推进管养一体，日常养护效果明显提升。国省道水泥路面清灌缝10公里，水泥板底灌注乳化沥青10公里，修复肖凤线、青大线破损病害水泥路面2600平方米，开展公路基础数据大调查，将省道白水大桥、县道两江口大桥纳入全省四类危桥改造数据库。建立健全《祁阳公路突发重大公共事件应急处置机制》，建立水毁抢修责任制，桥梁养护“三个一”（一座桥梁一名养护工、一名技术员、一名领导）责任制，实行经常、定期、特殊三项检查，实现公路“畅、安、绿、美、优”。以处理公路路面病害为主题，开展公路养护技能竞赛，涌现出一批养护技术能手，参加全省公路养护技能比赛获三等奖。全县国省干线好路率 86%，县支线好路率 77.94%，分别高出年度目标 2%、2.94%。

【路政管理】 实行路政执法、管理、服务“三位一体”工作机制，培育“人本路政”理念，全面推行路政执法“十公开”制度。树立顾大局、敢担责、善拼搏的良好形象。清除公路违法棚屋、摆摊设点、堆物放料 1036 处，拆除公路上“非交通标牌”4342 块，取缔洗车加水点 13 处。构建“政府领导、部门协作、各方联动”的治理超限超载工作格局，县政府成立以县长任组长，分管相关部门副县长任副组长，17 个县直相关单位负责人为成员的祁阳县治理车辆超限超载工作领导小组，投入经费 30 万元，用于治超工作，从相关部门抽调专职人员开展治理超限超载（以下简称治超）日常工作。全县治超机构高效有序运转，形成强大的治超工作合力。在县内利用电视台、手机报、微信平台不定时发送治超宣传信息，开辟治超简报，报道治超工作动态。在国、省、县道公路沿线和乡镇集市悬挂治超横幅 300 条、埋设固定宣传牌 10 块、大型宣传标语 7 幅，组建 3 支治超宣传队，对公路沿线、城区街道、厂矿、物流中心、砂石料场发放宣传资料 2 万份，进村入户召开座谈会向社会各界群众宣传《中华人民共和国公路法》《中华人民共和国道路交通安全法》，将治超工作宣传到家喻户晓。深入源头单位排查摸底，深入源头单位进行调查、制订治超管理台账，与企业、车主签订治超责任书。12 月 1 日，县治理超限超载办公室组织公路、交警、运管、所在辖区派出所、乡镇治超联络员共计 130 人的执法队伍，车辆 20 台，分别在县内文富市、白水、大塘三个治超点，采取 24 小时工作制，开展治理超限超载集中整治行动。治超检测车辆 136900 台次，其中依法处理超限超载车辆 6160 台次，卸载转运货物 258.25 吨。

【安全生产】 全面落实质量安全监督制度，对在建工程实行质量安全跟踪，推行首件工程认可制度和项目标准化建设，建立内部信用评价机制，加大质量安全督查频率，实现质量安全“零事故、零死亡”。开展“打非治违”“安全生产月”“干线公路安全生命防护工程建设专项督查”等安全生产专项活动，做到安全监管无缝覆盖。坚持以人为本、生命至上，牢固树立“红线”意识，时刻紧绷安全生产这根弦，将安全生产与各项工作同部署、同落实。实行“一岗双责”把安全生产责任落实到岗位、到人头，按照“全覆盖、零容忍、严执法、重实效”的要求，每月进行安全生产大检查，对重点工序、防汛、恶劣天气等特殊时期，24 小时进行监管。落实安全信息报送工作，提高应急反应能力，有效推进“平安公路”建设，完成市、县改督办公路安全陷患 15 处，投入经费 148 万元，修筑和增设临崖、临水危险路段防撞墙 4186 米，公路附属设施 42 处、增设警示标志牌 114 块、公路标线 3650 平方米，县道 X001 线、X002 线安保设施配套。

【文明创建】 开展“双联双促”（联系线路、联系站点，促稳定、促生产）活动，机关工作人员坚持每周一个工作日深入一线与职工同劳动、同学习、同生活，听取群众意见、解决职工反映突出的问题，为基层办实事 10 件。对困难及特困职工慰问 32 人次，送去慰问金 24400 元。组织全局职工进行健康体检，职工参加无偿献血 11 人次，共计 3400 毫升。积极参加全县气排球比赛和由县篮球协会主办的篮球邀请赛，连续四年主办“公路杯”老年门球邀请赛和“芙蓉杯”女子厨艺赛。对 80 岁以上老同志进行专门走访，看望因病住院职工 23 人次，发放慰问金1万元。局工会、大塘中心养护工作站分别被省交通运输厅评为“先进工会”和授予“工人先锋号”称号。

（邹德生）

邮　　政

【概况】　1998年，撤销祁阳县邮电局，分别成立祁阳县邮政局和祁阳县电信局。2007年3月，邮政体制改革，实行邮银分家。2008年4月，分别成立祁阳县邮政局和中国邮政储蓄银行股份有限公司祁阳县支行。2014年，县邮政局有在职职工245人。设职能部室2个，业务中心2个，5个班组。全县设21个农村支局、所，5个城市所；共建2条自办汽车邮路，设城市投递段11条，农村投递段69条，投递里程达4125公里。在全县各乡镇建有便民服务站及“三农代办点”62个，空白乡镇邮政局所补建7个。实现行政村村村通邮，邮政生产作业和服务方式，从过去落后的手工操作向机械化、自动化、信息化过渡，完善和建成邮政实物运递网、邮政综合业务计算机网和邮政金融计算机网，实现实物流、信息流、资金流三流合一。邮政业务规模不断扩大，在办好函件、包裹、报刊发行、汇兑、邮政储蓄等业务的同时，相继开办各种代办代理业务。

【邮政业务】　2014年，开展邮政基础业务有函件、邮政广告、企业明信片、直递包裹、汇兑、报刊发行、特快专递、机要、邮资凭证销售与发行；邮政增值业务有混合邮件业务、电子邮政业务、电子商务业务、信息服务、邮政礼仪、集邮品开发和销售、音像租赁、图书批销等；邮政附属业务：有代办电信业务、代收、代发业务、代销、代理、邮购代理。2014年开办惠民优选业务。报刊收订采取两种方式：党报党刊由各级党的宣传部门主抓收订；其他邮发报刊以邮局为主抓收订，2014年依托校园、第三方订阅、数据库营销等市场开发，全县共收订报刊815万元。2014年加大业务发展力度，推进国内小包业务，实现函件收入78万元。

【邮政储蓄】　1987年5月祁阳恢复开办邮政储蓄业务。1990年1月1日起，邮政储蓄由中国人民银行代办转为邮局自办。有活期、保值储蓄、整存整取、零存整取、定额定期、定活两便、存本取息、汇兑转储等种类和代销国库券。2002年，邮政储蓄全国联网，通存通兑，异地存取。各种储蓄利息执行中国人民银行公布的利率标准。邮政储蓄业务恢复开办以来，发展迅速。1994年6月邮储余额突破1亿元，祁阳邮政成为湖南邮政第一个邮储余额达亿元的县。2004年9月，邮储余额达6.61亿元。2014年12月，邮储余额达32.54亿元。邮政储蓄在全县设23个网点，均实现全国联网，通存通取。

【电子商务】　开办业务“邮乐”中国、代办短信，航空机票、“自由一族”、代收费、惠民优选等电子商务。开办了代售航空机票、火车票、代开国税发票、代收电费、邮政“惠民优选”网购、代办车险业务。该局在全县各乡镇共建立了82个便民服务站点，用于代收电费、“惠民优选”网购、代办车险以及其他邮政业务。我局将以上业务共制做了5万余份宣传资料，在不同时间段由投递人员和便民服务站点人员发放到全县各乡镇及村里，大力宣传邮政的业务。2014年，共代开国税发票金额1.63亿元、代征税款490万元。“惠民优选”网购销售额624160元，代收电费共计1.73亿元。

【邮路与投递】　有自办汽车邮路2条，分别是祁阳经茅竹、三口塘、大忠桥、肖家村、金洞、八宝、黄泥塘、进宝塘、白水、观音滩、祁阳；祁阳经下马渡、宝塔街、木埠头、潘家埠、梅溪、羊角塘、文富市、黎家坪、文明铺、龚家坪、大村甸、白沙、祁阳。

县际邮路有衡阳至祁阳，永州至祁阳每天各往返1次，接转祁阳至各地邮件。邮件城市投递，1978年城区设3个投递段，1983年增为4个段，1985年增为5个段，1998年为12个段，2003年为20个段，2014年为11个段。邮件农村投递由各支局自行调整掌握，报县局审核施行。2014年农村投递邮路69条，投递里程达4125公里。

【和谐创建】 2014年，开展党的群众路线教育实践活动，教育引导党员干部树立群众观点，广泛听取职工群众意见建议。针对查摆出来的“四风”方面突出问题狠抓整改落实，及时解决一批职工群众反映强烈的热点难点问题。做到领导先行，领导班子自觉践行群众路线，带头参加中心组和支部学习、到联系点调研指导、上党课、作辅导，带头深入基层征求意见，开展谈心活动，带头查摆、梳理、剖析问题，开展批评和自我批评，带头聚焦“四风”进行整改，以自身的表率作用来带动和影响党员群众。积极落实省、市公司向当地政府汇报工作，争取相关政策支持。县委书记魏湘江等领导先后多次听取邮政工作汇报，要求各级党委政府重视支持邮政通信事业发展，在政策上给予优先扶持，为邮政创造良好的发展环境。全年开展的“主人杯”劳动竞赛，对员工采取“只奖不罚”的原则，鼓励员工多劳多得。注重企业人才的培训、培养。全年共举办各类培训班10次，参加培训人员达到400余人次。认真组织开展“工人先锋号”和“芙蓉标兵岗”创建活动，鼓励各单位积极争创活动，金盆路储蓄所获省总工会“工人先锋号”荣誉称号，文明铺支局被推荐为省公司的“芙蓉标兵岗”单位。主动关爱员工，全年，局领导共看望因病住院的员工40余人次，共慰问困难职工11人，发放慰问金3万余元，有效地提高员工对企业的忠诚度，促进企业和谐发展。

（罗中良）

电　　信

【概况】 中国电信祁阳分公司成立于2004年7月，其前身是于1998年邮电分营，1999年移动剥离后的祁阳县电信局。中国电信祁阳分公司是祁阳县最大的基础网络运营商和综合信息服务提供商，是县内唯一拥有完整的固定网、移动网、基础网、数字网和数据网的通信运营企业。可以向客户提供丰富多彩、优质高效的信息通信服务，包括固定电话、移动电话业务、互联网接入及应用、数据通信、视讯服务、国际及港澳台通信等多种类综合信息服务，能够满足客户的各种通信及信息服务需求。2014年，获“湖南电信天翼先锋双提升”奖、“湖南电信战略单元”“永州电信先进单位”。

【业务量稳步增长】 2014年，中国电信祁阳分公司完成收入6311万元，完成年度预算的100.01%，较2013年完成数增幅15.49%，全年净增移动用户11441户，期末数达到85243户，全年净增宽带用户5378户，期末数达到39009户，较2013年年底用户数增幅15.99%，固定话用户流失5846户，期末数用户数达到53137户，ITV全年净增用户4020户，期末数达到11152户。

【网络保障不断提升】 2014年，共完成建设投资1200多万元，新增移动基站18个，达到106个（其中4G基站28个），现有450基站8个，县城FTTH新建、改造区域32个小区共2900多户，县城FTTH覆盖区域新增光分纤盒146个，农村有22个乡镇完成了光网改造，新增光缆298.77皮长公里。

（桂芳琦）

移动通信

【概况】 祁阳移动成立于1999年7月，隶属于中国移动通信集团湖南有限公司永州市分公司，主要负责祁阳县（含金洞管理区）的移动通信网络建设运维和业务经营，2014年末有在岗员工93人，其中在职合同制员工38人、劳务派遣员工55人、退休内退员工21人。县分公司设三部、两中心，分别为综合部、市场部、网络部，政企中心、渠道中心，另建城郊、黎家坪、白水、潘市、金洞五个乡镇营业部。祁阳移动始终坚持以科学发展观为指导，践行优秀文化、打造卓越团队，深入践行“正德厚生 臻于至善”的核心价值观，致力于“移动改变生活”的企业愿景，求真务实、真抓实干、务求实效，取得丰硕的成果。2008年获全国“模范职工小家”，2012年～2013年度获湖南省消费维权先进单位，2013年获湖南省“巾帼文明岗”，2014年获“永州市文明标兵单位”称号。

【市场营销】 全年通话客户，截至2014年年底客户规模达25万，收入1.5亿元，建设移动基站521个，2G、3G、4G信号基本覆盖到全县每个行政村。

【4G网络建设】 全力打造4G精品网络，增强4G客户使用体验，确保4G网络全面覆盖。加强计划建设全生命周期管理，扎实推进管理提升，确保项目“效益、工期、成本、质量、安全”目标达成。开展4G网络深度与广度覆盖提升工作，通过多种优化手段，有效提升4G网络在城区深度覆盖和农村广度覆盖的能力，确保4G客户感知。深入开展LTE网络结构调整等专项工作，不断完善不同场景、不同环境下的参数设置规则，建立针对集团单位等重要场景的高效维护优化体系。要通过对比测试和分析，解决LTE网络在规划建设、网络优化等方面的问题。强化小区监控性能劣化处理，大力整治结构与干扰、高拥塞及零流量小区、室内覆盖较差问题，切实提升4G网络用户使用体验，确保祁阳移动LTE网络质量达到全市优秀水平。

【窗口服务】 秉持“客户为根，服务为本”理念，践行“为民服务，创先争优”活动号召，努力提升客户服务质量，彰显社会责任形象，传承企业感恩文化。定期开展“为民服务”客户接待日活动，聆听客户的心声；为提升客户服务感知，推出星级服务体系，设立星级服务专柜，其中涵盖20余项服务关怀和优惠活动，相较原本的全球通VIP服务，新推出的星级服务评定标准更科学，覆盖客户更广泛，服务举措更丰富；参与各项服务质量提升竞赛活动，通过应用新技术、新设备等措施，进一步加强新入网客户身份证信息核验，对于非实名老客户，必要时将根据国家法律法规和有关部委工作要求采取限制通信、业务的手段，严格依法履行实名登记制度。

【信息化应用】 推进“宽带中国”战略在祁阳落地，加快祁阳信息化进程。为祁阳县财政局打造全县财政报账专线系统，金洞管理区财政报账专线系统；为公安、交警打造基于视频监控的“平安城市”电子眼项目；为公安干警打造警务通平台，实现综合查询、刑侦信息、交通管理、社区警务等警务功能；利用移动位置服务技术，为司法局打造数字化，智能化的管理系统—社区矫正信息管理系统，有力的推动司法矫正工作的改革步伐；利用“移动通信网+物联网”技术，服务于电力、水利水文、出租车等多个行业。

【队伍管理】 加强作风与企业文化建设，提升队伍执行力优化激励机制，打造高绩效团队。注重薪酬、福利、培训等多种激励方式并用，持续深化一线员工量化薪酬，强化干部队伍建设，提升队伍执行力。不断强化风险意识，加强对各环节风险点的控制，把各类风险发生的可能性降到最低，做到风险可控。持续推进企业文化建设，将优秀企业文化融入公司发展、运营管理全过程，以优秀企业文化凝聚人心、鼓舞士气，引领发展、争创一流。

（刘军）

联通通信

【概况】 中国联通祁阳县分公司成立于2000年7月，是中国联合网络通信有限公司在祁阳县的分支机构，承接在祁阳的基础通信建设、运营和业务发展及服务工作。2014年经营的业务有：移动通信业务（包括130/131/132/155/156/185/186）、固话业务、互联网接入及应用、数据通信、国际及港澳台通信等多种综合信息服务。有员工53人，合作代理渠道达到200家以上。2014年围绕“求真务实、开拓创新、勇于超越、规模发展”的16字方针，大力提升品牌，用户规模超过11万，收入规模达到6000万元。2014年度，祁阳联通公司获中国联通永州分公司先进集体、收入认购目标奖、客服服务工作先进单位等荣誉称号。

【重点经营】 2014年，祁阳联通公司按照省、市公司的长线及短线等节点工作部署积极响应、快速落实。重点推进的经营工作有：岁末密集促销、微信沃卡首发、电信日促销、校园营销、金九银十、流动军团促销等，争当全市标杆。

【转型发展】 2014年是4G业务发展元年。面临通信行业的重新布局与洗牌，随着4G牌照的发放、虚拟运营商的加盟、铁塔公司的成立及运作，祁阳联通公司在本地市场与竞争对手也进行顽强的博弈。聚焦全业务、全用户、全渠道、全成本等方面，一方面在产品销售结构上积极转型，实行单卡向合约销售的转型，2G/3G存量用户向4G网络迁转的转型，聚焦流量业务经营的转型，大力发展移固网融合业务的转型。在渠道层面，坚决对低效能渠道进行淘汰，存量渠道在新的佣金模式指导下，增量、存量并重经营，逐步实现小店智能化、大店连锁化。

【终端合约销售】 2014年，湖南联通作为智能化终端供货平台“沃易购”的试点省分，大力推进终端订货与系统完善，祁阳联通公司积极响应，全年开展“双返市场专项终端订货会”“青少年营销终端订货会”“秋季校园终端订货会”“国庆专项终端订货会”“双十一专项终端订货会”等大型终端订货会议，实现下货8000台。下货渠道覆盖面达到80%以上，有效支撑社会渠道“从单卡向终端合约销售”的转型。

【存量经营】 围绕“目标、人员、动作”3个关键点，2014年祁阳分公司主要聚焦半停用户回访、2G用户迁转、合约用户续约、高价值用户保有四个方面，以日督导、周通报、月竞赛考核的方式扎实推进存量用户维系工作，且各类维系指标排名全市前列。

【集团项目拓展】 2014年，祁阳分公司对营销模式实现转型，由散户市场向集团单位拓展进行转型，由“游击战”向“阵地战”转型。落实3项工作：一是持续深入抓好集团队伍各项基础性管理工作；二是以行业产品为切入点，带动移网用户发展；三是以移固融合拓展优势，带动中小企业、厂矿及名单制单位等集团单位的拓展。成立项目攻坚小组，专门进行集团行业拓展的集团行业经理队伍，按拓展行业侧重分为：行业应用项目组（法治e本项目组、手机订烟项目组），教育信息化项目组和沿街商铺拓展团队的百店千铺项目组。

【宽带业务发力】 2014年，固网专业围绕“项目新建、新增发展、融合业务发展、续费”4个提速，全年新建城区自有资源3个，乡镇合作项目6个，基本实现全城区、全乡镇集镇的光纤覆盖。原城区项目投入网改、股份转让，县分公司每月融合业务发展与到期用户续费率一直排名全市前茅。

【网络保障】 网络建设：2014年第一期移网建设工程祁阳县完成32个3G基站的开通，其中新建21个，利旧原有基站开通3G信号11个。华天酒店、六合岭等城区基站的开通，解决县城内部分3G网络弱覆盖区域的信号问题；大忠桥、下马渡、木梓墟等基站的开通也解决乡镇中心无3G网络的问题，大大提升乡镇3G网络的覆盖率。4G网络建设以FDD-LTE制式的4G基站为主，全年计划在祁阳县城利用原有3G基站安装4G设备及天线，以达到祁阳县城4G网络的广度覆盖。截至到11月28日，全年计划的15个站点全部完成安装并开通。网络维护：2014年负责维护固网的长线局以及负责维护城区管道线路的美联通公司均已退出，美联通公司仅负责祁阳县内省干线路的维护。原联创公司更名为和达公司，负责基站配套、基站线路和固网线路的维护工作。祁阳维护站经发展壮大，共配置维护人员7人，车辆3台，并加设白水驻点，负责白水、八宝网格内的网络维护，极大地加快抢修速度。

【团队建设】 2014年，祁阳联通公司对一个城区营销部、五个乡镇营销部的团队建设与管理进行不断的优化，让想干事、能干事、干成事的同志到生产一线中去，新增营销部片区经理17人，逐步实现扁平化管理。强化团队凝聚力。让员工劳逸结合、有效放松。开展第一期以“放松心情、激情飞扬”为主题的陶铸故居红色游行与第二期“抱抱笑笑成一团、做快乐祁阳联通人”的趣味运动会。夜校学习与周末补课紧密规划、扎实推进。每个星期每个中心至少开展一场以上的夜校学习，通过夜校学习，提升员工的岗位专业知识。“每周一促销”，城区营销部充分利用周末双休日组织渠道开展炒店炒机，乡镇利用赶集开展炒机促销，抢量增收。激励队伍健康向上。每月坚持召开月度经营分析会，为培养与鼓励营销部数据分析与材料写作能力，每月评选优秀经分材料1名，给予现金奖励。为提升营业员服务水平，自营业厅每月评选服务之星1名。为倡导结果导向，坚持月度绩效公开化，每月对员工绩效进度排名，评选出两名优秀员工，在全体员工会议上进行表彰，鼓励员工争先创优，2014年有4位员工实现合同制转岗，占全市21%。

【廉政建设】 2014年，祁阳联通公司严格按照民主生活会与党的群众路线要求、坚持员工绩效公平公正公开，常态化召开骨干成员会议决策重大事件，严格按照相关财务制度收支两条线管理，严格控制年度预算，营业款收缴严格管控，各类物资管理账实系统三方面相符，每周一小盘，每月一大盘。

（唐红艳）

财税·金融

财　　政

【概况】 祁阳县财政局属于综合性经济管理部门，承担全县组织财政收入，执行财政预算，研究和培植财源，履行调节收入分配，调控经济运行和经济管理一系列重要职能，下设13个股室、23个财政所。有干部职工483人。2014年，祁阳县财政总收入完成110106万元，比2013年增收11889万元，增长12.10%；其中，税收收入完成81546万元，增长11.49%，地方收入增量税收占比提高2.4个百分点；地方一般预算收入完成72527万元，比2013年增加9480万元，增长15.04%；上划中央收入28862万元，比2013年增加1049万元，增长3.77%；上划省级收入8717万元，增加1360万元，增长18.5%。全县财政总支出为35.24亿元，比2013年增长15.8%。

【促进发展有方】 祁阳县财政安排新型工业化资金2000万元，用于推进新型工业化；落实专项经费500万元支持现代农业示范园建设，并安排7200万元用于重点县建设企业培育、品牌创建、技术支撑、金融支持、市场开拓奖补、基地建设，全力支持农副产品加工产业发展。整合企业改造资金、外经发展资金、地方特色产业中小企业发展资金980万元，促进中小企业做大做强。调度资金7100万元，融通资金1亿元，全面支持园区建设和项目建设。争取涉农贷款增量奖励资金和农村金融机构定向费用补贴807万元，引导金融机构解决企业资金制约瓶颈，并安排资金300万元为企业贷款贴息，降低企业融资成本。县财政认真做好项目谋划、包装、申报，积极向上级争取项目资金。祁阳县共争取上级资金28.3亿元，比2013年增长15.8%，极大地缓解财政支出的压力。做大做强做好城建投和经建投两个平台，2014年整合全县行政事业单位经营性资产和闲置土地25.75亿元以上，其中分流到两个平台18.15亿元，为祁冷快速线落实抵押资产7.6亿元。通过包装原种场棚户区改造、土地储备、新埠头水厂、公立医院、自来水改造、学校建设等项目，向银行和投资公司融资签约22.9亿元，有力地推进祁阳县重点项目建设。

【组织收入有效】 分类建立税源台账，全面分析收入结构和增减因素，根据税源不同的特点制定相应的征管办法。全面开展税收“评查、稽查、清查、追查”，按照纵向到底、横向到边的要求，对税收征管各个环节进行全面检查，四查入库税款8000万元以上，有效地规范征管秩序。健全房地产税费一体化、存量房交易评估征管体系，通过系统入库税收2514万元，较2013年增加1127万元。加大企业所得税清算汇缴力度，对重点企业全程辅导税负评估，督促企业应缴尽缴，企业所得税较2013年增长1347万元。大力强化收入组织协调，经常与税务及相关职能部门沟通，定期召开财税调度会、联席会，及时协调解决税收入库过程中的各种困难和问题。做到一天一调度、一周一督查、一月一会商，及时掌握收入进度，适时提出征管建议，即时调整收入计划，确保天天有目标、月月有重点。严格财税责任制考核，经费拨付与收入进度和收入总额挂钩，对镇乡办的“两税”收入实行分成共享，极大地调动乡镇抓财税的积极性，完成“两税”收入338万元，占年度计划的112%。

【民生保障有力】　祁阳县财政部门始终坚持资金预算优先安排民生，资金调度优先保障民生，厉行勤俭节约，严格控制“三公”经费等一般性支出。2014年祁阳县财政总支出为35.24亿元，比2013年增长15.8%，其中教育、社会保障与就业、医疗卫生、农林水等民生支出29.78亿元，民生支出占财政总支出的84.5%，财政保障民生能力得到进一步加强。民生保障全面提标。住房公积金计提比例从8%提高到10%，五保供养生活补助标准由2400元/年提高到2640元/年，医保人平补助水平由280元提高到320元。全面完善新型农村合作医疗、城镇居民医疗保险、城乡低保的提标扩面，提高报账比例，减轻患者负担。全面整合农村危房改造资金，每户农户补贴1～2万元。惠农政策全面兑现。在足额安排人员经费及各项政策性配套的基础上，增加人员经费平均每人1000元，增加村均组织运转经费5000元。通过“一卡通”发放对种粮农民直接补贴资金、农资综合补贴资金、双季稻补贴等强农惠民资金共8993万元。落实村级公益事业“一事一议”财政奖补资金2000万元，其中将冬修水利作为工作重点，共投入1600万元，修砌水塘400多口，修筑渠道50多公里。整合薄弱学校改造资金、改造食堂建设资金、校舍安全工程资金、幼儿园建设资金，建设义务教育合格学校建设16所，维修薄弱学校50所，扩建薄弱学校23所，新建公办幼儿园6所，新设附属公办幼儿园7所，确保教育强县的全面提效推进。及时、足额发放贫困寄宿生生活费、中职助学金、中职免学费、高中助学金、家庭经济困难幼儿入园补助等资金共计3360万元，解决贫困家庭就学难问题。

【财政改革有质】　全力推动“两上两下”的部门预算，细化预算内容，严控非生产性支出，严格做到“有预算不超支、无预算不开支”。继续深入推进国库集中支付改革，规范授权支付使用范围和额度审批，实行财政专项资金国库集中支付，2014年新增改革单位及专户5个，累计支付金额12.4亿元，其中直接支付金额10.8亿元，直接支付率达87.1%，同比增加3个百分点。积极推行“三公经费”公开，财政资金安排的经费一并公开，包括经费总额和分项金额，统一公开内容和格式，细化到基本支出和项目支出。2014年试点将县委县政府等9家常委单位所有的“三公经费”公开在网上。全县的“三公经费”与2013年相比，下降23%。坚持实行阳光采购，所有政府采购招标信息都要在湖南省政府采购网上公开发布信息，并加强对中介公司招标采购过程加强监管，杜绝招标过程中的各种违纪违规现象。2014年完成政府采购金额1.72亿元，节约资金2000万元，节约率10.42%，采购金额连续4年超过市本级。财政投资评审实行信息公开政策，将各项规章制度和办事流程公示，接受广大群众的监督，在制度创新和公开的基础上，评审效率大大提高，2014年共完成637个评审项目，完成评审额9.27亿元，审减1.86亿元，审减率20.06%。

【财政管理有序】　开展财政监督管理。积极开展各项专项检查及每年一次的年终财务大检查，让各项财政资金从预算拨付、使用、后效都有制度可依，都有检查跟踪。2014年共纠正违规488例，调整账务达225笔，查处各类违规资金2974.61万元，收缴入库

1507.7万元。从严清查“吃财政空饷”行为，2014年共查处“吃空饷”人员83人，停发49人，收缴资金350余万元。同时，对县直单位国有资产占用费收缴进行全面摸底清查，共收缴占用费25.6万元；并严把资产处置收入进财政专户储存关，所处置的资产都按照相关的规定进行规范管理，公开按程序处置交易，共处置收入1017万元。按照国家要求清理甄别政府债务要求，对全县各单位各部门债务引进全方位清理、摸查和优化债务数据，向省厅申报存量债务55.77亿元，其中政府负有偿还责任债务53.04亿元，其他债务2.73亿元。祁阳财政部门经反复研究讨论，报请县委县政府同意，以政府名义出台《祁阳县预算绩效管理办法（实施细则）》。逐步建立“预算编制有目标、预算执行有监控、预算完成有评价、评价结果有反馈、反馈结果有应用”的预算绩效管理机制，将预算绩效管理融入预算编制、执行和监督的全过程，融入财政科学化精细化管理全过程，提高财政资金的使用效益。2014年度市县财政部门预算绩效管理工作考评中，祁阳县居全市第1名，在全省县区中排名第12位。

（邹妍倩）

国家税务

【概况】 祁阳县国家税务局是1994年国家实施分税制改革，从原祁阳县税务局分离成立的。2014年年末在职干部职工178人，内设15个科室局，下设浯溪、黎家坪、白水3个税务分局。负责祁阳县和永州金洞管理区范围内的税收征管，有纳税人6270户，其中一般纳税人288户，年入库100万元以上的重点税源企业28户。县局曾获省“文明单位”“文明窗口单位”“工人先锋号”“模范职工之家”“全省依法办事示范窗口单位”和“全国巾帼文明岗”等荣誉称号，多次被评为省、市国税系统优秀领导班子、目标管理先进单位，连年被县委政府表彰为全县绩效考核、党风廉政建设和基层党建工作先进单位，在优化经济环境和机关效能建设测评中年年名列执法单位前三强。

【税收收入】 2014年，祁阳县国税系统累计共入库各项税收收入36048.87万元（不含车辆购置税3573.4万元），比2013年同比增收2832.02万元，增长8.53%，比市局年度计划36000万元超收48.87万元，超计划0.14个百分点。其中，祁阳县累计入库35555万元，占年计划39500万元的90.01%，比2013年同期入库32549万元增收3006万元，增长9.24%；金洞管理区累计入库493.86万元，占年度计划800万元的61.73%，比2013年同期入库667.85万元减收173.99万元，下降26.05%。从分税种累计入库情况看，国内增值税累计入库26684.12万元（其中免抵调库增值税5281.63万元），同比增收1364.72万元，增长5.39%；国内消费税入库15.18万元，同比增收3.46万元，增长29.52%；企业所得税入库9347.73万元，同比增收1466.11万元，增长18.6%；个人所得税入库1.84万元，同比减收2.27万元，下降55.23%。车辆购置税入库3573.4万元，同比增收406.55万元，增长12.84%。

（伍明亮　谢景）

地方税务

【概况】 祁阳县地方税务局组建成立于1994年9月，2014年在职干部职工137人，内设行政科（室）7个，直属单位3个，下辖5个税务分局。负责全县1180余户企、事业单位和6000余户个体工商户的地方税收征管工作。2014年，全局共入库税收48285万元，占年度比例107.78%，同比增收5803万元，增幅13.66%；省级税收完成5982万元，占年度比例 107.45%，同比增收 975 万元，增幅 19.47%；其中工商各税完成 38530 万元，占年度比例 98.54%，同比增收 5556 万元，增幅 16.84%，两税完成 9752 万元，占年度比例 102.65%，同比增收 257 万元，增幅 2.70%。

【依法治税】 加强培训学习，做好税法宣传和咨询工作。积极参与税法宣传月活动，将税法宣传和咨询工作贯穿于全年的工作之中，经常性地与纳税人面对面宣传政策，让纳税人缴明白税、放心税。严格加强风险管控，将企业所得税征管效能考评要求落实到位，提高企业所得税汇算清缴质效。税政科与管理分局同时下到企业，及时向纳税人宣传新的税收政策法规，辅导纳税人做好企业所得税的汇算清缴工作，在对纳税人进行汇算清缴的同时，充分利用“涉税通”对纳税人的汇算清缴情况进行审核，全面完成 2013 年度企业所得税汇算清缴工作。2014 年 1~5 月，利用汇算清缴软件完成 49 户企业 2013 年度企业所得税汇算清缴，共入库企业所得税 700 万元。个税软件使用申报率均达到 100%，全面督促启用个税扣缴软件的 49 户企业进行扣缴系统的升级。受理 2013 年度年所得 12 万元以上个人所得税自行申报 379 人，比 2013 年同期增长 20 人，人员增长比率达 5.57%。申报年所得额 7623.31 万元，应纳税所得额 7184.89 万元，应纳税额 1070.31 万元，其中已扣缴税额 1070.31 万元，无应补、应退税额。

【税收征管】 实施科学定税，强化个体税收管理。规范和加强个体工商户地方税收定期定额征收，2014 年 1 月 9 日下发《祁阳县地方税务局 2014 年定期定额户定税工作方案》。全面落实税收管理员工作规程，有效地解决“疏于管理、淡化责任”的现象。加强税源管理、优化纳税服务、规范税收管理员的执法。对大集中系统的导常数据进行清理，提升数据质量。集中组了办税服务中心人员及各征收单位办税小厅的人员学习《税收征管数据管理办法》，规范数据录入的准确性，从源头上控制垃圾数据的产生。1~11 月共清理异常数据 16093 条，其中税务登记类 13955 条，税种登记类 999 条，房产税税源类 206 条，土地使用税税源类 12 条，原始凭证类 826 条，欠税类 95 条，处理率为 100%。对全县已认定为非正常户的 137 户经过税源管理单位的巡查、核实后，在省局的网站及县局的办税服务中心进行公告，公告后对其中没有欠税也没有未缴销发票的 112 户按程序注销其税务登记。清理虚假欠税 25 户，金额为 969649.86 元，追缴欠税 115 户，金额为 50171.28 元。

【票证管理】 加强票证管理工作。加强票证仓库管理，做到分类管理，合理储存，确保用量；提高各用票单位票证填写正确率，严格控制废票率，统一规范票证封面格式，票证装订做到统一、整流齐、清楚。安全保管票证，避免票证损失。根据税收票证管理暂行办法的有关规定，每月对税收票据进行互审，对发现的问题及时进行督促整改，规范税收票证的使用.

【税务稽查】 严肃内部管理，提高稽查工作质效。根据《税务稽查工作规程》，完善稽查局机构设置，细化选案、检查、审理、执行等环节稽查人员的岗位职责，设置专岗负责对内外报送相关稽查报表及信息调研。通过人定岗、岗定责不断提高税稽查工作的科学性和稽查队伍的执行力。同时，将稽查局各项工作任务实行具体量化、细化到各位稽查员，制定主查员考核办法、信息考核办法等办法，严格稽查考核，做到目标具体、责任落实。严格按照自查程序，要求纳税人先行自查，稽查人员开展自查指导、辅导，有效的提高纳税人对专项检查的认知度和依法纳税的自觉性，自查申报应补缴税款共 378366.79 元。

落实一案双查双报告制度，强化征管与堵塞漏洞相结合。稽查部门对在查办税收违法案件中，既严格检查纳税人、扣缴义务人可能存在的涉税违法问题，又深入核查主管地税机关或地税人员在税收征管、税收政策执行及遵守廉政规定等方面的情况，并分别制作相关报告文书。县局成立专项工作小组，负责研究解决一案双查双报告工作中的重大问题。并将一案双查双报告工作开展情况，纳入年度工作综合绩效考核。稽查局更是做到立案稽查一户，报告一户，户户有登记，建立好一案双查双报告工作档案。

【落实各项税收优惠政策】 加强审核把关，做好各类减免税的审批工作。办理2013年减免税和其他各项审批项时，税政法规科对企业上报的减免税资料进行严格的审核，对不符合政策的减免税坚决予以退回。2014年，对外积极宣传减免税政策，对内增进部门间的配合，加强执法监督，健全各项减免税操作流程，运用减免税管理系统，全面落实结构性减税政策，共为纳税人减免税款2278万元。加强与劳动就业部门的密切配合，加强就业窗口的税收优惠政策的宣传。2014年度共备案再就业优惠15人次，减免税10.1万元。

【纳税服务】 2014年，办税服务中心共开票组织各项收入3.79亿元，开具税收票证16548份，代开建筑业发票和统一代开发票9006份。严格按照《永州市地方税务局纳税服务“四统一”工作规程》为纳税人提供纳税服务以税法知识、税收政策、办税公开为宣传重点，开展以发放税法宣传册、QQ纳税服务群、现场回答问卷等待等各种宣传方式开展“便民办税春风行动”。规范办税服务厅触摸屏、电子显示屏管理，指定专人及时发布最新税收政策、工作动态、咨询热点，广泛宣传纳税人权利和义务。以《纳税服务规范》为标尺，用一把尺子对待纳税人，一个标准服务纳税人，全面规范纳税服务工作，试行“三证合一”登记制度改革。全面推广应用网上办税服务厅。在办税服务中心、QQ群、纳税人培训学校等进行宣传，确定业务咨询电话、QQ在线号码及专门答疑人员。并于12月12日在县局的七楼会议室举行全员培训及纳税人的培训，制作、下发培训操作手册、宣传资料，重点培训办税服务中心、税源管理部门的人员，使他们做到熟悉操作，确保网上办税服务厅全面上线后的正常运行。

（邹赛）

人民银行祁阳支行

【概况】 中国人民银行祁阳支行成立于1990年10月，主要职责是：依法制定和执行货币政策；经理国库；维护支付、清算系统的正常运行；指导、部署金融业反洗钱工作，负责反洗钱的资金监测；负责金融业的统计、调查、分析和预测。支行内设人秘监察股、货币信贷与计划统计股、会计国库股，在职职工20人。2014年，祁阳县金融运行总体平稳，存贷总量稳步增长，资产质量不断改善，经营效益持续提升。金融机构存款余额224.5亿元，贷款余额82.2亿元，分别比年初增加25.2亿元，11.07亿元，存贷较年初增长率分别为12.64%，15.56%，年终存贷比为36.61%，金融机构不良贷款1.6亿元，比年初增加0.5亿元，增幅度达45.45%，不良贷款率为1.91%，同比提高0.36个百分点；金融机构盈利3.5亿元，金融机构存贷款增速、盈利水平均创历史最好水平。

【搭建银企合作平台】 6月初成功举办祁阳县第11届银企合作项目融资洽谈会，参会金融机构8个，企业56家，达成意向签约项目62个，签约资金18.5亿元。至2014年年底36个项目获得信贷支持，项目履约率58%，贷款到位12亿元，签约资金到位率65%。项目履约率、资金到位率均创历史新高。

【支持新型农业经营主体快速发展】 为创新农村金融服务方式，突破资金瓶颈的制约，促进家庭农场发展壮大，在永州中支的指导下，5月初支行即着手部署家庭农场评级授信试点工作，出台《祁阳县金融支持家庭农场发展指导意见》，引导辖区内涉农金融机构开展家庭农场评级授信试点工作；制定《祁阳县家庭农场评级授信工作实施办法》，选定祁阳县农商行作为主办行，督促其落实评级授信试点工作；完善配套扶持措施。完成120户家庭农场的评级授工作，覆盖率达70%，授信总金额3430万元，累计发放贷款1200万元，有效满足家庭农场资金需求，促进桂香荷园、东方红农庄等一批家庭农场发展提质提速，为永州辖区金融支持新型农业经营主体发展探索出一条可借鉴的新路子。

【推进金融支持现代农业发展示范县创建】 8月份，根据《关于实施湖南省现代农业金融服务工作的意见》，结合辖区实际情况，拟定《祁阳县创建金融支持现代农业发展示范县实施方案》呈报县政府并获批准。祁阳创建工作在中支的指导下，按照既定的目标有序推进，力争用两年的时间，通过汇聚金融、财政、农业、林业等各联通部门的共同努力，实现“示范县”的创建目标。

【大力推广电子缴税】 祁阳县支库将电子缴税业务推广作为创新国库服务的一项重要工作来抓。会同县国税局、地税局成立电子缴税业务推广领导小组，制定切实可行的推广实施方案，先后2次组织召开国库、税务、银行电子缴税业务联席会，促成税务、银行、纳税人三方现场签约，共新增签约纳税人122户。全县固定纳税户上线签约率达98%，电子缴税比重大幅上升，年末达到92%，税款入库速度大幅提高，在途时间由原来的2～3天，缩短到2014年年底的半天。同时充分完善报表的参数设置，实现国库报表数据国库、财政、税务部门共享和数据传输“无纸化”。祁阳支库被地方政府、财税部门以及纳税人誉为“满意国库”。

【维护辖内金融稳定】 支行紧紧围绕永州中支《县支行金融稳定指引》，坚持“预警为主、监管合作、健全机制、制度创新”的工作原则，以筑牢“小圈”、巩固“中圈”、辐射“大圈”为工作重心，积极探索县支行金融稳定履职手段和工作方式，切实维护辖区金融稳定。建立金融稳定协调机制。为搞好这一工作，政府成立金融稳定工作小组，加强组织领导。建立中小法人金融机构金融稳定监测评估机制，强化风险预警工作；制订《祁阳县突发性金融风险处置预案》和《祁阳县中小法人金融机构风险处置预案》；建立危机管理应急机制，提高应对“小圈”危机的能力。建立健全风险监测机制。制订《祁阳县金融稳定监测数据采集制度》，完成辖区内银行、证券、保险、小贷公司、融资性担保机构等机构的监测数据采集工作；落实《中小法人金融机构风险评估制度》，完成2014年辖区中小法人金融机构风险监测评估工作。建立民间借贷监测机制，加强民间借贷监测工作。选择7家投资公司、10家企业和50户居民作为监测样本，有偿采集民间融资信息，动态掌握区域民间借贷变化趋势、价格走向、风险状况；聘请人大代表和政协委员各10名作为民间融资特约监督员，构建民间融资监测网络，及时了解民间借贷的有关情况。采取措施综合治理社会融资环境。开展非法集资风险专项排查工作，对担保公司、小贷公司、投资公司、典当等影子银行、各类涉农互助合作组织、民办学校、房地产开发、矿产品开发、中小企业等高风险行业融资情况进行全面摸底；开展规范整顿清理投资公司专项行动，责令规范6家，取缔4家；建立投资公司综合管理机制，工商部门负责投资公司日常业务经营监督管理，公安部门负责对涉嫌非法集资的依法打击，人民银行负责对公司银行账户及公司关联人个人结算账户的监督管理。设立举报电话，利用社会力量参与对非法集资活动的监督。

（张小卫）

工商银行

【概况】 2014年，中国工商银行祁阳支行辖中国工商银行祁阳支行营业部、中国工商银行祁阳支行城关分理处、中国工商银行祁阳支行浯溪分理处等3个营业网点。黎家坪镇设有市行直辖的二级支行，即中国工商银行祁阳黎家坪支行。在县城内有2个自助银行网点，15台自动存取款机。年末有员工69人。12月末，各项存款余额19.6亿元，各项贷款余额4.68亿元，全年实现账面利润2752万元。

（李平生）

农业银行

【概况】 中国农业银行祁阳县支行在岗员工163人，二级机构有综合管理部、运营财会部、风险管理部、公司业务部、个人金融部，下辖14个营业网点。祁阳支行秉承“诚信立业，稳健行远”的核心价值观和“客户至上、始终如一”的服务理念，以竭诚为广大客户提供高品质、高效率的金融服务为最高宗旨，赢得社会各界的大力支持，各项业务得到全面快速发展。2014年年底，人民币各项存款余额达52.67亿元，净增5.65亿元，在县域四大行中，持续保持存量与增量市场份额“双第一”，各项贷款余额达11.42亿元，净增19311万元，主营业务势头喜人。祁阳支行既是“全国重点推进行”，又是省行评为的“重点县域支行”，还是禅连二年的“内控一类行”。支行营业部多次获湖南省文明规范服务“百佳示范单位”和永州市银行业“五星级营业网点”等荣誉称号。

【提升服务品质】 2014年扩建装修潘家埠、金洞营业所等14个网点，城中、三吾支行实现整体搬迁，同时对各网点柜面标识、证照及上墙的规章制度进行统一规范，配备便民设施，用标准的装修、一流的营业环境和服务，树立农行优秀的企业形象。加强渠道建设、网点改造工程，实现网点从原来简易营业所向营销服务型和客户关系型场所转变，真正践行“赢在大堂”策略。网点员工自觉遵守行业文明规范服务公约，实行微笑服务、使用文明用语，对外公布监督电话，“软转”和“硬转”使祁阳农行的整体形象得以提高。

【加强风险防范】 积极开展合规文化建设，加强员工轻微违规积分管理，对员工参与民间借贷、非法集资问题进行专项排查，增强员工合规经营意识。全面开展“平安工程”创建工作，构建内控管理、风险管理和案件防控长效机制，夯实全行基础管理水平。提升内控管理水平，开展“三化三铁”“三化三无”“三化三达标”创建工作，内部控制能力持续加强。加大对账管理力度，对对账时间、对账范围、对账程序、对账责任人及奖罚进行明确规定，确保全行重点账户对账率达到100%。加强印章管理，各类行政印章及部室印章清理上缴支行统一管理使用，消除潜在风险隐患。

【优化信贷结构】 以优质大项目为突破口，努力扩大公司贷款规模。以战略性新兴产业、先进装备制造业、现代服务业、文化产业等四大行业为重点，培育优质信贷项目。以房地产开发贷款为扩张手段，不断提高市场份额。以小微企业贷款和国内贸易融资为发展重点，切实优化信贷结构。抓住祁阳有利的工业发展条件和机遇，积极拓展小微企业信贷市场，发展贸易融资业务，进一步丰富和优化信贷品种，致力信贷结构转型。按照“效益至上、量质并举”的总体要求，以个人住房贷款、个人经营性贷款、个人房屋抵押贷款、个人消费贷款、个人小额贷款为切入点，紧紧围绕住房消费市场客户群、汽车消费市场客户群、商品交易市场客户群，充分运用系列个人贷款新型担保方式，全面开展持续性营销活动。全行个贷余额为17768万元，比年初净增763万元。

【服务三农】 按有所为有所不为的原则，择优支持县域支柱产业及骨干企业、优质小微企业、特色农业及产业化龙头企业、县域基础设施项目和企业（含城镇化建设）、特色旅游项目、信贷扶贫企业等。开展信贷体制机制创新。重点采取双管齐下的措施。在项目发起上，对祁阳县支行大中型客户和项目，由省市分行直接牵头营销，开展调查评估。对法人贷款和部分个人贷款由二级分行直接发起调查，全面提升调查层次，缩短业务流程，提高运作效率。在业务授权上，在核定的授信额度内，祁阳支行可自主审批单笔短期流动资金贷款A+级以上（含）法人客户500万元额度，审批单户金额5万元以下的农户小额贷款。立足服务三农，促进县域经济发展，谋求银企银政双赢。

【加强安全保卫】 成立社会治安、维护稳定工作领导小组，按照“谁主管、谁负责”的原则，按要求签订安全保卫、消防工作责任状，认真落实安全保卫责任。加强员工思想教育，使每一个员工牢固树立安全就是效益的思想，把防范案件的工作落实到业务的具体操作环节上，养成以制度为准则，按规章制度办法的良好习惯，让每个员工思想上高度敬惕，行动上密切重视。同时每个网点均派员参加祁阳消防队组织的培训工作，并在考试考核中取得满意的成绩。保证制度落实。把日常的安全检查当作一项部门职能实现和对安全保卫工作管理的主要措施来对待，立足于抓小事、抓细节、抓苗头、促落实，把小事当作大事来看，把苗头当作问题来抓，起到防微杜渐，预防在先，防范超前的作用。

【强化信贷管理】 着力在业务流程、贷款审查、贷后管理、检查制度和档案归档等方面下功夫，积极构建适合市场特点和区域特点的信贷资产的优质化。坚持依法清收，努力压降不良资产。认真实施全面风险管理报告制度，强化潜在风险贷款管理，提升信贷风险防范能力。采取风险关口前移、明确责任等措施，多渠道、多层次压降潜在风险贷款，防控贷款劣变。建立和完善信贷资产质量考核机制，实施项目管理人问责制，有效提升基层行清收处置不良贷款工作积极性。

【加大金穗市场营销】 不断拓展特约商户，增加信用卡业务各项收入。通过“金穗惠农工程”营销活动扩大优质客户群体，落实个性信用卡产品的跟进营销，瞄准目标市场确定商户发展名单，重点突出汽车专项消费分期付款业务营销，狠抓理财产品营销工作，通过各种活动积极营销农业银行“本利丰”“安心快线”“天天利滚利”等理财产品，拓展中间业务收入。个人理财产品日平余额1.2亿元，比年初增加0.46亿元，完成全年计划任务的141%。全行完成信用卡活动净增客户400户，信用卡有效客户新增2400户，惠农卡有效发卡量2050张，完成全年计划的256%；金融IC卡发卡36782张；分期付款业务收入300万。

（蒋莺）

建设银行

【概况】 截至2014年12月31日，祁阳建行全口径存款248390万元，其中个人存款201803万元、全年时点新增

32290万元、日均新增30836元，对公存款46587万元、日均新增1429万元，贷款余额30591万元，实现中间业务净收入764万元，账面利润3678万元。全年无重大安全事故，员工服务意识和服务水平进一步提高、干事业谋事业的激情高涨、合规意识也得以进一步提升。

【业绩领先】 2014年个人存款时点新增、日均新增均排名全市第一，下辖四个网点在全市网点个人业务考核排名中均名列前茅。在两节营销的评比中，祁阳建行三个网点经理，均被评为市行“两节营销十佳网点经理”。支行营业部荣幸参选中国银行业协会百佳服务网点，并获“永州市青年文明号单位”，1名员工被评选为“永州市优秀岗位能手”。

【团队建设】 祁阳建行始终坚持“以人为本，以德治行，构和谐、谋发展、保平安”的办行思路，管理与文化同行，抓出特色，抓出成效。工作中，班子成员以身作则，抓企业文化建设，抓员工素质培训，抓工作执行力和落实力。工作之余，组织员工开展丰富多彩的文体活动，主动为员工减压，使全行上下凝成一股强大的合力，共同实现支行又好又快发展的最终目标。

（杨洪霞）

农业发展银行

【概况】 中国农业发展银行祁阳县支行认真贯彻落实年初省、市分行长会议精神，坚持稳中求进工作总基调，紧紧围绕工作重点，突出理性发展，持续抓好基础工作整改和不良贷款化解工作，充分发挥农村金融骨干和支柱作用。2013至2014年，形成以支持国家粮棉购销储业务为主体、以支持农业产业化经营和农业农村基础设施建设为两翼的业务发展格局，初步建立现代银行框架，经营业绩实现重大跨越，有效发挥在农村金融中的骨干和支柱作用。截至2014年年底各项贷款余额108870.54万元；各项存款余额7248.90万元；实现利润1521.40万元。

【支持地方经济】 全年各项贷款余额108870.54万元，较年初下降16573.69万元，下降13.21%；累计发放各项贷款60596.14万元。其中，政策指令性贷款31946.14万元；政策指导性粮油收购贷款9050万元；龙头加工企业购销流动资金贷款19500万元；非经营性农村土地整治中长期贷款100万元。对4家农业龙头加工企业贷款1.7元实行贷款核销。

【两个文明建设】 从“精神文化建设、制度文化建设、行为文化建设、物质文化建设”方面入手，以凝聚员工思想、规范业务操作、树立良好形象、齐心协力推动各项业务发展为目标。5月被永州市委、政府评为市级“文明单位”。确定企业精神、经营理念和管理理念。结合实际，提炼“和谐团结、求实创新、努力奉献”的企业精神，贯彻落实农发行“至诚服务、有效发展、以人为本、构建和谐”的核心理念。队伍的凝聚力进一步增强。企业文化的导向、约束、凝聚、激励、融合、辐射等功能，引导员工产生潜移默化的影响，逐步形成积极向上、勇于进取的心态，正视困难，追求成功的信心，朝气蓬勃、努力拼搏的精神，增强员工的凝聚力、向心力。组织开展“为农发行添光彩——价值体系大讨论”主题活动。从优质服务、员工行为准则等方面，规范员工的行为，增强员工履行职责的自觉性和荣誉感，促进全行业务发展顺利进行。以人为本，关爱员工。从如何吸引和凝聚职工忘我精神，充分发挥员工的积极性和创造性，为企业的发展做出应有的贡献。除此之外，还不断为职工办好事、办实事，了解干部员工的疾苦，“想员工之所想、急员工之所急”为员工办好事、办实事，真正解决员工面临的实际困难。2014年，共慰问特困员工2人，发放慰问金5000元。2014年5月被永州市委、市政府评为“文明单位”。

（毕克功）

中国银行

【概况】　中国银行祁阳支行成立于1992年，为中国银行在永州市首设的县级机构，是永州市最大的县支行，有干部职工48人，营业网点3个，离行式自助银行3个。支行设行长办公室、综合管理部、营业部，下辖祁阳县人民路支行、祁阳县罗口门支行。2014年，中国银行加大科技投入，业务系统实现全国统一，应用数据逻辑集中，实现存款、取款、汇划业务实时处理，实时到账，加速资金流转速度，增强安全保障性能，有效地防范业务风险，全面提升经济效益。开发的“中银信贷工厂”“中银网银”“手机银行”“电子商务”“中银理财”“私人银行”“中银信用卡”“中银保险”“全球现金管理”等中银品牌金融产品，全面融入人们金融生活，改善人们生活方式，提升生活品质。截至年末，全行各项存款总额127366万元，贷款总额48641万元，全年实现业务净收入3518万元，实现拨备前利润2477万元，实现净利润2250万元。

【负债规模不断扩大】　2014年，中国银行祁阳支行各项存款总额127366万元，较年初增加4249万元。其中，人民币储蓄存款余额97988万元，新增7699万元。储蓄存款日均余额96899万元，较年初新增10250万元；人民币公司存款余额24864万元，较年初净增-4514万元。

【资产业务稳步推进】　2014年各项贷款总额48641万元，新增5463万元。其中公司贷款余额新增6256万元，当年累计发放14276万元，新增6256万元；零售贷款余额6220万元，累计发放1327万元。

【金融服务水平不断提高】　2014年，中行祁阳支行采取一系列措施，强化对员工的培训，加强考核力度，使全行的服务质量得到不断提升。支行通过组织员工进行“销售流程导入”固化培训，促进柜员在个人形象塑造、与客户沟通技巧、柜台操作规范等各方面的全面提升。通过人力资源改革，员工双向选择，合理配置资源，为业务发展提供有力的人力保障。通过狠抓文明优质服务工作，组织员工参加省、市分行“业务技能大比武”活动，进一步强化业务基础、业务技能和新业务产品的培训，着力于内练素质、外树形象，员工业务素质和服务水平不断提高。

【内控管理增强】　支行定期开展案件防控主题教育，提高主动防范案件的能力。在网点开展“基层机构案防达标”活动，落实网点服务、网点结构、网点等级三项达标，同步推动和实现案件防控工作达标。定期召开员工思想行为排查专题分析会，加强新版“双十禁”的执行检查，提高发现问题的能力。进一步强化落实营业场所“安全轮值”和“晨会案防一分钟”制度，推行日常检查情况报备制度，切实提高基层机构安防管理能力。中行祁阳支行秉承“诚信、绩效、责任、创新、和谐”的核心价值观，始终将爱国爱民作为办行之魂，将诚信至上作为立行之本，将改革创新作为强行之路，努力担当社会责任，做最好的银行。

（罗金兰）

邮政储蓄银行

【概况】　2008年4月，中国邮政储蓄银行祁阳县支行正式挂牌成立。县支行内设综合管理部、三农金融部、公司业务部、、小企业金融服务中心、营业部等五个部门，下辖27个网点（其中县城7个，乡镇20个）。2014年，祁阳县支行坚持服务“三农”、服务中小企业、服务社区的定位，自觉承担起“普之城乡，惠之于民”的社会责任。年末，各项存款余额42.99亿元，全年净增6.27亿元，新增存款量再掀新高；各项贷款余额4.33亿元，全年净增1.35亿元，其中，小微企业结余24763万元、三农小贷结余8256万元、个人消费贷款结余1.78亿元，全年净增9416万元。信贷结余在各商业银行中列第四位、信贷增量在各商业银行中列第三位，增幅31.22%，排全县同业第一位。

【突出信贷发展】 2014年是祁阳县支行信贷业务发展转型的关键之年。县支行加强信贷客户经理团队建设，按照信贷产品类型进行重新分配。分别成立小贷专营支行、小企业金融服务中心、消费贷款团队，促进信贷团队从集中化转向专业化。同时，通过加强“阳光信贷”、信贷客户经理“八不准”、限时办理业务、执行力建设等措施来抓好队伍的管理，促进社会价值与企业经济效益的双赢。全年累计投放贷款5.68亿元。

【做好客户服务】 祁阳县支行充分依托覆盖城乡的网络优势，坚持服务“三农”、服务中小企业、服务社区的定位，自觉承担起“普之城乡，惠之于民”的社会责任。利用先进的科技手段，突出自助银行、电话银行、手机银行和网上银行构成的电子银行立体服务体系，让客户真正体验到“足不出户”、银行在我家的感觉。截至2015年4月末，服务客户数量达到73万人、各类存款总余额为46亿余元。2014年，年累计代发涉农补贴、养老金等各类资金达到5.56亿元。

【创新经营模式】 祁阳县支行将支持小微企业、“三农”服务健康发展作为重要任务，在信贷技术、资金管理上进行创新，严格防范风险。采取额度循环使用贷款模式和灵活还款方式，配合“阳光信贷”的服务理念，最大限度的帮助小微企业、“三农”客户节省开支、降低成本。同时，在担保方式上不断调整，准入祁阳县中小企业信用担保有限公司，采取提高单户授信额度、灵活调整担保方式、延长贷款期限等差异化的信贷政策，满足不同类型的中小企业与“三农”客户的需求。全年累计发放小企业贷款36笔，结余7653万元，累计发放小额贷款1253笔，1.69亿元，主要投向农业、加工业、零售业、批发业等行业。

【加快网点转型】 2014年，祁阳县支行加强渠道建设、网点改造工程，加大手机银行、网上银行、微信银行等电子银行及自助ATM机的发展，实现网点从原来简易的营业所向营销服务型和客户关系型场所转变，人字街支行迁址改造正式营业。全年新增存取款一体机3台、网银终端1台，全面提升网点服务形象和水平。将规范化服务纳入日常管理范畴，推动网点服务全面提升。

【企业文化建设】 围绕全行中心工作，加强党的思想、组织、作风和制度建设，做好新党员的发展和培养，发挥党员模范带头作用，营造积极向上的氛围。开展形式多样的员工劳动竞赛、创先争优活动，选出各条线先进，在全行范围掀起“学模范、争先进”的发展氛围。2014年，祁阳县支行先后获得“湖南省分行一级支行争先奖”“湖南省分行2013—2014年度先进基层党支部”“永州市分行先进支行”等荣誉称号。

（蒋璐文）

祁阳农商银行

【概况】 湖南祁阳农村商业银行股份有限公司（简称祁阳农商银行），前身为祁阳县农村信用合作联社。2014年6月祁阳农商银行获中国银行业监督管理委员会批准筹建，12月19日挂牌开业。祁阳农商银行设有13个职能部室，下辖57个支行，1个营业部，干部职工470人，截至2014年12月底，各项存款62亿元，各项贷款38亿元，其中涉农贷款37.7亿元，存款和贷款均居全市信用社系统和全县金融机构第一。实现财务收入4.6亿元，经营利润1.4亿元，年纳税0.55亿元，为全县纳税大户。2014年，被评为全省农村信用社十佳创新示范行社、湖南省农村信用社绩效考核先进单位、永州市信用社先进单位、全县就业和社会保障工作先进单位、全县无偿献血工作先进单位等。

【信贷支农】 优化信贷结构，加大支农力度，围绕农业现代化需求，实施信贷“百千万”（每个县级行社要信贷支持1000家中小企业和农业合作社，1000家城乡工商个体户，1000家特色农业种养户、新型家庭手工业户）工程，为县域经济发展提供良好的金融服务。先后推出农户小额信用贷款、股权质押贷款、在建工程抵押贷款、林权抵押、社团、小微企业联保、青年创业、下岗职工再就业、妇女创业、园林绿化、家庭农场、个体商户、便民卡贷款等10余个信贷品种。实行贷款按时办结制，对支行上报总行的贷款在5个工作日内办结，全年累计发放各项贷款28.61亿元，其中累计发放涉农贷款27.31亿元，支持全县优质稻、油茶、生猪、名特优水果发展，支持湖南自然韵黑茶公司、民康养殖等50多家小微企业发展，支持祁阳一中、祁阳职业中专、县自来水公司、木金（木子塅—金洞）公路改造升级等民生社会事业发展。

【经营管理】 规范信贷管理和操作流程，实行客户经理等级管理；实行财务收支“双线”管理，抓好反假币、反洗钱工作，严格执行大额现金支取、大额资金划转实行审批报备；做好资金营运，开展全国银行间市场资金业务，使富余资金得到有效运用；建立资金授权管理中心，大额资金支取、汇划等全部通过授权中心审核授权，有效防范资金管理风险。

【电子银行】 电子银行业务发展迅速，累计发行福祥借记卡23.87万张，发行福祥便民卡1349张，安装ATM机45台，占网点的77.6%，布放POS机349台，开通网上银行、手机银行、电话银行，开办“惠民一卡通”业务。

【内控管理】 全面落实案防责任制，实施案防保证金和案防积分制，加强案防教育培训，推行网点风险主管制，将案防风险的关口前移。开展非法集资风险专项排查活动，防范声誉风险。抓好安全保卫工作，加大设施投入，积极构建物防、技防体系，对网点营业、守库值班、ATM机等实行全程监控管理，确保安全无事故。

【队伍建设】 加大劳动人事改革力度。推行支行行长竞聘、员工组阁上岗制，建立后备人才库，强化技能抓培训，举办支行行长、客户经理、风险主管、“三行一通”业务、新员工上岗前、全员营销项目等多项培训。加强基层党组织建设，深入开展群众路线教育活动。

【企业文化】 牢固树立“以客户为中心”的服务理念，加强企业文化建设。积极开展各类健康有益的文体活动，举办优质文明服务培训、演讲比赛、健康知识讲座、员工健康检查、组织青年团员志愿者开展送金融知识下乡、帮贫扶困等活动。开展反假币和银行业消费者权益保护知识宣传活动，企业形象不断提升。着力打造标杆网点建设，对营业网点进行高规格装修，聘请社会监督员对各网点的优质服务进行暗访。营业部和三吾支行被评为永州市三星级网点，营业部被评为湖南省银行业文明规范服务“百佳示范单位”。

（何发明　陈春仲　柏帅　孙旭林）

人保财险

【概况】 2014年，人保财险祁阳支公司有在岗职工28人，营销人员80多人。下设两个营销服务部，白水营销服务部及金洞营销服务部。开办企事业单位财产保险、家庭财产保险、机动车辆保险、人身意外伤害保险、货物运输保险、建筑安装工程保险、农业保险、信用保险和各种责任保险等100多个险种，承但责任风险金额50多亿元。人保财险祁阳支公司围绕省分公司“品质卓越、跑赢市场、进一跨越”的战略目标，坚持“效益优先、依法合规”经营理念不动摇。坚持“政府合作、城市市场、农村市场、客户服务”四大工程建设不动摇，坚持“算着干”经营方法不动摇，坚持强化“底线意识、问题意识、对标意识”三种意识，全面提升公司的发展能力，盈利能力，服务能力，组强能力和执行力，促进公司有效益的发展。人保财险祁阳支公司2014年被评为全市先进单位，全市综合排名第一，获人保湖南省先进单位、全省效益十佳单位、全国人保系统“标杆”支公司。

【业务发展】 2014年，完成保费5166万元，完成省公司计划的103%，完成市公司计划100.3%，其中车险完成2747万元，占市公司年计划的103.6%，非车险业务完成436万，占年计划的83.85%，医责险60万元。农险完成全年计划1983万。支付各类赔款3600万，缴纳各项税收407万，实现税前利润900多万元。

【服务三农】 发展乡镇村支书或主任为农业保险专兼干638人，举办10期三农专兼干培训班；收集有效农户信息7万多条，每个乡镇做两个宣传栏，做好流动车辆宣传，将《致农户一封信》下发到每个乡镇每个村每个农户手中，做到农业保险家喻户晓。

（陈梅）

中国人寿

【概况】 1996年6月，中国人寿保险有限公司祁阳支公司成立，其前身是中国人民保险公司祁阳支公司。1999年更名为中国人寿保险公司祁阳支公司（以下简称“中国人寿祁阳支公司”）。2014年，中国人寿祁阳支公司有城区营销部2个，农村营销服务部6个，建立兼业代理窗口13个，拥有300余名营销员队伍。中国人寿祁阳支公司机关设有经理室、综合管理部、个险销售部、团险销售部、银保销售部、客户服务部等6个部门。2014年，祁阳支公司总保费收入11619万元，其中满期给付7139万元。在祁阳寿险市场所占份额为52.33%。

【企业文化建设】 2014年，中国人寿祁阳支公司秉承“成已为人、成人达己”的核心经营理念，牢固树立“用专业和真诚赢得感动”的服务宗旨，将“始于客户需要，终于客户满意”作为全体员工的行为准则，将满足客户的需求放在第一位，不断建立与完善续期保险收取制度、住院慰问制度、理赔承诺制度、VIP个性化服务制度、95519二十四小时多功能服务、银行收付费服务等全新的服务方式，先进的管理理念、健全的服务网络、人性化的服务平台，为加强经营管理，提高服务品质提供坚实可靠的硬件保障，争取到广大客户与市民的好口碑，树立中国人寿品牌服务形象。2014年，祁阳支公司综合经营指标考核名列全市前茅，公司获全省系统“先进集体”荣誉称号，公司经理朱振祥获全省系统和全市系统“先进个人”及“优秀共产党员”等荣誉称号。公司进一步强化社会责任意识，积极履行企业公民责任，回报社会，举办各项社会公益活动，树立品牌形象。举办“中国人寿杯”少儿书画比赛，为全县有书画爱好的青少年提供一个学习、提升艺术水平的平台。

公司把政策性业务作为公司发展壮大的风向标和晴雨表。通过学习国务院《关于加快发展养老服务业的若干意见》《关于促进健康服务业发展的若干意见》等重要政策和省、市两级政府相继出台落实政策的相关文件，主动向政府及相关部门汇报，及时制订出切合祁阳实际的实施方案，并得到县委、县政府的理解与支持。公司与祁阳县农村合作医疗管理办公室签订《祁阳县农村合作医疗补充保险协议书》，随后，在委托管理农村居民补充医疗保险基金的基础上，根据县政府文件，承保祁阳农村居民补充意外保险，逐步形成以政策为支撑的业务发展新格局。

【增强执行能力】 中国人寿祁阳支公司领导高度重视个险，带头学习个险，自觉遵循营销规律，以科学的态度、专业的素质，强力领导个险发展。根据个险主渠道的战略定位，加大资源投放力度。强化人才配备，强化财务资源倾斜，强化考核引导，强化培训跟进，强化后援协同，形成政策合力，产生聚合效应。继续深化巩固与合作渠道的合作关系，2014年，工、农、中、建、邮五条主要合作渠道市场份额稳居全县同行业前列。紧紧围绕省公司提出的“调责加费、扩面增效”的经营思路，加大外部公关协调，优化内外发展环境，努力夯实渠道发展基础，通过抓“调责加费”，提升渠道发展能力；抓项目管理，提升渠道经营能力；抓基础管理，提升渠道管理水平，传统渠道焕发出勃勃生机。

【提高风险管治水平】 2014年，中国人寿祁阳支公司坚持标本兼治，自始至终把风险管控工作作为工作的重中之重，切实强化管理工作，防范和化解经营风险。加强对员工尤其是班子人员的廉政勤政教育和风险管控教育，签订党风廉政建设责任书，完成班子成员风险预警上线工作，并对高风险预警分值的对象采取相关预警措施。集中组织对单证、印章、宣传资料、密码权限和销售人员违规行为检查。始终把整改建制放在风险管控工作的重要一环。依托风险预警平台，全年风险预警共运行24批次，平均电访成功率为95.5%，同比增长4.6%；平均排查成功率为98.8%，同比增长2.9%。风险预警工作考核排名列全市前列。在风险管控和查处的基础上，建立健全公司相关管理制度，有效防范和化解业务经营风险。

（陈海艳）

中华联合财产保险股份有限公司

【概况】 中华联合财产保险股份有限公司祁阳县支公司成立于2006年6月28日，职场位于祁阳县浯溪中路218号。公司下设经理室、综合科、业务科、客户服务科。共有工作人员15人，其中经理室3人。公司经营理念为“稳健、创新、持续、高效”，坚持以勇担社会责任为企业灵魂，以强化优质服务为宗旨。

【保费收入稳步增长】 2014年，实现保费收入3008万元，其中商业险保费1310万元，同比增长11.5%；农险保费收入1698万元，同比增长12%。险种经营涵括机动车辆保险、责任保险、企业财产保险、农业保险、短期意外险及健康险等。农险经营险种扩展到能繁母猪、育肥猪、公益林、商品林等4个险种，是祁阳县政策性农业保险的主要经营主体之一。

【服务工作持续创新】 公司实行客户服务工作规范化，流程化，简化理赔手续，创新服务手段，理赔工作提质提速。车险当期结案达92%，小案结案周期控制在2天以内，客户满意迅速提升。在湖南保监局编制的2013年保险理赔服务指数中，中华保险理赔服务属于A类公司（理赔服务高于当期行业平均水平公司）。祁阳县支公司在内部正能量的推动下，积极开展“中华保险、理赔不难”“中华行、车险正能量”等客户服务工程，优质服务获得客户肯定，车险优质客户续保率达75%，位于全省前列。

【销售渠道有效开拓】 积极开拓销售渠道，与育才代理合作开展学平险业务；与各大车队进一步加强合作，获得出租车公司，专业运输公司的肯定；积极开展“保险进社区，保险进学校，保险进农村”活动，拓宽经营范围，坚持细分渠道，设立交警服务窗口，进一步服务广大车主。

【内控管理持续加强】 公司制订覆盖全业务流程、全管理线条、全管理层级的各项规章制度，而且员工所有行为都必须按照制度规定严格执行。公司定期开展内部检查活动，检查结果与员工绩效工资挂钩，坚持以制度管理为根本，着力打造合规经营文化。

（唐波）

科技·教育

科学技术

【概况】 2002年4月，县科委更名为祁阳县科学技术局，为县政府职能部门。内设办公室、计划股、成果管理股、法制与知识产权股。2014年，科技对经济发展的贡献率达到53.5%。全年申报省级以上科技计划项目30项。1家企业通过高新技术企业复审，全县高新技术企业达8家。申请专利135件，授权141件。获省科技奖1项，市科技奖5项，研发、引进新技术、新品种126项。获湖南省专利工作绩效考核优秀单位、湖南省专利工作先进单位、全市科技工作一等奖。成功申报湖南省可持续发展实验区。

【科技计划项目】 2014年，共申报省级以上科技计划项目30项，争取项目资金680万元，到位项目资金358万元。申报“湖南省县市区科技服务与创新能力提升专项计划”项目4个，获省科技厅300万元的支持资金。其中银光粮油的“新型大米冷却保鲜工艺的研发及应用”110万元；鑫丰农业的“湘南水稻基质育秧关键技术的研发与示范推广”80万元；金浩茶油的“优质茶油绿色高效提取关键技术研究及产业化应用示范”80万元；祁阳县生产力促进中心的“祁阳县技术转移综合服务平台”30万元。特别是申报的湖南省可持续发展实验区—“祁阳县农副产品加工生态经济可持续发展实验区”（实施时间2014—2018年）成功立项，标志着祁阳县具备申报国家可持续发展实验区条件。配合住建局成功申报“国家智慧城市”项目。安排县本级科技计划项目20个，安排项目资金60万元。重点支持一批科技含量高、经济效益好的企业和一些技术潜能优、市场前景好的后备企业，促进企业科技创新和技术成果运用。

【科技成果】 继续实施“湖南省科技成果转化示范县”项目（2013—2016年）。获省科技奖1项，宏泰铝业的“一种有色金属自动冷拉工艺”获省政府颁发的专利三等奖。获市级科技奖5项，其中天龙米业的“优质稻‘天龙1号’的选育与应用推广”获科技进步奖一等奖，皓志新材料的“氧化锆抛光液生产工艺研究与开发”获市技术发明奖二等奖（一等奖空缺）。评定2013~2014年度县本级科技奖26项，其中科技进步奖20项，专利奖6项（杰出贡献奖空缺，专利奖空缺4项）。皓志新材料股份有限公司通过高新技术企业复审，全县高新技术企业达8家。全年研发引进先进、适用的新品种、新技术126项，重点推动转化自有科技成果技术16项，其中专利技术12项。金浩茶油、银光粮油、皓志新材料、科力尔电机、宏泰铝业等规模企业通过成果转化和专利技术转化，极大地促进企业发展。

【知识产权】 全年申请专利135件，授权141件。获湖南省专利工作绩效考核优秀单位、湖南省专利工作先进单位。在全省知识产权工作会议上，祁阳县作为会议仅有的两个典型之一，作工作经验介绍。宏泰铝业的“一种有色金属自动冷拉工艺”获省政府颁发的专利三等奖。皓志科技通过省知识产权中小企业推进计划试点验收、并进入省级示范企业行列。宏泰铝业通过省战略性新兴产业领域中小企业知识产权推进计划试点验收、并进入省级示范企业行列。加强知识产权宣传。在“4·26世界知识产权日”开展宣传和咨询活动，发放专利法知识摘录资料8000余份。开展知识产权执法检查。在县城超市、商店等查处假冒专利35件，专利侵权纠纷案件2件，全部结案。9月份组织县内科技型中小企业参加在大连举行的第十届国际专利交易会。

【防震减灾】 规范修订《祁阳县地震应急预案》。开展“5·12”世界地震日宣传活动，发放地震相关宣传手册和资料约5000份。民生小学被省地震局、省教育厅授予“湖南省地震科普示范学校”称号。

【科技特派员】 全县派出科技特派员30名，其中农业科技特派员20名，医卫科技特派员10名。农业科技特派员实施科技开发项目20项，引进各类新品种12个，推广各类新技术16项，带动投入资金6815万元，举办培训班268次，培训农民12693人。医卫特派员投入资金180万元，建立6个专科。

【科技服务】 县生产力促进中心创建的祁阳县技术转移综合服务平台，继2012年被列入国家农村农业信息化示范省的首批试点平台，2014年又被省、厅认定为首批湖南省市州、县市区科技服务与创新平台，配备相关的硬件设备，以省科技信息研究所竞争情报中心、中国农科院衡阳红壤站等科研院所为技术支撑，整合国内阳光工程、党员远程教育等县内科技信息服务资源，与省级农村农业信息综合服务平台信息互联互通，很好地发挥平台的服务功能。帮助银光粮油与中南林业科技大学、黑凤山庄与湖南农大、鑫丰农业与农科院衡阳红壤站等建立产学研合作关系。开展“世界知识产权日、科技活动周、地震宣传日、科普活动月”活动，分别于4月25日、5月12日、5月19日、9月22日，组织相关单位和学会在民生路、白竹湖广场举行科技、知识产权、地震宣传活动，免费发放宣传资料2万余份。5月和11月两次深入25个镇乡办场开展农村实用技术培训，免费发放农业科技资料，参训人员达5000人次，发放科技资料2万余册。

（杨芬丽）

教　育

【概况】 1981年3月文教分开，建立祁阳县教育局，系县人民政府职能部门。主要职责是贯彻落实党和国家关于教育发展的方针和政策法规；执行省、市、县和上级教育行政部门制定的教育政策和发展规划；研究拟定、监督和实施全县教育改革与发展战略和教育事业发展规划，指导协调各镇、各部门的有关教育工作；综合管理全县学前教育、义务教育、高中教育、职业技术教育、成人教育等；依法保护师生的合法权益等。

2014年，县教育局机关内设19个股室，共有干部职工108人。全县有各级各类学校（幼儿园）538所，其中幼儿园301所，小学（含教学点）193所，初中28所，九年一贯制学校7所，十二年一贯制学校1所，高级中学1所，完全中学2所，特殊教育学校1所，中等职业学校3所，成人中等学校1所。在校学生（幼儿）14.4万余人，在职教职工近8000人。

2014年，县教育局大力推动实施“教育优先发展”战略，教育工作亮点频出：祁阳县被评为“全国农村职业和成人教育示范县”，县教育局被评为“全国职业教育先进单位”“省招飞工作先进单位”

“市优先发展教育考核第一名”“市文明单位”“县绩效考核先进单位”等30余项荣誉。

【高考工作】 2014年，全县共5313人参加高考，比2013年减少104人，一、二批本科上线2039人，比2013年增加57人，一、二本上线人数和上线率稳居全市第一。祁阳一中一、二本上线突破850人，其中一本突破400人，一、二本上线率居全市第一，进入全省15强，所有科目平均成绩雄居全市榜首；1人获得永州市理科状元，3人被北京大学、清华大学录取，3人被空军航空大学录取。祁阳二中生源提高率达162.1%。祁阳四中一、二批本科上线224人，文科上线率与文理上线比率跻身全市前列。县职业中专942人参考，对口升学上线446人，连续4年保持全省第一，连续12年蝉联全市第一，6名同学夺得相应专业全省桂冠。陶铸中学、高考补习学校上线总人数和一本上线人数分别排名全市民办学校、补习学校第一。

【全县议教】 9月5日，县委书记魏湘江主持召开2014年议教会，专题听取全县教育工作汇报，就推进县域教育信息化、建立教师激励机制、教职工工伤保险经费和退休教师大病互助补助、城区学位紧张和校园周边建设等问题进行研究和部署，再次为加速推进教育强县建设谋划新思路，推出新举措。县四大班子主要领导，在家的县委常委、分管联系教育的领导及教育、财政、人事等涉教部门负责人参加会议。魏湘江强调，要下决心推进县域教育信息化建设，进一步建立教师激励机制，多渠道筹集资金，教师保险经费由财政支持教育部门在教育经费中统筹解决。坚决支持扩大明德小学办学规模，1个月内解决祁阳一中征地问题；成立筹建工作领导小组，尽快启动经开区学校建设征地等工作。全面推行领导联系学校制度，每年联系学校办2~3件好事实事。

【职业教育】 4月25日，教育部等6部门联合公示“全国职业教育先进单位”名单，祁阳县教育局榜上有名，是永州市唯一受表彰的先进单位。5月26日，教育部公布首批“国家级农村职业教育和成人教育示范县”创建入围名单，祁阳县成功入围，是永州市唯一、湖南省3个入围县市区之一。祁阳县将职业教育纳入经济社会发展整体战略，定期召开部门联席会议。大力调整确保职教基础生源，普职分流比接近1∶1。祁阳县职业中专在校学生突破6800人。改革职教办学模式，在县职业中专校内引资建立阳泰电子厂、阳光服装厂等9家实体企业，设立校外实训基地67个、教学车间20个，形成“园中校、校中厂、厂中班”的新格局，与高职院校联合办学试点顺利推进，创建“全国中职改革发展示范校”工作取得重大进展。2014年，职业教育为社会输送中职毕业生近2900人，学生就业率100%。统筹培训城乡劳动力3万余人次，创办各类示范片约1万公顷，促进农户人均增收2000余元。

【项目建设】 加快推进公办幼儿园建设，实施文明铺镇中心幼儿园等7所公办幼儿园和黎家坪镇中心小学等7所农村小学幼儿园建设工程。义务教育学校建设强力推进。投入7000余万元，完成观音滩镇中学、文富市镇中心小学等17所合格学校建设；投入校安工程资金3924万元，维修改造校舍3.4万余平方米；争取上级资金2140万元，改造78所校舍类和教学设备类农村薄弱学校；投入450余万元，建设农村学校教师周转宿舍130套，城乡办学条件差距进一步缩小。恢复创办浯溪三中，县特殊教育学校正式招生。普高学校项目建设有序推进。投入200万元，实施祁阳一中综合楼项目建设，投入近200万元，完成祁阳二中塑胶跑道工程；协调县房产部门投入745万元，为祁阳四中兴建教师公寓132套。职教基础能力建设不断加强。投入 2600 万元，完成县职业中专新学生食堂、塑胶田径场、实习实训设备添置、校园网络工程、绿化景观工程等项目建设，职教办学条件迈上新台阶。

【作风建设】 深入开展党的群众路线教育实践活动，坚持以上率下，坚持问题导向，深入整改，务求实效，共查找局党委班子“四风”问题 17 条，整改落实 16 条，整改率达 94.12%。2014 年，局机关发文数量下降 27.2%，会议数量下降 9.45%，“三公”经费支出下降 16.7%，公务接待费用下降 33.6%，清理腾退办公用房近 100 平方米，局机关作风建设取得显著成效。深入推进依法行政工作，层层建立教育阳光服务平台，扎实开展岗位竞赛和师德主题教育实践活动，提升全县教育系统工作效能和服务水平。成立作风督查小组，定期或不定期进行明查暗访，强力整治上自由班、以教谋私、乱办班补课、克扣学生伙食、公款吃喝玩乐等不正之风。全年共通报批评违纪干部教师 27 人，诫勉谈话和责任约谈违纪干部教师 16 人，处分违纪干部教师 8 人。在全县组织的群众满意度测评中，县教育局位居满意单位前列。扎实开展廉政文化进机关、进校园活动，从源头上预防和解决腐败问题。

【教师管理】 建立教师补充机制，2014 年补充教师 276 名。建立科学的教师流动机制，打通小学、初中、高中之间教师流动的通道。持续推进“考试+考核”的教师进城方式改革，树立以德才和实绩定取舍的正确用人导向，人尽其才、人适其岗。在发放 30～260 元/人·月农村教师交通补贴的基础上，县财政再安排 100 万元农村偏远小学骨干教师特殊津贴，让农村教师安心努力工作。打破论资排辈的陈规陋习，不拘一格选聘中小学校长，并优胜劣汰，破解干部“能上不能下”的积习。完善教师考核和激励约束机制。每学期至少开展一次师生测评活动，由学校根据德、能、勤、绩及学生满意度等情况对教师进行量化考核，考核结果记入教师业务档案。把“培训学习”作为最好的福利发送给教师。定期邀请省内外教育专家学者、名优校长教师等进行讲座报告交流。每年选送 3000 余名教师参加国家省市县各类培训，提升教师专业技能，参训率、结业率、优秀率均居全省前三名。

【食堂管理】 不断加强对学校食堂的管理，建立规范、常态的学生食堂监管制度。学生伙食费以“保本不盈利”为原则，实行综合毛利率和最高限额双重控制，按实际开餐数进行结算，全年共清退学生结余伙食费 380 万元。投入 200 余万元，完善中小学校食堂“三防”设施及相关设备。集中开展 4 次学生食堂、饮用水专项整治行动，组织全县中小学校幼儿园食堂管理人员培训，菜谱菜价公示、生活饮用水检测、食品卫生安全台账管理制度有效落实。建立教师、学生、家长代表组成的膳食管理委员会，定期检查，并进行满意度测评，测评结果纳入学校和校长的考核体系。全面推行校长和教师代表缴费陪餐制度，实行“三同”，即老师和学生同样缴费，同时就餐，同标准就餐。陪餐的校长教师不仅要陪着学生吃饭，还必须核验食材购物台账、检测合格证等，提前进入食堂查看环境设施、操作人员卫生状况、饭菜质量及服务情况，并在饭后记录下对每餐的评价及整改意见，确保学生食堂伙食卫生安全、价格合理、质量良好。

【雏鹰争章】 县教育局在全县各小学大力实施以“雏鹰争章”活动为主线，以教学常规管理和学生综合素质培养为两翼的“一线两翼”的提升工程，培养少年儿童的优良品质，养成良好的学习、生活习惯。“雏鹰争章”活动将少年儿童思想道德素质、科学文化素质和健康素质等方面的要求具体内化为若干枚”雏鹰奖章”，根据不同年龄的学生心理特点，分年级分别设立不同的争章类别和级别。基础章按照“德育达标”系列分类，设定奖章7枚——入队准备章、礼仪章、勤劳章、自理章、自护章、孝敬章、环保章。特色章按照“智育、体艺”系列分类，并体现“两语”特色，设奖章7枚——阅读章、口语章、表达章、学习章、进步章、体育章、艺术章。每种奖章分为三个级别。鼓励少年儿童从日常生活及学习的具体环节入手，通过识章、定章、争章、考章、颁章、护章，不断为自己确立新的目标，激发自身的潜能，看到自己的进步。

【国学经典进校园】 2014年2月，县教育局印发《祁阳县中小学“国学经典进校园”活动方案》，拉开“国学经典进校园活动”大幕，传承弘扬祖国优秀传统文化，提高中小学生文化素养与道德素质。活动利用现有教辅图书，适量增加国学经典内容，结合“课堂教学、课题研究、诵读活动”，建立“班级—学校（年级）—镇乡街道教育管理中心—县”四级活动平台。县教育局数次组织专题培训，带队外出参观学习，造就一支国学教育生力军；各镇乡街道教管中心、中小学校纷纷成立领导小组，明确责任，精心策划，在人、财、物上给予强有力支持。各校按照方案要求，整合学校、家庭、社会资源。开设经典诵读课、欣赏课、展示课，诵读、征文、演讲、辩论竞赛，讲座培训，编印国学经典校本教材、简报，开辟专栏、专刊等，创新方式方法，开展丰富多彩的国学活动，让经典文化走进课堂、走进家庭、走向社会，让经典文化入脑入心，增强学生兴趣，提高学生素养，形成浓郁的学、用国学氛围。

【课堂教学改革】 课堂是最重要的育人阵地，推进课堂教学模式改革，激发学生个性特长是提高质量的最有效途径。祁阳向全县教师发出以“构建高效课堂”为旗帜的课改动员令。初中课改稍显滞后，2014年1月26日，县教育局局长刘双顺发出《致全县初级中学校长一封信》，推进以小组建设为核心的课堂教学改革和班级管理改革。县委、政府每年预算安排课改专项经费200万元。县教育局制订课改经费奖补方案，按不同标准下拨到学校。各学校从公用经费中安排一定比例用于课改支出。县教研室加强对全县课改工作的宏观指导和督促检查，浯溪二中、茅竹镇中心小学正朝着全市课改窗口学校迈进，祁阳二中、祁阳四中、陶铸中学、人民中心小学进入市课改示范校建设序列。

（李新春）

重点学校选介

祁阳师范学校

【概况】 湖南省祁阳师范学校是由永州市人民政府主办的一所国家级重点公办中等专业学校，湖南省示范性（特色）中等职业学校，湖南省幼儿教师培养基地，永州大专层次农村小学、幼儿教师公费生培养基地，湖南省学前教育教师培养研究基地，永州市学前教育研究中心，永州市中小学骨干教师培训基地，永州市幼儿教师国家级培训基地。是“湖南省语言文字规范化示范校”“省文明卫生单位”“省体育达标先进单位”“省综合治理先进单位”“市园林式单位”。学校创办于1979年，建制为县团级单位，2014年有全日制在籍学生3800余人，教职员工167人，专任教师95人，其中研究生26名，特级教师2名，高级讲师33名。

学校占地9.6万平方米，校舍面积4.8万平方米，办学条件优良，校园内绿树成荫，布局合理，教学、生活、活动设施齐全。

小教是龙头（五年制定向与非定向两类），幼教是主干（五年制、三年制、两年制、三年制对口高考四类），其他专业（航空服务、电脑文秘、群众文艺、戏剧表演等）枝繁叶茂。其中，学前教育专业被确认为湖南省示范性特色专业重点建设项目，全省仅有三所师范享此殊荣。

办学35年来，共为社会培养培训各类合格人才2万余人。学校秉承“服务基础教育，培养合格教师”的光荣传统，坚持“育人为本，质量为先，弘扬个性，全面发展”的教育理念，全力推进特色师范、现代师范、品牌师范的新跨越，为创建永州艺术幼儿高等师范专科学校的目标而奋斗。

【德育工作】 学校始终把德育教育摆在学校工作的首位。按照学校党委、行政提出的“育人为本，质量为先，弘扬个性，全面发展”的办学理念，坚持制度育人、环境育人、全员育人、活动育人，采取多形式、多层次的立体网络途径来加强学校思想政治教育，严格做到期期有中心、月月有主题、周周有活动。

学校德育工作由校长室负责，中层机构抓落实，全体师生及家长共同协作，形成全员、全方位、全过程的管理机制。全体教职员工都是德育工作者，在不同的岗位上担负起育人的职责。每学期召开1次德育工作研讨会，2次班主任工作经验交流会或总结表彰会。每学期安排志愿者到幼儿园、祁阳县福利院开展支教实习活动。每学期每年级开展至少1次球类竞赛活动。每月坚持2次班（团）会，并纳入教学课时计划之中。每周一早晨进行升旗仪式及国旗下讲话活动。

【教学工作】 2014年学校教学常规工作常抓不懈。严格按《新课程设置方案》开齐上足每一门课程，不随意增减；进一步规范和强化教学常规检查管理工作，加强每天的课堂考勤，及时处理违规教学人员，表彰先进，对在教学检查中优秀人员给予表彰奖励。

针对新教师多的现状，本学年学校把提高教师队伍素质作为提高教学质量的一项重要工程来抓。搭建新教师成长平台，给教师的提高和发展指路子，提出目标要求，使他们明确努力的方向；通过实施“一帮一”结对子活动，以老带新，相互学习，相互促进，使青年教师尽快成长；组织新教师公开展示课竞赛活动，提高新教师的教学水平和能力。

突出师范特色，下大力气狠抓学生技能考核。学生的技能考核有写字（钢笔字、粉笔字）、普通话（朗诵、讲故事、演讲）、声乐、器乐、舞蹈、形体、绘画、手工等。技能考核要求人人参加，个个过关，对各项技能考核优秀的学生给予奖励，考核不及格必须要参加补考，在补考中出现2门不及格，不能及时毕业。同时，学校将技能考核的成绩纳入到班级考评、班主任考评、任课教师考评中，充分调动班主任和任课教师的工作积极性。由于学校十分重视学生的技能考核，学生的技能水平提高很快，毕业生具有能说会道、能写会画、能唱会跳、能弹会奏的鲜明特色而深受用人单位的欢迎和喜爱。

学校以“学生”为中心，在努力抓好文化知识的基础上，利用周日上午开展丰富多彩的第二课堂活动，开放而有序的兴趣小组的开展，充分尊重学生的个性，促进学生综合素质的提高和发展。本年度的运动会、广播体操比赛、班级排球赛、乒乓球赛、讲故事比赛、法制宣传、安全教育等活动充分发挥了学生特长，活跃了学生精神生活，为学生提供了展示交流的平台，优化了育人环境。

学校立足于为本地教育事业服务的基点，2014年学生的教育见习实习主要安排在永州市内。采取集中见习和实习的方式，由学校统一联系小学、幼儿园等用人单位进行见习实习，见习实习期间学校领导老师深入到见习实习单位指导、督查、了解情况，促使学生在思想上、业务上得到全面锻炼，从而掌握实践技能，尽快适应工作的需要。

【培训工作】 2014年，在省、市教育行政部门的指导及高等院校的帮助下，学校举办了教师资格认定教育教学能力培养，永州市中职学校公共课教师继续教育培训、普通话水平测试培训、“幼师国培”转岗教师培训项目及市县幼儿园骨干教师培训等各类800余人的培训。

7月14~21日，学校承担祁阳县保育员培训任务，共有159名来自祁阳县各乡镇的保育员到我校参加培训。7月21~25日，永州市民办幼儿园骨干教师培训在我校举行，共有97名来自永州市县区民办幼儿园的骨干教师在我校接受培训。7月25日~8月1日，学校还承办永州市教育局举办的2014年永州市公共课骨干教师200余人的培训。

8~10月，学校承担2014年永州市“幼师国培”的转岗教师培训项目，共有来自永州市各县区的220名新任教师、70名转岗教师及80名保育员参加培训。本次培训分为5个新任教师班、2个转岗教师班级2个保育员班，新任教师的远程培训中，五个班级都被评为“特优班级”。

【招生与就业】 在招生竞争日趋激烈的情况下，全校教职员工同舟共济，2014年学校招收新生1199人，学生流失率控制在10%以内。就业工作稳步推进，学校邀请有影响的企业家、教育专家等来学校讲课、培训，加强就业指导。学校举办3次毕业生供需见面会，为毕业学生提供岗位1000多个。2014年有毕业生1060人，就业工作从2月份开始，8月份基本到位，9月份结束，学校统一安置749人次，自主择业311人，所有毕业生已全部就业，就业率100%。安置的用人单位300多家，对口就业率高。特别是幼师、小教、航空服务专业的学生，直接进单位到对口的岗位就业，就业层次高，社会反响好。

（赵海燕　高湘波　唐全香　唐守仁　汪铁桥）

祁阳一中

【概况】 祁阳县第一中学创办于1912年，是历史悠久、底蕴深厚的百年名校，是湖南省示范性高中，全国现代教育技术实验学校。学校占地约16.67公顷，建筑面积7.5万平方米。校内古木参天，楼阁高耸，自然景观、人文景观相映成趣。2014年年末，学校有教职员工327人，其中特级教师3人，高级教师105人，一级教师128人，国家级骨干教师2人，省级骨干教师7人，市级学科带头人11人，在校学生4000余人。学校教学设施完备，多媒体教室、宽带网、有线电视网能满足现代化教学的需要，教学大楼、实验大楼、图书馆、体艺馆、教工宿舍、学生宿舍、塑胶田径场、标准足球场、篮球场、游泳池等设施一应俱全。曾先后获“湖南省先进单位”“湖南省绿色学校”“湖南省文明单位”“湖南省依法治校示范学校”“全国劳动技术教育先进学校”“国家基础教育实验中心外语教育研究中心实验学校”“空军招飞工作成绩突出单位”“教育部课题研究先进单位”等68项省级以上殊荣。中央电视台、湖南电视台以及《中国教育报》等多家媒体对学校进行过专题报道。

【学校管理】 学校实行校长负责制、教师聘任制，不断规范校务公开行为，充分发挥教职工民主治校的作用。中层干部都是通过2012年和2014年两次竞聘后分别上岗的，在每个学期末都组织全体教职工对中层干部进行量化测评。学校下设办公室、教务处、政教处、教科室、总务处、团委、三个年级部。人员配备合理，职能界定明确，运转高效。建立“分线管理、层层负责、以班级为管理基础、以年级部为管理层级”的教育教学管理体系。做好校务公开，建立健全教职工代表大会制和校务公开民主管理制度，每年定期召开教代会，听取报告审议学校重大建设与财务账目，明确学校校务公开的组织机构、公开内容、工作重点、校务公开途径与形式、校务公开程序等。成立校务委员会，并聘请宝塔社区负责人、法制副校长、家长代表等共同参与学校管理与监督。2014 年被评为“湖南省校（厂）务公开民主管理工作先进单位”。

【教育质量】 2014 年高考，祁阳一中再创新高，一、二本上线人数突破 850 人，一、二本上线率再居全市榜首，所有科目平均成绩居全市第一。有 68 位同学被“985”高校录取，谢拓、蒋涛两位同学被清华大学录取，郭涛涛同学被北京大学录取，有 3 位同学被空军航空航天大学录取为飞行员。高二学业水平考试一次合格率、优秀率均居永州市第一。

【教改教研】 学校教研特色鲜明，形成以省市学科带头人为核心、全校教师积极参与的教研氛围，老师参编教材约 30 余人次，有 51 篇教学教改论文获省级以上奖励，有 17 人次获得国家级奥赛奖。2014 年物理教研组获评“湖南省优秀教研组”，学校被评为“教育部课题研究先进单位”。

【特长教育】 2013~2014 年，学校音、体、美等特长生培养成绩斐然。杨峥嵘同学获 2014 年全国少年田径锦标赛男子 4×100 米第三名。在 2014 年永州市第十八届中学生运动会中获团体总分第一名。校园足球蓬勃发展，国家体育总局、全国校足办、《中国体育报》多次对学校校园足球活动进行关注和报道。学校每年举办科技周活动、校园运动会、校园艺术节，为学生提供一个施展才华，展示风采，锻炼自我的舞台。

【文化校园】 学校一贯重视校园文化建设，以为师生创设优美的自然环境、舒适的生活环境、健康的心理环境和勤奋的学习环境为己任。学校书岩文学社先后获“全国写作教学优秀团体”“全国中学示范文学社”等荣誉称号。校报校刊《祁阳一中》《一中教研》在首届“梓桐杯”全国优秀校报校刊评选活动中，获综合项目铜奖。校园整洁美观，做到绿化、美化、亮化，绿化率达到 75%。步入校园，给人以美的熏陶和健康向上的启迪。

【自主管理】 学校充分调动学生自主管理的积极性，实行班级轮流值日制度，对学生的学风、纪律、卫生、礼仪等各个方面进行全面督查。开设专门的心理咨询室，帮助学生进行正确的心理调节。组织学生开展各种社团活动，合唱团、舞蹈团、文学社、美术组、书法组、科技组等社团极大地丰富学生的课余生活，使德育活动异彩纷呈，其中尤以足球队、乒乓球队最为活跃。

（冯杰）

祁阳二中

【概况】 祁阳二中始建于 1943 年，原名重华中学。1959 年改名为祁阳二中，1969 年停办，改名为祁阳县革命委员会学习班，1974 年复办。2001 年 7 月，获得永州市“示范性普通高中”称号。2014 年年末有在职教职员工 311 人，其中专任教师 274 人，有高级教师 93 人，中级教师 132 人，初级教师 46 人，其他 3 人。学校有全国优秀教师 2 人，湖南省特级教师 3 人，省市级骨干教师 20 人。2014 年上学期有教学班 57 个，学生 3547 人；下学期有教学班 60 个，学生 3912 人。

【办学条件】 学校占地 41354 平方米，建筑面积 38687 平方米。全年多方筹措资金，进一步改善办学条件，加强学校基础设施建设。先后完成运动场 300 米塑胶跑道建设；近 500 平方米高二男生旧宿舍改建成男生公寓；配置高标准理化生实验室各一间；第一栋教学楼前坪和运动场入口平整硬化；男女生公寓屋顶防漏；食堂灶具改造；学校大礼堂古建筑加固维护；添置 1200 套学生新课桌和 100 套学生餐桌。启动第三栋教学楼配电房改造项目和运动场旁厕所改建立项。

【教学成绩】 2014 年高考生源提高率再次居全县第一名，88 人上本科，其中 11 人上本科一批线，圆满地完成县教育局下达的高考任务。特别是普通班 402 班成绩突出，该班 11 人上本科线。高二学业水平考试一次性合格率为 88%。初中毕业班参考人数 180 人，8 人进入全县前 100 名，66 人进入全县前 1000 名。在 2014 年全市高一期末统考中，学校有 3 人成绩进入永州市前 30 名，其中陈仕琳和刘喜雯同学分别获市第一名和第二名，模拟划线人数占永州市示范性普通高中第一名。

【德育工作】 德育工作坚持“以人为本，德才兼备”的理念。实行德育教育系列化。每月一个德育主题，活动有计划、过程和总结。2014 年上学期，德育教育的重点是学会感恩和孝亲；下学期，加强对学生的爱国和奉献教育，积极开展国家贫困助学，为祁阳教育发展基金捐款，为患重病的师生捐募献爱心等活动。同时，学校还加强法制教育和禁毒教育，举行“珍爱生命，拒绝毒品”和“崇尚科学，远离邪教”的师生签名活动。安全工作常抓不懈。牢固树立安全重于泰山意识，每月进行一次管制刀具的收缴活动，进行一次学生应急疏散演练活动。学校与市消防支队联合举行消防、防震演习，使学生从“演习实战”中学会使用消防器材、自救逃生、互救等技能。举办交通安全宣传展，对通学生骑车上学情况进行清查，与学生签订骑车上学安全协议书。还利用学校广播、黑板报、悬挂横幅、张贴标语等宣传工具及举行主题班会、讲座、安全征文与知识竞赛等形式开展丰富多彩的安全教育。学校积极推行开学初、放假前、节假日安全提醒，学校利用每周的广播会和周一升旗、活动课时间，小结安全工作，强调安全事项。学校安全规程操作到位，安全措施防范有力，形成全方位、多渠道、上下齐抓共管的安全网络，确保学校和谐稳定，全期未发生一起安全责任事故。德育教育寓教于乐。以快乐德育打造学生成长乐园，健全学生健康的人格。开展“青春与雷锋同行”系列活动；举办首届校园歌手大赛；进行环保作品竞赛，倡导环保行为，开展保护湘江母亲河调研等环保活动；组建学生社团，社团活动开展有声有色，在建校 70 周年的校庆演出中，重华学子的文艺表演艳惊四方来宾。现场书画比赛、汉字听写大赛、“感动二中十佳学子”颁奖晚会等活动，全面展示社团活动成果。加强家校互动联系。学校通过校讯通等平台，加强与家长的沟通成功，就社会与学校一些大的事情多次印发告家长书。召开初一和高一学生家长会；组织召开陪读学生家长会和通学生家长会；组织召开校外辅导员和行风监督员会议，增进交流、达成共识，收到预期的效果。

【教研成就】 教科室制订《祁阳二中课堂教学模式改革指南》《祁阳二中小组建设及班级文化建设评比方案》，在初中部全面深入开展课堂教学模式改革，大力推进“质量课堂”创建工作，向课堂 45 分钟要成绩。2014 年 12 月在全县中小学课堂教学改革督导检查评比中，学校的课堂教学改革获得县二等奖和优秀组织奖。各教研组充分利用每周的集体备课，探讨课堂教学改革，团结协作，成绩优异。2014 年 11 月，历史组在湖南省第二届优秀教研（备课）组的评选活动中被评为优秀教研组。青年教师投身教改教研活动，成绩斐然。在市教育局组织的青年教师课堂基本功大赛中，郑国伟、曾令芳、唐安龙等老师均获得本科目的市一等奖；全年，多位教师的论文在刊物上发表或获奖，省级论文发表、获奖 10 余篇，市、县论文获奖 30 余篇，其中唐祁英、尹燮等老师的论文均获省一等奖，李立、蒋杰等老师的论文分获县一等奖。

【体艺特色教育】 学校举行第19届秋季田径运动会，开展书法、绘画、班级篮球、乒乓球、羽毛球等文体活动。参加县艺术节，语言类节目《我的中国梦》获一等奖，舞蹈类节目《刀锋》获二等奖；卢霜青、易慧艳获硬笔书法一等奖；张译文、张威获软笔书法三等奖；何妍获绘画一等奖，昌明芳获二等奖，刘菁获三等奖。校男、女篮球队参加县中学生比赛双双夺冠，男子篮球队获市中学生比赛第一名，女子第二名；何鑫同学获县运动会400米、800米第一名，市运动会400米、800米第一名，冯川同学获县运动会100米、200米第二名，市运动会100米、200米第二名，王珍玲同学获县运动会1500米、3000米第二名，市运动会1500米第二名，3000米第二名，陈丹同学获县运动会铅球、跳高第二名；冯川、唐亚、袁颜辉、何鑫获市运动会4×100米接力第二名。

【学科竞赛】 蒋明菊指导学生创作的作品《保护地球，从我做起》获国家级征文一等奖；于杨依依获高中生物学竞赛市一等奖；参加中小学生作文竞赛获县一等奖1人，二等奖3人，三等奖4人。

【内部管理】 进一步推进民主决策与管理。召开教代会，讨论并修订《年度目标考核细则》《职称资格评定方案》《高考奖励方案》《优秀班主任评选方案》《关于优秀教研组的奖励方案》等规章制度。进一步落实全员竞聘上岗。以《祁阳二中教职工全员聘任制实施方案》为蓝本，实行教职工全员竞聘上岗，进行学校中层干部竞岗，并进行教师对岗申报，学校及年级组优化组合。进一步优化年级组管理。学校继续推行年级组负责制，在学校统筹安排下，各年级负责人充分发挥主动性、创造性，将年级管理工作做实、做细，年级组管理水平不断提升。

【教师队伍建设】 作风建设常抓不懈。学校严格按照上级关于作风建设的规定，校党总支多次召开专题会，强调师德问题，严肃工作作风，规范工作纪律，塑造良好的教师形象。坚持教师培养工程。青年教师“开门课”“研讨课”“汇报课”，耳目一新；老教师言传身教，公开课、示范课，课课精彩。学校每期组织召开两次班主任、管理人员及青年教师德育经验交流会。加强教工业务知识学习。学校多举措助教师业务发展。2014年有21人参加英特尔未来教育培训，160人参加“高中学科教师远程研修培训”，28人参加国培计划培训，24人参加市培计划培训，83人参加中小学远程培训计划培训，4人参加教育技术能力培训。学校按要求完成教师各种培训的学分登记和上报工作。公平公正开展职称评定。2014年学校职评工作面临诸多困难，学校严格按照上级文件精神完成中高级职评的校内打分排队、评审材料申报、实地考核等相关工作，全校共7人顺利上报中、高级职评材料。另外还完成3名教师的初级职评材料上报。落实编制核查信息采集。开展事业单位机构编制核查和全国教师数据库信息采集工作。两项工作均时间紧、任务重、要求高，在全体教职工的大力配合下，相关人员凭着高度的工作责任感，加班加点，按时按质按量地完成相关工作。

【校园文化】 召开宣传工作专题会议2次。利用文化长廊发布一系列专题内容。学校网站在12月份进行改版，改版后更加美观大气。学校网站全年共发布师生稿件568篇，向教育信息网上传优秀稿件22篇。

（刘朝晖　谭又平　周礼华　唐永红　匡公民）

祁阳四中

【概况】 祁阳四中坐落在祁阳县北大门——黎家坪镇，东临G322国道，西抵湘桂铁路，是一所文科特色见长、理科强势发展、校园文化建设卓有成效的老牌重点中学。学校前身是保麓乡小学，创办于1939年。1956年由黎家坪附中始创为祁阳四中。2014年，学校占地10公顷，建筑面积近6万平方米。学校是永州市示范性高中，设施先进，功能齐全，文化建设特色鲜明，所有教室全部实现多媒体数字化。学校藏书11万余册，拥有5栋高标准学生公寓，学生食堂窗明案净，是永州市示范性食堂。幢幢大楼错落有致，绿树草坪镶嵌其间，文化广场、科技园熠熠生辉。学校全面贯彻党的教育方针，坚持以教学为中心，以“砺志、勤奋、求实、创新”为校训，确立“以德治校，质量立校，科研强校，环境兴校”的办学思路，秉承“为学生的成材而奠基，为教师的发展而铺路，为学校的发展而创新”的办学理念。2014年，学校高中教学班54个，初中教学班6个，在校学生4000余人，在职教职员工270人，专任教师185人，其中高级、中级教师178人，省市优秀教师、骨干教师、学科带头人共48人。

【高考成果】 2014年高考，本科上线578人，其中二本以上上线236人，上线总数雄居永州市示范性高中第一，再一次创造高考辉煌。文科持续彰显优势，文科上线人数居永州市所有高中前列。在全县高考前1200名学生中，学校有112人上二本以上分数线；全县高考1200名以后的学生，学校有124人上二本分数线。《永州日报》《永州新报》、祁阳电视台等多家媒体争相报道该校的成功经验。

【校园文化】 学校处处彰显出“人文精神”的校园文化特色。利用优美的环境和文科优势，打造人文校园，在教室、走廊到处张贴名人名言、字画和学生手抄报。积极开展“读书沙龙”活动，举办书画展、诗歌朗诵会、文学采风活动、文化经典背诵比赛和征文比赛等多项活动。新叶文学社、枫叶电影制作社、梦冉话剧社、DH街舞社、象棋社、魔方社等社团组织开展得有声有色。从不同的方面体现人文校园特色，充分发挥学生个性特长。

【学生素质培养】 狠抓学生习惯培养，努力培养适应社会需要、具有四中特色的学生。学校重点实施“331计划”，主要内容包括：学习习惯“三个一”——坚持每天写好一篇日记，每天写一页好字，每天作一次演讲；品行习惯“三个一”——坚持每周一次国旗下的讲话，每周一次班团活动，每周一次仪表检查；健体习惯“三个一”——坚持每天一次跑步，每班成立一个体育俱乐部，每周一次班级体育比赛。这项计划的实施给学生的个性发展提供良好的平台，让学生的个人潜能不断得到展现，使学生的综合素质得到全面提高。

【构建高效课堂教学模式】 学校在高一、高二年级和初中部进行课堂改革，开展“221”课堂达标活动，积极构建“高效课堂”。即：两个合理——合理安排教师的授课时间，合理安排教师授课内容；两个落实——落实课堂上的学习互动，落实现代化教学手段的运用；一个构建——构建和谐高效课堂。实践证明，实施高效课堂教学，有利于课堂教学质量的全面提高。课堂教学改革模式得到省市县领导和专家的赞誉。高三年级也实行高效课堂教学，开展教学视导。三轮复习，重点突出，环环相扣，学生成绩稳步提高，从而保证教学质量的全面提升。

（伍安民　董其文）

祁阳七中

【概况】 祁阳七中曾是祁阳县属的普通高中学校，创建于1956年。2011年，祁阳县委县政府根据全县高中生源总体缩减的状况，研究决定从2011年下期开始，祁阳七中转型办学，改办为县教育局直属的寄宿制普通初中。学校占地9.2公顷，教学、运动、生活三区分明，布局合理，环境幽雅，校在林中，楼在树中，人在画中，一年四季生机盎然，是莘莘学子求学的理想环境。2014年年末，学校有教职员工82人，教学班级23个，在校学生1300余人。

【办学思路】 学校领导班子带领全校师生，秉承“读书做人同等，成才成人并重”的办学理念，按照“一年有起色，两年创特色，三年更出色”的工作思路，朝着“祁阳县的精品初中，永州市的窗口学校，湘南地区的初中名校”这个目标，同甘共苦，攻坚克难，下大力气改善办学条件，高度重视学生德育工作，狠抓教学常规精细化管理，稳步推进“高效能力课堂”教学改革，大力建设“双语特色学校”。

【办学条件】 面对原高中学校校园面积宽广，校舍房屋破败，设备设施陈旧的状况，学校新一届领导班子多方争取资金，特别是乘着2012年合格学校建设的有利时机，精心筹划，精打细算，艰苦创业，尽最大努力优化学校办学条件。2012~2014年，在上级部门的大力支持下，陆续翻修好校园主干水泥路，新装修学校礼堂、第二教学楼和师生厨房食堂，更换全校所有的地下输水管和老化的输电线，新添置电蒸饭柜和电炒菜锅，配置1500套新的课桌椅，更新了校园广播系统和15个班的多媒体设备，筹建了青少年宫等。现代化的实验室、电脑室、多媒体教室、图书室、阅览室、美术音乐体育室内活动室、青少年活动中心等一应俱全。各种教学仪器价值70万余元，图书馆藏书6万多册。每间教室全部安装最先进的数字多媒体。学校有男女生公寓各1幢，可入住2000名以上寄宿学生，每间寝室都设有卫生间、洗漱间，设施设计人性合理，每栋楼还装有空气源热水系统，能随时供应热水，学生生活方便舒适。学校有1000余平方米的学生食堂和厨房，设施齐全，清洁卫生，师生就餐舒适放心。

【办学成绩】 在教学管理中，学校始终坚持教学常规精细化管理，重视教学质量的提升。2011~2014年，经过全体师生的共同努力，学校的教育教学质量有快速的提高，在全县组织的每一次考试评比中，学校总是稳居全县前2名。2014年的中考是转型办学后的首届中考，全校上线一中72人，实际考取祁阳一中59人，考取祁阳四中108人，考取祁阳二中43人，考取陶铸中学35人，还有1名同学考上祁阳师范免费师范生，初三升学率95%以上。特别是中10班，全班46人，考取祁阳一中42人，得到县教育局领导的高度肯定和赞扬，也引起社会各界的高度关注；初二生地会考，全校399人参考，372人全科合格，全科合格率为93.18%，综合排名在全县所有中学中，稳居第二；初一学生在初一期末全县统考中，七科的合格率、优秀率和生均分全都名列第二。2014年12月份，湖南教育新闻网以《蓦然回首，祁阳七中更辉煌》为题，对学校的办学成绩进行重点推介，是祁阳县乃至整个永州市获此殊荣的第一个学校。2014年在县教育局的学校绩效管理年度考评中，祁阳七中被评为A类学校一等奖。

【办学特色】 从2012年下期开始，学校坚持走质量立校、特色强校的发展之路，教育教学质量工作突出，高效能力课堂稳步推进，教学新星迅速崛起，教学名师璀璨夺目。2014年上期，学校在2013年下期举行语数外教师教改课大比武的基础上，又安排全体非语数外教师进行为期半个月的教学比武，再次掀起课改的高潮，共上32公开课，听课700多人次，全校教师在听课中学习，在切磋中进步，在比赛中成长。通过比赛，教师们的教学教改能力提高很快，教学水平日益精进。通过教研教改，涌现出一大批优秀教师。先后有李硕、邓仕贵、刘力华、唐中华等5位老师获市公开课比武一、二等奖；黄海燕、唐文娟、付平、蒋艳、胡小燕等9位老师获县级一、二等奖。针对相当一部分同学英语、语文和数学成绩不太理想的现状，学校提出“双语不放松，数学要侧重”的口号。为提高同学们的双语成绩，全体语文、外语教师群策群力，多措并举。在做好常规教学的同时，开展课前诵读、小段阅读、基础知识积累比赛等多种形式的训练，组织双语默写比赛、作文比赛等活动，切实有效地培养同学们的双语学习兴趣，提高双语的成绩。

【德育工作】 学校一贯重视德育工作和在校学生的日常管理，构建一套由学校分管领导牵头、政教处主抓、班主任主管、学生会团委会协管的学生管理体系；每期召开家长会，成立长委员会，构建了家校协同教育的有效平台；还建立“祁阳七中阳光爱心基金委员会”，对留守儿童和家庭经济困难的学生进行帮扶。根据学校工作总体部署，每学期都制订细致科学的学生德育计划，科学有序地安排和开展诚信守纪、文明礼仪、习惯养成、前途理想和感恩励志等一系列德育主题活动，做到每月有主题，每周有活动，每班有特色。通过主题班会、实践活动、标兵评比等形式，净化学生的心灵，陶冶学生的情操，切实提高德育效果。通过教育、熏陶和督促，全体同学们养成讲文明，讲礼貌，讲卫生，讲安全的好习惯，形成知感恩，重诚信，扬正气，有爱心的精神风貌，全校师生共同营造风清气正、温馨和谐的校风，得到上级领导和社会群众的高度赞扬。

（奉中军）

祁阳县职业中等专业学校

【概况】 祁阳县职业中等专业学校创办于1984年，是首批国家重点中等职业学校、国家中等职业教育改革发展示范学校、湖南省示范性中等职业学校、湖南省首批信息化教学试点学校、祁阳县技能培训主体学校。是祁阳县唯一一所公办县属中职学校。2014年，校园面积17.3万平方米，建筑面积13.94万平方米；在校学生6881人，教职员工465人，其中“双师”型教师225人，省市专业带头人32人。开设有电子与信息技术、数控技术应用、机电技术应用、主板技术等12个专业。其中电子与信息技术是省精品专业和省示范性特色专业，数控技术应用是省精品专业和省特色专业。学校共有实训室76间，生产性实训基地5家，其中中央财政支持的电子与信息技术实训基地1个、省财政支持的数控技术实训基地1个，实训仪器设备总价值4700余万元。2014年1月7日《中国教育报》发表《谱写职业教育发展新篇章》，报道学校走内涵吸引发展职业教育之路，率先冲出农村中职学校办学困局的先进事迹。10月4日，湖南教育电台、湖南卫视经济频道报道学校办学成果。全年，《湖南日报》报道学校3次，《科教新报》报道学校2次。此外，人民网、凤凰网、教育网、湖南红网、永州日报、祁阳新闻网、祁阳电台等20余家媒体报道学校办学业绩。

【省示范校验收顺利过关】 省示范校项目2011年立项，2014年11月19日至20日，专家组来学校现场考察、验收，认为学校已全面完成建设目标任务，“园中校、校中厂”的办学格局特色明显，为当地经济建设做出巨大贡献，学校办学水平大幅提升。

【国示范创建工作】 “国家中等职业教育改革发展示范学校”2013年5月立项。学校各处室协调一致，高度重视国示范创建工作，任务分解明确，目标责任到人。将国示范7个相关责任处室的建设任务分解成137个验收点，4个重点专业分解成1727个建设要点，组织撰写5个示范校建设典型案，有2个案例选题获得专家好评，特色项目逐步形成。

【国家级省级项目建设】 成功申报国家工业和信息化部支持中小企业发展专项资金。全省共11个单位成功申报到国家工业和信息化部支持中小企业发展专项资金，学校作为全省唯一一所中职学校成功立项，获奖励资金230万元。成功开办“2+3”中高职衔接大专班。学校分别与湖南工业职业技术学院、湖南大众传媒职业技术学院联合，成功申报到2014年中高职衔接省级试点项目。2014年秋学期成功开设模具制造技术、计算机应用技术2个大专班。学校“电子与信息技术专业群”成功申报为省示范性特色专业群，获得建设资金240万元，是永州市唯一获得该项目的中职学校。

【高考成绩】 2014年，学校849名学生参加高考，一、二批本科上线445人，一、二批本科上线率52.41%，夺得“全省对口升学四连冠，全市第十二连冠”的骄人成绩。

【招生工作】 2014年秋季新生报到2645人。学校招收新生数额呈逐年增长态势，连续4年招收新生2200名以上，共有在校学生6881人，是永州市学生数最多的中职学校，在校学生人数在全省中职学校中屈指可数。

【教学内涵】 大力推进理实一体化教学，强化项目教学、仿真教学，打造技能教室，改革学生评价模式，提高技能班学生学习积极性；全面推行导学案制，制作规范化的电子教案、实训教案、教学计划及总结等信息化教学模板。大力开展资源库建设，多媒体教学课堂使用率高达95%以上。

【校园建设】 2014年，学校完成第一教学楼的翻新工作和3栋实训楼76间实训室的配置，学生公寓全部安装上空调，启用校园监控和音响系统，绿化景观工程、塑胶田径场和新学生食堂圆满竣工。

（王景魁　董陆）

县教师进修学校

【概况】 祁阳县教师进修学校始建于1980年10月，学校几经变迁，于2012年3月根据永编办发〔2011〕54号文件精神，重新恢复独立设置，为正科级全额预算事业单位。学校坐落于湘江南岸，与浯溪公园毗邻，占地约4.4公顷，建筑面积3万余平方米，办公面积5000余平方米。2014年年末，学校有教职工23人，其中公务员1人，高级教师13人，中级教师4人，初级教师5人。

【硬件设施】 2014年，县财政、县教育局下拨300万元资金改善学校办学条件，学校拥有多功能报告厅1间，多功能会议室1间，高标准配置的电脑教室2间，多媒体教室6间，现代化档案室1间，健身活动室1间，环保健康厨房1间，餐厅4间（可容纳220人就餐），学校设备设施日趋完善。

【教改教研】 2014年年初，何新军主持的省级重点资助课题《县内教师全员在岗自修的干预研究》通过验收结题；何新军主持的国家级重点课题《新课程下教师团队培训研究》于5月通过中期评估。9月，湖南省教师发展中心聘请“2014年国培远程培训项目”课程专家75人，永州市7人，学校何新军、王清智等6人入选。

【教师培训】 为贯彻落实祁教字〔2014〕26号《祁阳县2014年教师培训计划》文件精神，2014年学校具体组织实施教师培训项目21个，其中远程培训项目5个，集中面授培训16个，培训班数56个，其中远程培训班33个，集中面授培训班23个。远程培训参训学员1649人，县内集中面授培训学员1437人。

【培训成果】 远程培训学员上线率100%，合格率100%，

33个班中有21个班被评为省特优班级，5个班被评为优秀班级，8个班级管理员被评为省优秀管理员，27个班级辅导员被评为优秀班级辅导员，278人学员被评为优秀学员，各项考核指标均居全省前3名，雄居永州市第一。2014年被省教师发展中心评为远程培训工作先进单位和远程培训工作优秀管理团队。集中面授培训合格率100%，培训贴近学员、贴近课堂，形式多、花样新，培训中气氛活跃，培训后QQ研讨热烈，学员反响好，各级领导评价高。

（李秋萍　左艳）

陶铸中学

【概况】　2004年，祁阳县人民政府与广东增城松田实业有限公司签约，将陶铸中学改制为民办学校，并异地新建。松田实业有限公司董事长马云珍兼任学校董事长。2014年，经县教育局批准，学校创办小学部。小学部实行小班制，采取寄宿全托型封闭式管理模式，并致力于在3年内将其打造成为一所“高品位、高质量、高规格”市县有名的教育品牌。学校成为祁阳县乃至永州市仅有的一所涵盖小学、初中、高中于一体的大规模、高规格的综合性完全学校，被誉为“湖南的大学校，永州的常青藤”。初中部自创“快乐学习”高效课堂教学模式，并且成功经验不断推广，2014年中考总分800分以上265人，其中杨程同学以918.5的高分获全县第二名，毕业学生合格率100%。高中部全力打造教学品牌——创新班，积极推行“活力课堂”，2013~2014年连续两年双超额完成教育局下达的高考目标任务，2005~2014年连续十届雄踞永州市同类学校第一名。在特色办学上，学校成立体艺中心，特聘全国优秀教师、湖南省音乐骨干教师负责体艺教学培训的组织指导。学校体艺培训科学有序，参加县、市各项比赛捷报频传，校园活动有声有色。

2014年，学校有小学、初中、高中教学班共84个，学生近5000人，教职员工320余人，学校先后被评为“中国社会组织AAA单位”“永州市骨干民办学校”，在祁阳县中小学校教育教学绩效评估考核中获“A类学校一等奖”，在全县社会组织统战工作中，被评为“先进单位”。

【德育工作】　陶中小学部积极开展“雏鹰争章”活动，由少先队大队部确定好各年级所争奖章，再通过红领巾广播、国旗下讲话等形式，学习获得各种奖章的标准。考章时，利用班队活动课，由队员个人推荐自己，展示自己的争章成果，再由集体评价、表决。颁章形式多种多样，但都隆重、热烈，让队员们体会到成功的喜悦。少先队活动丰富多彩，让队员们在活动中竞争，在活动中提高能力，而争章的过程就是挑战自我、战胜自我的过程。队员每争到一枚章，不仅学会一种技能，一种方法，更重要的是增加一份自信。初中部自11月20日起开展为期一周的“文明宿舍”评比活动，提高学生文明修养水平，提升宿舍文化品位，营造良好的育人环境。在班主任认真组织，同学们积极参与下，共有88个男、女寝室被评为“文明宿舍”。10月20日，高中部政教处组织各班召开“放飞理想·我的陶中梦”的主题班会。各班学生代表围绕自己的陶中梦，畅所欲言。班会上还通过观看课件——“中国大学欣赏”，充分激发同学们努力拼搏、奋勇追梦的热情，更让同学们明白树立人生理想的重要意义。

【教研成就】　在第九届全国学生作文大赛中，学校唐太平老师获得指导一等奖。在省初中语文课堂教学观摩研讨会上，初中部刘志红老师获省一等奖。在省中小学音乐教学评比，体艺中心伍小艳老师获省二等奖。在省小学语文学科优秀论文评选，何兰平撰写的论文《创设情境　培养学生的写作能力》获得省三等奖。

【教师培养】 2014年，共组织74位教师参加县、市、省、国家级远程教育培训，并全部合格。其中，组织32位教师到县外学习、培训，15位教师参加市级培训。2014年高考，蔡振华、曾峰、张猛老师被评为优秀班主任，刘双玖、邓辉、陈秀芝、何小成、李叶青、伍小艳老师被评为优秀教师。12月底，在学校组织老师进行专业技术人员年度考核中，欧小娟等13位公办教师、刘姣丽等12位民办教师被评定为优秀。

（张冬红）

文化·卫生·体育

文化广电新闻出版

【概况】 2012年3月文化体制改革，成立祁阳县文化广电新闻出版局，为县人民政府工作部门。内设1室5股，下辖文物局、文化馆、陶铸图书馆、祁剧团、电影管理站（电影公司）5个单位和22个乡镇文化站，862家农家书屋。2014年，全县文广新工作紧紧围绕县委、县政府工作中心，服务大局，着力提升文化馆、图书馆、县祁剧团、县电影管理站、县文物局的服务水准，搞活全县文化服务，积极引导各乡镇文化艺术团体开展积极向上的文化活动，组织“欢乐潇湘”活动，建立覆盖全县的文化信息共享网络，突出艺术精品的创作生产，努力使全县文化工作登上新台阶。祁阳县文广新局被评为永州市2014年目标管理考核先进单位，获永州市第五届少儿音乐舞蹈大赛组织奖、“唱响中国梦·展示永州美”永州市电视歌手大奖赛组织奖，“欢乐潇湘·和美永州”大型群众文化活动组织工作奖，观音滩镇沿沽村被评为2014年“永州市文化建设先进村”。

【群众文化】 随着城市建设的推进，陶铸广场、脸谱广场、白竹湖广场、龙山公园等公共场所成为群众文化的大舞台，县城从2007年到2014年持之以恒每月举行1场大型广场文艺晚会。2014年举行春节文艺晚会、教师节文艺晚会、少儿音乐舞蹈大赛、全民广场舞大赛等广场文艺活动共计20场。全县25个乡镇场办、13个县直单位，在“欢乐潇湘”群众文艺汇演中，每年排练500多个文艺节目，举行40多场大型演出，现场观看群众30多万人次，电视观众40多万人次。

文艺创作结出硕果。由郑安顺作词、伍立新作曲的祁阳县白水镇竹山村村歌《竹山青青我的家》从全国1057首参赛作品中脱颖而出，被评选为“畅想希望·放飞梦想”第六届全国村歌大赛优秀作品并入选中国村歌精选第一卷。由朱文元创作的摄影作品《虔诚》《古巷倩影》《苗家姐妹》在湖南省艺术摄影学会第二届理事会五周年庆典《追光逐影》摄影作品展中获优秀奖。2014年“欢乐潇湘，魅力祁阳”文艺演出20多个节目为原创，极具祁阳地方特色，深受群众喜爱。

文化惠民扎实推进。“两馆一站”免费开放，陶铸图书馆全年免费办证2300个，年外借图书51万册次，年流通18万余人次。县文化馆广泛开展群众文艺技能培训。先后举办“祁阳小调”“中老年广场健身舞”“少儿书画”“电子钢琴”“乡镇文化站长”等培训班，培训人数1000人。全县20多个乡镇文化活动中心面向当地群众免费开放，年培训人数达到2000多人次。祁剧团送戏下乡走遍全县25个镇乡办场，全年送戏90场次，服务群众20多万人。图书馆送书下乡25场次，送出图书7000余册。县城共建成3家数字化影院，无论规模还是品位均为上乘，成为县城居民休闲娱乐的好去处。

【文化艺术团体】 全县共有36个文化艺术类社会团队，分布在25个乡镇办场及县城各个社区。县城共16个文化艺术类社会组织，文艺培训机构40多家，群众广场健身活动团队超100支，成为全县群众文化的一大亮点。其中三新演艺有限公司、女子十二乐坊、文昌祁剧有限公司、竹山村农民艺术团等艺术团体为全县文化活动起到很好的示范作用。文昌祁剧演艺有限公司是全县规模最大的社会组织，有员工51人，是祁县祁剧表演及剧目创作的主力军。白水竹山村农民艺术团极具特色，他们采用有偿服务与无偿服务相结合，为广大乡镇社会组织开展群众文化活动起到极大的带头示范作用。

元旦、春节期间，全县群众文化活动热火朝天，义工联新年戏剧音乐会、白水竹山村新年联欢晚会、校园文化艺术节等公益活动都有文化艺术团队活跃的身影。民众自发的舞龙舞狮等活动为县城增添一抹亮色。

【文物保护】 2014年，老窑村古窑、九房院、复兴亭等14处文物成功申报为永州市第二批市级文物保护单位。争取资金20多万元对雷晋乾烈士故居进行维修。浯溪文物管理处投入60多万元，对浯溪碑林进行抢修。2013年龙溪村被录入第一批中国历史文化传统村落名录，2014年投入600多万资金对龙溪村进行保护性建设。

【非物质文化遗产】 县文广新局认真执行《中华人民共和国文物保护法》对非物质文化遗产坚持“保护为主、抢救第一”的方针，组织专业人员对全县非物质文化遗产的项目进行全面普查。全县有祁剧、祁阳小调2个国家级非物质文化遗产保护项目，浯溪传说、祁阳渔鼓2个市级非物质文化遗产保护项目，山歌、板凳龙、龙舞、狮舞、祁阳石石雕、土方榨茶油、祁阳米酒、鱼鲊（生鱼片）、釉米鱼、祁阳米粉、划龙船、《陈大寿的传说》《陶铸的传说》、民间歌谣、民间谚语、民间笑话等18个县级非物质文化遗产项目。

作为文化遗产资源大县，祁阳历来重视非物质文化遗产的开发与利用工作，积极做好非物质文化遗产保护工作。为将祁剧这一国家级非物质文化遗产能够不断地传承下去，培养四年的新一代祁剧接班人首届祁剧班学员2014年毕业，其中22名优秀学员被招录在祁剧团，一定程度上缓解剧团演员青黄不接的现状。祁剧班学员在2013年、2014年连续两年的“欢乐潇湘”群众文化活动中更是崭露头角，为大家带来精彩的表演，祁剧《奈何桥》获永州市“欢乐潇湘”一等奖。

【电影发行放映】 2014年全县860个行政村全力实施一村一月一场电影的农村电影放映工程12场。根据祁阳县实际情况，2014年重新调整放映队伍，精选年富力强的优秀人员为放映队长。成立职工放映队伍10个队，每队2人，农村放映队伍19个队，每队2人，公司流动放映队伍1个队。2014年完成农村电影放映10512场，观众人数达180万人次。

（何幽兰）

文化市场综合执法

【概况】 2012年2月，原县文化市场稽查大队与县广电局稽查大队合并，组建县文化市场综合执法大队，为参照公务员管理的正科级全额预算事业单位，履行全县文化市场、新闻出版市场和广电市场统一执法职能。内设办公室、法规股、执法一中队、执法二中队等4个股级机构。2014年，县文化市场综合执法工作紧紧围绕创建和谐稳定社会文化环境，坚持日常监管与专项整治相结合，严厉打击文化市场违法违规经营行为。全年共开展专项行动9次，出动执法车辆200台次，执法人员800人次，查处违规经营户70家次。

【文化市场】 坚持“一手抓管理、一手抓繁荣”，引导和促进全县文化市场健康有序发展。2014 年，全县有网吧 68 家；歌舞娱乐场所 12 家；电影院 3 家；书报刊经营点 11 家；音像制品批发、零售、出租单位 6 家；小片网 7 个；印刷企业 12 家，复印打字店 36 家。

【“扫黄打非”集中行动】 根据县“扫黄打非”办公室《关于 2014 年“扫黄打非”集中行动方案》的要求，全年先后开展大规模“扫黄打非”集中行动 2 次。5 月，县文化市场综合执法大队会同县文广新局、公安、工商、教育等部门开展第一轮扫黄打非“清源”行动，分别对县城出版物集中销售场所和批发、零售单位以及报刊亭开展拉网式清查，重点查堵反动政治性出版物，特别是对诬蔑中国经济政治体制，诋毁党和国家领导人，煽动民族分裂，宣扬恐怖主义的出版物进行严厉查处。9 月，开展第二轮扫黄打非“秋风”行动，以打击淫秽色情出版物、淫秽色情光盘光盘和有害信息为重点，加大对“涉黄”企业、店铺、游商的查处打击力度，全面清查出版物市场、零售店（点），取缔兜售非法及盗版出版物的游商地摊和无证经营者。10 月，县文化市场综合执法大队专项检查中小学教辅材料出版发行情况，依法查处违法、违规出版、印刷和发行中小学教辅材料的单位和个人，保障中小学教辅材料市场的健康发展。全年共收缴非法音像制品 200 张、非法出版物 100 册、淫秽色情光盘 50 多张。

【网吧专项治理】 认真贯彻国务院《互联网上网服务营业场所管理条例》，坚持日常巡查与专项整治相结合，在“元旦”“春节”“两会”及暑假期间，县文化市场综合执法大队相继开展 4 次网吧专项整治行动，重点检查网吧亮证经营、上网人员实名登记台账、是否接纳未成年人上网、“严禁未成年人进入”警示牌设置、“网络潇湘”监控平台上线等情况。同时，结合省级文明县城创建活动，对全县网吧开展拉网式、经常性检查，重点检查网吧有无接纳未成年人行为，依法处罚违规行为。坚持网吧管理举报电话 24 小时受理、节假日轮流巡查市场制度和加大“网络潇湘”服务监控平台升级安装工作等措施，始终保持对网吧的严管严控态势。全年取缔黑网吧 1 个，行政处罚 38 个。

【净化校园周边文化环境】 6 月中、高考期间，县文化市场综合执法大队开展校园周边娱乐场所专项整治行动，下发限时营业通知书 26 份，为全县考生营造良好的学习考试环境。8 月，县文化市场综合执法大队组织开展校园周边出版物整治行动，重点清查校园周边图书、音像制品零售网点，从重从严查处非法向未成年人兜售有害出版物的单位和个人。清查县城人民小学、椒山小学、民生小学、黎家坪二中等学校的周边出版物，收缴含有淫秽色情、凶杀暴力、封建迷信等有害青少年身心健康的非法出版物 50 余册、音像制品 100 余张。9 月，开展打击盗版教材、教辅读物专项整治行动，集中检查学校秋季订购并使用教材教辅的情况，重点打击学校私自印制教材和使用盗版教材行为。共检查学校 13 所，查缴盗版教辅教材 60 余册。

（邓远明）

图书发行

【概况】 祁阳县新华书店成立于 1951 年 4 月，2009 年，祁阳县新华书店实行股份制改造，隶属于上市公司“中南传媒”，改名为“湖南省新华书店有限责任公司祁阳县分公司”。2014 年，祁阳县新华书店完成销售总额 8538.69 万元，比 2013 年增长 21.74%；完成利润 874.40 万元，同比增长 43.59%。

【中小学教材教辅发行】 祁阳县新华书店负责全县中小学教材教辅发行工作。2014年春秋两季教材教辅发行工作得到祁阳县教育局和各学校的一致好评。祁阳县新华书店做好3件事，一是做好发书前的准备工作；二是责任到人，提高发行质量；三是做好后续服务工作。祁阳县新华书店坚持“课前到书，人手一册”的发行原则，在计划的时间内把教材、教辅都一本不少地发送到各学校。2014年，教材教辅发行1000多万册。

【政治读物和活动用书发行】 2014年，新华书店发行政治读物《学习习近平总书记重要讲话》9276册；发行《社会主义五百年》4种党员学习读本1350套。活动用书是提高学生思想境界，加强中华民族优良传统传承和爱国主义教育的课外读物，发行活动用书具有深远的重大的意义。2014年春季，祁阳县新华书店发行活动用书《“三爱”教育读本》，从小学到高中，共发行78729册；2014年秋季，发行活动用书《社会主义核心价值观教育读本》83874册。

【图书发行网点】 新华书店图书发行网点。截至2014年年底，祁阳县新华书店有图书卖场2处。中心门店建于1968年，地址在县城人民路59号，卖场面积约350平方米，主要销售各类图书和音像制品及数码产品，图书品种约1.5万余种，年销售量约200万元。中心门店按总公司要求实行星级门店标准化管理，服务质量和服务水平都有很大提高。祁阳县第一中学布克校园书店建于2014年2月，面积65平方米，图书品种3800余个，2014年销售图书11592册。另外，新华书店在每个乡镇都建立“校园驿站”。2014年，祁阳县城个体书店主要有四海书店、大不同书店、求知书店以及步步高图书超市、万联图书超市等。

【图书流转】 进货。2014年，祁阳县新华书店总进货额是8662.3万元，其中图书、音像制品、数码产品进货1262.5万元，中小学教材、教辅进货额7399.8万元。销售。祁阳县2014年新华书店总销售额是6538.69万元，其中中小学课本销售5752.52万元，图书、音像制品、数码产品销售786.17万元。调货。中心门店和校园书店都从图书仓库调货，2014年总调货量为308.26万元。储存。祁阳县新华书店仓库分为图书仓库和课本仓库。图书仓库在人民东路中心门店后面，面积约150平方米；课本仓库设在黎阳路粤华冶炼厂厂房内，面积约1000平方米。2个仓库负责图书、音像制品、数码产品、教材、教辅的收货、分发和储存，课本仓库也是全县春、秋两季课本发放点。

【公益事业】 祁阳县新华书店捐款、赠书、配送农家书屋图书等公益行为得到县委、县政府多次表彰。2014年上半年，向下马渡学校扶贫捐款5000元，赞助潘市镇龙舟队5000元；2014年下半年向下马渡某贫困村捐献扶助资金5000元。

（董建军 文建华）

广播电视

【概况】 2012年文化体制改革，在原“局台合一”的祁阳县电视台、祁阳县广播电台的基础上，撤销祁阳县广播电视局，组建祁阳县广播电视台，为县属正科级全额预算事业机构，接受县文化广电新闻出版局的行业管理，接受县委宣传部的指导和协调。2014年年末全台有干部职工493人，内设编辑委员会办公室、政工股、计财股、总编室、新闻中心（栏目部、新闻专题部）、广告监管中心和技术播控中心，镇乡站管理办公室（加挂农村广播电视中心牌子）；下属事业单位有线电视台（湖南有线祁阳网络公司）、实验台、广播事业中心及25个乡镇场、街道办事处广播电视站。2014

年，按照“新闻立台、事业稳台、队伍强台、创新活台”的总体思路，圆满完成台党委研究的各项工作任务，被评为2014年度全县工作目标管理综合考核先进单位、全县人口和计划生育综合治理工作先进单位、纪检监察工作先进单位、综治工作（平安建设）先进单位、先进基层党组织、基层党建工作先进单位、全县宣传思想工作先进单位、招商引资工作目标管理优质服务单位、无偿献血先进单位等荣誉称号。

【新闻宣传】 2014年，在新闻宣传工作中，牢固树立“宣传立台，栏目兴台”的理念，为建设美丽幸福新祁阳提供强有力的舆论支持。新闻宣传实现从形式单一到内容丰富、从单纯追求数量到全力提高质量的转变，把宣传工作的着力点放到落实会议精神的实际举措上。进而减少会议报道，避免空洞的说教，充实宣传内容，做到常规宣传工作及时准确，战役宣传效应明显，为县委、县政府全力实施“333”总体战略目标，营造良好的舆论氛围。全年共制作播出《祁阳新闻》360期，播发图像稿件2280篇，制作播出《政法在线》52期、《金沙湾房产SHOW》6期。在《永州新闻联播》播出新闻稿件286篇，时长399分钟，在全市县级台中用稿时长排名第一；在《湖南新闻联播》中播出新闻稿件21篇，在全省各县区排名靠前，连续3年被湖南卫视评为通联工作先进县；在中央新闻频道播出稿件2篇；在全市年度优稿评选中选送的6件作品中有5件获奖，其中电视专题《留守》获一等奖、《大户“抱团”种田也有赚外汇》《肖家村镇的“丑话会”》等4件作品分获二、三等奖，并被评为全市广播电视创优先进集体、湖南卫视优秀通联集体。党委书记、台长、总编辑周金生评为湖南广播电视台通联工作特别贡献奖，2013年、2014年连续两年评为永州市广播电视台特殊贡献奖，新闻中心负责人谭俊杰被评为湖南广播电视台十佳通联记者。

【广告创收】 2014年，受大环境及国家政策影响，药品广告大幅下滑，但全年仍完成广告收入250万元。

【有线网络】 随着国家三网融合政策的深入，各网络运营商的竞争日趋激烈。面对激烈的市场竞争，湖南有线祁阳网络有限公司迎难而上，攻艰克难，紧紧围绕“经营创收”这一核心开展各项工作。利用“续费有礼”“业务发展百日会战竞赛”“每天1元钱，高清互动过新年”“广电宽带0元升级，新年就装广电宽带”“开广电宽带送平板电脑”等各种促销活动吸引客户续费，留住了本客户，取得不错的成绩。2014年基本客户新增2091户，完成年度任务的174.25%，宽带客户新增1186户，完成年度任务的98.83%；高清客户新增1383户，完成年度任务的230.12%；高清一体机销售477台，完成年度任务的397.50%。全年完成经营创收1491.50万元，占全年任务的106.96%。其中，基本业务完成1178.17万元，占全年任务的106.48%；增值业务完成312.60万元，占全年任务的109.44%。全年实现利润160.98万元，占全年任务的109.08%。

【农村有线和无线】 面对农村常住人口的逐步减少和直播卫星的开通、电信IPTV的推广、网络电视等对有线电视的冲击，用户流失情况日益严重的严峻形势，紧紧围绕“巩固中拓展”的发展思路，狠抓服务和管理，努力优化农村有线和无线网络质量，提高数字电视的服务水平，不断巩固和扩大数字电视整转成果。2014年累计杆路维护光缆干线里程13公里，抢修57次，新增光节点8个，新增光缆里程7.5公里，新发展无线数字电视用户1967户，有线电视352户，实现总收入500万元。

【农村无线升级】 由于工业

和信息化部将广电系统原使用频率（2599－2699MHZ）划给通讯部门使用，全省广电系统正在使用的频率已不能使用，只有进行设备升级改造才能避免干扰，才能确保用户看到电视，维护地方稳定。按照县委、县政府2014年4月29日《关于农村无线数字电视专题会议纪要》的精神要求，台党委决定，要在3个月的时间内完成设备招标、系统安装调试和用户整体平移，5月开始做标书并送至县招标办。5月底，通过招标，确定使用国标－T系统传送信号。6月，镇乡站管理办公室同厂家技术人员到全县的20个乡镇和4个发射基站进行频点测试，同时组织人员对原有的大华山、八角岭、梅溪、羊角塘4座铁塔进行加固。60天的时间里，镇乡站管理办公室经营班子及工程人员经过2个月的加班加点，7月底完成国标－T升级改造的设备招标及大华山、八角岭、羊角塘的铁塔加固改造和机房前端、发射天线、发射机调试发射和测试。器材管理部负责联系订货、收货和入库。一切准备工作就绪后于8月6日正式启动原农村无线数字电视向国标－T系统整体平移。平移期间，客户服务部电话接听人员平均每天接听电话150个左右，平均每3分钟要接听1个电话，3分钟内要进行开卡和系统费用转换。至2014年12月底，共平移约1.8万户。

【广播电视村村通】 2014年，严格按照广播电视“村村通”工程的政策规定，不折不扣地抓好“村村通”工程的落实，2014年全县完成广播电视“村村通”工程总建设任务4505户，圆满完成任务，受益群众达1.3万人。

【创卫争先】 2014年11月27日全县创建国家卫生县城动员大会召开后，电视台一手抓硬件改造，一手抓软件建设。全力改善机关卫生条件，提升干部职工精气神，切实做到全员参与，全面覆盖，严格考核，奖罚分明。在全县率先召开创国卫动员会，率先树立起高2米、宽1.6米的“创国家卫生县城、建设美丽幸福祁阳”大幅户外宣传牌，全台三个LED电子显示屏24小时不间断的滚动播出创国卫宣传标语，台机关内制作创国卫宣传专栏；率先开通创国卫彩铃，率先在机关、责任街道、小区推行严格的日常考核制度，率先倡议文明行车；在祁阳新闻后的黄金时段播放创国卫公益广告，并开辟创国卫专栏、健康教育专栏和创国卫曝光台，为全县“创国卫”工作营造浓厚的氛围。同时，投入专项资金加大电视台基础配套设施建设和亮化、绿化工程的建设，开展对乱停乱放乱堆和环境卫生的整治，台里与所有部门、单位都签订创卫责任制，全台所有干部职工也都签订创卫责任制和创卫承诺书，做到责任到部门、落实到个人，做到一天一小扫、一周一大扫、不干净随时扫，一天一督查、一周一检查、一月一奖罚。目前，在全台掀起立足媒体优势、争当创卫先锋的热潮，机关虽简陋，但整洁；场地虽陕窄，但有序；待遇虽不好，但敬业。

（高军　曾海波）

电视调频转播

【概况】 永州市大华山电视调频转播台地处祁阳县下马渡镇云盘甸大华山之巅，海拔610米。始建于1985年，1986年12月正式开播，属湖南省17个高山电视转播台之一。主要工作职责是转播中央1台、中央7台、湖南卫视、永州综合等4套电视节目和中央人民广播电台中国之声、经济之声、音乐之声、湖南人民广播电台新闻频道、交通频道、永州交通音乐频道等6套广播节目，并担任10多套微波信号的中继任务。建有电视转播、调频发射、无线数字电视、微波中继于一体的多功能、综合性的传播基地，覆盖冷水滩、祁阳、零陵、东安、双牌等县市以及邻近的祁东、邵阳、邵东等地，惠及人口近300万人。永州市大华山电视调频转播台为正科级事业单位，有干部职工32人，高级工程师1人，工程师9人。下设办公室、技术部、电视机房、调频机房、无线数字电视机房、微波中继站等6个部门。

【基础设施】 大华山台发射基地占地3034平方米，建筑面积928平方米，其中发射机房分3层，共有面积359.6平方米，生活用房2层，面积568.4平方米。原发射铁塔为1986年兴建，高度40米，由北京京密设计、生产的园管及角钢组合结构自立塔。大华山台专用10KV高压供电线路全长10公里，变压器容量为100千瓦，为单路供电。2014年，省发改委批准对大华山台发射铁塔及配套设施进行新建，下拨资金200万元，预计2015年年底建成一座85米的发射塔和600余平米的发射机房。

【数字化转播】 2014年，湖南无线数字电视在大华山安装调试完毕，近300万人免费观看高清电视广播节目；中央人民广播电台中国之声、湖南人民广播电台等几套节目也将陆续开通。

（邓海平）

浯溪文物管理

【概况】 2014年，祁阳县浯溪碑林风景名胜区（陶铸故居）管理处坚持“保持为主，抢救第一，合理开发，永续利用”的工作方针，一手抓文物保护，一手抓景区建设改造，不断改善服务方式，提升服务质量，营造良好的参观环境，获得两个效益双赢，实现经济效益93万元，突破浯溪最高纪录。同时，以浯溪基地为阵地，多方位积极开展形式多样的爱国主义教育和社会主义核心价值观教育活动，全年共接待党、团、队组织活动428批次，11.8万余人次。

【危崖加固工程】 2014年7月9日，由陕西省文物保护研究院、湖南省文博设计研究院共同设计，北京凯莱斯建筑有限公司施工，对浯溪摩石刻东崖区抢救性保护工程开工。对画山石刻上方、圣寿万年石刻东侧危崖体高8.6米，宽5米，厚1.9米，采用抗剪砂浆锚杆、预应力抗拉索、局部固定在山体崖体上，砂浆锚杆；钢筋直径25毫米，长15.8米，预应力锚索，国产钢铰线每束7Φ5，每根锚索4束，长15.8米，在崖体上钻孔41个，采用低速无震动钻孔机钻孔，其中，孔径38毫米，孔深12.5米，11个；孔深15.5米，30个。9月30日竣工，工程投入298万元。

【石刻安全防范工程】 由湖南省文博安防有限责任公司设计，经国家文物局批准，浯溪石刻安防工程于11月21日开工。安防项目及内容有高清网络视频监控系统、周界电子围栏报警系统、监控机房。高清网络视频监控系统，将重要的浯溪摩崖石刻文物、道路、出入口、围墙等区域作为监视区，系统采用高清网络视频监控系统，前端根据现场实际情况，采用200万像素的网络高速球型红外摄像机和200万像素的网络型红外枪摄像机，共计49台摄像机，其中网络高速球型红外摄像机32台，网络枪红外摄像机17台。满足对浯溪摩崖石刻监控区域的各主要出入口、石刻部分、以及围墙周界、重要建筑物房间等区域景观全景等进行全方位的监控，全部覆盖上述监视区的区域。周界电子围栏报警系统，根据现场情况，将浯溪摩崖石刻周界以公园大门为分界点，左侧8个分区，右侧2个分区，一共10分区。采用4线制电子围栏。监控机房，监控报警控制室设置在园林入口的书画室，面积大约40平方米，将建成一个集监控、报警为一体的监控报警控制中心。各监控区域与总控制中心的传输设计采用自建点对点八芯光缆方式组网。工程计划于2015年3月竣工，工程共投入356.64万元。

【景区环境改造】 安装路灯。

8月，由祁阳县城市建设投资公司投资30万元，从安徽合肥灯具厂购置园林仿古灯具45套，由县路灯公司分别安装在铜像广场、停车场、景区游道旁。河岸护栏安装。12月5日对湘江河岸景区段护防堤安装石栏杆长215米，高1.2米，景区安全防护意识既得到提升，又增强游客的安全感，工程投入9.8万元。

【编制景区总体规划】 4月19日由湖南省城市规划设计研究院负责编制浯溪碑林风景名胜区总体规划及浯溪碑林景区详细规划编制工作，5~6月省规划设计研究院派专业技术人员对纳入总体规划范围的景域、景点进行资源勘察。浯溪碑林风景区最终范围确定包括五个景区，总面积97.72平方公里。浯溪碑林景区。西起祁阳电站大坝，南至元结路，东至湘江大桥322国道，沿湘江两岸包括浯溪公园、梧州公园等，面积约4.19平方公里，其中湘江水面2.14平方公里。八角岭景区。上起衡枣高速湘江大桥，下至牛泗埠渡口，沿湘江两岸包括白水湘江风光带、八角岭山体、白云山体所围和的区域，面积约9.68平方公里，其中湘江水面2.28平方公里。石洞源景区。东、西、北以石洞源水库两岸的山脊线为界，南至衡枣高速所围合的区域，面积约10.56平方公里。大江景区。以大江水库四至的山脊线为界所围和的区域，大江水库周边总面积约21.28平方公里。内下景区。即内下整个行政区，面积约52.01平方公里。为保护风景区景观特色，维护风景名胜区自然环境和生态平衡，防止污染和控制建设活动，以及建设和谐优美、独具特色的风景名胜区与旅游城镇等目标的需要，根据风景名胜区各个景区的具体情况，在风景名胜区外围划定一定的区域，作为浯溪碑林风景名胜区的外围保护地带。

【重要决策会议】 10月15日，县委书记魏湘江带领县四大家主要领导、相关县领导、县直相关单位主要负责人在浯溪碑林风景区名胜区（陶铸故居）管理处主持召开浯溪风景名胜区建设现场办公会议，要求用三年时间将浯溪风景名胜区建成国家AAAAA级景区和全省乃至全国知名的文化旅游胜地。决定从2015年1月1日起，浯溪碑林景区对祁阳市民免费开放；由浯溪碑林风景名胜区（陶铸故居）管理处、县林业局组织专家科学设计，编制建设方案，建设浯溪樱花景观园；重建峿台亭；重塑元结颜真卿像；邀请当代著名书法家重写“大唐中兴颂”序匾，安置在合适位置；尽快启动浯溪碑林景区内游道改造工作；浯溪碑林风景名胜区（陶铸故居）管理处历年欠缴社保中心的养老保险金125万元，由县财政局、县劳动和社会保障局拿出具体方案以适当的方式逐步解决，保证离退休人员工资、津补贴的正常发放；按照2010年第21期县委常委办公会议纪要精神，由县水利局、县国土资源局承担的浯溪碑林景区防洪护坡工程60万元，县财政局和县国土资源局分别拿出一定资金，逐步解决；在浯溪碑林景区内设立本地书法家作品展示室；浯溪碑林风景名胜区（陶铸故居）管理处、县旅游局、县住房和城乡规划建设局、县水利局要为陶铸故居创建国家AAA级旅游景区和石洞源水库创建省级水利风景名胜区积极创造条件，加强与上级主管部门沟通协调，争取列入市、县2015年重点建设项目；会议议定的建设项目所需资金由浯溪碑林风景名胜区（陶铸故居）管理处据实申报，从浯溪风景区项目建设专项资金中统筹解决，不足部分，县财政适当解决；因免费开放流失的门票收入由县财政审核2012至2014年收入情况后提出意见按程序报批，在年度预算中等额安排。

（周三好）

卫　　生

【概况】 1951年成立祁阳县

人民政府卫生科，1979年更名为祁阳县卫生局，是县政府主管卫生行政工作的职能机构。2014年，全县有县人民医院、县中医医院、县疾病预防控制中心、县妇幼保健院、县卫生监督所、县农村合作医疗管理办公室等6个县直医疗卫生机构，有镇中心卫生院20所（含内下乡卫生院），社区卫生服务中心3个，镇防保站22个，民营医院9所。全县开设病床3417张，其中，县直医疗机构病床1933张，镇（乡）卫生院病床1484张。2014年年底，全县平均人口期望寿命达到75.87岁，每千人口（按户籍人口计算）拥有床位3.22张、卫技人员2.39名，全县医疗卫生总收入7.25亿元，其中县直医疗卫生机构总收入4.96亿元。

【医药卫生体制改革】 新农合保障水平进一步提高。2014年全县新农合参合人数达808899人，参合率达98.87%，共补偿参合患者38.59万人次（不含大病保险和一般诊疗费补偿人次），补偿医药费3.08亿元，住院实际补偿率达58.83%，在全省排位靠前。借鉴蓝山模式，积极推进新农合住院支付方式改革。在乡镇卫生院和县级公立医院推行按床日定额付费制度，对纳入单病种管理的疾病实行按病种付费制度。通过改革支付方式，县级公立医院的医疗费用明显下降，患者受益度明显提高，住院实际补偿率达到65.1%，提高近8个百分点。县级公立医院改革进一步推进。按照“上下联动、内增活力、外加推力”的改革原则，立足县情，大胆探索，稳步推进县级公立医院综合改革。3所县级公立医院坚持把取消药品加成、调整医疗服务价格、创新补偿机制作为公立医院综合改革的突破口和主要抓手，认真落实“一减一调一补”综合措施，平均每月让利患者近210万元，门诊和住院次均药品费用同比分别下降14.48%、22.9%；创新医院管理模式、加强医院内部管理、优化服务流程、提高服务质量、加强临床路径管理、实行住院总费用包干制等一系列措施，进一步规范临床用药，优化医院收入结构；实行县级三家医院检查结果互认，减少重复检查，降低医疗服务成本，减轻患者医疗负担。省政府调研组对祁阳县公立医院综合改革给予高度评价。基本药物制度进一步抓实。县级公立医院和乡镇卫生院全面实施国家基本药物制度，县级医院基药品规数占药品总品规数的比例达到80%以上，基药销售金额占药品总金额的30%以上；乡镇卫生院基药配备率和使用率均达到100%。同时，县乡两级医疗机构严格实行药品零差价销售，推行县、乡两级医院基药“同质同价”，有效减轻群众医药费用负担。

【医疗服务体系建设】 加大卫生项目跑项争资工作力度，争取国债乡镇卫生院项目建设1个，乡镇卫生院公转房项目4个，村卫生室项目建设89个，争取项目资金625万元。全面完成省市为民办实事工程，县人民医院精神康复大楼改扩建项目六层主体顺利竣工，圆满完成51名重性精神病患者救治。县中医院新住院大楼顺利搬迁投用；文明铺、龚家坪镇等11个乡镇卫生院项目主体工程竣工，正在进行室内装修。

【公共卫生服务】 疾病控制工作切实加强。全年及时有效处置大小疫情23起，报告法定传染病2942例，无甲类传染病报告。抓扩大国家免疫规划工作，推广普及巡回接种与定点接种相结合的模式，实行预防接种关口前移，实现预防接种全覆盖，全县免疫规划疫苗接种率达99.85%以上，达到扩大国家免疫规划工作要求。全面开展麻疹疫苗查漏补种活动，完成补种5335人，全县麻疹疫情得到较好控制，发病率低于省、市的麻疹发病水平。妇幼保健水平全面提高。继续加强两个系统管理工作，全县产妇住院分娩率达

99.97%，新法接生率达100%；进一步落实农村孕产妇住院分娩补助工作，全县共计7030人享受住院分娩补助，补助金额共计210.9万元。积极开展农村妇女宫颈癌普查，顺利完成12335人次的普查任务；进一步扩大免费叶酸增补范围，完成叶酸服用对象9087人，增补率达91.24%。基本公共卫生服务项目扎实推进。扎实开展11大类公共卫生服务和国家重大公共卫生项目，建立农村居民健康档案803225人份，其中电子建档796579人份；高血压规范管理63392人，糖尿病规范管理34470人；重性精神疾病管理3995人；完成65岁以上老年人健康体检6.15万人。

【医疗卫生服务】 抓医疗质量管理。各医疗机构以开展“医疗质量管理年活动”“三好一满意”“十项便民服务措施”等活动为载体，改善服务态度，优化服务流程，不断提高医疗卫生服务质量。县人民医院引进现代企业管理制度，在全院逐步推行“5S”管理，强化“三基三严”培训，医院服务质量显著提高；县中医院突出中医特色，重点加强中医医疗核心制度的落实和质量控制，努力提高质量管理效果；各医疗机构不断加强医疗质量管理和风险控制，实行基础医疗环节与终末医疗质量相结合的质量管理体系，保证病人的权益和医疗质量，全年县直医疗机构入院与出院诊断符合率为91.53%，住院手术前后诊断符合率99.04%，医院感染率0.01%。强化人才队伍建设。面向医学院校及社会公开选聘紧缺卫生人才，共招聘各类卫生人才119人，其中乡镇71人、县直48人。县人民医院引进硕士研究生3人，选派20名医技人员到湘雅医院进修学习；县中医院有针对性地派出15名医生到湘雅附一、南华附一深造；文明铺、白水等镇中心卫生院分别选拔苗子到上级医院跟班学习。公开招考14名本科生到乡镇卫生院工作，推行“县管乡用”，切实提高基层医疗卫生机构服务能力。加强医德医风考核。建立卫生系统行风工作考核评价体系，量化细化考评指标，强化考评结果运用，实行“一票否决”。推行医务人员医德考评制度，促使医务人员牢固树立以病人为中心的服务理念。加强卫生系统惩治和预防腐败体系建设，大力规范药品器械集中采购，全县医疗卫生单位基药使用率达85%以上，减轻患者经济负担近1000万元。联合县纪委、纠风办开展“无红包医院”创建活动，退还病人现金、礼卡达5万余元。

【为民办实事】 为民办实事工程圆满完成。坚持把为民办实事工程作为一项惠民工程、德政工程、阳光工程抓紧、抓好、抓实。改扩建精神卫生服务机构1家，救治救助贫困重性精神病患者51人，两项工作圆满完成，并得到省市的高度肯定。

【无偿献血】 2014年，全县共完成无偿献血1975人次，采血量达615000毫升，超额完成全年600000毫升目标任务。争取市红十字会一座无偿献血屋落户县城白竹湖广场，推动全县无偿献血迈向一个新台阶。加强对全县医疗机构临床用血监督管理，特别是基层医疗机构供血服务和用血管理，开展临床合理用血病例评价工作，确保血液供应安全有效。

【食品安全】 充分发挥县食安办综合协调作用，制定《祁阳县2014年食品安全工作考核办法》《祁阳县食品安全案件举报与查处制度》《祁阳县2014年四大专项整治行动工作方案》等工作制度，按照省市工作要求，多次安排部署开展全县食品安全综合治理工作，尤其是针对群众反映强烈的湿米粉问题，每月组织县质监、工商、食药等部门于凌晨开展专项整治行动，共对全县湿米粉企业开展28次专项检查，抽取湿米粉样品56批次、原料大米样品27批次、米浆15

批次、生产用水16批次，对检查不合格的湿米粉生产企业给予从严从重处罚，市食安办对祁阳县湿米粉专项整治行动给予高度评价，并作为亮点在全市进行推介。

（陈晓明）

重点医院选介

祁阳县人民医院

【概况】 祁阳县人民医院是一所集医疗、教学、科研、保健、预防、医学鉴定于一体的二级综合性医院，是全国首批县级公立医院综合改革试点单位。医院共有二个院区，总占地约4公顷，人员1301人，其中在职有编制人员776人，临聘人员284人，退休人员240人。有高级职称专家81名，中级职称312名，硕士研究生16名；设有临床、医技、职能等68个科室。开设专家专科专病门诊68个，编制床位830张，实际开放床位1005张，先后获“爱婴医院”“全国百姓放心示范医院”“长沙医学院临床教学基地”等荣誉。2014年完成诊疗人次424438例，比2013年增长13.8%。其中门诊诊疗人次366225例，住院人次58213例，分别比2013年增长12.2%、9.6%。全年业务收入3亿元，比2013年增长15.3%。

【公立医院改革】 医院自2012年12月30日启动公立医院改革试点，取消药品加成，CT、MRI大型医疗设备检查费用降价15%以上，提高护理费、床位费、手术费、治疗费等医疗服务性收费项目，其中治疗费、手术费上调20%。在此基础上，2014年按照国务院《关于县级公立医院综合改革试点的意见》，根据卫计委“九不准”文件精神，先后到余姚、延边、焦作等医院调研、学习，并与专业医管团队合作，精心制订绩效改革方案，于2014年4月1日在医院开始实施。绩效改革后实现医务人员的绩效不再与科室、个人的所创收入挂钩，而是与工作质量、工作数量、资源利用率、住院均次费、门诊均次费、床日均次费、药占比、业务综合质量、医德医风、患者满意度等因素挂钩，从制度上杜绝损害患者利益行为的发生，进一步提高医疗服务质量。2014年1～3月平均满意度为96.3%，4～12月平均满意度为97.3%，初步取得经济效益和社会效益双丰收。

【为民办实事】 祁阳县卫生系统改扩建精神卫生服务机构1家和救治救助贫困重性精神病患者51人，列入2014年全省为民办实事内容。县人民医院作为精神科大楼建设项目和救助贫困重性精神病患者的实施单位，按省卫生厅等部门下达的实施计划进行工程建设，并满足设计和各项规范要求，完成主体工程。同时，救治救助贫困重性精神按任务完成率、纳入救治救助对象的符合率、救治救助行为规范率及资金规范使用率都达到100%的要求，圆满完成省为民办实事项目。

【医院管理】 继续加强医疗质量安全考核管理，贯彻落实医疗核心规章制度，认真开展单病种临床路径工作。2014年临床路径病种从70个增加到74个，共完成临床路径8328份，较2013年增加4500余份。深入开展优质护理工作，塑造服务品牌。2014年医院优质护理示范病房增加到28个，优质病房覆盖率100%，超额完成省内二级医院优质护理病房覆盖率50%的目标。重视人员培训，优化医护队伍。2014年医院共引进硕士研究生3人，录取医疗专业人员23人，聘用护理人员50人，选派5名本科临床医疗人员到湘雅二医院进行三年专科医生培训，2名护士长参加管理培训班学习，4名护士长进修学习。全院推行5S管理，即整理（SEIRI）、整顿（SEITON）、清扫（SEISO）、清洁（SETKETSU）、素养（SHITSUKE）五个项目管理，采取先试点、再推进，最后推广的方式。通过5S管理，不仅改善医护人员的工作环境，美化患者的住院环境，还改变医护人员的工作态度和行为习惯，为提高员工素养，实现医院精细化管理做好铺垫。

【新技术开展】 医院大力推进科研和新技术开展。2014年获县科协科研立项1项，3项重点学科申报获市卫生局通过，共发表学术论文36篇，评选市优秀论文6篇。新开展介入治疗冠脉造影术、介入治疗冠脉支架安置术、针刀镜治疗痛风结石、中毒患者的血液净化、经皮微创气管切开术、胸腔镜辅助下肺大泡切除及纵膈肿瘤切除术、穿支皮瓣修复各种大面积软组织缺损、显微镜下四肢血管、神经吻合术、超远端、超近端髓内钉治疗长骨干骨折、引进椎间孔镜治疗椎间盘突出症、经皮肝胆穿刺置管引流术、腹腔镜辅助阴式子宫全切术、自体血回收等医疗技术31项。

【环境和后勤保障】 医院加大对保洁公司及科室卫生的监督管理，不定期检查通报，对医用垃圾进行规范化处理，对医院环境卫生实行分组管理，明确责任到人，取得良好效果。树立“一切为临床一线，一切为医院”的后勤保障观念，做好水、电使用和维修工作，加强后勤保障。2014年增设630KV变压器300mm^{2}主线一条，先后完成体检中心、DSA介入手术室搬迁，对门诊六楼会议室、理疗康复科、精神康复科、长沙医学院实习学生宿舍进行装修改造，缓解用房紧张，改善患者住院环境。

（任仲春）

祁阳县中医医院

【概况】 祁阳县中医医院始建于1952年，已发展成一所集医疗、急救、预防、教学、康复、司法鉴定为一体的中西医并重的二级甲等中医医院。2004年升格为正科级事业单位。2014年，全院在职职工647人（含临聘人员205人），退休职工145人；在职职工中，正高级职称2人，副高级职称69人、中级职称218人，研究生6人。医院为“一院两址、同步运行、统一管理”，新院区占地约6.67公顷，一期工程业务用房18600平方米，开设病床380张，设有综合内科、骨伤一科、骨伤二科、脑外科、眼耳鼻咽喉科、脊柱椎间盘科、外一科（普外）、外二科（泌尿）、肛肠科、妇产科、手术室、麻醉科和辅助科室；老院区占地约1.73公顷，有业务用房2.2万平方米，开设病床300张，设有内一科（中风科）、内二科（肺病科）、内三科（中医肿瘤、老干科）、内五科（肾病糖尿病科）、内六科（心病科）、内七科（脾胃病科）、血透室、儿科、急诊科、口腔科、皮肤科、针灸按摩科等临床科室。设有放射科、功能科、CT和磁共振科、检验科、病理科、药剂科等6个辅助科室和16个职能股室，拥有核磁、CT、CR、DR、生化仪等大型医用设备。祁阳县120急救中心、永州市中泰司法鉴定所均设于中医院。2014年，医院完成经济总收入1.46亿元。完成门诊量14万人次，出院病人24183人次，手术6176台次。出院病人平均住院天数7.26天。药占比34.17%。入出院诊断符合率97.02%。住院危重病人拯救成功率90.26%。2014年，医院被省中医药管理局授予“湘中医联盟医院”并被评为“永州市中医工作先进单位”“二〇一四届祁阳县文明单位”，妇产科获县妇联“巾国文明岗”称号，医疗、护理获全县“医疗急救技术竞赛”团体二等奖。

【领导巡视】 5月16日上午，永州市委书记陈文浩在市委常委、市委秘书长颜海林陪同下，视察新院区建设。8月1日上午，省卫计委党组成员、副主任、省中医药管理局局长邵湘宁在市卫生局副局长欧阳德群陪同下，检查新院区建设。8月15日下午，县长周新辉在副县长谢铁山的陪同下，视察新院区建设并听取中医工作汇报。10月28日，新院区投入使用，在整个搬迁过程中，县委常委、宣传部部长邓年生和副县长谢铁山坐镇新院区指导搬迁工作。11 月 12 日下午，县委书记魏湘江视察新院区投用后的使用情况。12 月 16 日下午，省卫计委党组成员、副主任、省中医药管理局局长邵湘宁在市卫生局副局长欧阳德群、县委常委邓年生、副县长谢铁山陪同下，检查县中医院中医药特色专科建设项目落实情况。

【医院管理】 中医院职工发扬“团结、务实、创新”精神，围绕医院“现代化、人性化、科技化”的发展目标，以为群众提供“优质、高效、方便、舒适”的医疗服务为主线，实施“学科建院、人才立院、质量强院、特色活院”的发展战略，以推进县级公立医院综合改革为契机，以改革促发展、凭质量求生存、靠管理上水平，2014 年取得好的成绩。学科建院。医院始终突出专科特色抓学科建设。根据中医特点逐步细化专科，内科系统由三个病区分设成七个病区，骨伤科由二个病区分设成四个病区，外科由一个病区分设成三个病区。拟计划再开设骨伤三科（断指再植、膝关节镜）、ICU 病区，调整针灸推拿科功能，开设住院病区。打创有影响力的品牌科室。将骨科的发展作为医院重点品牌专科，逐年提高骨伤系统的社会美誉度。同时，不断加强其他学科的发展。针灸推拿科已被国家中医药管理局确定为国家级农村中医特色专科，肿瘤科、中风科、心血管病科是省级中医特色专科，儿科为省级中医特色专科和国家级农村中医特色专科。每年开展 3~5 项新技术，促进医院的业务范围不断拓展，专科技术水平逐年提高。在队伍建设方面，通过招考、引进、聘用、借用等多种措施解决人才紧缺的问题，特别是注重引进中医类人才。在中层干部任用方面，坚持以“民意为基础、能力论英雄”，实际证明新提拔任用的股长、科主任和护士长整体素质和能力明显提高，为医院的发展起到明显的促进作用。对行政后勤人员和全院其他岗位的非专业技术人员，实行定岗、定编、定责，通过双向选择安排工作。质量强院。医疗质量与医疗安全是医院工作的核心，坚持常抓不懈。建设和完善质量管理组织机构和各项管理制度，由医疗、护理管理部门组织学习培训，新业务开展前实行前期评估；加强对医疗护理药剂质量制度，特别是核心制度的落实，由医务、护理、质控、感控、药学、药剂部门强化对医疗行为的环节质量和终末质量监督，发现问题及时处理；对差错事故和规定需事后讨论病例，由相关专业小组或部门组织开展讨论，分析原因，提出处理意见和整改措施，建设长效机制。通过对事前、事中、事后三个环节的质量监管，有效地提高医疗质量，减少和防范医疗风险。特色活院。对业务的发展在建立专科专病的基础上，坚持“中西结合、医药同步”的原则，充分发挥中医药特色，提高临床疗效。首先是将中医特色技术运用到医疗治疗中，各专业学科确立优势病种，动用中医技术开展治疗。其中，骨伤科、椎间盘科、中风科、脾胃科、儿科等科室的中医适宜技术运用较多，效果明显。其次，为专科专病提供专药治疗，各临床科室根据专科特点，研制专科用中药制剂和中药处方。医院能生产自制中药制剂 22 种，中药饮片质量好、品种全、价格廉。近 5 年，中医药参与临床治疗年增长率达 20%，平均每日调剂中药处方 1182 付，煎药室平均每日煎制处方 630 付。

【谋划新院】 新院区建设属第二批新增中央投资项目。新院区位于县城西区（新城区），2009 年县政府划拨土地 50 亩，2013 年增拨土地 47 亩，分三期建设。一期工程基础设施已完成投资近亿元，其中中央投资 1830 万元，省财政配套 130 万元，财政贴息 700 万元、自筹贷款资金 7000 万元。一期工程（门诊大楼、住院大楼）

主楼12层，总建筑面积18668.33平方米。二期急诊楼工程建筑面积3847.38平方米，已完成961.8平方米基础工程。新院区的检验科、CT室、核磁共振室、DR放射室、B超室、功能科、手术室等设备全新购置，耗资近3000万元。2014年10月28日投用，住院业务用房日趋紧张，远不能满足临床需要。

【队伍建设】 2014年，中医院招聘人员106人，其中研究生1人，本科学历47人。组织对新进人员的业务培训、岗前培训。晋级聘任各级专业技术人员52人。派遣各级各类人员外出学习86人次，参加各类培训69人次。响应省中医药管理局“全省中医医院联盟”的号召，与省中医药大学附一医院建立合作关系，选派技术骨干轮流到附一医院参加培训、学习。派出17名刚取得执业医师资格证的年轻医务人员到省中医附一医院接受住院医师规范化培训，院内开展全科医生转岗培训和全科医生规范化培训，共举行学术讲座24场次，举办“中医中药进社区、进乡村、进家庭”知识讲座6场次，医疗、护理、质控、感控组织“三基培训”及考试、考核9000人次。医院职工全年发表医学论文38篇。全院科研立项2项，1项获县科学技术进步二等奖，1项获永州市科学技术进步二等奖。

【医院环境】 2014年10月28日，新院区住院大楼投入使用，老院区基础设施改造全面铺开、进展顺利，启动血液透析室二期工程建设。加强医疗废物及废水、锅炉排污等方面管理，投资100多万元，建成日处理污水1000吨的新院污水处理站。全面完成老院区药剂、制剂室的升级改造。紧跟县委、县政府“创卫、创绿、创森”步伐，投资160余万元打造山水园林医院，净化、绿化、亮化和美化医院环境。

【医德医风】 按照中央和省委、市委、县委的要求，坚决反对形式主义、官僚主义、享乐主义和奢靡之风，坚决纠正医疗卫生方面损害群众利益行为，围绕建设“廉洁行医”，加强重要岗位和关键环节的廉洁风险防控，落实党政正职“三个不直接分管”和末位表态等制度。结合创建“县级文明单位”活动，开办“书记讲党课”，开展“六个一”宣教，营造良好的舆论氛围。全年，处理群众信访9件，收到群众公开表扬信15封、锦旗26面，拒收红包共计133人次，累计金额5.3万元，患者综合满意度测评达到96.7%。建立医院廉洁风险防控信息平台，以“制度+科技+公开”的办法，实现对医院管理权、医疗服务权、供应商诚信管理、患者满意度评价和医德医风五个方面的主要风险监控指标的实时公示。

【公益服务】 做好“手足口”“麻疹”、H7N9禽流感的应急处理预案，制订治疗方案，组织培训及考试，专门开设单独门诊及病房。继续开展“冬病夏治”三伏贴活动，全年敷贴亚健康病人1362人次，满意率99%以上。积极开展“青年志愿者服务“送医送药送健康”“巡回医疗下基层”“科技活动周”等活动，组织专家下基层义诊26场次，看病、帮扶6000余人次，免费发放药品价值7万余元，发放宣传资料4万余份。组织开展为特困职工募捐、助残一日捐等捐款活动2次，募集资金8万余元。

（王振）

祁阳县疾病预防控制中心

【概况】 祁阳县疾病预防控制中心于2005年挂牌成立，其前身为祁阳县卫生防疫站。中心座落于县城盘龙中路48号。占地7500平方米，其中实验用房2227平方米。有职工178人，其中专业技术人员118人。内设21个科股室，含结核病、预防接种、动物咬伤处置以及美沙酮维持治疗等特色门诊。先后取得省卫生厅颁发的艾滋病初筛实验资质证书、公共卫生监测检验质量认证机构证书、职业卫生体检技术服务资质证书以及市安全生产监督管理局颁发的丙级职业卫生技术服务机构资质证书。通过省级实验室计量认证复评与省级食品检验机构认证。2014年，祁阳县疾病预防控制中心顺利实现年初提出“一巩固、二转变、三提高”的奋斗目标。

【疫情监测与报告】 疫情和死因网报系统健全，网报质量在全市位列靠前。国家和省定死因监测任务如期完成，传染病漏报率控制在2.52%以内。突发公共卫生事件应急能力建设得到加强。做到早谋划、早安排、早部署，调整中心应急处置机动队，争取省卫生厅应急办支持，装备应急物资药械，参加全市应急演练获得第三名。

【处置禽流感病例】 3月份，城区内发生1例人感染H7N9禽流感病例，得到报告后，及时有效处置疫情，并对38名密切接触者进行医学观察、随访，完成省、市交办的H7N9病例治愈后监测工作任务。

【免疫规划】 推进国家扩大免疫规划工作。按月开展冷链运转。承办全县接种点计免信息录入及疫苗信息管理培训，全县规划免疫逐步实现规范化管理。组织开展麻疹类疫苗查漏补种及新入学入托儿童预防接种证查验，并根据疾病防控需要，分别于上、下半年各开展1次二类疫苗推广接种工作(伤寒、四价流脑)，计免相关疾病、AFP病例监测均完成规定任务。

【免费驱蛔】 5~6月份，慢性病防治科牵头，组织开展全县九年义务教育阶段1~7年级学生驱蛔工作，全县近8万名学生接受免费驱虫服药，为实现九年义务教育阶段学生蛔虫感染率控制在3%以内奠定基础。

【灭鼠灭蚊】 2014年，投入60万元用于城区集中灭鼠灭蚊，共制作灭鼠毒饵30吨、灭蚊药物1吨，城区鼠蚊密度大幅降低，环境得到净化，受到居民及社会各界一致好评，为创建国家卫生县城病媒生物防制工作开展提供支撑。

【农村饮用水监测】 在丰水期和枯水期间着力对66个农村饮水工程监测点的末梢水、出厂水及6个城市饮用水的市政供水水质进行检测，共抽样检测429个水样，合格率67.13%；对全县5个乡镇，每个乡镇选择4个行政村，每个村随机选择5户家庭进行环境卫生和土壤监测，主要了解监测点基本情况、厕所与粪便无害化状况、垃圾的来源处理方式、污水的排放方式处理方法、病媒生物调查和土壤采样等内容。

【艾滋病治疗“一站式”服务移交】 祁阳县艾滋病防治项目工作挤入全国重点县行列，11月24日，顺利完成艾滋病治疗一站式服务移交。

【实验室精密仪器装备】 实验室装备达到预期目标。成功争取省卫生厅装备进口原子吸收仪、气相色谱仪各一台，生物显微镜一台，总价值在100万元以上，提升中心检验检测能力。与此同时，预防医学门诊医技组室建设得到加强，全自动生化分析仪、电透设备均添置到位，提升医技服务能力。

【结核病防治】 全年结核病门诊共登记可疑肺结核病人1861例，查痰1861例，照片1813例。共发现活动性肺结核病人771例，其中初治涂阳304例，复治涂阳39例；新发涂阴病人427例。对所有免费治疗的涂阳肺结核病人全部实行全程督导与管理，DOTS覆盖率达100%。共访视病人690例。

【肝吸虫病防治】 继续推进肝吸虫病综合防治试点县工作申报力度，配合市疾控中心完成500人份监测任务。

【职业卫生服务】 6月25日至26日，市安监局组织省市15名职业卫生专家对祁阳县疾控中心申请丙级职业卫生服务资质进行现场评审，结论：基本符合要求，整改后通过，整改时间90天。10月初，再次复评并通过。祁阳县疾控中心职业卫生技术服务丙级资质成为永州市第一家。

【内部管理】 走访郴州、株洲、常德等多地疾控机构，学习管理经验，以提高业务质量。2月，启动中心内部管理绩效考核。通过强化工作纪律，减少上自由班现象发生；整治各部门内务，营造卫生、舒适的工作环境；加强业务质量考核，增强质量意识，工作条理化、痕迹化不断显现；健全与落实财务、后勤、保卫制度，提高相应部门管理水平。实现在岗人员指纹打卡率达100%，内务整理成为常态和自觉行动，工作秩序规范有序，请假、下乡、出差办理相关手续意识显著增强。工作质量、内部管理得到加强，参加上级培训后有培训小结并逐级培训，每月发票审核实现常态化。

【民生工作】 2014年，组织职工提出有代表性合理化建议十余条，全部被采纳并列入议事日程。其中，车辆定点停放建议落到实处；组织落实职工福利待遇规定，共对27名住院职工进行看望，对18名办理红白喜事职工进行祝贺和慰问，对9名职工子弟考上大学进行奖励。组织开展庆三八妇女节、5·12护士节、五四青年节及国庆中秋节等重大节日文体活动，丰富职工业余生活。同时还组织开展职工医疗互助，帮助住院职工缓解就医压力。

【创建“市级青年文明号”】 以预防医学门诊部青年职工为主体，开展“市级青年文明号”创建活动，10月份创建成功。

（邓海平 刘雍春 尹德利 赵志江）

祁阳县妇幼保健院

【概况】 1952年10月，成立祁阳县妇幼保健站，1996年5月更名为县妇幼保健院，为副科级事业单位。2012年5月升为正科级事业单位；同年12月，成为全省县级首批“二级甲等”妇幼保健机构。是一所集医疗、保健、教学、科研于一体的医疗保健机构，是县妇女儿童保健中心、孕产妇急救中心、医疗保险定点医疗机构、新型农村合作医疗定点医疗机构、农村孕产妇住院分娩补助定点医疗机构、生育保险指定医疗机构、免费婚前医学技术检查指定机构。承担全县妇女儿童基础保健工作职责，是全县孕产妇、婴幼儿系统管理归口单位，包括产前检查、产后访视、高危孕产妇筛查，是省妇幼保健院和省儿童医院技术指导医院。2014年末，全院有业务用房5000平方米，编制床位200张；有在职职工256人，其中卫生技术人员206人，有高级职称15人、中级职称83人、初级职称108人。设有保健部与临床部，保健部设有妇保科、儿保科、信息科、健教科等，临床部设有妇科、产科、儿科、新生儿科等，设有检验科、影像科等支持科室。拥有进口四维彩色B超、新生儿头颅B超、宫腹腔镜、乳腺钼靶机等先进仪器设备。妇产科开展子宫全切、次全切、卵巢肿瘤摘除、剖宫产、宫外孕、阴式子宫切除术等手术，并承担全县急危重症孕产妇急救和孕产妇急救技术指导工作；新生儿科不仅能诊治新生儿常见病与多发病，具有较高的新生儿急危重症抢救能力。妇保科开展青春期保健、婚前保健、围产期保健、产后康复治疗等业务；儿保科开展新生儿疾病筛查、听力筛查，婴幼儿运动抚触、经络导频、高压氧疗、水疗及高危儿的早期教育等业务。

【“两个系统”管理】 “两个系统”是指孕产妇系统和婴幼系统。在孕产妇系统管理工作方面，加强高危面访力度，每月由院领导分片带队，组织相关人员协同镇防保站进村入户进行高危筛查，对评分10分以上的高危孕妇进行专案建档，2014年，全县产妇数10840人，住院分娩率为99.97%，高危孕妇2357人，10分以上高危建档289个，高危住院分娩率为100%，孕产妇死亡为零；加强危重孕产妇评审，在县卫生局的组织下，9月份，县直医疗卫生单位医疗股长、妇产科主任对有代表性的3例危急重孕产妇进行评审，制订干预措施。在婴幼儿系统管理工作方面，主要抓好儿童基础保健工作，配合县卫生局加强0~6岁儿童保健管理及健康建档工作，组织开展新生儿死亡评审工作，加强幼儿健康检查工作。2014年，全县幼儿体检共16256人次，较上年增加4069人次，增长率为33.4%。

【妇幼卫生项目】 开展农村孕产妇住院分娩补助工作。按照有关政策要求，积极落实农村孕产妇住院分娩基本医疗全免费工作，全县农村产妇8881人，补助6913人，补助率77.8%，补助金额207.3万元。开展农村妇女“两癌”检查和宫颈癌监测项目工作。分别于1月份和8月份邀请省级以上专家授课，举办全县农村妇女宫颈癌监测项目业务培训4次。全年共完成宫颈癌检查24987人、乳腺癌检查2066人、宫颈癌监测信息录入5188人；查出癌前病变37例、宫颈癌12例，乳腺癌2例。开展预防艾滋病、梅毒和乙肝母婴传播工作。全县孕产妇HIV（艾滋病）初筛8411名，孕期检测率77.6%，确诊HIV感染4名；梅毒筛查8352名，孕期检测率77.1%；乙肝筛查8565名，孕期检测率79.0%，乙肝表面抗原阳性分娩832人。开展增补叶酸等工作。全年免费补服叶酸9087人，增补率91.2%；新生儿听力筛查7228名，筛查率78.7%；复筛未通过的82名患儿，均转诊到上级机构确诊。新生儿疾病筛查7608人，筛查率70%。产前筛查2889人，筛查率26.7%，其中，发现高危对象218人。

【强化医疗质量】 加强业务查房。全年定期或不定期业务查房100余次。加强业务培训。共派出10人到省级医院进修学习，参加短期培训人员48人次；组织各类业务学习30次，组织各类业务考试10次。开展新业务。妇科开展宫腹腔镜技术，全年共做宫腹腔镜手术28台；产科开展宫颈环扎术，降低剖宫产术后出血的风险；麻醉科开展全麻术；护理部改进术后导尿技术、新生儿胃管固定技术等。规范服务。借优质护理创建契机，组织全院护士进行“护士礼仪”规范化培训，护理部推行“APN”排班，更适合护理工作运行。加强医疗安全及风险防范。为保障医疗安全，从科室危重病人入手，对危重患者实行跟踪式管理，医疗股及时到科室了解患者情况，及时组织会诊，从源头上消除安全隐患。2014年，急危重症孕产妇抢救32例，抢救成功32例，成功率100%；急危重儿童、新生儿抢救88例，抢救成功87例，成功率为98.9%；医疗纠纷共发生2起，比2013年减少2起。

【改善就医条件】 整改基础设施和增加仪器设备。主要是通过增设板房，增加住院床位，改建新生儿住院部、手术室和产房，增设医用电梯，整改院内电路和病房用水工程等；增加四维彩色B超1台、蓝光治疗仪9台、恒温箱15台，并添置宫腹腔镜、听力诱发电位、等离子消毒机等仪器设备。增设导诊台。为解决门诊、收费及B超等窗口经常拥堵现象，在院门诊大厅、儿科门诊及B超室等处设立导诊台，安排专职人员负责分诊及咨询，为患者测体温、发放饮水杯、指引就诊等，窗口“围、堵、乱”现象得到明显遏制。调整部分科室布局。年初，将基层保健部、信息科、业务发展部搬迁到临床楼五楼板房办公；将产科门诊、胎声监护调整到行政楼二楼办公室，孕产妇保健更方便。

【医德医风建设】 注重医德医风建设，针对工作中存在的服务态度不端正、损害群众利益行为等问题，采取集中上党课、一对一谈心、创先争优活动等形式促进医德医风建设；在院内公共场所设立意见箱，公布投诉电话，主动接受患者及社会监督，对投诉医德医风问题的，一查到底，绝不姑息；院领导带队值勤，坚持每天到科室查房，督查劳动纪律、服务态度，积极听取患者意见和建议等，及时查处和解决问题。2014年，拾金不昧现象26起，拒收病人红包礼品97起，收到病人的锦旗、镜匾、感谢信等25件，违纪违规现象减少近50%，病人满意度达95.6%以上；全院医务人员严格遵守“卫生行业八不准”。

【公立医院改革】 院迎接省、市公立医院改革试点工作调研3次，国家卫计委调研1次。为切实推进公立医院改革，县妇幼保健院严格执行国家药品价格政策和医疗服务收费标准，做到“药品零价销售”“因病施治、合理检查、合理用药、合理收费”，让病人感受到“公开透明、诚信服务”。加强临床用药管理；控制药占比和整治抗生素不规范使用，临床用药管理成效明显：处方合格率稳步提升为98.6%，药占比持续下降为15.4%，老百姓医药负担减轻。

【义诊活动】 利用“三八”“六一”等节假日和“巡回医疗”积极开展义诊活动，全年共开展8次科普知识宣传、4次优惠义诊、13次卫生下乡和9次健康知识讲座，参加人次达4000余人次，发放宣传资料1.5万余份，发放妇幼保健知识宣传手册1万余册，免费发放药品21256元。

（唐鹤松）

体　育

【概况】 1956年4月成立祁阳县体育运动委员会，1958年3月并入文化科，1959年4月复设体委，1962年5月并入文卫科，1963年6月仍设体委。1979年1月，县委成立祁阳县革命委员会体育运动委员会，2002年2月改名为祁阳县体育局，内设办公室、群众体育股、青少年竞赛训练股、体育产业彩票管理股。下辖祁阳县业余体校、祁阳县体育中心。主要职责是贯彻实施国家、省、地体育工作的政策法规；编制全县体育事业中长期发展规划和年度计划；指导全县各行各业开展体育活动；组织参加和承办省单项、地区全运会体育竞赛，指导全县性体育竞赛工作；统一规划全县运动项目的布局；推行全民健身计划，开展国民体质监测；贯彻执行体育产业政策，发展体育市场。2014年，按照县委、县政府的总体思路开展体育工作，群众体育活动丰富多彩；竞技体育取得历史性突破；体育彩票销售实现新的飞跃，总销量达到4200多万元；体育馆作为县重点项目，完成内外墙整体装修，累计投资达2600万元。

【全民健身活动】 2014年，祁阳县体育局举办具有地方传统特色和大型的群众体育活动12场次，协办8场；县直各单位、各单项协会、社区举办各类群体活动100场次。7月22~24日体育局成功承办“欢乐潇湘、魅力祁阳”全民广场舞大赛；组队参加全市全市太极拳（剑）比赛和体育系统运动会等。组织开展全国第六次体育场地普查和全国第四次国民体质监测工作，共普查各类体育场地500多个和监测720个各年龄阶层样本点。

【基础设施建设】 2014年，陶铸体育馆工程建设整体推进，完成内外装饰和声学处理等，预计2015年年底前投用。县公共体育场改造完成规划设计、挂网招投标等前期各项准备工作，预计2015年10月前完工。此外，建成村级农民体育健身工程90个、社区健身路径项目8个，全年共投入资金200万元。

【竞技体育】 在2014年9月的湖南省第十二届运动会上，取得金牌4.5枚，银牌3枚，铜牌2枚，创造祁阳县在省全运会上金牌数和奖牌数的历史纪录。在全省武术大赛上，取得10枚金牌，9枚银牌和5枚铜牌。选拔优秀苗子80人，体育后备人才18人。

【体育彩票销售】 2014年，祁阳县体彩销售达到4200多万元，比2013年增长3200万元。其中，数字型彩票2190多万元，幸运赛车84多万元，竞猜1881多万元，超额完成省市分配的目标任务。

（左友保）

社会管理与服务

劳动和社会保障

【概况】 祁阳县劳动和社会保障局是2002年4月设立的主管全县劳动和社会保障行政事务的县人民政府工作部门。内设7个职能股室和就业服务管理局、劳动社会保险中心、机关事业单位养老保险中心、医疗保险基金管理中心、工伤保险中心、劳动保障监察大队、城乡居民社会养老保险局、劳动争议仲裁院等8个下属副科级事业单位，全局干部职工262人。2014年，祁阳县劳动和社会保障局紧紧围绕“民生为本”工作主线，各项工作都取得显著成效。2014年劳动保障宣传工作被人社部表彰为新闻宣传工作先进单位，县医疗保险基金管理中心被人社部评为全国人社系统“2011～2013年度优质服务窗口”，城乡居民社会养老保险工作被省政府评为全省首批城乡居民社会养老保险经办管理服务示范县，就业优先考核在全市排名第三，在全县综合目标管理考核被评为先进单位。

【就业优先推进】 2014年共举办8场大型招聘会、22场乡镇专场招聘会，在园区常设招工服务中心；开通从园区至文明铺镇、白水镇、三口塘镇3条专线包车，方便员工上下班；对凯盛、科力尔等劳动密集型企业实行养老保险过渡试点，在永州市是唯一实行该政策的县（区）；园区农民工可自主选择参加养老保险；园区企业职工可参加城镇职工医疗保险，缴费由1800元降低为1600元；全县22个乡镇兴建基层劳动保障服务平台，覆盖面达90%，并为各基层服务平台统一制作牌子和劳动保障办事流程专栏及相关的管理制度，制作永久性招工宣传栏；投资150余万元建设全新的县就业和社会保障服务中心，用于就业创业培训。2014年共为凯盛、科力尔等规模企业招工5800人，完成目标任务116%。

【就业再就业局势】 全县将创业就业工作放在优先发展的位置，突出抓创业带就业工作，全力推动实现更高质量的就业，就业总量稳步增长。

就业再就业：全县城镇新增就业7732人，完成目标任务117%；失业人员再就业3260人，完成目标任务116%；困难人员再就业1113人，完成目标任务106%；新增农村劳动力转移就业9960人，完成目标任务111%；帮扶57户新出现的零就业家庭实现就业援助，零就业家庭动态就业援助率为100%，城镇登记失业率控制在3.9%以内。

社保补贴发放：开展社保补贴先缴后补认定工作，年末社保补贴达到705万元，3263人灵活就业困难人员得到实惠。

小额担保贷款：全年共为573名创业者提供促进就业小额担保贷款3200万元，直接带动就业1433人。

职业技能培训：全年开展各类职业培训16330人，完成目标任务的108.9%。其中，企业职工培训5630人，农民工和农村劳动力预备制培训4280人，失业人员培训4120人，创业培训2300人。组织开展职业技能鉴定1617人，职业技能鉴定取证1426人。

职业介绍：全年开展大型专场招聘会8场次，60家省、市（含外省）企业参加招聘，提供岗位8000多个，参加应聘人员4万余人，职业介绍服务中心进行职业指导1.5万人，介绍成功就业1.2万人(其中返乡农民工5100人)。

【社会保障体系】 全县各项社会保险快速发展，逐步由“政策全覆盖”向“人群全覆盖”转变。2014年，全县参保总人数达90余万人（次），社保基金收入总额8亿元，征缴基金总额5.3亿元，支出各类待遇7.2亿元。

企业养老保险：全县养老保险共有参保单位128家，参保人数24273人，离退休人员18895人，完成养老保险费收入1.5亿元，完成目标任务的150%；共发放养老金3.06亿元，养老金按时足额发放率100%，社会化管理率100%，养老保险基金规范安全率100%。

机关事业单位养老保险：全县机关事业单位共有参保单位252个，参保在职人员26095人，离退休人员9274人，参保覆盖率100%。全年共收缴养老保险基金12563.3万元，完成目标任务的101%，支付养老金13073.8万元，滚存节余4493.9万元；纳入社会化发放的离退休人员8158人，基金征缴率、养老金支付率、社会化发放率分别达95%、100%和88%。

城乡居民社会养老保险：期末新农保登记参保52万人，征缴基金4085万元，完成112%，城镇居民养老保险征缴122万元，为14.1万老年居民发放养老金9877万元，城乡居民待遇按时足额发放率和社会化发放率均为100%。为全县14个乡镇83个村514个组的10679人办理被征地农民社会保障，其中新增参保4773人，收缴生活保障费7978万元，发放基本生活费4544万元。

城镇职工医疗保险：全县参加城镇职工基本医疗保险单位499家，参保职工54983人，其中在职29637人，退休25346人，离休人员45人。城镇职工医疗保险征缴基金6979万元（其中统筹基金收入3445万元，个人账户收入2734万元，另大病互助费收入520万元，离休干部医保基金收入280万元）。城镇职工基本医疗保险支出8224万元（其中统筹基金支出4703万元，个人账户支出2867万元；大病互助支出468万元；离休干部医保基金支出186万元）。

城镇居民医疗保险：年末全县城镇居民基本医疗保险登记参保人数19.8万人，参保缴费7.47万人。共征缴基本医疗保险基金4617.73万元，支出基金4517.48万元。

失业保险：全县失业保险参保20300人，新增参保2500人，共征缴失业保险金534.68万元，分别完成全年目标任务的100%、100%、116%，失业保险金支出320余万元。

工伤保险：全县参加工伤保险的企事业单位418家，总参保人数49421人，其中企业单位312家，参保职工38984人，事业单位106家，参保职工10437人，共收缴工伤保险基金945.6万元；调查认定工伤事故146起，共支付各项工伤保险待遇900.3万元。

生育保险：全县生育保险参保总人数2.96万人，共征缴生育保险基金135万元，支出缴生育保险金42万元。

【社保制度改革】 2014年，根据《祁阳县城乡居民基本养老保险实施办法》（祁政发〔2014〕24号），有序开展城乡居民养老保险制度改革。整合居民养老保险，将新型农村养老保险和城镇居民养老保险进行整合，建立统一的城乡居民基本养老保险制度；增加个人缴费档次，在新农保原有6个缴费档次（100元、200元、300元、400元、500元、800元）的基础上，增加600元、700元、900元、1000元、1500元、2000元、2500元及3000元8个缴费档次，缴费档次选择更大、更自由；提高政府补贴，补贴标准为100元、200元档次的每人每年补贴30元，选择300元、400元档次的补贴40元，选择500元及以上缴费档次的补贴60元；提高基础养老金，从2014年7月1日起，基础养老金标准由每人每月55元调整为60元。

【劳动关系和谐稳定】 按照中共十八大提出的“构建和谐劳动关系”的要求，进一步健全劳动关系协调机制，不断加大劳动保障监察和争议调解仲裁实施力度。

劳动合同管理：2014年，对全县私营企业、个体工商户劳动合同的签订进行全面清理整顿，全年督促各类用人单位签订劳动合同5800余份，劳动合同签订率达100%。

劳动保障监察：全年共检查各类用人单位253个，接待群众来信来访120人次，受理举报案件116起，调查处理114起，结案率达98%；大力开展治理工资拖欠专项行动，查处拖欠民工工资的案件73起，依法追讨工资780余万元；查处非法使用童工企业2家，清退童工2人；督促152家用人单位签订劳动合同5800份。扎实开展工资集体协商，建有工会组织的企业工资集体协商建制率为88%，完成100%。

劳动争议仲裁：2014年度共受理劳动争议案件61起，立案61起，调解结案42起，依法裁决17起，结案率97%，化解社会矛盾，促进劳动关系和谐稳定。

【社保卡工作】 2014年，祁阳县劳动和社会保障局积极推进社保卡发放工作。至年底，全县基本完成参保人员的社保卡数据采集工作，采集数据60.5万，银行开户58.4万，制卡57.6万，完成发卡55.4万张。其中，农村社保卡发放约51.8万张，城镇职工完成发放3.6万张，部分单位职工和城镇居民卡已制作完成等待发放。2013年9月，永州市被人社部定为全国社会保障卡综合应用试点示范城市，按照人社部试点示范城市建设的要求，持卡人数要达到总人口的80%以上，预计到2017年基本实现人人持卡。

（卢启明　邓乐诺）

民　政

【概况】 祁阳县民政局内设7个股室和县老龄工作委员会办公室（副科级），下辖社会救助局、慈善办、募捐办、婚姻登记处、殡葬改革执法队、军休所、救助站、福利生产办、福利院和福利工厂。有在职干部职工227人。2014年，县民政局被省人民政府评为全省为民办实事先进集体；获全省社会事务工作优质服务先进单位；国家AAA级婚姻登记机关；全省福利彩票销售工作先进单位；全市目标管理考核一等奖。龙山街道办事处宝塔街社区被授予“全省综合减灾示范社区”称号，办事处民政所长谭君文被永州市民政局评为“最美民政人”。

【优抚工作和退役军人安置】 2014年，全县有重点优抚对象近万人，发放重点优抚对象抚恤补助4230万元；重大节日走访慰问困难优抚对象2000余人，发放慰问金95万元；完成176名退役士兵安置任务。组织300名退役士兵进行职业技术培训，推荐其中122人就业；为354名退役士兵发放一次性经济补助212.6万元；为130个烈士遗属和503名残疾军人换发烈士证和残疾军人证。组织退役军人开展“双带双促”活动，扶持种养大户，带动60名复退军人创业就业；退伍军人谢金宝创办金丽鸽业公司致富不忘乡亲的事迹在全市巡回演讲。浯溪街道办事处、观音滩镇和七里桥镇建立“退役军人之家”，为退役军人提供集体学习活动场所。

【军队干部休养】 祁阳军休所成立于1985年，为正股级全额拨款事业单位，有在职工作人员8名。2014年，军休所有军队休养人员26名，其中正团级离休干部1名；正团职退休干部1名；副团级退休干部1名；营级以下军休人员23名，其中有5名伤残军人。军休所坚持以人为本，真情服务于军休人员，军休干部的政治待遇和生活待遇落实到位，支持军休人员担任中小学校校外辅导员和参加志愿者活动；帮助军休人员解决困难，受到军休人员的称赞。2014年12月，经省民政厅检查验收，县军休所被评定为4星级军休所。

【龙山烈士纪念设施建设】 2013年6月开始动工修建龙山烈士纪念设施，新建一座高18.98米，基座宽4.8米的纪念碑，上刻仿北京人民英雄纪念碑“人民英雄永垂不朽”字体碑文；扩宽纪念碑周围地面架空广场1000多平方米；修建长16米，宽2.5米，高4米的休闲长廊；修建长7米，宽2.5米，高4.1米的烈士英名录碑，上刻祁阳籍烈士英名371个，其中中华人民共和国建国前19个，中华人民共和国建国后352个；片石砌护坡，石材刻花草护栏，麻石板材铺地面；对原有两烈士纪念碑亭翻新；场景照明绿化。2014年9月完工，历时16个月，耗资约600万元。9月30日，由县长周新辉主持，县委书记魏湘江诵读祭文的祁阳县烈士纪念日首次公祭活动在该设施如期举行。该纪念设施成为祁阳县缅怀、褒扬革命先烈的场所，进行爱国主义和革命传统教育的基地。

【城乡社会救助】 全县城镇低保平均每月保障1.9万人，保障标准为每人每月330元。全年共发放保障金4343万元，平均每人每月补助249元。农村低保平均每月保障6.7万人，保障标准每人每月165元。全年共发放保障金7196万元，平均每人每月补助105元。

7～10月开展城乡低保“人情保、错保”等社会救助突出问题专项整治，对全县城乡低保对象进行清理排查和重新认定。对其中家庭条件好转的1702名低保对象停止保障；清除“人情保、错保”对象423人；新纳入符合条件的低保对象7702人。查处典型案件4起，处理违纪违规人员5名。到年底全县有城镇低保对象1.9万人；农村低保对象6.7万人。

全年大病医疗救助37143人次，支出资金1652万元。其中资助救助资金120万元；直接救助支出救助资金1531万元。实施临时救助1467户次，支出救助资金182万元。

全年救助流浪乞讨人员3523人次，支出各类救助经费176.7万元。

全县有802名孤儿，按每人每月生活费600元的标准，全年发放孤儿生活费577.44万元。

全县所有乡镇和街道办事处共创建25个社会救助平台；城区有沿江路、望浯园、白竹湖、平安街、龙山、芦家甸、邵家岭等7个社区救助示范平台；农村有48个村级救助示范平台。全县25个乡镇和街道办事处全部恢复民政办；各村配备民生员，民生员基本上由村支书或村会计兼任。

【农村五保供养】 全县有农村五保对象1.2万余人，其中集中供养1033人，分散供养11321人。其供养金分别是：集中供养者每人每年5160元，分散供养的每人每年2640元。2014年，投资150万元，新建大江乡敬老院，新增养老床位50张；投资40万元，改造挂榜山乡敬老院，经省、市民政部门验收合格。

【福利机构】 2014年，县福利工厂有在职职工30人，其中残疾人13人；退休职工34人。由县民政局牵头民营的福利企业有祁阳县福利玻璃仪器厂、祁阳五洲医药包装有限公司和祁阳恒泰玻璃制品有限公司3家，安排残疾人职工140人，年产值9200万元。

有福利养老机构104家，总床位近1500张，2014年新增床位500多张。祁阳县福利院，有床位80张，入住老人

26名，其中孤老优抚对象8名；社会“三无”老人6名，社会寄养老人12名。另有被弃孤残儿童18名。农村各乡镇有敬老院22个，床位890张，入住老人840人；村级有五保之家81个，床位486张，入住五保对象380名。

【永和养老中心】 2014年，湖南大森林医药有限公司投资与祁阳县民政局、卫生局合作筹建的祁阳永和医院及祁阳永和养老中心，进行试运行。这是全市第一家集医疗、养老、康复于一体的养老机构，建筑面积2万平方米，病床200张，养老床位300张，入住老人150名；拥有30多位中级以上技术职称的医护人员和一批国内先进的高档检验和治疗设备。病房和养老房配有空调、24小时热水、闭路高清电视、卫生间、吸氧、呼叫系统，免除住养老人的养老忧愁，能够做到“老有所养、老有所医、老有所乐”。

【救灾救济】 2014年，全县发生较大自然灾害2次。5月19日暴雨，农作物受灾面积4100公顷，受灾人口53210人，直接经济损失2800万元；6月21日暴雨，农作物受灾面积1790公顷，受灾人口15800人，直接经济损失2730万元。灾害发生后，县民政局带领乡镇民政所开展查灾、核灾、报灾工作，争取省民政厅救灾资金300万元，并全部拨付到乡、镇和街道。救济受灾群众1.2万人。完成全县乡镇和街道办事处《自然灾害应急救助预案》的制定和县、镇（乡）、街道两级救灾应急值班室规范化建设。龙山街道办事处宝塔街社区被授予“全省综合减灾示范社区”称号。

【城乡居民自治】 2014年祁阳县进行第九届村民委员会换届选举。全县808个村，农业人口72.9万，有选举权的村民47.9万人，参加投票选举40万人，参选率80.3%。选出村主任808人，村委会委员1708人。村主任中连选连任者463人；村党支部书记兼村委会主任者262人，其中女性40人；女性当选为村委会委员的902人。在选举工作过程中，发现和解决苗头性倾向问题45件，接待群众来访112起，处理选举舆情38起，查处违法违纪行为10件，查处违法违纪人员16人，取消候选人参选资格166人。换届选举于5月底完成，换届率100%。

在村（社区）务公开方面，主要通过“民主恳谈会”“四议两公开”和依据法律法规，结合当地实际情况，由全体村民制定涉及村务管理的《村民自治章程》和《村规民约》的实行。形成党委领导、政府负责、部门配合、社会力量参与的工作格局。县委、县政府将村（居）民自治工作纳入对县直有关部门、街道（乡镇）、党（工）委、政府工作责任制内容；出台村（社区）干部选拔、培训、考核等激励政策；加强村（社区）干部队伍建设，提高村（社区）干部的综合素质和专业能力，落实待遇，稳定村（社区）干部队伍；出台资助村级组织和专业服务机构为老年人、孤儿、残疾人、问题青少年等人群服务的政策；村（社区）运转经费纳入财政预算，并建立自然增长机制；县依法出台村务公开目录。

【百岁老人优待】 2014年，全县有百岁以上老人33名（其中男性6名），居住在15个镇和街道。其中龙山街道2名，浯溪街道1名，观音滩镇1名，大忠桥镇1名，白水镇2名，进宝塘镇2名，潘市镇1名，羊角塘镇3名，下马渡镇1名，七里桥镇1名，大村甸镇6名，黎家坪镇4名，文富市镇1名，文明铺镇4名，龚家坪镇3名。年龄最大的是进宝塘镇的段顺秀和黎家坪镇的伍子秀，105周岁。老人节前，县民政局分管领导和县老龄办工作人员将全年百岁老人长寿保健金每人每月400元、老人节慰问金每人400元、医疗救助门诊费每人每年300元全部送到百岁老人手中。

【老龄工作】　全年为5424人办理老年人优待证。其中60~64周岁老人263名（男114名，女149名）；65周岁及以上者5161名（男2945名，女2216名）。老年人凭此两种优待证在本地和外地都可享受一定范围优待。村级老年人协会建会率100%，共建协会887个。全县核定符合基本养老服务补贴条件对象9229人，每人每月补贴20元，补贴覆盖率50%，覆盖人数4615人，

【婚姻登记】　祁阳县婚姻登记处坚持“依法行政，为民服务”宗旨，以创建国家AAA级婚姻登记机关和“三创一展示”活动为契机，严格依法行政，提高服务质量。开展“规范工作平台，创优服务环境；规范工作流程，创优服务质量；规范工作用语，创优服务理念；规范工作着装，展示窗口形象”（简称“三创一展示”）活动，制定《祁阳县民政局婚姻登记应急预案》。当事人可通过咨询电话和登记现场预约节假日办理婚姻登记，婚姻登记处根据预约情况，安排值班领导和婚姻登记员为预约者办理婚姻登记。全年为20多对预约者办理婚姻登记，受到当事人的好评。全年共办理结婚登记7741对，颁发结婚证15482本；办理补领结婚证1572对，补发结婚证书3144本。办理离婚登记1642对。出具婚姻登记记录证明8662份，无一例有效投诉，实现办证“零差错”工作目标。2014年4月，经上级检查验收，婚姻登记处被评为全国AAA级婚姻登记机关。

【民间组织管理】　2014年，全县新登记民间组织有：百合种植专业技术协会、文家冲水库灌区农民用水者协会、群力生鲜肉销售协会、反邪教协会、青年创业者协会、樱桃种植专业技术协会、农村青年致富带头人协会等7个；民办非企业单位如永和养老中心、八宝镇农科幼儿园等20个。至年底，经县民政局核准登记的社会组织有248个。其中社会团体90个，包括经济类的社会组织32个，科研类的社会组织15个，事业类的社会组织28个，慈善类的社会组织3个，综合类的社会组织12个，民办非企业单位157个，基金会1个。县民政局民间组织管理股对全县所有民间组织进行年检，实施管理。2014年，全县有5家民间组织未进行年检，均下达催检通知。

【慈善事业】　全县党政机关、事业单位、社会团体、中小学校、省市垂直管理单位、驻祁部队，单位捐出一日节约的办公经费，个人捐出一日的工资，共募集“慈善一日捐”80多万元。7月16日，组织书画家苏宏远、何友国等23人的书画作品23幅举行义卖。义卖所得20余万元全部捐献给县慈善总会。8月23日，永州市在市体育馆与省电视台电视剧频道举行大型“金榜题名雪中送炭”的“心得乐”爱心助学活动，祁阳县参与者13人，募集善款40多万元。这些善款用来资助陈安军、蒋文静等贫困学生近百名；救助肖XX（患基底细胞癌）、唐XX（患禽流感）等困难群众1300多人次。

【福利彩票销售】　2014年，全县有福利彩票投注站71个，从业业主71户，募委办有工作人员13名。全年销售福利彩票6300万元，比2013年增加2500余万元。其中电脑彩票销售4190万元；“刮刮乐”彩票销售430.5万元；“中福在线”销售1679.5万元。通过福彩销售募集福彩公益金500多万元，为全县民政项目实施提供资金支持。县民政局获全省“福利彩票销售工作先进单位”。募委办主任周道文获全省“福利彩票销售工作先进个人”。

【地名管理】　6~10月，执行国务院《行政区域界线管理条例》和湖南省及永州市、衡阳市有关文件精神，祁阳县民政局与祁东县民政局、常宁市民政局、宁远县民政局共同进行

县与县行政区域界线的联合检查；分别写出联合检查工作情况的报告，订立创建平安和谐边界协议书。6月18日~8月20日，祁阳县民政局牵头，与祁东县民政局的相关人员组成联合勘界组，对两县行政区域界线全长197.78公里进行勘定；6月12日~9月底，常宁市民政局牵头，与祁阳县民政局相关人员组成联合勘界组，对两市、县行政区域界线全长129公里分阶段进行勘定；9月1~25日，宁远县民政局牵头，与祁阳县民政局相关人员组成联合勘界组，对两县行政区域界线全长52.69公里进行勘定，按时按要求完成此项工作。

9~12月，参与县城网格化建设工作，对县城地名标志进行清理整顿。对未命名的108条道路、桥梁、公园、广场进行命名；对重复命名的两条校园路中的一条取消名称。将此命名方案发布于祁阳县人民政府网站，征求县内外人士的意见。对县城道路标志的重新制作和县城的门、户、栋牌全部更换工作作出安排。

【殡葬管理】 2014年，由县民政局管理、性质为民营的永晟潜龙观福园共火化遗体508具。其中已故国家工作人员174名，已故企业职工56名，已故五保老人、低保对象、百岁老人和已故“三无”人员68名，为这些已故人员免基本火化费6.8万元。由于湘人社发〔2014〕11号文件出台，已故企业人员火化数较往年下降。

会同县纪委、财政局、人事局、劳动社保局对全县18例在外地火化的已故祁阳县干部职工的火化证明进行调查核实，查出其中5例是虚假证明，为财政挽回一笔抚恤金损失。

编印《祁阳县殡葬改革宣传手册》2500册，宣传各项殡葬政策。清明期间出动宣传车30余次到乡镇宣传殡葬改革和文明祭扫活动。给县城463家丧事丧主送发告知书，向他们宣传殡葬改革政策并动员他们执行。

（刘琪　雷驰凤）

人口计生工作

【概况】 2014年，按照“扎实强基础，综合上水平”的总体要求，着眼统筹解决人口问题和稳定低生育水平的根本任务，深化综合改革，创新和完善工作机制，祁阳县继续保持“国优县，省先进，市模范”称号，祁阳县被省、市人口计生领导小组评为全省、全市查处“两非”典型案件先进单位；祁阳县被省计生协评为全省计生协会先进单位。县药具站被评为全省“县级计划生育示范药具站”；白水镇竹山村被评为“全省村民自治示范单位”。省市考核评估认定，祁阳县符合政策生育率为81.08%，人口自然增长率6.22‰，出生综合性别比114.27，圆满完成省市人口计划。

【领导重视】 责任更加明确。认真落实县级领导包乡镇、乡镇领导包村、计生干部包重点对象责任制。组织人事、纪检、宣传、综治、公安、工商等职能部门各司其责，落实职责；各镇乡办场党政一把手亲自抓，负总责，全县上下更加重视人口计生工作。氛围更加浓厚。扎实开展“阳光计生温馨宣教”，转变群众生育观念。一方面，做到三级联动没有盲区。在县级，在电视台播放人口计生专栏、电视讲话，向全县育龄群众发送计生短信及各类宣传资料；在镇级，进一步加强人口活动室、生育文化大院、婚育一条街建设；在村级，及时更新村务公开栏，开展集政策宣传与服务于一体的进村入户活动。另一方面，重视群众活动扩大影响。举办“单独两孩”政策大型户外宣传和“生育关怀·诚信计生”书法、摄影竞赛等活动，让计生政策深入人心。调研部署更具体。1月22日，县委、县政府领导专题听取全县人口计生工作情况汇报，客观分析面临的形势和存在的突出问题，对做好2014年工作提出新的目标和要求。3月8日，虽然全县性会议大量精减、整合，但人口计生工作大会仍然单列召开，全体县级领导出席；5月12日，县委书记魏湘江在深入乡、村两级专题调研人口计生工作后提出，对工作严重滑坡的乡镇实行调度制度，对乡镇主要领导实行约谈制度；5月27日，县长周新辉主持召开人口计生工作半年形势分析会，专门对下半年工作作出详细的安排部署；县委常委、副县长、统战部部长左雅婷出席所有的计生领导小组例会，并多次组织人员对各乡镇人口计生工作明查暗访、督查督办，确保各项工作的顺利推进。

【依法行政】 坚持以制度管理促进规范，以依法行政提高效能，全县人口计生工作整体水平不断提高。作风建设有效落实。成立计生系统作风建设领导小组，重新修订系统工作责任考核规定，将考核结果与个人工资挂钩，实行量化管理，推行绩效考核。全年共扣除17名责任不到位工作人员相应的责任考核分，并在全县计生系统通报批评。执法程序有效规范。以做好社会抚养费征收和计生行政处罚工作为突破口，切实规范行政执法程序，做到统一征收标准，统一执法培训，统一执法文书。进一步落实行政执法责任制和过错责任追究制，坚决执行“七不准”，重申行政执法“十严禁”，全面维护育龄群众的计划生育合法权益。整治“两非”有效推进。成立打击“两非”专项行动领导小组，采取集中整治、打防结合、常年宣传、综合施治的办法，积极开展“两非”整治，共查处“两非”典型案件3起。

【利益导向和优质服务】 坚持以人为本，着力构建和完善奖、优、扶、保四位一体的计划生育利益导向机制。加大奖励力度。共对独生子女、农村两女户等响应人口计生政策户发放奖励扶助资金、特扶资金497.3万元；发放独生子女保健费58.35万元。提高优惠水平。综合运用各项社会经济政策，让计划生育家庭优先享有改革发展的成果。全县共为356对符合条件的再生育夫妇免费提供出生缺陷干预检测服务；核查1052名独生子女户、两女结扎户子女初中升高中加10分资格；独生子女在分配集体公益时增加一人份额。强化关怀扶持。对贫困母亲、失学儿童、留守儿童开展“爱心联盟生育关怀”行动，发放生育关怀资金30万元，救助1697人。确保应保尽保。为11085户独生子女和两女户家庭入家庭意外伤害险。

【推进全员人员信息化建设】
2014年，祁阳县全员人口信息库逐步健全，数据采集及变更工作机制和数据质量保障机制基本完善，利用人口库数据能提供常住人口服务管理、育龄妇女服务管理、流动人口服务管理、奖励扶助、社会抚养费征收等实用性信息，实现信息指导服务、系统应用创新。为确保市、县、乡镇（街道）快速准确沟通，创建“统计流管业务交流QQ群”，专门作为清理工作中信息通报、工作互动、经验交流平台，安排专人每天登录网站，进行相关数据的核查、比对分析和补充录入。全县镇乡办场配备人口计生专用计算机设备75台，信息化设备配备率达100%。县人口计生、公安、卫生、教育、民政、统计等部门实现信息交流与资源共享，实现电子化，形成各部门密切配合、齐抓共管机制。

【启动单独二孩审批生育证办理】 3月28日，湖南省人大常委会作出《关于调整完善生育政策的决议》（以下简称《决议》）。4月29日，省人口计生委印发《湖南省“单独两孩”政策实施办法》（以下简称《实施办法》）。祁阳县扎实做好《决定》《实施办法》等文件精神的学习宣传和贯彻落实，编写《湖南省“单独两孩”政策宣传提纲》，确定2014年5月为全省“单独两孩”政策集中宣传月。5月26日，在县城白竹湖广场举办“生育关怀”书法、摄影展暨实施“单独二孩”生育政策户外宣传系列活动，省人口计生委党组成员、省计生协会常务副会长张斌，市委常委、副市长蒋善生，市计生协会会长李本道，县长周新辉等领导现场观摩并指导。龙山街道龙山社区的王群夫妇在活动现场高兴地领取祁阳县第一本“单独二孩”生育证。

【宣传教育】 将计划生育宣传教育融入到社会主义新农村建设中，将计生奖励、婚育政策宣传与“三查”通知单结合，把通知单变成政策宣传单。积极开展婚育新风进万家和“三下乡”活动。充分利用元旦、春节等重大节假日，在县城和人口大镇的集贸市场组织开展咨询服务和发放各种计生宣传资料和宣传品活动。以婚育文化长廊为龙头，婚育社区为依托，婚育文化大院为基础，把全县计划生育宣传阵地融入到城乡社区村落。2014年，县人口计生委在大忠桥镇和该镇茶山村分别建设建婚育文化中心，在光明社区、新兴路社区建设婚育文化小区，全县在2012年创建计生宣传示范镇村200个、2013年创建计生宣传示范镇村200个的基础上，2014年，又创建计生宣传示范镇村200个。以各种宣传载体和各级计生协会为依托，开展丰富多彩、形式多样、通俗易懂、寓教寓乐的宣传活动。全年编排演出计生节目10个，在“5·29”活动和“欢乐潇湘、魅力祁阳”群众性文艺活动中，演出2场计划生育专场文艺汇演。宣教载体全覆盖，达到“十有”要求，即报刊有文章、电视有影像、网络有专页、道路有牌子、村居有专栏、活动有现场、广场有演出、手机有短信、户户有资料、创建有示范，干部群众计生政策知晓率达95%以上。

【流动人口计划生育管理】 按照流动人口全国“一盘棋”的工作要求，巩固和完善“统筹管理、服务均等、信息共享、区域协作、双向考核”的流动人口计划生育服务管理机制。把流动人口服务管理工作纳入目标考核内容，层层签订责任书，纳入经常性工作范围。推进流动人口计划生育信息化建设，建立信息采集、通报、反馈工作制度。实行“市民化服务、属地化管理”，建立健全流动人口计划生育基本公共服务运行机制，推进流动人口宣传、教育、免费技术服务、避孕药具、生育登记、优生促进、困难救助、便民维权等基本公共服务均等化。2014年，在全县范围内统一开展一次以清查流动人口计划生育管理和服务专项活动，共清查出租屋、住宅小区、商铺等重点地段260个，共查验流动人口计生证明212人次。通过查验证，落实查环查孕107人次，提交平台通报信息360条。在深圳市东莞、广西柳州建立流动人口计生协会，为祁阳籍流动人口提供全方位计生免费上门服务，得到上级人口计生部门的肯定。

（邓方祁　赵谨）

旅 游 工 作

【概况】 祁阳县旅游局成立于1988年4月，下设两股一室，实有编制8名。其主要职责是：贯彻执行国家关于发展旅游产业工作的方针、政策、法律法规，拟定全县中长期旅游产业发展规划，负责全县旅游市场开发、宣传促销、旅游招商引资、行业管理、旅游安全生产、旅游统计工作，引导全县旅游商品开发，协助做好县内旅游景区质量等级评定和旅游饭店、宾馆星级标准评定与年度复核工作。2014年祁阳拥有酒店、宾馆、招待所及家庭旅馆143个，客房4604间，床位8124张，实现旅游综合收入22.96亿元，同比增长22%，接待国内外游客381.02万人次，同比增长21.08%，其中入境游客1.52万人次，同比增长20.03%。

【旅游规划】 2014年，聘请湖南大学生态旅游规划中心编制《祁阳县旅游发展总体规划（修编）》《浯溪旅游小镇概念性规划》《祁阳湘江旅游风光带概念性规划》《陶铸故居旅游区概念性规划》，聘请省规划设计院启动编制《浯溪碑林风景区保护规划》，浯溪古镇纳入全省湘江旅游带重要节点8大古镇之一，并专门编制《浯溪古镇旅游概念性规划》。湖南恒创建筑设计公司编制《龙溪李家大院古村落保护规划》，中南林学院编制《祁阳县白水镇竹山村乡村旅游发展规划》。

【景区建设】 2014年，全县旅游产业规模、县城品牌和市场影响力等初具规模，逐步形成以生态休闲旅游和乡村旅游为主的“绿色旅游”，以陶铸故居和陶铸纪念馆为代表的“红色旅游”，以宗教、文化、古村为特色的“古色旅游”三大板块。启动浯溪公园扩园工作，完成前期调研、勘查、规划设计等工作。完善历史人文景区项目建设，投资1200万元做好陶铸纪念馆的防渗、防漏工程项目，龙溪李家大院的总体规划、房屋维修、道路绿化，浯溪摩崖石刻危岩加固抢救性保护、兴建浯溪樱花景观园等。投入近亿元完成县城沿江路的绿化、亮化、美化工程。旅游服务设施建设稳步推进，启动实施等级景区游步道改造、亮化工程，申报争取陶铸生平事迹陈列馆免费开放；星级宾馆鑫利大酒店投入千万元资金进行硬件升级改造，顺利通过四星级宾馆复评。乡村旅游持续升温，打造白水竹山、大江龙凼、茅竹桂香荷园、大华山自驾游等一批乡村旅游景点，全县共创建星级乡村旅游示范点8个，其中五星乡村旅游区（点）1个、四星2个。加大对等级景区的提质改造，全面完成AAAA、AAA级等级景区的复核验收工作。

【市场营销】 按照“政府引导、节会联动、媒体引路、企业跟进”的模式，采取多种灵活方式，整合社会资源，全方位、多角度、大手笔宣传祁阳旅游。借助节会系统宣传。印制《祁阳旅游》《祁阳旅游指南线路图》及各景区的宣传资料近万册，制作《中国浯溪》光碟近1000张，组织祁阳石、祁阳油茶、祁阳茶叶等祁阳旅游工艺品和祁阳特产在“湖南旅游商品博览会”上进行展示和促销。借助“旅游日”全面宣传。围绕“爱旅游、爱生活、爱祁阳”“争做文明游客、畅游美丽祁阳”为主题的一系列文明旅游宣传活动。举办“争做文明游客、畅游美丽祁阳”万人签名活动；组织县内旅游景区、旅游企业在县城白竹湖广场开展集中宣传活动，发放《祁阳旅游》画册、《祁阳旅游指南》手册、《旅游法手册》《永州自驾游手册》等宣传资料近万份；举办“爱祁阳、爱旅游”旅游知识有奖竞猜活动，得到广大群众的积极参与；举行“醉美祁阳”大型摄影作品展，县内30个入选“祁阳十大美景”候选景点的图片和资料首次面向公众开放。旅游日当天，县内AAAA级景区浯溪公园、AAA级景区李家大院全部向公众实行免费开放。借助媒体广泛宣传。为提高祁阳旅游知名度，全面宣传祁阳，县旅游局开通官方网站、官方微博，及时更新祁阳最新的旅游动态，使全县丰富多彩的旅游资源为外界所认识，进一步提高知名度，为祁阳旅游发展创造良好的条件。评选“十大美景”深入宣传。10月24日启动的“祁阳十大美景”评选活动，共收到社会各界提名推荐的景区点72个、照片865幅，经过专家评审和部分市民代表初评，初步确定30个景点为候选景点，并将邀请部分市民、专家代表进行最终评审，确定真正代表祁阳形象的“十大美景”。借助电商平台专业推广。邀请省旅游局来祁阳县举办湖南旅游电商平台专场培训会，对30多家等级景区、旅游企业进行免费培训，15家旅游企业加入湖南旅游电子商务平台，建立专门的网店。

【招商引资】 成立专门的旅游招商小分队，对重点旅游项目陶铸故里湘江综合旅游开发项目、李家大院古民居开发、陶铸故居及事迹陈列馆红色旅游项目、祁山风景区生态旅游项目、大华山休闲旅游项目、湖南金橡生态林业旅游观光项目进行包装，并制作PPT宣传片参加对外招商推介。2014年，招商小分队先后到长沙、北京、深圳等地招商，发放招商材料200多份，全面推介祁阳县旅游资源和招商引资优惠政策及良好的投资环境。由湖南新天泰旅游发展有限公司申报开发的祁山风景区生态旅游项目，已提交项目可行性分析报告，到2014年年底在勘查、修路、征地等方面共投入200多万元，预计总投资12800万元。湖南金橡生态林业旅游观光项目已启动实施，该项目集林业开发、种养殖、观光游乐、旅游休闲于一体，生态经济效益明显，一期注册资本500万元，到2014年年底已种植碳树2万株，土地流转2000多亩，完成投资3000万元。与广东省佛山市圆之方钢材有限公司洽谈八庙温泉开发合作事宜，已到肖家村镇进行实地察看，正在进行项目前期评估、制作可行性投资意向书。与北京中金控股集团就三圣湖生态疗养基地建设达成合作意向，正在争取中华慈善总会的项目支持。新浪水上乐园项目前期筹备工作启动，与深圳新浪水上乐园设备投资有限公司签订合作意向协议书。跑项争资成效斐然，全年共争取各类旅游项目建设资金1300万元。

【行业管理】 加强行业管理，在县内旅游景区（点）、旅游饭店、旅行社营业网点、餐馆、星级乡村旅游点、旅游服务推荐单位及相关旅游企业开展“诚信旅游企业”评比活动，营造“诚信经营、品质服务”的行业氛围。定期不定期对景区、景点、星级宾馆及旅行社营业网点实行抽查，联合相关部门组织专门人员深入到各旅游景区、企业和星级宾馆进行安全检查，对排除出来的问题建立台账，采取定人、定责、定时间的“三定”方式排除隐患，确保旅游市场秩序正常运转，杜绝安全事故发生。

【队伍建设】 为切实发挥全县旅游从业人员的主观能动性，提高接待水平和服务技能，针对不同时期、不同行业从业人员的要求和行业特点，定期或不定期开展形式多样、方法灵活的专业培训，2014年，先后在鑫利大酒店先后举办2期全县旅游从业人员培训班。同时，全面推行从业人员资格认证和持证上岗制度，加强对旅游从业人员的监管。

附：主要景区简介

浯溪碑林 地处县城湘江之滨，为国家AAAA级景区、全国重点文物保护单位、省级爱国主义教育基地、湖南“十大文化遗产”和百姓喜爱的“湖南百景”。浯溪碑林是全国最大的露天碑林，集中保存自唐朝以来的碑刻505方，其著名的有李阳冰、黄庭坚、米芾、秦观、范成大、徐大节、解缙、董其昌、袁枚、何绍基、吴大澂等，诸体皆备，积淀着深厚的碑刻文化，堪称世界级的瑰宝。尤其是元结撰文、颜真卿大字正书的《大唐中兴颂》，以石绝、文绝、字绝号称“摩崖三绝”而斐声于世。历代名公巨卿、文人墨客到此必游，作诗勒石，千年文脉，凝聚于此。它不仅是罕见的书法石刻宝库，也是璀璨的文物明珠和江南独特的旅游胜境。1988年，祁阳籍老一辈无产阶级革命家陶铸同志铜像和革命事迹陈列馆建于此，千年古迹更添胜景。

李家大院 坐落于潘市镇龙溪村象牙山脚下，群山如黛，绿树浓荫，风光秀丽，大院建于元末明初，距今已有600余年历史。整个大院占地50余亩，建筑面积1.18万平方米，其建筑风格具有独特徽式和湘南民居特色，整个院落系砖木结构，翘角飞檐，青砖灰瓦，布局严谨，雕梁画栋，古色古香，至今保存完好的房屋有36栋、游亭17座、大厅36间，所有房间地面以方形青砖漫铺，尤为精致的是1200多个花窗和150多个柱础，雕刻工艺令人惊叹，其花鸟虫鱼、戏剧人物、瑞兽图腾，构图精美，造型雅致，形象逼真。院内构建有四通八达的地下排水系统，栋与栋之间设有天井，无论雨水多大，雨停即干。2006年以来相继被确定为湖南省农业旅游示范点、国家3A级旅游景区、中国历史文化名村、全国重点文物保护单位。

文昌宝塔 坐落于县城东区的湘江之滨、祁阳师范西侧，矗立在“万卷书崖”之上，与浯溪碑林遥相对峙。该塔始建于明万历十二年（1584年），后被毁，清乾隆十年（1745年）重修。文昌塔为砖石结构的迷宫式建筑，平面八角，外观七层，内实六层，高36.68米，基座直径18.2米，每边长7米，底层以青石为基，二层以上为青砖砌筑，从下而上，逐层内收，内为拱顶。各层高度不等，各设四真四假共八门，门楣及各处神龛均有精细浮雕。石阶回环曲折，全塔有巷26条，死巷1条，通门51条，假门2条，结构精巧。石阶环绕至塔顶，塔顶有宝葫芦，用铁铸成，重约11吨。初游者，常常迷路而不知上下。其造型卓异，设计精良，结构奇巧，用材考究，是古建筑中精美绝伦的杰作，是古代劳动人民智慧的结晶。它集地质学、建筑学、美学及民俗、宗教于一体，具有很高的科学、历史、艺术价值，1983年被列为省级重点文物保护单位，1996年被载入同济大学编辑出版的《中国名塔》一书。

陶铸故居及事迹陈列室 位于潘市镇陶家湾村，是一处典型的湘南山区农家民居院落，砖木结构，主体为二层砖瓦房，由一正两横和一栋杂屋组成，占地1500平方米，建筑面积1100平方米，前坪后院呈“凹”字形布局。故居四周群山起伏，绿荫如盖，苍翠欲滴，门前是石洞源水库，碧波荡漾，一平如镜。人文景观有陶铸故居、陶母墓、陶公亭、松风亭、铁铮图书馆；自然景观有“黄龙出洞”、平湖晨曦；休闲景观有水上游乐项目及农家乐。陈列室内全方位、多角度展览了陶铸同志革命和社会主义建设生涯的86件实物和371张珍贵历史照片，供后人追思缅怀。是大、中、小学学生和广大党员干部、群众弘扬革命传统，缅怀革命先烈，接受爱国主义教育的首选之地。2004年，陶铸故居及陈列室成为永州市唯一入围全省30个重点红色旅游景区。

龙山公园 位于县城莲子塘畔，为文庙之后山，东有寿井，西有甘泉，1935年辟为龙山公园。新中国成立后在山上建革命烈士纪念亭两座，均六柱、六面、六角重檐。亭中分别竖立无产阶级革命家陶铸、王首道题写的“精神不死”“精神犹存”汉白玉碑各一块。龙山古树参天，松枫并茂，缭云绕雾，宛如蓬壶。龙山秀霭为学宫八景之一。1957年始，中共祁阳县委等党政机关相继在此办公。2006年，县委等党政机关迁至县行政办公中心后，龙山成为市民缅怀革命先烈，陶冶精神情操的重要场所和休闲、度假、健身的乐园。2014年，县委、县政府出资新建烈士纪念碑。龙山烈士纪念碑亭是永州市文物保护单位、爱国主义教育基地。

陶铸休闲广场 位于县城西区，为纪念伟大的无产阶级革命家陶铸同志诞辰100周年而修建。广场北面正对县行政中心，西临祁阳大道，是金盆路、中兴路、银岭路、复兴路的合围区域，面积20万平方米。广场中央是直径120米的音乐喷泉，喷泉中心竖立21米高的“天、地、人”主题雕塑，12根高12米、直径1.5米的浮雕文化柱按“先人遗风”“峥嵘岁月”“世纪新风”三个篇章成半圆形排列在喷泉南侧，构成广场的视觉中心。其四周用景观轴线分成东、西、南、北四个功能景区。区内绿草如茵、花木锦绣、生机盎然。广场自开放以来，吸引广大市民和外地游客前来观光、休闲，他们或徜徉在气势磅礴的广场大道，或流连于绿树成荫的花圃草坪，或驻足于精巧雅致的景观小品，尽情享受城市建设带来的怡人美景。

滴水老街 位于茅竹镇滴水湘江之滨，系明末清初建筑群。街长400余米，两边店铺均用马头墙间隔。街面宽2.5米，铺以方形青石板。街边用青条石砌筑，整齐划一。条石外边是檐沟，亦铺青石板。每隔一段距离，置一青石雨水井，雨大不溢。街两头设有街门，现门莸、门顶、榫眼尚存。青砖、黛瓦、马头墙、青石板，饱经历史沧桑，更显得粗犷、古拙，别有韵味。街后是湘江右岸之猴子岭，悬崖峭壁临江而立。滴水码头静静横卧在街口，偶有舟楫停泊于此。街对岸的田畴被湘江围成琵琶形半岛，绿稼翠树倒映在清澈如镜的碧波之中，宛如翡翠琵琶。西南街口不远处是滴水岩，支洞迂回，曲径通幽，虽不及桂林溶洞之深，但不逊于桂林溶洞之秀。走进老街，依稀可以想像当年商贾云集、店铺栉比、人声鼎沸、极盛一时的场景。电影《故园秋色》，电视剧《青年毛泽东》《陶铸的故事》曾在此取景拍摄。2003年5月被列为永州市文物保护单位。

金洞国家森林公园 位于县境南部，以将军岐为中心，总面积625平方公里。森林覆盖率98.48%。园内森林蜿蜒起伏，峰岭峥嵘险峻，沟壑纵横，风光极为秀丽。动植物分布错落有致，且空气新鲜，气候宜人，被称为南国“生态园”、动植物“基因库”“天然氧吧”“绿色明珠”。园内森林自然景观和历史人文景观十分丰富，是消夏避暑、休闲度假、科普考察、森林探险，领略自然之美，感受瑶族风情的生态旅游胜地。金洞漂流以其险、奇、幽、秀令游客流连忘返。金沙滩娱乐休闲中心让游客体验到刺激、悠然、奔放、野朴的乐趣。白果市千年古银杏群、上冷沅原始常绿阔叶林、原生态的瑶族村落、奇妙漂缈的云海和将军岩、南天门、狮身马、骆驼峰、龙须潭、飞来石、一线瀑、宝剑峡、时空隧道、五雷击鼓台、三公垒瀑布等景点，让游客进入绿色、静谧、神奇、古朴的世外桃源，尽情享受大自然的恩赐。

三圣湖休闲度假区 位于大江林场彭家湾村，景区面积20平方公里。有三圣殿、水上嘉年华、黄沙河漂流、太极广场、双龙抢珠、银杏祝寿、仙女倒水、美女晒梳等景点。瑶寨、木屋、茶楼点缀其间，翠山、碧水、蓝天巧合成景。是集山水观光、民俗体验、宗教朝拜、漂流探险、休闲度假等功能为一体的旅游胜地。景区拥有1200万平方米的原始次生林，古树参天，玉树琼枝，苍翠欲滴。湖面面积200万平方米，水波粼粼，山岚飘荡，别有韵致。三圣殿耸立湖中，精而合宜，巧而得体，蔚为壮观。280米长的汉白玉风格曲桥宛如一条长龙游走在大殿和山门之间，将湖光水色装点得十分壮美。数千只白鹭、斑头雁、野鸭，此起彼落，翩翩起舞。荡舟其间，观景赏水，令人疲惫皆忘，遐思无限。

挂榜山小鲵自然保护区 位于祁山山脉中段，主峰太白峰海拔779米。境内动植物资源丰富，分布有成片大面积天然竹林。国家重点保护动物有果子狸、野山羊、闩鹇、穿山甲、虎纹蛙、红腹角鸡、草鸮、祁阳小鲵等；国家重点保护珍稀濒危植物有银杏、水杉、南方红豆杉、三尖杉、香樟、绒毛皂荚、鹅掌楸、楠木、杜仲、厚朴、刺楸、花榈、挂榜卒竹等。保护区内两栖动物“祁阳小鲵”为中国特有物种，系第四纪冰川后保留下来的濒危珍稀物种。保护区拥有丰富的森林景观、动植物景观、自然景观和人文景观，众多的宗教文化设施及抗日历史文化。于2004年3月批准为“祁阳小鲵”省级自然保护区。

大华山 位于下马渡、黎家坪两镇交界处，海拔601米，系祁山一峰。山高险峻，树木葱郁。置身山顶远眺，巍巍群山连绵起伏，县城景色一览无余。大华山古为道教胜地，唐朝便建有道观。该观占地五亩，内有戏台，前后两殿之间有游亭相连，香火旺盛，钟鼓长鸣，“文化大革命”期间被毁为平地。1986年，省、县在山顶合建电视调频转播台，并修建盘山公路，全程约6.5公里。近年来又恢复重建了七祖寺。大华山凭着优越的地理位置，丰富的旅游资源，已成为游客访古寻幽、旅游观光、宗教朝圣、户外健身的好去处。每到春天，满山的映山红争芳斗艳，令游客流连忘返。

大江龙凼 龙凼村是祁阳县6个瑶族聚居地之一，地处阳明山系祁阳最高峰串风坳（海拔1431米）脚下，大江水系源头，离县城75公里，属大江林场管辖，全村共有人口538人，7个村民小组，其中瑶族同胞135人，山地总面积3.8万余亩，森林覆盖率95%，2002年已划为国家级生态公益林保护区。这里山青水秀，群峰起伏，流泉飞瀑，空气清新，山川奇异，环境优美，夏天最高温度28℃，山林最高海拔1337米，平均海拔860米。境内山林有古树群落几千亩，有落差100多米的瀑布2处，有胸围10米、一雄一雌、树龄达千年、树根过河的古银杏2棵。境内火烧江峡谷因其七个较大的深潭形似酿酒的海缸，称之为“七之海”，长达5公里。冲河歧峡谷以瀑布雄奇秀绝而独具特色，尤以大竹山瀑布、黄泥坳瀑布为著。两处瀑布从数十米高的峭壁奔泻而下，扑入墨绿色的潭中，声若奔雷。这里蕴藏着丰富的旅游资源，是探险旅游的好去处。

竹山村 位于白水镇东部的白黄公路旁，距县城36公里，离衡枣高速公路9公里，全村辖9个村民小组、302户、1150人，总占地面积6.8平方公里，属典型的丘陵地势。该村灰冲王家大院，始建于清道光十四年，规模宏大，条石基础，青砖灰瓦，总体格局完整，纵横有序。天井走廊，空间得体；砖木结构的房屋，鳞次栉比，层楼叠院，错落有致；檐角飞翘，气势恢宏；勾头滴水别具一格，院内院外排水沟浑然天成；北方四合院与南方天井院建筑风格融为一体，且有内八字和外八字槽门，门窗梁架雕刻精美别致，具有较高历史价值与文化艺术价值。2010年，该村招商引资500万元，将大院修建成集观光、餐饮、休闲、娱乐、垂钓为一体的五星级乡村旅游示范点竹山雅苑，年接待能力达30万人次。村里有5处近200亩水面垂钓中心，有200亩的水果、蔬菜欢乐采摘园，2014年该村被评为湖南省特色旅游名村，竹山雅苑被评为湖南省五星级乡村旅游区（点）。

桂香荷园休闲农庄 位于茅竹镇富联村，该农庄集旅游观光、休闲娱乐、住宿餐饮、水果采摘、花卉种植、苗木种植销售、休闲垂钓及一些户外体育休闲项目为一体的农业综合开发及农业休闲观光的乡村旅游点。占地40公顷，投资1500万元，2012年开始营业，深受游客的喜爱，拥有员工20余人，最大接待用餐人数达300人次，年平均经营收入达500万元以上。2014年被评为湖南省四星级乡村旅游区（点）。

肖家茶场 肖家村镇万亩高山生态茶产业园位于该镇九泥村、柏树村、八妙村交界处，当地种茶历史已有数十年，几乎家家种茶，规模化茶园面积近万亩。走进茶场，广阔的山野中，一行行茶叶树泛起绿波，雨后的茶场弥漫薄雾，远处若隐若现，似仙境一般，是高效农业与优美景色旅游相结合的农业园区。自2010年以来，祁阳县根据当地自然资源优势，科学制订《祁阳县2010—2015年茶叶产业发展意见》。2010年引入湖南自然韵黑茶科技有限公司投资1.3亿元在祁阳经济开发区建成年产2万吨高档黑茶生产线一条。在肖家村镇建成黑茶原料基地面积1万亩，成功打造“自然韵黑茶”等一系列优质品牌，产品畅销北京、江浙等地。

甘泉寺 位于县城龙山之侧，因寺前有一水若甘醴的甘泉井而得名。历史上曾几度兴废，1980年以后，甘泉寺重归僧众管理，宗教活动得以恢复。寺内树木成荫，环境幽雅。占地面积7300多平方米，屋宇为三进，有建筑面积达264平方米的“大雄宝殿”，两厢有寮房、斋堂、客舍计36间，现常住僧众18人，总建筑面积1100平方米。寺内供奉释迦牟尼佛、西方三圣、地藏王菩萨、弥勒菩萨、十八罗汉、七祖等26尊佛像。该寺是湖南省五好宗教活动场所，1999年省宗教局授予甘泉寺“湖南省宗教界为社会主义两个文明建设服务先进集体”光荣称号。

潇湘楼 位于县城湘江、祁水交汇处一突兀的石山上。原为潇湘庙，为纪念舜帝“浮湘江而溯潇湘”而建，内供奉舜帝和娥皇、女英像。明嘉靖年间（1522～1566）改庙为楼，毗邻学宫。此楼枕峋石、倚城墙、濒祁水、临湘江，环境独秀，且朝暮钟鼓之声悠扬，更烘托出学宫的空寂静雅，故景名“湘楼钟韵”，为“学宫八景”之一。现楼系民国初在原址重建，为中西合璧建筑，砖木结构。占地面积1209平方米，建筑面积464平方米。分前后两进，前为两层楼房，楼高8米；中为天井，一天然怪石屹立其间；后为平房。其前面牌楼造型洗炼，比例适度，虽朴实无华，却气度不凡。大门上有黄裔书“木石居犹是，江城画不如”楹联。潇湘楼处石山之巅，登其上远眺，湘水浩渺，渊渟如镜，帆樯片片，水鸟翱翔，其清澈底，山水相映，令人心旷神怡。潇湘楼历来为文人墨客聚会之所，现为永州市文物保护单位、祁阳县道教协会驻地。

天主教堂 位于县城九塘冲，始建于民国23年（1934年），独体式砖木结构，是一座古典哥特式宗教建筑。1988年县政府拨专款维修后，正式作为宗教活动场所开放，2009年以来，努力争取上级资金60万元，将长久失修的教堂屋顶、外墙及钟楼进行了全面维修，将附属房屋全部装修，并添置必要的办公设施、家具和家电，教堂内部及周边环境日益改善。全堂由牌楼式正门、钟楼和经堂组成，其中经堂内设有祭台、更衣室、礼拜厅、唱经台和讲道台等设施。建筑面积为650平方米，堂内穹顶设计气势恢宏，宛如天宇，正面门楼及四围墙壁之泥塑、彩绘、装饰图案构图精美，工艺精湛，是目前全省保存较为完好的大中型哥特式教堂之一，也是湖南省重点宗教场所和永州市重点文物保护单位。

（谭建湘）

镇乡办场概况

龙山街道

【概况】 龙山街道位于县城老城区，是县城原政治、经济、文化中心所在地，2011年3月撤浯溪镇而设立，因境内龙山公园而得名。东接七里桥镇，南临浯溪街道办事处，西抵长虹街道办事处，北连下马渡镇。东西最大距离6千米，南北最大距离8千米，总面积24.6平方公里。辖宝塔街、龙山、邵家岭、芦家甸、九塘冲5个城市社区，天马、东江、光明、黄土岭、百花、六合岭6个村改社区和樟树岭、陶家岭、建湘、青竹4个村，130个居民小组，109个村民小组。总人口8万人，其中农业人口1.33万人。党工委下辖3个基层党委，1个党总支和68个党支部，党员2305名。机关驻县城民生北路189号。境内有省级文物保护单位——文昌宝塔、永州市爱国主义教育基地——龙山公园革命烈士纪念碑；有产值过8亿元的国家级农业产业化龙头企业——湖南金浩茶油股份有限公司；有祁阳一中、祁阳师范、浯溪一中、县人民医院、疾控中心等20多家教育医疗机构及商贸企业。2014年，在县委县政府正确领导下，街道党工委、办事处以党的群众路线教育实践活动为契机，以建设美丽幸福新龙山为目标，紧抓“党建、发展、民生、稳定”四条主线，严守“信访、安全、计生、廉政”四条底线，经济社会发展取得一定成效。

【农业】 培育500亩以上种田大户1户。早稻种植面积3800亩，中稻300亩，晚稻4100亩。抓好建湘村500亩油菜高产示范片。投资80万元，搞好樟树岭村防汛渠等冬修水利示范点。抓好10个村土地承包经营权确权颁证工作。

【工业】 全年完成工业总产值26.9亿元，与2013年相比增长21.6%。完成工商各税1.31亿元。完成新、扩、改项目投资9.8亿元。完成入统企业3家。产值过亿元企业达10家。

【项目建设】 配合县有关部门做好民生路、盘龙路等旧城道路提质改造和人民医院综合楼以及万和小区廉租房建设。牵头完成祁阳一中教师宿舍建设征地工作。投资80余万元完成天马社区小农水项目3000米，完成百花社区电排管道更换100米。全年共清收信用社不良贷款本金1025万元。

【民生保障】 全年发放城镇低保金1288万元、农村低保金66万元、农村五保供养金22万元、优抚金270万元、农村养老保险金400余万元。发放早稻补贴8万元、晚稻补贴8.5万元、粮食直补资金7.5万元、农资综合补贴44.8万元、双季稻补贴28.9万元。新增城镇就业人员2214人，新增农村劳动力转移就业人数425人，失业人员再就业886人。农村危房改造3户。农村五保户分散供养标准达到2640元/年。省级以上公益林管护率及资金补偿率100%，完成5392亩。

【社会事业】 获全县迎国庆

“农商行杯”乡镇男子篮球赛第二名。做好老年乡村医生、代课教师和民办教师的摸底工作，全办符合享受困难补助的老年乡村医生7名，符合享受困难补助的代课教师和民办教师80名。开展农村老年人免费健康体检活动，为10个村3000多名55岁以上老年人提供10项检查项目。开展残疾人基本服务状况和服务需求专项调查。开展城乡低保集中清理整治行动，清理不符合条件对象100余人。开展金秋助学活动，共资助14名贫困学生，资助金总额达5.5万元。发放独生子女保健费227人5万多元、农村奖励扶助对象65人6.24万元、发放特别扶助对象30人10.2万元。

【第三次全国经济普查】 加强组织领导。成立第三次全国经济普查工作领导小组，并从大学生村官队伍、财政所、党政办、组宣部等部门抽调20多名年轻有学历懂电脑的精干力量组成庞大的经济普查队伍。加强宣传发动。通过会议、宣传画、横幅、标语等进行广泛宣传，重点宣传经济普查工作的重要意义、普查对象、普查范围、普查内容、标准时点、基本任务和总的步骤。加强业务培训。组织普查员进行两轮培训，就有关政策和表格的填写、PDA的使用、数据的录入等进行详细的讲解。加强责任落实。村（社区）、普查员都与街道签订经济普查责任书，划分普查责任区，明确村（社区）及普查员责任。经过近3个月的努力，高质量地完成528家法人单位及7620多户个体工商户的普查任务，获第三次全国经济普查省级先进单位。

【安全生产管理】 2014年，龙山街道未发生一起事故，实现“零事故、零死亡”的目标。加强宣传力度。采取多种形式，大力宣传新安全生产法。加强安全防范。加强节假日各车站、码头值班值守，不定期开展校车安全检查，做好消防安全和森林防火工作，落实青竹、百花荷花红渡口签单发航和“六不发航”制度，清除各市场、居民小区入口处路障100余处。完成6万元安责险任务。加强隐患排查。共开展10余次专项行动，出动检查人员220余人次，车辆80余台次，下达执法文书150余份，查处各类隐患110余起，完成市、县交办的安全隐患5处。开展“打非治违”。下达责令整改通知书80余份，取缔关闭无证烟花爆竹经营网店4个，关闭非法采石场1个。筹资6万多元，组织安监站、政法办和派出所等安委会成员单位对原上字玻璃厂倾斜的烟囱成功进行机械拆除。龙山街道获全市安全生产目标管理先进单位称号。

【计划生育】 2014年，龙山街道坚持“三个”强化，全力打造群众满意计生，计生工作整体水平全面提升，获永州市计划生育模范单位称号。强化依法行政，努力打造阳光计生新品牌。在街道计生办和15个村（社区）全部建立公开公示栏，公开执法程序、处罚结果和利益导向政策落实情况。规范执法行为，推行“宣传教育工程”“执法保障工程”“标准法律文书工程”“依法征收工程”和“责任追究工程”。强化执法监督，定期邀请各级人大代表、政协委员上门“做客”，为街道计生工作“挑刺”。强化便民服务，努力打造诚信计生新形象。在机关一楼醒目位置，在村（社区）人员密集场所，将单独两孩等计生政策全部张贴上墙，使群众广泛了解计生法规和流程。简化办事程序，做到受理、审批、办结一条龙服务。杜绝办事拖拉、推诿扯皮等现象发生，确保群众满意。强化关爱帮扶，努力打造和谐计生新气象。开展避孕节育知情选择和随访服务工作，街道避孕节育措施知情选择落实率达到95%以上。大力实施国家免费孕前优生健康检查工作，共为500多名育龄群众提供免费孕前优生健康检查。发放独生子女保健费227人5万多元、农村奖励扶助对象65人6.24万元、发放特别扶助对象30人10.2万元。

【协办龙舟赛】 6月1日，祁阳县2014年“金沙湾杯”端午龙舟赛在县城隆重举行。本届龙舟赛由中共祁阳县委、祁阳县人民政府主办，龙山街道党工委、龙山街道办事处、县体育局承办，永州东圣实业开发有限公司协办。共有长虹街道龙舟代表队、浯溪街道黄龙船代表队、观音滩镇龙舟代表队、白水镇龙舟代表队、潘市镇龙舟代表队、七里桥镇龙舟代表队、下马渡镇龙舟代表队、原种场龙舟代表队八支队伍参赛。经过激烈角逐，最终白水镇龙舟代表队获得第一名，浯溪街道黄龙船代表队获得第二名，下马渡镇龙舟代表队获得第三名，观音滩镇龙舟代表队获得第四名。

【严打整治】 5月至11月，开展声势浩大的集中整治社会治安行动。广泛发动群众检举揭发违法犯罪线索，采取超常规措施，重拳出击，严厉打击“两抢一盗”“黄赌毒”“地痞地霸、街痞巷霸、行痞市霸”以及黑恶势力犯罪团伙。共破刑事案件169起、移送起诉70个、查处治安案件727起、治安拘留195起、强制戒毒9人、抓获逃犯9人、打掉团伙6个。

【创国卫】 12月8日，街道召开创国卫工作动员会。制订实施方案，成立领导小组和16个专业工作组，成立100人的老年处罚队和老干部文明督查队。发放“创国卫、当先锋”倡议书5000多份，制作永久性墙体标语18条，悬挂横幅13条，还在机关、浯溪一中、邵家岭和百花社区通过电子显示屏进行宣传，组织光明社区去宁远县参观学习。

（唐永平）

长虹街道

【概述】 长虹街道地处祁阳县城西北，是县委、县政府的所在地。地势西北高东南低，属丘陵地形。东与下马渡镇和龙山街道接壤，南连浯溪街道，西与大村甸镇相邻，北接黎家坪镇。辖区东西最大距离3.5千米，南北最大距离16.5千米，总面积31.8平方千米。湘江、祁水穿境而过。辖人民西路、新兴路、平安街、白沙、芹菜甸、白露甸、长虹、永福、东风等9个社区和官大岭、长益、莲鱼塘、苏油坪、湘祁、爱国、群力、新塘湾等8个村民委员会，共73个居民小组和151个村民小组。总人口5.9万人，其中城镇常住人口4万人。街道党工委下辖1个社区党工委、1个社区党总支，42个基层党支部、党员1230名。共有稻田11924亩，旱土1544亩，林地13633亩。辖区内共有高中一所，初中一所，小学4所，幼儿园16所。2014年被省人民政府授予“安全生产示范乡镇（街道）”称号；被省统计局评为“湖南省乡镇（街道）统计工作规范化建设先进单位”；被县委、县政府评为“全县工作目标管理综合考核一等奖”“全县人口和计划生育工作模范单位”“全县发展粮食生产先进单位”“为民办实事工作先进单位”“农业农村工作先进单位”“全面建成小康社会推进工作先进单位”“春运工作先进单位”“全县优化经济环境和机关效能建设工作满意不满意先进单位”“全县新型农村合作医疗工作先进单位”“创建省级安全生产示范乡镇先进单位”“党风廉政建设责任制工作先进单位”等。

【农业】 长虹街道办将发展粮食生产作为农业工作的重心，通过早稻集中育秧、制止稻田抛荒、农机具推广、完善巩固千亩优质稻示范片等方式压单扩双，全年共落实粮食种植面积2.86万亩，其中水稻总面积2.31万亩，双季稻种植率达90%以上。大力推行早稻集中育秧。街道办挤出资金8万余元，将东风、长虹、官大岭、苏油坪村确定为早稻集中育秧示范村（社区）。对各个集中育秧点实行统一耕整秧田，统一发放种子、化肥，统一浸种催芽，统一播种盖膜，统一田间管理的“五个统一”管理模式，共推广早稻育秧面积168亩。大力制止稻田抛荒。认真落实全县春耕生产会议精神，签订包保责任制，实行驻点干部包村、村干部包组、党员包户的办法，将县春耕生产督查组交办的每一块未翻耕稻田落实责任到人。办事处投入近20万元，全体机关干部“五一”不放假，帮助农户找农机，寻秧苗，备化肥。并限期在5月5日前完成翻耕，5月10日前完成早稻插种。同时严格按照“谁种田，谁受益”的原则，将粮食补贴资金发放到种田户手中，提高种田户的积极性，全办没有出现一处连片2亩以上的抛荒稻田。多形式提高农业机械化水平。投入耕整机260余台，插秧机近20台，机耕面积达到8500亩，确保所有稻田的耕作及插播。分别召开育秧、机插秧现场会3次，每次现场会都有近百人参加，组织种田大户、农机大户参观学习，提高农户对机插秧的感知。全街道办新增种田大户16户，新增流转稻田达2500亩。街道农机站还举办机插秧培训班2期、机械化农具培训班2期，向农户传授机械化育秧技术和插秧机、耕整机、收割机等现代化农机具的使用方法。特色农产品基地日趋完善。完善巩固新塘湾、长益、湘祁等村800亩小柏松苗木基地，官大岭村500亩优质葡萄基地，东风、永福等社区500亩血橙基地和500亩冬枣基地，新塘湾、湘祁等村1000亩油菜示范基地，苏油坪、新塘湾、湘祁等村500亩芝麻基地，白沙、白露甸、官大岭等村3000亩蔬菜基地。新发展和壮大养殖大户278户，重点扶持金丽鸽业有限公司，年出笼肉鸽达70万羽、种鸽8万多对，年收入达350万元。造林绿化卓有成效。积极响应县委、县政府提出的“建设绿色祁阳”的号召，挤出资金10多万元，在322国道两旁种植杜英树2800株、桂花树1500余株，可视范围“三边”造林近200亩，种植柏树近2万株。新农村示范点建设扎实推进。致力抓好东风社区新农村示范点建设，巩固发展血橙200余亩、蔬菜200余亩、冬枣150亩，西瓜80亩，培育种植50亩以上的种粮大户10户、养猪50头以上大户6户，养鸭500只以上的大户8户，养鱼30户；更换电排变压器1台；改造村广场线路150米；装路灯10盏；硬化社区广场3700平方米，建好周围护栏和花坛。

【工业】 2014年，长虹街道办加强冶炼、铝制品、机械制造等传统优势产业的改造提升和做大做强；引导骨干企业加大科技创新，重点抓好宏泰铝业、润天水泥、楚天科技、香祁冶炼、飞翔冶炼、远地铁合金等优势产业的发展；加大招商引资力度，大力发展新型工业，新增易天科技有限公司等2个规模企业，引进资金5000万元。健全班子成员联系重点企业制度，第一时间掌握企业存在的困难和问题，实实在在为企业排忧解难，确保工业经济健康运行。2014年各项经济指标全部按计划完成，工业总产值达到16.38亿元，增长15%，增加值6.12亿元，增长16%。街道办辖区年产值过5000万元的企业10家，其中过亿元的企业2家。

【商业外贸】 致力于“一心三带”建设，即把陶铸广场休闲娱乐中心和黎阳大道、金盆西路、新兴路三条商贸经济带打造成商贸发达、人气集聚的县城第二商业圈。2014年年末有商业网点169个，职工1800人，社会商品销售总额9.16亿元，比2013年增加9.3%；城乡集市贸易成交额13.6亿元，比2013年增加12.3%。

【基础设施建设】 长虹街道办坚持把项目建设作为加快基础设施扩容提质、增强县城辐射功能的头等大事来抓紧抓好。全力护航全县重点工程快速推进。全力优化项目建设环境，组建专门班子积极配合县里各个工程指挥部开展工作，主动解决工程项目建设中遇到的各种困难和问题。2014年，主动化解各类矛盾纠纷80余起，制止项目建设区村民到县赴市进省群体上访2起。配合322国道绕城路指挥部在白沙十五组完成征地650余亩、在长虹完成7户拆迁计1200平方；配合新火车站配套指挥部完成长虹社区11户拆迁计3300平方米，完成站前广场绿化、站前路路灯管线安装；县公安局业务用房、县人武部指挥中心外墙装修已竣工；县档案馆、县中医院新住院部已投用；西区停车场、天宇第一城二期、海盟滨江豪庭、汀兰华府、金沙湾、鑫利8号、西湖水印嘉苑等项目正加紧建设，白沙农贸市场建设工程、县城货运停车场项目、三水厂扩能改造正在建设。新兴路、平安路自来水网改造全面完成。新兴路、平安西路道路改造提质工程基本完成。街道自建项目风生水起。湘祁、爱国、长虹、永福、芹菜甸、群力、官大岭、苏油坪、长益、连鱼塘、新塘湾等村（社区）投资720万元进行山塘清淤63口、水泥加固25口、新开山塘2口，骨干渠三面防渗4.6万余米、电排设备更换1处，特别是湘祁、爱国两村的县级水利冬修示范片，永福、官大岭两村的镇级水利冬修示范点创建工作成效显著。白沙、白路甸、芹菜甸、东风、永福、湘祁、官大岭等村和社区投资240余万元新修整修村级公路15公里，其中水泥硬化4.6公里；投资25万元，打抗旱井6口，对新塘湾村内的道塘冲水库进行除险加固。官大岭村农网升级改造工程全面完成。

【社会事业】 教育事业有新气象。明德小学合格学校建设全面完成；初中、小学辍学率为零，小学升学率100%，初中毕业率98.5%，升学率95%。再次引进香港黄大仙区爱心人士助学捐款40万元，投资100万元在东风小学新建教学楼一栋，并于2015年6月剪彩投用。社会保障体系更加健全。有1252户、1418名困难群众享受低保、139名五保老人6名孤儿享受就助待遇，农村危房改建3户。新农保完成缴费比例达到90%以上。企业招工完成650余人次，新增城镇就业1640余人。科普工作成效显著。在2013年抓好平安街社区成功创建全省科普示范社区的基础上，2014平安街社区年被省科协纳入社区科普益民计划，并推荐为“全国科普示范社区”。文体事业健康发展。加快有线电视数字化改造和光纤联网步伐，农村电视实现“村村通”；积极开展文化下基层活动，送电影送戏到村、社区50余场次，完善16个农家书屋管理制度并更新部分图书。医疗卫生日益完善。卫生事业稳中求发展。新农合参合人数18105人，参合率达到99.3%；城镇纯居民参保7416人，参保率为78.5%；加强麻疹等流行疾病的预防控制，组织无偿献血活动。人口计生工作进一步优质规范，在年度目标考核中排列全县第一名。统计站规范化建设、企业联网直报顺利开展，第三次全国经济普查工作圆满完成，被评为市先进集体。此外，人大、政协、工会、共青团、武装、妇女、老年、关心下一代、档案、经管减负、残联、政务公开、依法行政、城乡规划、国土管理、打击“两违”等工作均协调有序推进。为民办实事工作排列全县第一名。

（王可君　陈双明　李功）

浯溪街道

【概况】 浯溪街道地处县城南，东接七里桥镇，南连观音滩镇，西抵茅竹镇，北与龙山、长虹两个街道办毗邻，东西最大距离14.5千米，南北最大距离18千米，总面积25.6平方公里。办事处驻椒山南路215号。因境内有浯溪而得名。地形属丘陵地区，山岗平地并举，地势较平缓，东南高，西北低。湘江自小江村入境，经新埠头、浯溪、五里、孙市、土轻、塔边村流出，境内河道长约10.8千米。境内自然景观和人文景观众多，其中有著名的浯溪摩岩石刻。2014年年末，办事处辖王府坪、白竹湖、望浯园、沿江路、浯园、椒山、浯溪、五里、灯塔、长流10个社区居委会和土轻、塔边、孙市、新埠头、唐家岭、小江6个村民委员会，161个居民小组，64个村民小组。总人口64932人，其中农业人口12337人，城镇常住人口52595人，城镇化率81%。2014年人口出生率11.49‰，人口死亡率7.31‰，人口自然增长率4.18‰。2014年财政总收入5152万元，其中国税1343万元，地税2538万元。

【农业】 2014年，耕地面积7200亩，人均0.1亩，其中稻田3681亩。林地面积1.3万亩。农业总产值12220万元。生产粮食5762吨。经济作物有水果、油料、蔬菜、玉米等。水果种植面积3980亩，产量5960吨。蔬菜种植面积4150亩，产量8928吨。其中，土轻、孙市、塔边绿色无公害蔬菜占县城蔬菜供应量的70%。畜牧业以饲养猪、鸡、鸭、鹅、鸽、兔为主，2014年畜牧业总产值1.87亿元，占农业总产值的60%。建立农业合作社2个，网上合作社站1个。2014年年末，植树造林1880亩，森林覆盖率为33%。渔业以养殖经济鱼类为主，主要品种有草鱼、镛鱼、鲢鱼等。2014年，产鱼2043吨，渔业总产值8021.5万元。2014年，农民人均纯收入10412元。

【工业贸易】 2014年，规模工业企业总产值21250万元，较2013年增长20%，实现利税8082.8万元，增长26%。工业固定资产投资及技改投入132004万元。2014年年末有商业网点3565个，职工13780人，社会商品销售额38亿元，比2013年增加8.1%；有王府坪、望浯园等集市，城乡集市贸易成交额1.6亿元，比2013年增加7.2%.

【文化教育】 2014年年末，社区、村成立自娱自乐文艺演唱队14个，图书室1个，藏书4.6万册。龙舟竞赛是传统体育项目，椒山、土轻、塔边、孙市、长流等村，曾多次参加端午龙舟竞赛并取得好成绩。有幼儿园15所，在园幼儿2560人，专任教师196人；小学6所，在校生6923人，专任教师289人，小学适龄儿童入学率100%；初中1所，在校生416人，专任教师25人，初中适龄人口入学率100%，小升初升学率100%，九年义务教育覆盖率达100%。2014年，教育经费达405万元。有科普惠农服务站11个，科普图书室16个，发展科普志愿者180人，培育发展各类科技示范户18户，科技致富能手56户。

【医疗卫生】 2014年年末，卫生院有病床60张，专业卫生人员79人，其中主治医生20人，执业医师18人，执业助理医师30人，注册护士16人。全办有村卫生室12个。新型农村合作医疗参保人数13692人，参保率100%。

【社会保障】 2014年，农村最低生活保障户数752户，人数8792人；农村五保供养87人，其中农村五保分散供养79人；城镇最低生活保障户数1469户，人数2788人。2014年末，参加新型农村养老保险7225人，参加城镇基本养老保险2174人。

【基础设施】 2014年年末，有县乡级公路11条，长60千米。有黄道门渡口和杨家桥渡口。全年硬化祁冷路、绕城路、水亦香3条道路，长8千米。有邮政网点1个，投递点15个，乡村通邮率100%。电信服务网点12个，固定电话用户2600户；移动电话用户19100户；宽带接入用户7100户。有一处河坝发电站，即浯溪水电站，年发电量3.99亿千瓦时。在新埠头选址新建一个全县最大高标准现代化自来水厂。

（范靖）

观音滩镇

【概况】 观音滩镇位于祁阳县中南部，距祁阳县城12公里，湘江环镇蜿延流过，三南公路横贯全镇，距衡昆高速公路两公里。全镇辖37个行政村，3个居委会，总面积87.5平方公里，总人口4.04万人。其中农业人口3.55万人，非农业人口0.49万人。2014年，地方生产总值9.53亿元，比2013年增长12.13%。生产总值中，第一、二、三产业增加值分别为0.41亿元、0.22亿元、0.37亿元。第一产业中，农业产值18300万元，林业产值3100万元，牧业产值9800万元，渔业产值3900万元。财政收入601万元，比2013年增长5.8%，财政支出613万元。

【农业结构调整】 2014年，观音滩镇建立目标考核制度和驻村干部包户包村负责制度。镇村组三级干部深入荒田荒土地头，逐丘逐块与户主促膝谈心，商谈播种日期、方法、品种、资金等细节问题，确保全镇2.2万亩水稻种植面积如期落实。全镇种植油菜1.2万亩，蔬菜0.2万亩，集中育秧，油菜连片在全县名列前茅。在完善农业生产基础设施的同时，加大水利建设投入。共开挖骨干山塘27口，新建渠道1500米，渠道整修和三面防渗5500米，争取国家项目资金600万元，加固畔塘水库、全台水库，两座病险水库。渠道清淤7000米。通过土地流转，台湾红心火龙果种植基地落户天堂村、钢铁村。该基地从农户手中签订流转土地面积300亩，每亩投资4~5万元，实行高密度种植，每年挂果3~5次。该基地每年每亩交租金200元给农户，并且聘用租地农户到基地干活、栽种，每人每天80~120元。任塘村葡萄基地，联兴村草莓基地，八尺村旅游观光基地；双同、双合、花山等三个村的千亩连片油菜基地相继建成。为转移输出农村剩余劳动力，拓宽农民增收渠道，全年共举办农民实用技术培训5次，培训450人。组织农民参加县企业招工4场，达成就业意向375人。全镇外出务工经商达1.3万多人。农村土地确权发证工作顺利进行，全镇完成入户调查、测量成图、公示审核、凳记造册等程序，农村土地权属进一步清晰。

【计划生育工作】 2014年，观音滩镇共落实三查（查环、查孕、查病）6217人次，结扎36例，上环307例。落实计划生育奖励扶助对象220人，特别扶助对象25人，新增城镇独生子女奖励103人；发放计划生育宣传资料3500份，发放避孕药具6000份；为700余人免费提供孕前优生健康检查；观音滩镇计划生育工作在全县综合排名获得先进单位。

【民生事业】 2014年，观音滩镇落实城镇低保、大病救助、五保供养、社会养老保险全覆盖等社会保障制度，推进农村低保、医保、社保与扶贫工作的有效衔接，实施对困难群众，伤残人员等弱势群体的生活补助。继续做好农村危房维修改造；救灾救济等工作。享受农村低保2540人，城镇低保320人，五保户343人，镇敬老院入住老人23名，改造农村危房27户。努力推进城乡居民社会养老保险工作，参保人数1.9万人，全镇60岁以上居民都享受到农保补助，老有所依、老有所养机制逐步健全。沿沽村投入资金40万元，建成高标准的村级活动中心一个，安装路灯200盏；3个居委会利用社会筹资，成功盘活集体资产，将老镇政府建成功能集全的老年活动中心，并新装路灯90盏。

【社会事业】 2014年年底，全镇有文艺表演队13支，全年演出300余场，观众达1万人次。镇卫生院硬件建设在祁阳乡镇卫生系统中达到现代化标准。全面实行基本药物制度，药品实现零差率销售，住院病人实行“1+6+8补偿模式”，报账比例逐步提高。完成村级卫生室的标注化、规范化建设，新建标准村卫生室7个。新型农村合作医疗参保31379人，参保率达95%，2014年农合补助费6767人次，补助资金1218.5万元。完成沿诂等28个村的农家书屋建设，每个农家书屋存书达2000余册，另外配备部分音箱及电教设备。镇中心校教学质量不断提升，中考成绩在全县同类学校评比中名列前茅，教学硬件设施不断改善，镇中学新综合楼主体已经完成，2015年即可投入使用。花山小学、新铺小学新教学楼主体已竣工。

【基础设施建设】 2014年，双龙、瓦屋、钢铁、龙井4个村新建通组公路6.5公里，团结、三胜、双龙、师公井等村道路加宽1.5米共18公里。筹资200万元新建长1200米宽6米的双同至叶家井公路。各村积极响应县政府创国卫号召，努力增添环卫设施。沿沽村为每户村民配置垃圾收集桶，添置焚烧炉。任塘、叶家井、天堂等村沿国道砌成多处垃圾箱，添购手用垃圾桶，安排专人清扫、专人清运、填埋。对S320省道沿街20多户乱搭摊棚和30余块乱建广告牌进行拆除，沿街到两旁种植500余株大直径桂花树。对临街铺面铺设高质量的地板砖2000平方米，新挖下水道700米，新砌护坡200立方米。对沿街城区13处垃圾点进行彻底清除。在综合市场对面区域开辟20余个停车位。新自来水厂建设完成立项、招标、征地、拆迁，厂房主体已经建成。竣工后的日产800立方米自来水将惠及全镇城乡近两万居民的日常用水。年初筹资200万元，配合完成镇集贸市场标准化改造（全县仅2个）。通信事业进一步发展，全镇建有卫星地面接收站8个，村村组组通电话，2014年全镇固定电话2300门，手机1.55万台。城区居民全部安装高清数字电视，12个村安装有线电视，其他村均开通无线数字电视，全镇彩色电视机1.3万台，黑白电视机全部淘汰。

【综合治理】 2014年，观音滩镇推进社会治安综合治理“镇村一体化防控体系”建设，建立信访维稳目标管理责任制和健全矛盾纠纷调处化解机制，落实信访工作责任，坚持矛盾纠纷抓早抓小，切实把各类矛盾纠纷隐患化解在萌芽状态。全年调处矛盾纠纷200起，信访案件25起，共刑事拘留21人，治安拘留13人，强制戒毒4人。

【基层组织建设】 2014年，全镇全面完成村支两委换届工作，村干部较换届前年轻4.3岁，高中文化程度占到总量的50%以上。发展党员15名。沿沽村的党建工作，获先进单位，成为永州市农村基层党建的一面旗帜。

（唐贵军　陈木生）

茅　竹　镇

【概况】 茅竹镇地处县城西南方，距县城11公里，全镇毗邻湘江，G322国道、S320省道、祁冷公路、清大公路贯穿全镇，交通便利，区位优势十分明显。全镇辖29个村委会，272个村民小组。总面积92平方公里，耕地面积2.5万亩，山林面积8.4万亩，总人口2.57万人，其中农业人口2.3万人。2014年工农业总产值6.85亿元，较上年增长12%，其中工业总产值4.5亿元，增长15%，农业总产值2.35亿元，增长8%；农民人均纯收入9050元，增长12%。人口自然增长率为12‰。

【农业经济】 按照“抓规划，形成特色；抓基地，形成规模；抓品牌，形成优势”的农业发展思路，突出抓好稻、油、养殖、苗木、蔬菜和新兴渔业等主导产业，巩固和发展尹家等村优质水稻1万亩、富里等村亩高产油茶基地6万亩、上升等村1万头猪场、泉塘等村花卉苗木基地500亩、肖家村无公害蔬菜基地4000亩和向家等村休闲渔业600

亩，为全镇2万农民人均增收600余元。着力培植一批专业合作社和家庭农场，依托合作社+基地+农户的发展模式，加大土地流转力度，促使土地向合作社、家庭农场、种养大户流转，全年共流转耕地面积6000亩，流转山林面积1.2万亩。完成富里、向家油茶品改500亩，油茶低改5000亩，促进油茶的优质高产。完成“三边”造林450亩。农村集体产权制度改革稳步推进，全面完成29个村农村集体土地确权颁证外业踏界和公示，肖家、尹家、詹家、道塘、大塘、板桥等村成功纳入县现代农业示范园核心区。

【工业企业】 充分依托优势，大胆抓住机遇，将发展工业企业作为振兴农村经济和富民强镇的重大举措来抓。宝利铸钢厂投资800万元，完成技改项目，引进外商，投资3500元，新建智昇页岩砖厂，并投产使用，有力地促进镇域经济的发展。

【基础设施建设】 着重抓好水、电、路、讯等建设，全镇的基础设施得到明显改善。投资1000余万元，投劳1.7万个，完成各类水利工程80处，其中，对泥鳅塘、长塘、茶园水库进行除险加固；十三支渠治塌治垮1000米；整修骨干塘、山塘32口；投资70余万元，新修容驷、三房小渠道3.8千米，维修肖家、琵琶机电排2处；投资120万元，完成老山湾、肖家村农网改造升级6.6公里；协助祁冷指挥部完成征地拆迁、矛盾调处等任务，确保祁冷公路顺利通车，完成泉塘、富联村级公路硬化7.8公里，向家村公路加宽硬化3.2公里，提高群众出行舒适度。推行双向网改，完成80%的村有线电视改造。逐步实现电视“户户通”。

【社会事业】 财政保障供给有力，全面完成税收任务，农商行清欠工作处于全县前列。全面完成人口与计划生育工作各项指标任务，新增计生家庭户共26人，奖励扶助资金100%发放到位，计生基层基础工作得到进一步加强。科技工作日趋进步，引进并推广新技术、新品种6个，兴办科技示范点21处，推荐省级科技示范户1户。卫生事业进一步发展，投入资金120万元，新建镇卫生院住院大楼；投资20万元，新建村卫生室3个，改善医疗环境，新农合参合率达99%，对全镇60岁以上老人进行健康体检，对全镇妇女开展“两癌”防治检查，印发健康知识宣传资料5000份。积极参与安全生产示范乡镇创建工作，结合“打非治违”，全面落实安全生产责任制，确保“零事故”，2014年被评为全市安全生产先进单位，全县“创省级示范乡镇”宣传工作先进单位。进一步加大教育投入，推行素质教育，教育文化事业取得蓬勃发展。镇中心小学成绩稳中有升，在全县同类学校中处于前列，镇中学在全县毕业会考中，取得骄人成绩，被祁阳一中录取2人，同时不断改善办学条件，完成英才完小合格学校建设工程。民政、社会救助事业取得长足的发展，投资20万元，新建上升村五保之家1栋；完成农村危房改造52户，五保户分散供养标准提高到2640元/年，确保五保老人的生活保障；实现低保对象扩面，做到应保尽保；走访慰问困难户、低保户和退伍军人342人次，发放棉被、衣服共62件，开展“情系贫困大学生”和“春节送温暖”活动。新农保、企业招工、再就业工作均取得新的突破，农村环境综合治理取得新进展，完成湘江两岸500米范围内养殖场搬迁任务，创建茅竹、道塘两个环境卫生示范村，大塘村完成饮用水源保护3处，新建人工湿地1处，新建污水处理管道1.2公里，添置垃圾清运车1辆、垃圾桶100个。

【民主法制建设】 坚持人民代表大会制度和政治协商制度，充分发挥人大、政协的职能作用，加强对政府职能部门工作的监督和评议。全年开展代表评议和委员视察活动8场次。进一步强化社会治安综合治理，认真做好对抗美援朝、七九届退伍军人等不稳定因素的稳控工作，严厉打击惩处各类刑事犯罪和经济犯罪活动。认真做好调纠和信访工作，积极化解各类矛盾纠纷，有力地维护社会大局稳定。突出抓好皇福村与三口塘镇山林权属纠纷，滴水与老鸭土地权属纠纷等，防止群体性事件的发生。全面完成村党支部和第九届村民委员会换届选举工作，调整、充实村支两委成员23人，村两委班子结构进一步改善，整体素质有所提高。

【党建工作】 进一步抓好“基层党建示范点”创建活动，党的基层组织建设得到进一步加强，整顿软涣散支部3个，加大对村干部绩效考核力度，积极探索将村民小组长纳入镇考核，在迎接省委关于市委书记抓党建工作检查中，得到省委检查组的好评。宣传思想工作力度加强，全面完成县里下达的党报党刊征订任务。认真落实党风廉政建设责任制，大力查处违法违纪案件，并对全镇29个村和镇属涉农收费部门进行全面、彻底、细致的财务清理，认真落实财务公开、政务公开，各级党组织的凝聚力和战斗力得到进一步增强。

（苏建衡　唐健和）

三口塘镇

【概况】 三口塘镇地处县中部西南边，东临观音滩镇，南接大忠桥镇，西与冷水滩区竹山桥镇毗邻，北抵茅竹镇。因镇驻地有牯塘、团山塘、大牯塘紧紧相连，由此得名。新中国成立初属大忠桥区，分堡头、楠木、上椿、栗林、治平、石湖、上马7个乡。1961年分上马、栗林、三口塘3个公社。1986年分上马乡、三口塘乡。1995年撤区并乡建镇时，将原大忠桥区的三口塘乡和上马乡的11个村合并为三口塘镇，2014年辖29个村民委员会296个村（居）民小组。总面积55.2平方公里，其中耕地面积2.8万亩，林地面积3.6万亩。总人口26080人，其中城镇常住人口2969人，城镇化率11%。另有流动人口5269人。境内丘陵起伏，树木葱郁，土地肥沃，是祁阳县的产粮基地，典型的鱼米之乡。是柑桔、油茶、肉鸭的重要产区。矿产资源丰富，以煤矿为多，建有永州市祁阳煤矿。2014年财政总收入411.98万元；镇信用社（农商银行）存款余额1.323亿元，邮政储蓄存款余额1.6亿元；农民人均纯收入9000余元。

【农业】 2014年农业总产值3.5亿元，比2013年增长7%。粮食产量23307.36吨，人均1012千克；出栏肉猪36600头，产值占农业总产值的51%；鱼塘养殖面积1000余亩，产量3080吨，产值4000万余元，占农业总产值的21%。园林绿地面积2913公顷，其中公共绿地426公顷，绿化覆盖率85%，2014年年初镇园林绿化建设完成“三边”造林面积300亩，种植大苗1万余株，面上造林1200余亩，新种连片油茶2500亩。

【工业】 永州市祁阳煤矿依法于2014年4月关停。镇内有金鑫冶炼、鸿鑫矿业、安邦粮食加工中心、上椿采石场、沙子铺红砖厂、三口塘预制件厂等。

【基础设施】 衡昆（衡阳至昆明）高速自镇南部穿境而过，祁大公路自北向南贯穿全镇。2014年年末全镇有硬化公路93.4公里。其中镇级公路2条，总长10.054公里；村道35条，里程81公里。镇区道路总长度3.5千米，人均拥有道路长度1.5米；道路铺装面积3500平方米，人均拥有道路面积1.5平方米。全年客运总量15万人次，货运总量9.8万吨。有排水管道17.86千米。有邮政网点1个，投递路线单程总长度104千米，投递点56个，乡村通邮率100%。电信企业1家，服务网点1个。

有固定电话用户500户，移动电话用户7630户。有小（二）型水库13处，山平塘和骨干塘2220口。机电灌溉48处，装机容量900.5千瓦，有效灌溉面积9960亩；灌溉渠40千米，水闸13处。

【社会保障】 2014年，城镇最低生活保障户数170户，人数245人，支出64.1万元；城市医疗救助15人次；城市生活无着人员救助20人次，支出0.6万元，比2013年增长11%。农村最低生活保障户数1600户，人数1803人，支出225万元；农村五保集中供养50人，支出25万元；农村五保分散供养245人，支出64.68万元；农村医疗救助128人次，民政部门资助参加合作医疗683人次，共支出6.14万元，农村临时救济723人次，支出21.2万元。国家抚恤、救助各类优抚对象193人，抚恤事业费支出68.5万元。社会福利费4万元。

【教育文化卫生体育】 2014年年末，有民办幼儿园3所，民办幼儿班4所，在园幼儿475人，专任教师13人；小学4所，在校学生1051人，专任教师64人，小学适龄儿童入学率100%；九年一贯制学校1所，在校生465人，专任教师53人，初中适龄人口入学率100%，小升初升学率100%，九年义务教育覆盖率达100%。有科普惠农服务站1个、科普图书室1个，农村专业合作社6个，发展科普志愿者13人，培育发展各类科技示范户30多户，科技致富能手20余户。有卫生院1所，病床48张，专业卫生人员20人，平均每千人拥有卫生技术人员1人。全年法定报告传染病发病率为零，农村安全饮用水普及率11%，农村卫生厕所普及率2%，新型农村合作医疗参保人数2.3万人，参保率99.8%。有体育场地7处，新建乡镇第一条300米塑胶跑道。2014年承办县第21届中学生运动会。辖内三分之一的村安装有健身器材，经常参加体育活动的人员占常住人口的25%。1996年4月开通有线电视，2014年年底有线电视用户408户，无线数字电视用户600多户，电视综合覆盖率97%。

（何国俊）

大忠桥镇

【概况】 大忠桥镇位于祁阳县南部，东与祁阳白水镇、肖家村镇、大江林场毗邻，西南与零陵区邮亭圩镇、冷水滩区伊塘镇交界，北接三口塘镇、观音滩镇。2014年，全镇辖51个行政村，3个社区，501个村（居）民小组，镇域面积116平方公里，其中耕地面积4.3万亩，其中稻田面积3.9万亩，旱土0.4万亩。年末总人口56205人，常住人口44767人，其中城镇常住人口12106人。人口出生率10‰，自然增长率5.27‰。2014年，该镇以安全生产、综治维稳、城乡环境同治为抓手，以小城镇建设和民生工程为重点，以增强群众幸福感，打造“蓝天、碧水、绿地”和“美化、净化、亮化”的大忠桥为目标，改进工作作风，狠抓目标落实，先后获得“粮食生产先进镇”“县安全生产目标管理先进单位和春运工作先进单位”“综治维稳先进单位”等荣誉。

【粮油生产】 稳步推进粮食生产。全面落实粮食播种面积，制止耕地抛荒，全镇投入资金5万元，整治稻田抛荒面积750亩。加快土地流转。通过土地流转、集中育秧、农业机械社会化服务、粮食高产创建活动等措施，鼓励农民发展粮食生产，在韩家洲、黄家桥、白合等村创建一个2800亩双季稻种植示范片，在马江、深滩、星星等村创建两个1000亩以上的优质稻示范片，全镇新发展种植面积在60亩以上的种粮大户6户，新完成土地流转6000亩，新发展农业专业化合作社4个，完成育秧基地1处。搞好秋冬生产。在深滩、马江、江边村创建千亩县级油菜示范片 1 处；在肖大、清大公路建立千亩绿肥示范带。

【基础设施建设】 投入资金 16 万元完成双凤村新农村建设示范村；新发展莲鹤观村、杨家冲村养蛇基地 2 个、蔗塘村标准化养羊基地 2，新发展农业种植合作社 2 个；对杨家冲村 16 户农户进行旧房改造、统一规划、集中建房。完成农村饮水安全工程 2 个；完成中华村杨采塘水库、柴狗塘水库除险加固；整修小山塘 60 口已完成；完成花屋场桑家岭电排、马江村电排、深滩村电排、罗果庙电排、江边电排改建；双排 11 支渠清淤 13.5 公里，大忠河坝左干渠全面清淤 4 公里；完成农村通畅工程扫尾工作，新修通畅工程 6 公里，完成梅大路硬化；全镇完成山塘整修工程 38 口；完成渠道防渗 2 公里。

【安全生产】 实行工作日常化，安排专人管专人抓，做到安全生产工作人人宣、天天管、时时抓，营造良好的安全生产监管工作氛围，确保全年无重大安全事故发生；大力打击非法开采活动，安排专人经常性值班，有力遏制非法开采活动。2014 年大忠桥镇被评为县安全生产目标管理先进单位和春运工作先进单位。

【计划生育】 计划生育工作上新台阶。全镇计生工作完成年度工作目标，人口自然增长率控制在 8‰以内，优质服务已达标，征缴社会抚养费 50 万元，“三查四术”任务全部完成，其中结扎 224 例，上环 460 例，孕检率达 100%。全镇投入 5 万元在 54 个村阵地建设，全部配齐各类宣传牌。“三查四术”工作和村级阵地建设取得良好工作成效，全县现场会在大忠桥镇召开。

【信访维稳工作】 大力加强信访维稳工作力度，细化工作任务，强化工作措施，落实工作责任，狠抓矛盾纠纷摸排工作，加大矛盾纠纷调处力度，营造人人抓信访维稳、人人管信访维稳的工作氛围，全镇信访维稳形势得到根本好转，社会大局稳定。矛盾纠纷不出镇，上半年发生四起非正常死亡案件，民事赔偿部分及善后事宜均有效化解，从未出现因纠纷到县以上集访及要求上级处理的情况，所有矛盾纠纷均化解在基层，坚决做好矛盾纠纷不出镇的目标要求；民调有所好转，在上半年连续发生非正常死亡案的不利情况下，民调成绩有所下滑，下半年通过正确宣传、引导、走访、包保等措施及治安形势好转的情况下，县模拟民调排名居全县前十。

【城乡环境卫生整治】 投资 10 万元购置一台环卫垃圾收集车，新建大型垃圾焚烧炉一座，新建垃圾处理场一个，新购垃圾桶 200 个，新建垃圾池 76 个；建立城乡环境卫生长效管理机制，城区设立环卫所，有固定保洁人员 12 人；各村配有保洁员及垃圾填埋场，镇成立督察组每月考核、排名、通报；设有双凤村、梅泉村两个重点示范村，达到省市验收要求。全镇城乡环境卫生面貌整体大提升，按县同治办每月一考核的得分排名，半年综合排名在全县前五。

【小城镇建设】 投资 30 万元对金龙大道至渠道街路段重新硬化；投资 50 万元对西河街进行旧城改造，将街面由原来的 2 米扩宽至 6 米，即将进行街道硬化；投资 200 万元完成自来水工程管网建设；投资 20 万元完善机关、主干道绿化带建设；投资 6 万元新增路灯 12 盏，并实施路灯管护工作。

【社会事业】 强化民政工作。完成民政服务窗口建设，提升服务质量和效率；加大力度完善社会救助体系，确保救助及时到位；完成农村低保和城镇低保全面清查工作，全面清查死亡保、关系保、人情保等各种违法违规情况；新建 1 所标准化敬老院。加强社会保障体系建设。加强农合、农保工作，全面完成年初制定的工作规划，两项参保率均在95%以上，基本实现全覆盖。加强城镇居民医保、社保工作，全面完成城镇居民医保工作。加强文化体育卫生事业建设。以巩固“省诗词之乡”成果为重点，全面加强农村文化事业建设，双凤、枫树坪等村建成村民文体活动中心；进一步规范学校财务管理，规范招生行为，整顿学校周边环境，维护招生秩序，对学校安全进行了检查、整改。教学教研工作深入扎实，完成公办幼儿园选址、招标工作，年底前完工。在继续抓好儿童“计划免疫”“非典”“人禽流感”等防治工作的同时，切实抓好麻疹、风疹等传染病的防治工作。对全镇村卫生室、私人办医人员进行一次为期4天的医德医风教育，以及政治业务技术培训。

（张卫东）

肖家村镇

【概况】 肖家村镇地处祁阳县南部，东与八宝镇为邻，南与金洞镇、凤凰乡相连，西与零陵区毗邻，北与白水镇、大忠桥镇接壤。政府驻下白田村光明街1号，距县城37千米。全镇共38个村民委员会，下设365个村民小组。

【农业】 农业经济持续进一步发展，耕地面积3.56万亩，人均0.82亩。粮食作物有水稻、玉米、荞麦，人均820千克，其中水稻24800吨；有了作物种植面积1.6万亩，产量3100吨，其中花生、大豆480吨，油菜2620吨；经济作物有水果、中药材、茶叶、蔬菜四大类。2014年全镇水果种植面积2.6万亩，产量5万余吨，以柑橘、葡萄、冬枣等果树为主。新增茶叶种植面积3000亩，茶园总面积达到4500亩，药材主要有菊芋，面积1000余亩。蔬菜种植面积0.5万亩，产量3300吨，品种主要有萝卜、白菜、辣椒等。畜牧业以生猪饲养为主，2014年生猪饲养量达到5.2万头，年末存栏数达3.8万头，总产值1.48亿元，占总产量22%。鸡鸭家禽2014年年末达到8.3万羽，产蛋量达25.吨。渔业以鱼塘养殖、水库养殖为主，2014年水产的总产量3215吨，总产值1.83亿元，占总产值的23%。

【教育】 2014年年末，有幼儿园6所，其中公办1所，幼儿班个（其中附设2个），在园幼儿1879人，专任幼师58人；小学8所，在校学生3100人，专任教师135人，小学适龄儿童入学率100%；初中1所，在校学生960人，专任教师83人，初中适龄儿童入学率100%，小升初升学率100%；2014年教育经费1100万元，比2013年增长8%。

【村镇建设】 2014年饮水工程投资400多万元，日供水量800立方米，解决不安全饮水人口1.5万人。农村危房改造76户，城镇道路改造建设6000余米。

【医疗卫生】 2014年年末，各级卫生机构44个，其中镇卫生院1个，医疗点5个，村级卫生室38个。镇卫生院专业卫生人员44人。其中，执业医师8人，执业助理医师30人，中级职称6人。有病床43张，全年完成诊疗2.5万余人次，新型农村参合率。镇中心卫生院固定资产500万元。2014年全年进行2万余人次的预防接种。安全饮用水普及率达到99%。农村卫生厕所普及率达到60%。

【水利】 病险水库维修加固两处：唐家冲小一型投资400余万元；火塘冲小二型投资80万元。新建电排一处，装机20千瓦，投6万元。新修骨干塘2处，投30万元，河坝10处，投25万元。新修混凝土三面防渗灌溉渠道共3处，总长2500米，投资30万元。整修山坪塘65口，投资40万元。全镇水利建设共投资1011万元，改善灌溉面积450亩，新增灌溉面积400亩。

【广播电视】 2014年年末，有有线电视网络1个，成立于1996年，可收23套节目；有线电视用户达150户，无线电视达350户，电视拥有率95%以上。

（王芳 陈春林）

八 宝 镇

【概况】 八宝镇地处祁阳县南端，距县城42公里，距三南公路4公里，木梓墟至金洞公路横贯而过。东与石鼓源、进宝塘镇为界，南接金洞管理区，西与肖家村镇毗邻，北与白水镇接壤。总面积81平方公里，城区面积4.8平方公里，镇政府驻八宝居委会，辖46个村（居）委会，361个村（居）民小组，人口4.2万人，耕地25102亩，其中稻田22350亩，旱地2752亩，林地72960亩，水面1.4万亩。党总支1个，党支部63个，中共党员1180名。镇内物产富饶，森林资源蕴藏量丰富，木材加工业是重要产业，油茶产业化发展迅猛，特色种养殖来势喜人，境内水、电、路、讯配套设施完备，经济发展环境宽松，是投资兴业和旅游观光的热土。八宝镇是农业重镇，粮食生产、木材加工为全镇支柱产业。2014年，实现地方生产总值增长10.5%，固定资产投资增长25%，财政总收入增长15%，城乡居民收入增长13%。2014年被县委、县政府评为绩效考核二等奖；获省计划生育药具示范站、市“十佳”计划生育药具优质服务示范乡镇；获市十佳学习型乡镇以及县农业农村工作先进乡镇等30多项荣誉称号。

【产业发展】 2014年，八宝镇党委、政府坚持以经济建设为中心，以“稳中求进，改革创新”为核心，八宝镇经济社会得到又好又快发展。大力推进农业产业化，促进农业转型升级。积极引导农民按照依法、自愿、有偿的原则，通过承包、租赁、转让、股份合作等形式，充分发挥村干部、党员及种田大户，致富能人主体作用，大力推行“双培养、双转移”模式，着力打通土地流转难的瓶颈，有力的促进农民增收和农业增效。全镇耕地流转面积5.9万余亩，占耕地面积的39%；其中稻田流转11500亩。新培育1000亩以上的种田大户1户，500~1000亩的种田大户5户，100~500亩的种田大户12户；其中古桥、下龙、坪山、天星、金江等5村实现耕地整村流转。镇内新增农业专业合作社6个，共有种养殖合作社18个。八宝油茶专业合作社油茶新造油茶2000亩，大自然蔬菜专业合作社新流转土地200余亩；引进6家外地规模种植公司，创办专业合作社11个。投资4600万元的宏茂园林二期工程进展顺利，瞄准大城市的高端苗木市场，带动周边群众创业和增收；投资600万的大自然蔬菜专业合作社，种植面积达500亩，各种蔬菜供不应求，实现与连锁超市的无缝对接；种植面积达1万余亩的油茶专业合作社，公司加农户的种植模式被省市媒体进行报道和推介。百里洲1万亩优质稻高产示范基地被省政府定为粮食生产基地。被县政府评为农业和粮食生产先进单位。积极推进新型工业化，主推木材加工业。2014年，全镇实现地方生产总值增长10.5%，固定资产投资增长25%，财政总收入增长15%，城乡居民收入增长13%。

【民生工程】 2014年，镇党委、政府坚持以人为本，增强服务观念，加大民生投入。完成八大民生工程：完成投资900万元农村安全饮水工程建设项目，解决15个村的1.6万余群众的饮水安全问题；新建天星小学，完成30亩地征地及土地平整前期工作；投资1100万元的十村连片国土整治项目顺利完工，从根本上解决6000亩稻田的旱涝保收；完成晒北滩电站二期移民安置工作；完成古桥村空心房治理工作，成为全县新农村建设典范；硬化八宝镇合力村至肖家村镇豪富村联镇公路2.5公里，新建、大源、高兴、砖塘等村硬化联组公路16公里；完成公办幼儿园二期工程，完成龙华、百里两所小学合格学校创建，即全镇所有学校全部创建合格学校；完成大源村电力改造升级工程项目。2014年开始建设的三大民生工程：投资9000万元的木金公路建设项目顺利推进；完成和平村渡改桥前期准备工作，计划2015年开工建设；中心卫生院的周转房开工建设。

【社会管理】 2014年，镇党委、政府积极加强社会管理创新，全心打造服务型政府，切实增强群众的安全感和满意度。全面推进“平安祁阳”建设，创建“3+X”联动调纠工作机制，拓宽社会治安主体监控平台覆盖范围。“3+X”联动调纠模式即整合镇政法办、派出所、司法所与相关部门力量，及时化解矛盾纠纷，充分发挥“资源整合、分流指派、现场联调、效力对接”优势，逐步形成“党委政府总揽、分管领导牵头、部门协调参与、各方协力配合”的大调解工作格局，大量的社会矛盾纠纷通过“3+X”联动机制得到化解。加强技防设施建设，在城区的主要路口路段，安装电子监控设施，基本形成以镇总控室为中心、技防监控探头为终端的“社会面治安监控信息系统”，实现全时空、全方位立体化监控。2014年，全镇新增黄家渡、天星、四木、砖塘等村电子监控点40多处，全镇共有监控点110余处；建立应急处突中队和片区群众联防队，夜间巡逻常态化，提升全镇人民的安全感和幸福感。2014年，共排查各种矛盾纠纷143起，成功调处140起，成功调处率达98%，有效处置非正常死亡事件5起，预防和化解群体性事件4起，防止民转刑案件1起，化解信访积案1起，没有发生赴省进京信访事件。被县政府评为社会管理、综合治理先进单位。严格落实计生政策，坚决维护妇女权益，无行政侵权行为。成功创建省计划生育药具示范站、市“十佳”计划生育药具优质服务示范乡镇，人口和计划生育工作完成全年指标；被评为市、县计划生育先进单位。始终坚持安全生产，坚决落实安全生产制度，认真排查高危行业企业安全生产隐患；加大力度对校车、渡口、道路和消防安全隐患进行排查和整治。创建省级安全生产示范乡镇，被县政府评为安全生产先进单位。龙华、百里小学合格学校建设验收达标，合格学校建设全面完成，教学环境、教学质量明显提高。新农保、新农合参保参合人数达98%以上，形成看病有医保，困难有低保，老来有社保的社会保障体系；加强危房改造工作，改善56户困难群众的居住条件。扎实推进新农村建设，城乡一体化进程加快。全镇46个村（居）委会全部修通水泥路，电力改造全部完成，28个村（居）委会建成自来水工程。建设新农村示范村6个，全面建成小康村11个。其中古桥村拆除空心房，统一规划建设新住房成全县新农村建设典范。古桥村村干部带领村民破陈规、改陋习，因地制宜，“五统一”规划设计，每户按190平方米的标准进行建房，新建房必须拆旧房，腾出的空地分给其他建房户，组里负责实施“三通一平”。全组拆除空心房、杂房40余间，约6000平方米。已建成4排27户，占地面积5400多平方，其中15户为拆旧建新，其余的大部分利用院内空地、杂房进行建房，人均住房面积达30平方米，种植桂花树180余株，即将硬化地面，安装路灯。节约土地资源，经估算节约稻田5亩多，改善村民的居住条件，大力推动当地新农村建设的进程。

【城镇建设】 2014年，镇党委、政府坚持走新型城镇化道路，彻底改善镇容镇貌和人居环境，打造绿色、文明、和谐的新型城镇。加强集镇提质改造。八宝片区新安装320盏LED路灯，黄家渡片区、星燎、四木等10个村新安装路灯128盏，结合木金公路改扩建工程，在八宝、黄家渡两个城区铺设沥青路面和下水道改造。推进农村环境污染治理。成立两个垃圾清运公司和投资60万元新建一处垃圾填埋场，实现小城镇垃圾清运市场化运作模式，建立一套农村环境污染治理的长效机制，打造洁净宜居八宝。2014年被县政府评为“环境污染治理先进单位”。完成移民小区建设。完成晒北滩电站二期移民小区建设，“三通一平”及配套设施已全部完成，让移民户安居乐业。

【党建工作】 2014年，围绕“为民、务实、清廉”的主题，以开展党的群众路线教育活动为契机，扎实做好党建工作。开展镇党委“五个好”、村支部“六个一”评比活动。配强村级两委班子，实现平稳过渡。建立便民服务“123”制度。奉行为民、务实、清廉、高效办公，为群众办事打开绿色通道，做到办事无阻隔，服务零距离，充分调动党组织、党员干部群众的积极性，确保活动取得实效。便民服务“123”模式即完善1个政务服务中心职能，制作发放2张卡——便民服务联系卡和村民意见办理反馈卡，编印发放3本书——《镇村干部日常工作简明手册》《八宝镇便民服务手册》《村情一本通》。注重督查考核。镇成立督查考核办公室，对全年及阶段性工作做到“有安排、有落实、有督查、有通报奖罚”。全镇共印发“八宝督查”15期，有力地推进全镇干部作风的好转。

（雷海艳）

白　水　镇

【概况】 白水镇位于祁阳湘江与白水河交汇处，距离祁阳县城30公里，是祁阳县工农业重镇和祁阳中南部的商贸物流集散中心，素有“金归阳，银白水”之美誉。辖72个村，4个居委会，总面积128平方公里，总人口7.2万人，其中城区面积3.2平方公里，人口2.9万人。白水环境优美，民风淳朴，秩序井然，贸易繁荣，交通便捷，衡枣高速、S320公路垂直立交穿境而过，可直通广州、昆明、厦门等地，白水河、黄花河在白水汇于湘江，水路可直达武汉、南京、上海等地。祁阳科技工业园坐落于白水镇西北角，占地面积近3平方公里。全镇拥有大小企业369家，其中规模以上企业22家，基本形成机电制造、冶金冶炼、农产品深加工、轻纺化工四大支柱产业。2014年，完成工农业生产总值9.7亿元，其中工业总产值5.4亿元，农业总产值4.3亿元，实现地方财政收入480万元，人均纯收入达1.1万元，成功跻身“全国小城镇建设重点镇”行列。

【工业经济】 2014年，白水镇充分发挥农产品深加工、轻纺化工、机电制造、冶金冶炼四大主导产业效应，实现工业经济总量迅速提升。依靠本镇资源优势，加大招商引资力度，以祁阳县科技工业园为平台，通过以商招商、以企引商，2012～2014年引进投资1000万元以上企业5家。大力扶持凯迪生物、东骏印染、湘楚实业、金桥冶炼、晨日塑胶等企业做大做强，协助东俊纺织顺利入园并完成扩能投产，支持宝达食品、天圣农科等企业发展原料基地，引导丰达机电、顺丰机械开发新产品，增强竞争力。全镇369家中小企业和22家规模企业加快发展，带动城乡就业和商贸服务业的迅速发展，社会效益显著。

【第三产业】 依托区位和交通优势，加快发展新型服务业。2014年，金泉商业广场和果蔬交易市场正式开业，繁荣白水的市场经济，祁阳县南五镇商贸物流中心效应显现。同时，大力引导发展农业专业合作组织，培育农村经纪人，搞活农产品流通。农村劳动力转移就业培训力度不断加大，外向型劳务经济迅速发展，白水正迅速成为现代企业劳务输出基地。

【农业经济】 全面发展春耕冬种，制止稻田抛荒，全镇早稻集中育秧示范点达21处，实现稻田翻耕率90%，插秧覆盖率达95%。在火冲、两江村创办秋冬农业生产示范点。新发展种植面积在60亩以上的种粮大户10户，新发展农业专业化合作社6个，双季稻种植比率在92%以上，主要公路沿线双季稻种植率达到98%。新引进巨茎草种植项目；新引进台湾仙草公司1000亩种植项目；全年完成“三边”造林8700余株，荒山造林3千余亩，新增种植楠木基地1000亩，油菜基地1500亩。加大农业水利基础设施建设，完成病险水库白竹山水库的除险加固；全年清淤、整修小山塘91口；新、改建小泵站6个；改造小渠道2000米。对全镇防汛设施进行全面检修，设备运转率达到100%；到福桥、龙塘主干渠清淤扫障5000米，机电排整修11座，投资16余万元完成狮子口河坝整修工程，太和河坝整修正在着手实施。

【新农村建设】 竹山村在竹山雅苑的带动下，旅游经济效益进一步突显，各项旅游基础设施也逐步建成，村党建工作不断提升。毛家村的新农村建设积极推进，完成变压器增容改造，完成4.1公里通村公路加宽，完成沿路房屋墙面翻新，完成改厕，村活动中心，饮水工程，村卫生室、图书室等正在建设，村民主生活测评会得到市委书记的高度评价。两江村统一规划，统一建设取得显著成效，多功能音乐牌楼和客运招呼站成为全市典型，投资70余万元的绿色文化长廊正在筹建中。

【社会事业】 2014年，覆盖3万人的农村安全饮水工程已经立项；投资金额达3000万的污水处理工程项目建设完成1800余米的主管网建设；石龙村农网改造升级全面完成；新中、三丰、杨桥等6个村投资1000余万元中小河流综合治理顺利推进；一、二居委会及东川等村护岸工程全面完工；白水完小、七里坪完小义务教育合格学校建设顺利完工；三江完小、竹山幼儿园开始教学；完成农村危房改造100户；农村五保户分散供养2640元/年已经打卡到户，农村低保实现应保尽保。严格落实计生政策，坚决维护好妇女合法权益，无行政侵权行为，全年共出生769人，计划生育率达到72.8%，“三查”到位率100%，落实上环手术446例，结扎手术137例。卫生医疗事业取得成效，全镇农户参合率达85%。文体事业蓬勃开展，以群众喜闻乐见的方式，策划组织丰富多彩的文化活动，达到寓教于乐的效果，在全镇上下营造健康向上、文明和谐的浓厚氛围。进一步加强民族宗教事务的管理，全镇民族宗教领域和谐稳定。

【社会环境】 高度重视安全生产工作，加强“打非治违”的领导，规范矿产资源开采秩序，全年共打击非法开采16人次，配合县有关部门处理违法行为8起。对全镇所有涉及安全生产方面的各种行业，重点领域，区域等制订安全生产工作实施方案，层层签订责任制。积极开展城区交通秩序大整治和社会秩序综合治理工作，排查道路安全隐患100余处，桥头市场秩序得到有效整治。信访维稳工作扎实推进，全年共调解各类矛盾纠纷180余件，聘请4名法律顾问，配合政法办开展群众调纠纷工作，效果明显。社会治安形势总体平稳，加大打恶降黑力度，全年治安拘留131人，刑事拘留34人，打掉各类犯罪团伙2个，吸毒贩毒、赌博、卖淫等社会不良现象得到有效遏制。

【城镇建设】 白水镇按照“打造品质活力乡镇”的要求，投资4500万元，建成占地100亩的果蔬批发市场；投资2.5亿元，建成金泉商业中心和华泰购物广场；投入1.8亿元，建成致远、明珠等一批高层电梯房住宅小区，白水房地产业和商贸业迅速发展，成为永州市第一个也是唯一一个拥有高层建筑、商业小区和城市综合体的建制镇。2014年，白水镇被确定为全国小城镇建设重点镇，掀起城镇建设新的高潮。精心规划新型城镇格局。着力打造“工业集聚区、商业贸易区、生活住宅区”三区合一的新型城镇格局，充分利用自身发展优势，灵活运用各种融资渠道，整合大批民间资本，融通大量小城镇建设资金，累计新开发商品住房面积达3万平方米，实现农村人口转移为市民2000人，城镇化率提高2个百分点。大力推进项目建设。大力开展美化、亮化、绿化“六个一”标准化一条街工程建设，先后投入资金2600万元，栽种桂花大苗6870棵；铺设混凝土管道7062米，弱电管道3531米；修砌下水道检查井95个、雨水进水井202个；安装人行道侧石7443米，铺设道板砖6.8万平方米、麻石19038万平方米；安装路灯182盏；添置果皮箱132个；统一制作铺面招牌3531平方米。优化城镇管理机制。组织各职能部门开展4次大型交通秩序整治和市容市貌专项整治，发放宣传单页1万余份，制作宣传标语和横幅100余条，发放制订“门前三包”责任牌5000余张。为实现城镇管理常态化，形成城镇管理长效机制，制定《白水镇城区管理细则》，并聘请市容市貌协管员8名。

【城乡环境】 按照建设绿色、卫生、和谐新白水的要求，采取先城区、后乡村，逐年分梯次推进城乡环境污染治理工作的方案，成效显著。全年城区共拆除广告牌576块，拆除钢架雨棚489个，清除摊点137个，清除牛皮癣200多处，规范车辆停放点20处，农村拆除影响湘江水源的养殖场19个，清理水源污染的山塘86口，治理农村水污染21处，实行农村生活垃圾分类处理回收达22个村。城乡环境卫生硬件设施条件方面逐步完善，新购置4台环卫垃圾收集车，新建垃圾中转站1个，全镇72个村都设立垃圾分类处理站，新购垃圾桶200个，新建垃圾池120个，建立城乡环境卫生长效管理机制，城区设立环卫所，有固定保洁人员16人。镇政府与保洁公司签订合同，采取公司化模式清扫保洁，并从镇财政安排50余万元专项资金作为经费保障，确保城乡环境污染治理常态长效。

【党建工作】 组织建设突出成效。继续落实基层服务型党组织文件精神，强化基层组织建设，加强对“软弱涣散”党组织的整顿，提升村“两委”班子的整体合力。进一步找准党建工作与经济工作的结合点，狠抓项目建设、土地流转、畜牧养殖、蔬菜种植、发展农业合作社等工作，努力巩固农业基础地位，实现全镇经济社会又好又快发展。群教活动着眼长效。严格按照上级的统一部署和安排，深入开展党的群众路线教育实践活动，做到周密部署行动快、以上率下学习透、开门纳谏覆盖广、立行立改效果实、整章建制效率高，通过深入群众，听取意见，多渠道收集意见、问题，对党委领导班子的15条整改措施全部落实到位。队伍建设提质增效。顺利完成村支两委换届选举工作，实现全镇72个行政村领导班子配齐配强的基本目标。健全绩效考核制度、村级组织工作制度、机关干部出勤考勤管理制度、村干部管理办法，更加注重简便易行，有效遏制干部“走读”，干事创业的氛围日益浓厚。

（田玉峰）

进宝塘镇

【概况】 进宝塘镇位于祁阳县东南部，东与常宁市大堡乡接壤，南与八宝镇毗邻，西与白水镇相连，北与潘市镇隔河相望，镇治距县城44千米。辖33个村，326个村民小组，8329户，总人口3.47万人，农业人口2.9万，非农人口0.57万，总面积63.5平方公里，耕地面积2.55万亩。2014年，地方生产总值6.8亿元，比2013年增长10%；财税总收入320万元，增长11%；农业总产值 2.37 亿元，增长 12%，农民人均纯收入 7705 元。2014 年被评为“全县人口与计划生育工作模范单位”“全县社会治理目标管理先进单位”。

【农业】 农业经济持续稳步发展，农村经营体制进一步稳定和完善。2014 年对农村土地承包进行确权，换发农村土地承包经营权证书，落实早稻种植 1.98 万亩，晚稻种植 2.1 万亩，培育承包耕地 500 亩以上的种粮大户 2 户。新成立农村专业合作社 5 个，发展特种莲子种植 2000 亩，创建 200 亩以上名贵药材基地 2 处，土地流转 1.2 万亩，占总面积的 40%。年存栏 300 头以上规模养殖场 3 个，肉牛养殖场 1 个。水利工程建设资金投入 395 万元，整治山塘 80 个，渠道防渗 9000 米，维修电排 3 处。国家投资 500 万元的国土整治项目，在农民、西冲、里仕 3 个村全面完成。

【工业】 工业企业转型升级。东风、佑兴、岩口 3 个煤矿按国家政策退出生产行列。全镇有各类企业 260 个，工业总产值 3.5 亿元，实现利润 1250 万元，税金 110 万元。其中工业企业 28 个，煤炭、矿产品加工为镇内的 2 大支柱产业，主要工业企业有祁星煤矿，年产煤 3 万吨，产值 1200 万元；荷叶采石场、种田采石场，年加工碎石 80 万立方米，年产值 600 万元。

【基础设施】 三南路和县级黄白公路横贯镇域东西，湘江河临河埠塘村、佑兴村而下，全镇村组公路总里程 146 公里，硬化 120 公里。镇内设有邮政支局、电信支局、农商银行。移动、电信、联通基站各 1 个，2014 年全镇固定电话 1835 门，手机 1.3 万台。

【城镇建设】 镇域规划规模扩大，配套设施逐步完善。2014 年建成住宅套房 162 套，建筑面积 2.1 万平方米，以进宝塘、种田、义学为核心的城镇区，建成面积 6.3 平方公里，城镇人口 0.85 万，城镇化率 28%，主街绿化 1.5 公里。农贸市场 2 个，各类商业网点 210 个，每天上市人数 3000 人以上，日交易额达 50 万元。

【社会事业】 33 个村建立农家书屋，组成 3 支腰鼓队，9 个村建成篮球场，全面体育活动有序开展，教育事业蓬勃发展。学龄儿童入学率 100%，共有中、小学校 4 所，在校学生 3010 人；民办幼儿园 4 所，镇中心小学会考成绩名列全县前茅。医疗卫生事业发展较快，镇设预防保健站 1 个，中心卫生院 1 所。2014 年投资 120 万元新建卫生院住院楼 1 幢，33 个村全部建立卫生室，群众看病方便。城区居民安装高清数字电视，3 个村装有有线电视，全镇彩色电视机 1.1 万台。

【新农村建设】 至 2014 年，全镇“三清五改”户共 1250 户，建设沼气池 120 个，村道绿化 8.5 公里。参加农村合作医疗 3.13 万人，占总人数的 95%，享受农村低保 2230 人，新型养老保险参保人数 1.64 万人；享受计划生育奖扶 260 人，奖扶资金 24.9 万元；敬老院收住五保老人 30 人，农民享受国家良补、直补和综合补贴 401 万元。

（王松林）

黄泥塘镇

【概况】 黄泥塘镇位于祁阳县境东部，东临常宁市大堡乡，南接进宝塘镇，西临湘江与潘市镇隔江相望，北与祁东县归阳镇隔江毗邻，镇政府驻黄泥塘一居委会，距县城 48 千米。辖 32 个村，3 个居委会，349 个村民小组，9929 户，总人口 3.8 万余人。总面积 71 平方公里，耕地 1717 公顷，全镇东半部 18 个村为湘江环绕，是产粮基地。镇内蕴藏大量的煤炭、石灰、焦炭等矿产资源。有页岩砖厂 3 个、采石场 1 个，加油站 1 座，沿河渡口8个。唐白公路连接三南公路S320省道，通过华能湘祁水电站大坝可通祁东县归阳镇上衡枣高速，交通比较便利。2014年，被市委、市政府授予安全生产先进单位、绿色永州优秀乡镇，被市环保局评为生态示范乡镇，被县委、县政府授予综治信访维稳先进单位、安全生产先进单位、推进新型工业化三等奖、全面推进小康社会先进单位、新农村建设先进单位、森林防火先进单位、防汛抗旱先进单位，被县人大评为代表小组先进单位以及提建议议案先进单位，被县计生领导小组授予三查四术先进单位等荣誉称号。全镇经济社会发展呈现出发展提速、民生改善、和谐稳定的良好局面。

【现代农业】 着力调整农业产业结构，引导农民发展种植优质水稻、油菜、绿色无公害蔬菜、葡萄、油茶等经济作物。加快土地流转，九洲村新开发荒山500余亩种植锦红甜橙；金像林业生态有限公司流转山地1600余亩种植橡桐树；绿色农业科技公司流转土地近300亩种植药用金槐；全年新增农村专业合作社3个，农业专业公司2个，以九洲村冰糖橙，石兰村百合、苕头，桐木村金槐药材，杨梅塘村优质水稻等一批经济效益好，市场前景广阔的农产品品牌。新发展龙祥牧业、孔雀养殖等一批有影响力的养殖大户16户。鑫鑫农产品种植专业合作社理事长陈彰维被评为“全省农业科技示范户”和“全市农业科技示范户”。

【社会事业】 黄泥塘镇教管中心有中小学校9所，在校学生2814人，在职教职工167人。幼儿园（班）16所，在校学生数557人。办学条件不断改善，上级共投资700余元用于学校基础设施建设。其中镇二中纳入合格学校建设项目，投资220万元；新义小学和唐家岭完小纳入簿弱学校改造项目，投资80万元；镇一中和九洲小学纳入维修学校项目，投资80万元；三联小学引进广东展能集团LP39援建项目，投资320万元。计划生育工作，发放农村奖励扶助253人，奖扶资金24.288元，特别扶助12人，独生子女保健费51人，1.224万元。投入100万元新建镇卫生院综合大楼，完善医院配套设施建设，医院焕然一新。镇财政所、民政所便民服务中心建成并投入使用，实现窗口单位集约化办公，方便群众办事，群众较为满意。全面实施城乡居民养老保险工作，参保人数达17375人。扎实做好城乡医保工作。城乡居民参合率达到95%；失地农民保险等覆盖率不断提高；2014年，农村低保户2764人，城镇低保465人，五保户276人，敬老院集中供养25人，农村危房改造21户，核定土地确权发证圆满完成。团结煤矿、双发煤矿因华能湘祁水电站建设，水位升高和国家淘汰落后产能等原因全部关闭。

【基础设施】 黄泥塘新区建设水、电、路、讯等基础设施建设基本完成，移民拆迁完成95%，顺利启动190户移民新区建房，长1760米的黄金大道街道形成。争取国家农业开发项目投入资金1890万元，唐家岭13个村高标准农田建设全部圆满完成，全年新修建农村机耕道路11公里，整修骨干山塘125口（清淤扩容41口，防渗加固84口），修建小水渠18公里，改造大功率电排6座，新建500亩喷灌设施农业基地一个，完成塘顶皂病险水库除险加固1座，29个村完成农网升级改造，新建公路10.3公里，扩建乡级公路11公里，拉通满竹至搭洲的公路并水泥硬化，有效改善全镇交通条件。

【新农村建设】 九洲村完成改水改厨改厕200户，拆除空心房2万平方米，签订订单农业600亩早南瓜。湘江生态风光带建设，种植红叶石楠2000株，杨柳1万株；实施三清一改工程，改卫生厕120户，改水50户，改厨50户，拆除空心房9000平方米，外墙装修15000平方米；安装LED路灯82盏。投入15万元修建10处垃圾收集中心，新建垃圾焚烧炉一座，新添150只流动垃圾桶，并在村主干道和农户门前实行门前三包制度。新建垃圾池100余个，聘用街道保洁员，建立完善城镇主干街道和马路沿线各村清扫保洁制度，街道脏、乱、差现象初见成效。镇主要街道新栽桂花树200多株，确保街道整洁美观。

【基层组织建设】　深入开展党的群众路线教育实践活动，全镇各支部共征求到各类意见576条，查摆出“四风”问题391个，提出整改措施391项，所有问题全部得到整改落实；对28项“四风”突出问题进行专项整治，共出台22项规章制度。完成35个村（居）党支部换届选举工作，新当选支部委员平均年龄下降1岁，高中及以上文化程度者占70%；整顿日升、建新、官冲3个软弱涣散党支部，新建观马、龙口冲村级活动场所2个，28个村建有农家书屋，35个村（居）全部建成远程教育站点，新发展党员12名，培养入党积极分子23名。

（肖勇　张卫东）

羊角塘镇

【概况】　羊角塘镇位于祁阳县城东北部，祁山山脉主峰太白峰下，东与祁东归阳镇接壤，南连梅溪镇，西临挂榜山林场，北接祁东县过水坪镇，镇治距县城50千米，离祁东县城20千米。羊角塘镇有“赶羊成石”的传说。古代有一神仙赶羊群夜过此地，忽闻鸡鸣，羊群逐变成石山，其中一只在塘中埋头喝水的羊还来不及上岸，也变成石头，至今尚留有似羊角的石头在塘中，由此得名羊角塘。辖53个行政村和3个居委会。总面积126.81平方公里。2014年，全镇总人口6.71万人，男性3.48万人，女性3.23万人，分别占总人口的51.8%，48.2%，农业人口6.41万人，占总人口的95.6%，人口自然增长率5‰。

全镇背倚祁山山脉太白峰，地势自西南向东北倾斜，境内群山起伏，壑深泉幽，茂林修竹，溶洞遍布。属亚热带季风湿润气候，四季分明，旱涝频繁，位于祁邵干旱走廊末端。

境内旅游资源得天独厚，集山、水、林、洞为一体，太白峰直指云霄，风岩、干岩、狗子岩、落水岩、灵岩等溶洞迂回曲折、洞洞相连，最大的溶洞风岩，位于万福村，总面积达1平方公里，洞内钟乳、石笋千姿百态，蔚为壮观。大理石藏量丰富，回龙的重晶石、荷当心池的铜矿、兰桥的铅锌矿藏量大，品位高。

【经济发展】　2014年，全镇实现工农业总产值14.96亿元，较上年增长8%，完成财政收入784.6万元，为年初预算的95%。城镇居民人均可支配收入20227元，农民人均纯收入8935元。90%的农户建有楼房，电视入户率为96.3%。

【农业】　是全县农业大镇，农业以种植业为主。耕地面积48615亩，其中稻田38385亩，旱土10230亩。2014年，全镇农作物种植面积11万亩，其中粮食种植面积10.2万亩，粮食总产量4.29万吨，粮食种植大户60余户，面积1.2万亩，特色农业示范基地6个，面积3000多亩。有山林面积11万余亩，森林覆盖率为55.9%，主要是松树、杉树和楠竹；退耕还林面积1.5万亩，生态公益林面积3.8万亩。全镇共有注册水库22座，其中小（一）型水库3座，小（二）型水库19座；共有电排水闸58处，其中40千瓦以上电排2处；有山平塘5461口，人畜饮水工程5处。清江河贯穿境内，自西向东流至归阳入湘江。2014年，饲养生猪9.26万头，出栏7.18万头，发展家禽 72.9 万羽，出笼 53.4 万羽，草食家动物 1.24 万只，出栏 0.86 万只，水产品起水量 0.28 万吨，生猪标准化规模养殖场 4 个。

【工业】 有 300 多年的烟花爆竹生产历史，素有“烟花爆竹之乡”的美誉，烟花爆竹生产已成为传统产品、支柱产业，在经济发展中起着举足轻重的作用，基本形成鞭炮生产及其原材料生产本地化。2014 年，有生产企业 56 家，其中烟花厂 1 个，炮竹厂 49 个，引线厂 11 个。生产鞭炮、烟花 30 多个系列，90 多个品种，年产值达 8 亿元，产品远销广东、广西、山东、河南、云南等 20 多个省和地区。造纸业、采石场、碎石场、红砖厂初具规模，全镇各类大小企业达 300 多家。2014 年，全年经济生产总值 9.1 亿元。

【集市贸易】 与祁东县归阳镇、过水坪镇相邻，边贸经济发达，辖区内共集市 8 个，其中综合农贸市场 1 个，即羊角塘中心市场，面积 1 万多平方米。全镇个体工商户 1280 多户。2014 年城乡集市贸易成交额 2.5 亿元。

基础设施大力发展交通，境内有县级公路和夸县公路各 1 条；镇级公路 4 条，35 公里。距衡枣高速公路潘市出口 21 公里，归阳出口 15 公里。公路四通八达，交通极为便利。城区规划面积 2.5 平方公里，主要街道有羊城街、羊清街、三圣街、金盆路、北祥街、南祥街。所有街道都实行亮化、绿化。城镇建设初具规模，镇机关绿化广场，面积达 2000 平方米，种植各类树木绿篱 6.3 万余株（棵）、树种达 30 多种。2014 年，共投入基础设施建设资金 5000 万元。全面完成城山片、羊角塘片 18 个村 1 万亩的土地整理项目；整修山塘 98 口、渠道 12.6 公里；完成 3 条 7.5 公里村组级公路水泥硬化和 13 公里村级公路扩宽，全镇 100% 的行政村和 75% 的组通上水泥路。

【教育、文化、卫生、体育】 全镇有初级中学 2 所，小学 10 所，幼儿园 5 所，幼儿班 7 所；在校教职员工 326 人，其中中学 138 人、小学 188 人，在校学生 5899 人，其中中学生 1832 人、小学生 4067 人，另有在校幼儿 5011。镇中心小学异地兴建工作正在实施，占地 100 亩，规划设立 30 个教学班。辖区内有文化站 1 个，村级文化书屋 57 个，有新华、文化站、羊城等多支业余女子文艺队，每逢节假日和喜庆开展文艺活动。辖区内有镇中心卫生院 1 个，卫生分院 3 个，村级卫生室 45 个，卫生防保站 1 个。2014 年，全镇有 5.7 万人参加新型农村合作医疗，3000 余人加入城镇居民医疗保险。全镇共有篮球场 25 个，其中村级篮球场 14 个。镇政府机关建有 200 米的环形跑道及篮球场、乒乓球场、羽毛球场、排球场和门球场各 1 个。

（桂新文）

梅　溪　镇

【概况】 梅溪镇位于祁阳县东北部，距县城 36 公里，东北靠羊角塘镇，南临黄泥塘镇、祁东县归阳镇，西依潘市镇。镇域总面积 62 平方公里，辖 25 个行政村，3 个居委会，358 个村民小组，总人口 3.2 万人，耕地 21758 亩，稻田 15380 亩，林地 52638 亩。境内交通便捷，衡昆高速自西向东穿境而过，祁羊路自西南向东北方向贯穿全镇，是南下北上的重要交通枢纽。自然资源丰富，蕴藏丰富的大理石、石灰岩、花岗岩等矿产资源，是水泥、双飞粉、精石灰、碑林的优质原材料。2014 年，梅溪镇引资 1000 万元，扩建满意采石场；增资 200 万元，扩建鑫月页岩砖厂第二生产线；投融资 600 万元，新办月塘搅拌场。连续 4 年实现安全生产重点镇无安全生产事故，多次代表市、县接受中央、省安全生产专项检查；税收入连续第四年超任务。

【农业】 2014 年，梅溪镇改

单季稻为双季稻1000亩，安邦公司、农地粮油种养合作社等提供全程机械化服务；土地流转力度加大，扶植宏发养殖、安和种养等11家专业合作社成立，有力地带动农业发展；在华塘、月塘两村，成功创办200亩油菜种植示范片；搞好小二型水库除险加固1座，龙湖、大书两村筹资50万元，修好山塘6口，沟渠2500米，有效地解决600亩稻田旱涝保收；农村产权制度改革室外勘查登记工作全面完成。

【民生工程】 2014年，梅溪镇通过多方筹措资金，修通组组通水泥路；招旺村修通通组环形路，群众赞不绝口；关心、城墙、大泉自筹资金修好村办公室和卫生室；强农惠农资金按期足额发放，新农保参保率有所提升，五保户集中供养提高生活彼标准，镇敬老院进行一次大的维修，完善生活设施；华塘村新建五保之家，受到县民政局的充分肯定；争得民政局重视，全镇新增50户困难户纳入低保；14户危房户得到改造。

【科教文卫】 2014年，梅溪镇集中开展科普宣传，推行频振式诱虫灯、软盘集中育秧、机械插秧等新技术。杨华村大力发展大棚蔬菜养殖种植。教育强镇建设加快推进，完成楼梯合格学校综合楼建设，教育部门一手抓安全，一手抓质量，年终绩效考核排名全县前茅。计生管理进一步规范，队伍得到充实，人口计生工作评估排队明显进步。全国第三次经济普查、劳动力资源信息采集、贫困户建档等工作顺利完成。支持工青妇等人民团体履行职能，发展合力增强。镇农商行、邮政、通讯、城建、国土等部门工作协调推进。民兵预备役、消防、关心下一代等事业健康发展。城乡环境治理工作有序推进，投入30万元，增加环卫工人，添置垃圾桶，修建垃圾池，加大清扫频率，修建镇机关“五小”设施，镇村面貌有所改观。群众文化活动丰富多彩，广场舞处处皆是，早跑夜散步人员逐渐增多，群众在追求物质文明的同时，追求健康理念大为改观，大伍村自己作词谱曲编排歌舞，寓教于乐，效果很好，群众喜听乐见。综治信访维稳工作不断夯实，华塘、谢阿等村支书克服厌烦情绪，说教过细，成效明显；派出所、司法所等部门立足自身职能作用，在打击处理、民事纠纷调解等工作中发挥重要作用，移送司法机关处理21人，民事纠纷调解65起，调解满意率96%。

【党建工作】 2014年，全面完成第九届村民委员会和村支书换届选举工作。通过开展履行基层党建工作责任述职评议活动，确保基层组织建设呈现新气象，推行党员队伍“严入宽出”政策，给个别脱党党员敲警钟，净化党员队伍，提升党员形象。全年共处理党员1人，诫勉谈话5人，培训入党积极分子35人，新发展党员14人。2014年，梅溪镇在全县绩效考核中，基层党建、信访两项工作名列全县年终考核第一；安全生产、基层党建、人大等工作被评为全县先进单位，计生获得进步奖。组织、宣传、统战、办公室、征兵等工作考核名列全县前茅。

【民间组织】 2014年，梅溪商会成立。商会由梅溪籍在外打拼的老板的自发组织，推选唐太平担任会长，唐力平任常务副会长，陈长春任秘书长，首届到会会员34名。讨论制定商会章程及财务制度，提出在党委、政府及县工商联的领导下“团结协作、共同发展、服务梅溪、回馈社会”的宗旨。成立当天，到镇敬老院为五保老人送去礼金和米、油等生活必需品；暑假期间，组织部分会员到镇中学开展“爱心助学光彩行动”，由刘刚华、陈刚、唐力平、唐锋等现场一对一助学，每人资助1名高中毕业考上大学的贫困生每年5000元学杂费，直至大学毕业。另外，会员陈庆延、汤朝阳在一次慈善募捐活动中分别认捐10万元和5万元，用以资助家乡贫困学子读书。

【发展羊产业】 梅溪有10个村居住在石山脚下，国家退耕还林政策使林地草资源极为丰富。部分农户因地制宜引进波尔山羊、黑山羊、小尾寒羊等品种，林下放牧饲养。山上很多药材成为羊羔们的牧草，羊不仅能吃饱很能吃好，长得快且肉质好，客商纷纷前来订货，远销江西、广东。

【退耕还林】 城墙、绍江、刘家、华塘、大泉、广歧、小泉、华兴、谢阿、龟山、龙湖、月华等12村退耕还林行动早，国外松生长茂盛，已有商家进驻割松胶，每年可创收20余万元。

【鞭炮产业】 鞭炮生产是梅溪近50年的传统产业，过去一直是农户单个单项生产，安全事故频发。近年在国家安全生产法律法规政策引导下，农户单个生产已完全取缔，将产业集中到山坨原来居民区，同时大力引进机赶筒、机插引、机编等生产线，涌现梅溪、欣兴等8家鞭炮生产大中型企业，安全生产连续4年被评为示范镇。

（陈耀洲　陈长春）

潘市镇

【概况】 潘市镇位于祁阳县中部偏北，镇治距县城32千米。古时因本地潘姓商人，在湘江左岸修建商埠码头而得名潘家埠。宋至清末、属下祁阳乡。民国时期先后属第四区和潘家乡。1949年10月属三区，1950年6月属第四区，1952年7月区划调整，为第六区，1956年7月撤区并乡改为潘市乡，1958年9月改为灯塔人民公社，1959年5月更名为潘家埠人民公社。1961年8月，改为潘家埠区公所，辖潘家埠、下七渡、塘弦湾等7个公社。1964年3月撤潘家埠公社，建石洞源公社。1984年4月改公社为乡。1985年1月改塘弦湾乡为潘市镇。1995年5月祁阳县撤区并乡建镇并下七渡、马鞍岭、潘市、石洞源、松林5个乡镇，建立新潘市镇。析出梅溪、楼梯两乡，并建梅溪镇。全镇辖3个居委会，56个行政村，24个居民小组，515个村民小组。总面积131平方公里，耕地面积30735亩。总人口49114人，其中，农业人口44596人，非农业人口4518人。2014年，全镇国民生产总值12.75亿元，其中工业和服务业产值6.320亿元，农业总产值4.03亿元，农业产值中，种植业产值1.4亿元，林业产值1.37亿元，畜牧业总产值0.81亿元，渔业总产值0.45亿元。全镇财政总收入623万元（含转移支付资金），财政总支出621万元，收支略赢，农民人均年纯收入9200元。

【农业】 粮食作物以水稻为主。2014年生产粮食9.99万吨，其中水稻7.68万吨，主要经济作物有水果、蔬菜、全年生产水果1.06万吨，生产蔬菜3.4万吨。畜牧业以生猪为主，年均养量5.06万头。生产肉鸭25万羽，肉鸡44万羽，禽蛋692吨，渔业产量3258吨，确保双季稻种植面积80%，完成油茶垦复3500亩，油茶低改1500亩，种植油菜6000元。

【工业】 积极招商引资。新建祁阳永康林化有限责任公司，投资2100万元；新建祁阳县浩森生物科技有限公司，投资1100万元。2014年，全镇工业总产值4.1亿元。其中，市级农头企业永州市冠农牧科技有限公司产值1.81亿元。

【商贸业】 境内主要农贸市场2个。2014年年末，商业网点136个，全年社会商品销售总额8.5亿元，城乡集市贸易成交额5.8亿元，安置社会劳动612人。

【基础设施建设】 2014年，

抓好马鞍岭高标准农田建设项目。柏家村、新民村等11个村共完成渠道防渗、护砌47千米，整修机耕道20千米，护砌排洪圳5条共15千米，总投资1880万元。完成湘祁水电站移民新建14户。公路复建1200米，抬填水渠6.6千米，修建人行桥2座，完成浆砌石4000立方米、混凝土1200立方米，修建硬化村组公路29千米。至2014年年末，全镇59个村居委会村级公路全部硬化畅通总里程达1850千米。完成村级活动场所建设10所，新建环保垃圾池150个，购置垃圾清运车24辆，聘用常年清扫人员246人，开展环境综整治、乡村面貌和村民卫生习惯发生根本改变，投资近500万元，新建机关办公场所，全面完成整体搬迁。

【文化、教育、卫生、体育】 2014年年末，有化艺术表演团体5个，演职人员80余人，公共图书馆2个，村级图书室45个，藏书近7万册。幼儿园22所，在园幼儿976人，专任教师52人；小学7所，在校学生2782人，专任教师150人，小学适龄儿童入学率100%；初中1所，在校学生1136人，专任教师84人，初中适龄人口入学率100%，小升初升学率100%，有中心卫生院一所，分院三所，病床80张，村卫生室48个。职业医师18人，注册护士10人，卫生防疫站1所，专业卫生人员42人，农村安全饮水普及率为100%，农村卫生厕所普及率为70%。新型农村合作医疗参保人数43437人，参保率为97.4%，全镇建有标准化运动场2个，篮球场16个，乒乓球室10个，体育健身器材室2个，龙舟赛船3条，端午节举行一次龙舟赛。

【邮政电信】 2014年年末，有邮政网点2个，投递点85个，乡村通邮率95.8%，电信网点6个，固定电话总用户2800户，移动电话用户16850户，互联网宽带接入用户宽带接入用户356户。

【社会保障】 2014年，城镇最低生活保障户103户，123人，支出4.4427万元，月人均300元，农村最低保障户3063户、3434人、支出412.88万元，月人均102元。

（陆白云）

七里桥镇

【概况】 七里桥镇地处县城东，东接羊角塘镇，南邻潘市镇，西临湘江与观音滩镇相望，北与龙山街道、下马渡镇相连。因境内长寿亭村有石桥，距旧县城七里，故名七里桥。1995年5月，撤区并乡建镇，原七里桥乡、白竹塘乡、文家冲乡从原下马渡区析出，新组建为七里桥镇。总面积102.67平方公里，耕地面积29323亩，林地面积63730亩。2014年辖39个行政村，39个村民委员会，397个村民小组，总人口4.52万人，财政收入856.13万元，农民人均纯收入9860元。

【水利建设】 境内水利条件十分优越，建有文家冲水库灌区、乌山冲水库灌区、水泥厂电排灌区三大灌区；有小（一）型水库2座，小（二）型水库7座、金竹山水闸1座和2955多口山塘，总库容量近1458.3万立方米。2014年，争取全国第一批小农水项目资金1800万元，完成22个村的水利设施改造工程，渠道防渗126.6公里，山坪塘清淤161口，河坝加固33座，泵站改造19处，2万多群众直接受益。

【农业产业结构调整】 以“农业增收，农民致富”为出发点，采取“公司+协会+基地+农户”的产业化经营模式，以土地流转为突破口，形成优质稻、糯米、油菜、楠竹、油茶、白茶、蔬菜、畜禽养殖八大“万字号”种养基地，成立农业专业合作社22家，建成四个5000亩连片的双季优质高产水稻种植示范片和2.56万亩的油茶垦复示范点。大力发展规模养殖，年出栏300头以上规模生猪养殖户10家，年出栏300头以上规模肉牛养殖户3家，年出栏500只以上规模家禽养殖户5家，山羊、甲鱼、回霜鱼等特色品种养殖成为农民增收的新亮点。2014年，全镇农业总产值36253万元，粮食总产量23143.57吨，平均亩产359.07公斤。

【工业生产】 2014年，全镇工业企业35个，总产值9.26亿元，规模以上工业企业4家，分别是湘妹食品有限公司、七里香米业、兴浯草席厂、华瑞特殊材料有限公司，职工共718人，实现工业增加值4.32亿元，比上年增加17.1%。销售收入达到亿元以上的企业1家，湘妹食品有限公司是一家集种植、加工、销售于一体的农业产业化省级龙头企业，为中国著名品牌。

【新农村建设】 2014年，完成通畅工程32.4公里，扩宽村级公路8公里，全镇居民自来水普及率95.2%。实施乡村清洁工程。截至2014年年底，聘请保洁员62名，修建焚烧炉4个、垃圾池112个，采购垃圾清运车16辆，定点垃圾桶1800余个。居住环境进一步绿化、美化、亮化。投资300万元，新建城区下水道700米，安装摄像头10个、路灯12盏，街道绿化植树805株，完成危房改造25户，面积500多平方米。

【社会事业】 2014年，完成白竹塘完小、中心小学征地及合格学校建设项目，镇中心卫生院新建办公楼一幢，让学有所教、病有所医的条件得到进一步改善。有初中1所，在校生778人，教师90人；小学4所，在校生1720人，教师751人；幼儿园4所，入园人数863人，幼儿教师52人。医院3个分院1个门诊点，面积3400平方米，医护人员34人，病床47张。全镇3.8万人参加农村社会养老保险，参保率95%；新型农村合作医疗参保人数1.8万人，参合率100%；农村低保救助2634人，五保补助414人，大病救助105人，贫困救济600人，社会服务补贴对象430人，残疾人困难补助对象132人，关爱留守儿童、帮扶困难学生50人，新建幸福院7个，镇敬老院入住老人38名，保障覆盖面逐年扩大。

（何芳）

下马渡镇

【概况】 下马渡镇地处祁阳县东北部，祁山南麓，东与祁东县灵官镇交界，南接七里桥镇和龙山办事处，西与长虹办事处接壤，北邻黎家坪文富市。南宋抗金名将岳飞行军至祁水河畔，下马渡河而得名。下马渡镇是一个历史悠久，人杰地灵的农业大镇。古时为衡永通衢，是清乾隆兵部、吏部尚书，协办大学士陈大受的故乡。全镇地势东北高、西南低，地形以山地、丘陵为主。境内矿产森林资源丰富，大华山、熊罴岭风景秀丽，是理想的休闲度假胜地和投资宝地。镇人民政府驻太白山白尼庵街。总面积125.4平方公里。2014年年末，辖胡家台等55个村和大湖塘、六合堂2个居委会，514个村民小组。总人口57567人，其中城镇常住人口4034人，流动人口1869人。人口出生率11‰，人口死亡率6.3‰，人口自然增长率4.7‰。财政总收入912万元，其中国税17万元，地税80万元。信用社存款额44659万元，邮政存款额14350万元，信用社贷款额12164万元，邮政贷款14350万元。是“省村民自治模范镇”“湖南省燕麦试种基地”“市平安镇”“市文明村镇”。

【农业】 2014年，农业总产值23395万元。全镇有耕地46331亩，其中稻田27296亩。种植业是下马渡的主导产业。粮食作物以稻谷、玉米、豆类、薯类、麦类为主。2014年，生产粮食42335吨。经济作物有水果、油料、蔬菜、茶叶。曾是全县柑橘种植示范区，柑橘的种植面积和产量居全县前列。2014年，油料作物种植面积17325亩，产量2836吨。其中油茶465吨，油菜1972吨，花生187吨。蔬菜种植面积6378亩，产量11897吨。养殖业主要包括家畜家禽和水产养殖。生猪饲养量58664头，年末存栏3350头；家禽饲养量54万羽。生产肉类6492吨。产鱼2784吨，渔业总产值3074万元。有林地面积11.6万亩。森林植被种类繁多，森林资源丰富，境内盛产杉木、楠竹。全年，购买大型农业机械25台。

【工业商贸】 2014年年末，有紫色页岩砖厂8个，全宏饲料厂1个，盛发食品厂1个，年产值3800万元。有下马渡、大桥湾、云盘町、汤家岭四个农贸市场。

【文化体育】 2014年年末，建有文化站1个，配站长1名，建筑面积210平方米，图书室1个，建筑面积20平方米，藏书800册。镇电视台1个，有线电视用户970户。21个村有村级运动场所，配备篮球架、乒乓球台等设施。新建小游园8个，在小游园中有各种各样的健身器材和设计别样的绿地，可使村民既得到休息，又得到锻炼的目的。龙舟竞赛是传统体育项目，曾多次在竞赛中取得好成绩，2014年龙舟竞赛中取得第3名的好成绩。

【社会事业】 2014年年末，有幼儿园6所，在园幼儿610人，专任教师30人；小学9所，在校生2300人，专任教师130人，小学适龄儿童入学率100%；初中1所，在校生1100人，专任教师108人，初中适龄人口入学率100%，小升初升学率100%，九年义务教育覆盖率达100%。镇卫生院有病床40张，专业卫生人员36人，其中主治医生4人，执业医师17人，执业助理医师20人，注册护士10人。全镇有村卫生室55个。新型农村合作医疗参保人数50253人，参保率97%。农村最低生活保障户数2171户，人数2611人；农村五保供养627人，其中农村五保分散供养615人；农村临时救助21人次。参加新型农村养老保险25945人。

【基础设施】 全镇有硬化村组道路143条，长273千米。有邮政网点1个，投递线路单程总长度180千米，投递点3个，乡村通邮率100%，业务收入210万元。电信企业1个，服务网点4个，2014年年末，固定电话用户1100户；移动电话用户3000户；宽带接入用户1000户。全年电信业务收入300万元。有良基滩、荷叶渡两处河坝发电站，年发电量160万度。2014年年末，街道排水管道3千米，街道硬化3千米，道路加宽18千米。在街道两边、城中村安装路灯1200套。自来水厂铺设的干线水管26千米，居民自来水普及率达60%。

（曾炜）

黎家坪镇

【概况】 黎家坪镇地处祁阳县北部，东接下马渡镇，南连长虹街道办事处，西临文明铺镇和大村甸镇，北与文富市镇隔祁水河相望。东西区域最大距离14.8千米，南北区域最大距离9千米，总面积84平方公里。昔以黎姓居民居多，因1937年9月修建湘桂铁路堪察路线标有“黎家坪”三字为车站，故名黎家坪。1995年5月撤区并乡建镇后，曾先后获“全国乡镇企业示范区”“全国乡镇企业东西部合作示范区”“全国村镇建设先进镇”“全国小城镇综合改革试点镇”“湖南省文明镇” “湖南省百强镇”。2012年获批“全国第三批发展改革试点镇”、湖南省第三轮小城镇建设示范镇，2014年7月获全国重点镇。2014年年末，辖新科院、黎家院、桂斯坪、坦里岩、雨坛岭5个社区和黎家坪、新塘、官塘、石子岭、老屋冲、枫树岭、松山、太平、江边湾、荷叶塘、竹茶冲、九龙寺、杨家岭、颜家湾、大麻冲、陶家冲、铁炉冲、祝益、朝主山、铁脚湾、培子湾、栋梁、马斯坪、长弓塘、松山湾、甘棠坪、狮子岭、双塘、喉水陂、瑶城、戴家湾、张公坪、杨家桥、祠堂坪、大湾、断塘、十里坪等37个村民委员会，下设12个居民小组和415个村民小组。总人口6.5万人，其中城镇常住人口3.5万人，城镇化率38%，另有流动人口1.2万人。人口自然增长率7‰，人口出生率10.2‰，人口死亡率7‰。

【自然条件】 黎家坪镇地处祁山山脉，属丘陵地区。地形地貌东高西低，最高点是东部的竹茶冲村大华山草子脑海拔高601米，最低点为枫树岭村祁水河滩，海拔高91米。属亚热带季风气候，多年平均气温17.8℃～18℃之间，1月平均气温6.1℃，7月平均气温29.6℃，无霜期年平均293天，最长344天，最短359天。年平均日照时数1591.9小时，一年中7～8月日照最高，1～2月最少。年平均降水量1200毫米，降雨集中在每年4月至7月，6月最多。境内最大的河流为祁水，又名小东江，湘江一级支流，发源于湖南省衡阳市祁东县四明山，该河流流经邵阳县、祁东县、祁阳县，于祁阳县龙山办事处东江村头海水湾入湘江，全长114公里，流域面积1685平方公里，该水源是祁东西北部和祁阳北部农田灌溉的主要水源，从北至南流经境内，镇内流长11千米，于本镇老屋冲河坝出境。也是镇区工业用水和居民饮水的主要水资源。境内矿藏储量较大有石灰石，主要分布在祁山和高峰观等山脉，座落在朝主山村、荷叶塘村、铁脚湾村、石子岭村、官塘村等村域。此外还有储量较少的铅、锰、重晶石、铁等矿藏，主要分布在瑶城、铁炉冲、陶家冲等村。动物资源有属国家二级濒危保护动物五步蛇，三级保护动物有獐、野猪、白鹇、金鸡等。林木主要有杉、松、樟、楠竹等，主要分布竹茶冲、枫树岭、杨家岭、陶家冲等林区村。主要有洪涝灾害、地质灾害。历史上较大的灾害有两次，一次是1994年的洪灾，祁水河沿途的14个村损失共计倒塌房屋269间，受损房屋386间，淹没耕地3886亩，人员伤亡39人，造成损失1600万元。2008年的冰雪灾害，百年一遇的低温、连续雨雪冰冻天气，全镇农业、电力、水利和通讯等基础设施被破坏情况严重，累计损失达2356万元。

【农业】 全镇有耕地29760亩，人均0.53亩，林地5.1万亩，2014年农业总产值3.2亿元，比2013年增加6.9%。农业增加值占国内生产总值的比重15%。粮食作物以稻谷、大豆等为主，2014年，粮食播种面积4316公顷，生产粮食25247吨，人均482千克，其中水稻25223吨。主要经济作物有棉花、蔬菜等，2014年棉花种植面积112公顷，产量134吨，油料作物种植面积1033公顷，产量1627吨；蔬菜种植面积785公顷，产量24242吨，主要品种有白菜、萝卜、黄瓜、土豆等。2014年生猪饲养量11.13万头，年末存栏3.18万头，家禽饲养量56万羽，畜牧业总产值0.63亿元，占农业总产值的23.9%。全年造林2800亩，全镇拥有国家生态公益林1.7万亩，经济林900亩，竹林600亩，林木覆盖率32%。2014年渔业总产值0.65亿元，占农业总产值的24.6%。农民人均纯收入9600元。

【工业】 2014年，工业总产值26.13亿元，比2013年增加3.7亿元。规模以上工业企业13家，职工4500人，实现工业增加值7.1亿元，增长30%，占国内生产总值的80%。2009年引进祁阳海螺水泥公司，2012年第一条生产线投产，2014年年底第二条生产线正在建设中，预计2015年5月建成投产，年产水泥将达500万吨，年产值将达6.38亿元，年利税1.5亿元，成为祁阳最大的工业企业。

【商业金融】 年末有规模商业网点3个，社会商品销售额达3.2亿元，比2013年增加6.8%，城乡集中贸易成效额1.8亿元，比2013年增加6.9%。金融产业实现增加值1.46亿元，比2013年增加17%。银行各类存款金额9.877亿元，比上年增加17%，人均储存18300元。2014年财政总收入0.98亿元，比2013年增加15%。

【社会事业】 2014年年末，有幼儿园6所，在园幼儿1250人，专任教师58人，小学10所，在校学生3766人，专任教师145人，小学适龄儿童入学率100%，初中3所，在校学生2580人，专任教师248人，初中适龄人口入学率100%，小升初升学率100%，九年义务教育覆盖率达100%，普通高中1所，在校学生4100人，专任教师230人。有科普惠农服务站5个、科普图书室25个，农村专业合作社2个，发展科普志愿者66人，培育发展各类科技示范户120多户，科技致富能手287户。有放影队1个，镇内有镇人民政府和火车站腰鼓队2个，年放映160场次，观众达8236人次。有各级各类医疗卫生机构31个，中心卫生院1所，床位100张，固定资产总值2000万元，专业卫生人员152人，平均每千人拥有卫生技术人员1.7人，医疗机构完成诊疗15万人次，住院手术400台次，出院病人8000人次。2014年法定报告传染病发病率为28/10万，农村安全饮用水普及率100%，农村卫生厕所普及率98%，新型农村合作医疗参保人员数3.57万人，参保率98.85%。境内于1955年7月开通有线广播，到乡镇250杆千米，乡镇到村500杆千米，村以下2500杆千米，1959年7月开通调频播台，1993年开通第二套节目，2014年年末有线广播电台有85套电视广播节目，有线电视用户4800户，其中农村数字电视用户1200户，电视综合覆盖率60%。2014年城镇最低生活保障户数802户，人数1320人，支出363万元，月人均262元，城市医疗救助159人次，救助金额40.15万元。农村最低生活保障户数2146户，人数2448人，支出296.5万元，月人均105元，农村五保户集中供养30人，支出18万元，农村五保分散供养265人，支出69.96万元。民政部门资助参加合作医疗734人次，共支出6.6万元。农村临时救济755人次，支出15.09万元。自然灾害救灾支出2.6万元。国家抚恤、补助各类优抚对象369人，支出153.2万元。

【基础设施】 湘桂铁路线境内长4千米，设1个县级站。2012年祁阳高铁站建成通车后，黎家坪火车站更名为祁阳北站，主要功能是负责祁阳的铁路货运；2014年年末年货运吞吐量600万吨。G322国道境内长7千米，有县级公路1条，总长15千米，发往祁东白地市、祁阳县城、文明铺、大村甸、龚家坪等镇各方向的客运车辆达100辆，日客运量1200人次。2014年年末有邮政网点1个，投递路线单程总长度124.43千米，投递点389个，乡村通邮率100%，业务收入132万元。移动、联通、铁通、铁塔等电信企业4家，服务网点11个，固定电话用户5862户，普及率达到95%；移动电话用4680户，普及率为92.6%，比上年提高8.8个百分点，光缆线路总长达56千米，宽带接入用户3386户。全年电信业务收入近500万元。有陶家冲、石堰脑等小（二）型水库8处，山平塘和骨干塘4657口。机电排56处，装机容量1840千瓦，有效灌溉面积25378亩；灌溉渠56.5千米，水闸5处。冷水江和老屋冲河坝小水电站2个，装机容量750千瓦。镇内有麻吉塘和响水岩变电站2个，高压输电线路8条，总长度48.60千米，用电负荷47449191千瓦。年售电量累计完成0.38亿千瓦时，综合电压合格率

19.89%，供电可靠率99.98%。有木马山天然气（煤气）供气站1座，2014年供（加）气（煤气）用户5216户，其中工业用户36户，居民用户5180户，燃气普及率63%。

【城镇市政建设】 年末城区道路总长度26千米，人均拥有道路长度2.5米；道路铺装面积0.66平方千米，人均拥有道路面积0.03平方千米。城区有自来水厂1座，铺设干线水管52千米，生产能力1.4万立方米/日，年工业用水120万立方米，生活用水96万立方米，居民自来水普及率100%，年人均用水45.7立方米；排水管道32千米，污水治理工程1项，投资6000万元新建黎家坪污水处理厂1座，日污水处理能力5000吨，工业废水处理率95%。有35千伏以上变电站2座。座落在镇内麻吉塘和石子岭村，主变压器26台，高压输出线路2条，总长度13千米。年售电量累计完成0.24亿千瓦时，综合电压合格率19.89%，供电可靠率99.98%。城区绿化面积32公顷，其中公共绿化地面积16.27公顷，绿化覆盖率6.5%，人均绿地15.24平方米。

（李　宏）

文富市镇

【概况】 文富市镇位于祁阳县境北部，祁山山脉以北，东接祁东县的白地市镇，南邻黎家坪镇，西靠文明铺镇，北连祁东县的黄土铺镇、石亭子镇，距县城23公里。地势走向为东南高西北低，属丘陵地区。境内最高山峰为千里山，位于忠诚、富湾村内，海拔521米，地势最低点位于桥塘村，海拔86米。镇政府驻农科居委会，辖26个村和1个居委会。全镇总面积61平方公里，耕地22485亩，3.4万人。2014年，地方生产总值54154.6万元，财政收入265万元，比2013年增长13%。境内拥有中国农业科学院祁阳红壤实验站一个，属农业部在南方土壤研究的重点单位，2014年年末在职人员26人，其中研究员2人，享受国务院津贴1人。铁路湘桂线横穿全镇8个村，镇内长达5公里，在境内南河岭村设立南河岭车站。G322国道与湘桂铁路平行横穿而过，交通便利，区位优势明显。

【农业】 境内河道属祁水流域，系湘江一级支流，境内流长16千米，从祁东县的长滩桥进入境内。另有支流2条，境内长分别为4千米、5千米，河道流域横穿60%的村组。有小一型水库1座，小二型水库3座，总库容量263.9立方米，其中，丁源冲小一型水库库容量216立方米，河坝两座，水资源丰富，适宜农作物生长。2014年，新增育秧示范点56个，全镇双季稻率达95%。镇政府投入10万元建成以官山坪、书林寺等村的1000亩高产玉米集中种植示范片，投入20万元建成以官山坪、书林寺、双湾、成家台等村的1600亩高产油茶集中种植示范片。积极招商引资创建特色养殖基地，幸福桥村投入200万元新建年存栏50头黄牛、100只非洲鸵鸟养殖示范基地，黄泥山村投入100万元新建标准化养猪场1座，黄泥山村投入50万元新建大型养猪场无公害粪物治理项目。总投资达480万元的新增粮食产能田间工程、300万元窦镇线10千伏线路提质改造工程及300万元南河岭、清太两村的农网升级改造工程。

【教育卫生】 教育事业发展迅速。年末有幼儿园6所，在园幼儿985人，小学专任教师99人，在校学生1739人，小学适龄儿童入学率100%，初中1所，在校学生708人，专任教师78人，初中适龄人口入学率100%，小学升初中升学率100%，九年义务教育覆盖率达100%，主要学校有文富市一中、文富市中心小学、黄塘完小。2014年中考成绩名列祁阳县同类学校前茅。成立30万元的弘德教育基金。有卫生院1所，病床27张，其中公立卫生机构床位27张，专业卫生人员18人。

【民生保障】　全镇2014年共争取上级项目资金3300余万元，建设项目涉及工业、农业、三产、基础设施、社会事业、新农村建设等6大类，镇自来水厂、中心小学合格学校等项目陆续投入使用。农村道路交通工作实现村村通畅工程，全年新增断头路、连村路7千米，建设、排林等村建成湘桂铁路框架涵。财政、民政、企业招工、新农合、新农保、武装、统计等工作更上新台阶。2014年，全镇对91户危房进行改造及对1300户的危房信息进行摸底，香花桥、建设、南河岭4个村的“五保之家”，入住五保老人45人。2200名困难群众享受农村低保；民政资金全部实行打卡发放。全年新增农村劳动力转移就业348人，企业招工214人。新农保共完成缴费15026人，完成比例87.4%，农补资金发放104.254万元，新农合缴费率98%。2014年年末，有电视台1个，通42套频道，有线电视用户9667户，电视综合覆盖率90.6%。

【城乡环境】　2014年，镇政府对集镇区域实施“美化、绿化、通畅”三大工程，分别投入120万元集镇下水道进行疏通、花坛修砌、“窦—双”公路沿线护坡、新渡桥和江口桥危桥改造维修加固、“窦—双”公路等主干道路沿线绿化，加大城区环境保洁和城乡环境整治力度，促进环境优化。2014年末，全镇园林绿化四园两线，主要是镇机关大院、中心村小游园、中心小学、白茅滩完小共绿化园林及G322国道、“窦—双”公路沿线，绿化面积340亩。

【社会管理】　投入12万元新安装电子监控12个，集镇区域治安不断优化；不断加强社会管理创新，建立以南河岭、官山坪等村治安联防护村巡逻队，创新矛盾调处机制等措施，农村治安秩序明显好转。

【社会事业】　镇党委、政府狠抓社会管理，营造安居乐业环境。人口和计划生育工作取得新进展，全年计生率83%，人口自然增长率8‰，女扎298例，上环429例。计划生育奖励扶助对象和特别扶助对象落实率和及时100%。2014年年末，镇内有9450千伏变电站1个，全镇26个村1个居委会全部进行农网改造，8个村进行农网升级，家家户户生产生活都用上了电。

（贺文杰）

大村甸镇

【概况】　大村甸镇位于祁阳县西北部，全镇东西最大距离10千米，南北最大距离13千米，面积92平方千米，镇治距县城13千米，辖34个行政村，1个居委会，336个村（居）民小组，9801户，总人口38519人。全镇地势西高东低，属亚热带季风湿润气候，年降水量少于1250毫米，年均气温21℃，最低气温-1℃，最高气温40℃。湘江自西向东从该镇崇山村细瓦皂入境至凼桥阳梅岩流出，全长8.2千米，流域面积为2.4平方千米。全年无霜期为341天。境内含少量烟煤、铁、重晶石、矽砂，石灰石储量较丰富。自然灾害主要是旱灾，五年两旱。是祁阳县重要产粮基地和工业基地，素有油茶之乡、玻璃仪器重镇之美誉。

【农业】　2014年，全镇总耕地面积23.14万亩，人均稻田面积0.9亩；总林地面积12.6万亩，可利用草地面积504万亩，农业总产值达3.3亿元，比2013年增加4.5%，农业增加值占国有生产总值比重10.6%。粮食作物以水稻为主，粮食播种面积5155亩，全年生产粮食29326.56吨，人均0.78吨。其中水稻28761吨，小麦54吨，红薯（折粮）875

吨，玉米566吨，油菜种植面积4100亩，产籽369吨，蔬菜种植面积992000公顷，产量26895吨。畜牧业以牲猪养殖为主，全年牲猪饲养量4.2万头，年末存栏2.1万头，迎新村、松树脚村有年出栏500头以上的养殖大户50户。饲养山羊2150只，牛1050头。家禽以“湘黄鸡”饲养而闻名，家禽饲养量达12.3万羽，其中，同心村漆和平养鸡场占地30亩，年产肉鸡4.2万羽，上市3.5万羽，年纯收入11.5万元。渔业以山平塘、小（二）型水库放养为主，养殖水面5800亩，年产鲜鱼870吨，总产值696万元，境内大堰水库放养人高永升年产鲜鱼6万公斤，产值48万元。全年植树造林面积1200亩，其中防护林200亩，经济林200亩，四旁绿化800亩，林木覆盖率75.6%，活木蓄积量为8.95万立方米，水果种植面积715亩，产量31.5吨。油茶山地面积5.6万亩，年产纯茶油45万公斤，产值320万元。

【工业】 2014年，工业总产值7.4亿余元，比2013年增加31.9%，工业增加值占国内生产总值的42.7%。其中境内年生产规模达亿元的湖南省银光粮油有限公司，全年完成工业总产值7.8亿元，增速12%，投资8000万元，进行技改使产能提高40%，与湘粮集团对接，年新增产值2000万元。银光商标共有专利42项，获中国名牌产品、绿色食品等国家级称号，被列入全国大米加工50强。玻璃工业园正式建成。2014年，入驻园区的规模以上玻璃仪器厂达到8家，生产品种有12大类，1800余种，常年职工218人，年产值2.8亿元，上激国家税收6450万元。为扩大再生产，工业园在漆家坪村新建厂房6000平方米，进一步增强园区吸纳能力。

【商贸】 全镇工业外贸出口总额达到430万元，主要贸易产品为玻璃仪器及玩具。社会商品销售总额达到9800万元，比2013年增加8.1%。城镇集市贸易成交额6700万元，比上年增加7.2%。

【基础设施建设】 基础设施建设力度不断加大。全年硬化乡村公路16千米，实现村组通水泥公路，总里程230千米，开通客运线路4条，营运总里程59千米，营运客车22辆，万人拥有量为0.6台，年客运量8.6万人次。2013年年底正式营运的湘桂客运复线运转顺利，经前锋、凼桥、湖塘、五爱、崇山村，从镇西南穿过，全长6千米。年末城镇道路总长度为2.8千米，人均拥有道路长度为0.3米，道路铺装面积4万平方米，人均拥有37平方米。建有城区自来水厂1座，铺设干线水管4.6千米，日生产能力260立方米，年人均生活用水8立方米，污水处理厂2座，日处理污水能力200吨，工业废水处理率90%，自来水受益村16个。2全镇拥有10千伏及以上变电站1个，主变电器98台。高压输电线路4条，总长度19千米。

【教育】 全镇有中学1所，小学6所，幼儿园（所）8所，在校学生3499人，专任教师245人，九年制义务教育覆盖率100%。2014年教育经费2505万元，比2013年增长3.8%。在职中小学教师中具有中级职称126人，高级职称14人。全镇有各类科技人员283人，其中专业技术人才31人，经营管理人才105人，技能人才35人，农村实用人才112人。

【卫生】 全镇新型农村合作医疗参保人数为33191人，参保率为97.6%。居民平均期望寿命75岁，其中男性74.3岁，女性75.7岁。5岁以下儿童死亡率、婴儿死亡率均为零。2014年医疗机构完成诊疗2.3万人次，出院病人1541人次。法定报告传染病发病率为0.4357/万。农村安全用水率85.6%；城镇安全用水率97.35%。农村卫生厕所率为

81.56%。固定资产总值103.9万元，专业卫生人员40人，其中，中级职称10人，专业技术人员26人，执业医师11人，职业助理医师12人，注册护士4人，平均每千人拥有卫生人员1.16人。

【文化体育】 2014年，新建的镇文化站正式投入使用，文化站管理规范，书目齐全，运行良好。全镇有体育场地27处，小游园12处，5个村安装健身体育器材，经常参加体育活动的人占常住人口的8.9%。有线电视入户率为97.6%，村村通工程全覆盖，网络入村率100%，入户率41.2%。

【综合治理】 2014年在境内主要路口安装电子监控，全年破获犯罪团伙6个，治安拘留47人，刑事拘留37人，逮捕6人，起诉31人。全县综治排名第二，镇派出所获永州市集体三等功。

【党建】 2014年，全镇有58个基层党组织，1588名正式党员，年内发展预备党员20个，处理违纪在职干部2人，村干部2人，党员3人。全年组织开展志愿者义捐2次，捐款1.1万元。

【民生】 2014年年底，城镇最低生活保障111户，115人，支出60万元；农村最低生活保障2220户，2669人，支出330万元比2013年增加2%；月人均104元比2013年增5%；农村五保集体供养36人，支出12万元，比2013年增加10%，农村五保分散供养340人，支出89.7万元，比2013年增长4%。农村医疗救助120人次，民政部门资助参加合作医疗120人次，支出40万元，比2013年增长12%，农村临时性救助200人次，支出4万元；自然灾害受灾人数500人，紧急转移100人；农作物受灾面积2000亩，倒塌房屋20间，直接经济损失1000万元，救灾资金支出5万元，比2013年增长20%。国家优抚补助各类对象378人，支出130万元，比2013年增长10%，新增社会服务设施1个，其中社区服务中心1个，社区日间照料床位1张，社区留宿照顾床位30张，经常性社会救助站和慈善超市1个。人均居住面积，城镇为25.6平方，农村为20.8平方，彩电、空调、冰箱入户率分别为98.6%、85%、89%。

【财政金融】 2014年，财政总收入531.7万元，其中地方财政收入531.7万元。税收245.3万元，其中国税110万元，地税135.3万元。2014年年末，有农商银行网点2个，邮政储蓄网点1个，各类存款34746万元，人均存款9000元，比上年递增8%。

（蒋喜平　彭发杭）

文明铺镇

【概况】 文明铺镇位于县境西北部，镇治距县城27公里。总面积118平方公里，辖47个行政村、3个居委会，总人口5.6万人。稻田总面积3.9万亩，旱土、山地面积2.66万亩。稻田作物以水稻、稻种、香芋、生姜为主。旱土作物以油菜、大豆、花生为主，是祁阳县农业大镇。2014年，实现社会总产值5亿元，比2013年增长8%；完成全社会固定资产投资9000万元，比2013年增长6.5%；完成财政收入220万元，比2013年增长5%。

【农业生产】 农村土地流转有新突破。全镇土地流转1.6万亩，其中稻田流转1.2万亩。土地确权颁证工作名列前茅。农业基地建设有新起色。创建粮食生产整建制高产示范镇，培育发展香芋、生姜、蔬菜、葡萄基地建设，办好油菜、玉米高产创建示范基地建设。新增生猪规模养殖基地2个，年出栏新增1.3万头，新培育农业发展公司和农场3家。秋冬农业生产和水利建设有新成效。以特色县域经济建设为契机，争项筹资近1000万元，完成两大片区12个村的“五小水利”建设，办好市、县秋冬水利和冬种油菜两个示范点。

【新型城镇化建设】 筹划实施新的城镇建设项目。筹划城镇两条断头交通干线的前期论证和基础工作。完成黎石路过境路段的标准化建设改造，完成跃进路道路硬化改造，镇区街道亮化、绿化、美化基本完成。城乡环卫整治固点扩面。镇区主要街道、主要公路垃圾池设置到位，垃圾转运处理设施配备到位，城镇卫生清扫保洁及街道秩序治理到位。撤销环卫所，环卫工作交市场运营管理，环卫机制改革运转顺畅，初见成效。绿色通道建设逐步改观。黎石公路植树3000株，村道植树5000株，马路沿线荒山造林320亩，幼林抚育460亩。

【为民办好事实事】 乡村公路、旧城街道改造共完成12.6公里。完成危桥改造2座。建设合格学校2所，整体搬迁学校1所。社会保障体系进一步完善。城乡社保有序开展，保费收缴、待遇发放平稳有序。民政救助、医保工作不断扩面。文化卫生体育事业取得新的成绩，完成镇中心小学和狭江完小的整体搬迁，中考综合排名全县第八名。农村电力扩容改造顺利完成。镇自来水新厂建成运营，镇区全部重新铺设管线，安装新水表1100余户，用水秩序和水质得到阶段性整治，缓解镇区居民“吃水难”的矛盾。

【社会管理】 落实各项惠农政策不走样，确保政策公平、分配公平、程序公平。认真用好政策，弱势群体基本得到保障。积极应对镇域社会管理上的难点和热点问题，用心疏导群众情绪，化解社会关注度高的矛盾和纠纷。全年化解信访个案和积案34个，较好地稳控全县性的信访群体。信访调纠工作获得县先进。毫不松懈继续抓好安全生产，全镇安全生产形势大局稳定。人口计生工作逐渐好转，村级计生基础工作不断改善。

【政府职能建设】 以勤政廉政、高效务实为目标，加强干部队伍作风建设。贯彻实施《中华人民共和国行政许可法》，切实保障依法行政、依法决策，加大行政效能监察力度，着力推进“阳光政务”工程。以创建人民满意的服务型政府为目标，扎实推进领导干部队伍建设，政府的服务能力得到提升。加强政务公开、村务公开工作，组织社会各界参政议政。深入推进民主法治建设，全面执行镇人大各项决议和决定，自觉接受人大工作监督、法律监督和民主监督，认真听取人民群众意见。利用视察、评议和测评等有效形式，监督政府及各部门充分履职。

党的基层组织建设开创新局面。通过党的群众路线教育实践活动和支部换届两个平台，大力整顿软弱涣散党支部，狠抓干部队伍执行力建设，出台《镇村干部改进作风新十条》《镇村公务开支范围规定》和《镇村干部工作绩效考核办法》等新规定，调动了干部工作积极性，干部作风得到转变，全年处置党员干部16人次，干部队伍的管理和作风建设得到加强。

（邓剑华）

龚家坪镇

【概况】 龚家坪镇位于祁阳西北部，东、北与祁东县城连墟乡相邻，西与冷水滩区普里桥镇接壤，东南与文明铺镇交界，镇治距县城35千米。境内有一大坪，因龚姓人家在此设亭建村，故名。宋至清时各属上文明乡和太平乡的一部分。民国时属先后属第五区、文明乡。1950年6月属十一区，1958年9月为新华人民公社。1959年1月并为文明铺公社，1961年改为文明铺区，辖高码头、龚家坪、大坪铺、窑头铺等公社。1995年5月撤区并乡建镇，龚家坪、大坪铺、窑头铺3个乡合并为龚家坪镇，其他乡镇并为文明铺镇。辖云排岭、新旷2个居民委员会和长春、窑头铺、布谷塘、杉木塘、檀木塘、九曲河、三星、石山湾、古木堰、炭棚、左家岭、龚家坪、黄梅、福星桥、四角丘、木山庵、萝卜塘、大泥、草塘、段桥湾、甸中间、酒塘、香塘铺、中益、何家岭、大坪铺、铁丝江、复兴、沙子坪、江星、渗塘湾、新湾、沟山塘、田头冲、碧莲、财神塘等36个村民委员会，有18个居民小组和388个村民小组。总面积80平方公里，耕地面积33000亩。2014年，全镇总人口38039人，其中城镇常住人口2890人，城镇化率8%，有流动人口1100人。

地形以山脉和丘陵为主，气温春暖、夏热、秋凉、冬寒，最高气温在7、8、9三个月，曾多次出现38℃，甚至达到39℃，最低气温是1～2月2℃～4℃，年平均气温是16℃，降雨集中在每年4月至6月，5月最多。

龚家坪镇是湖南有名的生姜、香芋、黄花之乡。

【经济状况】 2014年，GDP达3.5亿元，同比增长13.5%，完成财政收入580万元，同比增长12%，完成固定资产投资1.1元；农民人均纯收入6550元，同比增长14%，其他各项经济指标也有显著增长，综合实力实现新提升。粮食总产量达3.7万吨，油菜种植面积由0.8万亩扩至1.1万亩，黄豆种植面积突破2万亩，生姜、香芋等传统作物基地建设得到壮大，起到良好的示范带动作用。在基地建设方面，以“绿色乡镇”建设为契机，依托香塘铺、古木堰等村，大力发展油茶种植，全镇油茶种植突破1万亩，推进林业向规模化方向发展；以甸中间村连片油菜种植200亩示范片为重点，充分发挥示范带动作用，全镇建成50亩以上连片秋冬种基地4个，全镇共完成秋冬种1.65万亩。有工业企业6家，工业总产值1.2亿元。其中个体采石场1个，机压砖厂1个，年销售总额0.8亿元，固定产800万元。有商业网点6个，职工15人，社会商品销售总额8000万元，比上年增加8%；城乡集市贸易成交额1亿元，比上年增加8%。

【社会事业】 始终坚持把保障和改善民生作为一切工作的出发点和落脚点，抓争取、抓投入、抓落实，统筹推进各项社会事业，不断改善群众生活质量。城镇新增就业46人，城镇失业人员再就业14人，帮助城乡残疾人居家灵活就业217名；农民工在岗培训400人，农村劳动力技能培训10人。因生活改善和其他原因，共清退低保户150人，新增低保78人。截至12月，全镇共有低保户3189人，其中农村低保3068人，城镇低保121人；农村居民养老保险参保16300人，城镇居民基本医疗保险参保80人，领取农村养老保险待遇6639人。完成劳动力就业信息采集工作，采集信息27128条。教育教学工作稳步推进。有幼儿园3（所）所，在园幼儿220人，专任教师10人；小学5所，在校生2200人，专任教师105人，小学适龄儿童入学率100%；初中3所，在校生1100人，专任教师95人，初中适龄人口入学率100%，小升初升学率100%，九年义务教育覆盖率达99%。教育经费234.8万元，比上年增长6%。武装征兵工作圆满完成任务，上站体检人数32名，送走合格兵员15人，圆满完成县上下达的目标任务。计生基础更加稳固。全镇人口出生427人，其中计内318人，计外109人，计生率74.47%，出生率0.9‰。各级各类医疗卫生机构3个，其中卫生防疫站1个，卫生院2所，村级卫生站38个；病床40张，其中公立卫生机构床位33张，每千人拥有医疗床位1张，固定资产总值200万元。专业卫生人员20人，其中执业医师6人，执业助理医师10人，注册护士4人，平均每千人拥有卫生技术人员1人，平均每千人拥有执业（助理）医师1人。医疗机构（门诊部以上）完成诊疗2.6万人次，住院手术1765次，出院病人1765人次。2014年3月在云排岭村一组开工建设新住院部，建筑面积2560平方米，总投资为400万元，设置病床位39个，还将配备相应的医疗设备，建成后可接待日门诊量100人，力争于2015年9月份投入使用。新型农村合作医疗参保人数3.4万人，参保率98%，参合农民的广泛受益，充分体现新农合制度的优越性。有电影放映队1个，文化站1个，建筑面积300平方米；公共图书室1个，建筑面积80平方米，藏书3000余册。村图书室38个，藏书14200册。

【基础设施建设】 2014年，县道黎石公路横贯全镇，长11千米，实现村村通公路。有邮政网点1个，投递路线单程总长度120千米，投递点3个，乡村通邮率100%，业务收入140万元。电信企业1家，服务网点2个；固定电话用户2500户，电话用户普及率30%；移动电话用户26500户，移动电话普及率为68.2%，比上年提高4%；互联网端口总数1400个，宽带接入用户700户。全年电信业务收入80万元。全镇有小（二）型水库2处，山平塘和骨干塘4108口。机电排13处，装机容量106千瓦，有效灌溉面积3100亩；灌溉渠10.5千米，水闸9处。

【城镇建设与管理】 2014年，制定场镇总规修编及控制性详规工作方案，做好城镇发展规划。场镇开发实现新增住房面积12.5万平方米，新增场镇人口800人。投入15万元新建垃圾库1个，新购斗车25个，垃圾桶100个；投入12万元清扫、运走场镇垃圾220车。推广城乡垃圾“垃圾分类、村收集、镇运输”模式，提高城镇生活垃圾无害化处理率，加大对城镇、农村居民集中饮用水水源保护力度，为人民群众创造清洁、优美的人居环境。

【平安建设】 2014年，举办禁毒、“打非”宣传教育活动10次，投资12万元建设社会治安视频监控系统，安装探头19个，线路约3千米。立刑事案15宗，破6宗；立治安案30宗，破24宗，抓获违法犯罪嫌疑人45人。破获抢劫、抢夺、盗窃“两抢一盗”等各类侵财性案件1宗1人，挽回经济损失5万元，查处吸毒人员8人，强制戒毒2人。全年组织矛盾纠纷排查15次，排查突出矛盾纠纷5宗。受理调解各类纠纷60宗，成功调解59宗，其中道路交通事故纠纷23宗、邻里纠纷10宗、合同纠纷9宗、损害赔偿纠纷8宗、劳动争议5宗、婚姻家庭纠纷1宗。党委领导接访、约访群众30批共185人次。举办专门针对普法工作人员的法制修身教育培训班。在9所中小学举办“六五”普法法律知识进校园、预防青少年犯罪及校园安全专题讲座，有2000人次参加。

【安全生产】 开展安全生产月和安全生产基层服务等活动，举办安全培训班3期，全年无一例重、特大安全事故发生。全面落实镇到村、到各单位、企业安全生产责任制，签订安全生产责任书，确保横向到边，纵向到底，不留“空档”“死角”，确保安全生产的认识到位、责任到位，并实行定期检查与经常检查、全面治理与专项治理相结合的工作机制，进行道路交通专项整治，对无牌无照的车辆进行清理，取缔两轮、三轮载客，经常性地对场镇烟花爆竹、地质滑坡等高危行业（地段）进行清查，排除安全隐患。

【党建工作】 狠抓党的思想建设。按照市、县的要求，扎实开展党的群众路线教育实践活动，扎实开展“庸、懒、散”专项治理活动和集中整治经济社会发展软环境，找差距，添措施，向社会做公开承诺，转变了观念，提高工作效率，人民群众非常满意，基层组织的凝聚力、战斗力明显增强，党员的先锋模范作用更加突出。狠抓党的组织建设，加强农村基层党组织建设，推动农村产业结构调整，改善农村基础设施，促进和谐新村建设。加强后备党员的培训工作，全镇培养入党积极分子30名，发展新党员13名，预备党员转正18名，不断壮大党员队伍。按照县委、县政府的要求，认真治理干部“走读”现象，坚持首问责任制、限时办结制和责任追究制，规范请消假制度、按时签到制度，做到全员“住读”，全体干部职工畅谈“住读”的体会，深受广大群众称赞。狠抓党风廉政建设，牢固树立正确的政绩观，切实解决个别党员干部作风漂浮、纪律松懈、效率低下、不在状态、行为不轨、形象不良等突出问题，从而增强全镇党员、干部拒腐防变能力。全镇无一名党员干部有违法违纪行为，无一人因不廉洁行为受到纪检、监察机关查处，从而密切党群、干群关系，树立党和政府在人民群众中的光辉形象。以建党93周年为契机，开展“七一”系列庆祝活动，表彰一批先进基层党组织和优秀共产党员。

（林利军　郑正）

内　下　乡

【概况】　内下乡位于祁阳县东南部，东、南与宁远县荒塘瑶族乡交界，西、北与金洞管理区晒北滩瑶族乡交界，政府驻内下村，距祁阳县城110公里。内下乡其前身为内下林场。因修建内下水库安置库区移民，1990年经原零陵行署批准从祁阳县晒北滩瑶族乡划出内下、河上江两村成立内下林场。1993年10月又将宁远县荒塘瑶族乡的瓦窑、新屋场两个村划归内下林场。2008年6月经省民政厅批准撤销内下林场设立内下乡，以原内下林场管辖区域为新设内下乡的行政区域。乡沿用驻地内下村地名，以境内外有人居住小河边而得名。全乡东西最大距离6公里，南北最大距离20公里，总面积120平方千米。辖内下、河上江、瓦窑、新屋场4个村33个村民小组，2014年年末，有人口3247人，955户，以瑶族为主，达1940人，占58%；汉族共1307人，占42%。境内地势南高北低，境内地形起伏，层峦叠嶂，为山地丘陵区带，最高海拔560米。属中亚热带大陆性季风湿润气候，年平均降雨量1714毫米，年平均降雨日是106天，降雨集中在每年6月至8月，7月最多。境内河道属湘江支流，四级河小黄司河，从瓦窑村张家组流经境内河上江村、内下村井垒组，长12公里。森林资源十分丰富，林木蓄积20万立方米。野生动物种类繁多，主要有野猪、野兔、鹿、刺猬、穿山甲、竹根鼠、竹鸡等；药材主要有黄柏、杜仲、山苍子、金银花、钩藤、鸡血藤、淮山、南蛇风等。土特产有茶叶、粟米、生姜、干笋、冬笋、蜂蜜、苦株豆腐等及瑶家腊肉、瑶家红薯酒、内下土猪、瑶岭山泉等。有风景秀丽十里平湖的内下水库；有瓦窑村肖家组300年古楠木一株；有河上江村盘木坑组千年古红豆杉两株。2014年全乡实现生产总值6589万元；财政总收入220万元，人均纯收入4885元。

【农业】　全乡有耕地面积0.26万亩，人均0.08亩，林地面积5.6万亩。农业总产值0.123亿元，比2013年增加8.2%。粮食作物以红薯为主，2014年生产粮食764吨，人均230千克，其中水稻18吨。主要经济作物有大豆。蔬菜种植面积0.04万亩，产量20吨，主要品种有萝卜、白菜，其中萝卜16吨，白菜4吨。养殖业以生猪、黑山羊为主，2014年生猪饲养量0.22万头，年末存栏0.06万头；羊饲养量0.8万只，年末存栏0.2万只；家禽饲养量3万羽。全年生产肉类196吨；禽蛋4吨；畜牧业总产值0.026亿元，占农业总产值的21.1%。渔业以水库养殖为主，可用于水产养殖的淡水面积0.133平方公里。2014年水库养殖132亩，产量122吨，产值0.009亿元，占农业总产值的7.3%。截至2014年年末，累计造林3.8万亩，其中防护林2000亩，经济林35200亩，竹林800亩，农民住宅“四旁”植树2万株。林木覆盖率89.5%，活立木蓄积量20万立方米。

【工业】 内下乡工业以木材加工业为主，并在八宝、白水一带形成规模，共有木材加工业主33户。2014年，创造木材加工产值1790余万元，解决本乡200余名闲置劳力就业。

【基础设施】 境内有金洞的土坳至内下乡的瓦窑村36公里公路，2014年客运总量2万人次，货运总量3.65万吨。有县级公路1条，总长9千米，日均发送2辆客车，日客运量30人次，年货运吞吐量3.65万吨；2014年10月开通祁阳至内下县内班车线路，投资220万元完成15公里乡道提质改造和防护栏设施建设；整修水库左岸河上江村3公里村道路基，在内下村、河上江村、共修建2处客运码头，辖区内有渡船6搜，日客运量50人次。2014年年末开通电信宽带，实现电信入乡目标。有邮政网点1个，投递路线单程总长度20公里，乡村通邮率100%。2013年全乡四村全部完成农网改造；2014年启动内下乡城镇饮水工程，解决2000人的饮水困难，全乡自来水入率达95%，农村安全饮用水普及率95%。2012年乡政府新建办公楼投入使用；2013年在内下村大坪组、河上江村神毕口组共安装路灯40盏；2014年新建1处小型停车场，内下便民服务中心建成并投入使用。

【文化教育】 2014年年末，有小学1所，教学点5个，在校生260人，专职教师22人，小学适龄儿童入学率100%，小升初升学率98%，九年义务教育覆盖率达100%。全乡有农家书屋4所，地方特色民间艺术有瑶族传统盘王舞。有980套广播电视村村通电视接收设备，电视综合覆盖率100%。

【医疗卫生】 2014年年末，乡内共有各级各类医疗卫生机构2个，其中，乡卫生院1所，村级卫生室1所。专业卫生人员5人，其中执业医师2人，注册护士3人，平均每千人拥有卫生技术人员1人，平均每千人拥有注册护士1人。2014年医疗机构完成诊疗0.03万人次。对286名60以上老人进行健康体检。新型农村合作医疗参保人数2712人，参合率100%。参加城镇居民基本医疗保险72人。

【社会保障】 2014年年末，全乡城镇最低生活保障户数139户，人数154人；农村最低生活保障户数189户，人数221人；21户纳入五保分散供养，农村大病求助8人，农村临时救济115人，民政部门资助参加合作医疗25人；完成危房改造12户，改造房屋面积1200平方米。新型农村养老保险参保人数1320人，参保率达到97%。，全乡814人纳入全省贫困人口库建档立卡，劳动力信息采集1720人。

（谢志敏）

大 江 林 场

【概况】 大江林场地处祁阳县南部阳明山余脉，是祁阳县重点林区之一。有干部职工180人，下辖三个国有工区，12个行政村，589个村民小组，1549户，共计6386人。全场土地总面积181425亩，其中耕地6386亩（含旱土708亩），林地174690亩（其中国有林地19090.5亩）。林地中划定国家级生态公益林面积106912亩。境内盛产杉木，楠竹，茶叶，野生动植物，珍贵中药材等达130多种。祁阳县中型水库大江水库坐落在场部侧位，境内山清水秀，空气清新，气候宜人，是祁阳县生态旅游，休闲避暑之胜地。

【农业农村工作】 2014年，大江林场共完成双季稻种植面积800亩，油菜480亩，荞麦600亩，蔬菜210亩。粮食总产量突破26万公斤，油料800斤。全场年出栏300头以上生猪养殖户16户，黑山羊规模养殖户5户，竹鼠特种养殖户8户，土鸡养殖户11户。

【基础设施建设】 2014年，全场共完成10公里公路安保设施建设，19.8公里场内主道扩宽硬化。完成水渠修筑2公里，山塘5口，大院村山塘2口，修建公路桥梁2座。九渡村6.8公里通畅工程纳入规划并完成路面设计及路基清理。修建垃圾池15处，并开挖一个30余立方米的垃圾填埋场，安排专人每月定期进行垃圾清理、填埋。百岭村小康示范村建设有声有色，亮化、美化工程及环卫整治提高到位，初步实现路灯标准化安装，垃圾集中处理。

【林业工作】 2014年，大江林场共完成人工造林面积6476亩，其中国有521亩，集体5955亩，公路两旁植树4800株，完成中林修山抚育6000余亩，幼林抚育面积13767亩。落户林场的湖南天江生物科技有限公司投入2100万元，在2013年已种植石斛200亩、重楼440亩的基础上，新增石斛种植面积500亩，重楼800亩，黄精300亩。全年共处理盗伐案件2起，挽回经济损失3万余元，与2013年同期相比，偷盗率下降50%。加大森林防火及森林病虫害防治工作及宣传力度。在防火戒严期间组织巡回宣传，半月一次，发放宣传资料2000余份，新建防火宣传牌、碑100余快，年内未出现一次火灾事故。

【国有林场棚户区改造项目】 2014年年底，第一批135套分配入住，第二批57套基础工程年底全部完成。

【人口计生】 2014年，全场通过上下联动、齐抓共管、突破死角，年内共完成结扎64例、上环70例，收取社会抚养费12万余元，超额完成年初目标任务。

【社会保障体系】 2014年年底，全场共完成农保参保人数3350人，参保率达85%以上。参合人数5600人，参合率达到98%。帮助解决农村部分苦难群体，特别是孤寡老人、留守儿童及患重病家庭生活困难问题。全年五保供养56人，低保户供养321人，大病救助及临时性救助24人，为旧房改造24户全部落实到位。敬老院建设全面完成，林场中心小学新教学楼建设正在有序进行中。完成塘岭村、黄沙村老年活动中心建设。大力推动农村剩余劳动力就业，年内组织农村劳动力参加县劳动市场招聘活动5次，向工业园区输送劳动力85余人。

【文化体育事业】 2014年，全场有5个村建立文化书屋，10个村建立村级活动中心，配备现代化办公用品。5个村文化书屋建立借阅登记制度，所有文化书屋都有专人管理。县体育局在林场和黄沙村分别建立一个标准化篮球场，配备乒乓球台，丰富了群众的业余生活。

【社会管理机制创新】 信访维稳稳中求进。2014年，全场排查矛盾纠纷27起，调解到位26起。认真办理信访案件，稳控重点人员，接县转交信访案件2件，办理回复2件，办理回复率100%。针对一系列历史遗留和重复上访问题，先后开展4次“信访专项整治”活动，按照“属地管理，归口办理”的原则，由群众工作站牵头，会同有关单位进行梳理分类，因人因事制宜，制定切实可行的操作方案。全年没有转型案件、群体性事件、上访事件发生。民调工作成效显著。全年采取分管领导包片、驻村干部包村、村干部包组、组干部包户的办法，加强责任落实。通过努力上半年民调工作在县抽调中排名第8，下半年抽调中排名第5，前进3位。安全生产零事故。全年开展道路交通安全、学校安全、危险化学品安全、“打非治违”等9项安全生产专项整治行动36次，农村消防隐患排查30户，制作安全警示牌 25 块，书写永久性宣传标语 300 条。

【生态旅游】 2014 年，林场境内龙凼村，地处阳明山脚下，山高林密，空气清新，林翠水绿，四季如春，自开办风格独特的农家乐、休闲山庄以来，年内共接待县内外游客 6 万人次。

(周亚茹)

挂榜山林场

【概况】 挂榜山林场始建于 1958 年春，位于祁阳县东北部，祁山山脉中段。东与羊角塘接壤，东南与梅溪镇、潘市镇相邻，南面和西面与七里桥镇毗连，西北与下马渡镇相连，北面和东北面与衡阳市祁东县过水坪镇交界，距县城 15 公里。是全县重点生态林区，省级自然保护区。土地总面积 40017 亩，林地面积 36157.5 亩，稻田 1335 亩，旱地 750 亩。辖 4 个国有工区及代管 7 个行政村，有村民 4458 人，分布于 67 个村民小组，林场有干部职工 128 人。挂榜山林场属低山丘陵区，境内气候宜人，景点繁多，山体奇特，动植物资源丰富，2004 年 3 月建立“湖南祁阳小鲵自然保护区”。

【旅游矿产资源丰富】 挂榜山林场是祁阳县楠竹、板栗的主产区，境内叠峦重嶂、沟谷纵横、林青竹翠、水果飘香、流水潺潺、风景如画、气候宜人，自然景观与人文景观融为一体，十分壮观。白鹤云屏是祁阳著名六景之一；云仙观庵堂是宗教文化胜地，历久香客不断；太白峰为祁山山脉最高峰，是登高望远的最佳去所；凉山皂是当年祁（阳）东（安）抗日自卫区指挥部旧址；尤其是珍稀濒危动物挂榜山小鲵更具有科研价值。2014 年成功举办挂榜山自行车挑战赛，200 多人参与；元旦举办大型户外徒步、自行车赛，1000 多人参加。挂榜山林场境内矿产资源十分丰富，已探明地下矿藏有祁阳石、石英砂矿、花岗岩等非金属矿，尤其是祁阳石是境内分布的主要岩石，遍布全场各地，储量约 50 万亿立方米。祁阳石的利用已注入更多的人文气息，增添更多的色彩。

【社会事业全面发展】 2014 年林场共接待来信来访案件 10 件，办结率达 100%，连续两年被评为全市综治工作先进单位。共清退“人情保”农村低保 9 户 16 人，城市低保 10 户 12 人。共投入近 40 万元，完成敬老院三级护坡，新建厨房、卫生间各一间，对原有的电力线路进行改造，完成贫困户识别建档立卡工作，打通专项扶贫到户通道。全场共评出贫困人口为 1307 人。为下轮扶贫的“工作到村、扶贫到户”的工作机制打下坚实的基础。农民减负工作得到加强，各项强农惠民政策得到有效落实，农民收入不断提高。2014 年一事一议奖补资金，退耕还林后续补助、生态公益林补助、种粮补贴等各种涉农资金都全部打卡发放到户，让老百姓切切实实得到实惠。稳步推进秋冬农业生产工作。以市场为导向，紧紧围绕提高农业综合生产能力、增加农民收入为目标，因地制宜，科学规划，突出重点，切实抓好秋冬农业生产各项任务。对种植户进行补贴的形式，引导村民开展秋冬农业生产，计划田家冲、龙塘各 50 亩油菜种植基地已全部完成种植任务。将冬修小水利工程纳入水利工程建设，争取项目资金，林场对冬修完成好的项目另行补贴。珍贵树种造林工作完成打大穴任务，苗木调运工作已报财政审批。保持生物多样性为目的，积极开展森林抚育，2014 年共完成森林抚育 2000 亩。挂榜山小学 2014 年秋季已全面开学，解决贫困学生上学难的问题。学校共有学生 28 人，实行全寄宿制，所有学生的学费、杂费、伙食费、校服等一切全免，全部由林场支助。

【资源保护】 2014 年，采取对保护区实行分区管理，开展栖息地保护、限额采伐、执法监管和生态湿地恢复及保护工作。完成森林抚育2000亩，珍贵树种造林300亩。

【森林防火】 2014年，林场始终将抓好森林防火工作作为改善民生福祉的需要来抓。加强护林防火工作的具体领导，坚持“责任状制度”，推行“谁主管谁负责”“纵向到底横向到边”的制度。成立森林防火工作领导小组和5个专业化扑火队，由林场统一定期进行培训、演练并安排专门的工作经费。加强护林防火宣传工作，全年共制作永久性护林防火牌碑16处，张贴、书写安全标语300多条，出动宣传车7台次，每月专门召开一次护林员会议，学习森林防火、安全生产等知识。加大查处消灭隐患，全年多次突击检查各工区、各村的安全情况，发现隐患，立即勒令整改。全年无一起大小安全事故和火灾报警现象。

【基础设施】 2014年，共完成硬化公路近4公里，完成白鹤观到云仙观工区林道的拓宽，机关美化亮化有新特色，篮球场、羽毛球场配套设施不断完善，机关电网增容，宽带光纤升级解决机关用电、上网难的问题，丰富了部职工的文化生活，激发干部群众的工作热情和信心。

（旷一明）

畜　牧　场

【概况】 祁阳县畜牧场，又名祁阳县十里坪农场，离祁阳县城20公里，始建于1951年，属于县政府管理的正科级差额拨款事业单位（国有农场）。祁阳县十里坪农场是祁阳县瘦肉型生猪生产基地（1995年被祁阳县人民政府命名为祁阳县10万头瘦肉型生猪生产基地），又是湖南省良种猪种苗繁育基地，全场辖4个工区，328户，1208人，有国家干部23人（在职16人，退休7人），农工277人（在职198人，退休79人），有土地面积1530亩，其中稻田面积100亩，水果占地面积500亩，猪场占地面积635亩。场部机关下设“四股一室一场一站”，即畜牧股、园艺股、政工股、计财股、办公室、种猪场、水电站。全场职工群众主要从事生猪养殖业，兼带水果（主要是柑桔、葡萄）种植业。

【产业发展】 大力推进农场主导产业生猪产业发展。因势利导组织开展生猪品改，开展春秋两季动物防疫工作，提高生产率，降低生产成本，减少亏损，并组织各养殖户开展生猪保险工作，以提高抗市场风险能力，为迎接生猪市场新的机遇又一次来临，蓄势待发，做好准备。2014年，生猪饲养量达10万头，出栏7万头，向社会供种3000多头，常年存栏300头以上的有46户。积极推进农场种殖业的发展，主推葡萄和脐橙产业发展提质。2014年葡萄产量达60万公斤，柑桔产量达50万公斤。全场社会生产总值达1.4亿元，人均收入6800万元，比2013年增长6%。

【民生事业】 公路建设。年初，场筹措资金60多万元，将全场的主要公路干线1.8公里进行硬化，建混凝土成宽4.5米的高标准水泥路面，彻底改变“晴天一身灰，雨天一身泥”的破烂不堪的出行状况。危房改造。2011年度农场得到农垦危房改造指标124户，在县委、政府的高度重视下，按照“两统一、一分开”的原则，于2013年5月在县城城边的万和硅厂，异地统一兴建，到2014年年底主体工程大多封顶。环境整治。场部为响应县委、县政府“创国家级文明卫生县”的统一行动，场部成立专门班子，组建专门队伍，长期雇请2位保洁员，对全场的主干道及公用场所进行清扫保洁，并在各工区居民集中区兴建垃圾池共计17口，永久性宣传牌20块。同时针对全场病死猪处理难的这一突出社会问题，投入资金8万余元，兴建100立方米三面防渗的水害化病死猪处理窖一口，场部与县畜牧主管部门协商，争取县政府的高度重视，拟筹资100多万元计划兴建日处理量为2吨的病死猪无害化处理中心，将极大地改善全场的养殖及人居环境。绿化美化。在全场沿公路两边种植绿化树苗2000棵，以绿化美化环境。

【社会管理】 积极开展机关干部与贫困职工“一对一帮扶活动”。化解社会矛盾，维护社会稳定。生猪养殖是农场的主导产业，全场80%以上的收入来源于生猪养殖，全场常年存栏300头以上的规模养殖户46户。由于生猪市场行情低迷，养殖户亏本经营，农场规模养殖户就县畜牧局部分重复收取产地检疫的行为于4月份多次抱团到县赴省上访。县政府及主管部门多方协调，场里主要领导出面仔细地做化解工作，将上访事态逐渐平息。

【作风建设】 场总支组织全场党员干部深入开展党的群众路线教育实践活动，结合农场的工作，健全各项规章制度，完善并制订出台一整套规章制度，如《财务管理制度》《机关上下班制度》《学习制度》《干部联系工区制度》《机关工作人员目标管理责任制》《动物防疫制度》《国土管理制度》《档案管理制度》《党风廉洁责任制》等10多项制度，做到了用制度管人办事，加强了干部的作风建设，提升了机关工作人员的执行力。

（邓超）

金洞管理区

【概况】 金洞管理区位于湘江支流白水河上游，与七县区交界，与金洞林场实行“两块牌子，一套人马”管理。金洞林场始建于1954年，是全国四大示范林场和全国国有林场十大标兵单位，也是全国科技兴林示范林场。1984年，实行“以场管乡、场乡联营”的管理体制。2004年，向省市申报建立管理区。2006年5月，省委、省政府批准设立金洞管理区，行政级别为正县级，全面负责管理区域内的经济社会事务。管理区辖七乡一镇73个行政村，林场辖6个分场2个工区。全区总面积635平方公里，有人口6.8万人（瑶族人口3000多人），有干部职工2900多人；有山林面积76万亩，森林覆盖率达88.5%，森林蓄积量为280万立方米，珍贵树种培育成绩突出，是中国楠木之乡；空气清新，环境秀美，空气中负离子含量达1.1万个/立方厘米，金洞漂流、睿击射击俱乐部等旅游品牌驰名省内外。2014年，全区完成地方生产总值9.08亿元，同比增长10.5%；完成地方财政收入2504万元，同比增长15%；完成社会固定资产投资12.11亿元，同比增长26.4%；实现规模工业增加值9536万元，同比增长11%；社会消费品零售总额完成3.55亿元，同比增长14.9%；城镇居民人均可支配收入达到25370元，同比增长10.5%；农民人均纯收入达到7023元，同比增长13%；全面小康实现率达到72.9%。

【产业建设全面加速】 2014年，金洞管理区完成新造林2.55万亩；以旅游和交通主干道为重点开展通道绿化，种植楠木等珍贵阔叶树3万余株，面积1000余亩；完成中幼林抚育面积10万亩次。进一步推进国家木材战略储备基地和国家珍贵树种基地建设，完成楠木、红豆杉等珍贵树种培植4000亩，国家林业局授予金洞管理区“国家珍贵树种培育示范县”“国家储备林示范林场”“中国楠木之乡”等荣誉称号。农业产业化程度逐步扩大，狠抓“抑单扩双”和制止耕地抛荒工作，全区粮食播种总面积达到5.88万亩，总产量达2.63万吨。林区花卉苗木、茶叶等基地建设继续扩大，花卉苗木基地面积达到3000亩，楠竹综合开发基地近6000亩，凤凰乡新增特色茶花基地300亩。特色养殖专业户发展到50余家，石鼓源乡“楚旺农牧”养殖基地新建现代化猪舍1万平方米。旅游业巩固发展，以金洞漂流为主导的旅游业蓬勃发展，森林公园中心景区建设紧锣密鼓进行，以白果市红军烈士陵园为主体的红色旅游开始起步，各项新老生态旅游项目健康发展，金洞生态旅游年接待游客量6.5万人次，带动相关产业增收6000余万元。

【基础条件显著改善】 2014年，金洞至牛头山二级公路段路基工程、桥梁主体工程基本完成。新改建和扩宽农村公路54公里，实现行政村通水泥路，通畅率均达到100%。完成安保工程20公里，建成农村客运招呼站10个，完成渡改桥续建工程2座，新改建渡口1个。完成“五小”水利设施93处，解决6988人农村人口饮水不安全问题，中小河流治理项目完成建设任务的92%。做好农田土地开发工作，储备土地面积375亩。着力推进保障性安居工程建设，开工新建1.2万平方米公租房，主体工程建设基本完成。改造农村危房400户985间，建筑面积24625平方米。推进新农村建设，小金洞乡江口村被评为省级新农村建设示范村。成功举办金洞林场建场60周年纪念活动，进一步提升金洞的知名度和影响力。以建场60周年庆典活动为契机，在城区广泛开展绿化、亮化、美化工程，创建文明卫生城区，城区基础设施得到加强，面貌焕然一新。

【改革开放不断深入】 2014年，金洞管理区农村产权制度改革取得新进展，建立农村土地流转服务中心，健全农村土地承包经营纠纷仲裁体系，农村土地承包经营权确权登记颁证工作全面铺开。开展城乡网格化管理建设工作，科学划分网格，建立健全乡镇网格管理机构，信息采集全面完成。深化行政体制改革，科学合理地制定机构改革方案。启动工商登记“先证后照”“三证合一”改革。招商引资力度进一步得到加强，接待客商29批80余人次，新洽谈项目8个，新批内资项目5个，确定拟签约项目1个，总投资5000万元；利用参加“中博会”“沪洽周”等经济交流活动，与多家企业就金洞林区风能发电、生态文化旅游、林业循环经济等项目谈成意向。

【民本民生保障有力】 2014年，金洞管理区落实各种惠民政策，养老保险、医疗保险等各种社会保险都按照新标准全面落实到位，城乡低保基本实现应保尽保。教育基础设施投入加大，教育质量稳步提高。新农合保障制度得到巩固，全区参合率为99.8%。基本药物制度覆盖面持续扩大，基本药物实行零利率销售，食品药品监管力度进一步提升。做好就业和再就业工作，完成城镇新增就业700人，新增农村劳动力转移就业2048人。加大扶贫开发力度，争取并落实国家级扶贫指标20206人和24个贫困村，贫困户识别和建档立卡工作顺利完成。计划生育工作成效明显，人口自然增长率控制在5.76‰以内，“单独两孩”政策全面实施。乡镇文化站免费开放，农家书屋实现全覆盖。确保各种信访敏感期和特别防护期无重特大群体访、越级访事件发生。高度重视安全生产工作，狠抓安全措施落实，全年未发生生产安全事故。加强社会治安综合治理，群众安全感和满意度不断提升，始终保持平安稳定的和谐局面。

【干部执行力得到加强】 2014年，金洞管理区围绕群众最满意、最不满意和最期待的“三件事”进行社会调查，召开座谈会，着力解决群众反映强烈的突出问题，取得很好成效。区党委、管委会班子成员主动认领群众最关心的热点难点问题，城区居民饮水、城乡环境卫生整治、河道综合整治、清收不良欠款等事关职工群众切身利益的问题得到迅速有效解决，广大党员和职工群众的满意度大大提高。以改作风的实际成效提升干部队伍执行力，整治干部队伍的“四风”顽症。强化党的核心作用和党委权威，强化党员干部的模范带头作用和遵章守纪、从严要求的责任和意识。开展“讲规矩、树正气、重教育、严奖惩”主题教育活动，坚持从制度建设入手，规范行为，改进作风。狠抓基层党建和党风廉政建设工作，基层党组织进一步夯实，党员干部的责任意识、廉洁从政意识明显提高。

（李露青）

领导名录

（截至2014年12月31日）

区级领导

党委书记　王小波

党委副书记
管委会主任　邓扬中

党委副书记	郑增敢
党委委员 管委会常务副主任	肖铁山
党委委员 管委会副主任	夏铁桥 邓彪 黄守成
党委委员 纪委书记 工会主席	陈四春
党委委员	何锋
管委会副主任 公安分局局长	沈林
副调研员	李映苏 李春祥 肖申华 周旺生
副处级干部	邓腊生 孙国庆 汪桂林 蒋琼
管委会主任助理 党政办主任	奉付成

区（场）直单位主要负责人

纪委副书记 监察局局长	奉青林
党委工作部部长	邓秋实
发改委主任	陈金日
人事劳动和社会保障局局长	奉新国
财政局局长	周国平
党委宣传部部长	陈建军
工会副主席	唐一林
交通局局长	赵子勇
国土资源局局长	邓开国
农村工作局局长	周光卓
城建规划房产局局长	江桂生
社会事业发展局局长	邹广贤
社会保障与救助服务中心主任	陈建国
经贸局局长	邱响明
林业局局长	唐爱民
民政局局长	赵兴国（瑶族）
政法委书记 司法局局长	周旺生
计生委主任	奉晓梅（女）
卫生局局长	蒋琳（女）
教育局局长	张福生
水利局局长	赵立新
旅游局局长	黎树林
审计局局长	袁波
林业检察科科长	李传发
金洞人民法庭庭长	蒋鹏飞
计财科科长	袁小燕（女）
林业生产科科长	唐金林
经营管理科科长	周爱民
森林保护与开发利用服务中心主任	雷乾军

乡镇党政主要负责人

金洞镇	党委书记	段建华
	镇长	奉荣华
小金洞乡	党委书记	汪桂林
	乡长	周君荣
晒北滩瑶族乡	党委书记	邓文辉
	乡长	赵开军
上司源乡	党委书记	刘保国
	乡长	谭龙峰
石鼓源乡	党委书记	孙国庆
	乡长	李宁信
凤凰乡	党委书记	张治国
	乡长	刘能华
白果市乡	党委书记	徐天柱
	乡长	刘金红
万宝山乡	党委书记	杨茜
	乡长	邓子发

金洞管理区各乡镇

金洞镇

【概况】 金洞镇位于金洞管理区的北部，祁阳县境东南部。辖区内总面积66平方公里，山林面积96367.5亩，耕地面积1896亩。下辖11个村、58个村（居）民小组。辖区内有1个国有分场和十多个县属单位。

境内地势西南高、东北低。地形以山地为主。土壤总面积105895亩，植被总面积90501亩，全镇属中亚热带东南季风湿润气候区，年平均气候18℃，最高气温39.5℃，最低气温-2℃，年降雨量1600~

1900毫米，年蒸发量1200毫米。

2014年，全镇总人口10172人。人口密度每平方公里154人。辖区内有少量少数民族居住，其中瑶族19人、傣族5人、土家族3人。全镇国民生产总值1.95亿元，比上年增长13.5%，工农业生产总值1.25亿元，比上年增长13%，农业总产值5715万元，比上年增长13%。农民人平纯收入8460元，比上年增长11%。个体工商户273户，从业人员819人，餐饮服务31户，从业人员169人，实现服务业收入1200万元。转移输出劳动力人数1431人，创收5724万元，比上年增长12%

2014年，镇本级财政总收入91万元，比上年增长2%；境内金融机构各类存款余额4.51亿元，比上年增5669万元，增长12.57%；各项贷款余额3600万元，比上年增800万元，增长2.2%。

【农业】 全镇农业人口7013人，占总人口的69%；耕地面积1896亩，人均0.27亩。2014年，粮食总产量1988.8吨，人均283.6公斤，全镇规模养猪场5个，年出栏牲猪3680头，土鸡养殖场4个，年出售土鸡2万羽，黑山羊养殖场3个，可利用山草资源10万余亩，能繁母羊1000多只，年出栏山羊5000多只，年实现利润95万元左右；利用元头冲小一型水库1座、山塘150亩养鱼，年实现渔业收入45万元。

【林业】 全镇林地总面积96367.5亩，杉木造林1341亩，森林覆盖率93.1%，活立木蓄积量31.6万立方米，杉木材销售10767立方米，实现净收入839.826万元。全镇有木材加工厂11家，从业人员102人，年加工木材1万余立方米，实现年产值540万元。

【水利】 2014年建自来水厂1座，铺设水管13公里，日供水能力6000立方米，自来水用户2000多户。兴修库容10万立方米以下的水库2座，山塘28口，防渗渠道32.3公里，小电灌站11处。

【基础设施】 2014年，全镇新建改造住房1278户，兴修村级道路34.1公里。投资350万元修建祁阳至新田二级公路二跨白水（凤凰）大桥，投资570万元修建三跨白水（银子源）大桥。投资153万元建化粪池600个，投资147万元，架设饮水管100万米，投资350万元修建凤凰大桥，将河东城区与河西开发区联成一体。已建成移动、联通信号发射塔6座，实现网络信息全覆盖。

【文化教育卫生】 2014年，全镇共有教职员工95人，在校学生1448人。投资8万元，将中心小学球场建成高标准塑胶篮球场，并为村配套体育器材。共有医技人员39人，后勤管理人员19人，医疗设备齐全，年诊疗13194人，年收入180万元，治愈率85%，新型农村合作医疗参加率100%。

【社会保障】 2014年，全镇参保人数3548人，共缴保费36.1万元，参保率91%。实现再就业人数450人，再就业增加率为15%。享受城市低保66户，94人，年发放城市低保金额28.8684万元。享受农村低保待遇的315户，932人，年发放低保金额12.5万元。享受大病救助21人，年发放救助金额5.04万元，年人平2400元。农村五保户48人，住进养老院的28人，年人平5148元；分散在各村的20人，年人平2900元。抚养孤儿6个，抚养金额1.44万元，年人平4500元。军人优抚对象41人，发放金额7.8万元。临时救助371户，发放救助资金12.3万元。

小金洞乡

【概况】 小金洞乡位于祁阳县东南部，东与上司源乡农胜村毗邻，南与常宁市小岐源村、晒北滩瑶族乡的晒北滩村交界，西与万宝山乡的油榨铺村相连，北与万宝山乡的下司口村接壤，距祁阳县城65公里。辖区面积93338亩，山林面积82305亩，耕地面积1388亩，下辖10个行政村，62个村民小组。与国营金洞林场小金洞分场合署办公，并设有江口、桐车湾、小姑石3个林业工作组。

境内地势东高西低，地形以山地为主，地面高程海拔200~938.4米，境内亚热带季风湿润气候明显，一年四季分明，春夏多雨，深秋凉爽，冬季多雪雨冰冻，年平均气温17.8℃；最高气温39.5℃，最低气温-7.8℃。

境内森林资源丰富，是金洞盛产香杉之乡，每年为国家提供商品木材2万立方米。矿产资源丰富，有锡、钨、铜、铁、金、锰等多种矿藏，特别是锡矿蕴藏量达2.6万吨，品位达67度。

境内水资源丰富，有两条主干河—黄司河和金晒河，年平均流量为30立方米/秒，现有大小水电站8个，总装机容量74220千瓦，年发电量29634万千瓦/时，年产值10668万元。

2014年，辖区总人口1615户，6352人，人口出生率11.15‰，死亡率5.02‰，人口自然增长率6.13‰。辖区为汉族聚居地，98.8%是汉族，1.2%是婚入或搬迁户少数民族。少数民族主要有瑶族、苗族、傣族、佤族，侗族、壮族等。

2014年全乡国民生产总值1.9亿元，农民年人平纯收入7582元。乡财政总收入512.36万元，职工平均月工资收入2908元。每年接待各类游客5万余人次，为当地增加收入1000万元以上。

【农业】 全乡农业人口6104人，占总人数的96%；耕地面积1388亩，人均0.218亩；2014年农业总产值2760万元。现有大竹源百合基地200亩、大同罗汉果基地120亩、白沙凼油菜基地80亩、江口板栗基地150亩、东安方竹笋基地80亩、土坳方竹笋基地100亩、各类育苗基地120余亩、年出栏200头以上的生猪养殖场3个、年出栏200头以上的黑山羊养殖场2个、土鸡养殖场3个、竹根鼠养殖5户、豪猪养殖场1个、异蛇养殖场1个、石蛙养殖场1个、清水养鱼山塘3口、养蜂120余箱。

【林业】 全乡林地总面积82305亩，森林覆盖率为81.93%，活立木蓄积量达342500立方米。树种以杉树为主，另有江口电话皂楠木种植基地100亩；牛头山检金坳楠木基地132亩；大竹源三丘田多种楠木混交基地44亩、上铁路源楠木基地54亩；白沙凼网形山木荷、楠木混交基地281亩。境内有多种古树名木，170年至500年的楠木树3棵、其他110年以上的古树名木数十株。

【村镇建设】 2014年，耗资1300万元在牛头山新修了2座高架大桥，修建了5处客运招呼站。全乡10个村都新建了村级阵地活动中心，内设村干部办公室、会议室、图书室、卫生室、党建阵地、计生阵地等。

【教育文化卫生】 2014年，全乡有中学1所、中心小学1所、村小学8所、中心幼儿园1所。小金洞中学有学生220人，教职员工18人。中心小学有学生378人，教职员工21人。中心幼儿园现有幼儿160人，教职员工10人。全乡除江口和东安两个村外，其余8个村都设有村小学。全乡设有中心文化广播站1个，村广播室10个，电影队1个，村级文化活动中心10个，图书室10个，各类图书共计5万余册。全乡推行新型合作医疗覆盖率为100%，农民参合率为100%。乡卫生院是金洞管理区下辖的大型中心卫生院，现有医务人员10人，病床20张。

【社会保障】 2014年，全乡人均住房面积62平方米；城镇最低生活保障26户，28人；农村最低生活保障263户，

415人；农村五保户集中供养22人；农村五保户分散供养21人；农村医疗救助30人次，民政部门资助参加合作医疗56人；国家抚恤补助各类优抚对象13人；敬老院1家，床位30张，收养农村五保老人22人；参加新型农村养老保险2065人，参保率95%。2014年大同村筹资35万元建立了全区第一个村级“幸福之家”，安排全村7个孤寡老人集中居住。

晒北滩瑶族乡

【概况】 晒北滩瑶族乡属南岭山脉，地处阳明山东段、永州市祁阳县境东南陲，东连衡阳市常宁市塔山瑶族乡、郴州市桂阳县杨柳瑶族乡；南接新田县门楼下瑶族乡；西临宁远县荒塘瑶族乡；北靠金洞管理区小金洞乡，距金洞管理区35公里，祁阳县城91公里。辖区总面积155平方公里，有山林面积20万亩，耕地面积4610亩，辖11个行政村，55个村民小组。

境内地势中间低四周高。地形以高山为主。境内最高峰大源头岐位于小茗洞、高笋塘、野株源三个村的交汇处，海拔1069米，最低点晒北滩村海拔305米。

全境属亚热带季风湿润气候，四季分明。年均气温18.3度。晒北滩瑶族乡资源丰富，盛产香杉、中草药材，其中尤以香杉因其红心质硬芳香而享有“皇帝女儿不愁嫁”之美誉，更有红豆杉、银杏、穿山甲、中华竹鼠、獐、麂、兔、鹿等丰富的珍贵野生动植物资源；土地富含铁、锡等矿物质元素；花岗岩石材储蓄量大，尤以“银晶灰麻”居多。境内还蕴藏着巨大的水能资源，母亲河湘江一级支流白水河似白色玉带与青山绿水缠绵穿境而过，山涧溪流随处可见。

全乡总人口6802人，其中瑶族人口3015人，占总人口的44.3%，共有9个瑶族聚居组，从外嫁入的有苗族、藏族、土家族等少数民族。人口出生率为9‰，死亡率5.6‰，人口自然增长率，3.4‰，人口密度为44人/平方公里。

2014年年底，全乡国内生产总值达到8510万元，农业总产值3422万元，年递增8%；乡财政收入达到354万元，同比增长8%；农民人平纯收入达到5877元。

【农业】 全乡农业人口6310人，占总人口92.8%；耕地面积4610亩，人均0.73亩。2014年，粮食作物总产量1569吨，人均248.7公斤，其中稻谷506吨，玉米241吨，薯类696吨，其他农作物126吨。养殖业主要有牲猪、山羊、竹鼠；主要种植药材有罗汉果、黄柏、杜仲等。

【林业】 2014年共有林地面积197701.5亩，约占金洞管理区总面积的1/4，人平14.9亩，森林覆盖率94.8%。全乡共炼山整地造林6872亩，幼林抚育13744亩次。销售木材27616平方米，木材销售净收入2071.2万元，创办木材加工厂的有14户，从业人员78人，年加工木材10000余平方米，年产值达300余万元。从事营林抚育、森工生产人员达300余人，年收入达700余万元。

【旅游业】 晒北滩瑶族乡是资源丰富的“绿色宝库”，空气清新的“天然氧吧”，避暑养生的“休闲胜地”。金洞漂流全长12.1公里，落差76.4米，共有河湾28个，险滩16个，碧潭11个。河湾处九曲回肠，别有洞天；河滩上水流湍急，浪花飞舞；深潭处，碧水悠悠，游鱼如织，倒影如画；两岸地势险峻，各类林木花草或郁郁葱葱、风景秀丽，吸引着不少游客。晒北滩瑶族乡正在着力打造旅游乡镇，并申报国家级湿地公园，已通过省级评审。

【教育文化卫生】 2014年年底，学校共有教职员工19人，学生140人。全乡有村小教学点5个，幼儿园4所，教师及幼儿教师11人，学生39人。适龄儿童入学率达100%。全乡10个村建立了村级文化活动中心、广播室及农家书屋，各类书籍上万册。乡机关新建休闲场所、文化广场1550平方米。逐年发放村村通卫星直播设备700余套。全乡共有卫生院1所，医务人员4名，村医疗卫生室4个，全乡农村合作医疗参合率达100%，

【社会保障】 2014年，共发放农机综合补贴和种粮直补政策性资金168816元，一事一议财政奖补资金约30万元，退耕还林补贴86.2万余元。落实城市低保待遇15人，月发放保障金3960元；落实农村低保待遇1021人，月发保障金117415元；落实农村五保待遇21人，2640元/年/人的保障金按季发放。对27名优抚对象发放生活补贴金55702元。农村危旧房改造47户，发放补助资金35万元以上。农村五保户在新农合定点医疗机构住院基本费用实行了全免。全乡新农村社会养老保险参保率达93.2%，其中60岁以上已领取社会养老金的有760人。

上司源乡

【概况】 上司源乡位于祁阳县东南部，距祁阳县城88公里，东与常宁市洋泉镇交界，南与祁阳县小金洞乡相邻，西与万宝山乡、金洞镇接壤，北与八宝镇、石鼓源乡毗邻。全乡总面积51平方公里，下辖7个村民委员会，68个村民小组。

域内地势略为西高东低，南高北低，属阳明山脉。地形以山地为主，是典型的山区地势。境内亚热带季风湿润气候明显，气温分布趋势为北高南低，暖湿多雨，平均气温在16℃至18℃之间。

全乡总人口6028人。人口出生率9.8‰，死亡率5.5‰，人口自然增长率4.3‰。人口密度为每平方公里118人。人口中民族主要以汉族为主，人口达6022人，占99.9%；仅有瑶族、侗族、壮族、白族、仡佬族等5个少数民族。

【农业】 全乡农业人口5578人，占总人口的92.5%，耕地面积2069亩，人均只有0.37亩。2014年，实现农业总产值1784万元，粮食总产量2004.6吨，人均332.5公斤。全乡养殖生猪2782头。投资200万元，兴办香猪养殖场1个，饲养香猪437头；投资100万元，兴办大鲵（娃娃鱼）养殖场1个，养殖大鲵（娃娃鱼）1200余尾。豪猪养殖发展到320头；黑山羊养殖场发展到7个，养殖黑山羊1360头。

【林业】 全乡山林面积7万亩，人均6亩。实施退耕还林410.7亩，天然林保护工程2.03万亩。境内有珍贵楠木树600株。2014年，森林覆盖率91.4%，活立木蓄积量26.3万立方米，毛竹面积2000亩。采伐木材4500立方米，实现销售收400万元。新造林1272亩，新建造林示范点1个。有50年以上珍贵楠木林群（100株以上）1处，幼林抚育1万亩次，实现林业收入220万元（其中采伐陆运工资100万）。

【工业】 2014年，全年完成国民生产总值7000万元，完成社会固定资产投资3000万元，消费品零售总额完成2000万元，实现财税总收入642万元，城镇居民可支配收入达到4万元，农民人均纯收入实现5200元。

【基础设施】 2014年，全乡村级公路实现水泥路面硬化，7个行政村，68个村民小组全部公路畅通，公路总里程达90公里。3条乡级主干公路总里程达110公里。全乡有县级班车2台，有客运招呼站7个，货运车辆7台，全年实现运输收入120万元。

全乡有邮政代办所1所，电信企业1家，固定电话用户224户。移动基站3个，联通基站3个，移动电话用户3576户。互联网用户136户。有卫星电视村村通用户1400户。电视入户率83.8%。

全乡共建蓄水池9个，安

装饮水管5万米。全年投入60万元对10个组进行改造提质。

【文化体育】 全乡共有文化广播电视站1个，村级文化活动室7个，各类图书室9个，藏书10余万册。学校综合体育场1个，村级体育篮球场5个。其中鸭婆凼村东冲组村民自筹资金15万元修建了灯光篮球场。2014年年末，教育经费支出占财政预算内总支出的4.5%。有在校学生320人。小学专人教师26人，小学适龄儿童入学率100%。在园幼儿66人，专任教师6人。教育经费支出占财政预算内总支出的4.5%。全乡7个行政村活动中心全部建成，总投资300万元，总面积3618平方米。

【医疗卫生】 2014年，投入20万元对上司源乡政府中心卫生院进行项目改造和整体靓化。至2014年年底，有乡级卫生医疗机构1个，乡卫生院1所，村卫生室5个，病床6张，有专业卫生人员9人，其中执业医师1人，执业助理医师2人。医疗机构完成诊疗4500人次，新型农村合作医疗参合人数5711人，参合率100%。

【社会保障】 2014年，全乡干部职工年平均工资3.5万元，农民人均纯收入5200元，人均住房面积50平方米。城镇最低生活保障户数9户，人数9人，支出2.96万元。农村最低生活保障户数268户，人数494人，支出68.2万元，同比增长18%，月人均115元。农村五保集中供养4人，支出3万元，同比增长10%。农村五保分散供养37人，支出10万元，同比增长10%。农村医疗救助50人次，民政部门资助参加合作医疗100人次，支出2万元。国家抚恤、补助多重优抚对象42人，抚恤事业费支出15.6万元，同比增长18%。有敬老院1家，床位6张，收养农村五保老人4人。完成农村危旧房改造项目41户。参加新型农村养老保险1994人，参保率82.4%。2014年，全乡向广东、深圳、上海、长沙等发达地区转移劳动力1429人，创收4287万元，占全乡总收入的61.2%。

石鼓源乡

【概况】 石鼓源乡位于祁阳县东南部，东与常宁县官岭镇相邻，南与上司源乡毗邻，西与八宝镇接壤，北与进宝塘镇交界。距祁阳县城57公里。辖区总面积26.5平方公里，土地面积32422亩，辖11个行政村，全乡118个村民小组。

境内地势南高北低，地形以丘陵山地为主，属中亚热带大陆性季风湿润气候区，年平均气温18摄氏度，最高气温40摄氏度，最低气温-8.4摄氏度。

全乡3070户，总人口11435人，其中农业人口11325人。人口出生率11.04‰，死亡率7.83‰，人口自然增长率3.21‰。人口密度为每平方公里413人，汉族占全乡总人口的98.5%。

2014年年末，全年完成地方生产总值2.19亿元，同比增长11%；乡财政实现收入375万元，同比增长12%；农民人均纯收入实现7680元。

【农业】 2014年，全乡实现农业总产值5630万元。种植水稻14925亩，总产量6477吨。其中早稻7422亩，产量3065吨；一季稻49亩，产量23吨；晚稻7454亩，产量3377吨。饲养生猪16393头；黑山羊694；养殖田螺400亩；全乡出售家禽106988羽。

【工业】 全乡共有玩具、帽子、木材等生产加工企业12家，个体工商户185户，种养殖大户30余户，综合农贸市场1个。全乡规模较大的企业有永州楚旺农贸畜牧公司和永州浯溪百草堂中药材种植基地。

【林业】 全乡林地总面积2625公顷，共39375亩，其中有林地2201公顷，灌木林122公顷，蔬林地20公顷，未成林造林130公顷，采伐地造林及荒山改造林152公顷。全乡国有山林面积1412公顷，集体山林面积503公顷。国营造林748亩，集体造林1500亩，退耕还林2000亩，中幼林抚育1800亩次。全乡各种特色苗木花卉种植面积达500余亩。

【基础设施】 2014年，全乡村村通公路，乡、村两级公路总里程长95公里。邮政代办所1处，报纸、杂志年发行35种370份。设有电信、移动、联通业务代办点，固定电话用户56户，移动电话用户2500户，互联网用户130户。全乡村村通电，其中西岭坳村实施了农村电网改造，供用电水平大幅提高，有10个村电网改造正按计划实施。

【教育文化卫生】 2014年，全乡有幼儿园3所，中心幼儿园在园幼儿180人，教职工16人；中心小学1所，村级小学4所，中心小学校园面积42亩，在校学生531人，教职员工31人，小学适龄儿童入学率100%。文化广播电视站1个，村级文化活动中心11个，农家书屋11个，健身设施有58套，有中心小学体育场1个。卫生院1所，村卫生室11个，病床20张，专业卫生人员12名，其中执业医师4人，执业助理医师2人。医疗机构完成诊疗3000余人次。新型农村合作医疗参合人数10070人。

【社会保障】 2014年，城镇最低生活保障户数21人；农村最低生活保障人数608人；农村五保分散供养135人；农村医疗救助17人次。有敬老院1家，全乡参加新型农村养老保险4700人，参保率92%。

凤凰乡

【概况】 凤凰乡位于祁阳县南部，东与金洞镇紧邻，南与白果市乡接壤，西与大江林场交界，北与肖家村镇相连。总面积45平方千米。辖9个行政村，79个村民小组。

境内三面环山，南高北低，气候湿润，气温宜人，日照充足。乡内土壤以酸性褐土为主，富含硒元素，山石、沙地较少，水土流失情况极少。

2014年，全乡总人口9904人。乡内绝大多数居民为汉族，由于婚嫁，也有瑶、侗、回、白、土家等民族63人，占0.64%。

2014年，全乡财政总收入150万元，比上年增长12.8%；人均纯收入6125元，比上年增长10%；农村商业银行、邮政储蓄银行各类存款余额9758万元，比上年增长10.3%；各项贷款余额6857万元，比上年增长4.6%。

【农业】 2014年，全乡农业总产值6737万元，农业人口占总人口的98%，人均耕地面积0.66亩。粮食总产量6726吨，其中稻谷5881吨，玉米470吨，红薯180吨。生产茶油280吨，黄豆115吨，油菜210吨，花生120吨，芝麻9吨，蜜桔845吨，西瓜280吨，板栗7.5吨。养殖以牲猪为主，次为鸡鸭和少量的羊、蛙、蜜蜂，存栏牲猪5420头，鸡鸭2.5万只。水产以池塘、水库养草鱼为主，放养草鱼21万尾。2014年年末，全乡成立花卉、苗木、种养等各种合作社15家。

【林业】 2014年年末，全乡林地总面积6.9万亩，退耕还林1270亩，自然风景林2560亩，楠木1120亩，楠竹1820亩，森林覆盖率81%，活立木蓄积量23.8万立方米，林业总收入1225万元。

【乡镇企业】 2014年年末，乡内民营企业中有竹器、木器、糖果加工厂各2个，榨油厂、锯木厂各3个，流动碾米厂2个，总产值115万元。全乡有个体工商户138家，从业人员308人；餐饮服务行业16家，从业人员37人。商贸服务业总收入642万元，比上年增长12%。

【基础设施】 2014年，境内公路总里程88千米，大小货车77辆，家用轿车、面的112台，客运站1个，凤凰至祁阳的客运班车每天20趟，年客运量28万人次。全乡农村无线数字电视接收用户227户，卫星电视接收用户2172户，网络电视105户，电视入户率99%。用电总量586万千瓦时。建立村级“活动中心”8个，共完成农村危旧房改造390户，9村79组全部通公路，农电网改造全部完成，有4个村共安装了路灯15.7千米，计442盏。“一事一议”财政奖补项目解决农村基础设施34个。

【教育文化卫生】 2014年，有寄宿制、全封闭管理的乡中心小学1所，学生684人，专任教师33人，小学适龄儿童入学率100%。幼儿园4所，在园幼儿317人，幼儿教师、保育员16人。

文化站、业余篮球队各1个，鼓乐队3个，舞龙队1个；各类图书室11个，有藏书8.9万册。乡中心小学有综合体育场1个，体育设施、健身器材齐全。乡中心卫生院1所，村卫生室6个，病床21张，专业医卫人员17人，年完成预防接种2807人次，诊病治疗10450人次。全乡参加新型农村合作医疗9708人，参合率100%。

【生活保障】 2014年，全乡人均住房面积72平方米，农民人均纯收入5588元。农村最低生活保障户473户498人，月人均支出120元；农村五保户集体供养的17人，月人均支出600元；分散供养的43人，年人均支出2000元。国家抚恤、补助的各类优恤对象91人，年抚恤金23万元。乡内有敬老院1家，床位25张，集中供养老人21人。全乡参加新型农村养老保险的7613人，参保率99%。

白果市乡

【概况】 白果市乡地处阳明山中段，东与万宝山和晒北滩瑶族乡相连，南与宁远县荒塘瑶族乡交界，西与双牌县的阳明山林场和祁阳县的大江林场毗邻，北与本区的凤凰乡接壤，距祁阳县城75公里。总面积85平方公里，现辖8个村，58个村民小组，其中有7个瑶族村民小组。

境内地势总体呈南高北低，绝大部分为山地，地面高度一般在海拔750至920米之间，是祁阳和金洞范围内海拔最高之乡，团结村东北角的老君岩海拔1435米。境内属亚热带季节性湿润气候，气温低，春夏多雨，秋季炎热，冬季多雪多冰冻。野生动植物种类繁多，最有经济价值的产品是白果、茶叶和竹笋。

2014年，全乡总人口5120人，人口出生率8.9‰。死亡率7‰。人口密度平均每平方公里60.24人。国民生产总值7000多万元，财政总收入275万元，农民的年平均纯收入4480元。全乡发放贷款总额300万元，各类存款的总额已突破2100万元。

【农业】 2014年，全乡的粮食总产量2136.5吨，其中稻谷1246吨，玉米478吨，红薯395.5吨，粟谷、高粱、豆类17吨。

经济作物主要是生产黄豆、花生、油菜和药材。新种植215亩罗汉果。饲养生猪2470头，山羊210只，耕牛150头，马185匹，养殖竹根鼠577只，利用池塘和稻田放养，年产鲜鱼25.6吨。

【林业】 2014年，林地面积101191亩，退耕还林687亩，森林覆盖率79.13%。境内现有林业基地16处，全乡共造林2605亩，修山抚育10278亩，计划砍伐销售木材6600立方米，楠竹1万根，林业生产总值达568万元，境内活立木的蓄积量是199684立方米，全乡的绿化率已达到81.5%。

【基础设施】 2014年年底，白果市境内其余的村和组都已通公路，且路面全部硬化，总里程79公里。境内现有各种大小运输车辆97台，白果市至祁阳的客运班车每日往返4

趟，年客运量4万人次。互联网用户已增加到844户，入户率74.4%。全乡全部完成农网改造，境内100%的农户家中通电，改造加固的水坝和渠道已达10500米。

【村镇建设】 2014年，全乡新建和改建好住房的共有997户，占全乡总户数的87.9%，建房总面积近30万平方米，人均65平方米。兴建村活动中心6个，均为钢筋混凝泥土结构的二、三层楼房，总建筑面积1650平方米。

【教育·文化·卫生·社保】 2014年，全乡在校学生共315人，教职工25人。各村建好的活动中心内，均设有固定的“农家书屋”，其藏书分别都在万册以上，为广大阅读爱好者的广泛阅读提供了方便。

境内现有卫生院1所，村级卫生室4个，在职医务人员9人。新型农村合作医疗制度在全乡普遍推广，参合率达到98.8%。

2014年，全乡干部、教师、职工（包括退休人员）年平均工资32000元，人均住房50平方米。农村最低生活保障434户，人数752人，月人均困难补助115元。农村五保户分散供养32人，人均年生活养老照顾补助2400元，发放农村残疾人生活补贴41人，年人均补助600元。落实农村医疗救助53人次，民政部门资助参加农合人数85人。全乡劳务输出人数826人，创收2450万元，占全乡总收入的31.5%。

万宝山乡

【概况】 万宝山乡位于祁阳县东南部，西部、北部与金洞镇成孤立接壤，东北抵至上司源乡，东南与小金洞相连，南临白果市乡，距祁阳县城58公里，距永州市98公里，现辖6个建制村，41个村民小组，人口密度为每平方公里67人。

全乡总面积62平方公里，境内地势南高北底，地形以山地为主，属亚热带季风湿润气候，境内最高峰美子皂位于中棚村，最高海拔1112米

2014年，全乡总人口4186人（不包括电站），其中农业人口3812人，非农业人口374人，瑶族人口1188人，人口出生率5‰，死亡率3‰，人口自然增长率2‰。辖区内聚居着汉、瑶、壮、土家、佤、桐、苗7个民族，少数民族中以瑶族为主，共有1208人。

2014年，完成地方生产总值9000万元，同比增长19%；财政总收入312万元，同比增长35%；农民人平纯收入达到4500元，同比增长12%；完成固定资产投资7500万元，同比增长3.5%；社会消费零售总额2100万元，同比增长5.8%。境内居民总存款达2800万元，各项贷款余额为220万元。

【林业】 2014年，全乡造林2362亩，抚育4455亩。杉树采伐量为5000立方米，楠竹采伐量为3.5万根。森工劳务输出达120人，产值达100万元，春干笋、冬笋年产值达120万左右，楠竹销售收入达20万元，红茶3吨，中药材种植有中棚村80余亩黄柏基地。

【农业】 2014年，农业总产值875万元，农业人口3812人，耕地面积为970亩（其中稻田面积485亩）人均0.25亩。粮食总产量为526.5吨，其中稻谷307.5吨，红薯189.9吨。出栏生猪2000余头，产值达250万元；黑山羊500只，产值达65万元；冷水鱼5000尾，产值达26万元；土鸡2000只，产值达21万元。

【商贸旅游】 2014年，全乡共有厂矿企业7家，务工人员128人；个体工商户21户，从业人25人；餐饮服务行业5户，从业人员12人。新开发金洞漂流项目投资已达4500万元，年接待游客5万人/次，最高峰日游客量达2000余人，总营业额达年均350万元，国家森林公园、桐子山小河里瀑布群等景点接待户外群游客20

余次，共12000人。

【基础设施建设】 2014年，全乡5个村级公路全部硬化，通畅公路共71公里，通达公路11.4公里，35个村民小组通公路。县际班车1台，过境县际班车11台，客运招呼站4处，私家小车（面的车）89台，货运车两32台，实现运输收入170余万元。全乡有固定电话47户，有互联网用户58户，有移动、联通用户1750户。投资金近百万元完成农村危旧房改造项目120户，投资25万元完成秀美村庄建设项目两处。至2014年年底，共投入资金20万元用于改造各村的环境卫生建设。新建村活动中心3座，改造维修2座，共投入资金78万元。

【教育文化卫生】 2014年，全乡共有幼儿园1所，在园幼儿11人，幼师1人；村小2所，中心小学1所，在校学生178人，教师11人。全乡共有卫星电视广播地面接收器859个，村图书室6所，藏书10余万册，休闲广场2处，篮球运动场3个，乡篮球协会1个。卫生室2所，乡卫生院1所（在建），2014年全乡新型农村合作医疗参合率为95%。

【社会保障】 2014年，全乡干部职工年平均工资34200元，人均住房面积16平方米。城镇最低生活保障6人，支出25.5万元；农村最低生活保障778人，支出1120320元；农村五保供养27人，支出87480元；优抚对象9人，支出1.8万元。新型农村养老保险参保率80.2%。

人　物

县委书记、副书记、常委简介

魏湘江

魏湘江，男，湖南省衡阳县人，1961年12月出生。1986年12月加入中国共产党，1981年7月从零陵师范学校毕业后，被分配到零陵地区零陵县七里店乡中心小学任教。1982年7月任冷水滩耐火材料厂子弟学校教师。

1984年12月历任冷水滩耐火材料厂团委副书记、宣教科科长、办公室主任、科研所所长；1991年9月任冷水滩耐火材料厂副厂长；1993年3月任道县人民政府副县长；1995年12月任零陵地区木材总厂厂长、党委书记；1996年4月任永州市木材总厂厂长、党委书记；1999年12月任永州市经委副主任、党组副书记（其间，2002年9月至2004年6月在零陵学院法律专业函授班学习）；2004年12月任永州市国资委主任、党委副书记；2007年3月任中共冷水滩区委副书记、代区长；2007年11月任中共冷水滩区委副书记、区长；2008年11月任中共蓝山县委书记。

2014年1月，任中共祁阳县委书记。2015年11月任永州市政协副主席、祁阳县委书记。

周新辉

周新辉，男，湖南省东安县人，1968年8月出生。1989年10月参加工作，1992年6月加入中国共产党，中央党校函授学院经济管理专业毕业，研究生学历。

1993年7月从中南林学院大学毕业，被省委组织部选调到道县工作。1993年7月任道县仙子脚镇党委宣传委员；1994年8任道县县委组织部副科级组织员（其间，1995年10至1996年4月在省计委农林水计划处跟班学习）；1996年6月任道县梅花镇党委副书记、镇长；1997年5月任道县白芒铺乡党委书记；1998年1月任道县寿雁镇党委书记；2001年1月任道县县委办公室主任；2002年10月任中共道县县委常委、政法委书记；2006年6月任中共道县县委常委、政府党组副书记、常务副县长（其间，2003年9月至2006年7月中央党校研究生院经济管理专业学员）；2010年6月至2012年3月任中共道县县委副书记；2012年3月任永州市经济和信息化委员会党组书记、主任。

2014年1月，任中共祁阳县委副书记、县人民政府代县长。3月，选举为县人民政府县长。

宋振平

宋振平，男，湖南新田县人，1965年12月出生。1986年7月参加工作，1988年5月加入中国共产党，研究生文化。

1986年7月任新田县委党校理论教员；1988年5月任新田县委党史办秘书；1990年1月至1996年3月先后任新田县委组织部副科级组织员、干部科长、部务委员；1996年3月任新田县委办公室副主任（排第一、正科级）兼县委督查室主任；1997年3月任新田县大坪塘乡党委书记；1999年12月任新田县建委主任、党组书记；2002年5月，县建委改为规划建设局，任局长、党组书记；2002年8月任宁远县委常委、县委办主任；2006年6月任宁远县委常委、县纪委书记；2010年1月任双牌县委常委、县政府党组副书记、常务副县长；2011年6月任双牌县委副书记。

2014年9月，任中共祁阳县委副书记。

邓年生

邓年生，男，祁阳县大忠桥镇，1956年12月出生，中央党校本科学历，中共党员。

1984年3月任祁阳县祝兴乡司法员、秘书；1987年2月任祁阳县祝兴乡乡长；1989年7月任祁阳县上马乡乡党委书记（其间，1989年9月至1992年6月，在湖南省委党校函授学院行政管理专业大专班学习）；1992年10月任祁阳县大忠桥区委副书记、区长；1994年12月任祁阳县潘家埠区委书记；1995年6月任祁阳县潘市镇工委书记；1995年9月任祁阳县潘市镇党委书记（其间，1993年8月至1995年12月，在中央党校函授学院党政管理专业本科班学习）；1998年3月任祁阳县国土局局长；2002年2月任祁阳县交通局局长；2002年10月任祁阳县人民政府副县长；2006年6月任中共祁阳县委常委、县委统战部部长；2011年6月任中共祁阳县委常委、县委统战部部长、副县长。2012年9月，任中共祁阳县委常委、县委宣传部部长。

庾庐山

庾庐山，男，1970年6月生，研究生学历，硕士，中共党员。

1993年9月在南京林业大学生态学专业读研究生。1996年8月毕业后，被分配在永州市林业局营林站工作，科员。1998年1月任永州市委办公室科员；1999年6年任永州市委办公室综合调研室副主任科员；2001年4月任永州市委办公室综合调研室副主任；2002年4月任永州市委办公室综合调研室主任科员；2003年9月任东安县人民政府副县长；2006年6月任东安县委常委、副县长；2011年6月任东安县委常委、副县长、统战部部长。

2012年5月，任祁阳县委常委、纪委书记。

黄赞校

黄赞校，男，湖南省东安县人，1969年2月出生，1990年湘潭大学毕业，2015年6月省委党校经济管理专业在职研究生毕业。1990年7月参加工作，1994年8月加入中国共产党。

1990年7月毕业被分配在永州市统计局工作；1993年6月任市统计局电子计算站副站长（副科）；1997年7月任市统计局农调队队长兼投资科科长；2002年9月任市统计局综合科科长；2007年12月任永州市统计局总统计师（副处）；2009年8月任市政府常务会秘书；2012年3月任新田县委常委、纪委书记。2015年4月，任祁阳县委常委、常务副县长。

唐恒杰

唐恒杰，男，祁阳县白水镇人，1963年4月出生，1979年9月在湖南三师学习；1981年8月至1991年1月先后任祁阳县木梓圩中学教师、团支部书记、白水镇中学教导主任、木梓圩中学校长；1991年9月至1993年7月在湖南省委党校理论班学习；1993年12月任祁阳县公安局科员；1996年7月任中共祁阳县委组织部科员；1998年5月中共祁阳县委政研室主任（副科级）；1999年10月任中共祁阳县委办公室副主任；2002年2月任中共祁阳县委直属机关党委书记；2002年4月任中共祁阳县委组织部副部长、县直属机关党委书记；2003年3月任中共祁阳县委组织部副部长；2008年1月任祁阳县人民政府办公室主任；2009年10月任祁阳县副处级干部，县政府办公室主任；2010年7月任祁阳县人民政府副县长、县政府办主任；2010年9月任祁阳县人民政府副县长。2011年6月，任中共祁阳县委常委、政法委书记。

邓晓阳

邓晓阳，男，祁阳县人，1962年11月出生。大学文化，中共党员。

1982年8月毕业于衡阳财校，被分配到祁阳县木材公司任会计；1985年1月调至祁阳县审计局工作；1992年9月任中共祁阳县委办公室秘书；1995年1月任祁阳县观音滩区副区长，6月任祁阳县茅竹镇党工委副书记，9月任祁阳县茅竹镇党委副书记；1999年10月任祁阳县茅竹镇党委副书记、镇长候选人；2000年3月任祁阳县茅竹镇党委副书记、镇长；2001年4月任祁阳县茅竹镇党委书记（其间，1999年8月至2001年12月参加中央党校函授学院法律专业本科班学习）；2005年7月任祁阳县财政局局长；2011年7月任祁阳县人民政府副县长、县财政局局长；2012年2月任祁阳县人民政府副县长；2012年5月任中共祁阳县委常委。2012年7月任中共祁阳县委常委、县委办主任。

左雅婷

左雅婷，女，湖南省新田县人，1981年3月出生，研究生文化。2004年6月加入中国共产党。

2001年3月参加工作，任永州市冷水滩区水利局任科员；2003年7月~2007年8月先后任永州市冷水滩区政府办科员、副主任科员、主任科员（其间，1998年7月~2004年12月，中南大学英语专业自考大学本科毕业，2004年12月挂职任冷水滩区梧桐街道办事处副主任）；2008年1月起历任永州市委组织部干部二室主任科员、副主任；2009年8月任共青团永州市委副书记、党组成员。2012年8月，任中共祁阳县委常委、统战部部长、副县长候选人。2012年11月，任中共祁阳县委常委、统战部部长、县人民政府副县长。2015年4月，任中共祁阳县委常委、县人民政府副县长。

蔡富强

蔡富强，男，湖南省永州市冷水滩人，1975年3出生。1999年12月入党，法律硕士。

1998年9月西北政法大学经济法系经济法专业毕业后，任冷水滩区人民法院书记员、助审员、审判员、办公室副主任；2002年3月任冷水滩区政法委办公室主任；2003年1月任冷水滩区综治办副主任；2003年7月任永州市委政法委研究室副主任（其间，2004年9月至2006年12月湘潭大学法学院法律专业攻读硕士学位）；2006年4月任永州市委政法委研究室副主任、主任科员；2007年7月任永州市委政法委研究室主任；2009年8月任永州市委政法委委员、政治部主任。2015年4月，任中共祁阳县委常委、组织部部长、统战部部长。

彭　丹

彭丹，男，湖南省长沙市人，1972年11月出生，2000年7月加入中国共产党，博士学位。

1994年9月任建设银行长沙市分行房地产信贷部团支部书记；1997年6月任建设银行湘蓉支行个贷部经理；2002年8月任湖南省地税局直属局副主任科员；2006年8月任湖南省地税局收费处主任科员、副调研员（其间，2008年3月至2009年3月在湘西自治州永顺县从事建整扶贫工作，任永顺县地税局党组成员、副局长）；2009年11月任省委老干部局副调研员、副处长、处长。

2014年4月受组织委派到祁阳县挂职锻炼，任中共祁阳县委常委、副县长。

龚红辉

龚红辉，男，湖南省娄底市人，1974年10月出生，1994年6月加入中国共产党，本科学历，上校军衔。

龚红辉1992年12月入伍后，在北京军区38集团军服役，历任班长、排长、连长、科长、副参谋长，2013年3月任湖南省祁阳县人民武装部部长、党委副书记、永州市军分区党委委员。2014年7月任中共祁阳县委常委，县人民武装部部长、党委副书记、永州市军分区党委委员。

县人大常委会主任、副主任简介

黄春华

黄春华，男，湖南省祁东县人，1958年2月出生，1977年8月加入中国共产党，工学学士。

1978年9月进入湖南农学院农机系设计制造专业学习；1982年7月参加工作，任祁阳县大村甸公社党委组织委员；1984年1月任祁阳县团县委书记；1985年4月任祁阳县观音滩区委第二书记；1986年1月任祁阳县观音滩区委书记；1988年3月任祁阳县科委主任（其间，1994年4月至1994年8月，浙江省永嘉县人民政府办公室挂职锻炼任主任助理）；1994年12月任祁阳县人民政府县长助理（副县级）；1997年9月任祁阳县人民政府县长助理、县纪委副书记（排第一）；1997年10月任中共祁阳县委常委、纪委书记；2002年9月任中共祁阳县委副书记、纪委书记；2006年6月任中共祁阳县委常委、县人民政府常务副县长；2007年4月任中共祁阳县委副书记；2011年6月任祁阳县正处级干部；2011年7月任祁阳县正处级干部、县人大党组副书记（排第一）。

2012年9月，任祁阳县人大常委会主任、党组书记。

尹显乾

尹显乾，男，祁阳县潘市镇人。1959年7月出生，1977年10月参加工作，1984年1月加入中国共产党，大专文化。

1977年10月任祁阳县潘市镇石湾小学民办教师；1978年10月任祁阳四中教师；1982年6月任祁阳县新铺公社秘书；1984年11月任祁阳县观音滩区团委书记；1985年11月任祁阳县滴水乡党委书记；1991年8月任祁阳县接待科副科长；1992年3月任祁阳县观音滩区委副书记、区长；1992年9月任祁阳县观音滩区委书记；1994年1月任祁阳县黎家坪区委书记；1995年6月任祁阳县黎家坪镇工委书记；1995年8月任祁阳县黎家坪镇党委书记（其间，1995年9月至1997年12月，省委党校函授学院经济管理专业专科学习）；1996年10月任祁阳县乡经委主任、党组书记、祁黎工业小区管委会副主任；2002年2月任祁阳县祁黎工业小区党委副书记、副主任；2003年9月任祁阳县祁黎工业小区党委副书记、副主任兼白水工业园党组书记；2004年9月任祁阳县祁黎工业开发区工委书记、管委会主任。

2007年11月，任祁阳县人大常委会党组副书记、副主任。

柏曼红

柏曼红，女，祁阳县茅竹镇人。1968年12月出生，1989年7月参加工作，研究生学历。

1986年9月至1989年7月，就读于零陵师专中文系；1989年7月任祁阳县城关镇一中教师。1992年6月任祁阳大华山电视差转台干部；1993年3月任祁阳县电视台干部。1996年5月任祁阳县广播电视局专题文艺部主任（其间，1995年8月至1997年12月在中央党校函授学院涉外经济管理专业本科班学习）；1998年5月任祁阳县文化局副局长；2000年5月任祁阳县广播电视局副局长；2002年12月任祁阳县政协副主席、县广播电视局副局长（其间，2003年9月至2006年7月在湖南省委党校经济管理专业在职研究生班学习）。

2007年11月，任祁阳县人大常委会副主任。

蒋忠朝

蒋忠朝，男，祁阳县下马

渡镇人。1958年9月出生，1981年6月参加工作，1982年12月加入中国共产党，大专文化。

1981年6月任黎家坪镇财会辅导员、团委书记；1984年2月任黎家坪区张公坪乡乡长、乡党委副书记；1986年3月任黎家坪区张公坪乡党委书记（1988年2月立大功晋升为区委副书记级。其间，1988年9月至1990年6月零陵地委党校行政管理专业函授大专班学习）；1990年6月任黎家坪区委副书记兼黎家坪镇党委书记；1992年4月至1998年3月，先后任县委组织部干部组副组长、组长，副科级、正科级组织员；1998年3月任县人事局局长、党组副书记。

2007年11月，任祁阳县人大常委会副主任。

李建民

李建民，男，祁阳县龙山街道樟树岭村人，1959年11月出生。1980年6月加入中国共产党，大学文化。

1977年9月任祁阳县赤塘公社电话员；1984年3月任祁阳县赤塘乡武装部部长；1985年3月任祁阳县下马渡镇武装部部长；1985年5月任祁阳县下马渡区武装部副部长；1986年6月任祁阳县人民电站总支委员、办公室主任；1992年2月任祁阳县水电局办公室主任、防汛办主任；1993年3月至1998年6月先后任祁阳县委组织部干事、副科级组织员、组织组组长、办公室主任、组织组组长；1998年6月任祁阳县委组织部副部长；1999年10月任祁阳县委组织部正科级组织员、副部长（其间，2000年8月至2002年12月中央党校函授学院湖南分院法律本科班毕业）；2001年11月任祁阳县政府办主任；2007年11月任祁阳县人民政府副县长、县政府办主任；2008年1月任祁阳县人民政府副县长、党组成员。2012年9月，任祁阳县人大常委会副主任。

刘晓春

刘晓春，男，祁阳县肖家村镇人，1963年11月出生，1992年1月加入中国共产党，大学本科学历，工学学士，工程师。

1982年1月湖南省机械工业学校大专班机械制造专业毕业后，历任浯溪机器总厂技术员、厂办主任、厂长助理；1987年5月任县电机厂助工、企管办主任（其间，1987年9月至1989年7月在湖南经济管理干部学院企业管理专业本科班学习）；1990年5月任县经委综合干事、生产调度员；1991年12月任县工业局副局长；1993年12月任祁阳机械制造厂厂长、党委书记；1995年10月任县经委委员、县三电办副主任；1998年3月任县二轻工业局局长、党委书记；2002年2月任县经贸委主任（2005年5月兼任祁阳工业园区党工委副书记、管委会副主任、祁阳科技工业园党组书记）；2008年2月任祁阳工业园区管委会主任、县人民政府党组成员；2010年9月任祁阳工业园区（2012年4月更名为祁阳经济开发区）党工委书记。

2012年9月任祁阳县人大常委会副主任、党组成员。

县人民政府县长、副县长简介

周新辉

（见县委书记、副书记、常委简介）

黄赞校

（见县委书记、副书记、常委简介）

左雅婷

（见县委书记、副书记、常委简介）

彭　丹

（见县委书记、副书记、常委简介）

陈环玉

陈环玉，男，祁阳县羊角塘镇人，1962年7月出生，中央党校在职研究生。1986年

12月加入中国共产党。

1980年9月进入衡阳供销学校统计专业学习；1982年7月毕业后分配到祁阳县土产公司工作；1984年4月任祁阳县赤塘乡司法民政助理；1985年5月任祁阳县下马渡镇副镇长；1989年1月任祁阳县云盘甸乡党委书记；1992年11月任祁阳县潘家埠区委副书记；1994年12月任祁阳县大村甸区区委副书记、区长；1995年6月任祁阳县大村甸镇工委副书记、管委会主任，9月任祁阳县大村甸镇党委副书记、镇长，12月任祁阳县黄泥塘镇党委书记；1999年10月任祁阳县浯溪镇党委书记；2002年9月任中共祁阳县委常委、浯溪镇党委书记（其间，2000年8月至2002年12月在中央党校函授学院法律专业本科班学习）；2003年2月任中共祁阳县委常委、统战部部长（其间，2003年8月至2004年1月在上海市金山区山阳镇挂职党委副书记）；2006年7月任中共祁阳县委常委、宣传部部长。2011年6月，任祁阳县人民政府副县长。

唐安宝

唐安宝，男，祁阳县黎家坪镇人，1960年1月出生，大学文化，1996年3月加入中国共产党。

1980年10月从衡阳师专毕业后分配到祁阳七中任教；1984年8月在祁阳四中任教（其间，1985年9月至1988年6月，在湖南教育学院数学专业本科班学习）；1992年6月任祁阳县监察局副局长；1997年4月任祁阳县白水镇党委副书记、镇长；1998年3月任祁阳县白水镇党委书记；1999年10月任祁阳县财政局局长；

2005年6月，任祁阳县人民政府副县长。

谢铁山

谢铁山，男，祁阳县人，1965年10月出生，大学文化，学士学位，城市规划专业高级工程师。无党派人士。

1989年7月从南京工业大学毕业后分配到祁阳县城镇规划局工作；1998年5月任祁阳县城镇规划局副局长；2000年获首届中华人民共和国注册城市规划师执业资格；2001年4月任祁阳县城镇规划局局长；2002年2月任祁阳县规划建设局局长；2002年12月任政协祁阳县委员会第七届党外兼职副主席。2007年11月，任祁阳县人民政府副县长。

陈志标

陈志标，男，1986年1月至1991年4月先后任永州市公安局富家桥派出所、朝阳派出所、菱角塘派出所民警和南津渡派出所副所长；1991年4月任永州市公安局户政股副股长（科员）；1996年5月任永州市公安局芝山分局户政股副股长；1997年7月任永州市公安局芝山分局黄田铺派出所所长；1999年4月任永州市公安局芝山分局徐家井派出所教导员（副科级）；1999年10月任永州市公安局芝山分局南津渡派出所所长；2002年12月任永州市公安局芝山分局法制股股长；2004年2月任永州市公安局芝山分局法制股股长（正科级）；2005年9月任永州市公安局零陵分局法制股股长（正科级）；2008年10月任永州市公安局零陵分局副局长；2010年6月任永州市公安局法制与信访办公室主任（副处级）；2012年8月任江华瑶族自治县人民政府县长助理，江华瑶族自治县公安局局长；2012年9月任江华瑶族自治县人民政府副县长、公安局局长。

2015年10月，任祁阳县人民政府副县长，县公安局局长

雷秀新

雷秀新，男，祁阳县人，1975年1月出生，1995年6月加入中国共产党，湖南省委党校法学在职研究生。

1993年8月湖南农业大学毕业后分配在祁阳县委办公室工作（其间，1998年1月至1999年6月祁阳县平安寿险公司挂职煅炼）；2000年1月任祁阳县大村甸镇党委委员、组

织部部长；2001年9月任祁阳县潘市镇党委副书记，12月任潘市镇党委副书记、镇长；2004年5月任祁阳县浯溪镇党委副书记、镇长；2007年2月任祁阳县大村甸镇党委书记；2009年3月任祁阳县浯溪镇党委书记（其间，2004年4月至2008年6月湖南农业大学自考本科经济法专业学员，2008~2011年省委党校在职研究生）；2009年10月任祁阳县副处级干部、浯溪镇党委书记；2011年3月任祁阳县副处级干部、龙山街道党工委书记；2012年9月任祁阳县人民政府副县长。

县政协主席、副主席简介

郑　弋

郑弋，男，祁阳县文富市镇人，1959年10月生，1985年5月加入中国共产党，1982年1月参加工作，湖南农学院畜牧专业毕业，大学本科文化，农学学士学位。

1982年1月在祁阳县农业局工作；1986年4月任祁阳县农委副主任；1987年6月任祁阳县下马渡区区长、区委书记；1991年10月任祁阳县农委副局级委员；1992年6月任祁阳县乡经委副主任、主任、党组书记；1996年10月任祁黎乡镇工业小区管委会主任、县政府党组成员；2002年1月任祁阳县人民政府副县长、党组成员；2003年6月任中共祁阳县委常委；2006年6月任中共祁阳县委常委、县委政法委书记；2010年1月任中共祁阳县委常委、县人民政府常务副县长；2011年6月任祁阳县正处级干部、县政协党组第一副书记。2012年9月，任祁阳县政协主席、党组书记。

陈振文

陈振文，男，湖南省江华瑶族自治县人，1967年12月生，1992年1月加入中国共产党，1992年8月参加工作，省委组织部选调生，中央党校函授学院党政管理和法律专业毕业，大学本科文化，农业推广专业硕士学位。

1992年8月任宁远县仁和乡秘书、副乡长；1994年7月任祁阳县潘市镇副镇长；1995年1月任祁阳县木梓圩乡党委书记；1995年6月任祁阳县白水镇工委副书记、党委副书记；1996年12月任祁阳县肖家村镇党委副书记、镇长、党委书记；2004年5月任祁阳县林业局党委副书记、局长；2010年9月任中共祁阳县委组织部副部长；2012年9月任祁阳县政协副主席。

于建春

于建春，女，黑龙江省齐齐哈尔市人，1962年2月出生，1983年7月参加工作，中央党校函授学院法律专业毕业，大学学历。

1983年07月在祁阳县第一中学任教（其间，1997年5月至1999年10月在下马渡镇赤塘办事处挂职副主任）；1999年10月任祁阳县第二中学副校长；2007年11月任祁阳县第八届政协副主席。

2012年09月，任祁阳县第九届政协副主席。

文英雄

文英雄，女，祁阳县下马渡镇人，1965年6月生，1990年12月加入中国共产党，1984年3月参加工作，中央党校函授学院法律专业毕业，大学本科文化。

1984年3月任祁阳县睦关头乡妇联主任；1987年1月任祁阳县下马渡镇妇联主任；1989年2月任祁阳县梅溪乡秘书；1992年10月任祁阳县马鞍岭乡宣传委员；1994年3月任祁阳县潘家埠区妇联主任、团委书记；1995年1月任祁阳县马鞍岭乡乡长；1995年6月任祁阳县潘市镇工委副书记、管委会主任、党委副书记、镇长；1999年10月任祁阳县七里桥镇党委副书记、镇长；2001年4月任祁阳县浯溪镇党委副书记、镇长；2004年5月任祁阳县纪委副书记、监察局局长、县政府党组成员；2012年9月任祁阳县政协副主席。

黄爱蓉

黄爱蓉，女，祁阳县八宝镇人，1972 年 10 月出生，无党派，大学本科学历，教育学学士学位。1995 年 7 月湖南师大教育系毕业参加工作。

1995 年 7 月在祁阳县广播电视局参加工作；1997 年 5 月在七里桥镇白竹塘办事处挂职锻炼；1998 年 8 月任七里桥镇副镇长；2001 年 1 月任县工商联副会长；2004 年 4 月任县工商联会长；2008 年 1 月任县文化局局长。

2012 年 9 月，任县第九届政协副主席、县文化广播电视新闻出版局局长。

桂　湘

桂湘，男，1962 年 9 月出生，祁阳县文明铺镇人，大专文化，1982 年 8 月参加工作。

1979 年 9 月在湖南农学院衡阳分院读书；1982 年 9 月任祁阳县何公庙公社秘书；1984 年 4 月任祁阳县农业局（畜牧局）副股长、股长；1996 年 10 月任祁阳县侨联副主席、主席；2004 年 1 月任祁阳县民族宗教事务办公室（局）副主任、主任（局长），（其间，兼任永州市侨联副主席、祁阳县侨联主席）

2012 年 10 月，任祁阳县政协副主席、县工商联主席、总商会会长。

市级以上劳动模范

聂鹏举

聂鹏举，男，湖南科力尔电机有限公司国际贸易部经理，1982 年 12 月出生，大学学历，2004 年 6 月北方交通大学毕业，加拿大留学一年后回国，2006 年年初加盟湖南科力电机股份有限公司。

进公司后，他从最基层做起，担任普通的外销业务员，虚心好学，勤奋工作，把在国外学到的先进经营理念用于公司的生产经营上。为了积极拓展对外业务，开发海外市场，建议在沿海发达地区建立产业基地，将研发的新产品做成熟后，再转移到内地生产。此后，公司陆续在深圳设立了营销公司、研发公司和一个实验工厂，并由他负责组建国际贸易团队，实行二块牌子一套人马，内外销售双管齐下。

6 年来，在他负责的销售部门的拉动下，公司的外销出口额从 120 万美元增长到 2576 万美元；销售收入从 1.1 亿元增长到 3.5 亿元；税金从 300 多万元增长到 2500 万元。其产品远销欧美 30 多个国家，在美国和意大利设立了营销代表处，“科力尔”微电机品牌已驰名海外。

因工作出色，聂鹏举聂鹏举获第二届“祁阳十大杰出青年岗位能手”，并当选为祁阳县第十五届、永州市第四届人大代表。2010 年获全国五一劳动奖章

王国强

王国强，男，49 岁，中共党员，水利工程师，祁阳县内下电站水库管理所所长。1983 年 10 月参加工作后就投身到了内下水库建设工程，负责钢筋、木模制作安装和施工，白天劳作在工地，夜晚研究设计图纸，发现问题和隐患，防止了生产安全事故发生。特别是内下二级电站机组安装时，他负责这个项目的土建配套项目。他经常时反反复复，仔仔细细地校测施工中的每个部位，有时为测准一个点反复好几次，甚至十几次。特别是在混凝土浇筑施工中，由于施工面窄，施工难度大，质量要求高，他一手抓进料配比关，一手抓混凝土浇捣关，亲自动手平仓、振捣，经常是浇一次混凝土喉咙嘶哑一回，人也变成了“砼人”。

1997 年，任内下水库管理所所长后，每年汛前组织制订一整套切实可行的水库渡汛方案和一系列防御预案，带头严格坚持汛期 24 小时值班制度，对库区雨情、水情和汛情天天登记，科学判断，正确调度，未发生一次防汛安全事故。2011 年 8 月以来，为完成大坝除险加固任务，他顾不上护理

身患尿毒症的妻子，天天和民工在工地劳作，夜夜在水库管理所通宿值班，没休过一天假。

由于工作成绩突出，2005年5月，被湖南省人民政府授予“劳动模范”称号，2015年5月，被授予“全国劳动模范”称号。

唐楚云

唐楚云，男，1971年8月出生，中共党员，现任湖南科力尔电机有限公司设备科主管。1997年6月湘潭大学机制工艺及自动化专业毕业后加盟湖南黎海微电机有限公司，一直从事设备管理与维护保养工作。无论严寒酷暑、雨雪肆虐，都是早来晚归，兢兢业业，忘我工作，把工作看得高于一切，为工厂的顺利生产而倾心奉献，整日地忙碌在生产一线。为了更好地走知识与实践相结合的道路。常常在工作中坚持“学中干、干中学”，在工作之余不断阅读大量有关与本岗位相关的理论知识。先后自学会了电脑操作、微电子技术、plc编程的自动化、CAD及slidworks制图、CNC数控技术等多种专业知识，为企业的顺利生产保驾护航。

由于勤奋努力，除普通设备外，唐楚云还熟练掌握了公司进口的重要设备如高速冲床、压铸机、慢走丝、加工中心、全自动绕线机等设备的工作原理及维护保养的方法。对某些重要的部位我们自己就能进行维修与处理，而不需要请厂家来协助，这样大大提高了工作效率和降低了成本。

一份耕耘一份收获，2012年，唐楚云参加永州市CNC数控设备操作技能竞赛获得三等奖，2015年获湖南省“劳动模范”称号。

蒋新平

蒋新平，男，38岁，湖南鸿达园食品有限公司销售员。参加工作前，从事法律服务工作时，认真办案，先后为123人无偿提供法律援助。2009年到鸿达园食品公司工作后，当产品质量检验员时，自学质检知识，严把产品质量关，没让一件不合格产品流出公司大门，使公司产品多次在省以上农博会上评为最畅销产品。做销售员时，自费购买了大量的营销策略与技巧相关书籍，白天工作，晚上自学，学以致用，不断完善，很快就被公司评为最佳促销员，同时，他不怕苦和累，跑南走北，用心宣传推介产品，为公司开拓市场、争得信誉立下了汗马功劳。为把公司做大做强，他按照公司安排，进村入户，与农户逐家逐份签订了5000多亩的产品原料种植订单，既从源头上把住了产品原料进口关，又带动了3600户农户共同致富。

在做好本职工作同时，蒋新平尽自己最大努力奉献社会。为把祁阳公益事业创出水平和品牌，他发起成立了祁阳县志愿者联合会，并担任秘书长，组织1000名会员积极开展敬老助学、帮困扶残、公益宣传、环境保护等公益活动，向服务对象捐款捐物共计286万元，其中他亲自参加志愿者服务活动130次，捐款10万余元。2015年获湖南省“劳动模范”称号。

蒋有名

蒋有名，男，1975年10月生，中共党员，大学文化，工程师，现任祁阳宏泰铝业有限公司质量检验组组长。曾分别获得湖南省五一先锋奖章及县“优秀共产党员”等称号。2015年获湖南省“劳动模范”称号。

蒋有名1999年进入宏泰公司，在挤压车间工作时，虚心好学，刻苦钻研，对工作一丝不苟，对产品精益求精，经他操作的产品合格率均达95%以上。2002年，宏泰公司为了克服电泳铝材表面硬度低、色泽持久性差缺点，决定开发仿不锈钢铝型材，蒋有名和技术攻关小组同志一起认真钻研分析铝材表面处理工艺，在短短的两个月内，攻克了铝材表面处理的难题，使新产品顺利试制成功；该产品曾先后被评为全国（IIN）新技术、新产品交易会金奖和湖南省首届乡镇企业科技博览会银质奖，并获得1项国家发明专利。

在负责质量检验组工作期间，2012年公司ISO 9001质量管理体系认证工作中，蒋有名翻阅了大量有关质量管理、体系管理方面的书籍，忘我地的工作，经过近半年的筹备和运作，成功通过了ISO 9001质量管理体系认证。在做好质检工作的同时，蒋有名还负责公司的安全生产检查管理，始终把安全生产放在第一位，多年来，公司的没有出现一起大的安全事故和人身伤害事故，连续5年被评为祁阳县"安全生产先进单位"、2012年被永州市命名为"安全生产标准化企业"。

谭宝联

谭宝联，男，现年64岁，祁阳县白水镇竹山村党支部书记，

近年来，谭宝联积极引领村民积极发展规模种养、乡村旅游、高效生态等产业，通过提供50多万元资金和技术、信息等方面的服务，帮助本村群众发展种养大户53户，种植名优水果400余亩、无公害蔬菜80亩，改造低产油茶1000亩，办起规模畜禽养殖场10个、水产养殖400亩，使全村村民人平年收入年增幅在23%以上。同时，谭宝联以新农村建设为契机，从自己做起，从自家做起，带领本组村民硬化村组道路5.5公里，新建房屋16栋，改造旧房11栋，使本组村民家家住上了新红砖房。

在带领群众发展经济的同时，谭宝联积极倡导和参与精神文明建设，从正风易俗、禁恶引善、治乱扭差、丰富文艺等四方面带头做起，积极参加村里环境卫生、调纠禁赌、治安联防、敬老爱幼等社会管理活动，极大地丰富村民的精神生活。

竹山村正因为有了他这样的人，全村面貌日新月异，该村先后获得"全国文明村""全国综治维稳模范村""湖南省特色旅游名村""湖南省生态示范村""永州市文化村建设先进村"等荣誉称号。谭宝联也曾先后荣立一等功1次、评为县优秀共产党员5次；2015年获湖南省"劳动模范"称号。

李湘佑

李湘佑，男，1958年出生，从业药师，现任湖南众信大药房药品零售连锁有限责任公司销售部经理。

从祁阳药材公司参加工作以来，历任仓库保管员、仓库主任、业务员、业务经理。1999年因县药材公司黎家坪药站经营不善，县药材公司决定撤销黎家坪药站，40余人面临失去工作，他主动辞去县药材公司副经理职务，到黎家坪任药站任负责人。在黎家坪3年，积极克服经营困难，强化药品安全销售，严把药品质量，提高药站销售能力，使药站经营走出困境。2006年接任县药材公司中心大药房主任，每年上交盈利近百万元。

2009年县药材公司在无法经营情况下，李湘佑协助县药材公司员工成立永州市民生医药有限公司，解决部分内部员工失业问题。2011年组织永州民生医药有限公司协助县药监局无偿赠送价值3万多元的药品给贫困户。2012协助原县药材公司职工成立"湖南众信大药房药品零售有限责任公司"，为更多的下岗人士安排岗位和工作，并在每个周末都组织员工学习药品专业知识、《中华人民共和国药品管理法》《药品经营质量管理规范》，悉心授艺，诲人不倦，为药品行业付出了巨大精力。2015年获永州市"劳动模范"称号。

刘　燕

刘燕，女，1977年出生，大专学历。2002年以来一直从事LED照明行业，在此期间取得了ISO 9001 & ISO 14001内审员资格证书、品质保证结业证书、标准化管理函授结业证书，并获得了"7S"个人最佳优季学员奖，连续多年获得全球照明巨头OSRAM公司"优秀管理者"先进个人称号、

“十佳优秀员工”奖、“合理化建议”二等奖。

2011年3月刘燕进入湖南美星光电科技有限公司担任品质部经理以来，在工作中兢兢业业，在管理上严格要求，公司质量目标出货合格率为100%，交货及时率为100%，客户投诉率为零，在她的努力下，公司先后被评为“湖南省高新技术企业”“湖南省两型产品企业”，COB封装新技术获永州科技进步奖，LED路灯、LED投光灯、LED面板灯、LED智能控制电源等多项产品获得国家新技术发明专利。

近几年为提高企业管理水平，加快企业发展，让企业做到管理标准化，文件标准化，作业标准化，刘燕在“ISO 9001”与“7S”活动做了大量富有成效的工作，让公司一次顺利通过“ISO 9001”与“ISO 14001”管理体系认证及产品的CCC与CQC及节能等方面的多项认证。企业要发展，产品质量是关键，刘燕按照“ISO 9001”质量管理体系标准，加强人员培训、设备维护等方面的力度，为产品质量提供了有效的品质保证。2015年获永州市“劳动模范”称号。

吕　艳

吕艳，女，30岁，祁阳成信鞋材有限公司财务部部长。2003年入职广荣（硕）鞋业有限公司总部业务部，2007年10月因工作表现好调到配套厂成信鞋材业务部任业务部股长。次年10月任财务部会计。2011年公司来祁阳设立祁阳成信鞋材有限公司，调祁阳成信公司任财务部部长。

吕艳爱岗敬业，锐意进取，能认真、高效率完成税务部门、商务部门、统计局、经开区等行政部门各位领导交待的工作，认真贯彻执行财务规章制度和国家相关法律法规，及时申报各项税金，受到领导们的一致好评，2013年度被评为祁阳县联网直报工作先进个人。在认真做好工作的同时，努力学习，积累知识，乐于培训和培养员工，视员工为独立的个体平等相待，关心员工，具备亲和力，在员工工作失误时，能做到艺术的批评与指正员工，赢得了员工的尊重。在祁阳成信任职财务部长以来，积极倡导该部门一种特有的简单文化，即质朴、善良与和谐，在2014年度该部门被评为公司最佳幕僚单位。

吕艳在尽职尽责做好本职工作时，也尽自己最大努力奉献社会。2011年来到祁阳工作后，参加县志愿者（义工）联合会，积极参与敬老助学、帮困扶残、公益宣传、环境保护等公益活动，目前正在尽自己的绵薄之力资助一名在校贫困大学生。2015年获永州市“劳动模范”称号。

唐建国

唐建国，男，现年56岁，祁阳县九洲村党支部书记。近5年来，他带领村民，致力家乡新农村建设，使九洲村发生翻天覆地的变化。

近几年来，唐建国积极争取移民项目资金500万元，修建1座长225米、宽3.1米通车大桥，改变了村民靠船渡的命运；引领村民自筹资金2800多万元，移民60户，改变了被水淹历史。投入新农村建设资金1900多万元，硬化村组道路4.8公里，新建房屋60栋，改造旧房150多户；民用码头8处，安装路灯82盏；建焚烧炉1个、垃圾池10座；集中建厕8处171户间，建设2处村庄花坛面积达500平方米。同时，兴建学校和敬老院，全村居民用上了自来水。引领村民发展无公害蔬菜480余亩，开发荒山种植锦红甜橙、美国糖桔等名优水果近500亩、积极争取到国土整理项目108万元，整理面积达500亩。2014年人均年纯收入达到10660元，增长30%，村级集体经济收入达10.06万元。

2011年以来，该村多次获祁阳县移民工作先进单位、新农村建设先进单位、全面建成小康社会推进工作示范村、永州市移民先进单位和湖南省移民亮点村等荣誉称号。其个人先后8次被评为优秀共产党员、先进个人。2015年获永州市“劳动模范”称号。

王松波

王松波，男，46岁，中共党员，祁阳县污水处理厂职员。1988年参加工作，曾在祁阳浯溪机器总厂、湖南潇湘集团黎家坪省水泥厂从事机械加工、水电维修和市场营销等工作。该同志在平时工作中带领同事，积极钻研新技术，结合以往的经验，开拓创新，开发科学、节能的新模式，取得了突出的成绩；在省污水处理行业中的技术交流会上获得专家与同行的肯定和表扬。

王松波20多年来不管在哪个岗位上，都能服从安排、顾全大局、不计较个人得失，出色完成组织交给的任务。无论是在生产一线，还是在市场营销，不管白天黑夜，不管雪雨风霜，哪里需要就往哪里去，为企业的正常生产提供有力的保障。

在平时的业余时间里，该同志热心投入公益事业，现担任祁阳县志愿者（义工）联合会副会长一职。在公益活动中，身先士卒、以身作则，带领爱心团队踏遍了祁阳的山山水水，为那些贫困学子和孤寡老人捐款、捐物，给社会的弱势人群带去温暖和问候，为外界及海外的朋友在祁阳遇到困难时提供热心帮助；得到了义工联和社会各界的认可和赞誉，并获得“祁阳县义工联十佳志义工”荣誉称号。2015年获永州市“劳动模范”称号。

易金龙

易金龙，男，1976年5月出生，江西宜春人，祁阳五洲医药包装有限公司复印车间主任，公司发展委员成员，连续10年被评年度先进工作者，他率领的车间连续5年被评先进集体。

易金龙于2000年5月进入从浙江台州发达城市受邀加入五洲公司后，带领新员工亲自上岗操作，遇到赶货连续加班，毫无怨言，从未因私事请假。为不影响工作，做老婆思想工作，放弃大城市工作来到祁阳，成为新祁阳人。为便于质量管理，自学复合技术，并利用出差机会到包装厂家拜师学艺，熟练掌握了复合技术胶水配方和涂布量控制技术，带领复合车间员工改造排风装置加大排风量，改进了复合技术中残留量超标难题，受到公司嘉奖，现在整过复印车间以易金龙为龙头，班子团结，工作突出多次受到公司表扬。

五洲公司生产特点是根据客户需要及时安排生产满足客户所急，加班是常事。易金龙总是以身作则听从公司指挥，加班加点工作，赶在发货时间内完成任务。十多年来，几个同行厂家多次私下找到他高薪挖走，都被他婉拒，他的行为和品质得公司赞扬，个人能力也在五洲公司这个平台得到了极大发挥。正因为工作表现出突出，2015年获永州市“劳动模范”称号。

伍刚平

2010年，伍刚平参加祁阳海螺的生产建设，成为一名海螺人，2011年6月底，永州市第一条日产5000吨孰料的生产线建设完成。为满足生产需求，小有爆破经验的伍刚平自告奋勇的加入了爆破班，通过向爆破技术员的请教和日积月累的探索，很快成为了一名合格的爆破工。当时，矿山还是开发初期，地势险峻，炸药车无法到达山顶的作业平台。为了定时定量的完成石灰石产量，伍刚平和同事们肩挑手提，将三吨多炸药输送上了矿山，确保了生产需要。2013年伍刚平获得了公司颁发的“先进个人”荣誉奖状。

2014年11月，伍刚平服从公司调配，从一名爆破工转而成为了一名钻机工，负责二采区的穿孔作业。钻孔是一项非常艰苦的工作，晴天是漫天的扬尘，雨天是飞溅的泥浆。伍刚平毫无怨言，任劳任怨地干好新的工作，同事们平日里见到的正是经过扬尘和泥浆洗礼过的伍刚平。有次，伍刚平操纵的785钻机出现故障，为了不影响生产进度，伍刚平连续36小时对785钻机进行抢修，785钻机终于重新运转并如期的完成了生产任务，而他也随之累的瘫倒在地。这样的事在他身上发生了太多太多。

正是他这种“螺丝钉”精神，使他在祁阳海螺树立了高大形象，他的付出也得到了整个祁阳海螺的认可，2015年他被评为永州市劳动模范。

市以上道德模范和见义勇为个人

谢福元

谢福元，男，现年53岁，中共党员，祁阳县白水镇国土资源站站长。2000年11月28日夜12时30分钟左右，借住在国土所一楼的苏满元夫妇大喊“抓贼”。正在值班的谢福元惊醒后，迅速奔向楼下，赤手空拳堵住了歹徒的去路。这时，歹徒用刀向谢福元乱刺，但他毫不畏惧，拚死与歹徒扭打。博斗中，虽然他头部、脖子、肩等多处受伤流血，但他仍紧紧抱住歹徒双腿不放，最后在邻居的协助下终于将歹徒制服。谢福元被刺中6刀，后经奋力抢救，才脱离危险。谢福元曾获“湖南省见义勇为先进个人”称号、2009年获首届永州市见义勇为模范。2011年获第二届湖南省道德模范提名奖

陈昌世

陈昌世，男，现年79岁，中共党员，祁阳县工商局退休干部。先后获得“祁阳县老有所为好老人”“湖南省教育系统关心下一代工作先进个人”、湖南卫视评选的“十佳爱心大使”、香港文化广场颁奖会上的“最具仁爱精神爱心大使”“祁阳县助学功臣”等称号。长期以来，他动员三个事业有成的儿子慷慨解囊，并拿出自己多年积蓄共捐献200余万元创建“祁阳县昌世助学基金”，现已资助了800余名贫寒学子进入大学本科学习，资助总额已达到250余万元。他说，在帮助学生的同时，他收获了快乐，实现了人生奉献的价值，他永远不会放弃自己心中的那份信念，要在自己的有生之年，发出每一分光和热，继续用自己的行动、用爱心点燃美好的希望。2011年获第二届市助人为乐模范。

毕克功

毕克功，男，现年49岁，中共党员，中国农业发展银行祁阳县支行办公室主任、保卫专干。先后被农发行永州市分行授予“先进工作者”“工会积极分子”“优秀共产党员”等称号。2011年6月19日中午，毕克功驾车路过祁阳县七里桥镇新町村时，该村4岁儿童苏俊宇不慎掉入村旁两米多深的池塘并因呛水过多处于休克状态漂浮在水面上，毕克功见状奋不顾身跳入塘中将小孩救上岸。由于落水时间过长，小孩全身皮肤发紫，小腹膨胀，已经让人感觉不到呼吸和心跳，毕克功利用部队当医务兵学习到的专业知识，立即对小孩进行紧急抢救，经过半个多小时的努力，终于把小孩从死神手中抢回。当小孩家人及村民闻讯赶来，他在确认小孩已经转危为安后，悄然离开。2011年获第二届市见义勇为模范。

彭雪英

彭雪英，女，58岁，祁阳县龚家坪镇檀木塘村村民。从1980年到2007年的27年间，彭雪英对生活不能自理、卧病于床的婆婆关怀备至，体贴如微，经常为婆婆倒屎倒尿，洗衣喂饭，煎药按摩。从1981年起，彭雪英还把丈夫属于“五保”对象、中风瘫痪的伯父接到家中义务赡养17年，直至1998年老人去世。2006年，彭雪英被评为永州市“十佳敬老孝星”，2009年获首届永州市孝老爱亲模范。

王祁平

王祁平，男，49岁，中共党员，祁阳县检察院党组成员、纪检组长。近30年来，他为了国家和人民利益，关键时刻，临危不惧，挺身而出，

不怕牺牲，先后60多次冒着生命危险救助各类遇难群众70多人，10多次冒着生命危险抗洪抢险、救火救灾，为受害人和困难群众捐款捐物10多万元，义务为群众化解矛盾200多起，在见义勇为中多次负伤，留下伤疤40多处。他多次受到上级嘉奖和记功。2009年，王祁平被评为“全国见义勇为好人”，并被推荐为“湖南省十杰政法干警”候选人。2013年获第四届省道德模范提名奖、第三届永州市见义勇为模范。

主要统计资料

2014 年祁阳县生产总值

计量单位：万元

指标名称	代码	增加值	劳动者报酬	生产税净额	补贴	固定资产折旧	营业盈余
甲	乙	1	2	3	4	5	6
总产出	01	2186845	1450894	167163		262754	306034
农、林、牧、渔业	02	448051	333992	7167		16152	90740
农业	03	263409	189099	3571		9254	61485
林业	04	35849	25667			920	9262
畜牧业	05	89839	79686	468		3682	6003
渔业	06	53135	35775	2648		1952	12760
农、林、牧、渔业服务业	07	5819	3765	480		344	1230
工业	08	686427	460837	77379		83737	64474
采矿业	09	76631	44917	10108		12298	9308
# 开采辅助活动	10	446	262	58		72	54
制造业	11	587323	402623	64850		69000	50850
# 金属制品、机械和设备修理业	12	418	287	46		49	36
电力、热力、燃气及水的生产和供应业	13	22473	13297	2421		2439	4316
建筑业	14	142558	92120	28140		14636	7662
批发和零售业	15	91912	56098	13776		2762	19276
批发业	16	25977	13671	5324		774	6208
零售业	17	65935	42427	8452		1988	13068
交通运输、仓储及邮政业	18	78870	32744	12891		11063	22172
铁道运输业	19	11223	5744	2742		2450	287
道路运输业	20	32674	16968	3839		4895	6972
水上运输业	21	2823	488	503		771	1061
航空运输业	22						
邮政业	23	6504	1232	1083		520	3669
其他	24	25646	8312	4724		2427	10183

续表

指标名称	代码	增加值	劳动者报酬	生产税净额	补贴	固定资产折旧	营业盈余
甲	乙	1	2	3	4	5	6
住宿和餐饮业	25	28008	22421	1466		2042	2079
住宿业	26	6858	4803	354		695	1006
餐饮业	27	21150	17618	1112		1347	1073
信息传输、计算机服务和软件业	28	6299	3165	921		241	1972
电信、广播电视和卫星传输服务	29	5280	2653	772		202	1653
其他	30	1019	512	149		39	319
金融业	31	32153	14285	3941		1755	12172
货币金融服务	32	22211	9129	2615		1176	9291
资本市场服务	33						
保险业	34	9676	5040	1283		557	2796
其他金融业	35	266	116	43		22	85
房地产业	36	121713	27775	2779		68778	22381
房地产开发经营	37	29111	5889	2581		4095	16546
其他房地产活动	38	1584	344	198		84	958
自有房地产经营活动	39	91018	21542			64599	4877
租赁和商务服务业	40	33366	19373	2906		1219	9868
科学研究、技术服务业	41	11569	7575	945		1405	1644
水利、环境和公共设施管理业	42	14488	8034	470		934	5050
居民服务、修理和其他服务业	43	61826	43432	7234		1877	9283
教育	44	134773	107291	1213		17916	8353
卫生和社会工作	45	68649	46692	1284		6751	13922
文化、体育和娱乐业	46	17429	8807	2867		2072	3683
公共管理、社会保障和社会组织	47	208754	166253	1784		29414	11303
第一产业	48	442232	330227	6687		15808	89510
第二产业	49	828121	552408	105415		98252	72046
第三产业	50	916492	568259	55061		148694	144478

文件选编

中共祁阳县委
关于深入开展党的群众路线教育实践活动
的实施意见

（2014年3月6日）

根据《中共中央关于在全党深入开展党的群众路线教育实践活动的意见》（中发〔2013〕4号）、《中共中央办公厅印发〈关于开展第二批党的群众路线教育实践活动的指导意见〉的通知》（中办发〔2014〕4号）、《中共湖南省委关于深入开展党的群众路线教育实践活动的实施意见》（湘发〔2013〕5号）、《中共湖南省委办公厅印发〈湖南省开展第二批党的群众路线教育实践活动实施方案〉的通知》（湘办发〔2014〕3号）和《中共永州市委关于深入开展党的群众路线教育实践活动的实施意见》（永发〔2014〕3号）文件精神，县委决定，在县直机关及直属单位，镇（乡、街道、场），村（社区），非公有制经济组织和社会组织等基层组织，党组织关系在祁的省市垂直管理单位中，深入开展以为民务实清廉为主要内容的党的群众路线教育实践活动。活动从2014年2月开始，2014年9月基本完成，每个单位集中教育时间一般不少于3个月。为扎实搞好教育实践活动，结合我县实际，提出如下实施意见。

一、统一思想认识

群众路线是党的生命线和根本工作路线。深入开展党的群众路线教育实践活动，是新形势下坚持党要管党、从严治党的重大决策，是顺应群众期盼，加强学习型、服务型、创新型马克思主义执政党建设的重大部署，是推进中国特色社会主义伟大事业的重大举措，是贯彻落实党的十八大和十八届三中全会精神的重要内容和重要保证，对全党全国影响深远、意义重大，各级党组织必须严肃认真地把教育实践活动组织好、开展好。

深入开展党的群众路线教育实践活动，也是推动我县领跑争先的内在需要和重大机遇。当前，我县改革进入深水区，发展进入关键期，面临的风险和挑战严峻复杂，承担的任务艰巨繁重，必须紧紧依靠人民，从群众中吸取无穷的智慧和力量。这次教育实践活动的开展正当其时，为全县凝心聚力谋发展提供了宽广的平台和有力的抓手。参加这次教育实践活动的单位层级多、范围广、数量大，大多处在改革发展稳定第一线、联系服务群众最前沿，担负着把党的路线方针政策贯彻落实到基层，团结带领人民群众推进全面深化改革、加快全面建成小康社会的重要职责。认真开展党的群众路线教育实践活动，对于着力解决党员、干部，特别是领导干部作风方面存在的突出问题，保持党的先进性和纯洁性，巩固党的执政地位和执政基础，对于汇聚我县科学发展的正能量具有十分重要的意义。全县各级党组织和广大党员、干部，要站在战略和全局的高度，充分认识开展党的群众路线教育实践活动的重要性和紧迫性，把思想和行动统一到中央决策、省委、市委部署和县委要求上来，切实增强政治自觉、思想自觉和行动自觉，以作风建设的新成效把全面建成小康社会，实现富民强县的目标任务落到实处。

二、把握总体要求

这次教育实践活动，要坚持以党的十八大和十八届三中全会精神为指导，认真贯彻落实习近平总书记系列重要讲话精神，以为民务实清廉为主题，以贯彻落实中央八项规定、省委九项规定、市委十项规定、县委十二项规定和《党政机关厉行节约反对浪费条例》为切入点，突出作风建设，贯彻整风精神，坚决反对形式主义、官僚主义、享乐主义和奢靡之风，着力解决人民群众反映强烈的突出问题，提高做好新形势下群众工作的能力，提高真抓实干、攻坚克难的能力，提高拒腐防变、抵御风险的能力，使党员、干部思想进一步提高、作风进一步转变，党群干群关系进一步密切，为民务实清廉形象进一步树立，基层基础进一步夯实。

这次教育实践活动，要坚持把“照镜子、正衣冠、洗洗澡、治治病”这个总要求贯穿活动全过程。

“照镜子”，主要是对照理论理想、党章党纪、民心民生、先辈先进“四面镜子”，查找宗旨意识、工作作风、廉洁自律方面的差距。

“正衣冠”，主要是按照为民务实清廉的要求，严明党的纪律特别是政治纪律，敢于触及思想，正视矛盾和问题，从自己做起，从现在改起，端正行为，维护良好形象。

“洗洗澡”，主要是以整风精神开展批评和自我批评，深入分析出现形式主义、官僚主义、享乐主义和奢侈之风的原因，坚持自我净化、自我完善、自我革新、自我提高，既要解决实际问题，更要解决思想问题。

“治治病”，主要是坚持惩前毖后、治病救人方针，区别情况、对症下药，对作风方面存在问题的党员、干部进行教育提醒，对问题严重的进行查处，对与民争利、损害群众利益的不正之风和突出问题进行专项治理。

这次教育实践活动，要坚持以县领导机关及领导干部和县直机关及领导班子为重点，突出抓好直接联系服务群众的执法监管部门和窗口单位、服务行业的教育实践活动，注重抓好镇（乡、街道、场），村（社区）等与群众联系密切的基层组织的教育实践活动，切实加强广大党员马克思主义群众观点和党的群众路线教育。

这次教育实践活动，要充分借鉴运用第一批教育实践活动的成果和经验，主题不变、镜头不换，坚持正面教育为主，坚持开展批评与自我批评，坚持讲求实效。重点突出“六个注重”：

更加注重领导带头，层层示范。坚持自上而下、以上带下，紧紧抓住一把手这个关键，充分发挥领导机关、领导班子和领导干部的示范带头作用，一级做给一级看，一级带着一级改，推动形成层层示范、上行下效的生动局面。

更加注重聚焦“四风”，解决问题。越往基层，“四风”问题越具体，百姓期望值越高，越要强化问题导向。要下大气力解决发生在群众身边的不良作风问题，以问题整改开局亮剑，以问题整改注入动力，以问题整改交出答卷，回应群众期盼，赢得群众信任。

更加注重敞开大门，群众参与。参加这次教育实践活动的单位与群众联系更直接、更紧密，群众关注度更高，要始终坚持开门搞活动，让广大群众提意见、来监督、作评判，确保全过程都发动群众参与、置于群众监督之下，努力把活动成效落实到最基层，传导到末梢神经。

更加注重分类指导，有序推进。把握共性要求，研究个性特点，针对不同层级、不同领域、不同对象提出不同的目标要求，注重发挥行业系统的指导作用，支持和鼓励基层积极探索各具特色、务实管用的“自选动作”，充分激发基层创造活力。

更加注重上下协力、衔接带动。搞好与第一批教育实践活动突出问题专项治理工作的衔接，统筹好县领导班子开展活动与镇（乡、街道、场），县直单位，村（社区）和其他基层组织活动的关系，上级的整改措施要传导落实到下级，下级发现的新情况新问题要及时传递到上级，做到上下联动，上级指导带动下级、下级监督评判上级。

更加注重严格要求、真督实导。切实强化一把手责任，加强督导工作力度，从严把好质量关，坚持严的标准、严的措施、严的纪律，思想上、整改上、正风肃纪上都要严起来，凡违反党章和党的纪律特别是政治纪律、组织纪律、财经纪律的行为都不能放过，更不能放纵，确保教育实践活动不虚、不空、不偏、不走过场。

三、解决突出问题

坚持有什么问题就解决什么问题，什么问题突出就着重解决什么问题，什么问题紧迫就抓紧解决什么问题，在哪里出现的问题就在哪里解决，对不符合为民务实清廉要求的作风之弊、行为之垢进行一次大排查、大检修、大扫除，从小事做起，从具体问题改起，确保解决实际问题的成效让群众看得见、感受得到、大多数人满意。

（一）解决“四风”突出问题。县领导班子和领导干部重点解决政绩观不正确，片面追求发展速度、忽视群众利益，搞“政绩工程”“形象工程”，换一任领导、变一套思路，只顾眼前，不顾长远；民主集中制落实不够，搞“一言堂”，容不下他人，听不得不同意见，班子成员不团结；组织纪律观念淡漠，搞“上有政策、下有对策”，乱开口子乱表态，跑官要官拉关系；责任意识不强，不敢担当，不愿负责，当太平官；廉洁自律不严，以权谋私，弄权贪腐，敛财谋利，吃喝玩乐，以及学风、文风、会风等方面的问题。县直单位重点解决大局观不强，部门利益至上；责任心不强，不履责、不尽责、不担责；执行力不强、慵懒散拖、推诿扯皮、“中梗阻”；纪律性不强，不按时上下班，在位不在岗，工作时间玩乐等问题。执法监管部门和窗口单位、服务行业重点解决摆不正管理与服务的关系，“门难进、脸难看、事难办”；服务冷冰冰，办事慢吞吞；执法不公，搞选择性执法、随意性执法，办关系案、人情案、金钱案；借权营生，“吃拿卡要”，乱收费、乱罚款、乱摊派等问题。中小学校重点解决推动内涵式发展、促进提高质量措施不力，搞“家长制”“一言堂”，师德师风不正，学风教风浮躁，联系和服务师生不够，不能坚持勤俭办学，学生课业负担过重，乱招生、乱收费、乱补课、乱办班和乱订教辅资料等问题。镇（乡、街道、场）重点解决作风漂浮、疏远群众，动力不足、得过且过，方法简单、回避矛盾，弄虚作假、与民争利，落实惠民政策缩水走样等问题。村（社区）党组织主要解决软弱涣散，办事不公，侵犯群众利益，克扣群众财物，服务群众的意识和能力不强，制止违法建筑和“三强”行为不力，宗教、迷信思想严重等问题。非公有制经济组织和社会组织党组织主要解决党的组织和工作覆盖不到位、党员意识淡薄、职能作用发挥不够等突出问题。各级机关及直属单位和基层组织都要注重解决组织涣散、纪律松弛的问题。

（二）解决群众反映强烈的切身利益问题。

积极回应群众关切，坚持为民、利民、便民，坚持尽力而为、量力而行，着力解决教育、就业、社会保障、医疗、住房、生态建设和环境保护、食品药品安全、安全生产、社会治安、征地拆迁、涉法涉诉等关系群众切身利益的问题，想方设法解决困难群众的生产生活问题，切实办好县委、县政府明确的好事实事，畅通群众诉求表达渠道，加强与群众真诚沟通，做好矛盾纠纷排查化解工作，让群众办事更加便利、得到更多实惠、切身感受公平正义。

（三）解决联系服务群众“最后一公里”问题。以加强基层服务型党组织建设为抓手，进一步深化基层党组织分类定级、晋位升级工作，扩大党的组织和工作覆盖，建设守信念、讲奉献、有本领、重品行的基层党组织书记队伍，组织带领广大党员为群众提供更多更好的服务。以开展“五承诺”“五带头”“五结对”活动为载体，着力解决农村基层党组织战斗力和凝聚力不强、党员荣誉感和先锋模范作用不强的问题。加强和改进镇（乡、街道、场）和村（社区）便民服务工作，全面推进镇（乡、街道、场）便民服务中心、村（社区）便民服务站（点）建设，加强党代表工作室建设，进一步改善服务群众的条件。全面推进“网格化管理、组团式服务”工作，全面推行在职党员到社区报到制度，着力构建区域化党建新格局，提升服务群众工作水平。发展壮大村级集体经济，增强村级组织服务功能。健全服务保障体系，建立稳定的基层组织运转和基本公共服务经费保障制度，推动人、财、物向基层倾斜，落实关爱基层干部政策，充分调动基层党组织和党员、干部服务群众的积极性，保证群众话有地方说、事有地方办、困难有人帮、问题有人管。

四、抓好关键环节

这次教育实践活动不分阶段、不搞转段，坚持问题导向，坚持教育实践并重，坚持边学边查边改，把学习教育贯穿始终，把整改落实贯穿始终，使各个环节的工作有效衔接、相互贯通、有序推进。着重抓实三个环节，各个环节可交叉进行。

（一）学习教育、听取意见。重点搞好思想动员、理论武装和征求意见。抓好思想发动。在深入调查摸底的基础上，精心制定活动方案，召开动员会议，做好发动工作，统一思想认识，把各方面的积极性主动性充分调动起来。动员会议时间及安排要提前向群众公布。动员会议前，对领导班子和党员领导干部要进行民主评议。组织学习讨论。采取个人自学和集中学习相结合的方式，组织党员、干部认真学习中国特色社会主义理论体系，学习党章，学习党的十八大报告和十八届三中全会决定，学习习近平总书记一系列重要讲话精神，学习党的光辉历史和优良传统，学习中央编发的《论群众路线——重要论述摘编》等 5 种读本，学习中央“八项规定”、省委“九项规定”、市委“十项规定”、县委“十二项规定”和《党政机关厉行节约反对浪费条例》。开展理想信念、党性党风党纪和道德品行教育，开展“做群众贴心人”专题讨论和“入党为什么、为党干什么”大讨论。县直机关单位集中学习一般不少于 3 天，学校、企业以及镇（乡、街道、场）也要安排时间组织集中学习，开展专题讨论。其他基层党组织要运用灵活多样、务实管用的方式，抓好党员的学习教育工作。深入听取意见。把“面对面”与“背靠背”结合起来，把“个别听”与“集体谈”结合起来，把“走进群众听”与“组织群众评”结合起来，扎实开展县、镇（乡、街道、场）领导和县直机关领导调研走访活动，全面实施“三推进两公开”，即推进领导干部蹲基层、机关干部结穷亲、在职党员进社区，公开机关单位办事程序和服务标准、公开领导干部岗位职责和联系方式，推动党员、干部深入基层，广泛听取意见，特别要听取工作对象和服务对象的意见。重视来信、来访等送上门的意见，统筹做好征求意见工作，防止相互征求意见“公文旅行”“函来函往”，防止“一窝蜂”下基层、重复征求意见。对征集到的意见建议，要原汁原味进行梳理，及时向领导班子和党员领导干部反馈。

（二）查摆问题、开展批评。重点抓好查找问题、剖析检查和开展批评与自我批评。找准突出问题。提高思想认识，严格衡量尺度，围绕为民务实清廉要求，对照党章，对照廉政准则，对照改进作风要求，对照群众期盼，对照先进典型，采取群众提、自己找、上级点、相互帮、集体议等方式，查找“四风”问题具体表现。各级机关还要对照《党政机关厉行节约反对浪费条例》和《党政机关国内公务接待管理规定》，镇（乡、街道、场），村（社）还要对照《农村基层干部廉洁履行职责若干规定（试行）》进行检查。撰写对照检查材料。县直机关和事业单位领导班子、班子成员，以及镇（乡、街道、场）领导班子、班子成员，要撰写对照检查材料。对照检查材料要逐项列出“四风”问题的具体表现、典型案例，对“三公”经费支出、职务消费、人情消费、公务用车、办公用房和住房、家属子女从业等情况要作出说明；从理想信念、宗旨意识、党性修养、政治纪律等方面剖析根源；明确努力方向和整改措施。党委（党组）主要负责同志要主持起草领导班子对照检查材料，并在一定范围征求意见。班子成员要自己动手撰写个人对照检查材料。上级党组织、党委（党组）负责同志要严格审核把关。村（社区）“两委”负责人和“两新”组织党组织负责人也要撰写对照检查材料。召开专题民主生活会和组织生活会。县直机关单位领导班子，以及镇（乡、街道、场）领导班子要召开专题民主生活会。按照“团结—批评—团结”的要求，开展严肃认真的批评和自我批评，既揭短亮丑、动真碰硬，又实事求是、出以公心，不发泄私愤，不搞无原则纷争。上级党组织负责人和纪检机关、组织部门、督导组的同志要到会指导，开展点评。会后，要在一定范围通报民主生活会情况。其他基层单位的党组织要采取“一会四评”方式召开专题组织生活会，开展民主评议党员工作，针对存在的问题提出改进措施和办法；村、社区党组织要进行对照检查。党员领导干部要以普通党员身份参加所在党支部的组织生活会。

（三）整改落实、建章立制。重点对查摆剖析、专题民主生活会和组织生活会查找出来的问题进行再梳理、再归类，进一步聚焦“四风”问题，逐项列出问题清单，进一步明确整改方向、提出整改措施，完善相关制度规定。以直接联系服务群众的行政执法部门和基层站所、窗口单位、服务行业为重点，以群众满意为标准，全面开展提能增效集中行动，重点解决政务服务不细、不实，发展环境不好、不优，督查考核不全面、不科学等突出问题。县直机关单位领导班子，镇（乡、街道、场）领导班子要认真制定整改方案，明确任务书、时间表和责任人；领导班子成员要制定个人整改措施。村（社区）和非公有制经济组织、社会组织及其他基层组织可列出问题清单，明确整改措施。实行开门整改，向群众作出整改承诺，及时公布整改情况，请群众评价和监督。

扎实抓好整改。把学习教育贯穿始终，把解决问题贯穿始终，抓住根本、标本兼治，把解决“四风”问题与增强党性修养结合起来，把提高密切联系群众的觉悟与提高群众工作能力结合起来，把上级要求与需要上级帮助解决的问题结合起来，做到工作、思想一起改，从具体事抓起，从群众最不满意的事改起，即知即改、立行立改，真改、实改、快改，确保让群众看到变化、见到实效。

开展专项整治。坚持上下联动，按照《关于在全县深入开展“四风”突出问题专项整治工作的实施方案》（祁群组发〔2014〕2号）的要求，认真对照省、市、县委部署开展的34项突出问题专项整治任务，制定完善专项整治方案，落实推进措施、牵头部门、具体责任人、时间进度表和检查评估、监督问责要求。对文山会海、检查评比泛滥，“门难进、脸难看、事难办”，公款送礼、公款吃喝、奢侈浪费，超标配备公车、多占办公用房、滥建楼堂馆所，“三公”经费开支过大，“形象工程”和“政绩工程”，侵害群众利益行为等问题，下猛药、出重拳，一项一项整治、一个一个攻坚。同时，各地各单位要结合履行职能职责和作风建设实际，确定专项整治重点，尤其要把整治侵害群众利益行为作为重中之重，不见成效不收兵。

强力正风肃纪。以开展正风肃纪和提振干部精气神集中行动为载体，坚决查处发生在群众身边的不正之风和腐败问题，坚决整治特权病、冷漠病、懒散病。对有问题不整改、大问题小整改、边整边改再犯的，要严肃批评教育，必要时采取组织措施和纪律措施。加强领导班子建设和严格教育管理干部，对软、懒、散的领导班子进行整顿；对存在一般性作风问题的干部，立足于教育提高，促其改进；对群众意见大、不能认真查摆问题、没有明显改进的干部，要进行组织调整。在活动中发现的重大违纪违法问题，要及时移交纪检监察机关或有关方面严肃查处。加强基层党组织建设和党员教育管理，对软弱涣散的基层党组织，进行集中整顿；对长期不起作用甚至起负作用的党员，进行严肃教育或组织处理。

落实制度规定。坚持于法周延、于事简便的原则，按照体现群众意愿、体现改进作风、体现提高效率、体现工作规律的要求，围绕解决“四风”方面突出问题，建立健全行得通、指导力强、能长期管用的制度规定，推动改进作风常态化长效化。在密切联系群众方面，要健全落实领导干部调查研究、住村（社区）入户、接访下访等制度，完善党员、干部直接联系群众制度和畅通群众诉求反映渠道制度；在规范权力运行方面，要建立健全科学民主决策机制，完善集体领导和个人分工负责相结合的具体制度，健全重大决策听取基层群众意见、专家咨询论证等制度；在厉行勤俭节约方面，要修订完善公务接待、公车配备使用、因公出国（境）、办公用房和住房以及秘书配备等管理规定，建立完善“三公”经费使用和审计公示制度、领导干部有关工作和生活待遇管理制度等；在整治文山会海方面，要出台进一步改进文风、会风的有效措施，健全完善办文办会审核备案管理、文件定期清理等制度；在干部监督管理方面，要研究制定加强一把手监督的具体意见，建立严明群众工作纪律、严格干部作风问责等方面的机制；在规范选人用人方面，要完善落实整治用人不正之风的各项规定，健全完善体现作风导向、强化作风约束的干部选拔任用和监督管理机制，健全完善体现群众路线的科学考评机制，健全完善领导干部实绩卡制度，努力把那些与群众有感情、为群众办实事、得到群众拥护的干部选拔上来，确保以正确的用人导向带出好的作风。要把制度约束作为刚性约束，坚持制度面前人人平等、执行制度没有例外。

五、强化分类指导

坚持从实际出发，根据不同层级、不同领域和不同对象提出不同的目标要求，有针对性地加强指导，防止生搬硬套，防止“一刀切”“一锅煮”，给基层留出空间，增强活动实效。

有序推进。全县教育实践活动采取统一部署、梯次展开、压茬进行的办法，县领导机关和县直单位先行一步，镇（乡、街道、场）和村、社区及其他基层组织依次推进。坚持时间服从质量，各地区各部门各单位可结合实际，统筹协调、灵活安排时间进度。

分类实施。针对教育实践活动单位的不同特点，分类制定实施方案，明确具体任务和推进措施。县领导机关、领导班子和领导干部要紧紧扭住解决“四风”问题不走神、不散光，在找准和解决突出问题上下功夫、见实效。县直，镇（乡、街道、场）及以下单位要突出服务群众这个着力点，在增强服务群众意识、提高服务群众能力上下功夫，进一步深化驻村联户、“双联”帮扶、结对帮扶、志愿服务等工作，总结推广群众工作站、“三有两评”、镇（乡、街道、场）干部“一人学一技”等经验做法，探索建立发挥党代表联系服务群众作用机制，把联系服务群众工作做扎实，在直接联系服务群众中受教育、转作风。非公有制经济组织、社会组织党组织和流动党员党组织要注重采取小型、业余、分散的方式开展活动。流动党员参加教育实践活动以流入地党组织为主、流出地党组织为辅。可采取送学上门等方式，组织离退休党员及年老体弱党员参加学习教育。

发挥行业系统指导作用。在县委教育实践活动领导小组的统一领导下，县教育局、县卫生局、县非公经济组织党工委、县社会组织党工委分别成立行业系统教育实践活动领导小组，负责指导抓好本行业系统的教育实践活动。县司法局、县财政局分别成立律师行业、注册会计师资产评估行业教育实践活动领导小组，负责指导抓好律师和注册会计师资产评估行业的教育实践活动。县直机关党委要加强对县直机关单位下属机构开展活动的指导。教育、卫生、人事、社保、民政、国土、住建、城管、公安、信访、环保、工商、物价、税务、质检、食品药品监管等窗口单位和服务行业，要发挥条条指导作用，针对行业突出问题，上下联动开展专项整治，切实纠正行业不正之风。

六、加强组织领导

这次教育实践活动全党关心、社会关注、群众期盼。全县各级党组织要把开展教育实践活动作为一项重大政治任务抓紧抓实抓好，确保取得实效。

（一）严格落实领导责任。各级各单位党委（党组）要全面负责本地本单位的教育实践活动，成立相应的领导机构和工作机构，精心组织实施。纪检、组织、宣传等有关部门要密切配合，形成工作合力。镇（乡、街道、场）党（工）委主要抓好班子自身的教育实践活动，负责组织村、社区等基层组织和党员的教育实践活动。基层党组织要积极发挥作用，认真搞好本地本单位的教育实践活动。各级党委（党组）主要负责同志要承担起第一责任人的责任，把教育实践活动紧紧抓在手上，发挥示范推动作用。特别要重视制定好活动方案，对需要着重解决的问题，做到心中有数；对可能发生的情况和问题，进行分析预判，提出有效的预防和解决对策。对在教育实践活动中走过场的，要追究一把手的责任。各级党员领导干部要分别建立联系点，加强指导把关，努力把联系点办成示范点。要用好的作风组织开展教育实践活动，防止文山会海，力戒形式主义。

（二）切实加强督促检查。县委向各镇（乡、街道、场）和县直有关单位派出督导组，县行业系统教育实践活动领导小组分别派出巡回指导组，加强对本行业本系统的巡回指导检查。对村（社区）等基层党组织，可由上级党组织派出活动指导员，联村（社区）党员干部、村党组织“第一书记”、党建指导员、科学发展指导员可以明确为活动指导员。督导组成员要选政治强、原则性强、责任心强的同志。督导组要认真审阅活动实施方案、对照检查材料、整改方案等，全程参与专题民主生活会并进行点评，督促抓好每个环节各项工作落实。要沉下去面对面开展工作，及时发现和解决问题，有效传导压力。要督促开展“回头看”，坚持标准、确保质量，防止降格以求。

（三）高度重视宣传引导。充分运用传统媒体和新兴媒体，广泛宣传中央、省委、市委、县委精神，通过新闻报道、工作综述、专题专访等形式，充分反映教育实践活动进展和成效。及时总结推广好经验好做法，广泛宣传先进典型，特别要注意选树一批基层党员干部土生土长、可信可学的身边典型。同时，加大反面典型曝光力度，发挥警示和震慑作用。积极开展电视问政，重视发挥评论、言论的引导作用，营造良好舆论氛围。组织开展党的群众路线理论研究，形成一批有价值的理论成果。

（四）始终坚持统筹兼顾。围绕中心、服务大局，把开展教育实践活动与学习贯彻落实党的十八大、十八届三中全会和习近平总书记系列重要讲话精神结合起来，与做好稳增长、调结构、促改革、打基础、惠民生的各项工作结合起来，与引导党员、干部履职尽责干事创业结合起来，做到两手抓、两不误、两促进，用经济社会发展成效检验教育实践活动成效。

各单位要根据本实施意见制定具体的活动方案，报派驻的市委、县委督导组和市委、县委群众路线教育实践活动办公室审核，审核通过后，才能组织实施。教育实践活动结束后，各单位党委（党组）要向市委、县委群众路线教育实践活动办公室写出报告。

祁发〔2014〕4号

中共祁阳县委　祁阳县人民政府
关于加快承接产业转移发展开放型经济的
若干规定

（2014年5月27日）

为加快建设承接产业转移示范区，促进全县开放型经济又好又快发展，根据中央、省、市有关政策，结合我县实际，特制订本规定。

第一章　适用范围

第一条　凡在我县投资且符合国家产业政策达到入园条件的重大项目，享受本规定的优惠政策。高污染、高能耗、高排放企业及纯房地产项目不享受本规定的优惠政策。

第二章　用地支持

第二条　重大项目用地通过“招、拍、挂”出让方式取得，祁阳经济开发区按规划优先安排竞标地段。对固定资产投资在3000万元以上（不包括土地投资，下同）、投资强度达到100万元/亩以上且投产三年内年均经营性纳税3万元/亩以上的工业项目，先按工业用地摘牌价缴纳土地出让金，依法取得土地使用权。项目符合上述条件的，由县财政按“取得工业用地面积×（每亩工业用地摘牌价-5万元/亩）”的标准予以奖励，用于支持扩大再生产。若工业项目投产三年内年均经营性纳税达到15万元/亩、10万元/亩或5万元/亩，县财政对应再次按3万元/亩、2万元/亩或1万元/亩的标准予以奖励。

第三条　强化闲置土地处置。自交地之日起，土地闲置满1年的，由县国土资源局按土地出让金（成交价）的20%征收土地闲置费；闲置满2年的，依法无偿收回。

第三章　财政支持

第四条　项目投产后享受5年财政支持，其中，年纳税3万元/亩以上的，自投产之日起缴纳的增值税、营业税、企业所得税县级实际所得部分（剔除征收成本和奖励等，下同），县财政前2年按50%、后3年按30%奖励给企业；年纳税5万元/亩以上的，自投产之日起缴纳的增值税、营业税、企业所得税县级实际所得部分，县财政前2年按100%、后3年按30%奖励给企业；引进固定资产投资在5000万元以上的大型物流公司和国际货运企业，自经营之日起2年内缴纳的增值税、营业税、企业所得税县级实际所得部分，县财政按50%奖励给企业，补贴物流运输费用。重大项目投产或经营当年，不足一个完整年度的，按一年计算，企业可选择当年开始奖励，也可选择从第二个年度开始奖励，一经选择，享受奖励期间不得调整。

第五条　县财政每年设立祁阳经济开发区标准厂房补贴专项资金，用于祁阳经济开发区标准厂房建设补贴。对企业在投资合同约定期限内新建的标准厂房，经验收合格后予以补贴。补贴标准为：一层的每平方米补贴100元，二层以上（含二层）的每平方米补贴150元；对自筹资金和社会民间资本投资修建，用于出租或出售的工业生产厂房和工业仓储厂房，且有单独规划、有新增用地、属集中连片开发建设的标准化厂房予以补贴。补贴标准为：二层以下（含二层）的每平方米补贴100元，三层以上（含三层）的每平方米补贴200元。

第六条　积极引进各类银行业金融机构来祁阳设立分支机构。对新设立的县级银行机构，年末贷款余额达到1亿元以上（含1亿元），由县财政给予一次性开办经费补助50万元。同时积极引进国内外有重大影响的保险、证券、期货、基金、担保、融资租赁和信托公司等非银行金融机构入驻祁阳。对引进落户的金融机构，加强支持和服务。

第七条　鼓励发展对外贸易。企业进出口贸易每年增量部分，县财政按增量1美元补助0.03元的标准奖励（以海关部门公布数据为准）。

第八条　对符合国家产业政策且达到入园条件，新进入祁阳经济开发区的企业建设项目，县级行政事业性收费全免、服务性收费按最低标准的20%收取。

第四章　融资支持

第九条　政府每年组织2次以上银企洽谈会，为企业融资牵线搭桥，对符合贷款条件的中小企业，县担保公司要为企业贷款提供担保。

第五章　投资服务

第十条　镇乡办场要按规定数量完成招工任务。充分利用县职教中心为企业培训员工。园区企业就业人员，其子女就近就读义务教育学校，学校不得拒绝；园区企业负责人、中层技术和管理骨干的子女就读非义务教育学校，须提供方便和优惠。新办企业按规定办理劳动用工养老、失业、医疗、工伤、生育保险，县劳动和社会保障局会同有关单位从优从快办理。

第十一条　对新引进落户的项目，联系的县级领导、招商小分队必须提供全程跟踪服务，县直各单位要开辟“绿色通道”，简化审批手续，各招商小分队要全程代办一切手续，县内7个工作日办结，县以上在规定最短期办结，以推进项目早日投产达效。

第十二条　强化水电服务。园区根据实际需求，逐步建立双电源，保障企业用电。除不可抗力情况确需停电，须提前24小时通知。园区企业有新增用电、增容、安装等要求的，电力部门要实行客户经理制，开展一对一服务；对提出用电申请的，在5个工作日内予以安排。用水量大的企业，经县政府批准，可自办水厂（不对外营业）。

第十三条　强化商检通关服务。海关推行“属地报关、口岸验收”的通关模式，商检推行“属地报检、属地验收、口岸通行”的便捷服务。

第六章　总部经济

第十四条　对世界500强、国内100强、上市公司、知名企业来我县设立总部的，项目建成后，5 年内按企业在我县实际缴纳的增值税、营业税、企业所得税县级实际所得部分，县财政前 2 年按 100%、后 3 年按 30%奖励给企业。

第七章　一事一议

第十五条　符合以下四种情形，均可实行“一事一议”：（一）固定资产投资在 2 亿元以上的；（二）年税收在 2000 万元以上的；（三）一次性建设 10 万平方米以上标准厂房的；（四）世界 500 强、中国 100 强、央企、上市公司、知名企业来祁投资的。

第八章　其他事项

第十六条　本规定中所定的投资规模及奖励金额无特殊注明的，其金额单位均为人民币。

第十七条　本规定由县发展开放型经济领导小组负责解释，自公布之日起施行，凡此前制定的有关优惠政策与本规定不一致的，以本规定为准。

祁发〔2014〕5 号

中共祁阳县委
祁阳县人民政府
关于加速推进新型工业化的意见

（2014 年 5 月 27 日）

为加速推进新型工业化，充分发挥工业经济在县域经济中的主导地位和作用，促进祁阳经济社会发展在全市领跑、全省争先，力争 5 年内培育 5 家年主营收入过 10 亿元、纳税过 1 亿元的标志性企业，培育 2~3 个年产值过 50 亿元的产业集群，新增规模工业企业 50 家以上，实现规模总产值 300 亿元以上。经县委、县政府研究，特提出如下意见。

一、培育壮大骨干企业

第一条　确定重点工业企业范围。一是注册和纳税均在本地，年纳税超过 50 万元、年主营业务收入过亿元以上的工业企业。二是进入全省重点上市后备企业资源库的工业企业。

第二条　鼓励企业技术改造。当年企业技术改造投资在 500 万元以上的，项目建成投产后按新增设备投资额的 5‰一次性奖励给企业，奖金最高为 100 万元。

第三条　支持企业科技创新。凡企业当年获得国家级科技成果奖、技术进步奖、企业技术中心认证、名牌产品、驰（著）名商标、农业产业化龙头企业或“两化融合”示范企业，奖励 10 万元；属省级的，奖励 5 万元。获得高新技术企业称号的奖励 5 万元。

第四条　鼓励工业招商引资。凡县直单位和个人引进符合“两型”要求、达到入园条件且固定资产投资额在 1 亿元以上的工业项目，项目建成投产后，按实际到位资金的 1.5‰给予项目引进单位和个人一次性奖励，奖金最高为 80 万元。

第五条　大力引进战略投资者。中央企业、省属监管企业或世界 500 强企业、国内 100 强企业、上市公司来我县投资并在本县注册成立公司的，项目建成投产后，按实际到位固定资产投资额的5‰一次性奖励给企业，奖金最高为100万元。

二、大力发展支柱产业

第六条 大力实施产业战略。做强做大我县农副产品加工、先进装备制造、电子信息产业、矿产品深加工、轻纺制鞋、新能源新材料六大支柱产业，加大规划引领，完善扶持政策，确保产业政策向支柱产业倾斜，资源配置向支柱产业集中。特别是对整体转移的重大产业项目，县委、县政府实行“一事一议”。

第七条 扶持配套产业和小微企业发展。每年从推进新型工业化专项发展资金中切块300万元，设立小微企业发展专项资金。用于支持重点产业配套企业、落后产能转型升级项目或其他成长性好、科技含量高的小微企业技术改造、技术升级、贷款贴息及公共生产服务体系建设。《小微企业发展专项资金奖励办法》另行制定。

三、着力打造发展平台

第八条 加快祁阳经济开发区基础设施建设。全力推进祁阳经济开发区建设，每年新增基础设施投入不少于1.5亿元，新增开发面积不少于1.5平方公里，新增标准厂房不少于15万平方米，新增公租房面积不少于1.5万平方米；力争5年内在祁阳经济开发区内新建成一所全日制中小学校、一座城市综合体商贸中心、一家二级医院、一家星级宾馆、一家现代物流公司等配套项目。

第九条 加快小微企业创业园建设。为增强重点产业和骨干企业的配套能力，促进中小微企业发展和产业集群，力争在祁阳经济开发区内引进1~2家“工业地产”投资项目，新建一座小微企业创业园，规划用地1000亩，水、电、路、信等配套基础设施功能齐全，力争5年内培育引进中小微企业50户以上，实现税收5000万元以上，工业增加值5亿元以上。

第十条 加快中小企业服务平台建设。按照“构筑服务平台、整合社会资源”的原则，县中小企业服务中心应加快综合服务平台建设，整合社会资源，加大硬件和软件开发力度，为中小企业提供创业辅导、管理咨询、投资融资、人才引进、人员培训、市场开拓、技术支持、企业维权等服务平台。

四、强化推新保障措施

第十一条 保障重点工业项目用地。祁阳经济开发区应加大征地拆迁力度，保持常态储备土地在1500亩以上，确保新增入园项目用地。凡符合“两型”要求的重点工业项目，县国土资源部门在用地资料齐全的情况下，7个工作日内完成资料报批；自项目取得省政府用地批文之日起，45个工作日内完成项目用地招拍挂；自企业项目用地摘牌之日起，7个工作日内为符合条件的企业办好《国有土地使用证》。对符合办理条件的工业项目，县规划建设部门自受理企业《建设用地规划许可证》申请之日起，7个工作日内为企业办结；自受理企业《建筑工程规划许可证》申请之日起，7个工作日内为企业办结。

第十二条 保障重点工业企业用工。一是全力帮助企业招工。每年根据企业提供的招工计划，劳动用工主管部门及镇乡办场应按照责任制要求，全面完成招工计划，确保重点企业用工。二是鼓励重点企业自主招工。凡年纳税在500万元以上、用工人数在1000人以上的工业企业，对企业每年自主招工净增加的就业人数，年终经县劳动用工主管部门核准，按每人每年300元标准给予招工补贴（季节性用工企业除外）。三是实施科技人才引进计划。凡年纳税在1000万元以上的骨干工业企业，引进到本县定居、服务满5年的优秀人才，给予一次性住房补贴：两院院士或国家级学术带头人补贴50万元；省部级有突出贡献的中青年专家、省级重点学科、重点实验室、工程技术研究中心的学术技术带头人补贴30万元；具有全日制博士研究生学历或正高级专业技术人员补贴20万元；全日制硕士研究生、副高级专业技术职务补贴10万元。

第十三条　保障重点工业企业的融资需求。各商业银行应加强对工业企业的信贷支持，力争每年对工业企业贷款增幅不低于15%。从2014年起，县中小企业信用担保公司应广开渠道，每年新增注资3000万元，力争5年内将注册资本金扩充到2亿元，确保每年为中小企业的担保贷款余额不少于8亿元。

第十四条　实行特殊政策。一是对认定为重点工业企业的，优先申报国家、省、市各类专项资金。二是对固定资产投资在2亿元或技改投资在5000万元以上的重大工业项目实行“一事一议”。三是实行各项税费优惠政策。对工业企业实行行政事业性县级收益部分收费全免，县级行政事业单位经营服务性收费按最低标准的20%收取。对确有困难的企业，经审批，可减征或免征房产税、城镇土地使用税。

第十五条　实行特殊奖励。一是设立规模工业企业入统奖。凡当年新增规模工业企业入统，每户一次性奖励2万元。其中，奖励入统企业1万元，奖励企业所在镇乡办场或园区及相关部门共1万元。二是设立企业上市奖。凡注册和纳税均在我县的工业企业成功上市的，一次性奖励50万元。三是设立企业贡献奖。凡当年纳税在100万元以上的工业企业，每年均可参与全县“十佳优秀企业”评选，其中，设一等奖1名、二等奖2名、三等奖3名、优秀企业奖4名，奖金分别为30万元、20万元、10万元和5万元。对主要经济指标进入全县30强的工业企业，在市、县两级主流媒体上发布公示，扩大企业的美誉度和影响力。

第十六条　实行特殊服务。一是实行县级领导联系工业企业制度。每名县级领导联系一家重点工业企业、牵头引进一个招商项目。二是实行重点保护。推进全程办理、“一站式”收费、限时办结制度，为企业提供“保姆式”服务。相关部门应严格执行涉企收费、涉企检查、涉企处罚等有关规定，对违反优化经济发展环境的部门，县委、县政府将按有关文件启动行政问责程序。对优化经济发展环境测评排名靠后的相关部门，县委、县政府按优化经济环境相关文件追责。

第十七条　建立考核奖励机制。为在全县掀起大办工业、办大工业的氛围，县政府每年与镇乡办场签订《祁阳县工业经济发展目标考核责任书》，设立一等奖1名、二等奖2名、三等奖4名，奖金分别为2万元、1.5万元、1万元，并授予其年度“推进新型工业化先进单位”称号。每年对完成《工业企业服务年活动》目标管理任务前10名的县直单位、省市垂直管理单位，县委、县政府授予年度“推进新型工业化先进服务单位”称号，各奖励1万元。对祁阳经济开发区新区、祁阳科技工业园、镇乡办场每年按辖区内规模工业企业当年新增税收县级实际所得部分（剔除征收成本和奖励等，下同）的3%奖励，奖金最高为10万元。县经信委每年从全县规模工业企业当年新增税收县级实际所得部分中提取4%，作为推进新型工业化工作专项保障经费，最高为30万元。若年度被评为省或市推进新型工业化先进县区，县委、县政府对县推新领导小组分别奖励10万元、5万元。

五、其他

第十八条　本办法中的金额单位为人民币。

对同一项目，已享受国家、省扶持政策的，不再享受本办法中的项目奖励政策。本办法中的奖励政策与县委、县政府其他相关奖励政策，按就高不就低的原则不重复享受。

凡是企业发生安全生产、食品安全、环境污染等重大责任事故和重大群体性劳资纠纷事件，涉及偷税、侵权、假冒伪劣等违法违规行为受到查处的，当年度不享受本办法的鼓励扶持政策。

每年度考核奖励数据由县财政、国税、地税、统计等相关部门提供，由县考核办、县推新办负责考核，经县推新领导小组研究，报县委、县政府批准发放。

第十九条　本办法自发布之日起实施，授权县推新办、县经信委负责解释，并做好政策宣传和贯彻落实。原《祁阳县推进新型工业化考核奖励办法》（祁政发〔2010〕33号）、《关于促进全县工业经济平稳较快发展的实施意见》（祁发〔2013〕1号）同时废止。此前出台的有关文件与本办法不符的，以本办法为准。

祁阳县人民政府
关于开展县城交通秩序和
城市公共客运秩序集中整治的通告

祁政发〔2014〕12号

为加强县城公共客运管理，规范城区交通秩序，顺应广大群众的强烈呼声，根据《中华人民共和国道路交通安全法》《中华人民共和国道路运输条例》《湖南省城市公共客运管理办法》等法律法规的规定，县委、县政府决定，开展县城交通秩序和城市公共客运秩序集中整治。现就有关事项通告如下：

一、集中整治范围和对象

（一）范围。县城规划建成区内，东至黄土岭变电站，南至三南路口，西至浯溪水厂，北至新火车站。

（二）对象。1. 未取得公共客运经营许可，擅自从事客运的摩托车、小汽车等各类型机动车辆；2. 无牌无证或达到报废期限仍上路行驶的机动车辆；3. 闯红灯、随意调头、乱停乱靠等违法违规机动车辆；4. 拒载、甩客、乱收费、不按规定乱停、乱靠的公交车、出租车；5. 无客运从业资格证件的非法从业人员。

二、集中整治政策和措施

（一）残疾人摩托车车主的配套政策。通过核定残疾人身份证、残疾证、购车发票，在2014年1月1日前登记在册且在城区非法从事客运的残疾人车主在规定时间内主动交车的，按相关规定及有关政策给予一定的奖励和保障。

（二）非残疾人的非法营运车辆由车主按规定自行处置，不给予奖励。

（三）从事非法营运的各类车辆于2014年9月30日前终止非法营运。若9月30日后继续从事非法营运，属无牌无证车辆或达到报废期限的车辆由县交警大队依法处理到位；属非法载客的由县交通运输局按城市公共客运相关法律法规进行顶格处置。

（四）坚决查处椒山停车场、人民医院、汽车总站、妇幼保健院、鑫利大酒店、新火车站、城区市场出入口等地段的乱停乱放车辆。县交警大队要规划停车地段、划定停车位，对乱停乱放行为进行违停抄牌、依法处理到位；县交通运输局按城市客运相关法律法规打击处理到位。

（五）整治规范城市客运秩序。严格查处公交车不按时发班、不按站点停靠、随意上下客、丢站和出租车不打表乱收费、甩客、拒载行为，切实规范车容车貌和营运行为，提升城市客运服务质量。

三、集中整治纪律要求

全县各级各部门要各司其职、各负其责，依法依规、按政策、按程序办事，对工作敷衍塞责、以权谋私、失职渎职的，严格追究责任，构成犯罪的，移送司法机关依法处理。

欢迎广大市民监督，投诉电话：0746—2370666。

祁阳县人民政府
2014 年 9 月 12 日

祁阳县人民政府
关于加强城市管理的通告

祁政发〔2014〕23 号

为营造干净整洁舒适的环境，提升城市品位，创建国家卫生县城，根据《中华人民共和国道路交通安全法》《城市市容和环境卫生管理条例》《城市生活垃圾管理办法》《城市道路管理条例》《湖南省实施〈中华人民共和国道路交通安全法〉办法》《湖南省实施〈城市市容和环境卫生管理条例〉办法》等法律法规规定，决定在县城区范围内开展全民“创卫”工作。现将有关事项通告如下：

一、禁止随地吐痰、便溺，乱扔果皮、纸屑、烟头等废弃物。

二、禁止乱倒垃圾、粪便、污水或者沿途燃放鞭炮、抛撒冥纸。

三、禁止在县政府规定的人民路、民生路、甘泉路、金盆路、浯溪路、沿江路、盘龙路、平安路、滨湖路、椒山路、新兴路、兴浯路、陶铸路等主干道临街建筑物的阳台和窗外堆放、吊挂有碍市容市貌的物品。

四、禁止未经批准在县城区建（构）筑物、市政公用设施或者树木、电杆上张贴、涂写、刻画和张挂物品。广告、宣传品等应当在指定位置设置或者张贴，禁止擅自设置、张贴或散发。

五、门店经营者应当履行卫生责任区清扫保洁义务或者按规定清运、处理垃圾或其他废弃物。

六、禁止擅自占用县城区主次干道摆灵堂、搭戏台、堆砌物品等。

七、禁止烧冥纸、烧垃圾等损害城市道路的行为。

八、禁止擅自摆设摊点影响市容和环境卫生。

九、禁止跨越或者倚坐道路隔离护栏；禁止闯红灯等违法横穿马路的行为。

十、不得违反规定停放机动车或者临时停车。

十一、严格落实“门前三包”（包环境卫生、包立面整洁、包市容秩序）责任制。有关单位、经营户和住户应当自备生活垃圾容器，按照规定时间将生活垃圾投放到指定的垃圾收集车（点）。

十二、违反本通告第一、二、三、四、五项规定的，除由有权机关依法责令其纠正违法行为，采取补救措施外，可以并处警告、5 元以上 100 元以下罚款。违反第六项规定的，责令停止违法行为，依法给予处罚。违反第七项规定的，责令限期改正，可以处 2 万元以下罚款；造成损失的，应当依法承担赔偿责任。违反第八项规定的，依法责令其改正，可以并处 100 元以上 3000 元以下罚款。违反第九项规定的，对行人处警告或者 10 元以上 20 元以下罚款；对非机动车驾驶人处警告或者 20 元以上 50 元以下罚款。违反第十项规定的，给予口头警告，责令其立即驶离；机动车驾驶人不在现场或虽在现场拒绝立即驶离，妨碍道路通行的，处 100 元罚款，并将机动车拖移到县公安交警大队指定地点。

十二、本通告自 2015 年 1 月 1 日起施行。

祁阳县人民政府

2014 年 11 月 26 日

祁阳县人民检察院

湖南省人民检察院党组书记、检察长游劝荣（左二），在市检察院党组书记、检察长文兆平（左三）陪同下调研祁阳检察工作

祁阳县人民检察院共有15个内设机构和1个派出机构，现有政法专项编制85个，在职干警83人，退休人员27名，党员98名。

2014年以来，该院紧紧围绕“强化法律监督、维护公平正义”检察工作主题，以开展党的群众路线教育实践活动为契机，牢固树立“立检为公，执法为民”的执法理念，忠实履行宪法和法律赋予的职责，大力加强领导班子建设和检察队伍建设，各项检察事业取得了长足发展，共受到党委、政府和上级检察机关表彰的先进单位（集体）35个、先进个人38人次，单项检察工作90%进入全市检察系统先进行列。

市委书记陈文浩在县委书记魏湘江陪同下，视察祁阳检察工作

县委副书记宋振平、人大主任黄春华、政协主席郑弋听取检察工作汇报

检察干警上街开展检察宣传

县委常委、政法委书记唐恒杰参加检察院党的群众路线教育实践活动，并作重要讲话

全体干警

湖南祁阳

党工委书记　段观阳

管委会主任　桂富生

湖南祁阳经济开发区系湖南省人民政府批准成立并经国家发改委审核公告的省级开发区，由黎家坪建材工业园、浯溪冶化工业园、祁阳科技工业园及新区“一区三园”组成，属湘南国家级承接产业转移示范区的重要组成部分，系湖南省新型工业化产业示范基地、湖南省特色经济园区和全省首批“飞地经济”试点园区之一。

祁阳经济开发区新区位于县城湘江南岸，规划面积25平方公里，按照“县域经济新引擎、新型工业增长极、产业转移承接地、山水生态新城区”的发展定位，主要发展机械电子、制鞋服饰、食品医药及新型材料四大产业。新区于2008年5月开工建设，累计投入基础设施和项目建设资金35亿元，开发面积7平方公里，引进项目63个，其中39个项目竣工投产，16个项目在建，8个项目筹建。

2014年，园区发展实现“四突破二稳定”，即实现设施建设、产业发展、破解瓶颈、优化服务取得新突破，保持了园区大局稳定和谐，园区经济稳定增长，实现工业规模总产值110亿元，在全市率先成为百亿县级园区。

2015年，园区将新开发面积2平方公里，累计引进项目25个；全区实现技工贸总收入200亿元，工业总产值160亿元，规模工业产值130亿元，财政收入5亿元。到2020年，经开区努力创建成为国家级新型工业化示范基地。

县委书记魏湘江（右一）、县长周新辉（右二）陪同市委书记陈文浩（右三）等领导视察园区企业千山药机

县委书记魏湘江、县长周新辉、政协主席郑弋深入园区项目工地为项目建设排忧解难

产业新城，城市新区——祁阳经济开发区新区新貌

经济开发区

县长周新辉指导“135”工程重点项目电子信息产业园建设

湖南凯盛鞋业有限公司

千山药机一期工程

建设中的鑫利生物项目

湖南省“135”工程祁阳经开区创新创业园总体规划图

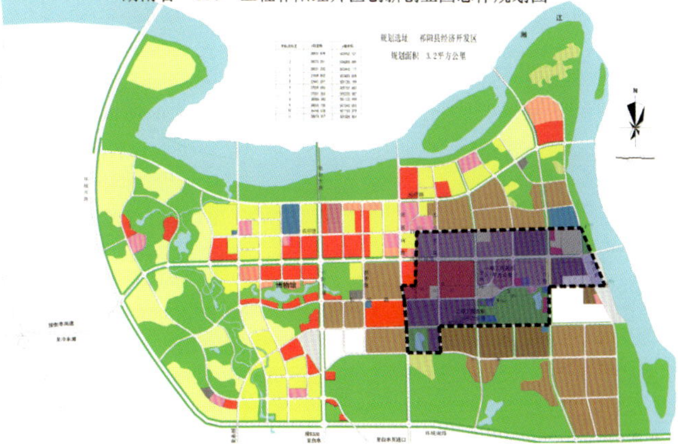

年产泡绵1800吨的台资企业湖南华庆泡绵制品有限公司

园林式祁阳五洲医药包装有限公司

祁　　阳　　县

县委组织部副部长、局长曾鑫在离退休干部党支部经验交流会作报告

祁阳县老干局主要职责是负责全县老干部工作的指导、督促、管理和协调，督促老干部政治和生活待遇的落实；指导、督促各部门离退休干部党组织建设；依法维护老干部的合法权益，发展老干部事业；管理和服务离休干部和副县级以上退休干部；协助做好县关心下一代工作委员会和老年人体育协会的日常工作。

近年来，县老干局紧紧围绕“让县委政府放心，让老干部满意”的工作目标，切实加强老干部两项建设，全面落实老干部两项待遇，组织引导离退休干部开展“为党的事业增添正能量”活动，充分发挥老干部作用，老干部工作成绩瞩目。连续三届被评为“全省老干部工作红旗单位”；连续五年被评为“全省老干部宣传工作先进单位”；2013年被评为“全省离退休干部创先争优工作先进单位”，离退休干部党支部建设工作荣膺“全市老干部工作优秀项目奖”、“全省老干部工作优秀项目提名奖”。连续五年被评为“全市老干部工作先进单位”。2014年荣获全县工作目标综合考核先进单位。大力推荐陈昌世同志先进事迹，获评“全国退休干部先进个人”，推荐县人大离退休干部党支部为“全省老干部工作先进集体”。连续六年被评为“全县基层党建先进单位”。2012年2月，局长曾鑫同志被评为“全省老干部工作先进个人”并荣立三等功。

县四大家主要领导深入老干局组织召开现场办公会

各涉老部门的工作成绩斐然。县关工委先后荣获“全省先进关工委”称号，2013年推荐白水镇竹山村关协为“全国五好基层关工委”、县关工委主任钟上元荣获“全省关心下一代工作突出贡献奖”；县老年大学先后被评为全省老年大学先进单位和全省示范性老年大学，老年大学校长文建宇被评为“全国先进老年教育工作者”；县老年体协荣获“全省老年体育工作先进单位”称号，老年体协主席彭开生荣获“全省老年体育工作荣誉奖”；县老年书画协会多次荣获“全市老年书画工作先进单位”，老年书画协会主席黄承先被评为“全市老年书画工作先进个人”。

组织全局干部职工认真学习

增强服务意识，求真务实开展老干部工作

老　　　干　　　局

县委书记魏湘江走访慰问老同志

县委副书记、县长周新辉深入调研听取老同志意见

近年来老干部局获得的部分荣誉

县关工委结集出版的《托起明天的太阳》一、二、三辑及工作人员所获部分荣誉

退休干部陈昌世同志荣获全国离退休干部先进个人荣誉称号

▶县老年大学及工作人员所获国家、省级部分荣誉奖章

县老年大学各项活动异彩纷呈

县老年书协为繁荣文化、丰富老年人生活开展各项活动

祁阳县审计局

市审计局局长龚跃林同志来祁阳指导审计工作

祁阳县审计局有干部职工63人，（其中党员45人，退休干部11人，临时人员2人），在职干部职工50人（其中初级职称7人，中级职称13人）。内设办公室、经济责任审计室、基建投资审计室、政工股、法规审理股、行政事业股、财政金融股、经济贸易股八个股室，下设祁阳县审计基层工作室（副科级全额拨款事业单位）。近几年来，在省厅、市局的精心指导和大力支持下，在县委、政府的重视关心下，祁阳审计事业快速发展，连续五年被评为全县重点工作和绩效考核先进单位，连续五年被评为全市审计工作先进单位，连续两届被评为全省审计系统先进集体，2012年被评为全省文明单位。

主办趣味门球赛

机关院内一角▶

审计局机关庆“七一”拔河比赛

办公大楼

干部职工参观龙山爱国主义教育基地

全国科技进步先进县　全国科普示范县
科技事业杰出贡献单位

祁阳县科技局

科技局党组书记、局长　朱新德

近年来，祁阳县科技局围绕“科技兴县”战略，创造性地开展工作，取得了显著成效，先后被评为全省科技特派员工作先进单位、专利工作先进单位、知识产权示范创建县、科技成果转化示范县、湖南省可持续发展实验区，国家智慧城市试点县、全国科普示范县，连续四次荣获全国科技进步先进县称号。

目前，全县拥有省级技术研发中心3家，高新技术企业9个。工矿企业专利授权量和申报省级以上科技计划项目数都约占永州市的二分之一。天龙米业、天圣农业、金浩茶油均为省知识产权优势培育工程试点企业，是全省唯一拥有三家培育工程试点企业的县。近两年，共申报国家、省科技计划项目56项，争取项目经费1200万元；共研发、引进先进适用的新品种和新技术258项，重点推动转化自有科技成果16项，其中专利技术12项，通过成果转化和专利技术产业化，极大地促进了企业发展。与此同时，全面推进科普工作，先后出台了一系列科技服务政策措施，完善了县、镇（乡）、村三级科技网络体系，宣传科普知识，有力地提高了全民科技素质。

第四次蝉联全国科技进步先进县

局领导班子成员

祁　阳　县

祁阳县民政局党组书记、局长　唐双喜

祁阳县民政局是主管全县有关社会行政事务的县人民政府工作部门，是县政府实施社会管理，调节社会矛盾，维护社会稳定的重要职能部门。现有在职干部职工214人。局机关设有办公室、民间组织管理股、优抚安置股、救济救灾股、基层政权和社区建设股、社会福利和社会事务股、计划财务股、县老龄办等10个股室。局直属单位有救助局、募捐办、军干所、福利院、殡葬改革执法队等10个单位。

一直以来，祁阳民政在县委、县政府的正确领导下，在上级民政部门的精心指导和社会各界的大力支持下，县民政局领导班子率领全体干部职工紧紧围绕改革、发展、稳定大局，坚持“以民为本、为民解困”的根本宗旨，深化改革，克难勇进，近年祁阳民政工作取得明显进步。

民政基础设施不断完善。5年共投入400多万元新（改）建23所乡镇敬老院和150个农村幸福院。公建民营，引进外资1亿元，新建占地面积15亩，建筑面积2.5万平方米，床位500张的祁阳县福利中心，已全部投入使用，目前在中心颐养的老人386位。。

社会救济救助体系不断健全。全县供养五保对象1.3万人，城市低保对象1.9万人，农村低保7.3万人，2014年发放城乡低保、五保金1.5亿余元，基本实现应保尽保。近3年，共救助流浪乞讨人员、贫困学生、大病患者等各类困难对象近1万人次。

优抚安置力度不断加大。近3年，共发放优抚资金1.1亿元，安置退伍军人440余人。为10000多名次优抚对象发放医疗补助资金400万元，发放门诊医疗补助资金80余万元。

社会事务管理水平不断提升。3年为全县27名百岁老人发放长寿补助金16万元；完成结婚登记2.12万对，离婚登记4300余对，婚姻登记合格率100%；完成福利彩票销售9000余万元，筹集社会福利资金800万元，多次被评为“全省福彩发行先进县”。

祁阳县民政局领导班子

与县义工联签约后互致祝贺

民　　政　　局

副省长蔡振红到祁阳县视察民政工作

市委书记陈文浩到祁阳县视察养老工作

局长唐双喜、副局长蒋新元在高速公路上对过往车辆进行救助

组织召开妇女工作会议

县民政局办公楼

祁 阳 县

副省长盛茂林（左一）莅临县疾控中心调研

2014年，祁阳县卫生局在县委、县政府的坚强领导下，紧紧围绕全县经济社会发展大局，主动适应新常态，奋力开创新局面，扎实推进医药卫生体制改革，强化医疗医药医保三医联动，视点聚焦民生健康，重心下移城乡基层，各项工作取得了显著成效。

全县新农合参合人数808899人，参合率达98.87%，补偿参合患者38.59万人次，补偿医药费3.08亿元，在乡镇卫生院和县级公立医院推行“100+800（600）”模式，患者受益度明显提高，住院实际补偿率达到了75.8%。争取中央投资医疗卫生项目资金9120万元，新建了县人民医院新医疗综合大楼、精神康复大楼、新中医院住院综合大楼、文明铺镇中心卫生院等11个乡镇卫生院及117个村卫生室，建筑面积达49500平方米。狠抓扩大国家免疫规划工作，全县免疫规划疫苗接种率达99.85%以上，未发生重大疫情流行；全县产妇住院分娩率达100%，实现产妇零死亡，5岁以下儿童死亡率降至7.16‰。面向医学院校及社会公开选聘各类卫生人才343人，选派90名中青年医护人员到湘雅医院、南方医院等上级医院进修学习，培训乡村医生2475人次。完成无偿献血1975人次，献血量达615000毫升，居全市第一。

局班子成员

卫　　　　生　　　　局

①　②

③

①市卫生局局长史兆良一行在县卫生局局长任志杰陪同下调研基层卫生工作

②县委书记魏湘江，县委常委、组织部部长蔡富强在基层调研卫生工作

③县长周新辉、副县长谢铁山调研卫生工作

祁 阳 县 人 口 和

主任　周贞霖

领导班子成员

祁阳县人口与计划生育委员会成立于1973年10月，先后命名为祁阳县计划生育领导小组、祁阳县计划生育领导小组办公室，1983年改为计划生育委员会，2002年底，改为祁阳县人口和计划生育委员会，现有干部职工348人，下设25个镇、乡、办、场计生办、25个计生服务所，曾多次被评为省级以上先进单位。近年来，祁阳县计划生育工作按照省、市的安排部署，紧紧围绕综合改革，强化优质服务，坚持依法行政，切实稳定低生育水平这条工作主线，突出建立利益导向机制和狠抓关键环节关键措施的落实及婚育文化建设这一工作重点，取得了较好的成绩，2013年，祁阳县被国家人口计生委评为"全国计划生育优质服务先进单位"，被省委、省政府评为全省人口和计划生育工作先进县和打击"两非"先进单位，被省人口计生委评为"阳光计生"先进单位。2014年，祁阳县继续保持"国优县，省先进，市模范"先进单位称号，祁阳县计生协会被评为全省先进计生协会，打击"两非"工作被省市评为先进单位，县药具站获全省县级药具示范站称号。

省市有关部门领导来祁阳检查计划生育创国优工作

计划生育委员会

全国关爱女孩行动领导小组来祁阳调研计生工作，图为座谈会现场

祁阳县庆祝中国计生协会成立32周年文艺演出

省市领导对创国优工作检查

关爱留守儿童文艺晚会

庆三八“计生杯”知识抢答赛

祁阳县“生育关怀”文艺晚会

祁 阳 县 食 品 药

祁阳县食品药品监督管理局的前身为永州市药品监督管理局祁阳县分局，于2001年9月组建，实行省垂直管理。2004年6月更名为祁阳县食品药品监督管理局，2010年9月1日起，改垂直管理为属地管理，列县人民政府工作部门，定编34人，现有干部职工55人，退休6人。设四股一室，即办公室、政策法规股、财务股、餐保化股、药品医疗器械股；下设三个全额拨款事业单位：药品检验所（副科级）、食品药品稽查大队（副科级）、食品药品安全监测信息中心（正股级）。主要负责全县餐饮消费环节的食品、药品、保健食品、化妆品、医疗器械（简称四品一械）的安全监管，共有监管对象3579家，其中餐饮服务单位1365家（其中学校幼儿园食堂406家），保健食品经营企业（场所）398家，化妆品经营单位360家，药品经营企业187家，医疗器械经营企业27家（其中批发企业16家、零售企业11家），医疗器械生产企业1家，药品医疗器械使用单位1241家。2014年紧紧围绕全程监管不懈怠、打假治劣不手软、行政执法不出错、廉洁自律不出格、食药安全不出事、作风建设创一流的标准，推动食品药品安全监管工作不断发展，全县无一起源发性药害事件和重大餐饮安全事故发生，有力地保障全县人民饮食用药安全。

党组书记、局长　何志宇

团结奋进的领导班子

参加机关篮球赛

检查早餐店

检查一次性筷子和饭盒卫生状况

品 监 督 管 理 局

副县长陈环玉带队检查食品安全

指导学校加强食品安全管理

检查餐饮店卫生安全

日常监督检查

食品安全整治行动

祁阳县商务局

党组书记、局长　刘祥贵

祁阳县商务局是主管全县外商投资、国际区域经济合作、内外贸易、流通市场监管的政府工作部门，近几年来，县商务局抢抓机遇，加快发展，求真务实，开拓创新，取得了重要成果，多次被评为省市先进单位。

近3年，共承接产业转移项目157个，其中投资上亿元的重大项目达22个，形成了轻纺制鞋产业、电子产业、生物医药产业、农副产品精深加工产业等产业集群。对外贸易高速增长，连续3年年均增速100%以上，2014年达到2.02亿美元，外贸进出口总额、增幅匀排名全市第一。同时，全面规范了屠宰市场、酒类市场、成品油市场和二手车市、美容美发、家电维修等行业的监管，确保了全县人民的肉类和酒品安全、流通领域的秩序。全面落实“民生100工程”，高标准建设“万村千乡”标准农家店共90家，覆盖率达到95%以上，并顺利通过省、市商务主管部门检查验收。大力推进城区农贸市场提质改造、乡镇农贸市场建设和农村商业网点规划。社会消费品零售总额不断增长。

朝气蓬勃的领导班子

与客商洽谈会现场

与广东农垦集团签约现场

12312商务活动日宣传现场

祁阳县体育局

县委书记魏湘江调研体育馆建设情况

县委副书记、县长周新辉调研体育馆建设情况

团结务实的领导班子

近年来，按照“月月有活动”的工作思路，组织开展主题鲜明、具有地方传统特色的群众体育活动，举办了太极拳表演赛、五一棋赛、端午龙舟赛、羽毛球赛、篮球联赛和自行车赛，与县直属机关党委承办气排球比赛等。2010年、2011年分别获得全国全民健身优秀组织奖、全国全民健身先进单位。体育基础设施不断完善。累计完成农民体育健身工程项目300多个，配送社区健身器材800余件（套），2009年5月，县体育馆被纳国家体育总局入“雪炭工程”援建项目，2011年8月动工新建。县公共体育场2013年5月获得国家预算内资金建设项目，2015年6月9日开工建设；体育后备人才辈出。在2014年9月举办的全省十二届运动会上获得金牌5枚，银牌3枚，铜牌2枚。2007-2014年体育彩票销售连续8年被评为全省体育彩票销售先进单位。

龙舟竞渡

改造中的县公共体育场

建设中的祁阳县体育馆

祁阳县供销合作社联合社

党组书记、主任　谢建中

精诚团结的领导班子

主要领导深入茶场调研解困

祁阳县供销合作社联合社是县人民政府直属全额财政拨款参照公务员管理正科级事业单位，是为农服务的合作经济组织。县社机关内设办公室、政工股、财审股、合作指导股、经贸股、法保股，辖县供销社资产经营有限公司、县新三湘农资有限公司、县再生资源公司、县华泰烟花爆竹经营有限公司、湖南永怡生态茶业公司和祁阳县华胥电子商务有限公司。主要负责对全县供销合作社系统指导、协调、监督和服务等工作。近年来，县供销社在县委、县政府和上级供销社的正确领导下，坚持以科学发展观为指导，认真学习贯彻党的十八大、十八届三中、四中全会文件精神，全面贯彻落实县委经济工作会议精神，紧紧围绕改革、发展、稳定大局，做好服务“三农”文章，为促进祁阳县域经济发展做出积极贡献。

◀市供销社主要领导莅临指导

与经营网点负责人交流▶

◀深入农村 送肥下乡

肖家村永怡茶场美景一角

祁 阳 县 物 资 局

局长　熊自立

近几年，祁阳县物资局紧跟县委、县政府工作步伐，开拓创新，务实进取，各项工作取得了突出成绩。该局加强对民爆器材和烟花爆竹原材料经营管理，全面抓好物资储存与销售，对民爆器材实行特种行业管理，采取专用车辆配送，专业仓库储存，专业人员管理，专业人员使用，确保生产安全。2014年，全年储存炸药35吨，销售炸药1345吨，储存雷管4万发，销售雷管49万发；储存氯化钾60吨，销售氯化钾390吨，保证了全县工农业生产和人民生活需要。同时，该局狠抓招商引资工作，引进资金500万元，经省市审批取得报废汽车回收拆解公司和二手车市场资质，筹建了祁阳县群力报废汽车回收拆解有限公司。

①　②

③

①领导班子成员

②领导班子成员深入基层调研

③领导班子成员在祁阳县群力报废汽车回收拆解有限公司检查安全生产

祁阳县二轻工业局

2014年，祁阳县二轻工业局以深入学习党的十八大精神和十八届三中全会为动力，以开展党的群众路线教育实践活动为契机，在县委、县政府的正确领导下，扎实转变工作作风，牢固树立群众观点，全局干部职工将工作重心由行业管理转向行业服务，以“贴心服务暖民心、创先争优惠民生”贯穿工作始终。全年办理原改制企业职工来访或职工查档、参保等咨询服务600多人次，因服务热情、程序规范、公开公正、准确高效，群众满意率达100%，全年无越级上访、重复上访和群体性上访现象，确保了二轻系统大局稳定。同时加强城镇集体工业联社资产管理，资产收益比上年增长20%，确保了资产保值增值，年度综合考核在同类单位中排位名列前茅。

①	
③	②
④	⑤

①党组副书记、局长　包本发
②党组班子成员参加中心组学习
③党组班子到企业指导工作
④义务植树，建美丽家园
⑤干部职工在潘市镇白果村调研扶贫

祁阳县委农村工作部
祁阳县人民政府农村工作办公室

从2014年开始，积极响应党中央、国务院精准扶贫号召，大力实施精准扶贫

沼气发电机组

全县首家大型沼气发电暨集中供气工程

祁阳县委农村工作部与祁阳县人民政府农村工作办公室（简称“县农办）合署办公，实行一个机构，两块牌子、一套人马，是祁阳县委、县政府管理全县农业农村工作部门，正科级行政单位，序列县委工作机构。现有在职在岗干部职工20人，其中：中共党员19人，内设综合调研室和文秘室，归口管理县蔬菜办、县农村能源办、县扶贫开发办等3个副科级参照公务员管理事业单位。主要负责全县农业农村工作的综合、协调、指导、调研。其历史悠久，历经演变，数易其名。其前身先后被称为：县委农村工作部（1955.3–1961.9）、县委农村工作办公室（1961.9–1962.12）、县农林水工作办公室（1962.12–1963.6）、县委农村工作部（1963.6–1969.1）、县革命委员会农林水工作站（1969.1–1973.8）、县革命委员会农村办公室（1973.8–1980.12）、县农村办公室（1980.12–1984.1）、县农业委员会（1984.1–2002.1），县农村工作领导小组办公室（2002.1–现在），2004年加挂县人民政府农村工作办公室牌子，2008年恢复设立祁阳县委农村工作部。

2011年来，竭力履行职能职责，突出抓好农业农村工作综合与协调，全县农业农村工作多年跻身全市先进行列，县农办连续四年成为全县工作目标管理综合考核先进单位。（赵安原）

招商引进祁阳新龙现代农业开发有限公司，建成大棚蔬菜基地400亩

县农办招商引资项目–天子龙1000亩外销胡萝卜生产基地

祁阳县农村经营管理局

局长　申庆宇

祁阳县农村经营管理局成立于2002年，为县政府管理的全额拨款正科级事业单位，内设办公室、集体财务管理股、农民负担监督管理股、农村土地承包管理股，2009年增设农民专业合作社管理股，2014年增设下属正股级全额事业单位，农村土地承包经营纠纷仲裁委员会办公室。近年来，全县农经管理工作在县委、县政府的正确领导及上级主管部门的大力支持下，迎难而上，奋力开拓，不断开创工作新局面，先后被评为省农民负担监督管理十佳单位、换发农村土地承包经营权证工作先进单位、农村土地承包管理工作先进单位及市农村产权制度改革工作先进单位。2015年，祁阳县相继被确定为农业部农村土地承包经营确权登记数据库及应用平台建设试点县、开展政府向经营性服务组织购买农业公益性服务机制创新试点县。

县委书记魏湘江，县委副书记、县长周新辉陪同副省长戴道晋视察金浩茶油公司

领导班子成员

永州德辉蔬菜种植基地

祁阳县农村土地流转服务中心

自然韵黑茶基地

祁阳县城市基础设施建设投资管理中心
祁阳县城镇建设投资开发有限公司

近年来，祁阳县城建投认真执行县委、县政府的城建决策，与时俱进，改革创新，在城市建设融资投资、城市基础设施建设、土地储备经营等领域亮点纷呈，取得了骄人的成绩。自成立以来，共征用土地7000余亩，现储备土地3000余亩。将直接融资的9.3亿元全部投入到城市基础设施建设中，撬动和带动了市场民间资金近30亿元汇集到城市建设中，城市建设日新月异。同时积极探索建立“背靠政府、面向市场、资源整合、资本运作”的新型城市建设投融资体制，力保城建投融资平台不断发展状大，城建投迎来了发展的春天。

祁阳县城建投办公楼

祁阳县自来水总公司

2014年8月8日，完成了新兴路、平安路、盘龙路全长2560米供水管网改造任务，解决了商业城、邵家岭长达20年的缺水问题。图为县委书记魏湘江，县长周新辉，县委常委、县委办主任邓晓阳，副县长雷秀新等领导参加通水仪式

祁阳县自来水总公司始建于1972年，目前拥有水厂3座，日供水能力15.5万吨，主营管网400多公里，固定资产2.1亿元，各类用户总数52331户，用水人口近30万。

2014年，自来水总公司在县委、县政府的领导下，成功从原经营者手中接管民营浯溪水厂。9月开始投资8000万元对浯溪水厂进行扩建和提质改造，供水能力从3万吨/天提高到10万吨/天，主体工程2015年2月9日建成通水。同时完成了老城区民生路、盘龙路、平安路、新兴路4条主干道供水管网改造任务，共计改造主支管19260米，水表井1520座、消防栓15座，实现了3个水厂并网统一供水，解决了县城商业城、邵家岭等一些地区长期缺水的问题，受到了广大居民的一致好评。

县领导魏湘江、周新辉、邓晓阳慰问一线工作人员

2014年9月29日，县委书记魏湘江、县长周新辉、县人大主任黄春华、省建筑设计院龚副院长（左三）等领导参加浯溪水厂提质改造和扩建工程开工仪式

▶总经理罗卫平（左四）；总支书记、副总经理高连佑（右一）在浯溪水厂指导工作

祁阳县农业综合开发办公室

主任　王先群

祁阳县农业综合开发办公室是隶属于县政府管理的正科级事业单位（参照公务员管理），现有在职干部职工31人，下设综合股、土地治理项目股、产业经营项目股、资金股四个职能股室。

近年来，县农业综合开发办公室全体干部职工充分履行职责，不断改进工作作风，扎实服务“三农”，有力推动了全县现代农业发展和农民持续增产增收。2014年计划投资2139万元，规划建设潘市镇马鞍岭高标准农田1.41万亩。整合支农部门项目资金1500万元，新建拦河坝4座，新建排灌站5座，开挖疏浚渠道6.20公里，衬砌灌排渠道62.35公里，改良土壤1.2万亩，修建机耕道路27.6公里，购置农业机械12台（套）；项目建成后将改善灌溉面积1.2万亩，改善除涝面积0.45万亩，改良土壤面积1.2万亩，新增节水灌溉面积0.9万亩，年节约水量50万方，增加机耕面积0.6万亩，年新增粮食165万公斤，新增种植业总产值290万元，项目区农民年纯收入增加额87万元。

积极抓好2014年产业化项目申报、实施和督查工作。对已申报的“永州市祁阳县5000亩公优质水稻育秧基地新建项目（项目总投资201万元）”、“永州市祁阳县1万吨稻谷低温仓储新建项目（项目总投资320万元）”二个财政补助项目，以及财政贴息“永州市祁阳县5000吨精炼米糠油新建项目（项目总投资3180万元）”，加强跟踪督查和督促企业落实项目的实施工作，至2015年3月止上述产业化项目已全部落实竣工。部门项目中的祁阳县油茶丰产林基地示范项目（项目总投资420万元）和祁阳县500亩茶叶示范基地改建项目（项目总投资188万元）正在实施建设中。

县农开办各项工作也得到县委、县政府和上级农业开发主管部门的充分肯定。近几年来，县农开办相继获得了省、市农业综合开发先进单位等省市以上荣誉达11项。农业开发资金也由原来的每年200-300万元增加到了2500-4000万元，2015年度高标准农田建设项目和现代农业园项目也即将展开，全年上级农业开发资金达到3800万元左右。

①

②

③

①在祁阳县召开全省农业综合开发工作座谈会

②全体领导班子成员

③建成的部分农业基础设施

祁阳县交通运输局

近年来，在祁阳县委、县政府的正确领导下，通过交通建设三年大会战活动的推进，祁阳县交通运输事业实现了跨越式的发展。3年来，共完成交通基础设施建设投资10.155亿元，建成通乡、通村水泥路887.9公里，实现了100%的行政村通水泥路，完成46座农村公路危桥改建和3座渡改桥建设，极大改善了全县交通条件。城市客运集中整治取得显著成效，收交查扣处罚非法营运车辆621台次，非法营运得到有效遏制，彻底扭转了城市客运的混乱局面。公交线路已增至10条，营运线路总长108.7公里，公交车辆由84台增加至134台,能够满足我县人民群众的出行，规范了县城公共客运秩序，深受群众欢迎。道路运输、水上交通、路政、城市客运等交通运输行业管理及安全管理成效显著，先后荣获全国道路运输管理先进单位、全省行政执法先进单位、全省水上交通安全整治先进单位、全省春运工作先进单位等荣誉称号，全县水上交通渡运连续25年平安无事故。

党委书记、局长　柏一秀

◀应急分队紧急教训

2013年10月30日，祁阳县交通战备办公室成立揭牌仪式

竣工后的祁阳县潘市镇中洲大桥▶

道路运输执法检查

建设中的祁阳县国道322绕城公路

祁阳县公安局交通警察大队

县公安局副局长、交警大队大队长　刘志杰

祁阳县公安局交警大队内设政工室、指挥中心、行财股、法制股、车驾管理所、低速中队、客运中队、交管中队、羊角塘中队、唐家岭中队、白水中队、黎家坪中队、浯溪中队。担负全县8.7万余辆机动车，11.5万名驾驶员，3630多公里的道路交通安全管理任务。322国道、320省道贯穿全境。

祁阳县公安局交警大队在以县公安局副局长、交警大队大队长刘志杰为中心的领导班子的带领下紧紧围绕经济建设这一中心，将预防道路交通事故作为第一要素，把疏堵保畅攻坚作为第一突破口，视队伍建设和执法规范建设作为第一保证，以不断提升人民群众满意度为第一目标，在创新中前行，在实干中奋进。

务实创新的领导班子成员

所获部分荣誉

升旗仪式

祁阳二中——致力打造

校长　桂来根

党总支书记　于华山

祁阳二中现有校园面积64000平方米，房屋建筑总面积46000平方米。学校现有58个教学班，在校学生3900人，在职在岗教职员工291人，其中全国优秀教师2人，特级教师3人，高级教师93人，省市骨干教师20人。

近几年来，学校与时俱进、开拓创新，提出了“质量立校、师资兴校，课改亮校、特色强校”的发展战略，初步实现了“教师成名师，学生考名校，学校创名牌”的办学目标。“双线”管理，务实求新；分层教学，成绩显著；奥赛培训，优势明显；专业特长，硕果累累；教师辛劳，勤育英才；课改亮校，精彩纷呈。学校以普通中学的生源，连续保持高考应届生本科上线人数稳居全市同类学校第一。学校先后获得“湖南省园林式单位”、“湖南省文明卫生单位”、“湖南省艺术教育先进单位”、“湖南省心理教育实验先进单位”、“永州市绿色学校”、“永州市综合治理先进单位”、“永州市文明学校”、“祁阳县高考综合评估第一名”等荣誉称号。

班级文化

富有文化底蕴的大礼堂

湘南教育的金名片

学生公寓

校园活动

校园活动

学生体操

中学物理特级教师　谭又平

中学地理特级教师　刘朝晖

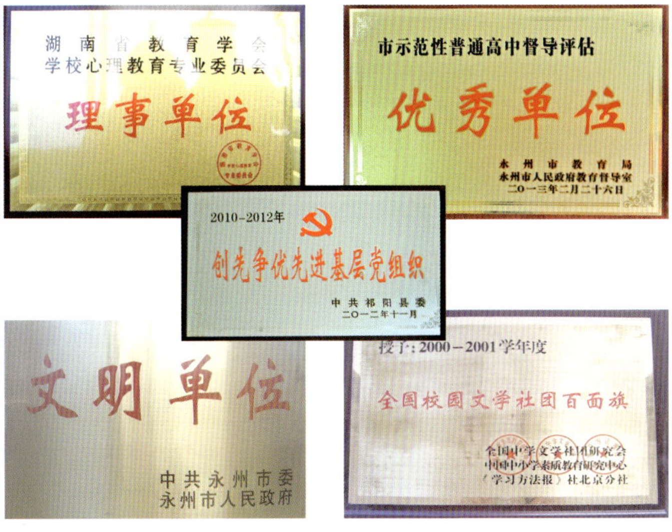

祁　阳　七　中

县长周新辉视察指导学校工作

祁阳七中创建于1956年，曾是县属普通高中，2011年下期开始，学校转型为县教育局直属寄宿制重点初中。

转型办学3年多来，省级骨干教师石献忠校长带领全校教职工同心协力，攻坚克难，坚持“以师生为本，对师生负责”“读书做人同等，成才成人并重”的办学理念，紧紧围绕把祁阳七中打造成“祁阳县精品初中，永州市窗口学校，湘南地区初中名校”这一办学目标，狠抓内部管理，优化办学条件，教育教学成绩节节攀升，在县教育局组织的的各种考试考核和比赛中，学校都能取得优异的成绩，稳居全县前2名。特别是2014年转型办学后的的首届中考，在初一入校时学生基础普遍较差的情况下，通过三年的努力，全校260多人参加中考，72人上祁阳一中录取分数线，108人上祁阳四中录取分数线，一人考上免费师范生。

县委常委、宣传部长邓年生视察指导学校工作

校风严、教风正、学风好、成绩优秀的祁阳七中，已经得到了上级部门高度肯定和社会各界的一致赞扬。转型办学已经顺利完成，祁阳七中又吹响了“向名校看齐，向品牌进军”的号角，相信祁阳七中的发展之路会越走越平坦越顺利！

副县长雷秀新视察指导学校工作

现场办公会

湖南祁阳农村商业银行股份有限公司

祁阳农商银行党委书记、董事长　刘国富

湖南祁阳农村商业银行股份有限公司(简称祁阳农商银行)，坐落在祁阳县城金盆东路，其前身为创建于1952年的祁阳县农村信用社,2007年改为祁阳县农村信用合作联社。2014年6月祁阳农商银行获中国银行业监督管理委员会批准筹建，并于12月19日挂牌开业。

祁阳农商银行设有13个职能部室，下辖57个支行，1个营业部，干部职工470人。截至2014年12月底，总资产70亿元，各项存款62亿元，各项贷款38亿元，其中涉农贷款37.7亿元，存款和贷款均居全市信用社系统和全县金融机构第一。2014年，该行被评为全省农村信用社十佳创新示范行社、湖南省农村信用社绩效考核先进单位、永州市信用社先进单位、全县就业和社会保障工作先进单位、全县无偿献血工作先进单位等荣誉称号。

省联社理事长张志军在祁阳农商银行调研

人民银行长沙中心支行马天禄行长深入祁阳农商银行支持的小微企业调研

省银监局副局长陈延喜在祁阳农商银行指导工作

省联社永州办事处主任欧阳挺在祁阳农商银行指导工作

团结务实的祁阳农商银行领导班子

祁阳县妇幼保健院

院长　蒋建明

总支书记　陈湘

全县宫颈癌普查启动会

祁阳县妇幼保健院是一所集医疗、保健、教学、科研于一体的医疗保健机构，属正科级全额事业单位，是湖南省县级第一批“二级甲等”妇幼保健院，是全县妇女儿童保健中心、孕产妇急救中心。该院现有业务用房5000m²，编制床位200张；现有在职职工256人，其中卫生技术人员206人（高级15人、中级83人、初级108人）。设有保健部与临床部，保健部设有妇保科、儿保科、信息健教等，临床部设有妇科、产科、儿科、新生儿科等，设有支持科室检验科、影像科等。拥有进口四维彩色B超两台、新生儿头颅B超、乳腺钼靶机等先进仪器设备。妇产科开展了子宫全切、次全切、卵巢肿瘤摘除、剖宫产、宫外孕、阴式子宫切除术等手术，并承担全县急危重症孕产妇急救和孕产妇急救技术指导工作；建设有全市规模最大的新生儿科，不仅能诊治新生儿常见病与多发病，新生儿急危重症抢救技术更是处于全县领先水平；妇保科开展了青春期保健、婚前保健、围产期保健、产后康复治疗等业务；儿保科开展了新生儿疾病筛查、听力筛查、新生儿水疗、高危儿的早期教育等业务。近年来，先后荣获省级“青年文明号”、农村妇女“两癌”检查项目工作“全国先进单位”、国家级“巾帼文明岗”等殊荣。

新生儿科开业庆典

六一儿童节优惠义诊活动

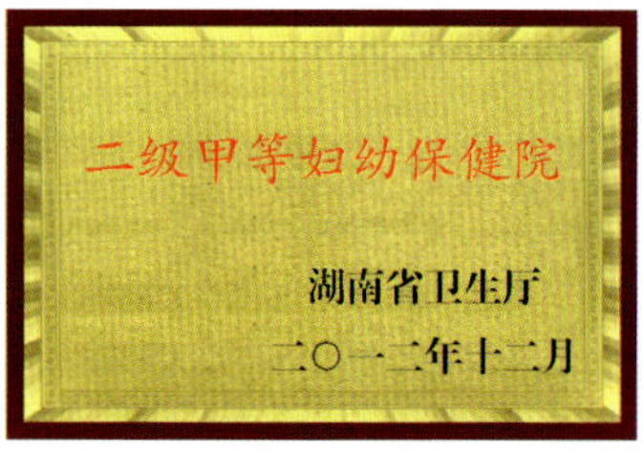

祁阳县三口塘镇

朝气蓬勃的领导班子

三口塘镇地处祁阳县西南部，距县城24公里，镇域面积55.2平方公里，辖30个行政村，296个村民小组，总人口2.5万人，有耕地2.8万亩，为全县农业重镇之一。

近年来，镇党委、政府紧紧围绕“创先争优、科学发展、富民强镇、和谐稳定”总体工作思路，大力发展工业企业，加快农业产业结构调整，突出解决民生问题，经济社会呈现出基础稳固、经济壮大、环境优化、产业提升、社会和谐的良好发展态势。工业以金鑫冶炼为龙头，已建成全市最大的2.5万千伏安硅锰电炉生产线；养殖业以民康养殖为重点，年生产生猪10万头以上，已在县内形成生猪养殖“北有十里坪，南有三口塘”的格局；种植业以唐家山10000亩良种油茶基地、浙湘水稻机械化种植专业合作社等为带动，油茶、水稻规模化、集约化、机械化种植水平越来越高，中央电视台、湖南卫视分别在《朝闻天下》和《湖南新闻联播》栏目中，以“大户来了”为题进行多期专题报道，经验被广泛推介；农产品加工业以永州安邦新农业有限公司为主体，已建成日烘干量500吨的大型谷物烘干基地。

该镇曾先后被省、市、县授予省农村党员领导干部实用技术培训先进集体、市优质稻生产基地建设先进单位、全市安全生产示范镇、市思想政治工作先进单位，荣获市、县文明单位、人口与计划生育连续5年红旗单位、信访综治先进单位、为民办实事先进单位和平安乡镇等诸多荣誉称号。

县委书记魏湘江视察工作

县人大主任黄春华视察工作

◀永州安邦新农业有限公司

政府大门▶

◀镇自来水厂

祁阳县文富市镇

党委书记　唐冬平

镇长　曾文玉

文富市镇位于祁阳县城东北部，是永州市的北大门，为永州、衡阳交界之地，与祁东县毗邻。322国道和湘桂铁路贯穿全境，又有祁水河绕镇而过，水陆交通便捷，资源丰富，人杰地灵。全镇总面积61平方公里，辖26个行政村，1个居委会，共9255户，3.5万人。近年来，镇党委、政府聚精会神搞建设，一心一意谋发展，牢固树立和认真落实以人为本的科学发展观，立足实际，抢抓机遇，带领群众建成了以休闲农业、种养深加工为主的现代农业，逐步形成了劳动力密集型、资源深加工为龙头的民营经济格局。先后获得“省级安全生产示范镇”、“农业结构调整一等奖”、“城镇建设三等奖”、“招商引资先进单位”、“党风廉政建设先进单位”等荣誉称号。

副省长盛茂林(中)到文富市镇指导工作

秀美机关

荣获首批湖南省安全生产示范乡镇

2000亩黄花基地

农村新貌

祁阳县党史地方志征集编纂办公室

全体工作人员

祁阳县党史地方志征集编纂办公室为正科级参管单位，归口县委办管理。主要职能是征集、编写、出版祁阳地方党史和党史书刊及主要党史人物传记；参与组织重大党史事件、重要党史人物的纪念活动；组织老同志撰写回忆文章；组织编修《祁阳县志》、部门志、专业志及旧志点校工作；收集、整理、研究祁阳地方文献和县情资料，编辑出版《祁阳年鉴》。

近几年来，县史志办认真贯彻中共中央《关于加强和改进新形势下党史工作的意见》（中发〔2010〕10号）的文件精神和国务院《地方志工作条例》，充分发挥“存史、资政、教化”职能作用，党史、地方志工作取得丰硕成果，先后出版了《中国共产党祁阳历史》《祁阳军事志》《百花村志》《陶铸的故事》《岁月回眸》（共3辑）、康熙十九年《祁阳县志校注》；并完成了革命遗迹普查、党史文物和史料的征集等重大专题以及县内其他党史专题。2014年11月，祁阳史志工作经验被刊发在湖南省百年湘潮网上进行推介。2015年，主要启动《祁阳乡镇简志》《祁阳年鉴》编纂以及祁阳县申报苏区县和《图说长征》等资料征集工作。连续多年被评为省、市先进单位。

年鉴编纂工作会议

2014年11月，省党史联络组苏建民一行来祁阳调研党史工作

近几年出版的部分史志书籍

乡镇简志编纂工作会议